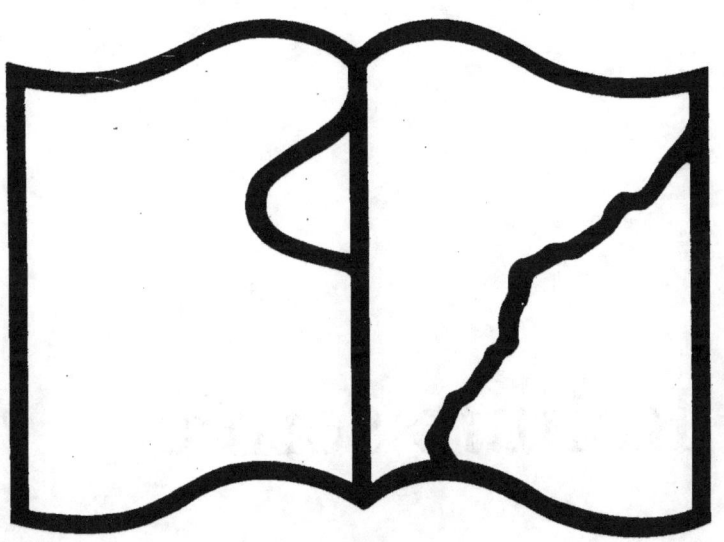

Texte détérioré — reliure défectueuse
NF Z 43-120-11

Reliure serrée

HISTOIRE NATIONALE ILLUSTRÉE

DE LA FRANCE

DEPUIS LES TEMPS LES PLUS RECULÉS JUSQU'A NOS JOURS

SCEAUX. — IMP. M. ET P. E. CHARAIRE.

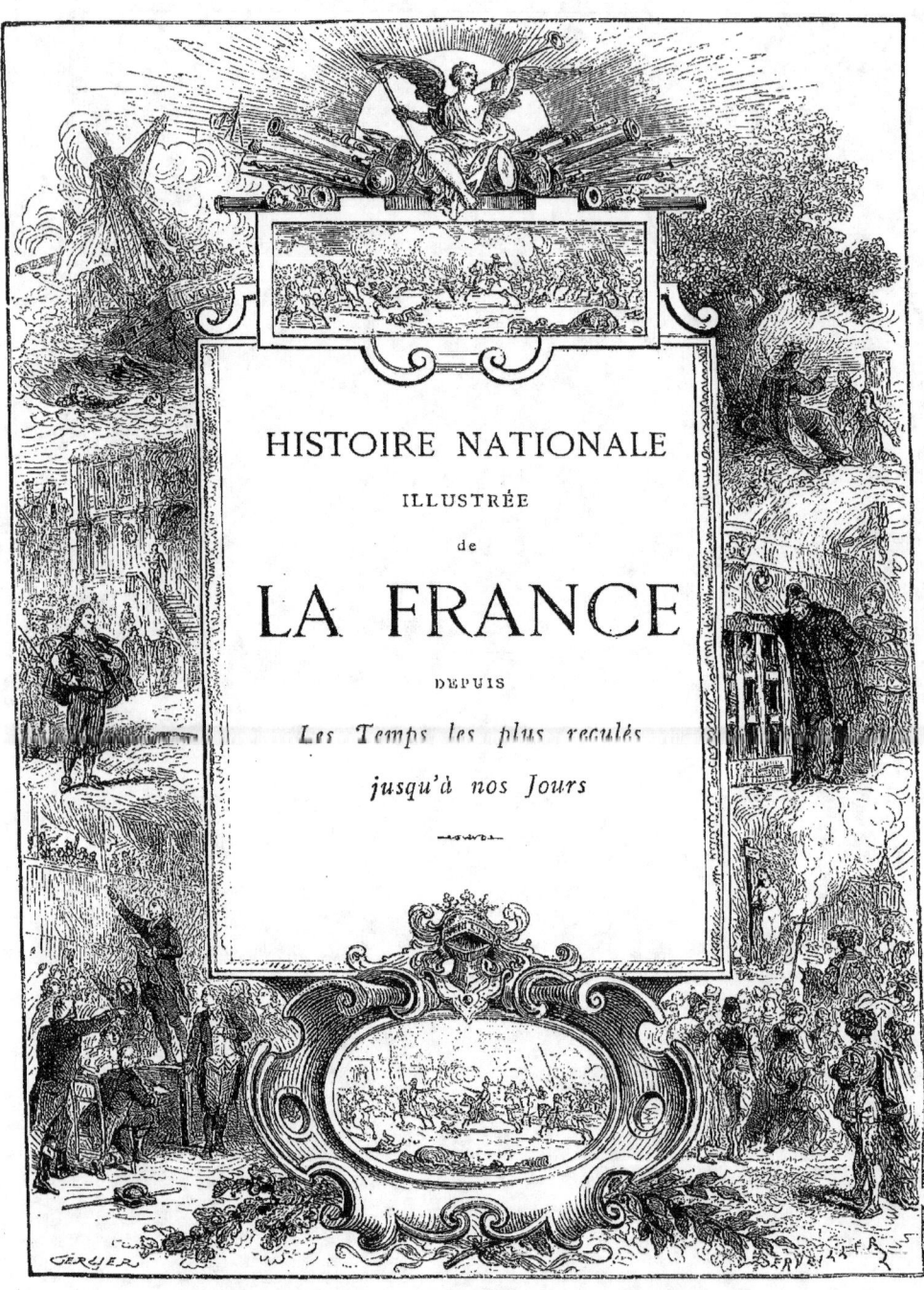

HISTOIRE NATIONALE
ILLUSTRÉE
DE
LA FRANCE
DEPUIS
*Les Temps les plus reculés
jusqu'à nos Jours*

PARIS. — LIBRAIRIE ILLUSTRÉE, 7 rue du Croissant (ancien hôtel Colbert), et chez tous les Libraires.
BRUXELLES. — LIBRAIRIE SARDOU, 38, rue des Comédiens, et 14, Galerie du Roi.

HISTOIRE NATIONALE
DE
LA FRANCE

DEPUIS LES TEMPS LES PLUS RECULÉS JUSQU'A NOS JOURS

CHAPITRE PREMIER
LA GAULE INDÉPENDANTE

Les origines des Français, bien que ne se perdant pas dans la nuit des temps préhistoriques, remontent cependant à une antiquité assez haute pour être, sinon douteuses, au moins obscures et certainement multiples.

La légende qui nous ferait descendre d'un certain Francus, fils du valeureux Hector, lequel, après la ruine de Troie, aurait cherché à coloniser des contrées inconnues et serait venu s'établir dans le nord des Gaules, est certainement flatteuse, en ce sens qu'elle nous donnerait pour ancêtres des gens civilisés et non des Barbares; malheureusement, ce n'est qu'une légende que n'ont jamais confirmée aucun monument incontestable, aucun document sérieux.

La vérité est que nous empruntons notre appellation aux *Franks*, peuplade de la race germanique qui envahit peu à peu la Gaule jusqu'au jour où, maîtresse du sol, elle lui donna son nom.

Ce nom, du reste, si même il n'est pas une des conséquences de notre passé et la condition primordiale de notre avenir, est digne de nos Archives nationales; car il signifie homme libre.

Cependant, comme les Franks ne surgirent que vers l'an 406, et qu'ils employèrent de longs siècles à leur conquête, ils ne peuvent être considérés comme nos seuls ancêtres et, pour écrire l'histoire de notre pays, il faut nécessairement commencer par celle de la Gaule.

Les Gaulois.

La portion territoriale comprise entre la mer du Nord et la Manche au nord, l'Océan à l'ouest, la chaîne des Pyrénées et la Méditerranée au sud, la chaîne des Alpes et le Rhin à l'est, pays prédestiné à tant de gloires de toutes sortes qu'il ne devait un jour rien avoir à envier à la Grèce antique et à la Rome conquérante, et qu'on appelait autrefois la Gaule, ou moins improprement les Gaules, ne porta en réalité jamais ce nom générique avant la domination des Romains, qui, prenant la partie pour le tout, avaient donné aux Celtes, habitants de cette contrée, le sobriquet de Gaulois, parce que ces guerriers, par leur parure, leur maintien, leur voix dure, leur irascibilité et leur courage, leur représentaient assez bien le coq *(gallus)*.

Cette opinion est du P. Lempereur, mais je l'adopte, quelque légendaire qu'elle paraisse, parce que je n'en trouve pas de meilleure chez les auteurs anciens pour appeler généralement Gaulois des populations d'origines, de mœurs et de langage si différents que les Celtes (de race celtique), les Pélasges (de race slave), les Ibères (de race vascone), et les Kymris (de race teutonique), qui les premiers envahirent le territoire.

Dans la genèse de l'histoire, les populations exclusivement guerrières, en s'accroissant en nombre, ne trouvaient plus dans les maigres pays qu'elles ne cultivaient pas, du reste, de quoi suffire à leurs besoins; aussi coururent-elles le monde pour trouver des rives fertiles où elles pussent se nourrir. C'est ainsi que les Pélasges arrivèrent les premiers par le Caucase et l'Asie-Mineure, s'établirent d'abord entre la mer Égée et l'Asie-Mineure, puis entre la Méditerranée, les Alpes et le golfe Adriatique;

Que les Ibères, partis probablement du nord de l'Afrique, vinrent prendre possession du midi de la Gaule sous le nom d'Aquitains, du nord de l'Espagne sous celui de Vascons et du nord de l'Italie sous celui d'Étrusques;

Que les Celtes, que l'on appelle aussi complaisamment Galls, pour arriver à Galli en passant par Gaëls, venus de l'Asie centrale et arrivant les derniers, montèrent jusque dans le nord de la Gaule, où ils s'établirent, aussi bien que dans les grandes îles de l'Océan nommées Albion et Hibernie.

Les Kymris, dont on a fait Cimbres comme on a fait depuis Clovis de Klodowich, par une corruption d'orthographe provenant d'un heureux adoucissement de prononciation, arrivèrent encore après les Celtes, ils sortaient de la Russie méridionale, chassés par une invasion de Scythes. Ils franchirent le Rhin sous la conduite de Hu le Puissant, leur chef de guerre, qui était en même temps législateur et prêtre, et disputèrent aux Celtes tout le nord de la Gaule. Peu à peu ils s'étendirent jusqu'à la Loire, puis jusqu'à la Garonne; toutefois, ce ne fut pas sans de longs combats, qui ensanglantèrent la Gaule entière pendant des siècles.

D'autres peuples étaient venus dans

ce pays, qui devait être relativement bien fertile, puisqu'il excitait tant de convoitises.

Les Phéniciens, les plus hardis et peut-être les seuls vrais navigateurs de l'antiquité, y avaient envoyé des colonies, qui exploitèrent les mines des Pyrénées et des Cévennes, et qui introduisirent en Gaule les premiers éléments de la civilisation, en apprenant aux habitants encore chasseurs et nomades l'agriculture et l'usage des métaux; ils y fondèrent même plusieurs villes, notamment Alésia qui devint bientôt la métropole de la Gaule; honneur qui lui fut disputé et enlevé plus tard par Massalie ou Marseille, fondée vers l'an 600 par une colonie de Phocéens.

La légende de cette fondation est trop jolie pour qu'elle ne mérite pas d'être citée, même dans une histoire.

Un marchand phocéen du nom d'Euxène débarque dans le territoire des Ségobriges. Le chef de ce peuple, nommé Nann, qui pratiquait l'hospitalité, l'accueillit avec cordialité et l'amena, lui et ses compagnons, dans sa maison où le repas des noces de sa fille était préparé.

Les Phocéens prirent place au milieu des prétendants galls et ligures, parmi lesquels, selon l'usage des Ibériens, la fille de Nann, qui n'assista point au repas, devait choisir son mari en lui présent une coupe pleine de vin.

Le festin s'achève; la jeune fille paraît; timide, émue, la coupe à la main; toutes les espérances s'éveillent et sont déçues, car la fille de Nann s'arrête devant l'étranger Euxène, dont elle fait choix en lui présentant sa coupe.

Nann, superstitieux comme tous les Barbares, reconnaît dans ce choix imprévu une inspiration de la Providence, proclame le Phocéen son gendre, et lui donne en dot le golfe où il est abordé.

Euxène renvoie alors à Phocée son vaisseau, qui revient chargé de colons; il cherche, le long de la côte hospitalière, un lieu propre à abriter une cité naissante, et trouve une péninsule creusée en forme de port, d'un accès facile par la mer, d'une défense très-aisée du côté de la terre, et c'est là qu'il bâtit Massilie, qui devint bientôt florissante, car les jeunes gens de Phocée, enflammés par les récits enthousiastes des nouveaux colons, arrivent en foule, peuplent la ville, qui s'épanouit vite sous le chaud soleil de la Provence, l'agrandissent, défrichent les coteaux qui l'entourent, dont ils lui font une ceinture d'oliviers et de vignes, pendant que la mer lui apporte en tribut les richesses des Carthaginois et des Étrusques.

Quarante ans après, Phocée ayant été prise par les Perses, Massilie servit de refuge à la population phocéenne, et hérita ainsi du commerce et des principaux établissements phéniciens dans la Gaule.

Elle établit des comptoirs dans tout le pays, fit commerce avec Albion par l'intérieur, fonda ou conquit, avec tout le littoral qui s'étend du Var à l'Èbre, Emporix (*Ampurias*), Rhoda (*Roses*), Agatha (*Agde*), Antipolis (*Antibes*), Nicæa (*Nice*), et n'eut bientôt dans la Méditerranée d'autre rivale que Carthage.

Mais malgré sa célébrité, qu'elle devait aussi bien à sa civilisation, à son amour pour les arts, qu'à ses richesses commerciales; malgré l'ambition qu'elle eut d'étendre sa domination sur la Gaule, à qui elle donna son alphabet, des médailles et quelques monuments, sa langue et ses mœurs ne se propagèrent que dans les villes voisines, et elle resta sans influence sur les Gaulois, qui ne la considéraient que comme une ville grecque campée sur un coin de leur territoire.

Habitations gauloises.

Migrations des Gaulois.

A cette époque, encore rien n'était assis dans les Gaules. Divisés en tribus nomades, sous la conduite de chefs électifs, les Cimbres, les Celtes, les Ibères se disputaient dans le sang les lambeaux de ce grand territoire, qu'ils ne devaient se partager à peu près définitivement que deux siècles plus tard.

Et pendant que les vainqueurs donnaient leurs coutumes et leurs langues aux pays conquis, les vaincus fuyaient, pour cacher leur honte, en des migrations lointaines.

Deux de ces expéditions ont laissé des traces dans l'histoire.

La première, composée de peuplades du centre, sous les ordres de Bellovèse, grossie bientôt par les bandes de Kymris qu'elle rallia sur son chemin, franchit les Alpes, expulsa les Étrusques, et s'établit à leur place dans le bassin du Pô, qui prit le nom de Gaule Cisalpine.

Sacrifices humains des druides.

C'est de là que, deux siècles plus tard, ces Barbares, devenus une nation, fondirent sur Rome, qui n'avait alors que trois cent soixante ans d'existence, et brûlèrent la ville, dont les habitants se rachetèrent à prix d'or.

Tel est le point de départ de la haine invétérée qui se traduisit pour ces deux peuples en une lutte terrible; elle se prolongea pendant deux siècles, et, après avoir servi les projets de conquête d'Annibal en lui donnant les gloires de la Trébie, de Trasimène et de Cannes, ne se termina que dans l'anéantissement de la Cisalpine, le jour où elle devint province romaine.

La seconde migration importante, commandée par Sigovèse, était composée des peuples de l'Est qui vinrent par la vallée du Danube s'établir sur le bord de ce fleuve, où ils restèrent trois siècles; après quoi, les bandes gauloises passèrent le mont Hémus, entrèrent en relations avec les Grecs, et se mirent à la solde des rois de Macédoine, successeurs d'Alexandre, où elles furent bientôt un parti si puissant qu'elles firent la guerre pour leur compte et ravagèrent la Grèce, épouvantée à la vue de ces hommes qui tiraient l'épée contre les vagues de l'Océan, qui lançaient leurs flèches contre le tonnerre et dont Alexandre avait dit qu'ils ne craignaient qu'une chose, « la chute du ciel ».

Cependant la civilisation vainquit la barbarie autour du temple de Delphes, dont ils convoitaient les richesses. Les Gaulois furent saisis d'une panique dont les Grecs profitèrent pour leur infliger la retraite la plus désastreuse, où la moitié s'anéantit; les autres passèrent dans l'Asie-Mineure, où la terreur de leur nom et la fortune de leurs armes firent rechercher leur alliance par les rois de l'Orient, à ce point que bientôt il n'y eut plus de trône assuré sans l'appui des Gaulois.

Ils colonisèrent pourtant, et s'établirent entre l'Halys et le Sangarius, dans la Haute-Phrygie qui, d'eux, prit le nom de Galatie; c'est là que, partageant le sort des populations voisines, ils subirent la conquête des Romains.

Populations des Gaules.

L'histoire des Gaulois, à part les grands cataclysmes dont nous avons parlé, n'a réellement laissé de monuments qu'à partir du II° siècle qui a précédé notre ère. Avant de nous en occuper, il nous semble utile de rechercher ce qu'étaient les Gaulois, ce qu'ils voulaient, ce qu'ils pouvaient.

La Gaule était alors partagée par les trois grandes races que nous avons déjà indiquées : les Celtes, les Kymris et les Ibères.

Les Celtes ou Gaulois proprement dits occupaient l'espace compris entre la Seine au nord, et la Garonne, le Tarn, les Cévennes, le Rhône et l'Isère, et comprenaient vingt-deux tributs divisées en trois confédérations :

1° Celle des Arvernes, dont la capitale était Gergovie (*près de Clermont-Ferrand*); dont dépendaient les Helviens (*Vivarais*), les Velaunes (*Vélay*), les Gabales (*Gévaudan*), les Ruthènes (*Rouergue*), les Cadurces (*Quercy*), et les Nitobriges (*Agénois*);

2° Celle des Éduens, dont la capitale était Bibracte (*Autun*), comprenant les Mandubiens (*Auxois*), les Ambarres (*Bresse*), les Insubres (*Nivernais*), les Ségusiens (*Forez*), et les Bituriges (*Berry*);

Et 3° celle des Séquanes, dont la capitale était Vésontio (*Besançon*), et qui était formée d'une dizaine de tribus, dont il ne nous reste pas les noms.

Trois peuples puissants, quoique d'origine celtique, refusèrent constamment d'entrer dans ces confédérations; c'étaient : les Helvètes qui habitaient entre le haut Rhône, le Jura et le haut Rhin, les Allobroges, qui occupaient le versant occidental des Alpes et les tribus penninés.

Les Kymris, entre le Rhin et la Seine, et qu'on appela plus tard Bolgs ou Belgs, ne formaient pas de confédérations; ils avaient 23 tribus, dont les plus connues sont: les Leuci (*Vosges*), les Mediamotrices (*Metz*), les Suessions (*Soissonnais*), les Remi (*Rémois*), les Bellovaques (*Beauvaisis*), les Calètes (*Rouennais*), les Ambiens (*Amiénois*), les Atrébates (*Artois*), les Morins (*Calais*), les Trévires (*Trèves*), les Éburons (*Lié-*

geois), les Nerviens (*Hainaut*), les Ménapiens (*Cassel*), et les Bataves (*Thuringe*).

Une race mixte s'était formée des Kymris et des Celtes; elle habitait le centre et comprenait 17 tribus composant la grande Confédération armoricaine.

C'étaient les Prétocoriens (*Périgord*), les Lémovices (*Limousin*), les Santones, (*Saintes*), les Pictaves (*Poitou*), les Andégaves (*Anjou*), les Turones (*Touraine*), les Carnutes (*Chartres*), les Sénones (*Sénonais*), les Lingons (*Langres*), les Aulerci Éburovices (*Évreux*), les Diablintes (*Rennes*), les Cénomans (*Maine*), les Nannètes (*Nantais*), les Vénètes (*Vannes*), les Osismiens (*Finistère*), les Curiosolites (*Côtes-du-Nord*), les Redons (*Redon*), les Unelles (*Manche*), les Baïocasses (*Bayeux*), les Lexoviens (*Lisieux*) et les Abrincates.

La race des Ibères, fixée entre la Garonne et les Pyrénées, se divisait en deux branches principales: les Aquitains et les Ligures.

Les Aquitains n'avaient pas de villes, et vivaient presque à l'état sauvage sous le gouvernement patriarcal absolu; ils se composaient néanmoins de 20 peuplades, dont les plus connues sont: les Tarbelles, les Bigerrions, les Garumni et les Ausci.

Les Ligures, relativement plus civilisés par leur voisinage des Celtes, se subdivisaient en Celto-Ligures et en Ibéro-Ligures.

Les tribus les plus importantes des premiers étaient les Salluviens, les Oxibiens, les Décéates, les Cavares et les Voconces; parmi les autres on comptait les Sardones, les Bébryces, les Élésyces, les Volces Tectosages et les Volces Arécomices.

Maintenant, si l'on veut avoir le dénombrement exact des populations gauloises, dont le chiffre se montait à 7 millions d'habitants, il faut ajouter la race grecque qui, après avoir fondé Marseille, s'était créé sur tout le littoral qui s'étend de Gênes en Espagne des colonies dont les villes gauloises se nommaient: Portus Herculis Monœci (*Monaco*), Nicæa (*Nice*), Antipolis (*Antibes*), Olbia (*Eaube*), Agatha (*Agde*), et Rhodanomia.

Gouvernement des Gaulois.

En raison même de ces nombreuses divisions, on n'a jamais pu considérer les Gaulois comme formant, au propre, un corps de nation; les tribus, de mœurs, d'origine et d'aspirations différentes, ne ressentaient pas le besoin des relations commerciales; elles avaient une existence politique isolée et pour ainsi dire autonome.

Ce n'était pas une république d'un fédéralisme même rudimentaire. C'étaient quelques petites monarchies, quelques aristocraties guerrières, et une cinquantaine d'anarchies dominées temporairement par des chefs militaires, dont le pouvoir non défini, et par cela même non limité, se prolongeait en raison du succès de leurs armes.

Il y avait cependant deux assemblées générales, appelées Champ de Mars, ou Champ de Mai, selon les époques où elles avaient lieu, où toute la nation était conviée en armes pour discuter les grandes questions de paix et de guerre, et on attachait une importance si capitale à la présence des citoyens à ces grandes réunions que celui qui y arrivait le dernier était mis en pièces par les autres.

C'était dans la loi; mais, la civilisation aidant, on se contenta de déchirer les habits du retardaire pour perpétuer l'ancien usage barbare.

Le pouvoir civil était exercé par

Les Gaulois en vue de Rome, d'après un tableau de M. Luminais.

les druides qui, les premiers, apprirent aux Gaulois à cultiver la terre, à se fabriquer des vêtements, à se construire des maisons et des villes, et les réunirent en tribus sous des lois communes.

Leur gouvernement, qui était à la fois despotique et éclairé, comme celui des prêtres de l'Égypte, mettait entre leurs mains la législation, l'éducation publique, la religion (divination et inspection des astres), la justice, la garde des mœurs et le soin des malades.

Ce pouvoir pouvait être arbitraire, car il n'y avait ni lois écrites ni même aucune autre relation, de sorte qu'ils étaient les dépositaires de toutes les sciences, de toute l'histoire et de toute la poésie; ce qui, vu leur caractère sacré, leur permettait de faire parler à leur gré le ciel et la terre.

Chaque cité avait son magistrat, *vergobret*, nommé par les prêtres et les notables assemblés en sénat; il ne pouvait sortir de la ville pendant la durée de son mandat, à moins d'une affaire pressante dans l'intérêt de la nation; et deux personnes d'une même famille ne pouvaient exercer la magistrature du vivant l'une de l'autre.

Tous les citoyens, quel que fût leur âge, étaient tenus d'aller à la guerre contre les ennemis de l'État.

Il y avait deux sortes de soldats, les uns qu'on appelait *Gésates*, du nom de leur arme, *gèse*, qui était une espèce de

Gaulois enterrés vivants par les Romains.

lance, combattaient à pied et étaient mercenaires.

Les autres, qui s'engageaient par serments réciproques à combattre et mourir ensemble, et qui faisaient de la guerre un art et une gloire, s'appelaient *solduriers*, dont on a fait *soldiers*, puis *soldats*. Ils combattaient soit à cheval, en *trimarkisie*, ou ordonnance de trois chevaux, c'est-à-dire que chaque maître était suivi de deux hommes d'armes, aussi à cheval, qui le secouraient dans le besoin et lui fournissaient une monture s'il arrivait que la sienne fût tuée ou blessée ; soit sur des chariots armés de faux et tirés par deux ou quatre chevaux. C'était un crime à ceux qui accompagnaient les chefs au combat de les abandonner en quelque danger que ce fût, et celui-là qui n'avait pas su mourir avec eux était décrété d'infamie.

Religion des Gaulois.

La religion des Gaulois était celle des druides (*hommes du chêne*), que l'on nommait ainsi parce qu'ils se retiraient dans les forêts pour enseigner leurs traditions sacrées et célébrer les fêtes de leur culte.

C'était une sorte de panthéisme né des religions de l'Orient, qui, ayant pour base l'éternité de l'esprit et de la matière et la transmigration des âmes, enseignait à ses adeptes le plus grand mépris de la vie.

Ils vénéraient toutes les forces de la nature, et leur théogonie avait des noms pour les vents, le soleil, les forêts ; mais ils n'adoraient officiellement que Teut, Thauth ou Teutatès, dieu du commerce et inventeur des arts, et Hésus, dieu de la guerre.

La fête de Teutatès se célébrait la première nuit de l'année nouvelle, car les Gaulois comptaient la nuit avant le jour.

Cette nuit-là, les druides après avoir parcouru les campagnes voisines en criant à haute voix, pour rassembler les fidèles : « *Au gui, druides, l'an neuf !* » se retiraient dans les forêts profondes, où le chef des prêtres, à la lueur des flambeaux, cueillait avec une serpe d'or sur le chêne, l'arbre sacré, cette plante parasite qu'on appelle le gui, et que d'autres druides recevaient cérémonieusement dans un linge blanc, de peur qu'il ne touchât la terre ; ensuite, dit Pline, on égorgeait deux taureaux blancs avec les autres victimes qu'on avait amenées, pour rendre les dieux propices et les prier de répandre leurs faveurs sur le gui, que l'on conservait avec soin comme provision médicale.

Le gui de chêne consacré par les druides avait la propriété de guérir toutes les maladies. Ce sont ces cérémonies qui ont pu faire croire à Maxime de Tyr que « les druides adorèrent le chêne et reconnurent en lui le souverain maître de la nature, sans lui bâtir aucun temple, ne croyant pas qu'il fût de sa grandeur, ni de leur sagesse, de renfermer dans un si petit espace le culte d'une si grande divinité, puisqu'elle se répandait partout et qu'il n'était rien de plus digne d'elle que le monde entier ».

Les fêtes d'Hésus étaient plus fréquentes et surtout plus barbares. Comme on lui vouait toujours, avant le combat, les dépouilles de l'ennemi, on les lui sacrifiait religieusement après la victoire, et si le butin manquait, on immolait les prisonniers.

Les sacrifices humains n'étaient pas rares : les druides ensanglantaient fréquemment les grossiers autels qu'ils élevaient au plus épais des forêts ou au milieu des bauges sauvages, autels que les âges ont respectés pour la plupart, et que nous connaissons aujourd'hui sous le nom de *dolmens*, *peulvans* ou *menhirs*, *cromlechs*, etc.

Les *dolmens* étaient proprement les autels formés d'une ou plusieurs pierres plates, posées horizontalement sur des pierres verticales, sur lesquelles on immolait les victimes.

Les *menhirs* sont d'énormes blocs

de pierre brute plantés en terre isolément ou rangés en avenues. C'étaient évidemment des poteaux d'infamie où les condamnés subissaient la torture et servaient de *sujet* pour les expériences divinatoires.

Les *cromlechs* sont des *menhirs* rangés en un cercle unique ou en plusieurs cercles concentriques, qui avaient probablement le même usage.

Quant aux *tumuli*, sorte de monuments druidiques que l'on rencontre encore, ce sont des tombeaux enfermés dans des cônes de terre d'une hauteur considérable (le *tumulus* de Cumiac a plus de 30 mètres).

Les sacrifices humains ne se faisaient pas qu'au dieu de la guerre; ils servaient aussi des vengeances et des superstitions personnelles, si l'on en croit Jules César.

« Tous les Gaulois, dit-il dans ses *Commentaires*, sont très-superstitieux: aussi ceux qui sont attaqués de maladies graves, comme ceux qui vivent au milieu de la guerre et des dangers, immolent des victimes humaines ou font vœu d'en immoler, et ont recours, pour ces sacrifices, au ministère des druides. Ils pensent que la vie d'un homme est nécessaire pour racheter celle d'un autre homme, et que les dieux immortels ne peuvent être apaisés qu'à ce prix; ils ont même institué des sacrifices publics de ce genre. Ils ont quelquefois des mannequins d'une grandeur immense et tissus en osier, dont ils remplissent l'intérieur d'hommes vivants; ils y mettent le feu et font expirer leurs victimes dans les flammes. Ils pensent que le supplice de ceux qui sont convaincus de vol, de brigandage ou de quelque autre délit est plus agréable aux dieux immortels; mais quand ces hommes leur manquent, ils prennent des innocents. »

Indépendamment de leur autorité religieuse et de leur autorité civile, dont nous avons parlé, les druides étaient encore les instituteurs de la nation; ils enseignaient l'immensité de l'univers, le mouvement des astres, le pouvoir des dieux immortels, la grandeur de la terre, la nature des choses et même un peu de morale.

On nous a conservé quelques-uns de leurs préceptes:

« Il faut avoir grand soin de l'éducation des enfants.

« L'argent prêté dans cette vie sera rendu dans l'autre.

« Les amis qui se donnent la mort pour accompagner leurs amis les retrouveront dans l'autre monde.

« Tous les pères de famille sont rois dans leur maison. »

Les druides étaient donc les premiers de la nation; au-dessous d'eux et vivant des miettes de leurs tables se trouvaient les *bardes* et les *ovates*.

Les *bardes* étaient les poëtes sacrés; leur présence était indispensable à toutes les cérémonies religieuses; tant que les prêtres furent prédominants, ils chantèrent les dieux et les druides. Mais lorsque les chefs militaires se furent affranchis du pouvoir des prêtres, ils célébrèrent les puissants et les riches, et tout ce qu'on voulut.

Les *ovates* ou devins étaient les desservants des autels de pierre, spécialement chargés de lire la révélation de l'avenir dans les entrailles de la victime.

Il y eut aussi des prophétesses, mais en nombre assez réduit. Les légendes ne nous parlent que des neuf druidesses de l'île de Sein, qui prédisaient l'avenir, et de quelques autres qui, habitant un des îlots de l'embouchure de la Loire, devaient à une certaine époque de l'année abattre et reconstruire dans la même journée le temple de leur dieu.

Mœurs et coutumes des Gaulois.

Le meilleur moyen d'avoir un portrait exact des Gaulois, c'est de recueillir les témoignages des anciens.

Ammien Marcellin dit : « Ils avaient la chair blanche et la tête haute, les cheveux blonds dorés et le regard affreux ; ils étaient prompts, querelleurs et hauts à la main ; une troupe d'étrangers n'eût osé en attendre un seul quand il était en colère, tant ils étaient redoutables, mais surtout quand c'était en présence de leurs femmes, qui se mêlaient hardiment dans leurs querelles et frappaient à coups de poings et à coups de pieds, aussi rudement que leurs maris ; au reste, leur voix était effroyable et menaçante, lors même qu'ils n'avaient aucun sujet d'être émus ; ils étaient propres en leurs habits ; mais dans l'Aquitaine beaucoup plus qu'ailleurs, n'y ayant point de femme, quelque grande que fût sa misère, qui ne se piquât d'une grande propreté. »

Voici les observations de Diodore de Sicile :

« Quelques-uns se coupent la barbe, et d'autres la laissent croître modérément ; mais les nobles se rasent les joues et laissent pousser les moustaches, de manière qu'elles leur couvrent la bouche. Ils prennent leurs repas, non point assis sur des sièges, mais accroupis sur des peaux de loup et de chien. A côté d'eux sont des foyers flamboyants, avec des chaudières et des broches garnies de quartiers entiers de viande. On honore les braves en leur offrant les meilleurs morceaux. Les Gaulois invitent aussi les étrangers à leurs festins, et ce n'est qu'après le repas qu'ils leur demandent qui ils sont et ce qu'ils viennent faire dans leur pays.

« Les Gaulois sont d'un aspect effrayant ; ils ont la voix forte et rude, ils parlent peu, s'expriment par énigmes et affectent dans leur langage de laisser deviner la plupart des choses. Ils emploient beaucoup l'hyperbole, soit pour se vanter eux-mêmes, soit pour abaisser les autres. Dans leurs discours, ils sont menaçants, hautains et portés au tragique ; mais ils ont de l'intelligence et sont capables de s'instruire. Ils ont aussi des poëtes qu'ils appellent *bardes*, et qui chantent la louange ou le blâme, en s'accompagnant sur une rote, instrument semblable à la lyre.

« Les Gaulois portent des vêtements singuliers ; ils ont des tuniques bigarrées de différentes couleurs, et des chausses qu'ils appellent *braies*. Avec des agrafes, ils attachent à leurs épaules des saies rayées d'une étoffe à petits carreaux multicolores, épaisse en hiver, légère en été. Ils ont pour armes défensives des boucliers aussi hauts qu'un homme, et que chacun orne à sa manière. Comme ces boucliers servent non-seulement de défense, mais encore d'ornement, quelques-uns y font graver des figures d'airain en bosse et travaillées avec beaucoup d'art. Leurs casques d'airain ont de grandes saillies et donnent à ceux qui les portent un aspect tout fantastique. A quelques-uns de ces casques sont fixées des cornes ; à d'autres, des figures en relief d'oiseaux ou de quadrupèdes. Ils ont des trompettes barbares d'une construction particulière, qui rendent un son rauque et approprié au tumulte guerrier. Les uns portent des cuirasses de mailles de fer ; les autres combattent nus. Au lieu d'épées, ils ont des espadons suspendus à leur flanc droit par des chaînes de fer ou d'airain. Quelques-uns entourent leur tunique de ceintures d'or ou d'argent. Leurs épées ne sont guère moins grandes que le javelot des autres nations, et leurs *saunies*, lourdes piques

« Malheur aux vaincus! » s'écria le brenn en jetant son épée dans la balance.

qu'ils lancent, ont les pointes plus longues que leurs épées. De ces saunies, les unes sont droites et les autres recourbées, de sorte que non-seulement elles coupent mais encore déchirent les chairs, et qu'en retirant l'arme on agrandit la plaie. Dans les voyages et dans les combats, beaucoup se servent de chars à deux chevaux, portant un conducteur et un guerrier. Ils lancent d'abord la saunie et descendent ensuite pour attaquer l'ennemi avec l'épée. Quelques-uns méprisent la mort au point de venir au combat sans autre arme défensive qu'une ceinture autour du corps. Ils emmènent avec eux des serviteurs de condition libre, et les emploient comme conducteurs et comme gardes. Avant de livrer bataille, ils ont coutume de sortir des rangs et de provoquer les plus braves des ennemis à un combat singulier, en brandissant leurs armes pour effrayer leurs adversaires. Si quelqu'un accepte le défi, ils chantent les prouesses de leurs ancêtres, vantent leurs propres vertus et insultent leurs adversaires. Ils coupent la tête de leurs ennemis vaincus, l'attachent au cou de leurs chevaux et clouent ces trophées à leurs maisons. Si c'est un ennemi renommé, ils conservent sa tête avec de l'huile de cèdre, et on en a vu refuser de vendre cette tête contre son poids d'or. »

Posidonius nous apprend comment ils prenaient leur nourriture :

« Autour d'une table fort basse, on trouve disposées par ordre des bottes de foin ou de paille, : ce sont les siéges des convives. Les mets consistent d'habitude en un peu de pain et beaucoup de viande grillée, bouillie ou rôtie à la broche, le tout servi proprement dans des plats de terre ou de bois chez les pauvres, d'argent ou de cuivre chez les riches. Quand le service est prêt, chacun fait choix de quelque membre entier de l'animal, le saisit à deux mains et mange en mordant à même ; on dirait un repas de lions. Si le morceau est trop dur, on le dépèce avec un petit couteau dont la gaîne est attachée au fourreau du sabre. On boit à la ronde dans un seul vase en terre ou en métal que les serviteurs font circuler ; on boit peu à la fois, mais en y revenant fréquemment. Les riches ont du vin d'Italie et de Gaule qu'ils prennent pur ou légèrement trempé d'eau ; la boisson des pauvres est la bière et l'hydromel.

« Près de la mer et des fleuves, on consomme beaucoup de poisson grillé, qu'on asperge de sel, de vinaigre et de cumin. »

Strabon nous dit que les hommes et les femmes se paraient de chaînes, colliers, bracelets, bagues et ceintures d'or. Ceux qui avaient la souveraine puissance se distinguaient par une couronne, ou un diadème enrichi de pierreries.

Ce luxe était peu en rapport avec leurs habitations qui, toujours d'après Strabon, étaient de figure ronde, construites de poteaux et de claies, et en dehors et en dedans desquels on appliquait des cloisons en terre, et couvertes de chaumes et de roseaux. Celles des grands seigneurs étaient accompagnées d'un bocage ou d'une rivière pour prendre le frais en été.

C'est dans ces maisons que les Gaulois vivaient patriarcalement, car le chef de la famille était maître absolu.

Les maris avaient droit de vie et de mort sur leurs femmes, aussi bien que sur leurs enfants. Les filles, qui choisissaient leurs maris librement, donnaient une dot pour recevoir un maître ; mais le mari était tenu de mettre à la communauté, appartenant au dernier vivant, une valeur égale à celle qu'il recevait.

Les femmes accusées d'avoir empoisonné leurs maris étaient mises à la torture ; si on les reconnaissait coupables, on les rendait à leurs parents, qui les faisaient mourir cruellement.

Les maris qui doutaient de la fidélité de leurs femmes avaient le droit d'exposer leurs enfants nouveau-nés sur un bouclier qui les laissait flotter à la merci des ondes, persuadés que si les bâtards se noyaient, les enfants légitimes étaient rendus à leur mère qui les attendait sur la rive ; du reste, il était d'usage de plonger les enfants dans l'eau froide en venant au monde, pour les rendre plus forts et plus vigoureux.

Les enfants, élevés exclusivement par les femmes, ne paraissaient point en public devant leurs pères qu'ils ne fussent en âge de porter les armes ; et comme on n'aimait point un homme quand il était gras, les jeunes gens étaient continuellement en exercice pour s'empêcher de le devenir, et ceux qui n'y pouvaient réussir étaient condamnés à une amende pécuniaire.

Les Gaulois étaient généreux et francs, ne pouvant souffrir ni mensonge ni supercherie, parce qu'ils ne se fiaient qu'à leur valeur, mais amoureux de la nouveauté jusqu'au point, dit César, « qu'ils avaient coutume d'arrêter les passants pour leur demander des nouvelles, et que le peuple s'attroupait dans les places publiques autour des voyageurs et des marchands, pour s'informer de ce qui se passait dans les pays étrangers. »

Les Gaulois prêtaient à leurs amis à une certaine usure qu'on appellerait aujourd'hui de la générosité : car les obligés n'étaient tenus à rembourser le capital que dans l'autre monde.

Pour leur état social, c'est encore César qui, ne trouvant en Gaule que deux classes d'hommes qui fussent honorés, les druides interprètes de la loi et possesseurs de la science, les guerriers exécuteurs de la loi et possesseurs de la famille, nous apprendra ce qu'il était :

« Pour la multitude, dit-il, son sort ne vaut guère mieux que celui des esclaves, car accablés de dettes, d'impôts, de vexations de la part des grands, la plupart des hommes libres se livrent eux-mêmes en servitude.

« Les druides, ministres des choses divines, accomplissent les sacrifices publics et particuliers et sont les juges du peuple. Ils connaissent de presque toutes les contestations publiques et privées.

« Lorsqu'un crime a été commis, lorsqu'un meurtre a eu lieu ou qu'il s'élève un débat sur un héritage, sur les limites, ce sont eux qui statuent ; ils dispensent les récompenses et les peines. Si un particulier ou un homme public ne défère point à leur décision, ils lui interdisent les sacrifices ; c'est chez eux la punition la plus rare. Ceux qui encourent cette interdiction sont mis au rang des impies et des criminels ; tout le monde fuit leur entretien, leur abord, et craint la contagion du mal dont ils sont frappés : tout accès en justice leur est refusé, et ils n'ont part à aucun honneur.

« La seconde classe est celle des nobles. Quand il survient quelque guerre (ce qui, avant l'arrivée de César, avait lieu presque tous les ans), ils prennent tous les armes, et proportionnent à l'éclat de leur naissance et de leurs richesses le nombre de serviteurs et de clients dont ils s'entourent. (Quelques-uns de ces clients se vouaient à leurs chefs à la vie à la mort. Chez les Aquitains, ces dévoués s'appelaient *soldures*.)

« Telle est la condition de ces hommes, qu'ils jouissent de tous les biens de la vie avec ceux auxquels ils se sont consacrés par un pacte d'amitié ; si le chef périt de mort violente, ils partagent son sort et se tuent de leur propre main ; et il n'est pas encore arrivé, de mémoire d'homme, qu'un de ceux qui s'étaient dévoués à un chef par un pacte semblable ait refusé, celui-ci mort, de mourir aussitôt. »

Invasion des Teutons.

Quant au commerce des Gaulois, il ne pouvait avoir une grande extension, vu le manque d'objets d'échange. Cependant on commençait à importer de gros draps, on entretenait par Corbillo, ville située à l'embouchure de la Loire, des relations assez suivies avec la Bretagne, et les Séquanes envoyaient par la Saône et le Rhône leurs salaisons, qui se répandaient ainsi en Italie et en Grèce.

L'industrie sans être encore très florissante, était plus active : on exploitait les mines, et les Bituriges, qui travaillaient le fer avec habileté, avaient déjà trouvé l'art de fixer à chaud l'étain sur le cuivre.

Les Éduens fabriquaient des matières d'or et d'argent, et inventèrent le placage, dont ils ornaient les mors de brides, les harnais des chevaux et les chars des chefs militaires.

JULES CÉSAR. (Buste antique du British-Museum.)

D'un autre côté, l'art de tisser et de brocher les étoffes avait fait assez de progrès pour que les Gaulois n'eussent plus rien à emprunter à l'Orient; leurs teintures avaient même de la réputation.

L'agriculture, abandonnée aux serfs, prospérait; ils avaient inventé la charrue à roues pour labourer les terres, le crible de crin pour nettoyer les graines, et même, bien qu'ils récoltassent peu de vin, les tonneaux pour le conserver; cependant ils ne commencèrent à cultiver le blé que sous la domination romaine.

Et maintenant que nous connaissons les peuples dont nous avons à parler, nous allons nous occuper de leur histoire.

CHAPITRE II

CONQUÊTE DE LA GAULE PAR LES ROMAINS

Causes des invasions.

Les guerres intestines qui ensanglantèrent continuellement la Gaule, pendant sa période d'indépendance, n'ont servi qu'à démontrer aux tribus qui se disputaient la prépondérance qu'il leur manquait un lien national. Ce lien ne se forma que devant le danger commun.

Nous n'avons parlé que succinctement des émigrations gauloises en Espagne, en Italie, en Grèce et en Asie-Mineure, parce que ce n'était pas l'histoire des Gaulois chez eux. Cependant il convient de s'appesantir sur la prise de Rome, qui est une des causes, sinon la cause unique, de l'invasion conquérante.

L'an 390 avant J.-C., trente mille Gaulois, descendants des bandes qui avaient suivi Bellovèse, parurent en armes devant Clusium en Étrurie.

Les habitants effrayés implorèrent le secours de Rome, qui envoya trois ambassadeurs appartenant à la famille des Fabius, pour arriver à une conciliation rendue bientôt impossible par la réponse que fit à Ambustus le brenn (chef) des Gaulois, que l'histoire, dans son besoin de préciser, a nommé Brennus : « Nous portons notre droit, comme vous autres Romains, à la pointe de nos glaives. Tout appartient aux braves. »

Irrités de cette déclaration du principe barbare : *La force prime le droit*, les Fabius, oubliant leur caractère d'ambassadeurs, se mirent à la tête des combattants. L'un d'eux, Ambustus, tua même un chef gaulois.

Cette violation du droit des gens changea l'objectif des Sénons, qui abandonnèrent le siége de Clusium pour marcher sur Rome. Ils rencontrèrent l'armée romaine sur les bords de l'Allia, le 16 juillet 390, date mémorable, car elle ouvre le cycle de 338 années de guerre, fermé par la conquête définitive des Gaules. L'intrépidité barbare triompha de la discipline des légions, qui furent écrasées et mises en déroute; tout ce qui ne put passer le Tibre à la nage pour se réfugier derrière l'enceinte de Véies périt dans le combat, et si les Gaulois n'avaient pas perdu leur temps à piller le camp romain et à s'enivrer du partage du butin, c'en était fait de Rome.

Mais un avenir brillant lui était réservé; elle eut le temps de fortifier le Capitole et de réfugier dans la citadelle toutes ses richesses et toutes ses forces vives, et quand les Barbares se répandirent dans la ville, ils trouvèrent les rues silencieuses, les maisons désertes, ou habitées seulement par quelques sénateurs qui, assis sur leurs chaises curules, s'offraient en victimes pour le salut de la République.

Les Gaulois, d'abord, furent intimidés par la vue de ces vieillards revêtus de longues robes bordées de pourpre, et appuyés, calmes et dignes, sur leur longue canne d'ivoire; mais l'un d'eux ayant touché la barbe de Papirius, qui répondit à cette insulte par un coup de canne, le Gaulois irrité le tua. Ce fut le signal d'un massacre général, suivi de pillage, et terminé par l'incendie de la ville. Le Capitole subit un siége de sept mois; il allait être surpris de nuit par les Barbares, quand les cris des oies consacrées à Junon réveillèrent un patricien nommé Manlius, et préservèrent Rome de l'anéantissement complet; car les Gaulois, qui ne s'étaient réservé ni abris ni provisions, que les maladies décimaient et que la famine dispersait, consentirent à s'éloigner avec des vivres et des moyens de transport fournis par les Romains et leurs alliés, moyennant une rançon de mille livres pesant d'or. Il est vrai de dire que les Barbares fournirent les poids et que, pour éluder tout contrôle, le brenn jeta encore dans la balance sa lourde épée et son baudrier de cuivre, en prononçant le fameux *Væ victis !* qui est resté la menace de tous les siècles.

En revanche, Camille, nommé dictateur, annula le traité signé, ordonna aux villes alliées de fermer leurs portes, et fit massacrer par ses armées les traînards et les bandes isolées.

Tels furent les doubles griefs de la haine de ces deux peuples qui, pendant trois siècles, ne parurent exister que pour se détruire.

Conquête de la Gaule cisalpine.

Le souvenir de l'invasion gauloise pesa longtemps sur la République; il fallait éviter le retour d'une pareille terreur, et Rome, qui avait mis au nombre de ses jours néfastes l'anniversaire de la bataille de l'Allia, prit ses précautions pour l'avenir, en fondant un trésor particulier pour subvenir aux dépenses des expéditions gauloises.

Entre deux adversaires irréconciliables, tout est motif de guerre; aussi les hostilités recommencèrent bientôt pour se continuer toujours, car les occasions ne manquaient pas. En dehors des grandes batailles de Salentinum qui, sans le dévouement de Décius, était pour Rome le pendant de l'Allia, d'Aretium où Métellus fut tué, il n'y eut rien de décisif pendant un siècle, et ce ne fut qu'en 283 que Rome osa aller chercher ses ennemis chez eux.

Le consul Dolabella pénétra chez les Sénons surpris, avec des forces considérables; il pilla les cités, brûla les villages, massacra les hommes, vendit les femmes et les enfants, et ne quitta le pays qu'après en avoir fait un désert; il est vrai que ce désert était maintenant province romaine.

On n'osa cependant en partager les terres qu'en 232. C'était encore trop tôt, car les Boïes, peuples voisins des Sénons, et chez lesquels les débris de cette tribu s'étaient réfugiés, refusèrent de laisser les Romains s'établir à leurs portes et, à leur cri de guerre, tous les Gaulois cisalpins se levèrent. 50 000 fantassins et 20 000 cavaliers prirent la route de Rome consternée, qui demanda, pour satisfaire aux ordres des livres sibyllins, le sacrifice de deux Gaulois : un homme et une femme furent enterrés vivants sur la place du Marché-aux-Bœufs.

Cette pieuse cérémonie ranima le courage des Romains, qui, habilement conduits par les consuls Émilius et Atilius Régulus, cernèrent les Gaulois avec leurs deux armées et les défirent complétement à Télamone (225), où l'on dit que les Gaulois laissèrent 40 000 morts et 10 000 prisonniers. Poursuivant leurs succès, les Romains, qui avaient conquis l'Étrurie, franchirent le Pô; mais, repoussés vigoureusement par les Insubres en 223, ils furent heureux d'accepter un traité qui leur permit de se retirer sans combat; ils refirent leurs troupes chez les Cénomans, et rentrèrent dans le territoire insubrien en oubliant qu'ils violaient le traité. Deux armées envoyées contre eux furent vaincues successivement. Virdumar, le chef des Insubres, fut tué en combat singulier par le consul Marcellus, qui rentra dans Rome avec des dépouilles opimes.

Les Cisalpins, convaincus du triomphe de la discipline sur l'impétuosité, acceptèrent leurs défaites en attendant leur vengeur. Annibal arrivait précédé du bruit de ses victoires en Espagne ; ils s'allièrent à lui, même avant de l'avoir vu. Ils battent une armée de la République dans la forêt de Mutine, et courent au-devant de celui qui devait les rendre invincibles contre leur ennemi commun et à qui ils portaient la gloire et le salut : car c'est avec leur sang que le héros carthaginois gagna les batailles de la Trébie, de Trasimène et de Cannes (où, sur 45 000 hommes qu'il avait, on comptait 30 000 Gaulois) ; c'est avec leur appui qu'il soutint cette lutte merveilleuse qui dura seize ans... Quand elle fut terminée, l'implacable Sénat employa toutes ses forces contre les Gaulois cisalpins. Ils eurent d'abord quelques succès, conduits par un général carthaginois, Amilcar ; mais le génie d'Annibal n'était plus avec eux, et, la trahison des Cénomans aidant, les légions romaines ne s'arrêtèrent qu'après avoir donné les Alpes pour frontières à la République. La bataille de Crémone termina cette guerre, qui avait duré 30 ans.

Les consuls Flaminius et Scipion Nasica déshonorèrent leur victoire en se vantant de n'avoir laissé vivants de toute la nation des Boïes que les vieillards et les enfants. Ils se trompaient, car des tribus de Boïes, aimant mieux quitter la terre qui leur avait été hospitalière pendant quatre siècles que d'accepter le joug des Romains, émigrèrent sur les bords du Danube et fondèrent deux colonies, *Bojchemum* et *Bajaria*, qui furent les berceaux de la Bohême et de la Bavière.

Conquête de la Gaule transalpine.

Rome, maîtresse de l'Italie et déjà de la moitié du monde connu, jetait un regard d'autant plus ambitieux de l'autre côté des Alpes qu'elle n'avait pas de chemin pour se rendre par terre dans l'Espagne, qu'elle possédait, et que la Gaule seule pouvait le lui donner. Une occasion de passer les monts se présenta pour la première fois en 154, et elle ne la laissa pas échapper.

Les Grecs de Massalie, depuis longtemps alliés de Rome, autant par crainte que par reconnaissance de la destruction de Carthage, leur rivale, voulant acquérir un grand territoire dans la Gaule et ne pouvant vaincre les Ligures qui leur barraient le passage, demandèrent le secours des Romains. Trois légions passent aussitôt les Alpes ; tout recule devant elles, et les consuls Flaccus et Sextius attaquent même des peuples neutres, tels que les Voconces et les Sallaviens, pour se rendre maîtres de tout le pays compris entre le Rhône et la Durance, à qui ils donnèrent une capitale en fondant *Aquæ Sextiæ* (Aix).

Vingt ans après, nouveaux prétextes. La guerre éclate entre les Allobroges et les Éduens. Rome intervient, conclut avec les Éduens un traité d'alliance qui leur donna, comme aux Massaliotes, le titre *d'amis et de frères du peuple Romain*, et se prépare à écraser les Allobroges.

Ceux-ci se coalisent avec les Arvernes, et la guerre éclate. Les Allobroges sont vaincus d'abord et laissent 20 000 hommes sur le champ de bataille (121). Mais la besogne fut plus difficile avec

Siège d'Alésia. — Machines de guerre.

les Arvernes. Fier et plein de jactance, à l'aspect des petits bataillons romains, le roi des Arvernes, Bituit, monté sur son char d'argent et entouré de sa meute de guerre, s'écria : « Il n'y en a pas pour un repas de mes chiens. »

La mêlée fut horrible : on dit qu'il resta 120 000 Gaulois sur le champ de bataille (mais il faut se méfier des exagérations). Bituit s'échappa ; mais pris par trahison il fut envoyé à Rome d'où il ne revint jamais.

Alors tout le pays compris entre le Rhône, les Alpes et les Cévennes fut déclaré province romaine. Il s'agrandit jusqu'aux Pyrénées par l'acceptation du titre de *fédérés* des Volces Tectosages, et prit de l'importance par la fondation de Narbo-Martius (*Narbonne*), que sa situation rendit bientôt la rivale de Marseille.

Invasion des Teutons et des Cimbres.

Les progrès de la conquête romaine

furent interrompus par une invasion formidable, qui menaça de destruction les vainqueurs et les vaincus.

Les Cimbres et les Teutons, reculant devant un débordement de la Baltique, envahirent la Gaule, et, arrivés dans la nouvelle province, y écrasèrent successivement cinq armées romaines; mais, au lieu de poursuivre leur victoire, ils passèrent les Pyrénées et usèrent leurs forces contre les Celtibériens. Ce répit sauva Rome; car lorsqu'ils revinrent en deux bandes innombrables, décidés à se porter sur l'Italie, la première, qui se composait de Teutons, trouva Marius qui, depuis deux ans, qu'il les attendait à Aix, avait eu le temps de préparer la victoire (102).

Ce fut un carnage horrible. Les Teutons, repoussés par les Romains jusque dans leur camp, y trouvèrent un ennemi qu'ils n'y attendaient pas, leurs femmes rendues folles par la défaite, qui les massacrèrent comme des lâches capables de fuir devant l'ennemi. Il resta là tant de cadavres que le champ de bataille, qui en fut engraissé pour plusieurs siècles, porte encore le nom de *Pourrières*.

Marius ne perdit pas de temps à poursuivre des ennemis démoralisés; il pensait aux autres, aux Cimbres qui prenaient la route d'Italie. Il les gagna de vitesse, les attendit à la descente des Alpes, et les anéantit à Verceil, dans le plus sanglant des combats de l'antiquité : car les Cimbres étaient si démoralisés qu'ils se pendaient derrière leurs chariots, couraient au-devant de la mort, et qu'il fallut exterminer jusqu'aux femmes et jusqu'aux chiens de ces Barbares.

Rome délivrée de ces hordes envahissantes conçut un profond ressentiment contre les Gaulois qui les avaient alissés passer sans opposition.

Aussi, de ce jour, toutes les entreprises projetées contre les Gaules devinrent populaires et la conquête complète en fut méditée.

Première campagne de César.

La Gaule ne tentait pas que l'ambition romaine; espérant être plus heureux que les Cimbres et les Teutons, un peuple de la Germanie en essaya la conquête.

A la tête d'une armée formidable de Suèves, Arioviste pénétra en Gaule, défit les Éduens et les Séquanes réunis à la bataille de Magetobria *(Mogt de Broie)* et se trouva bientôt maître de toute la Gaule orientale, d'où il harcela tant les Helvètes que ceux-ci se résolurent à quitter leur pays, et voulurent traverser la Gaule pour aller s'établir sur les bords de l'Océan.

Rome, qui n'avait pas répondu aux cris de détresse des Éduens et des Séquanes, occupée qu'elle était par ses troubles intestins, s'émut du projet de migration des Helvètes et envoya deux légions sur le Rhône et sur le lac Léman, pour les contenir avec le concours des Éduens et des Séquanes, chargés de la défense des passages du Jura.

Trois consuls se partageaient alors l'autorité : Pompée, César et Crassus. Mais le monde romain était bouleversé par les ambitions plébéiennes, par l'extension de l'esclavage et par la décadence du patriciat, mais surtout par l'enfantement d'un nouvel état social qui ne pouvait être préparé par les anciennes institutions. César, un des plus éclatants génies qui ait illuminé et subjugué le monde, parce qu'il avait toutes les vertus et tous les vices, comprit qu'il fallait s'éloigner de Rome livrée à l'anarchie et s'en aller commencer sa fortune dans la Gaule, dont la nature semblait avoir uni les destinées à celles de son pays.

Il rêvait l'empire, mais il lui fallait de la gloire militaire pour gagner le suffrage des soldats, et de l'or pour acheter celui du peuple abâtardi. Tout cela ne pouvait lui être donné que par une grande guerre, une glorieuse conquête; il l'entreprit en se faisant nommer pour cinq ans gouverneur des Gaules cisalpine et transalpine, avec mission expresse de contenir les Helvètes et de repousser les Suèves.

Les Helvètes étaient décidés à fuir; déjà ils avaient brûlé leurs douze villes et leurs quatre cents villages, et, emportant des vivres pour trois mois, ils arrivèrent sur le Rhône et demandèrent le passage qu'ils n'osaient pas forcer. César refusa, les repoussa à travers le pays des Séquanes et des Éduens, leur livra une grande bataille près de Bibracte, et les força de retourner dans leur pays.

Restait à porter secours aux Éduens alliés des Romains et aux Séquanes qui pouvaient le devenir par reconnaissance. César fit demander à Arioviste une entrevue qui lui fut refusée. Et alors, malgré l'effroi que les légions romaines avaient de la haute taille et du courage indomptable des Germains, il les attaqua brusquement, les vainquit, et Arioviste blessé repassa le Rhin avec les débris de son armée, pendant que le reste de la nation suève, apprenant la nouvelle par la joie qui s'en répandit dans toute la Gaule, se décidait à rentrer dans ses forêts.

Deux guerres qui pouvaient avoir des complications immenses se trouvaient terminées en une seule campagne (58). Jules César débutait bien.

Deuxième campagne de César.

Les Gaulois, enchantés d'abord de leur délivrance, virent bientôt qu'ils n'avaient fait que changer de maître. L'armée romaine hiverna chez eux. César leva des tributs, ramassa des vivres et commanda dans les assemblées fédérales.

Les nations belges (Kymris) s'alarmèrent du voisinage des légions, et prirent les armes.

« C'étaient, au dire de César lui-même, les plus braves populations de la Gaule, parce que, étant les plus éloignées de la Province, la civilisation et le luxe avaient moins pénétré chez elles. » Cela ne les empêcha pas d'être vaincues, sur les bords de l'Aisne (57); car par une habile diversion César avait provoqué la dispersion des troupes bellovaques et suessiones, et il eut bon marché des Belges restés seuls en présence de ses légions.

Restait à vaincre les autres peuplades. Les Suessions (*Soissons*), les Bellovaques (*Beauvais*) et les Ambiens (*Amiens*) ne résistèrent même pas et livrèrent leurs places; les Nerviens seuls (*Hainaut*) attendirent les légions romaines derrière la Sambre où ils les eussent exterminées, si à leur bravoure ils avaient joint le moindre génie militaire. César combattit pour la vie, mais fut finalement vainqueur; toute l'armée nervienne se fit tuer de désespoir, et César rapporte que les vieillards de la nation lui ont dit : « De nos 600 sénateurs il en reste 3; de 60000 combattants, 500 ont échappé. » Les Atuatiques, peuplades qui habitaient entre Liége et Namur, résistèrent aussi, mais furent subjugués, et 53000 d'entre eux vendus comme esclaves.

Pendant cette expédition, Crassus, lieutenant de César, parcourait sans rencontrer de résistance le pays compris entre la Saône et la Loire. De sorte qu'à la fin de la deuxième campagne on pouvait croire la Gaule soumise.

VERCINGÉTORIX. (D'après la statue colossale de M. Aimé Millet.)

Troisième campagne de César.

Cependant l'esprit d'indépendance fermentait dans les Gaules, et César, qui crut pouvoir s'absenter pour veiller aux intérêts de sa faction, n'était encore qu'en Illyrie, quand il apprit que ses légions étaient attaquées de tous côtés et que toute l'Armorique était soulevée.

Les Vénètes (Morbihan) qui étaient l'âme du mouvement, fiers de leurs 200 vaisseaux, osèrent accepter une bataille navale où César en personne détruisit leur flotte; après quoi, il s'empara de leurs villes et, pour venger les tribuns et préfets romains qui avaient été pris comme otages, il fit égorger tous les sénateurs et vendre le peuple à l'encan.

Pendant ce temps, Sabinus, au nord, avait anéanti l'armée fédérée des Éburoviques (*Évreux*) des Unelles (*Saint-Lô*), des Aulerques (*le Mans*), et des Lexoviens (*Lisieux*). Crassus, au sud, avait eu même succès : avec douze cohortes renforcées des milices de la Province, il

La Gaule au temps de Jules César.

battit une armée de 50 000 hommes et reçut la soumission de presque tous les Aquitains; il ne restait plus à dompter de nouveau que quelques tribus belges. César marcha lui-même contre les Morins et ravagea leur pays.

Cette année (56) vit les légions victorieuses des Pyrénées à la mer du Nord.

Quatrième campagne de César.

Les secours considérables que les Armoricains avaient reçus des Bretons dans la dernière guerre firent comprendre à César qu'il ne réduirait jamais définitivement ce peuple avant de s'être assuré de la Bretagne.

De la pensée à l'exécution, il n'y avait pas loin avec un conquérant de cette nature. Il organisa deux expéditions successives dans lesquelles il emmena toute la noblesse gauloise, pour la faire mourir au profit de sa gloire; mais il ne fut pas heureux dans ses entreprises, et à l'exception d'un tribut annuel qu'il exigea des Bretons et pour la garantie duquel il prit des otages, sa quatrième campagne fut négative.

Cinquième campagne de César.

La Gaule semblait soumise, et pourtant la véritable guerre des Gaules n'était pas encore commencée. César était le maître, c'est vrai: l'assemblée générale ne se réunissait plus qu'en sa présence et pour décréter ses volontés, lui fournir de l'or et des guerriers; mais, malgré son système de favoriser des ambitieux qui lui livraient sans vergogne la liberté de leur cité pour la commander sous lui, un vaste complot s'organisait pour l'indépendance du pays, sous la direction d'Ambiorix, chef éburon, qui commandait dans le Limbourg, et d'Indutiomar, chef des Trévires; et à la faveur du départ de César,

qu'une trompeuse sécurité avait éloigné, les hostilités commencèrent. Une légion romaine surprise par Ambiorix fut taillée en pièces; d'autres cohortes, commandées par Cicéron, furent assiégées dans leur camp, et étaient sur le point de subir le même sort; car il n'y avait plus un soldat sur dix qui fût sans blessures, quand le proconsul, arrivant avec deux légions, dégagea Cicéron et tailla en pièces l'armée d'Ambiorix. Celui-ci, bien que traqué comme une bête fauve de retraite en retraite, parvint à s'échapper, mais son pays fut saccagé et son peuple exterminé.

De son côté, Labiénus, envoyé contre les Trévires, revenait victorieux après avoir tué Indutiomar, et la Gaule redevint encore une fois silencieuse.

Sixième campagne de César.

Cette fois César ne s'y trompait pas, et, pour en finir tout d'un coup avec la rébellion, il fit de grands préparatifs de guerre. Il s'agissait de relever, aux yeux de Rome, son prestige qui s'évanouissait. Il convoqua l'assemblée générale de toutes les cités à Lutèce (*Paris*). Les Carnutes, les Sénones, les Trévires, en n'y envoyant pas de députés, assumèrent sur leur pays les colères du proconsul; ce fut contre eux que servirent les grands préparatifs de César, qui les battit à plusieurs reprises et fit égorger leurs chefs. Après quoi, il se dirigea sur le pays des Éburons dont il voulait anéantir la race; il y appela les pillards de toutes les contrées voisines, livra les biens des habitants aux premiers occupants, et y fit allumer des incendies qui ne s'éteignirent que dans le sang.

Septième campagne de César.

Ces cruautés n'étaient pas nécessaires pour aviver la haine du nom romain, qui grandissait dans le cœur des Gaulois en même temps que leur servitude, et un soulèvement général fut préparé pendant l'hiver que César passa à Rome, où la République agonisante n'avait plus que deux maîtres en perspective, le dominateur des Gaules et Pompée (Crassus ayant été tué dans une guerre contre les Parthes).

Profitant de l'éparpillement des légions, les députés de toutes les tribus se réunirent dans une forêt, et jurèrent de prendre les armes dès que le signal serait donné.

Il partit de Génabum (*Orléans*) : tous les Romains qui y étaient établis furent égorgés par les Carnutes. La nouvelle, répétée de village en village, avait fait le tour de la Gaule en trois jours; tous s'armèrent, excepté les Belges, surveillés de trop près par les légions et les Rèmes, qui restèrent ouvertement infidèles à la cause commune.

En revanche, les Arvernes, qui n'avaient pas encore pris part à la lutte, étaient des premiers prêts. Ils étaient alors commandés par Vercingétorix, un jeune homme qui montra, le premier en Gaule, outre l'intrépidité et le courage communs à toute la nation, les qualités d'un général. Il provoqua la réunion d'un conseil suprême des cités gauloises, et en reçut le commandement, qu'il était digne d'exercer.

Les Gaulois qui, pour la première fois, cherchaient le salut dans l'unité du pouvoir et la réunion des efforts, purent croire un moment au rachat de leur indépendance.

Vercingétorix, après avoir organisé la résistance, prend l'offensive, marche dans le pays des Bituriges contre Labiénus, pendant que son lieutenant Luctère descend au sud pour envahir la Narbonnaise et fermer aux Romains le chemin de l'Italie; mais à la nouvelle de l'insurrection César passe les Alpes, bat Luctère, traverse les Cévennes couvertes de neige et fond sur les Arvernes, qu'il ravage. Vercingétorix revient sur ses pas pour défendre son pays. César n'y est déjà plus : laissant une partie de son armée, il court avec sa cavalerie dans le pays des Éduens et y rallie les légions dispersées de Labiénus.

Le général gaulois devine son plan, et ravage tout chez les Éduens, pour forcer César à se mesurer avec lui en venant au secours de ses alliés; mais le proconsul est déjà sur la Loire, où il s'empare de toutes les villes soulevées.

Vercingétorix veut alors le prendre par la famine et brûle toutes les cités des Bituriges, des Carnutes et des peuples voisins, ne laissant debout qu'Avaricum (*Bourges*), dont César s'empare après un siège sanglant, pour s'y ravitailler et y prendre ses quartiers d'hiver.

Le printemps venu, il envoie Labiénus avec quatre légions soumettre les peuples de la Seine et avec les six qui lui restaient il marche sur Gergovie, capitale des Arvernes; mais Vercingétorix couvrait la ville, et après une bataille où quarante-six de ses centurions trouvèrent la mort, César opéra une retraite qui ressemblait à une fuite. Il pouvait encore regagner la Province; pour cela, il veut rallier Labiénus et cherche à passer la Loire; mais les Éduens qui avaient secoué le joug romain en gardaient tous les passages, et le proconsul se trouvait dans un pays saccagé, et poursuivi par l'armée gauloise. La position était critique; il en sortit en trompant les Éduens sur sa marche, il franchit le fleuve et atteignit le pays des Sénones, où il trouva Labiénus qui, à la nouvelle du désastre de son général, avait gagné le passage de la Seine par une bataille livrée près de Lutèce à un chef aulerque du nom de Camulogène.

Ce premier succès, bien que négatif, avait ranimé l'enthousiasme des Gaulois, autant que la défection des Éduens avait propagé l'insurrection. Le pouvoir suprême avait été confirmé à Vercingétorix dans une nouvelle réunion générale, tenue à Bibracte. Trois peuples seuls n'y avaient pas été représentés, les Trévires, les Lingons et les Rèmes. Par leur moyen, César se fit la cavalerie qui lui manquait pour attaquer Vercingétorix; il le rencontra à trois jours de marche près d'une rivière dont les historiens ne sont pas d'accord sur le nom. Que ce soit la Saône, l'Aube, ou l'Armançon (ce qui est plus probable), il n'en est pas moins certain que César y fut d'abord vaincu, et à telles enseignes qu'il y courut les plus grands dangers et laissa son épée aux mains de l'ennemi; mais les Gaulois, qui pourtant avaient juré de ne revoir jamais leurs femmes ni leurs enfants s'ils ne traversaient les légions romaines au moins deux fois, furent pris d'une telle panique qu'ils s'enfuirent en désordre et se réfugièrent sous les murs d'Alésia au nombre de 90 000.

Alésia, sur la position de laquelle les archéologues sont encore divisés (il est cependant plus que probable qu'elle était située sur le mont Auxois, entre l'Oze et l'Ozerans, à peu près à l'endroit où est aujourd'hui le bourg d'Alise-Sainte-Reine); Alésia passait pour la plus forte place de la Gaule, et Vercingétorix la choisit habilement comme lieu de refuge à son armée débandée; mais il avait affaire à un génie supérieur, et César ne pensait pas seulement à l'attaquer; son plan consistait à terminer la guerre d'un seul coup, en assiégeant à la fois et l'armée et la ville, ce qu'il fit au moyen de travaux prodigieux. Il bloqua Vercingétorix par un système de triples fossés de 20 pieds de largeur, remplis de l'eau qu'il emprunta aux deux rivières, autant pour en priver les assiégés que pour défendre les assiégeants contre les sorties désespérées, le tout couronné d'une terrasse de 12 pieds de haut, palissadée partout et flanquée de tours à 80 pieds de distance les unes des autres.

Les Gaulois essayèrent vainement d'arrêter ces travaux, ils ne purent réussir qu'à faire sortir leur cavalerie, qu'ils envoyèrent dans toutes les directions appeler la Gaule à leur délivrance.

Toutes les tribus, excepté les Rèmes, répondirent à l'appel de Vercingétorix, et une armée formidable arriva devant le camp romain au moment où Alésia et son armée étaient réduites aux dernières extrémités.

César courut alors les plus grands dangers : d'assiégeant, il devenait assiégé, et pris entre deux armées désespérées il fallait qu'il fût victorieux pour assurer à jamais sa fortune et sa gloire. Il reçut à la fois le choc des Gaulois d'Alésia et des Gaulois de la plaine; mais le patriotisme et le désespoir se brisèrent contre la force des lignes et la discipline romaine; l'armée de délivrance fut battue, poursuivie par César, et se dispersa à moitié détruite; l'armée assiégée se rendit. Vercingétorix, espérant fléchir la colère du proconsul en faveur de ses frères, vint se livrer lui-même; il attendit dix années qu'il plût à César d'ordonner sa mort au jour de son triomphe; quant à ses frères, ce qui avait résisté aux maladies et à la mort, c'est-à-dire 60 000 d'entre eux furent partagés comme butin aux soldats romains.

Gergovie, ancienne capitale des Arvernes.

Soumission de la Gaule.

La Gaule était à jamais vaincue ; elle n'avait plus qu'à se soumettre aux lois du conquérant. Les Éduens et les Arvernes posèrent les armes, après le désastre d'Alésia ; cependant quelques tribus essayèrent de lutter encore. Les Carnutes et les Bituriges, qui n'avaient pris qu'une faible part à la dernière guerre, n'en furent pas moins chassés de leur pays ; les Bellovaques, écrasés par César au passage d'une rivière, implorèrent sa clémence et lui livrèrent des otages, comme toutes les villes du nord-est ; les Belges, qu'Ambiorix commandait encore, furent rejetés au delà du Rhin après avoir livré leurs armes, et les Armoricains se rendirent à discrétion à l'approche du vainqueur.

Bientôt il n'y eut plus de guerre que chez les Cadurques (*Cahors*). Luctère qui les commandait fut réduit à s'enfermer dans Uxellodunum (*Capdenac*), où il fut assiégé et contraint de se rendre. César, pour faire un exemple terrible, fit couper les mains à ceux qu'il venait de vaincre.

Cette odieuse exécution fut le dernier acte de la lutte qui arracha les Gaulois au libre développement de leur génie national, et César qui, pendant huit années, avait avec ses dix légions, mais surtout avec la force de la discipline romaine et les ressources de son incomparable génie, « pris de force huit cents villes, soumis plus de trois cents peuples, et combattu contre trois millions d'hommes, dont un tiers périt dans les batailles et un tiers fut réduit en captivité », consacra une année (50), un temps précieux pourtant alors à son ambition, à gagner la Gaule par des générosités et à lui faire oublier sa défaite par des institutions et des monuments, et sa servitude par des spectacles et les douceurs énervantes de la civilisation romaine.

CHAPITRE III

LA GAULE ROMAINE

Les Gaulois sous les premiers empereurs.

L'organisation de la Gaule ne fut pas immédiate. César, qui avait terminé pour Rome la conquête du monde, et qui fut assassiné au moment où il allait faire pour lui la conquête de Rome, en instituant l'Empire, n'eut pas le temps de s'en occuper. Auguste lui-même, quelque besoin qu'il en ressentît, ne put s'y consacrer personnellement qu'à partir de l'an 27 avant notre ère.

La Gaule, revivifiée par un quart de siècle d'une tranquillité telle que sa servitude, effective seulement par un tribut annuel de 40 millions de sesterces (près de 8 millions de notre monnaie), ne lui faisait point regretter les temps agités de son indépendance tumultueuse, reçut des divisions nouvelles, c'est-à-dire que les anciennes limites des provinces furent changées.

Indépendamment de l'ancienne province romaine que nous avons nommée Gaule transalpine et qui devint la Narbonnaise, la Gaule se composa de trois autres provinces : l'Aquitaine, qui s'étendit jusqu'à la Loire ; l'ancienne Celtique, comprise entre la Marne, la Seine et la Loire, qui s'appela Lugdunaise du nom de Lugdunum (*Lyon*), sa capitale, ville nouvelle qui, en raison des quatre grandes voies militaires qui en partaient pour aboutir au Rhin, à la Manche, à l'Océan et aux Pyrénées, devint le centre de l'administration impériale, et la résidence des gouverneurs.

Le reste de la Gaule prit définitivement le nom de Belgique.

Cette mesure adoptée par Auguste, et surtout la subdivision du pays en soixante circonscriptions municipales dominées par une cité responsable des désordres éclatant sur son territoire, détruisit les anciennes fédérations et les rivalités de race.

Les souvenirs de l'indépendance furent effacés par les noms nouveaux donnés aux villes qui avaient marqué dans l'histoire. C'est ainsi que Gergovie fut décapitalisée au profit d'Augustonémétum (*Clermont*), que Bratuspantium eut le même sort au profit de Cæsaromagus (*Beauvais*), que les capitales des Suessions, des Véromandues, des Tricasses, des Rauraques, des Auskes, des Trévires, qui sont aujourd'hui Soissons, Saint-Quentin, Troyes, Angers, Auch et Trèves, prirent indistinctement le nom d'Augusta. C'est ainsi que la ville des Turones devint Cæsarodunum (*Tours*); celle des Lémovices, Augustoritum (*Limoges*), et que l'ancienne Bibracte conquit une nouvelle célébrité sous le nom d'Augustodunum (*Autun*).

Auguste pensa aussi à réformer la religion des druides, qui, bien que n'ayant joué aucun rôle dans la guerre de l'indépendance, n'avaient pas été sans exercer une influence occulte sur l'esprit de résistance. Pour y arriver, il commença par débaptiser tous les dieux secondaires de la mythologie gauloise, et leur éleva des autels sous des noms romains; — puis, sans proscrire l'exercice de l'ancien culte, il défendit les sacrifices humains; enfin il décréta que le droit de cité ne serait donné qu'à ceux qui abandonneraient le rite druidique, et, par des priviléges habilement accordés aux plus empressés, il décida la nation à devenir romaine de fait, de droits et de religion.

Sous Tibère, la Gaule ne fit rien que de donner une preuve de son indifférence pour son ancienne indépendance. L'an 21 de notre ère, Sacrovir tenta d'entraîner les peuples de la Celtique, pendant que Julius Florus essayait de soulever les Belges; mais au premier mouvement des Romains les deux chefs abandonnés se tuèrent de désespoir.

Caligula visita la Gaule, craignant sans doute de ne pas suffisamment démontrer au monde entier sa folie furieuse.

Claude, qui était originaire de Lyon, porta, avant son imbécillité reconnue, toute son attention sur son pays; il défendit, sous peine de mort, les cérémonies druidiques, proscrivit les prêtres, qu'il fit poursuivre par ses légions jusque dans la Bretagne, dont il réduisit la partie méridionale en province romaine; mais il accorda à tous les Gaulois le titre de citoyens romains, qui leur ouvrait toutes les fonctions publiques et même le Sénat.

On peut voir encore à Lyon des tables d'airain sur lesquelles sont gravés des fragments du discours qu'il prononça à cette occasion.

Néron ne fit pour la Gaule que ce qu'il savait faire pour ses propres peuples, c'est-à-dire du mal; aussi, c'est de la Gaule qu'est parti le mouvement dont le résultat fit pousser à toutes les provinces un soupir de soulagement: l'Aquitain Vindex fut l'instigateur de la révolution qui, en précipitant le tyran du trône, ébranla si violemment l'Empire que, de l'an 60 à l'an 70, quatre empereurs revêtirent la pourpre.

Dernière tentative d'indépendance.

C'est ce moment de crise que choisit le Batave Claudius Civilis, qui, après avoir été préfet de cohorte pour les Romains, était devenu leur ennemi; pour tenter de créer un empire gaulois. Lorsqu'il vit l'Italie soulevée contre Vitellius, les armées se divisant pour nommer des empereurs dont l'autorité était méconnue, il réunit la noblesse batave et l'enflamma de ses espérances.

Il eut d'abord quelques succès. Tombant à l'improviste sur les Romains, il profita de la défection de leurs alliés pour les anéantir. Lupercus accourut pour venger ce désastre; mais ses légions vaincues se sauvèrent dans une île du Rhin (*Vetera Castra*), attendant du secours.

Les têtes de deux chefs francs présentées à Constantin.

A la nouvelle de ces victoires, les druides sortent de leurs repaires et soulèvent les peuples que Civilis gagnait déjà en leur envoyant une part du butin et des captifs, et dont il excitait le courage par le spectacle de ses cruautés. — On dit que pour exercer son fils, encore enfant, à tirer de l'arc, il lui donnait pour but des prisonniers romains qu'il faisait attacher aux arbres des forêts.

Des chefs belges, Sabinus et Classicus, provoquent la défection des troupes auxiliaires ; les légions romaines qui venaient pour délivrer Vetera Castra sont ébranlées, et reconnaissent l'empire gaulois proclamé par Civilis, qui va toucher à son but.

Mais l'administration romaine, qui entretenait avec soin les vieilles rivalités, souffla la discorde entre les provinces et la rébellion était déjà à moitié étouffée quand l'armée commandée par Cérialis, envoyé de Rome par Vespasien, vint la terminer par une série de victoires remportées sur Civilis qui, abandonné de toute la Gaule, plus effrayée encore des Germains qui la menaçaient que des Romains qui la civilisaient, demanda la paix, après s'être défendu longtemps dans les marais de la Batavie.

Sabinus, qui avait pris pour lui-même le titre d'empereur, vécut neuf ans dans un souterrain, aux environs de Langres, où il cacha sa pourpre imaginaire dans les bras de sa femme Éponine.

Découvert et conduit à Rome à la vengeance de Vespasien, Éponine le suivit et, après avoir vainement essayé

Ruines du palais des Thermes, construit par l'empereur Julien.

de fléchir l'empereur, elle demanda et obtint la faveur de partager son supplice.

Première invasion des Barbares.

L'histoire gauloise, fondue dès à présent dans l'histoire romaine, laisse passer plus d'un siècle sans enregistrer de faits particuliers au pays.

Les révolutions continuelles qui agitaient le monde romain enhardirent les populations germaniques, qui guettaient la Gaule comme une proie et Rome comme une ennemie.

Ces peuples étaient : les Goths, subdivisés en Gépides, Ostrogoths et Visigoths, originaires de la Scandinavie : ils s'établirent entre le Pont-Euxin, le Tanaïs et le Borysthène ;

Les Vandales, comprenant les Burgondes, les Hérules et les Longobards, qui habitaient entre la mer Baltique, la Vistule et l'Elbe ;

Les Saxons et les Angles, dans la Chersonèse cimbrique ;

Les Alamans et les Suèves, entre le Danube, le Rhin et le Mein ;

Les Francs Saliens, qui habitaient les bords de l'Issel ;

Les Francs Ripuaires, sur les bords du Rhin ;

Et les Francs Sicambres, entre la Sieg et la Roër.

Ces peuplades barbares, que nous verrons souvent traverser la Gaule, où plusieurs d'entre elles devaient fonder des colonies, se formèrent en confédérations puissantes qui se répandirent sur le monde. Les Goths passèrent le Danube, et, après avoir ravagé la Thrace, battirent l'armée romaine et tuèrent l'empereur Décius ; les Alamans se frayèrent un passage sanglant jusqu'au-devant de Rome, pendant que les Francs se jetaient sur la Gaule, l'Espagne et l'Afrique.

Dans ce désordre universel qui prédisait la décadence de l'empire romain, et où l'on vit jusqu'à trente généraux se disputer la pourpre impériale, que les armées dispensaient à leur gré, la Gaule, reprenant la pensée de Civilis et de Sabinus, fut empire gaulois et eut des Césars qui se succédèrent de l'an 260 à 273.

Le dernier, Tétricus, fatigué d'un pouvoir discuté, trahit son armée et la livra à Aurélien, qui venait d'avoir la gloire de délivrer l'Empire des Barbares.

Il rétablit l'ordre dans la Gaule, dont il se plut à embellir quelques villes, notamment Génabum, qui, en reconnaissance, changea son nom contre celui d'Aurélianum (*Orléans*).

Mais Aurélien mourut et, à cette nouvelle, les Barbares, contenus de l'autre côté du Rhin, repassèrent le fleuve et se jetèrent sur la Gaule où ils brûlèrent soixante-dix villes.

Probus, qui avait succédé à Aurélien, accourut en hâte et, après avoir chassé les hordes germaniques, qui se tinrent en repos pendant un siècle, il répara le nord de la Gaule, couvert de ruines, et fit replanter sur les coteaux presque toutes les vignes que Domitien avait fait arracher pour conserver à l'Italie le monopole du vin.

Progrès du christianisme dans les Gaules.

C'est vers cette époque que la religion chrétienne, née à Jérusalem au pied de la croix de Jésus, des efforts de douze hommes pauvres, ignorants, qui parcoururent le monde en proclamant l'amour de Dieu et des hommes, en prêchant le dogme de la paix et de la fraternité universelles, commença à faire en Gaule les progrès sérieux qu'elle avait déjà faits à Rome et qu'elle devait faire dans toute l'Europe.

Il y avait déjà plus d'un siècle que l'évêque Potin, accompagné de quelques prêtres de l'église de Smyrne, était venu annoncer la bonne nouvelle en Gaule : mais les empereurs, qui considéraient le christianisme non pas comme une révolution morale ayant pour unique but la sanctification de ses adeptes, mais bien comme la plus grande et la plus dangereuse des révolutions politiques et sociales, ayant pour principe l'égalité des hommes et pour objet l'affranchissement des esclaves, des enfants et des femmes, prirent des précautions sévères contre son établissement et persécutèrent les chrétiens, au dire de Tacite, « comme ennemis des dieux, hostiles à la chose romaine et convaincus de la haine du genre humain ; » de sorte que le christianisme, après avoir fourni les légendes de quelques martyrs aux annales de l'Église, ne se professait que souterrainement et seulement à Lyon.

Vers l'an 250, sept évêques partent de Rome et se répandent en Gaule pour la propagation de la foi nouvelle. Paul s'établit à Narbonne, Trophime à Arles, Saturnin à Toulouse, Martial à Limoges, Gatien à Tours; Strémonius pénétra jusque dans les montagnes de l'Arvernie, pendant que Denis prêchait sur les bords de la Seine, à Lutèce. La persécution suspendit les efforts des missionnaires; Saturnin fut martyrisé dans Toulouse; Denis fut décapité au mont de Mars (*Montmartre*). Mais elle n'interrompit point les progrès de leur doctrine; leurs disciples se multiplièrent à l'envi, et rien ne put arrêter la propagation évangélique. Les chrétiens, souffrant tout sans révoltes, sans murmures, ne se défendant que par leurs écrits et par leurs vertus, courant au martyre avec enthousiasme et le supportant avec constance, assurèrent bientôt la victoire à ce qui n'était alors que la religion de la souffrance.

Temps d'arret dans la civilisation.

Malgré le succès des armes de Probus, l'invasion des Barbares avait arrêté pour jamais la prospérité romaine; l'inquiétude remplaçait la sécurité, et la richesse ne se renouvelant plus, faute d'industrie et de travail, le despotisme impérial, qui devenait chaque jour moins fort et plus oppressif, moins protecteur et plus exigeant, fut obligé de demander tous les impôts à la terre.

Cette nécessité, conséquence fatale de la décadence romaine qui, ne trouvant plus un homme assez fort pour exercer le commandement suprême, avait partagé la pourpre impériale en quatre morceaux, amena une nouvelle division de la Gaule.

Dioclétien, pour y multiplier à l'infini les fonctionnaires et les collecteurs des impôts nécessaires à l'Empire épuisé, porta à onze le nombre des provinces, qui devait arriver à dix-sept; et alors, dit Lactance, « on ne voyait partout que procureurs du fisc, maîtres des finances, vicaires des préfets, tous hommes qui ne connaissaient que condamnations, proscriptions, exactions perpétuelles et, dans les exactions, d'intolérables outrages. On mesurait les champs par mottes de terre, on comptait les arbres, les pieds de vigne, on inscrivait les bêtes, on enregistrait les hommes, on n'entendait que les fouets, les cris de la torture. — Et les colons, écrasés par l'énormité des indictions, abandonnaient leurs terres, et les cultures se changeaient en forêts. ».

La misère devint telle dans la Gaule que les serfs et les colons se soulevèrent à différentes reprises sous le nom de *Bagaudes*, et obligèrent Maximien à éteindre dans leur sang cette dernière opposition à la conquête romaine.

La Gaule sous Constantin.

A l'abdication de Dioclétien, sa part d'empire fut partagée entre Galérius et Constance Chlore. Celui-ci, qui eut la Gaule, l'administra avec douceur et chercha à en cicatriser les plaies; il se montra même favorable aux chrétiens que les persécutions cruelles de Dioclétien avaient faits plus nombreux.

Le christianisme ne devint pourtant une puissance que sous le règne de Constantin (306), jeune homme ardent et dévoré d'ambition, qui eut l'habileté de mettre la croix sur son drapeau, en prétendant qu'il devait vaincre par ce signe, et le talent d'y réussir.

Resté seul maître de l'Empire après la défaite de ses rivaux, il comprit que l'unité d'administration ne donnait plus de garanties suffisantes pour l'unité de l'Empire; il essaya d'y introduire l'unité religieuse, et à cet effet il convoqua à Nicée le premier concile universel, qu'il présida lui-même, et dans lequel la grande assemblée des chrétiens proclama le symbole de ses croyances.

Ainsi ce fut Constantin qui, non encore chrétien, constitua définitivement le christianisme, et lui donna les moyens de rayonner sur tout l'Empire et la force de résister à l'hérésie d'Arius, qui l'attaquait déjà dans sa base.

Nouvelles divisions de la Gaule.

Sous son règne, l'organisation administrative de la Gaule fut changée. La Gaule devint une des quatre grandes préfectures de l'Empire, obéissant à un *préfet du prétoire* résidant à Trèves, qui, n'ayant au-dessus de lui que l'empereur, commandait à trois *vice-préfets*, ou *vicaires*, l'un en Bretagne, l'autre en Espagne, et le troisième à Arles pour la Gaule proprement dite.

Ce dernier avait sous ses ordres dix-sept proconsuls administrant les dix-sept provinces de la Gaule, subdivisées elles-mêmes en cités, gouvernées par des *curies* ou assemblées de propriétaires possédant au moins vingt-cinq arpents, qui nommaient les officiers municipaux pour gérer les affaires de la ville et de son territoire ; mais le tout seulement au point de vue civil, car l'autorité militaire, indépendante du préfet du prétoire, appartenait à un *maître des milices*, que commandait un *comte* pour chaque vice-préfecture ou *diocèse*, lequel donnait ses ordres à autant de *ducs* qu'il y avait de provinces.

Les dix-sept provinces de la Gaule étaient alors, avec les cités qui en dépendaient :

Lyonnaise Ire, capitale Lyon ; cités principales : Autun, Langres, Chalons, Mâcon ;

Lyonnaise IIe, cap. Rouen ; cités : Bayeux, Avranches, Évreux, Séez, Lisieux et Coutances ;

Lyonnaise IIIe, cap. Tours ; cités : le Mans, Rennes, Angers, Nantes, Cornouailles, Vannes, Saint-Pol-de-Léon et Jublanis ;

Lyonnaise IVe, cap. Sens ; cités : Chartres, Auxerre, Troyes, Orléans, Paris et Meaux ;

Belgique Ire, cap. Trèves ; cités : Metz, Toul et Verdun ;

Belgique IIe, cap. Reims ; cités : Soissons, Chalons-sur-Marne, Saint-Quentin, Arras, Tournai, Cambrai, Senlis, Beauvais, Amiens, Thérouanne et Boulogne ;

Germanie supérieure, cap. Mayence ; cités : Strasbourg, Spire et Worms ;

Germanie inférieure, cap. Cologne ; cité : Tongres ;

Grande Séquanie, cap. Besançon ; cités : Nyon, Avenche, Bâle, Windisch, Yverdun, Augst et Port-sur-Saône ;

Alpes Grées et Pennines, cap. Moustiers ; cité : Martigny-en-Valais ;

Viennoise, cap. Vienne ; cités : Genève, Grenoble, Apt, Die, Valence, Aoste-en-Diois, Vaison, Orange, Cavaillon, Avignon, Arles et Marseille ;

Aquitaine Ire, cap. Bourges ; cités : Clermont-Ferrand, Rodez, Albi, Cahors, Limoges, Javols, Saint-Paulien ;

Aquitaine IIe, cap. Bordeaux ; cités : Agen, Saintes, Angoulême, Poitiers et Périgueux ;

Novempopulanie, cap. Eause ; cités : Dax, Lectoure, Saint-Bertrand-de-Comminges, Conserans, Lescar, Aire, Bazas, Tarbes, Oloron et Auch ;

Narbonnaise Ire, cap. Narbonne ; cités : Toulouse, Béziers, Nîmes, Lodève et Uzès ;

Narbonnaise IIe, cap. Aix ; cités : Apt, Riez, Fréjus, Gap, Sisteron et Antibes ;

Alpes Maritimes, cap. Embrun ; cités : Digne, Thorges, Castellane, Senez, Glandève, Cimiez et Vence.

Dans le principe, les députés de ces villes devaient se réunir avec ceux des provinces en assemblées générales : mais cette institution, qui était pourtant la seule capable de renseigner le gouvernement sur les besoins des peuples, tomba bientôt en désuétude.

La Gaule sous les successeurs de Constantin.

Constance succéda à son père ; mais voulant revêtir seul la pourpre impériale, dont le prestige était un peu relevé,

Arc de triomphe romain, à Saintes.

il fit massacrer toute sa famille et s'abandonna à son goût pour les controverses religieuses.

Les Germains repoussés par Constance, qui les avait traités en Barbares en jetant aux bêtes du cirque de Trèves deux chefs francs qu'il avait faits prisonniers, se tenaient à peu près tranquilles. Constance, pour faire rentrer dans le devoir un Gaulois nommé Magnence qui s'était fait déclarer empereur à Autun, leur donna une occasion de repasser le Rhin en appelant les Alamans à leur aide.

Une fois sur le sol, ils ne voulurent plus en sortir, et, renforcés par les Francs, ils prirent et brûlèrent 45 villes de la Gaule (355).

Constance alors envoya contre eux son neveu Julien, jeune philosophe, amoureux de la gloire et du culte de l'ancienne Rome, et qui n'avait échappé au massacre de sa famille que parce que son assiduité aux écoles d'Athènes ne l'avait fait soupçonner ni d'ambition ni de valeur.

Bien qu'il n'eût que seize mille hommes à sa disposition, il vainquit les Germains, et les rejeta au delà du Rhin; toutefois il permit à une tribu de ce peuple, les Francs Saliens, d'habiter l'île des Bataves, à la condition que, comme alliés des Romains, ils défendraient le passage du fleuve (357).

Julien s'attacha alors à rendre quelque prospérité à la Gaule et à réparer les malheurs de l'invasion: il rétablit plusieurs villes et, réduisant la capitation à sept pièces d'or (92 francs de notre monnaie), il diminua sensiblement les impôts.

Son séjour de prédilection était la cité des Parisiens, Lutèce, alors pauvre bourgade qu'il appelait pourtant sa *chère Lutèce*, et dont il nous donne une description. « Elle est située, dit-il, dans une petite île où l'on entre par deux ponts de bois. Le fleuve qui l'entoure reste presque toujours au même niveau, sans enfler ni diminuer beaucoup. L'eau en est très-pure, très-agréable, l'hiver y est tempéré. Les habitants commencent à planter des figuiers, et on y récolte d'excellent vin. »

Les temps sont bien changés. Où sont maintenant les figuiers de Paris, son eau pure et agréable, et surtout son excellent vin?

Lutèce devait bientôt sortir de son île. Julien lui-même l'y aida en faisant construire sur la rive gauche de la Seine, au pied de la colline qu'on appela depuis montagne Sainte-Geneviève, un palais remarquable par tous les raffinements du luxe romain et surtout par sa solidité, puisqu'on en peut encore voir deux voûtes palissadées d'un lierre séculaire, et qui sont accolées au musée de Cluny, comme pour justifier le titre de cette collection d'antiquités.

C'est dans le palais de Lutèce que Julien fut proclamé empereur en 360. Constance étant venu à mourir quelques temps après, il fut seul maître de l'Empire romain, et alors, convaincu que la cause première de sa décadence était la puissance de la religion chrétienne, il mérita le surnom d'*Apostat* que lui donna l'Église et persécuta la chrétienté, non en faisant couler le sang comme ses prédécesseurs, mais avec les armes de la philosophie, le sarcasme et le pamphlet.

A sa mort, Jovien fut élu par les légions, et, après lui, l'Empire romain fut partagé en empire d'Orient et empire d'Occident, et Valentinien régna sur l'Occident (364).

Il s'occupa de l'administration de la Gaule et introduisit une réforme considérable dans le régime municipal en instituant un défenseur de la cité, sorte de tribun nommé par le peuple pour défendre ses intérêts contre les officiers impériaux, le fisc et les oppressions de tout genre.

Cette institution tourna de suite au bénéfice de l'Église, car le tribun devait être choisi en dehors des *curies*, c'est-à-dire de l'aristocratie municipale; il n'y avait guère dans la cité que les évêques, déjà chargés de l'administration de la justice, capables de remplir cette charge qui devint le principe de leur puissance.

Cependant les Alamans étaient rentrés dans la Gaule; Valentinien remporta sur eux plusieurs victoires inutiles. Il engagea les Burgondes, qui habitaient alors la Pannonie, à leur faire la guerre; ceux-ci réussirent à se cantonner sur les bords du Rhin, où ils attendirent cinquante ans l'occasion favorable pour le traverser.

Son fils Gratien, qui lui succéda en 375, et qui gouverna la Gaule avec sagesse, repoussa les hordes de Barbares; mais l'invasion s'accomplissait d'une façon plus lente, quoique beaucoup plus sûre que la violation territoriale.

Les Germains ne venaient plus en corps de nation que par mesure disciplinaire; mais ils envahissaient les légions comme auxiliaires soldés, ils accaparaient les charges, les honneurs, on leur donnait toutes les places, parce que seuls au milieu des Romains dégénérés ils avaient encore du courage et de l'activité. Gratien lui-même avait pour principal ministre un chef de Francs nommé Mellobald, qui naturellement s'entoura de gens de sa nation. On les voyait à la cour des empereurs, à la tête des armées, dans les plus hautes dignités et gouvernant déjà ce monde qu'ils allaient occuper par la force.

Mais avant de parler de ces nouveaux venus, voyons ce qu'étaient devenus les Gaulois.

Influence de la domination romaine

Si depuis quatre siècles la Gaule n'avait pas changé de nom, les Gaulois avaient changé de mœurs.

Condamnés au repos par l'oppression des maîtres, les Gaulois avaient d'abord porté dans les travaux de la paix l'activité qu'ils avaient déployée dans la guerre.

Ils défrichèrent les forêts druidiques, les percèrent de routes que le commerce et la civilisation suivirent.

Ils bâtirent des villes, dont les monuments qui nous restent sont encore les gloires de notre pays. Nîmes, outre sa Maison-Carrée, qu'on n'a fait que copier à Paris en construisant l'église de la Madeleine, possède ses arènes, qui ne sont ni le plus beau ni le plus grand des amphithéâtres romains, si nombreux en Gaule qu'on connaît aujourd'hui les ruines de cinquante-quatre; elle possède aussi cet admirable pont du Gard, construction colossale qui s'élève à 48 mètres au-dessus de la vallée du Gardon, et dont ce qui nous reste n'est qu'une faible partie de l'immense aqueduc que la voluptueuse cité avait élevé pour amener, à travers dix lieues de pays accidenté, les eaux fraîches des Cévennes dans ses thermes, qu'on connaît aujourd'hui sous le nom de *Bains de Diane*.

Orange a son arc de triomphe, le plus beau que cette époque nous ait laissé; on en voit aussi à Carpentras, à Arles, à Aix, à Autun, à Cavaillon et à Saintes. Celui-ci est peut-être le mieux conservé de tous. Saintes a aussi un pont comme Vaison, Saint-Chamas et Sommières; des thermes moins beaux que ceux de Nîmes certainement, mais considérables, comme ceux de Paris et de Fréjus.

Vienne a le temple d'Auguste et de Livie, Vernéges près Aix, Riez, Arles, Autun, Avallon avaient aussi leurs temples. Toutes les cités avaient des portes de ville monumentales, et l'art grec florissait partout, à telles enseignes que le Jupiter retrouvé à Aix et la Vénus d'Arles peuvent rivaliser avec les plus belles statues de l'antiquité.

A cette époque aussi, les écoles de Bordeaux, de Lyon, d'Autun et de Vienne rivalisaient avec celles de la Grèce, et la Gaule qui ne pouvait pas fournir des généraux aux maîtres du monde, puisqu'on lui avait retiré ses armes, lui envoyait des orateurs et des poëtes.

Valérius Cato, qui fut surnommé la Sirène latine, était Gaulois; Cornélius Gallus, poëte élégiaque, ami de Virgile, qui lui-même était de race andégave, était de Fréjus; Trogue-Pompée est la gloire de Die (dans la Drôme); Favorinus, sophiste célèbre, ami de Plutarque et de l'empereur Adrien, était d'Arles; Ausone était de Bordeaux; Domitius Afer, le maître de Quintilien, qui le proclama l'orateur le plus éloquent qu'il eût entendu, était de la Gaule, comme Pétrone, qui souilla les muses latines avec son *Satyricon*, comme Marcus Aper, auquel on attribue un livre signé Tacite, comme Rutilius Numatianus et Sidoine-Apollinaire, qui brillèrent un peu plus tard.

Le commerce et l'industrie s'étaient développés encore plus vite, mais ils n'avaient pas pu, comme les arts et les lettres, réagir contre l'énervement romain qui devait anéantir la Gaule plus sûrement encore que les incursions des Barbares.

Car Rome, qui avait pris à la Gaule son indépendance et ses richesses, lui avait donné ses lois, sa langue, ses arts, ses plaisirs sensuels et grossiers, son goût pour les spectacles sanglants, ses besoins de luxe et son effroyable corruption de mœurs, de sorte qu'au commencement du v⁰ siècle le nom de Gaule était prêt à disparaître de la carte du monde.

Son état social ne pouvait plus, du reste, exercer aucune influence sur ses destinées. La population était divisée en cinq classes qu'aucun lien (l'amour de la patrie n'existant plus, faute de patrie) ne réunissait pour la défense commune.

C'étaient d'abord les familles sénatoriales, dont les membres appartenaient au Sénat romain ou avaient exercé les grandes charges de l'Empire; elles étaient exemptes d'impôts, bien que possédant plus de la moitié du territoire, et se paraient de vains titres honorifiques; mais comme ces priviléges n'étaient pas priviléges de caste, mais de personnes, et dépendaient des empereurs, cette aristocratie de la servitude était sans indépendance comme sans pouvoir, et, par cela même, incapable de gouverner ou de défendre le pays.

Ensuite venaient les *curiales*, c'est-à-dire les citoyens possédant plus de vingt-cinq arpents de terre, et qui, à ce titre, faisaient partie des sénats municipaux. C'était la classe moyenne et éclairée de la population; mais elle s'amoindrit, et tendit même à s'effacer par suite de la loi qui les rendit responsables solidairement du recouvrement des impôts. Bien plus, le gouvernement, qui voulait les avoir, en quelque sorte, comme otages, leur défendit de vendre leurs propriétés, de s'absenter de la cité, d'entrer dans le clergé, les légions ou l'administration; on les contraignit à se marier et, s'ils mouraient sans enfants, leurs biens ne sortaient pas de la curie. La loi alla encore plus loin : « Pour relever la splendeur de cette magistrature, elle punissait de mort le curiale fugitif et celui qui lui donnait asile. »

On comprend que de pareils priviléges fussent refusés avec enthousiasme; les curiales avaient plus à gagner ou moins à perdre en devenant esclaves; aussi leurs terres abandonnées furent si nombreuses que l'État les donna à qui les voulait cultiver et principalement aux soldats et aux fédérés qui voulaient bien accepter l'honneur d'être curiales et le droit de payer les contributions d'avance, quitte à se trouver, pour les répartitions plus ou moins contrôlées, en luttes perpétuelles avec la population. C'est cet état de choses qui nécessita l'institution des *défenseurs*, dont nous avons parlé.

Après les curiales venaient les petits propriétaires, dont le nombre d'abord très-grand avait été une des causes de la prospérité romaine, mais qui sous les exactions forcées des

Attila et l'évêque de Troyes.

curies s'était diminué peu à peu jusqu'à l'extinction complète, puisque le propriétaire qui ne pouvait pas payer les taxes était obligé d'abandonner ses biens aux curies.

Il y avait ensuite les artisans, les marchands habitants les villes, classe sans influence parce qu'elle n'était pas riche, et sans considération parce qu'elle n'était guère composée que d'affranchis.

Et enfin les esclaves, qui formaient les neuf dixièmes de la population, et qui étaient divisés en deux classes : esclaves domestiques, comptés, marqués comme du bétail, et chargés de tous les travaux industriels, et esclaves ruraux, que l'on nommait alors *colons* et qu'on appela plus tard serfs.

Ces colons, bien qu'aptes à entrer dans l'armée et à posséder des biens, suivaient tellement la condition des terres qu'ils cultivaient, qu'elles ne pouvaient se vendre sans eux, ni eux sans elles.

Telle était alors la société gauloise, composée de maîtres sans droits et d'esclaves sans patrie; aussi comprend-on comment les Barbares purent vaincre les légions et s'emparer de l'Empire comme d'un désert ; il n'y avait plus de courage et de discipline parmi les soldats, et plus de patriotisme parmi les citoyens ruinés par les exactions d'un gouvernement qui devenait, chaque jour, plus incapable de les protéger.

On comprend aussi comment les affranchis, les colons et les esclaves, étrangers à la société païenne qui ne leur avait pas fait de place, se jetèrent dans les bras de la société chrétienne qui leur promettait l'égalité.

Or, comme le christianisme ne pouvait tenir ses promesses, comme il n'avait pas pu arrêter l'effroyable dépravation des mœurs, il devint lui-même un élément de dissolution pour l'Empire.

Néanmoins, c'est de cette société chrétienne, combinée avec les débris de la population gallo-romaine et le sang nouveau infusé par les hordes germaniques, que sortit le peuple semi-barbare qui devait devenir la nation la plus policée de l'univers, la nation française.

CHAPITRE IV

LA GAULE BARBARE

INVASION DES GERMAINS — LES FRANCS AVANT CLOVIS

La Gaule sous les derniers empereurs.

Les empereurs régnaient encore; mais avec les guerres civiles continuelles, les invasions incessantes qui ensanglantèrent les dernières années du IV° siècle, on peut dire qu'ils ne régnaient que de nom.

Du reste, ils ne gouvernaient déjà plus sans la participation des Barbares. Nous avons dit déjà que Gratien avait pour premier ministre un Franc nommé Mellobald. Il est vrai que cette précaution ne le préserva pas de la trahison; abandonné par ses troupes dans une guerre contre un soldat nommé Maxime, qui venait de soulever la Gaule et la Bretagne avec le secours des Germains, Gratien fut tué avec son ministre.

Ce Maxime appuya son usurpation sur l'autorité de Martin, évêque de Tours (il faut le dire, bien à l'insu du saint homme qui travailla le plus activement à la conversion du pays), et fut le premier, non le seul, malheureusement, qui fit couler, au nom de Jésus-Christ, — le fondateur de la religion qui dit : « Aimez vous les uns les autres, » — le sang de ceux qui ne partageaient pas ses croyances.

Théodose marche contre Maxime, mais non avec des légions romaines, avec une armée composée de Goths et de Huns, et commandée par un Franc, Arbogaste. Maxime est vaincu, pris et décapité, et Arbogaste gouverne l'empire romain d'Occident comme premier ministre de Valentinien II, qui reçut la pourpre de Théodose, mais qui ne la garda pas longtemps.

Ayant trouvé mauvais qu'Arbogaste eût confié tous les offices civils et militaires à des gens de sa nation, il fut tué par son ministre (15 mai 392), qui mit à sa place son secrétaire Eugène.

Celui-ci, ou plutôt Arbogaste au-dessus de lui, voulut rétablir l'ancien culte; les chrétiens se soulevèrent, et contribuèrent à la victoire que Théodose remporta sur lui à Aquilée (394), avec une armée composée de Visigoths sous les ordres d'Alaric et de Vandales commandés par Stilicon; car le moment est déjà venu où il n'y a plus de Romains dans les armées romaines.

Cette victoire, qui coûta la vie au rhéteur Eugène pris et décapité, et à Arbogaste qui se tua lui-même pour éviter le supplice, réunit les deux empires dans les mains de Théodose, et lui permit de les partager en mourant à ses deux enfants (395). Arcadius régna en Orient sous la tutelle d'Alaric, et Stilicon gouverna en Orient au nom de l'empereur Honorius.

Invasion générale.

Les Barbares n'attendaient que la mort de Théodose, qui leur imposait un certain respect, pour déborder de tous les côtés.

Les Visigoths, commandés par Alaric, ravagent la Grèce; ils sont repoussés par l'empire d'Orient avec l'aide de Stilicon, qui les poursuit jusqu'en Italie, où il les défait à Pollentia sur le Tanaro, et les force à se retirer en Illyrie.

Le même Stilicon rencontre à Florence une colonne immense de Suèves, de Vandales et de Sarmates qui venait de la Baltique, commandée par Radagaise: il la défait encore. Mais il a été obligé, pour soutenir ces deux guerres, de dégarnir le Danube et le Rhin; alors les Huns, chassant devant eux les peuples slaves, qui poussent eux-mêmes les Germains, s'avancent ensemble sur le Rhin en deux grandes colonnes, conduites l'une par les Alains, l'autre par les Vandales.

Ceux-ci sont d'abord repoussés par les Francs, qui comme alliés des Romains défendent la Gaule: mais les Alains survenant forcent le passage, défont les Francs, et, le 31 décembre de l'année 406, ils traversent le Rhin et se répandent en Gaule, qu'ils ravagent en tous sens, et qu'ils abandonnent bientôt pour l'Espagne.

Mais d'autres invasions suivent celle-là. Les Burgondes commandés par Gondicaire s'établirent dans l'Est, et l'Empire leur laissa prendre ou leur donna toutes les terres comprises entre le lac de Genève et le confluent du Rhin et de la Moselle (413), à la condition qu'ils défendraient les frontières, en alliés des Romains, contre les invasions des Alamans.

Dans le même moment, révolutions intestines: les *Bagaudes* recommencent leurs ravages; l'Armorique, qui était toujours restée gauloise et qui avait encore ses druides, reprend son indépendance; et la partie de l'Aquitaine comprise entre la Loire et la Garonne entre dans cette confédération, ainsi que la plupart des villes situées entre Seine et Loire.

A cet exemple, la Bretagne se soulève, proclame un empereur du nom de Constantin, qui s'établit à Arles et s'y fortifie à la fois contre les Romains et contre les Barbares.

Stilicon rappelle Alaric et ses Visigoths, et traite avec lui pour réduire l'usurpateur; mais, au moment de commencer la guerre, il est assassiné par les ordres d'Honorius. Alaric réclame l'exécution de son traité, et ne l'obtenant pas, couronne lui-même un empereur nommé Attale, et fait à son profit la conquête de l'Italie.

Après quoi, lassé de son empereur, il le détrône en prenant une seconde fois Rome, où il mourut bientôt.

Son successeur Ataulf enlève Placidie, sœur d'Honorius, que celui-ci consent à lui laisser épouser, à condition qu'il combattra les ennemis de l'Empire.

Ataulf amène ses Visigoths dans la Gaule méridionale, chasse Constantin et deux autres usurpateurs qui lui disputaient la pourpre, et commence, au bénéfice de l'Empire, la conquête de l'Espagne sur les Suèves et les Alains. Assassiné à Barcelone (415), Wallia, son successeur, continua sa conquête, mais pour son propre compte; il l'augmenta même de toute l'Aquitaine, jusqu'à la Loire, et les Visigoths eurent alors un royaume dont Toulouse fut la capitale (419).

A la vérité, ce royaume dépendait toujours de l'Empire romain. Pour s'en assurer la tranquille propriété, Wallia avait fait un traité avec Honorius. Les provinces conservèrent leur administration, leurs magistratures et leur religion, ce qui ne contribua pas peu à adoucir les mœurs des Visigoths; mais cet état de choses ne devait pas durer longtemps.

Premier établissement des Francs (428).

Les Francs restaient toujours les alliés des Romains; par respect de la foi jurée, ils s'étaient fait décimer par les Alains lors de la grande invasion de 406; mais voyant que l'Empire s'abandonnait lui-même, et qu'ils ne pouvaient que se consumer à le défendre, ils résolurent d'en avoir leur part.

Les Saliens surtout, qui occupaient les parties marécageuses des bouches du Rhin et qui étaient réputés comme les premiers d'entre tous les Francs, parce que la famille de leurs chefs, appelés *Merewigs*, descendait d'un ancien roi qui passait pour le père commun de toute les tribus, se distinguèrent par leurs courses et leurs pillages. Ils avaient pour chef, en 428 Chlogio ou Clodion, très-renommé dans sa nation, et qui habitait Dispargum, dans le pays de Tongres.

Quelques historiens le font précéder d'un certain Pharamond, qu'ils considèrent comme le premier roi de France, parce qu'il en est fait mention dans une chronique du vine siècle. Mais il est plus que probable qu'il n'a jamais régné sur les Saliens, d'abord à cause de son nom, qui n'est pas germain, ensuite parce que Grégoire de Tours, qui écrivit, à la fin du vie siècle, les premiers éléments de notre histoire nationale, n'en a pas dit un mot.

Clodion, après nombre de petites excursions sans conséquences autres que le pillage, s'empara de Cambrai, puis de Tournai, où il mit à mort tous les Romains qui s'y trouvèrent, et passa la Somme, résolu à livrer une bataille décisive à Aétius, alors le plus sérieux défenseur de l'Empire; mais il l'accepta plus tôt qu'il n'eût voulu.

Campés près de Hesdin, les Francs célébraient le mariage d'un de leurs chefs, quand les Romains, qu'ils croyaient encore bien loin, fondirent sur eux et leur infligèrent une défaite d'autant plus terrible que, resserrés entre leurs chariots, ils ne pouvaient plus se défendre. Clodion trouva la mort dans ce combat (448), et un de ses parents, Mérovée, qui lui succéda, repassa le Rhin avec ses guerriers, qu'il devait bientôt ramener en Gaule pour s'opposer, de concert avec les habitants du sol et les derniers Romains, à la formidable invasion des Huns.

Invasion d'Attila (451).

Les Huns, que les Barbares eux-mêmes appelaient les Barbares, étaient pour tous, et depuis trois quarts de siècle qu'ils avaient quitté le fond de

SAINTE GENEVIÈVE.

l'Asie, un sujet d'effroi. Les Goths avaient fui devant eux quand ils passèrent le Danube; les Vandales, les Burgondes en avaient fait autant quand ils franchirent le Rhin, et ils s'étaient assis en camp volant entre la Baltique et le Pont-Euxin, côtoyant le Danube et le Rhin. Attila, l'un des chefs de ces « bêtes à deux pieds », selon l'expression d'Ammien Marcellin, parvint à réunir sous ses ordres toutes les tribus de ce peuple, et à dicter des lois aux empereurs de Constantinople. — Théodose II était déjà son tributaire quand il entreprit, traînant à sa suite une meute de rois slaves, germains et tartares, de porter sur l'Occident la colère du ciel : car il se prétendait le fléau de

Dieu et, à ce titre, revendiquait des droits sur tous les peuples, qu'il appelait ses esclaves, et notamment les Goths qui, établis au midi de la Gaule, se croyaient hors de ses atteintes.

Attila passa d'abord le Rhin et la Moselle en détruisant tout sur son passage ; il ne resta debout au nord de la Loire que Troyes et Paris ; Troyes préservée par l'astuce patriotique de son évêque, saint Loup, et Paris sauvé par sainte Geneviève, dont nous dirons plus loin la pieuse légende.

Orléans allait succomber sous les coups du fléau qui ne voulait pas « qu'aucune moisson repoussât là où son cheval avait passé », quand Aétius, qui avait convié tous les habitants de la Gaule à la défense commune, se montra à temps pour éviter le pillage.

Bataille de Chalons-sur-Marne.

Pour la première fois, Attila recula ; non qu'il eût peur des Romains et de leurs alliés, Burgondes, Armoricains, Visigoths commandés par Théodoric, Francs Saliens conduits par Mérovée ; mais il voulait choisir un champ de bataille favorable au développement de son immense cavalerie ; il s'arrêta entre Méry-sur-Seine et Chalons-sur-Marne.

C'est là que se livra la plus sanglante bataille des temps moyens. « Ce fut, dit l'historien des Goths, Jornandès, une lutte horrible, inouïe ; l'antiquité ne raconte rien de semblable : il s'y fit un tel carnage qu'au dire des vieillards un petit ruisseau qui coulait à travers le champ de bataille fut changé en torrent et roula des flots de sang. »

Les Francs et surtout Mérovée, leur chef, firent des prodiges de valeur ; mais la victoire fut décidée par les Visigoths, dont le chef trouva une mort glorieuse dans le combat.

Attila fut vaincu ; mais si l'on admet, au dire des anciens historiens, qu'il resta 165 000 hommes sur le champ de bataille, les alliés devaient être singulièrement affaiblis. Ce qu'il y a de plus certain, c'est qu'ils n'osèrent affronter le désespoir des Huns en poursuivant leur victoire et qu'ils laissèrent Attila rentrer en Germanie. De là il passa en Italie où il trouva la mort l'année suivante (452), au milieu des fêtes de son second mariage avec une jeune fille d'une grande beauté nommée Ildico, en attendant celui qu'il préméditait avec Honoria, l'impératrice d'Occident.

Ses soldats se coupèrent les joues sur sa tombe, qu'ils dérobèrent aux yeux du monde en la plaçant au fond d'une rivière qu'ils avaient détournée, et rentrèrent dans l'Asie, laissant les peuples qu'ils avaient subjugués reprendre leur indépendance.

Légende de sainte Geneviève.

C'est ici qu'il faut placer la légende de sainte Geneviève.

D'une famille distinguée de Nanterre, bien qu'elle eût passé sa jeunesse à garder les moutons (c'était, du reste, le temps où l'on voyait des rois épouser des bergères, par la raison que les princesses gardaient elles-mêmes leurs troupeaux), elle se fit remarquer de bonne heure par une dévotion ardente, et saint Germain, évêque d'Auxerre, en passant dans son village, l'avait, pour ainsi dire, consacrée en disant à ses parents : « Ne la contrariez point ; car ou je me trompe bien ou cette enfant sera grande devant Dieu. »

Dès quinze ans, elle alla prendre le voile des mains de l'évêque de Chartres, et, ses parents étant morts, vint se fixer à Paris près de sa marraine, d'où elle entretint une correspondance suivie avec l'évêque d'Auxerre, saint Germain.

Bientôt l'effroi se répand dans la ville. Attila s'avançait, et chacun se préparait à fuir devant les calamités qui formaient son cortége. Geneviève, guidée par son saint patriotisme, est convaincue par ses extases religieuses que Dieu lui avait promis le salut de Paris s'il se repentait de ses fautes ; elle court exhorter ses compatriotes à la pénitence et leur ordonne de cesser leurs préparatifs de défense. Ne réussissant pas auprès des hommes, elle s'adresse aux femmes, les entraîne par l'ardeur de sa foi, et s'enferme avec elles pour prier dans une église située où est aujourd'hui Notre-Dame : les hommes accourent et veulent forcer les portes ; ils discutaient en tumulte, quand survint le vicaire de l'évêque d'Auxerre, qui connaissait Geneviève, et qui, apprenant qu'on méditait son supplice, réprimanda les Parisiens au nom du grand saint Germain, mort depuis trois ans et révéré dans toute la Gaule. Il les fit rougir de leur barbarie. « Cette fille est sainte ! s'écria-t-il avec enthousiasme ; obéissez-lui. »

Les Parisiens émus obéissent, et demeurent calmes dans leurs murs.

Les Huns n'approchèrent point de la ville, par la raison qu'Attila précipitait leur marche sur Orléans, qu'il considérait comme la clef du Midi ; mais la tradition attribua son salut à la pieuse intercession de la bergère, qu'on invoqua depuis dans tous les périls, et qui devint la patronne de Paris.

Règne de Childéric (456-481).

Après la bataille de Chalons, Mérovée qui n'était point tenté par le nord-est de la Gaule, dévasté par l'invasion, rentra dans ses États, où il mourut en 456.

Son fils Childéric lui succéda comme roi des Saliens, pendant que Sigebert, descendant comme lui de l'ancienne race des Mérovingiens, régnait sur les Ripuaires à Cologne.

Childéric, ayant outragé des femmes libres, se fit chasser par ses soldats, qui mirent à sa place un chef des milices romaines, Ægidius, qui cherchait à se créer une domination indépendante et gouvernait de fait tout le pays compris entre la Meuse et la Loire.

Childéric se retira en Thuringe, laissant dans le pays un ami fidèle qui devait lui faire parvenir la seconde moitié d'une pièce d'or qu'ils avaient brisée ensemble, quand il serait temps de revenir.

Ce moment arriva huit ans après. A la mort d'Ægidius, son fils Syagrius lui succéda comme roi des Romains, mais Childéric fut rétabli sur le trône des Saliens. Pour ne pas faire mentir son ancienne réputation de luxure, il y fut bientôt rejoint par Basine, reine de Thuringe, qu'il avait probablement séduite. Pourtant Grégoire de Tours l'excuse en disant :

« Ce prince lui ayant demandé avec sollicitude pour quel motif elle était venue le trouver de si loin, on rapporte qu'elle répondit : « Je connais ton mérite « comme homme de grand courage, voilà « pourquoi je suis venue pour habiter « avec toi : car tu sauras que si j'avais « connu au delà des mers un homme qui « valût plus que toi, j'aurais désiré de « même habiter avec lui. » Celui-ci, joyeux, s'unit à elle en mariage ; elle conçut et enfanta un fils qu'elle appela du nom de Chlodovech. Ce fut un grand homme et un éminent guerrier. »

Childéric mourut en 481 ; son tombeau fut découvert à Tournai en 1653, ainsi que l'attestent le sceau de Childéric, son anneau, son stylet pour écrire, des abeilles brodées en or, un fer de hache et des monnaies romaines, que l'on peut voir au Louvre, au musée, des Souverains.

Chute de l'empire romain d'Occident.

L'empire d'Occident n'existait plus de fait, en ce qui concerne la Gaule, puisque nous avons vu successivement :

Les cités armoricaines indépendantes entre les bouches de la Loire et celles de la Seine;

Les Visigoths établis dans le Midi et dans les trois quarts de l'Espagne ;

Les Burgondes installés dans la vallée de la Saône, du Rhône et de la Durance ;

Les Francs dans toute la Belgique, formant quatre petits royaumes dont les capitales étaient Cologne, Tournai, Cambrai et Thérouanne;

Et nous venons de voir Syagrius succéder à son père comme roi des Romains entre la Loire et la Somme.

L'invasion d'Attila porta le dernier coup à l'empire d'Occident, et il ne fit plus que traîner son ancienne gloire dans la honte et la misère.

Le démembrement continua. Les Visigoths étendirent leurs conquêtes, au delà du Rhône, de tout le pays compris entre la Durance et la mer.

Des Bretons pénétrèrent dans le Berry, des Francs jusqu'à Narbonne. Ce fut un va-et-vient continuel, un pillage incessant de ce qui restait encore à peu près soumis à l'Empire.

Mais en 476, Rome ayant été prise par Odoacre, à la tête d'une armée d'Hérules, de Rugiens, d'Alains et autres fédérés de l'Italie, celui-ci supprima l'empire d'Occident et en envoya la pourpre à l'empereur d'Orient, tout en gardant pour lui un titre de roi sans nationalité définie.

Dès lors il n'y eut plus d'Empire romain dans la Gaule; il n'y avait pas encore la France, mais les éléments qui devaient la constituer appartenaient en quelque sorte au plus courageux, et l'homme qui devait les prendre était né.

Mais avant de nous occuper encore de Clovis, voyons quels étaient ces hommes qui, soumis par lui, allaient devenir la nation française.

Mœurs des nations nouvelles.

Nous connaissons les situations respectives des Visigoths et des Burgondes ; ces deux peuples étant destinés à s'incorporer aux Francs, disons un mot de leurs mœurs, qui contribuèrent beaucoup à la modification de celles de leurs dominateurs.

Les Burgondes ou Bourguignons étaient à moitié Gaulois; la civilisation romaine les avait touchés sans les gangrener ; du reste barbares, mais adoucis par le christianisme ou pour mieux dire l'arianisme qu'ils professaient de longtemps déjà, — ce qui fut la cause de la perte de leur puissance.

Les Visigoths étaient encore moins sauvages, vivant depuis un siècle en Gaule, non en conquérants fugitifs comme les Francs, qui repassaient le Rhin pour cacher leur butin et ne revenaient que pour en chercher d'autre, mais en colonisateurs qui s'affermissent au cœur des plus riches provinces. Ils étaient devenus une puissance civilisée dont les anciens avaient vu Rome et Constantinople; et Toulouse leur capitale, où siégeait la cour, — car, si l'on en croit Sidoine-Apollinaire, le roi des Visigoths avait alors une vraie cour, — était alors la cité la plus importante des Gaules et d'où rayonnaient tout le luxe et toute l'élégance.

Cet indice n'était point une promesse de domination, car les Visigoths étaient ariens, c'est-à-dire en contradiction d'opinion avec tous les Gallo-Romains, et leur nation, malgré le courage qu'elle avait montré à Chalons-

Bataille de Tolbiac (496).

sur-Marne commençait à s'efféminer. L'avenir était aux Francs, qu'on craignait comme des sauvages, parce que c'était un peuple de soldats, et qu'on ne redoutait pas comme envahisseurs, parce qu'ils n'avaient pas de religion traditionnelle : leur culte était le culte grossier et belliqueux d'Odin, le dieu des Scandinaves, qui n'accordait la seconde vie, le bonheur éternel qu'aux plus braves.

Mais ce n'était pas un obstacle insurmontable, et si Henri IV a pu dire que Paris valait bien une messe, il appartenait avant lui à Clovis de prouver que la France valait encore mieux.

CHAPITRE V

LA FRANCE MÉROVINGIENNE

ÉTABLISSEMENT DE LA MONARCHIE — LES ROIS CONQUÉRANTS

Règne de Clovis (481-511).

Le fils de Childéric et de Basine ne fut pas plutôt en état de porter les armes, qu'il conçut le projet d'établir définitivement les Saliens dans la Gaule et d'en chasser les autres possesseurs.

Ne pouvant réunir plus de trois ou quatre mille guerriers de sa tribu, il associa à son expédition Ragnacaire, son parent, roi de Cambrai, et de nombreuses bandes attirées vers lui par sa renommée d'équité dans le partage du butin.

Tout d'abord ils se portèrent à la rencontre de Syagrius, dernier roi des Romains, qu'ils défirent complétement près de l'ancienne abbaye de Nogent, aux environs de Soissons : Syagrius se réfugia chez les Visigoths ; mais leur roi Alaric II, cédant aux menaces de Clovis, lui livra son ennemi, qu'il fit mettre à mort.

Avec Syagrius, la domination romaine disparut à jamais de la Gaule, et les débris des légions, ne recevant plus de solde, vécurent en aventuriers sur le pays, jusqu'au jour de leur incorporation dans les bandes de Clovis.

Le jeune roi des Francs était un homme qui à ses qualités supérieures joignait l'astuce, l'ambition et une activité dévorante. Il ne se contenta pas d'une conquête stérile et, pour s'y asseoir à jamais, employa les années qui suivirent sa victoire plutôt à négocier qu'à combattre. Il avait compris que les vrais maîtres du territoire étaient les chefs de l'Église, et avait accepté les avances des évêques qui, ne voulant donner la suprématie ni aux Visigoths ni aux Bourguignons parce qu'ils étaient ariens, étaient tout disposés à favoriser les Francs, qu'ils considéraient comme un peuple jeune, naïf, n'ayant rien perdu de sa sauvagerie un peu chevaleresque, et par conséquent plus enclin à recevoir les lois du christianisme orthodoxe.

Rémi, évêque de Reims, le plus considérable des chefs de l'Église latine, était depuis longtemps en relations d'amitié avec Clovis ; l'épisode si connu du pillage de Soissons en est la preuve.

Dans le partage du butin, qui était considérable, Clovis réclama hors part, et pour le rendre à saint Rémi, un vase sacré appartenant à l'Église. Tous les chefs y consentirent, sauf un qui, frappant le vase d'un coup de hache, s'écria : « Tu l'auras si le sort te le donne. »

Cette brutale infraction à la loi, qui anéantissait l'objet en litige, ne fut pas punie sur-le-champ. Clovis n'avait droit qu'à sa part de butin, mais il vengea son injure personnelle comme chef disciplinaire, et l'année d'après, à la grande réunion, trouvant les armes de ce soldat en mauvais état, il le tua d'un coup de sa francisque, en lui disant : « Souviens-toi du vase de Soissons. »

Et le saint historien Grégoire de Tours nous dit : « Il parvint de la sorte à inspirer à tous une grande crainte. »

Cette alliance inavouée avec le clergé ouvrit plus de villes à Clovis que la force de ses armes, et il était à peu près maître de tout le pays compris entre la Somme et la Loire, hors Paris, que la présence de sainte Geneviève protégeait encore, moins efficacement, il est vrai, que sa légende, dont l'Église avait provisoirement imposé le respect à son allié, quand une guerre avec les Thuringiens appela Clovis au delà du Rhin.

Cette guerre, heureuse pour le roi des Francs, fut suivie de son mariage avec Clotilde, nièce de Gondebaud, la seule femme catholique qu'il y eût alors dans les familles des rois germains ; mariage préparé de longue main par les évêques du nord de la Gaule, et qui fut non moins heureux pour Clovis, en ce que les cités d'Amiens, de Beauvais, de Paris et de Rouen se soumirent au roi qui avait épousé une femme de leur foi.

Bataille de Tolbiac.

Ces succès décidèrent infailliblement Clovis, qui était ambitieux et prévoyant, à embrasser la religion de sa femme ; peut-être même était-ce une des conditions de son mariage tout politique, qui lui promettait, à courte échéance, la conquête de la Bourgogne. Mais il ne pouvait quitter la religion des Mérovingiens sans avoir, au moins, une raison ou un prétexte à donner à ses compagnons d'armes.

L'occasion se présenta bientôt. Les Alamans voulurent passer le Rhin pour disputer ou partager les conquêtes romaines des Francs ; les Ripuaires, commandés par Sigebert, demandèrent le secours de Clovis ; leurs bandes réunies attaquèrent les Alamans à Tolbiac, près de Cologne (496). Le choc fut terrible et d'abord peu favorable aux Francs. Clovis alors, par diplomatie, car ce n'était pas un capitaine à se décourager d'un premier échec, invoqua solennellement le Dieu de Clotilde, et lui promit de se faire chrétien s'il lui donnait la victoire.

Les Alamans, rejetés au delà du Rhin, furent poursuivis jusqu'en Souabe, dont les habitants reconnurent la suprématie des Francs ; les Bavarois les imitèrent, tandis que les Alamans allaient s'établir dans la Rhétie, sous la protection de Théodoric, roi des Ostrogoths.

Baptême de Clovis

Cette victoire rendit Clovis plus puissant que tous les rois ses alliés. Elle devait le faire devenir plus grand encore, quand, cédant officiellement aux exhortations de Clotilde, qui le priait de tenir sa promesse, Clovis se laissa catéchiser par saint Rémi, évêque de Reims, et se déclara prêt à recevoir le baptême, si ses compagnons d'armes voulaient l'accepter avec lui.

C'était l'affaire de l'Église, et son influence fut telle qu'à la réunion générale le peuple, avant même d'être consulté, s'écria : « Pieux roi, nous rejetons les dieux mortels, et nous sommes prêts à obéir au Dieu éternel que prêche Rémi. »

En effet, trois mille de ses soldats descendirent après Clovis dans la cuve baptismale, préparée avec une pompe inusitée encore, dans la basilique de Reims. Tous les arts, tout le luxe et toute la magnificence des Romains furent déployés dans cette cérémonie, et l'Église ne faisait pas trop encore; car en répondant à Clovis émerveillé, qui demandait si ce n'était pas là le royaume de Dieu : « Courbe la tête, fier Sicambre, adore ce que tu as brûlé, et brûle ce que tu as adoré, » saint Rémi n'initiait pas seulement un roi barbare, c'était la monarchie française qu'il baptisait dans Clovis.

Cette conversion ne changea ni les mœurs ni le caractère du roi des Francs; mais elle lui donna une puissance exceptionnelle. Comme il était en Gaule, et même dans tout le monde chrétien, le seul prince orthodoxe, la population gallo-romaine, opprimée par les Visigoths et les Burgondes ariens, s'habitua à considérer Clovis comme un libérateur, il eut ouvertement pour lui, tout l'épiscopat des Gaules, qui lui écrivait : « Votre foi est notre victoire; désormais, où vous combattez, nous triomphons. » L'évêque de Rome lui-même le félicita avec effusion. « Le Seigneur, lui dit-il, a pourvu aux besoins de l'Église, en lui donnant pour défenseur un prince armé du casque du salut; sois à jamais pour elle une couronne de fer, et elle te donnera la victoire sur tes ennemis. »

Ainsi, grâce à sa conversion à la foi catholique, le chef de trois milliers de Barbares se trouva, bien plus que par la force des armes, maître indiscuté de toute la Gaule septentrionale (l'Armorique avait déjà recherché ou accepté son alliance), et, comme tout le pays compris entre le Rhin et la Loire prit définitivement le nom de France, les historiens ont pu dater de cette époque l'origine de la monarchie française.

Établissement des Francs.

C'est à cette époque seulement qu'il faut y faire remonter l'établissement des Francs; jusqu'alors, ils n'avaient considéré les portions de la Gaule qu'ils avaient occupées que comme un pays conquis. De ce jour, ils commencèrent à regarder ce pays comme leur nouvelle patrie, les uns s'emparant des domaines vacants, les autres forçant les propriétaires à les exploiter à leur profit, tandis que les moins nombreux firent accord et partagèrent avec les habitants.

Cette expropriation, un peu à main armée, se fit sans secousse et presque sans changer l'état politique des Gallo-Romains; car les nouveaux venus n'habitaient que les campagnes, et les vaincus s'étaient retirés dans les villes, qui, toujours administrées par leurs évêques, avaient presque conservé leur indépendance.

Quant à leur état moral, il ne pouvait que s'amoindrir encore ; les Gallo-Romains, avilis de longue main par les officiers impériaux, n'éprouvèrent aucune honte nouvelle à se mettre, vaincus spirituels et lâches, mais astucieux, immoraux et cupides, à la discrétion des vainqueurs ignorants et barbares, qui les employèrent à toutes les fonctions serviles, à tous les offices dégradants, à tous les métiers infamants.

Origines de la féodalité.

Dans le partage des terres, il n'y eut que les chefs qui s'emparèrent des domaines gaulois, qu'ils réunirent en un petit nombre de mains et par grandes masses appelées *alods* (en tudesque : tout bien) ou alleux.

Ces chefs ou leudes (du nom de leurs

CLOVIS et CLOTILDE.

terres) remplacèrent en quelque sorte les gouverneurs romains, sous les titres de ducs et de comtes.

Il fallait aussi avantager les soldats; car le butin dont ils s'étaient contentés jusqu'alors allait devenir plus rare, en même temps que le pillage n'était plus uniquement la raison ou la cause de la guerre; le roi distribua donc à ses guerriers des terres nommées *féods* ou *fiefs*.

Ces concessions étaient ou temporaires, ou viagères, ou même héréditaires, selon les forces ou les intérêts de l'obligeant et de l'obligé; mais en tout cas essentiellement révocables, pour cause d'infidélité au donateur et de manque dans le service militaire ou les services domestiques qui en étaient la condition.

Ces bénéfices donnés par les rois se subdivisèrent bientôt en sous-bénéfices distribués aux mêmes conditions, par les premiers possesseurs de fiefs, à leurs officiers et compagnons : ainsi s'établit cette hiérarchie de terres et de puissances, qui devait finir par le système féodal.

Indépendamment des alleux et des fiefs, il y eut aussi des concessions de terres appelées *tributaires*, faites par les vainqueurs aux Gallo-Romains, à différentes conditions : soit que les colons restassent libres moyennant un certain tribut payé au propriétaire, soit qu'ils devinssent directement ses fermiers, ou qu'ils cultivassent la terre comme des serfs.

De sorte que la population gallo-française se divisait en quatre classes : les propriétaires d'alleux, les propriétaires de fiefs, les tributaires et les esclaves.

Les Gaulois composaient généralement les deux dernières classes, et les Francs les deux premières. Celles-ci cependant n'avaient point de délimitations marquées; ainsi un propriétaire d'alleux, qui avait sous lui des possesseurs de fiefs et des tributaires, pouvait être lui-même possesseur de fiefs et tributaire.

Les esclaves seuls étaient parqués dans leur caste; leur condition était du reste sensiblement améliorée par la domination franque. Encore pouvaient-ils en sortir, en devenant tributaires ou même en recevant l'investiture d'un fief.

Conquêtes de Clovis.

Solidement établi dans le Nord, Clovis songea à s'agrandir par le Midi. Il avait un prétexte tout trouvé pour porter la guerre chez les Bourguignons. C'était l'usurpation criminelle de Gondebaud, qui, pour régner seul, avait déjà assassiné deux de ses frères, dont était Chilpéric, le père de Clotilde. Le dernier survivant, Godegisèle, craignant un sort pareil, appelait secrètement Clovis. La première bataille fut décisive; Gondebaud, trahi par son frère qui avait fait marcher ses troupes avec les siennes, fut vaincu près de Dijon (500) et s'enfuit jusqu'à Avignon. Clovis l'y poursuivit il le força à se reconnaître son tributaire; il devint même pour lui un auxiliaire puissant, car, s'étant vengé de Godegisèle en le poignardant dans une église à Vienne, Gondebaud resta seul maître de la Bourgogne.

Cependant Clovis avait des différends fréquents avec le roi des Visigoths, Alaric, qu'il était déjà résolu à dépouiller, assuré d'avance du concours des évêques d'Aquitaine. Théodoric, roi des Ostrogoths, qui était à la fois beau-père d'Alaric et beau-frère de Clovis, entreprit de les accorder. Clovis se prêta d'assez bonne grâce à une entrevue pacifique dans l'île d'Or (entre les ponts d'Amboise), mais cela ne l'empêcha pas de faire un traité d'alliance avec Gondebaud, et d'armer contre les Visigoths sous prétexte de religion.

La campagne commença par une trahison. Tours, première ville de l'Aquitaine, ouvrit ses portes à Clovis. Alaric, qui rassemblait ses troupes à Poitiers, lui laissa passer la Vienne et accepta dans la plaine de Vouglé, près de Poitiers, le combat sanglant où il devait trouver la mort (507).

Les Visigoths furent vaincus et dispersés. Clovis ne se donna pas la peine de les poursuivre et divisa son armée en deux corps. Avec le premier, son fils aîné Thierry se rendit maître de l'Albigeois, du Quercy, du Rouergue et de l'Auvergne, pendant que lui-même, à la tête du second, s'emparait du Poitou, de la Saintonge, de Bordeaux, de Toulouse, et assiégeait Carcassonne.

En même temps, Gondebaud prenait Narbonne, d'où il chassait Gésalic, l'enfant qui succédait à Alaric.

C'en était fait de la monarchie visigothe, si Théodoric n'était accouru à son secours. Il arriva à temps pour faire lever le siége de Carcassonne à Clovis, et celui d'Arles qu'entreprenait Gondebaud, et pour vaincre les deux alliés devant cette dernière ville. Mais il ne resta cependant aux Visigoths que la partie de la Narbonnaise appelée Septimanie.

A part cette étroite bande de territoire (toute la côte depuis le Rhône jusqu'aux Pyrénées), Clovis possédait par lui-même ou par ses alliés les Bourguignons et les Armoricains toute la Gaule, depuis le Rhin jusqu'aux Pyrénées, et sa renommée s'étendait dans toute l'Europe, à ce point que l'empereur d'Orient Athanase, qui voyait en lui le rival le plus redoutable qu'il pût, au besoin, opposer au roi des Ostrogoths Théodoric, lui envoya les titres de consul et de patrice, avec la tunique de pourpre et la chlamyde. Le roi Franc se para de ces titres avec d'autant plus d'ostentation que, selon lui, ils légitimaient sa domination sur les vaincus.

L'unité monarchique.

Cependant Clovis était le maître, mais il ne voyait pas sans chagrin qu'il n'était pas le seul ; il avait fondé un grand royaume, mais ce royaume avait plusieurs rois, et il trouvait la Gaule trop bien disposée pour une seule domination pour ne pas essayer de la garder par tous les moyens possibles. Le meilleur, selon lui, était de se débarrasser de ses rivaux.

En conséquence, il invita Chlodéric, fils de Sigebert, roi des Ripuaires, qui régnait à Cologne, à tuer son père pour lui succéder ; mais le crime ne fut pas plutôt commis que Chlodéric était massacré comme parricide, par les ordres de Clovis, qui se fit proclamer roi des Ripuaires.

Chararic régnait à Thérouanne et avait un fils apte à lui succéder. Clovis les contraignit à entrer dans les ordres sacrés, et comme ils ne le faisaient pas de bonne grâce, il leur envoya couper la gorge à tous deux.

Ragnacaire, roi de Cambrai, et son frère Richaire, lui furent livrés pieds et poings liés par leurs sujets révoltés. Clovis les tua tous les deux à coups de hache, le premier pour avoir déshonoré la famille en se laissant enchaîner, le second pour n'avoir pas défendu son frère.

Rignomer, qui régnait au Mans, subit un sort identique, ainsi que nombre d'autres petits souverains, et Clovis, ne craignant plus de revendications, se fit reconnaître roi par toutes les tribus.

« Et alors, dit Grégoire de Tours, ayant un jour rassemblé les siens, il parla ainsi, dit-on, des parents dont lui-même avait causé la perte :

« Malheur à moi, qui suis resté
« comme un voyageur parmi des étran-
« gers, et qui n'ai plus de parents qui
« puissent me secourir en quelque
« chose, si l'adversité venait. » Ce n'était pas qu'il s'affligeât de leur mort, mais il parlait ainsi par ruse et pour découvrir s'il lui restait encore quelqu'un à tuer. »

Clovis mourut le 27 novembre 511, à l'âge de 45 ans. Son règne en avait duré trente.

Les fils de Clovis.

A la mort de Clovis, ses quatre fils se partagèrent son royaume ; Thierry eut la partie qu'on commençait à appeler Austrasie, de *Oster-rike* (pays de l'Est), dont la capitale était Metz ; il eut aussi Cahors et l'Auvergne. Childebert fut roi de la Neustrie, *Ni-oster-rike* (pays de l'Ouest), avec Paris pour capitale, ce qui ne l'empêchait pas de régner sur Poitiers, Périgueux, Saintes et Bordeaux. Clotaire fut roi de Soissons et de Limoges, et Clodomir d'Orléans avec Bourges.

Les anciens historiens n'ayant considéré comme rois de France que les rois de Neustrie, parce que Paris était leur capitale, si nous nous conformons à leur méthode, les premiers événements que nous allons raconter se sont donc passés sous le règne de Childebert.

Règne de Childebert Ier (511-558).

Pendant les quelques années qui suivirent la mort de Clovis, les Francs furent en repos. Les trois enfants qu'il avait eus de Clotilde étaient jeunes et en quelque sorte, au moins Childebert qui n'avait pas quatorze ans et Clotaire qui n'en avait que douze, sous la tutelle de leur mère. Thierry seul, qui était déjà un homme, porta la guerre de l'autre côté du Rhin. Il repoussa les Danois qui, sous la conduite de Cochiliac, étaient descendus aux bouches de la Meuse. Son fils Théodebert fit ses premières armes dans cette campagne (517).

Cependant Clotilde n'oubliait pas ses motifs de haine contre la Bourgogne tributaire; elle trouvait que l'assassinat de son père n'avait pas été suffisamment vengé. Son oncle Gondebaud était mort dans son lit (517); mais il avait deux fils, Sigismond et Gondemar, qui régnaient en Bourgogne et menaçaient de l'affranchir; sitôt que ses enfants furent en âge de commander des armées, elle les lança dans cette guerre, qui fut d'abord heureuse. Sigismond fut pris, amené à Orléans et jeté dans un puits avec sa femme et ses enfants, par ordre de Clodomir (524). Mais Gondemar n'était pas vaincu; il remporta même un avantage sérieux à la bataille de Véseronce, près de Vienne, où Clodomir fut tué (525).

Cette mort ajourna la conquête de la Bourgogne, qui était résolue entre Clotaire et Childebert; mais avant de l'entreprendre, Clotaire accompagna son frère Thierry dans une expédition en Thuringe, où régnaient alors trois rois: Baderic, Berthaire et Hermanfried, divisés par la femme de ce dernier et qui se trahirent mutuellement en faveur de Thierry. Berthaire fut tué par Hermanfried, Baderic mourut dans la bataille que lui livra le roi d'Austrasie, et Hermanfried, qui devait partager la Thuringe avec Thierry, s'y refusa d'abord; mais il fut tué par une trahison que l'histoire appelle accident: « Étant un jour à causer avec Thierry sur les murs de Tolbiac, il fut poussé par je ne sais qui, tomba du haut du mur et rendit l'esprit. »

De ce jour (530), la Thuringe fut acquise à l'Austrasie pour deux siècles. Pour n'avoir point à partager sa conquête avec Clotaire, Thierry fit le projet de le tuer par surprise, dit Grégoire de Tours; mais sa tentative avorta et Clotaire, s'il n'agrandit pas son territoire, rapporta du moins sa part du butin; au nombre de ses captives était Radegonde, fille de Berthaire, qu'il épousa plus tard, de part la loi du vainqueur, mais qu'il ne put empêcher de prendre l'habit religieux à Noyon, quand il eut fait tuer son jeune frère, et d'aller fonder à Poitiers (550) le monastère qui, de son nom, s'appela Sainte-Radegonde, où elle mourut en 587.

Clotaire et son frère Childebert tournèrent définitivement leurs regards vers la Bourgogne et, en 532, ils préparèrent une grande expédition, et invitèrent Thierry à marcher avec eux. Celui-ci refusa et faillit être abandonné par tous ses leudes, qui le menacèrent de suivre ses frères pour avoir leur part de butin; mais il les rallia en les précipitant sur l'Auvergne, qui fut effroyablement dé-

SAINTE RADEGONDE.

vastée et où ils mirent au niveau du sol les églises, les monuments romains et les villes, ne laissant aux habitants que la terre, qu'ils ne pouvaient pas emporter.

Pendant ce temps, Childebert et Clotaire marchèrent en Bourgogne, où ils assiégèrent Autun, et, ayant mis en fuite Gondemar, s'emparèrent de tout le pays (534), qui, bien que définitivement soumis aux Francs (ses guerriers combattant dans leurs armées), conserva son nom et sa loi, laquelle de Gondebaud, son rédacteur, fut connue sous le nom de *loi gombette*.

Rentrés dans leurs États, les deux rois victorieux, qui ne voyaient pas sans une certaine inquiétude les trois fils de leur frère Clodomir, que leur grand'mère Clotilde élevait pour le trône, les lui envoyèrent demander sous prétexte de les couronner eux-mêmes;

mais ils ne furent pas plutôt arrivés qu'ils dépêchèrent à la reine un sénateur d'Auvergne, nommé Arcadius, porteur d'une épée nue et d'une paire de ciseaux, et chargé de les lui montrer et de lui demander quel sort elle choisissait pour ses petits-fils. « S'ils ne doivent pas régner, s'écria Clotilde folle de douleur, j'aime mieux les voir morts que tondus ! »

Cette réponse rapportée à Clotaire et à Childebert était l'arrêt de mort des enfants, dont les deux aînés furent égorgés par leurs oncles, par Clotaire du moins ; car, au moment suprême, Childebert fut pris d'une compassion qu'il ne put rendre effective sans risquer sa propre vie. Tout ce qu'il put, ce fut de prêter les mains à la disparition du plus jeune de ses neveux, qui, sauvé par ses serviteurs, se coupa lui-même les cheveux et mourut prêtre sous le nom de saint Clodoald (saint Cloud).

Childebert et Clotaire se partagèrent alors le royaume d'Orléans (534) ; ils en auraient bien fait autant de l'Austrasie à la mort de leur frère Thierry, qui arriva dans la même année, mais Théodebert, qui lui succéda, était très-aimé de ses leudes et en état de se défendre ; il avait fait déjà ses preuves de courage en reprenant sur Vitigès, roi des Ostrogoths, le Rouergue, le Velay et le Gévaudan, reconquis par son père le grand Théodoric. Il trouva même moyen de se faire céder la Provence par ce même Vitigès, pour prix de son alliance contre les Grecs. Il est vrai qu'une fois en Italie il battit indifféremment les Goths qui l'avaient payé et les Grecs qui l'avaient appelé, et fit un immense butin dans toute l'Italie septentrionale, qu'il fut obligé d'abandonner bientôt, parce que son armée manquait de vivres et que la maladie la décimait.

Cependant cette campagne excita tellement la convoitise des Neustriens que Clotaire et Childebert, pour conserver leurs leudes, furent obligés d'entreprendre une expédition en Espagne. Ils prirent Pampelune, mais, obligés de lever le siége de Saragosse, ils furent battus dans une retraite précipitée (542).

Théodebert, qui fut le plus actif et le plus brillant des princes mérovingiens, méditait une expédition à Constantinople quand il périt à la chasse (547). Son fils Théodebald, qui n'avait pas 14 ans, mourut en 553, et Clotaire s'empara de son héritage sans en rien offrir à Childebert.

Celui-ci ne réclama pas d'abord, parce que le nouveau roi d'Austrasie était fort empêché par une révolte des Saxons, qui refusaient le tribut. Mais quand, après plusieurs expéditions infructueuses, Clotaire qui, il est vrai, ne faisait cette guerre qu'au péril de sa vie, et pour ne pas irriter ses leudes, eut été finalement vaincu, Childebert pensa à se venger. Il s'unit à Chramne, fils de Clotaire et de Ghinsine, qui était maudit par le peuple et que Clotaire avait envoyé gouverner l'Aquitaine pour l'éloigner de lui, et conspira avec lui la ruine de son père. Chramne, qui voulait se faire un royaume dans le Midi, s'avança par la Bourgogne, pendant que Childebert commençait à ravager le pays entre Seine et Marne ; mais le dernier mourut dans cette campagne en 558, et Clotaire, s'emparant de son royaume, devint, comme son père, chef unique des nations franques.

Règne de Clotaire Ier (558-561).

Cependant Chramne, resté sans alliance et dans une situation d'autant plus précaire que la puissance de son père était augmentée, se réfugia en Bretagne où Chonobre, ayant fini par tuer tous ses frères, régnait seul. Clotaire l'y poursuivit à la tête d'une armée.

La première bataille fut indécise : mais dans un second combat les Bretons furent vaincus et Chonobre tué. Chramne chercha son salut dans la fuite ; il allait se réfugier sur des vaisseaux qu'il avait préparés, mais il fut atteint au moment où il sauvait sa femme et ses enfants. Clotaire les fit enfermer tous dans la cabane d'un pêcheur et les fit brûler vifs (560) ; et telles étaient les mœurs de ce temps que l'évêque Grégoire de Tours, qui rapporte cet événement, ne trouve pas un mot de blâme pour une pareille cruauté.

Par exemple il nous dit bien que l'année d'après Clotaire, comme il chassait dans la forêt de Cuise (Compiègne), fut saisi de la fièvre et ramené dans sa métairie de Compiègne, et là, cruellement tourmenté par la fièvre, il disait : « Ah! que pensez-vous que soit ce Roi du ciel, qui tue ainsi les plus grands roi de la terre ? »

Clotaire mourut et fut enterré à Soissons à l'âge de 62 ans; il en avait régné cinquante. Il laissait quatre fils des deux sœurs qu'il eut pour femmes simultanément : Caribert, Gontran et Sigebert, d'Ingonde et Chilpéric, d'Arégonde; qui se partagèrent son royaume.

Règne de Caribert (561-567).

Clotaire ne fut pas plutôt mort que Chilpéric, le plus jeune de ses enfants (il avait de 20 à 25 ans), s'était emparé de ses trésors, qui étaient à Braisne, et s'apprêtait à régner sur Paris, quand les trois autres l'en chassèrent, tout en l'admettant au partage que déciderait le sort.

Caribert eut Paris, Senlis, Chartres, Avranches et la plus grande partie de l'Aquitaine ; Gontran fut roi de Bourgogne et d'Orléans ; Chilpéric, dont la capitale était Soissons, eut presque toute la Neustrie, le reste de l'Aquitaine et la Provence, et Sigebert régna de Reims sur toute l'Austrasie. C'est dans cette province et à cette époque que naquit, à côté du trône, la dignité de *maire du palais;* on appelait aussi celui qui en était investi *tuteur du royaume, nourricier du roi, vice-roi,* en attendant qu'il fût roi tout à fait.

Sigebert était cependant d'âge à gouverner seul ; mais occupé dès son avénement à repousser les Avares, peuple de race tartare, qui essayèrent, pendant quelques années, d'envahir la Gaule, on crut devoir lui donner à l'intérieur un substitut, dont on ne connaît pas absolument les attributions primitives, mais qui avait au moins l'administration de la justice.

Les Avares furent imités presque aussitôt par les Lombards, originaires des bords de la Baltique, qui campaient depuis cinquante ans dans la Pannonie et la Norique : ils conquirent d'abord l'Italie, qui venait de rentrer sous la domination des Grecs ; de là ils pénétrèrent dans la Provence et vainquirent l'armée que Gontran envoya contre eux, et dont le chef Amatus périt dans le combat ; mais ils furent ensuite décimés et repoussés, après six ans de guerre, par Ennius Mummolus, Romain de naissance illustre, que Gontran avait élevé au patriciat de Bourgogne. Mais ces événements ne se passèrent pas sous le règne *français* de Caribert, qui mourut prématurément en 567, sans avoir fait parler autrement de lui que par l'excommunication qu'il encourut de l'Église, pour avoir voulu épouser une religieuse.

Règne de Chilpéric (567-584).

Un nouveau partage fut fait par ses

trois frères, à la mort de Caribert; celui-ci moins bizarre que le premier, parce qu'il répondait à des divisions réelles, à des nationalités distinctes. Chilpéric eut toute la Neustrie, Sigebert toute l'Austrasie, et Gontran la Bourgogne ; ils firent trois parts de l'Aquitaine, de façon à établir des compensations de territoire. Mais aucun d'eux ne posséda Paris; il fut décidé qu'il appartiendrait à tous les trois, et que chacun n'y pourrait entrer sans le consentement des deux autres ; ce fut la source des querelles qui ensanglantèrent la Neustrie et l'Austrasie, nations depuis longtemps jalouses, et qui n'avaient pas besoin de la rivalité de Frédégonde et de Brunehaut, leurs deux reines, pour se lancer dans une guerre fratricide.

Le roi d'Austrasie avait déjà un grief contre Chilpéric. Pendant qu'il combattait les Avares pour la cause commune, celui-ci avait pillé ses provinces occidentales ; mais il ne tarda pas à en avoir un autre plus décisif.

Chilpéric, pour complaire à Frédégonde, femme de chambre de sa première femme Audovère, qui avait pris un tel ascendant sur lui qu'elle s'en fit épouser après la répudiation de la reine, bien que Chilpéric en eût déjà trois enfants, Théodebert, Mérovée et Clovis, fit étrangler, sans autre motif que celui de débarrasser Frédégonde d'une rivale, sa seconde femme Galswinte.

Cette princesse, fille d'Athanagilde, roi des Visigoths, était la sœur de Brunehaut, qui gouvernait son mari Sigebert, comme Frédégonde gouvernait Chilpéric. Brunehaut voulut venger ce crime et poussa son époux à la guerre : mais Gontran s'interposa, et par son arbitrage qui obligea Chilpéric à remettre à Brunehaut cinq villes d'Aquitaine qu'il avait constituées en douaire à Galswinte, il porta le champ de bataille dans cette province. En 573, Chilpéric envahit les domaines de Sigebert, qui riposta de la même façon, et leurs deux armées ravagèrent toute l'Aquitaine.

Cependant les Austrasiens rêvaient une expédition en Neustrie. Sigebert y conduisit ses leudes, un peu malgré lui, vainquit son frère et le poursuivit jusqu'à Chartres où ils signèrent ensemble un traité qui n'empêcha pas les Austrasiens de tout piller sur leur passage.

Ce fut le prétexte qu'eut Chilpéric pour recommencer la guerre l'année suivante. Sigebert furieux envahit la Neustrie, battit lui-même son frère en plusieurs endroits, pendant que Gontran Boson et Godesigèle, deux de ses patrices, tuaient Théodebert, fils de Chilpéric, et anéantissaient son armée qui dévastait le Poitou.

Sigebert entra en victorieux à Rouen et à Paris avec Brunehaut et son jeune fils Childebert, et les Neustriens, consternés de tant de désastres et voyant qu'il ne restait plus à Chilpéric que Tournai où il s'était enfermé, reconnurent Sigebert pour roi ; mais la haine de Frédégonde veillait et, au moment où Sigebert allait être proclamé à Vitry, deux soldats, fanatisés par elle, l'assassinèrent et changèrent la face des choses. Les Austrasiens, qui étaient dispersés en petits corps et dont la plus grande partie faisait le siége de Tournai, furent pris de panique et se retirèrent en confusion, et les Neustriens reprirent leur roi Chilpéric, qui accourut à Paris où il s'empara de Brunehaut et de tous les trésors de son frère; il ne s'inquiéta point de son petit neveu Childebert, qui n'avait que quatre ans et demi, et que les leudes austrasiens enlevèrent pour le proclamer roi à Metz, sous la tutelle de Wandelin, successeur de Gogon, maire du palais, et avec l'alliance assurée de Gontran, roi de Bourgogne.

Les hostilités ne reprirent pas tout de suite : mais la Neustrie ne fut pas pour cela en paix. Chilpéric écrasa ses peuples d'impôts et employa plusieurs années à éteindre dans le sang de ses sujets la rébellion que causèrent ses exactions.

De son côté, Frédégonde avait ses haines à exercer ; sa première victime fut Mérovée, fils d'Audovère et de Chilpéric, qui avait alors 28 ans. Chargé de garder Brunehaut prisonnière à Rouen, il avait été séduit par la beauté de la reine d'Austrasie, l'avait épousée et rendue à la liberté ; Frédégonde le

Meurtre des enfants de Clodomir (528).

poursuivit avec un tel acharnement qu'il se tua pour échapper aux supplices qu'on lui réservait, et que subirent tous ses amis, y compris Prétextat, évêque de Rouen, qui, pour avoir béni le mariage de son filleul, fut égorgé dans son église.

Il ne restait plus qu'un fils d'Audovère, Clovis ; Frédégonde persuada à son mari qu'il avait causé par ses maléfices la mort de ses propres enfants, tous emportés successivement par une maladie inconnue, et le fit assassiner. Audovère, bien qu'elle eût pris le voile, et sa fille Basine, eurent le même sort quelque temps après ; nous ne comptons ici que pour mémoire les supplices horribles infligés cérémonieusement à nombre de femmes de Paris en expiation de la mort prématurée des enfants de Frédégonde. Il semblait que cette forcenée eût pris à tâche de mettre entre elle et le peuple qu'elle devait gouverner une mer de sang.

Chilpéric, qui avait endossé la responsabilité de tant de crimes, fut lui-même la victime de sa femme ; elle le fit assassiner dans la forêt de Chelles, comme il revenait de la chasse, à la fin du mois de septembre 584, parce qu'il avait découvert son adultère avec un aventurier nommé Landry... que quelques historiens croient même le meurtrier du roi ; il est vrai que d'autres disent qu'il fut assassiné par les ordres de Brunehaut, qui commençait alors une invasion dans la Neustrie.

Chilpéric, que l'histoire doit juger sévèrement, était, bien qu'orgueilleux, inhumain et dissimulé, un homme relativement éclairé pour son temps ; il avait même des prétentions aux belles-lettres. Il composait des vers qu'il faisait remettre sur leurs pieds par l'évêque Grégoire de Tours, l'auteur de l'*Histoire ecclésiastique des Francs* et le plus grand littérateur de l'époque ; cela n'impliquait pas qu'ils fussent beaux, mais cela prouvait du moins que Chilpéric lisait ou avait lu des poëtes. Du reste, il ajouta plusieurs lettres à l'alphabet, fit même de la controverse religieuse et créa pour expliquer la Sainte-Trinité un système qui fut réfuté par Grégoire de Tours et tous les évêques de la Gaule.

Il mourut âgé d'environ 50 ans, ne laissant de tous les enfants qu'il avait eus qu'un fils de Frédégonde, âgé de 4 mois, qui régna sous le nom de Clotaire.

Règne de Clotaire II (584-628).

Frédégonde, effrayée des conséquences de son crime, abandonna une partie de ses trésors à Chelles et vint s'enfermer dans la cathédrale de Paris, d'où elle se mit sous la protection de Gontran.

Celui-ci arrive à Paris, juste à temps pour empêcher Childebert, roi d'Austrasie, qui était déjà à Meaux, d'y entrer, et gouverne les deux royaumes, prétendant, du reste, que Paris lui appartenait seul, parce que ses frères Sigebert et Chilpéric en avaient perdu leur part en violant le traité qu'ils avaient fait ensemble ; mais il ne le réclama pas effectivement, amadoué qu'il fut par les attentions délicates de sa belle-sœur Frédégonde, qu'il redoutait pourtant ; mais il craignait aussi Brunehaut, qui régnait de fait en Austrasie, et sa situation de pacificateur était assez embarrassée.

Elle le devint bientôt davantage : les grands d'Austrasie s'alarmèrent de son alliance avec Frédégonde et lui suscitèrent des embarras en Aquitaine. Un certain Gundowald, qui se disait fils de Clotaire, soutenu par Ægidius, évêque de Reims, par le duc Gontran Boson et les plus riches leudes de l'Austrasie, se proclama roi d'Aquitaine et souleva les populations. Gontran fit de la bonne politique : il reconnut son neveu Childebert, qui avait alors 15 ans, pour son unique héritier, à condition qu'il marcherait avec les siens contre ses ennemis. Cette alliance, qui entraîna tous les leudes austrasiens, rompit leurs desseins.

Gundowald, traqué dans Comminges, fut trahi par ceux qui lui avaient mis les armes à la main, et périt sous le poignard du duc Boson (585). Gontran se vengea cruellement des leudes en faisant tuer Mummolus et la plupart des ducs austrasiens qui étaient entrés dans le complot.

Ce ne devait pas être le dernier. Un autre plus considérable éclata deux ans après entre les leudes : il avait pour but d'assassiner les deux rois, et de se partager ensuite le pays, sous le nom des deux enfants de Childebert, Théodebert sous la tutelle de Ranching, et Théodoric sous Ursion et Bertfried ; mais un des assassins, arrêté au moment où il levait le couteau sur Gontran, fit avorter la conspiration, dont il dévoila tous les secrets, et les deux rois s'entendirent pour faire périr tous les conjurés, à l'exception de l'évêque de Reims Ægidius, qui, jugé par les évêques, fut simplement envoyé en exil. Gontran et Childebert cimentèrent cette première victoire de la royauté sur l'aristocratie par le traité d'Andelot (587), par lequel les deux rois se garantirent mutuellement leurs États et se rendirent les leudes qui les avaient désertés, en les réintégrant dans la possession de leurs bénéfices.

Gontran mourut en 593, et Childebert réunit les deux royaumes, auxquels il tenta même de joindre celui de son cousin Clotaire ; mais il fut vaincu à Droissy (593), grâce au subterfuge du duc Landry commandant les Neustriens, qui put surprendre l'armée austrasienne en cachant son armée par des branches d'arbres que portaient tous ses soldats ; pris de panique à la vue de cette forêt qui marchait et surpris en désordre par leurs ennemis, les Austrasiens s'enfuirent et Childebert faillit perdre sa liberté.

Il n'eut pas le temps de réparer cet échec. La mort le surprit en 596, et ses deux enfants lui succédèrent, Théodebert en Austrasie et Thierry en Bourgogne.

C'est à cette époque qu'il faut placer la mort de Frédégonde, qui, après avoir passé sa vie à commettre ou à méditer des crimes, mourut tranquillement dans son lit (597).

Sa rivale régnait en Austrasie avec son petit-fils Théodebert, sur lequel elle essaya de maintenir son pouvoir en le jetant dans tous les désordres, en lui facilitant toutes les débauches ; mais les Austrasiens irrités, non de cette infamie qui était dans leurs mœurs, mais bien plutôt de la fermeté que Brunehaut déployait contre les leudes toujours insoumis, et dont elle venait de faire assassiner Wintrio, le plus influent, la chassèrent honteusement du royaume.

Elle se retira à la cour de Théodoric, où elle porta le même besoin de pouvoir, et employa tous les moyens pour y parvenir. D'abord elle entoura son petit-fils de concubines, lui donnant elle-même l'exemple par des débordements qui n'avaient plus l'excuse de l'âge des passions ; elle éleva ses amants aux plus grands honneurs et notamment Protadus, un Gaulois qu'elle mit à la tête des troupes pour tirer vengeance de l'affront que lui avaient fait les Austrasiens. Mais comme les deux armées étaient en présence, les leudes bourguignons assassinèrent Protadus dans la tente du roi.

Ce meurtre fit couler du sang par représailles ; mais Brunehaut n'en était pas avare ; elle le prodiguait pour ses vengeances. C'est ainsi que, rivalisant d'horreurs avec Frédégonde, elle fit assassiner l'évêque de Vienne, Didier, qui voulait arracher son petit-fils aux vices qu'elle nourrissait en lui. Saint Colomban, moine d'Irlande, fondateur du couvent de Luxeuil, qui refusa de bénir les enfants de Thierry, fut condamné au même sort ; mais les soldats envoyés pour le tuer, séduits par sa réputation de sainteté, se jetèrent à ses genoux et le firent embarquer sur la Loire pour regagner son pays.

Cependant la guerre avec les Neustriens n'était pas finie ; le sort des armes, qui avait d'abord été favorable à ceux-ci, les abandonnait. Clotaire, vaincu une première fois à Dormeilles en 600, le fut une seconde près d'Etampes (604). Paris fut pris, et c'en était fait de la royauté de Neustrie, si Théodebert ne l'eût sauvée par un traité qui ne laissait à la vérité à Clotaire II que douze cantons compris entre la Seine et la mer.

Brunehaut profita de ce qu'elle appelait une trahison pour pousser la Bourgogne à une guerre fratricide contre l'Austrasie ; les leudes s'y refusèrent longtemps ; mais en 610 ils y allèrent d'eux-mêmes, et Théodebert vaincu fut mis à mort avec tous ses enfants.

Thierry réunit sur sa tête les deux couronnes, mais il mourut bientôt (616), laissant quatre enfants sous la tutelle de la vieille reine, tutelle dont ne voulaient en aucune façon les leudes d'Austrasie et de Bourgogne, qui se liguèrent secrètement contre elle et, dirigés par Arnulf et Pépin, les deux plus puissants seigneurs de l'Austrasie, résolurent la mort des enfants de Thierry et la remise à Clotaire II de tout l'empire franc, divisé en trois mairies.

Ils marchèrent néanmoins sous les ordres de Brunehaut contre le roi de Neustrie ; mais, sitôt que les armées furent en présence, ils l'abandonnèrent au fils de son implacable ennemie, qui lui reprocha la mort de dix rois, l'abandonna pendant trois jours aux insultes de ses soldats, et finalement la fit attacher à la queue d'un cheval indompté, qui brisa ses membres aux aspérités des forêts, aux pierres des landes sauvages (613).

Telle fut la fin de cette reine qu'on eût appelé Grande, si elle eût pu maîtriser ses instincts et si elle n'eût pas eu sans cesse à combattre contre l'aristocratie des leudes, qui avait trop à gagner à sa barbarie native pour accepter la civilisation romaine.

Clotaire II régna seul sur toute la France ; mais il partagea le pouvoir avec trois maires du palais : Gundoland en Neustrie, Warnachaire en Bourgogne et Radon en Austrasie, ce qui le réduisit tellement qu'il devint une nullité complète, surtout pour l'Austrasie qui, lassée de lui obéir nominalement, voulut avoir son roi particulier. Il y envoya son fils Dagobert qui régna sous la double tutelle de Pépin de Landen, maire du palais, et d'Arnulf, évêque de Metz (622). Ces deux personnages, alliés par le mariage de leurs enfants, dont naquit Pépin d'Héristal, peuvent être considérés comme les ancêtres de la race carlovingienne.

A part la *Constitution perpétuelle*, signée par soixante-dix-neuf évêques et une multitude de fidèles réunis en concile (615), et qui organisa le pouvoir des leudes au détriment de la royauté, on ne sait rien de l'histoire de Clotaire II, que les chroniqueurs représentent comme doux et bon envers tout le monde, savant dans les lettres et craignant Dieu ; ce qui rend difficile à croire l'expédition qu'on lui attribue contre les Saxons, qu'il aurait punis si cruellement de leur révolte qu'il aurait fait périr tous les mâles dont la taille dépassait la longueur de son épée.

Il mourut en 628, dans sa quarante-cinquième année, laissant deux fils, Dagobert et Caribert, pour se partager sa puissance nominale.

Règne de Dagobert (628-638).

Dagobert, qui régnait déjà en Austrasie, rassembla une armée et se fit élire roi des trois royaumes par les leudes de Bourgogne et de Neustrie, au détriment de son jeune frère Caribert, qu'il dédommagea en lui donnant la moitié de l'Aquitaine, avec Toulouse pour capitale, où cet enfant de seize ans alla régner avec son oncle Brunulfe ; mais étant venu à mourir trois ans après, Dagobert voulut reprendre les domaines qu'il avait

Meurtre de Galswinte (562).

gracieusement donnés; il rencontra de l'opposition de la part d'Amandus, duc des Vascons, qui avait marié sa fille à Caribert et qui réclamait l'Aquitaine pour l'enfant qu'elle en avait eu. Dagobert envoya une armée contre lui : l'Aquitaine fut soumise, et les Vascons vaincus envoyèrent leurs chefs à Dagobert, qui leur accorda la vie sous le serment de rester fidèles.

Pendant cette guerre, Chilpéric, l'enfant au berceau de Caribert, étant venu à mourir, la question se trouva vidée définitivement.

La première pensée de Dagobert fut de ramener les leudes à la soumission et de faire de la royauté un pouvoir régulier; pour cela, il quitta l'Austrasie, où il était sous la tutelle effective de Pépin et d'Arnulf, et se créa en Neustrie une cour pompeuse, où il garda Pépin pour l'empêcher de conspirer contre lui, et où il se fit de nouveaux leudes en distribuant à ses hommes de guerre les bénéfices appartenant au trésor royal, et qui avaient été usurpés par les grands et surtout par le clergé.

Son règne fut l'époque la plus brillante de l'histoire mérovingienne, et Dagobert en fut le roi le plus respecté, car aucun ne pouvait lutter d'éclat et de puissance avec lui. Aussi Judicaël, duc des Bretons, vint à la villa royale de Clichy faire sa soumission : les Frisons, les Saxons, les Thuringiens, les Alamans, les Bavarois, payèrent régulièrement le tribut, et l'empire franc s'étendit du Weser aux Pyrénées et de l'Océan aux frontières de la Bohême.

Dagobert fut l'allié des empereurs de Constantinople, et sa prépondérance était tellement établie dans tout l'Occident qu'il donna un roi aux Visigoths, et des ordres aux Lombards, qu'il força de respecter sa parente, la reine Gundeberge, et d'attaquer les Venèdes qui restaient alors ses seuls ennemis.

Cette renommée avait été acquise à Dagobert par le luxe de sa cour et la magnificence de sa villa de Clichy, parée des riches étoffes de l'Orient, et où il se plaisait à se montrer la couronne sur la tête, assis sur un trône d'or et entouré d'un nombre considérable d'évêques, de ducs et de courtisans; par l'édification de nombreux monuments civils; par ses fondations pieuses, parmi lesquelles il faut citer l'abbaye de Saint-Denis, qu'il affectionna d'une façon toute particulière, et aussi par la réputation de ses ministres, Pépin de Landen, l'évêque de Metz Arnulf, saint Ouen, et surtout saint Éloi, son grand monnayeur, qui était extrêmement populaire, parce que, de simple ouvrier en orfévrerie qu'il était, il avait conquis les bonnes grâces de Clotaire II pour lequel il avait fabriqué deux trônes magnifiques, et était devenu le familier et le conseiller intime de Dagobert, à ce point que le roi, qui se complaisait pourtant dans les longs festins, quittait la table pour s'entretenir avec lui. Saint Éloi était du reste, pieux, charitable, et distribuait aux pauvres les largesses qu'il recevait fréquemment du roi. Il devint évêque, et alla sur les bords du Rhin travailler à la conversion des peuples de la Germanie.

Il y eut peu de guerres sous le règne de Dagobert, qui fut un temps de repos entre la période des conquêtes et celle de la décadence; cependant il fallut s'opposer à une tentative d'invasion des Bulgares. Dagobert n'arma point contre eux; il leur ordonna de passer l'hiver en cantonnement dans le pays des Bavarois, et quand leurs dix mille familles furent éparpillées dans les maisons des habitants, il les fit tous égorger dans une même nuit, y compris les femmes et les enfants. C'était peut-être plus politique que la guerre, mais le moyen n'en était que plus barbare.

Les Venèdes, établis alors dans la Bohême, étaient plus redoutables; sous le commandement d'un Franc nommé Sanio, ils se soulevèrent et interceptèrent les relations et le commerce par la vallée du Danube. Dagobert les fit attaquer au sud par les Lombards, et au nord par les Alamans et les Austrasiens, qui furent vaincus, moins par la force des armes que par le découragement de se voir abandonnés du roi et dépouillés de leurs biens par ses ordres. Ce que voyant, Dagobert vint à Metz et établit son fils Sigebert, qui avait 5 ans, roi d'Austrasie, sous la tutelle du duc Adalgise et de son fils Cunibert (633); alors les Austrasiens reprirent courage et arrêtèrent les déprédations des Vénèdes.

Dagobert mourut à temps pour ne pas voir le démembrement de sa puissance, en 638, à l'âge de 36 ans, laissant, pour lui succéder en Neustrie, un enfant de 6 ans, qu'il avait eu de sa femme Nantilde, et qui régna sous le nom de Clovis II, mais sous les ordres du maire du palais Æga.

Avec lui finit la royauté effective des Mérovingiens; ses successeurs ne furent plus que des fantômes de rois, se contentant du trône et de la couronne, impuissants d'ailleurs à empêcher les leudes d'opprimer le pays, gouverné par les premiers d'entre eux sous le nom de maires du palais.

CHAPITRE VI

LES ROIS FAINÉANTS. — GOUVERNEMENT DES MAIRES DU PALAIS

Règne de Clovis II (638-656).

Après la mort de Dagobert, les grands assemblés décidèrent que Sigebert, qui était déjà roi d'Austrasie, conserverait ce royaume; mais on lui donna pour maire du palais Pépin de Landen, qui gagna l'amitié des leudes, et prit sur eux une telle influence qu'il put assurer la survivance de sa charge à son fils Grimoald ; nous avons déjà dit que Clovis II régnait sur la France proprement dite, sous Æga; mais ce duc ne conserva pas longtemps la souveraine puissance : Erkinoald gouverna la Neustrie, et Flaochat la Bourgogne, tous deux sous le titre de maires du palais.

Avec Clovis II commence la série des rois nommés *fainéants* par les anciens historiens, assez injustement il nous semble; car ces prétendus rois n'étaient que des enfants, et eussent-ils été des hommes, les maires du palais avaient une telle autorité, qu'ils n'eussent pu s'en affranchir que par des coups de force.

Ainsi Grimoald, à la nouvelle de la mort de Sigebert qui arriva en 650, voulut mettre son propre fils sur le trône, à la place de Dagobert, fils de Sigebert; il n'osa pas pourtant d'abord, et attendit trois ans pour faire tondre le petit Dagobert, qu'il envoya dans un couvent d'Irlande. Mais c'était encore trop tôt, le sang des Mérovingiens n'avait pas encore perdu son prestige, et les Austrasiens s'unirent aux Neustriens contre Grimoald, qui fut tué avec son fils (653). Erkinoald gouverna seul tout l'empire franc, sous le couvert de Clovis II.

Il est vrai que cet empire commen-

GRÉGOIRE DE TOURS
Auteur de l'*Histoire ecclésiastique des Francs* (544-583).

çait à diminuer ; les Saxons avaient déjà refusé le tribut, les Thuringiens les imitèrent ; les Frisons se donnèrent un duc, et l'obéissance des Bavarois et des Alamans n'était guère que nominale.

A l'intérieur, c'était pis encore ; les

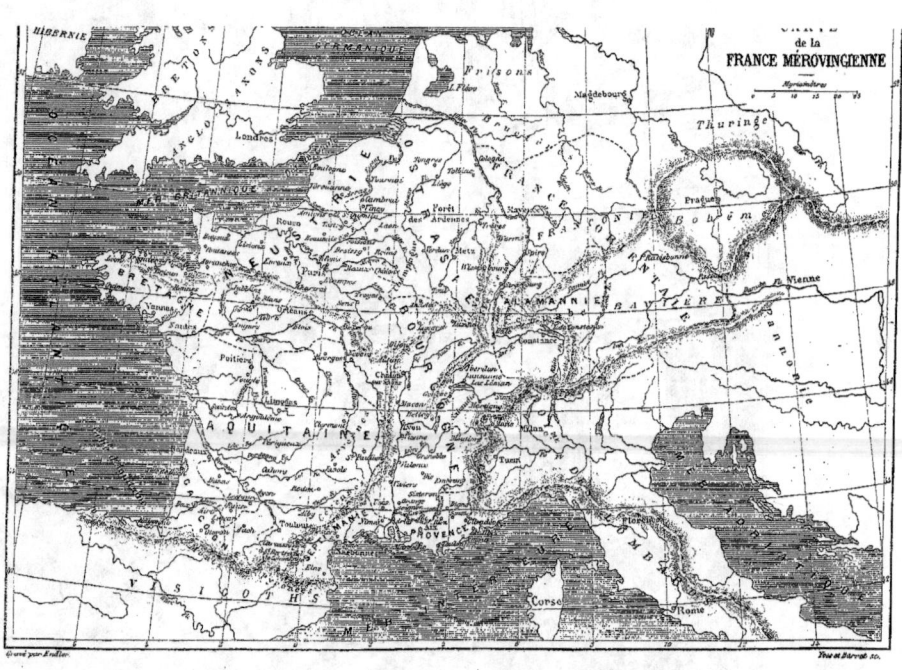

leudes, qui n'étaient plus retenus par le frein de la royauté, vidaient entre eux leurs querelles par des guerres sanglantes. Clovis, atteint d'une maladie cérébrale, n'était pas en état de réprimer ces désordres, qui devaient bientôt faire de la Loire la limite de la domination franque.

Clovis II mourut en 656, à l'âge de 22 ans, laissant de sa femme Bathilde, esclave anglo-saxonne que lui avait achetée Erkinoald, trois enfants : Clotaire, âgé tout au plus de 4 ans, Childéric de 3, et Thierry encore au berceau.

Règne de Clotaire III (656-670).

Le maire du palais Erkinoald laissa l'empire indivis entre les trois enfants de Clovis, pour se conserver la souveraineté sur les trois royaumes; mais à sa mort, qui arriva un an après, Childéric fut proclamé roi d'Austrasie avec Wulfoald pour maire, et Clotaire III régna en Neustrie, avec le maire du palais Ébroïn, mais plus effectivement sous la tutelle de sa mère Bathilde qui, tempérant les grandes vues d'Ébroïn, ambitieux plein de talent, gouverna avec sagesse pendant dix années; après quoi les grands, lassés de l'autorité d'une femme qu'ils trouvaient toujours entourée d'évêques, assassinèrent l'évêque de Paris, son principal conseiller, et Bathilde se retira au monastère de Chelles qu'elle avait bâti.

Les leudes avaient tout à y perdre; car Ébroïn, qui n'avait d'autre but que de régénérer la puissance royale, dont il disposait de fait, entreprit de mettre un terme à la turbulence des grands. Il exila les uns, dépouilla les autres, en fit périr beaucoup et n'accorda jamais de titres de ducs ni de comtes à ceux qui possédaient de grands biens dans les provinces où ils demandaient à commander.

Il fit plus encore : à la mort de Clotaire III (670), il plaça sur le trône de Neustrie, de son autorité privée et sans convoquer les principaux de la nation à l'élection d'un nouveau roi, le jeune Thierry, troisième fils de Clovis II, qu'on n'avait pas admis au partage à cause de son état maladif.

Règne de Childério II (670-673).

A cette nouvelle, les leudes et les évêques des trois royaumes, furieux de voir que cette charge de maire du palais, qu'ils avaient créée pour étayer leur puissance, se tournait contre eux, se liguèrent, et sous la direction de Léger, ennemi personnel d'Ébroïn, parce qu'il avait été protégé par la reine Bathilde, qui lui avait donné l'évêché d'Autun, réunirent les trois couronnes sur la tête de Childéric, déjà roi d'Austrasie, et marchèrent contre l'usurpateur.

Ébroïn et Thierry, trahis de toutes parts, ne purent ni se défendre ni fuir; ils furent tonsurés et enfermés comme moines, le premier à l'abbaye de Luxeuil et le jeune Thierry à Saint-Denis.

Childéric régna ayant Wulfoald pour maire de palais en Austrasie et Léger en Neustrie et en Bourgogne; mais celui-ci, par la protection à outrance qu'il accordait aux grands, mécontenta bientôt le roi qui n'était plus un enfant, et qui le fit enfermer à Luxeuil, dans le même monastère que son ennemi Ébroïn.

De plus, il se porta à toutes sortes d'excès contre les leudes neustriens, jusqu'à faire battre de verges un seigneur nommé Bodillon, qui se vengea cruellement de cette humiliation en assassinant le roi dans la forêt de Chelles, et en massacrant sa femme enceinte et un petit enfant (673). Si l'on en croit quelques anciens historiens, cet enfant fut épargné, car il régna plus tard sous le nom de Chilpéric II.

Interrègne (673-676).

A la mort de Childéric II, Ébroïn et Léger sortirent de Luxeuil, réconciliés en apparence ; les proscrits de tous les partis reparurent, les gouverneurs des provinces rassemblèrent des armées qui se battirent les unes contre les autres sans autre but que de venger des haines personnelles, sans autre résultat que de piller et de verser le sang ; l'Austrasie et la Neustrie, théâtre du carnage, furent alors dans une telle confusion que le sentiment populaire croyait que la venue de l'Antechrist approchait.

Cependant les Neustriens proclamèrent roi ce même Thierry qu'ils avaient enfermé à Saint-Denis, et les leudes offrirent le pouvoir à Léger.

De son côté Ébroïn, à la tête d'une armée d'Austrasiens, grossie de tous les pillards qu'il ramassa partout, voulut proclamer roi un prétendu fils de Clotaire III et vint assiéger Léger dans Autun ; la ville étant sur le point de se rendre, l'évêque se livra lui-même à son ennemi, qui lui fit d'abord crever les yeux, et, ensuite souffrir un martyre qui valut la canonisation à saint Léger.

Ébroïn alors renvoya son faux roi, qui n'était qu'un prétexte, et reconnut Thierry Ier, auprès duquel il s'imposa comme maire du palais.

Règne de Thierry (676-691).

Maître absolu en Neustrie et en Bourgogne, Ébroïn voulait l'être aussi en Austrasie. Ce n'était pas chose facile, car les Austrasiens, qui avaient tué leur dernier roi, Dagobert, lequel se prétendait du sang de Clovis (679), étaient fatigués de la royauté et avaient mis à leur tête Martin et Pépin d'Héristal, avec le titre de ducs des Francs.

Ces deux petits-fils de Pépin de Landen et de l'évêque Arnulf, qui détestaient le restaurateur de la monarchie neustrienne, parce qu'il menaçait leur puissance, lui firent la guerre ; ils furent d'abord vaincus à Leucofao (680) et Martin tué par trahison dans une entrevue où l'on traitait de la paix ; Ébroïn alors poursuivit sa victoire ; mais il fut assassiné par un leude neustrien qu'il avait mécontenté (681).

Avec lui périt le dernier défenseur de la royauté mérovingienne, qui était déjà condamnée à disparaître. La guerre se continua : les deux races austrasienne et neustrienne, après un demi-siècle de discordes, avaient fini par se considérer comme étrangères, et la lutte devait se terminer par la ruine de l'une ou de l'autre.

Pépin d'Héristal, qui n'avait pas le titre de roi, mais qui en avait toute l'autorité en Austrasie, résolut d'effacer la prépondérance qu'avaient eue les Neustriens ; il en eut bientôt une occasion. Berthaire, successeur d'Ébroïn comme maire du palais auprès de Thierry, avait essayé de continuer son œuvre de l'abaissement des grands par des exils nombreux. Pépin le somma de rappeler les exilés et de leur rendre leurs biens. Berthaire s'y refusa et la guerre fut déclarée.

Les deux armées se rencontrèrent à Testry, près de Saint-Quentin (687) et, après un combat acharné dans lequel Berthaire fut tué et les Neustriens taillés en pièces, Pépin, qui s'empara de la personne de Thierry, fut maître de tout l'empire des Francs, qu'il gouverna comme maire du palais.

Les deux luttes étaient finies, celle

des Austrasiens et des Neustriens dominés définitivement, et celle de l'aristocratie contre la royauté, qui n'exista plus de fait ; et si Pépin, qu'il faut considérer comme le père de la race carlovingienne, qui devait fonder un nouvel empire et un nouveau gouvernement, ne la supprima pas de nom, c'est qu'il redoutait un peu l'opinion populaire, et qu'il voulait pouvoir montrer de temps en temps au peuple assemblé un descendant de Clovis.

C'est pour cela qu'à la mort de Thierry (691), qu'il n'avait pas osé emmener en Austrasie pour ne pas froisser les Neustriens, il couronna son fils aîné Clovis III, qui n'avait guère que douze ans.

Règne de Clovis III (691-695).

Pépin avait une autre raison politique pour ne pas priver la Neustrie de ses rois, c'est qu'il régnait comme duc en Austrasie, et qu'il voulait garder son titre ; du reste, il fut presque toujours retenu dans son pays par les guerres continuelles qu'il eut à soutenir contre les Frisons et les Alamans, qu'il vainquit à plusieurs reprises, et qu'il ne put à peu près dompter qu'en favorisant de ses efforts les missionnaires envoyés en Germanie par les évêques de Rome.

C'est ainsi que se renouèrent les relations entre les papes et les Francs, interrompues depuis un siècle par l'installation des Lombards dans le nord de l'Italie.

Pépin d'Héristal, après avoir pacifié la Neustrie qu'il avait gagnée en faisant épouser à son fils Drogon la veuve de Berthaire, mit successivement, après la mort de Clovis III, qui arriva en 695, sur le trône mérovingien deux autres fantômes de roi, dont toute l'histoire tient dans une nomenclature et qu'il suffit d'écrire ainsi :

Règne de Childebert II.

12 ans. Second fils de Thierry Ier (695-711).

Règne de Dagobert II.

11 ans. Fils de Childebert II (711-714).

C'est dans cette même année 714 que Pépin d'Héristal mourut ; il venait de perdre ses deux fils légitimes, Drogon et Grimoald, ce dernier assassiné à Liège ; mais sa puissance était si bien établie qu'il laissa pour lui succéder son petit-fils Théodebald, âgé de six ans, sous la tutelle de sa femme Plectrude.

Règne de Chilpéric II (716-721).

A la mort de Pépin d'Héristal, les Neustriens refusèrent de recevoir de loin les ordres d'une femme et d'un enfant et reprirent leur indépendance ; ils tirèrent d'un couvent un certain Chilpéric, qu'on disait fils de Childéric II, et lui donnèrent la couronne et Raginfried comme maire du palais.

Celui-ci profita de ce que les Austrasiens étaient embarrassés par une invasion des Frisons et des Saxons dans l'Est, pour les attaquer à l'Ouest.

Pressés par deux ennemis à la fois, les Austrasiens ouvrirent à Karl ou Charles, bâtard de Pépin d'Héristal, les portes de la prison de Cologne, où il était enfermé par les ordres de Plectrude, et le mirent à leur tête.

Ce guerrier de vingt-cinq ans, déjà célèbre par sa valeur et qui devait le devenir plus encore, courut aussitôt au-devant des Frisons qui allaient rejoindre les Neustriens ; mais il fut vaincu et les armées combinées pénétrèrent jusqu'à Cologne où elles forcèrent Plectrude à leur livrer une partie de ses trésors ; après quoi, elles prirent séparément le chemin de leurs pays.

CLOTAIRE II et SAINT ÉLOI.

C'était là que Charles les attendait. Il battit d'abord les Frisons, dont il accéléra la fuite, poursuivit les Neustriens qu'il atteignit une première fois à Amblef, qu'il vainquit définitivement à Vincy, près de Cambrai (717), et qu'il aurait complétement détruits si une armée de Saxons n'avait appelé ses efforts d'un autre côté. Il repoussa ces Barbares et vint se reposer à Cologne où il rendit à Plectrude les trésors de son père et prit d'autant plus aisément sa place que son petit-fils Théodebald venait de mourir. Du reste, peu jaloux de régner nominalement, il fit asseoir sur le trône d'Austrasie un fils de Thierry Ier ou de Clovis II, nommé Clotaire, et gouverna de fait tout l'empire franc.

Cependant les Neustriens n'étaient pas abattus. Raginfried leur trouva un allié dans Eudes, duc d'Aquitaine, qui craignait pour son pays les ravages des

Austrasiens. Charles les vainquit tous les deux près de Soissons (719) et les poursuivit jusqu'à Orléans.

Eudes regagna difficilement son pays où il emmena Chilpéric, qu'il livra bientôt à Charles avec ses trésors, pour obtenir la paix et la libre possession de ses États.

Charles, que les anciens chroniqueurs surnomment Marteau ou Martel, à cause de l'espèce de masse d'armes dont il se servait dans le combat avec autant de force que d'adresse, replaça Chilpéric II sur le trône de Neustrie, et, Clotaire étant venu à mourir, il le fit reconnaître par les trois royaumes, sur lesquels il régna seul comme son père. Chilpéric étant mort deux ans après, il lui donna pour successeur Thierry, fils de Dagobert, qui devait avoir environ six ans.

Règne de Thierry II (721-738).

Charles s'occupa alors de consolider son empire en ramenant à la soumission les nations qui s'en étaient affranchies et en repoussant les invasions si souvent répétées des Alamans, Bavarois, Thuringiens, Frisons et Saxons qu'il pénétra jusqu'à six fois sur les terres des Saxons.

Pour cela, il lui fallut se faire des soldats et s'attacher des leudes; mais il n'avait plus de récompenses à leur donner, puisque tous les bénéfices étaient déjà répartis entre les grands des trois royaumes. Charles Martel n'hésita pas ; il dépouilla le clergé de tous ses biens et les distribua à ses soldats, avec toutes les dignités ecclésiastiques qui en dépendaient; de sorte que tels qui n'étaient la veille que des soudards devenaient évêques le lendemain, par la volonté du duc des Francs, et apportaient dans le sacerdoce leurs mœurs licencieuses et turbulentes et leurs habitudes de tyrannie et de pillage.

Cette spoliation, qui détruisit pour longtemps la discipline religieuse, fit maudire par l'Église la mémoire de Charles Martel; c'est cependant grâce à elle qu'il se fit une armée de guerriers tout dévoués, avec lesquels il allait sauver l'Europe, la civilisation et même l'Église.

Je veux parler de l'invasion des Musulmans, que la plus grande gloire de Charles Martel est d'avoir repoussée.

Mahomet, qui avait créé une religion nouvelle pour fonder un empire, avait réussi au delà même de ses espérances : depuis un siècle et demi qu'il existait, le Coran était déjà répandu dans l'Inde, l'Asie occidentale, les côtes de la mer Rouge, l'Arabie et toute l'Afrique septentrionale; mais ce succès ne suffisait pas à l'ambition des successeurs du Prophète. Moussa, qui commandait en Afrique sous le khalifat de Walid (troisième Ommiade), rêvait la conquête de l'Europe et notamment de la Gaule; profitant des discordes qui ensanglantaient le royaume des Visigoths, il fit passer dans la péninsule son général Tarik, qui vainquit les Visigoths, et tua leur dernier roi dans les champs de Xérès. Deux ans après, l'Espagne entière était conquise et les Arabes passaient les Pyrénées, entraient en Gaule par la Septimanie, prenaient Narbonne, Carcassonne, et assiégeaient Toulouse. Une grande victoire remportée sur eux devant cette ville par Eudes, duc d'Aquitaine, les repoussa en Septimanie où ils se fortifièrent et d'où ils firent quelques expéditions tantôt par la vallée du Rhône, tantôt par celle de la Garonne, en attendant la grande invasion qu'ils préparaient.

Charles, qui avait soumis tout l'Est et qui voulait reconquérir l'Aquitaine, séparée de la France depuis longtemps déjà, profita du moment pour attaquer Eudes, sans réfléchir qu'en affaiblissant l'Aquitaine il ouvrait la porte à l'ennemi commun. Il le vainquit, malgré l'appui que trouva Eudes dans Munuz, chef des Berbères qui, par suite de haine nationale contre les Arabes, déserta la cause musulmane pour épouser la fille du duc d'Aquitaine, et repassa la Loire après avoir pillé tout le pays.

Cependant les Musulmans étaient prêts. Une armée formidable, amenée d'Espagne par Abd-el-Rahman, culbuta les Berbères de Munuz, qui fut tué dans le combat, traversa les Pyrénées au col de Roncevaux et s'avança sur Bordeaux qu'elle pilla après avoir écrasé l'armée du duc d'Aquitaine, qui n'eut plus alors d'autre ressource que d'aller implorer le secours de son ennemi Charles Martel.

Celui-ci, voyant les Musulmans maîtres de tout le pays, qu'ils avaient ruiné jusqu'à la Loire et la Saône, et trouvant une occasion de s'assurer de l'Aquitaine en chassant les Arabes, rassembla une armée de Neustriens, d'Austrasiens et de Germains, et, passant la Loire à Orléans, marcha à la rencontre de l'ennemi, qui avait pris pour objectif Tours dont les richesses l'attiraient.

La bataille se livra dans les environs de Poitiers (732) ; elle fut terrible, il n'y resta pas 375 000 Sarrasins, comme disent les vieux chroniqueurs avec leur exagération ordinaire, puisque l'armée d'Abd-el-Rahman, qui du reste y trouva la mort, n'était au plus que de 80 000 hommes ; mais la victoire de Charles Martel fut décisive et en ce sens double, que, si les Arabes se retirèrent en Septimanie, Eudes, duc d'Aquitaine, prêta serment d'obéissance au duc des Francs, qui consacra le succès de ses armes par une entrée triomphale à Paris.

La guerre n'était cependant pas finie. Charles pensait déjà à disputer la Septimanie aux Arabes, mais avant il voulait soumettre la Bourgogne, qui ne reconnaissait plus ses lois. Après quelques combats heureux, il mit des garnisons franques à Lyon, Vienne, Valence et Avignon ; mais son armée ne se fut pas plutôt éloignée que les Provençaux appelèrent les Arabes et leur ouvrirent leurs portes ; l'occasion de poursuivre les vaincus de Poitiers était venue. Charles accourut, reconquit la Provence, massacra les habitants d'Avignon et poursuivit les Arabes jusqu'à Narbonne, dont il fut obligé de lever le siége pour combattre une nouvelle armée arrivant d'Espagne sous les ordres d'Amoroz, gouverneur de Tarragone, qu'il vainquit sur les bords de la Berre, à Sigeac (737). Mais il ne put s'emparer de Narbonne. Alors il ravagea la Septimanie avec une fureur sauvage, brûla Nîmes, Béziers, détruisit les villes maritimes d'Agde et de Maguelonne, et revint en France avec une multitude de captifs.

Interrègne de cinq ans (738-743)

Le jeune Thierry étant venu à mourir (738), Charles ne lui donna pas de successeur, ne se contentant plus du pouvoir royal et rêvant pour lui le titre suprême. Toutefois il n'eut pas le temps de préparer ses leudes à cette usurpation. Les Provençaux venaient de rappeler une seconde fois les Arabes. Charles demanda l'alliance de Luitprand, roi des Lombards, qui, inquiet de ce voisinage redoutable, marcha aussitôt pour le joindre ; mais les Sarrasins n'osèrent affronter les deux armées et se retirèrent à Narbonne. Charles s'empara d'Arles et de Marseille et la Provence fut enfin soumise (739). La Septimanie ne devait l'être que par Pépin.

Charles, qu'une cruelle maladie minait déjà, fut encore obligé de porter la guerre en Aquitaine et de contraindre par la victoire Hunald, fils et successeur d'Eudes, à un serment de fidélité qu'il n'attendait que le moment de rompre.

Ce fut sa dernière campagne; il se disposait pourtant à passer les Alpes pour défendre le pape contre les Lombards, quand la mort vint le frapper en 741.

Il avait fait d'avance le partage de son autorité. Carloman eut l'Austrasie, la Thuringe et la Souabe qu'on commençait à appeler l'Allemagne. Pépin eut la Neustrie, la Bourgogne et la Provence. Les duchés bavarois, bretons, vascons et aquitains restèrent tributaires, mais ils n'y voulaient pas rester longtemps. Hunald, duc d'Aquitaine, et Thibaud, roi des Alamans, commencèrent à se-

Les rois fainéants.

couer le joug. Les deux frères se réunirent contre le premier, le vainquirent, et Carloman marcha seul contre Thibaud et le contraignit à lui donner des otages en garantie du tribut qu'il promettait.

Carloman s'installa alors définitivement dans l'Austrasie qu'il gouverna sans titre, comme chef de la noblesse. Pépin, plus ambitieux au fond, mais qui ne croyait pas le moment venu de s'asseoir sur le trône et qui craignait d'indisposer les Neustriens, leur donna un roi dans la personne de Childéric, fils de Childéric II.

Règne de Childéric III (743-752).

Les ducs, si remuants sous Charles Martel, continuèrent leurs révoltes sous ses enfants. Une ligue puissante de Saxons, d'Alamans et de Bavarois commandés par Odillon, qui avait

Entrée de Charles Martel à Paris, après la bataille de Poitiers (732).

épousé Chiltrude, fille de Charles Martel, s'organisa contre les Francs et les attaqua à l'Est, pendant qu'Hunald, duc d'Aquitaine, vaincu, mais non soumis, se ruait sur la Neustrie et s'emparait de Chartres, qu'il ensevelit presque sous ses ruines; mais les deux frères étaient unis et furent partout victorieux.

Thibaud, duc des Alamans, fut dépouillé de ses États; Odillon se soumit, et Hunald entra dans un couvent.

Carloman devait l'imiter quelque temps après, en 747; il déposa volontairement l'autorité royale et se retira au monastère de Saint-Benoît, sur le mont Cassin, en recommandant ses deux fils à son frère.

Pépin promit peut-être, mais se garda bien de tenir, et fit reconnaître un peu par la force des armes sa domination sur les Austrasiens et les tribus germaines; il pensa alors à réaliser son projet, qui était de relever la royauté par l'occupation du trône par un roi puissant, et de mettre fin à la situation lamentable qui durait depuis la bataille de Testry.

Il ne lui était pas difficile de déposséder le dernier Mérovingien, puisque c'était lui-même qui l'avait appelé à régner; il se sentait du reste appuyé par le sentiment national, mais il comprenait l'utilité de donner une espèce de sanction à son usurpation.

Cette sanction, il la voulait demander à l'Église; l'occasion était favorable: le pape, menacé jusque dans Rome par les Lombards, avait besoin d'un secours étranger pour assurer son indépendance, et ce secours ne pouvait venir que des Francs qui avaient déjà beaucoup fait pour la chrétienté, en favorisant l'envoi des missionnaires en Germanie, et surtout en repoussant l'islamisme qui menaçait d'envahir l'Europe.

Pépin mit à profit la circonstance, et envoya offrir au pape Zacharie, qu'il connaissait personnellement, son appui contre les Lombards, et ses deux ambassadeurs, Burchard, évêque de Wurtzbourg, et Furad, son chapelain, furent chargés de lui demander son avis sur les rois qui étaient en France et qui n'en possédaient que le nom. Zacharie répondit qu'il valait mieux que celui-là fût roi qui exerçait la puissance royale.

« Aussitôt, dit l'historien Éginhard, du conseil et du consentement de tous les Francs et avec l'autorisation apostolique, l'illustre Pépin, par l'élection de toute la France, la consécration des évêques et la soumission des grands, fut élevé à la royauté suivant les anciennes coutumes, et oint pour cette haute dignité de l'onction sacrée par la sainte main de Boniface, dans l'église de Soissons. Quant à Childéric III, qui se parait du faux nom de roi, Pépin le fit raser et mettre dans le couvent de Saint-Omer (752). »

Il y mourut deux ans plus tard.

Ainsi finit la première race des rois de France, qui laissait quelques souvenirs et ne causait pas un regret. Son remplacement par la race carlovingienne ne fit aucune sensation parmi les Francs, lassés, depuis la bataille de Testry, de voir dans le pouvoir une dualité composée d'une royauté héréditaire et d'une puissance élective, et heureux de la faire cesser en mettant titre et puissance entre les mains de Pépin le Bref.

CHAPITRE VII

LES FONDATEURS DE LA RACE CARLOVINGIENNE — RÉTABLISSEMENT DE L'EMPIRE D'OCCIDENT

Règne de Pépin le Bref (752-768).

Malgré les assertions des anciens historiens, la race des Carlovingiens ne prit pas ce nom de Charlemagne. S'il en était ainsi, Pépin n'en ferait pas partie, pour la raison que les fleuves ne remontent pas à leur source.

C'est en réalité de Charles Martel qu'elle tira son origine; car le premier il eut l'idée de la royauté en n'asseyant plus de Mérovingiens sur le trône de Neustrie, et, sans la maladie qui le minait sourdement et qui l'empêcha de mettre à exécution le traité conclu avec le pape Grégoire III, quand il lui envoya par une ambassade célèbre la souveraineté de Rome et le titre de patrice, il eût été non-seulement roi, mais encore empereur d'Occident.

La mort anéantit ce projet, qui fut repris par Pépin et réalisé par Charlemagne.

Les Lombards continuaient à s'agrandir en Italie; en 753, Ataulf, leur roi, s'empara de l'exarchat de Ravenne et vint assiéger Rome. Le pape Étienne II, successeur de Zacharie, après avoir vainement imploré le secours de l'empereur d'Orient, Constantin Copronyme, passa en Gaule, et se mit sous la protection de Pépin, à qui il apportait le titre de patrice de Rome, et qu'il sacra une seconde fois roi des Francs, dans l'église de Reims, avec sa femme et ses deux enfants, Charles et Carloman.

Pépin força le passage des Alpes à Suze, battit les Lombards et assiégea Ataulf dans Pavie. Celui-ci obtint la paix en promettant de restituer les terres enlevées à l'Église de Rome, mais n'en fit rien, et obligea le roi des Francs à une seconde expédition. L'année suivante, il se fit livrer Ravenne et tout l'exarchat; qui appartenait à l'Empire d'Orient; mais ne voulant ni garder des possessions aussi lointaines ni les remettre à Copronyme, qui n'avait pas su les défendre, il les donna solennellement à saint Pierre en répondant aux envoyés impériaux qui le réclamaient: « C'est pour saint Pierre que j'ai combattu. saint Pierre seul profitera de ma victoire. » Telle est l'origine de la puissance temporelle des papes, qui, avant cette époque (756), n'avaient possédé en propre aucun territoire en Italie.

Cette guerre à peine terminée, Pépin dut en entreprendre une autre en Septimanie, guerre presque de religion, car il s'agissait de chasser les Musulmans isolés maintenant; la race des Abassides venait de renverser la famille des Ommiades par le massacre de tous ses membres (à l'exception d'Abd-el-Rahman, qui fonda plus tard à Cordoue une monarchie indépendante de l'empire de Bagdad). Les Visigoths profitèrent de cette révolution pour tenter de reconquérir leur pays; mais, lassés d'une guerre depuis des années sans autre résultat que les prises de Béziers, Nîmes et Agde, ils appelèrent à leur secours Pépin qui vint s'emparer de Narbonne; quand cette ville se rendit, en 759, après sept ans de siége, le roi des Francs, maître de la Septimanie, en vertu d'un traité qui laissait aux habitants et leurs lois et leurs libertés, n'eut plus d'autre ennemi en Gaule que Vaïfre, duc d'Aquitaine.

Il l'attaqua au nom de l'Église, en le sommant de restituer les biens du clergé dont il s'était emparé. Vaïfre refusa et l'Aquitaine fut pendant huit années le théâtre d'une guerre de dévastation méthodique: le Berry fut d'abord ruiné; ensuite le Poitou; l'Auvergne, le Limousin, le Quercy devinrent des déserts sous les pas des Francs. Vaïfre, avec une poignée d'hommes intrépides, reculait toujours; ses villes tombaient l'une après l'autre; tous ses grands étaient tués ou prisonniers, il combattait encore; il fallut avoir recours à la trahison et à l'assassinat pour avoir raison de lui (768). L'Aquitaine fut soumise, mais le sentiment de l'indépendance était si fort et la haine des Francs si profonde dans ce pays, que la soumission n'était que superficielle. Pépin mourut à Paris au retour de cette expédition (768), après avoir partagé son royaume entre ses deux enfants, Charles et Carloman.

Bien que toujours en guerre, il avait eu le temps d'introduire dans le gouvernement des réformes en faveur du clergé, qu'il disciplina, du reste, par de fréquents conciles et par l'amélioration des institutions théologiques. Ainsi il donna aux évêques l'entrée dans les *Champs de Mars*, non comme leudes, mais comme prélats, pour balancer le pouvoir des grands et créer un second ordre dans l'État. Aussi ces assemblées, qui n'avaient été jusque-là que des revues tumultueuses, où les guerriers décidaient des affaires de la nation, les armes à la main, devinrent en quelque sorte des conciles où les évêques introduisirent, avec des questions de dogme et de discipline, des idées d'administration et de législation romaines.

Pépin, que l'histoire appelle le Bref à cause de sa petite taille, qui ne l'empêchait pas d'avoir une force colossale, à telles enseignes qu'un jour, dans le cirque privé de l'abbaye de Ferrières, il coupa d'un seul coup d'épée la tête d'un lion qui s'acharnait après un taureau plus que ne le permettaient les plaisirs de la cour et la règle des combats de bêtes, sut imposer à tous ses leudes, par son énergie et la vivacité de ses décisions, l'obéissance aux lois et le respect de la royauté, qu'il laissait presque grande entre les mains de ses enfants et qui allait le devenir véritablement sous Charlemagne.

Règne de Charlemagne (768-814).

A la mort de Pépin, ses deux enfants lui succédèrent comme rois des Francs. Charles eut la Neustrie et la Bourgogne; Carloman, l'Austrasie, la Septimanie et la Provence; mais ils durent de suite réunir leurs armes pour marcher en Aquitaine, que le vieil Hunald, après avoir passé vingt-cinq ans dans un couvent, soulevait pour venger la mort de son fils Vaïfre. Battu par Charles, qui avait été abandonné presque aussitôt par son frère, Hunald se retira chez Didier, roi des Lombards, où il porta son courage et sa haine contre les Francs.

Charles dépouilla les Aquitains de leurs armes et fit bâtir sur la Dordogne une citadelle ou plutôt un camp retranché où devaient se cantonner les soldats qu'il laissait dans le pays.

Il revenait demander des explications à Carloman, quand celui-ci mourut (770), et sa femme Bertrade, prévoyant que l'assemblée générale des prélats et des

Les Saxons faisant leur soumission à Charlemagne.

leudes austrasiens, que Charles avait convoquée à Carbonnac, donnerait la couronne à Charles, s'enfuit avec ses enfants chez son beau-frère, Tassillon, duc de Bavière, d'où elle se réfugia auprès de son père, Didier, roi des Lombards.

Charles ou plutôt Charlemagne, pour le nommer comme l'histoire, en réunissant à son nom celui de *Magnus* (grand), que lui valurent ses immenses qualités d'administrateur et les lauriers de ses cinquante-trois guerres, régna donc seul dans l'héritage de son père, qu'il rêvait déjà d'agrandir.

Sans embrasser l'opinion des historiens, qui prétendent que Charlemagne ne fit la guerre que par des mesures de police ou des besoins de civilisation, on peut convenir que les occasions ne lui manquèrent pas.

Didier, roi des Lombards, n'avait pas besoin d'être excité par le vieil Hunald, duc d'Aquitaine, pour être l'ennemi des Francs, qui avaient laissé détrôner ses petits-fils, et de Charlemagne, qui venait de lui renvoyer outrageusement sa fille Hildegarde, après un an de mariage; sachant que Charlemagne ne s'était résolu à cette répudiation que pour complaire au pape Adrien, il porta la guerre dans les États de Rome, n'osant pas la déclarer directement au roi des Francs, et voulut forcer le pape à sacrer les fils de Carloman.

Adrien demande du secours. Charles passe les Alpes, défait les Lombards, qui se réfugient dans Pavie et dans Vérone, fait assiéger les deux villes, parcourt l'Italie en vainqueur et entre à Rome, où il prend le titre de roi d'Italie et où il confirme au pape la donation de Pépin, à laquelle il ajoute les duchés de Bénévent et de Spolète avec les villes de Parme et de Mantoue. Privées de tout secours, les villes assiégées capitulent; Hunald est lapidé par le peuple de Pavie qu'il voulait pousser à la résistance, les fils de Carloman sont mis au couvent, le roi Didier se fait moine, son fils Adalgise se réfugie à Constantinople, et l'Italie entière fait partie de l'empire de Charlemagne qui, au titre de patrice, que lui avait décerné le pape, ajoute encore celui de roi des Lombards, donnant ainsi une espèce d'autonomie à ses nouveaux sujets, auxquels il laissa leurs lois et leur aristocratie féodale (774).

Les Saxons avaient mis la Hesse à feu et à sang, pendant le séjour de Charlemagne en Italie : il marcha contre eux et, après des victoires remportées d'abord par quatre de ses corps d'armées et ensuite par lui-même, il reçut leurs serments d'obéissance, qui devaient bientôt être oubliés (775).

Cependant Adalgise, fils de Didier, avait trouvé des secours à la cour de l'Empereur d'Orient Léon II, et un allié dans Botgaud, duc de Frioul, qui secoua le joug du roi des Francs. Charlemagne accourut, défit Botgaud, le fit décapiter ainsi que les chefs des révoltés, qu'il remplaça dans leurs commandements par des seigneurs francs; l'Italie fut définitivement soumise, et Charles songea à en faire un royaume indépendant où il envoya son fils Pépin (en 781).

La révolte des Saxons, commencée avec Pépin le Bref, qui devait durer trente-trois ans et nécessiter dix-huit campagnes à Charlemagne, entrait dans une nouvelle phase; las d'égorger les combattants et de transporter les habitants, momentanément soumis, dans d'autres provinces, le roi des Francs, qui ne se trouvait pas un motif politique suffisant, prit un prétexte religieux. Il prétendit ne plus faire la guerre aux Saxons que pour les convertir à la religion chrétienne; mais Witikind, le plus illustre de leurs chefs, mit à la défense de sa patrie autant de vigueur que Charlemagne en déployait pour la subjuguer. Cependant sa bravoure dut céder à la force et, en 785, il se soumit et consentit à recevoir le baptême à Attigny avec tous les grands de sa nation.

Maître de la Saxe, Charlemagne s'occupa de son organisation et, en 787, il édicta un capitulaire qui punissait de mort l'infraction la plus légère aux ordonnances de l'Église, et, par ces moyens d'intimidation barbare, il parvint à ouvrir le pays à la civilisation.

C'est à cette époque qu'un vaste complot se forma contre Charlemagne, ayant à sa tête Tassillon, duc de Bavière, gendre de Didier de Lombardie, qui aidé des Avares, peuples de la Pannonie, devait attaquer l'Austrasie pendant que les Grecs fondraient sur l'Italie. Charles, prévenu à temps par le pape Adrien, leur opposa trois armées, et Tassillon vint implorer sa grâce; mais l'assemblée des Francs l'avait déjà condamné à mort; son duché de Bavière fut divisé et administré par des comtes francs.

Quant aux Avares, ils soutinrent la lutte jusqu'en 796, après quoi, ils furent tellement affaiblis que pour se soustraire aux attaques des Slaves, qui les avaient redoutés jusque-là, ils se soumirent à Charlemagne, qui organisa leur pays (qui fut depuis l'Autriche) comme la Saxe, et les reçut, à titre de sujets, sous condition de baptême.

Il s'occupait de ces nouvelles conversions, quand il fut appelé en Espagne par l'émir sarrasin Aza, qui, ne voulant pas se soumettre au khalifat de Cordoue, sollicitait son secours contre Abd-el-Rhaman, en promettant de reconnaître son autorité.

Charlemagne, qui voulait refouler l'islamisme au midi, comme le paganisme au nord, partit pour l'Espagne avec deux armées, qui se rejoignirent à Saragosse, après s'être emparées de Pampelune; mais, ne trouvant pas dans ses alliés l'appui suffisant pour attaquer Abd-el-Rhaman, il repassa les Pyrénées et rentra en France par la Vasconie, dont il avait forcé en venant le duc Lupus à lui prêter le serment d'obéissance. Celui-ci s'en vengea au retour: aidé de Inigo-Garcias, commandant des Navarrois, de Fruela, chef des Asturies, et de quelques partis de Sarrasins, il fondit sur l'arrière-garde de Charlemagne, embarrassée des bagages de l'armée, dans le défilé de Roncevaux, et, embusqués sur les hauteurs, tous ces félons massacrèrent jusqu'au dernier Franc. C'est là que Roland, préfet des marches de Bretagne, trouva la mort à peu près à l'endroit qu'on appelle aujourd'hui la brèche de Roland (799).

Ce paladin dont l'histoire ne dit rien, sinon qu'il était fils de Milon, comte d'Angers, et neveu de Charlemagne, est devenu célèbre par les légendes nationales; et la chanson de geste qui porte son nom est un des monuments littéraires du xi° siècle.

Inutile de dire que Charlemagne revint sur ses pas, battit les Vascons et, après avoir fait pendre Lupus, partagea son domaine entre les enfants de ce duc, près desquels il laissa quelques-uns de ses leudes pour assurer leur soumission.

Du reste il fit reprendre l'expédition d'Espagne par son fils Louis. Celui-ci, après six campagnes assez courtes, s'empara du comté de Barcelone qui devint la marche d'Espagne, et de la Navarre qui fut appelée marche de Gascogne.

C'est alors qu'il divisa l'Aquitaine, toujours disposée à la révolte, en quinze comtés qu'il distribua à des leudes austrasiens, et dont il fit, en les réunissant avec ses récentes conquêtes d'Espagne, un royaume en quelque sorte indépendant, qu'il donna à son troisième fils Clovis, nom que les adoucissements de la langue faisaient déjà prononcer Louis.

Charlemagne empereur d'Occident.

Toutes ces conquêtes, affermies par une administration sage, conservées par un gouvernement fort, et qui avaient fait de Charlemagne le maître de l'Europe, avaient porté sa réputation partout où la civilisation avait ouvert des chemins; il commandait directement à presque toutes les nations de langues latine et tudesque : il était devenu l'arbitre des Arabes d'Espagne et d'Afrique. Les rois lui rendaient compte de leurs actions et s'honoraient d'être ses *fidèles*. Les Écossais le nommaient leur seigneur, les empereurs de Constantinople recherchaient son alliance par crainte, et les peuples de l'Asie l'admiraient; Ha-

Le tombeau de Charlemagne à Aix-la-Chapelle.

roun-al-Raschid, troisième khalife abasside, lui envoya, avec des présents magnifiques, parmi lesquels étaient un éléphant, animal que les Francs n'avaient jamais vu, et une horloge sonnante en bronze doré, les clefs du Saint-Sépulcre comme au premier prince des chrétiens.

Charlemagne voulut mettre le comble à sa puissance en se faisant offrir par le pape Léon III la couronne d'empereur d'Occident; on dit même qu'il songea à épouser l'impératrice Irène pour gouverner les deux empires, mais le premier projet seul réussit; il avait été conçu pendant un voyage que Léon III, accusé de beaucoup de choses par les Romains, avait fait à la cour de Charlemagne pour réclamer son appui.

Celui-ci passa en Italie, pour présider le tribunal qui devait juger le pape, à la tête d'une puissante armée, dont le prétexte était une expédition préparée contre les Lombards par son fils Pépin, roi d'Italie.

Il arriva à Rome le 29 novembre de l'année 800, et commença immédiatement l'examen des accusations portées

Mort de Roland à Roncevaux (799).

contre Léon III, accusations dont celui-ci se justifia d'autant mieux qu'il ne se présenta personne pour les soutenir et que le tribunal, composé d'évêques, ne se reconnut pas qualité pour juger le siége apostolique « par lequel tous sont jugés, tandis que lui ne peut l'être par personne ».

On reconnaîtra ici l'origine de la prétendue infaillibilité des papes. Le Saint-Siége devait, à quelques jours de là, acquérir une prérogative non moins importante.

Le jour de Noël, Charles assistait à l'office divin, dans la basilique de Saint-Pierre. Léon III s'avança vers lui, lui versa l'huile sainte sur la tête, et plaça sur son front une couronne d'or en prononçant ces paroles que le peuple répéta aussitôt avec transport : « Vie et victoire à Charles, Auguste, couronné par Dieu, empereur d'Occident ! »

En faisant intervenir Dieu dans cette cérémonie, la fonction qu'avait remplie Léon III put être réclamée comme un droit par ses successeurs, qui firent couler bien du sang et bien des larmes par leur prétention de disposer de la couronne impériale et, par extension, de toutes les couronnes de la chrétienté.

En fait, ce titre nouveau ne donnait rien de plus à Charlemagne, qui était possesseur de tout l'Occident, mais il conférait à ses successeurs le droit de commander sur les peuples français, allemand et italien, droit dont la péninsule seule subit les conséquences désastreuses pendant des siècles.

Charlemagne s'en servit cependant pour mettre à exécution une grande idée, qui détruisait la hiérarchie des leudes au bénéfice de la royauté.

Il exigea que tout homme libre lui prêtât, comme souverain, le serment de fidélité qu'il ne devait qu'à son chef immédiat à cause du fief qu'il tenait de lui, et fit ainsi de la royauté, non plus la première des dignités, mais une magistrature suprême.

Au point de vue de l'administration, il recommença, ou à peu près, les traditions romaines : il eut des *ducs*, des *comtes*, des *viguiers*, des *centeniers*, des *échevins* qui levaient les troupes, administraient la justice et percevaient les impôts.

Le service militaire était obligatoire pour tous, en raison de la propriété; les membres du clergé en étaient dispensés personnellement, mais ils devaient envoyer à l'armée leurs hommes, que l'empereur faisait commander par des leudes.

La justice était rendue d'après les lois de chaque peuple dans des assemblées provinciales, qui se tenaient trois fois par an, et étaient composées d'échevins nommés par le roi. A cet effet, Charlemagne fit publier les codes des Saliens, des Ripuaires, des Lombards et des Saxons.

Les impôts, qui étaient presque nuls sur les Francs, étaient fournis par les provinces tributaires. Cependant les propriétaires devaient des vivres, des chevaux et des chariots, qu'ils envoyaient dans les lieux où l'armée se rassemblait; ils devaient aussi défrayer le roi et sa suite quand ils passaient sur leurs terres.

En dehors de cette administration qui s'occupait aussi de l'entretien des chemins et de la construction des ponts, Charlemagne, qui prétendait remédier à tout et connaître les plus minutieux détails, institua les envoyés royaux *(Missi dominici)* et les assemblées nationales.

Les *Missi dominici* étaient des envoyés temporaires, qui inspectaient les évêques et les comtes, les provinces et les domaines du roi et même les bénéfices concédés. Ils remplaçaient le roi partout où ils se trouvaient, présidaient les assemblées provinciales, publiaient les *Capitulaires* et suppléaient par un pouvoir un peu discrétionnaire à l'insuffisance des lois, ce qui occasionna bien des abus; mais l'institution rachetait ce qu'elle avait de défectueux, en donnant au système monarchique autant d'unité qu'il pouvait en avoir sur un territoire immense, occupé par des peuples divers, qui n'obéissaient pas aux mêmes lois, et qui n'étaient pas reliés entre eux par des communications régulières et fréquentes, ce qui permettait aux chefs locaux d'obtenir quelquefois, par leur isolement, l'indépendance absolue qu'ils n'auraient osé demander à la force.

Quant aux assemblées nationales, c'étaient toujours les Champs de Mars des anciens Gaulois et des Francs, modifiés, une première fois, par Pépin, et où les leudes, les évêques et les ahrimans discutaient les affaires de l'État. C'est par eux que le roi était instruit des besoins du moment et des aspirations du peuple, et c'est avec leur concours qu'il rédigeait les *Capitulaires* dictés par les intérêts de la société nouvelle.

Sous le règne de Charlemagne, il y eut 35 de ces assemblées, qui laissèrent 65 capitulaires, contenant 624 articles de législation civile et 414 de législation religieuse.

Ne rêvant plus de conquêtes, Charlemagne employa ses dernières années à consolider sa puissance, et à répandre l'instruction dans ses États; il fit venir de Rome des maîtres de toutes sortes, et les répandit en France avec mission de fonder des écoles; il introduisit même, non sans peine, la musique romaine dans les églises de la Gaule.

Il protégea l'architecture, et voulut faire d'Aix-la-Chapelle, la capitale de son empire, une nouvelle Rome; il y fit construire de nombreux édifices qu'il orna avec des marbres et des sculptures enlevés à l'Italie.

Charlemagne fut puissamment aidé dans la restauration des lettres par un moine d'origine anglaise nommé Alcuin, qui ranimait les études, rééditait les anciens manuscrits et donnait le ton à tous les savants de l'époque. C'était du reste un écrivain de mérite: il a laissé plus de trente ouvrages, outre ses *Lettres*, dont les plus curieuses sont adressées à Charles, qui l'avait mis à la tête de l'École du Palais, sorte de société littéraire dont les plus grands personnages de l'empire tenaient à honneur de se rendre capables d'être membres.

A côté d'Alcuin, il faut citer Éginhard, le secrétaire et le biographe de l'empereur, qui, si l'on en croit certaine légende, devint même son gendre; on a de lui des *Annales*, et une *Vie de Charlemagne* qui est une véritable composition littéraire.

Charlemagne était lui-même fort savant pour son époque et surtout pour son rang; il s'occupait de théologie, de grammaire, d'histoire, d'astronomie et de législation; enfin tous ces travaux scolaires, qui paraissent si peu compatibles avec ses instincts guerriers, le firent choisir par la postérité pour le patron des collégiens, et ce n'est certes pas sa moindre gloire.

Ses dernières années furent attristées d'abord par la mort de ses deux fils aînés, Charles, qu'il avait associé à l'empire, sans postérité, et Pépin, roi d'Italie, laissant un fils, Bernard, pour lui succéder; ce qui l'obligea à faire venir son fils Louis, roi d'Aquitaine, et à le faire proclamer empereur par les évêques, abbés, comtes et seigneurs de France et d'Allemagne réunis (813);

Ensuite par les pirateries des Danois ou Northmans *(hommes du Nord)*, qui, repoussés comme corps de nation, revinrent en partisans sur leurs bateaux d'osier couverts de cuir, jetèrent la terreur sur les côtes de l'Océan, et pénétrèrent dans l'intérieur malgré les flottes qui gardaient l'entrée des fleuves.

Leurs ravages audacieux firent verser des larmes au vieil empereur, qui pouvait avoir des pressentiments de décadence en voyant, avec une simultanéité désolante, les Sarrasins ravager la Corse et la Sardaigne, les Maures d'Espagne s'emparer du comté de Barcelone et les Grecs chasser le roi d'Italie de la Vénétie ; mais il n'était plus temps de réprimer ces brigandages : la mort avait marqué du doigt le conquérant de l'Europe, qui s'éteignit, le 28 janvier 814, à Aix-la-Chapelle où il fut enterré, à l'âge de 72 ans, après en avoir régné 46 comme roi et 14 comme empereur.

Son règne, qui reste une des époques glorieuses de la France, bien que ses conquêtes aient plus profité à la nation allemande, qu'il créa en quelque sorte, qu'à la nation franque qu'il dispersa sur tous les points de l'empire, pour l'asservir par la domination et le régénérer par la civilisation, se résume en un puissant effort pour mettre un terme au chaos de l'invasion et fonder, en mélangeant le monde barbare avec les débris de la civilisation romaine, une société régulière où l'autorité de l'empereur et celle du pape, étroitement unies, maintiendraient l'ordre dans l'État comme dans l'Église.

Charlemagne atteignit ce but ; mais il ne fit que le toucher du doigt ; il ne fut pas plutôt mort que toutes les difficultés reparurent, et son successeur ne devait avoir ni la force de les vaincre, ni le courage de l'entreprendre.

Règne de Louis le Débonnaire (814-840).

L'empire de Charlemagne, si puissant qu'il s'affirmât, n'était en réalité que la domination militaire du peuple franc sur d'autres peuples étrangers et ennemis, qui, n'ayant pas osé essayer de reconquérir leur indépendance pendant la vie du vainqueur qu'ils redoutaient, devaient tenter de le faire sous son successeur, et le pouvaient avec d'autant plus de sécurité que ce successeur se montrait beaucoup plus occupé de réformer les mœurs de la cour, au point de vue de sa piété, qu'il reconnaissait lui-même être une piété de moine, que de prendre en main les grandes affaires de l'État.

Cependant ils attendirent encore. Louis avait été accueilli à son avénement par des acclamations, et l'amour de ses peuples était à craindre : il le perdit bientôt et avec les meilleures intentions du monde ; au premier *Champ-de-Mars*, il rendit la liberté et leurs biens à une foule d'*ahrimans* qui en avaient été dépouillés pour raisons politiques, restitua aux Saxons le droit d'héritage et diminua sensiblement les impôts de ses premiers peuples les Aquitains, toutes choses qui froissèrent les vieux conseillers de Charlemagne, et furent considérées par eux comme un imprudent abandon des droits de l'empire.

Ce fut bien pis quand, à la mort du pape Léon III (816), il laissa les Romains lui élire un successeur sans attendre la confirmation impériale.

Et quand ce nouveau pape, Étienne IV, vint en France, autant pour le sacrer à Reims, que pour apaiser le courroux qu'il aurait dû ressentir du peu de cas qu'on avait fait de son autorité, au lieu de lui montrer un visage irrité, il le reçut avec une humilité qui froissa le sentiment national.

Il fit encore bien d'autres fautes : il rendit la liberté des élections au clergé, ce qui permit l'intrusion dans les dignités ecclésiastiques de leudes ambitieux, qui furent la cause principale des malheurs de son règne ; il imagina de donner aux leudes les domaines royaux à titre perpétuel, croyant par là se les attacher par reconnaissance, quand il faisait tout le contraire en édifiant une puissance rivale, et en immobilisant son capital de largesses et se mettant dans l'impossibilité de se faire de nouveaux fidèles avec de nouvelles récompenses.

Louis, du reste, avait conscience de sa faiblesse, et dans le concile d'Aix-la-Chapelle (817) il fit une *Constitution impériale* qui créait deux royaumes subalternes, dont l'un, l'Aquitaine, fut donné à Pépin, son deuxième fils, l'autre, la Bavière, au troisième, Louis ; son fils aîné, Lothaire, fut associé à l'empire, et ses frères ne pouvaient sans

Guerriers normands.

son autorisation ni faire la guerre, ni céder une ville, ni conclure un traité.

Ces conditions furent imposées à Bernard, roi d'Italie, en succession de son père, au même titre auxiliaire que Pépin et Louis étaient rois d'Aquitaine et de Bavière. Guidé par les conseils de Wala et d'Adelhard, petits-fils de Charles Martel et anciens ministres de Charlemagne, Bernard refusa de les accepter, et marcha contre l'empereur ; mais son armée l'abandonna à Châlon-sur-Saône, en présence de celle de Louis, et il se rendit à son oncle auquel il demanda pardon en confessant sa faute : il n'en fut pas moins condamné à mort ainsi que tous ses complices et conseillers. Il est vrai que le Débonnaire se contenta de leur faire crever les yeux. Bernard étant mort deux jours après son supplice, cela revenait absolument au même, et l'Italie fut attribuée à Lothaire.

Comme si cette révolte eût été le signal attendu par les nations tributaires, elles se soulevèrent à l'envi : les Avares commencèrent dans la Pannonie, les Slaves de l'Elbe envahirent la Saxe, les Bretons sortirent de leur presqu'île, élurent un roi et attaquèrent la Neustrie, les Vascons détruisirent une armée franque, et pendant que les Arabes d'Espagne se ruaient sur la Septimanie, les Sarrasins ravagèrent les côtes du Sud, et les Northmans, qui commençaient à se montrer en nombre, désolèrent les côtes du Nord et de l'Ouest.

Toutes ces tentatives furent repoussées victorieusement, et l'on put croire un moment que Louis était le digne successeur de Charlemagne; mais ces actes de virilité devaient être effacés dans l'esprit des peuples par les conséquences de la piété exagérée de l'empereur. Pris de remords du supplice infligé à son neveu Bernard, il voulut faire une pénitence publique; mais au lieu de demander son pardon à Dieu ou à l'Église, qui en procède le plus directement, il fit sa confession générale dans une assemblée politique réunie par lui à Attigny, et l'absolution qu'il reçut d'une autorité civile, déjà rivale de la sienne, effaça pour jamais son prestige, et mit en quelque sorte les armes aux mains de ses enfants.

Ils n'attendaient, du reste, qu'une occasion; car les aspirations de leurs peuples respectifs étaient absolument hostiles à l'unité de l'empire, leur état social était incompatible avec un gouvernement unique et étendu, que rendait presque impossible une différence de mœurs, de lois et de langues, et ils étaient poussés par leurs sujets qui ne voyaient pas dans leur soulèvement général une guerre civile, mais simplement une revendication d'indépendance. Cette occasion se présenta bientôt. Louis, après la mort de sa première femme Hermangarde, avait épousé Judith, fille d'un duc de Bavière, qui prit un tel ascendant sur le caractère de son mari, qu'elle lui fit révoquer solennellement à l'assemblée de Worms (829) le partage qu'il avait fait à ses trois fils, pour donner aussi un royaume à Charles, l'enfant qui était né d'elle en 823. — Ce roi de six ans eut l'Alamanie pour apanage.

Aussitôt les aînés, prenant prétexte d'une révolte des Bretons, arment en réalité contre leur père, et, sûrs d'être appuyés par l'opinion publique et soutenus par les leudes, dont Judith s'était fait détester et avait fait détester l'empereur, par suite de ses relations intimes avec Bernard, duc de Gothie, qui régnait de fait à la cour et n'employait son autorité qu'à rabaisser celle des grands, ils dépossèdent Louis, et l'enferment dans un couvent pour que les moines lui persuadent de renoncer à l'empire. Bernard échappe à la mort en se sauvant à Barcelone, et Judith se réfugie à Poitiers avec son enfant.

La Constitution de Worms fut annulée, et il fut convenu que Louis ne perdrait pas son titre, et que Lothaire gouvernerait en son nom.

Mais la France teutonique, plutôt par rivalité de race que par amour pour l'empereur, résolut de le replacer sur le trône et d'humilier ainsi la France latine. Les moines, chargés d'amener le Débonnaire à une abdication se firent au contraire les agents du complot qui préparait son rétablissement; ils gagnèrent secrètement par des promesses d'augmentations de territoire Louis, roi de Bavière, et Pépin, roi d'Aquitaine, auxquels la supériorité de Lothaire était déjà odieuse, et, sûrs de leur appui, convoquèrent l'assemblée générale de Nimègue (830), qui rétablit l'empereur dans son autorité.

Louis renvoya dans leurs royaumes ses deux enfants cadets, dont il augmenta la puissance; Lothaire, voyant tous ses partisans exilés, se soumit.

La paix devait bientôt être troublée. Pépin se révolta ouvertement, et fit alliance avec Bernard, qui venait d'être disgracié par l'empereur. Louis l'appela près de lui, le déposséda et donna son royaume à son dernier fils Charles, dont le partage précédent, l'Allemagne, venait d'être envahi par Louis de Bavière.

Ce fut le signal d'une nouvelle guerre générale. Pépin s'échappa, rassembla ses troupes, et unit ses efforts avec ceux de Louis et de Lothaire. Leurs trois armées vinrent attaquer leur père près de Colmar. Le pape Grégoire IV était avec les révoltés, et son intervention, qui parut d'abord sans résultat, décida l'empereur, qui avait pourtant une armée imposante, à ne pas livrer de bataille contre ses fils parce que le souverain pontife avait menacé d'excommunation tous ceux qui combattraient contre Lothaire; bien plus, il vint se livrer à ses enfants avec Judith et Charles.

Cet acte de faiblesse, qui avait pourtant son côté grandiose, frappa l'esprit des hommes de ce temps, et la tradition a conservé, à l'endroit où il s'accomplit, et qui aurait pu être un champ de bataille, le nom de *Champ de Mensonge* (Lügenfeld).

Les vainqueurs usèrent mal de leurs avantages; du conseil des évêques réunis à Compiègne, ils insultèrent à la dignité de leur père, en le soumettant à une dégradation publique, sans s'apercevoir qu'en sa personne, qui aurait dû leur être sacrée par les droits du sang, ils humiliaient l'empire qu'ils rêvaient par les droits du plus fort.

Le vieil empereur, à genoux sur un cilice, lut en présence de tout le peuple, dans l'église Saint-Médard de Soissons, la liste des crimes qu'il avait plu au clergé, rédacteur de cette confession, de lui imputer; après quoi, les évêques lui enlevèrent solennellement sa ceinture militaire, son bandeau impérial et le couvrirent d'un habit de pénitent.

C'était frapper trop fort; aussi le coup ne porta pas : la résignation de Louis, la dureté révoltante de ses fils et l'immixtion trop directe du clergé lui firent des partisans, même dans la Gaule, et il s'ourdit une conspiration nationale à la tête de laquelle se mirent bientôt Louis et Pépin, qui, s'ils ne voulaient pas être dépouillés au profit de Charles, n'entendaient pas davantage obéir à Lothaire, qui prétendait rétablir pour lui-même l'unité du commandement impérial.

Ils vinrent tirer Louis du monastère où Lothaire l'enfermait, et lui rendirent une deuxième fois sa couronne (834).

Le Débonnaire, qui ne consentit à reprendre les insignes impériaux que sur la permission des évêques, ne gouverna pas plus sagement qu'avant. D'abord il confirma la convention de 817, par l'assemblée de Crémieux qui reconnaissait Lothaire roi d'Italie, Louis, de Bavière, et Pépin, d'Aquitaine. Mais ces royaumes furent strictement réduits à leurs limites naturelles. Charles en eut, comme partage, toutes les annexes; Lothaire seul s'en montra mécontent. Mais en 837, alors que Louis grossit le royaume de son quatrième fils de la Bourgogne, la Provence et la Septimanie, le ressentiment fut général. Ce fut pis encore,

Les deux rois se dirigèrent vers la cathédrale de Strasbourg.

l'année d'après, quand Pépin, étant venu à mourir, l'empereur déshérita son enfant, Pépin, en faveur du fils de Judith.

Louis le Germanique et Lothaire prirent ouvertement les armes; mais Judith gagna Lothaire, qui, depuis quatre ans, se refusait à toute négociation; voulant assurer un protecteur à son fils, elle décida son mari à partager l'empire en deux portions, par la Meuse, le Jura et le Rhône, et à donner l'Orient à Lothaire et l'Occident à Charles. Son désir fut accompli par le traité de Worms (839). Pépin II fut définitivement dépouillé de l'Aquitaine, et Louis le Germanique réduit à la Bavière.

Il ne s'en révolta que plus efficacement. Soutenu par tous les peuples d'Allemagne, qui s'indignaient d'être ainsi donnés et repris, par traités, sans égards pour leur origine et pour leurs

sympathies, il marcha en égal contre son père.

Le vieil empereur mourut dans cette guerre impie, près de Mayence, après avoir pardonné à son fils (840). Il était âgé de soixante-deux ans.

Avec lui, on peut même dire par lui, devait s'éteindre l'empire qu'avait commencé Charles Martel, et auquel Charlemagne avait donné une si grande puissance.

CHAPITRE VIII

DÉMEMBREMENT DE L'EMPIRE D'OCCIDENT. — ROYAUME DE FRANCE

Guerres intestines (840-843).

A la mort de son père, Lothaire, associé à l'empire depuis 23 ans, prétendit en continuer l'unité, et gouverner seul avec ses frères pour lieutenants, ce que Louis et Charles n'entendaient en aucune façon; ils étaient du reste soutenus par les grands, qui profitaient de la guerre civile par les bénéfices qu'ils recevaient en récompense de leurs services, et par le vœu des peuples, qui, retrouvant enfin chacun leur autonomie de mœurs et de langages, voulaient s'ériger en royaumes, et non redevenir provinces d'un empire unique.

Louis se mit à la tête des Allemands; Charles II, que sa calvitie précoce fit surnommer le Chauve, réunit les armées de la Gaule septentrionale, et tous les deux marchèrent contre Lothaire, qui attira dans son alliance son neveu Pépin II, roi d'Aquitaine, malgré la dépossession de Louis le Débonnaire.

Les quatre rois se rencontrèrent, après différentes escarmouches partielles, à Fontanet, aujourd'hui Fontenoy-en-Puisaye, à sept lieues d'Auxerre, et le 25 juin 841 s'engagea, entre tous les peuples de l'Empire d'Occident, la bataille la plus solennelle de notre histoire, car toutes les nations franques y combattirent pour leur indépendance. Elle fut sanglante, mais non décisive. Lothaire y fut cependant vaincu, et s'enfuit du champ de bataille en y laissant 40 000 hommes; mais ses deux frères, qui avaient fait des pertes aussi considérables, furent bientôt effrayés de leur victoire, qui avait détruit l'élite de la nation franque. C'est ce qui explique comment les Normands purent faire à cette époque, sur les côtes de l'Ouest, des dévastations désastreuses, sans être poursuivis ni même inquiétés.

La guerre continua, mais fut menée mollement par les troupes séparées des frères ennemis. Charles et Louis se réunirent une seconde fois contre Lothaire et Pépin, et échangèrent sur le front de leurs armées, rassemblées à Strasbourg (842), le serment qui liait leur fortune.

Charles le prononça devant l'armée des Germains en langue tudesque, et Louis en face de l'armée des Français en langue romane.

Ce traité d'alliance, célébré par des fêtes militaires (origine incertaine des tournois de la chevalerie), acquit de suite une si grande importance que Lothaire s'en inquiéta et demanda à faire la paix, promettant de se contenter du tiers de l'empire, si ses frères voulaient lui reconnaître quelque chose en plus, à cause du nom d'empereur qu'il tenait de leur père et qu'il portait depuis 25 ans.

La paix fut conclue et signée à Verdun (843). Les trois frères se partagèrent l'empire : Charles eut le pays borné au nord par la Manche et la mer du Nord, à l'est par l'Escaut, la Meuse, la Saône et le Rhône, au sud par la Méditerranée et les Pyrénées, et à l'ouest par l'Océan ; ce pays prit alors pour la première fois le nom de France.

Louis eut le territoire compris entre le Rhin, la mer du Nord, l'Elbe et les Alpes, appelé d'abord *France orientale* et qui changea peu à peu ce nom pour celui d'Allemagne. Lothaire eut l'Italie, en conservant le titre d'empereur, et le quelque chose en plus qu'on lui donna pour le consacrer fut la bande de terrain comprise entre les royaumes de ses deux frères, se rejoignant à l'Italie par les Alpes et se prolongeant jusqu'à la mer du Nord, qui prit le nom de part de Lothaire (Lotharingie) d'où l'on a fait Lorraine, nom qui est resté à une province de ce patrimoine qui n'était alors que singulier, mais qui devait devenir pour notre pays la cause de guerres interminables, tant le traité de Verdun, le premier grand traité de l'histoire moderne, bien qu'il dût être effacé par le traité de Westphalie (1648), pèse encore sur nous du poids de ses dix siècles.

Règne de Charles le Chauve (843-878).

Jusqu'ici, nous n'avons raconté que l'histoire des Gaulois et des Francs ; nous allons maintenant écrire celle des Français. Malheureusement, avec Charles le Chauve, nous ne commencerons pas par quelque chose de grand.

Il faut convenir qu'avant de pouvoir faire de la France quelque chose il fut obligé de lutter toute sa vie pour l'empêcher de n'être plus rien.

Il n'était pas encore installé qu'Asmar, comte de Jacca, s'attribuait la souveraineté de la Navarre, et que les Normands pillaient Rouen (843). Nantes, Saintes et Bordeaux devaient avoir le même sort, et Charles ne pouvait pas se multiplier contre tant d'ennemis.

Il marcha d'abord contre les plus redoutables. Il fit rentrer, pour un temps, dans le devoir, l'Aquitaine soulevée, dont Pépin II avait proclamé l'indépendance ; mais la guerre devait s'y continuer des années.

Pépin lassa ses sujets par ses vices, fut déposé par eux et remplacé par Charles ; il s'allia alors aux Maures, à Guillaume de Septimanie, qui avait à venger sur le roi de France l'assassinat de son père Bernard, que Charles avait tué lui-même après une bataille ; il conduisit même des bandes de Normands au pillage de Toulouse ; enfin il fut pris et renfermé dans un cloître. Son allié Guillaume, qui, l'année d'avant, avait battu et chassé les Français de la Septimanie, fut décapité.

Les Aquitains n'étaient pas pacifiés pour cela. Irrités bientôt de la domination de Charles, ils appelèrent pour régner sur eux le fils de Louis le Germanique, qui arriva avec une armée de Germains en même temps que Pépin s'échappait de son cloître. Charles les vainquit tous deux, et couronna son propre fils Louis, que les seigneurs aquitains renvoyèrent d'abord, puis reprirent après avoir essayé de Pépin.

Et pendant cette anarchie Charles avait à repousser les prétentions des

Bretons, qui s'étaient donné un roi, Noménoë; celui-ci vainquit le roi de France, et son fils Hérispoë, qui lui succéda, le força à reconnaître son indépendance.

Affaibli, harcelé par tant de guerres, Charles ne put s'opposer aux invasions des pirates du Nord, devenues de plus en plus fréquentes et redoutables, et coïncidant avec les ravages que les Sarrasins faisaient dans le Midi.

Les Normands, du reste, étaient, par leur manière de combattre, en quelque sorte inattaquables; leur habileté à conduire leurs barques légères défiait toute poursuite par une armée de terre, et leur permit de ravager impunément jusqu'à Orléans et Paris, dont le roi paya la rançon sept cents livres pesant d'argent. Ils finirent même par s'habituer à ne plus retourner dans leur pays prendre leurs quartiers d'hiver. Ils s'installèrent sur la Seine, dans l'île d'Oissel, près Rouen, à Noirmoutiers, à l'embouchure de la Loire, et assez haut dans le fleuve même, dans l'île de Biéré, près de Saint-Florent.

Le plus redoutable de ces pirates fut Hastings, qui entreprit de ravager la seule partie du pays intacte encore des incursions normandes, l'Anjou et le Maine, parce qu'elle était commandée et défendue par un homme de toute énergie, Robert le Fort, aventurier saxon de basse naissance et pour lequel Charles le Chauve avait été obligé, afin de s'assurer d'un concours puissant qu'il avait prêté déjà aux Aquitains et aux Bretons, de créer le duché de France, berceau de la troisième race de nos rois.

Robert périt dans cette lutte de plus de dix ans, qui lui valut des chroniqueurs le nom de *Macchabée de la France*, à Brissarthe (866). Charles donna, pour continuer son œuvre, à un certain Tertulle, souche de la grande famille des Plantagenets, que son extraction et sa manière de vivre de fruits sauvages et des produits de sa chasse avaient fait surnommer le Rustique, le titre de sénéchal d'Anjou.

Tertulle, malgré son courage, ne put obtenir aucun résultat définitif. Hastings quitta bien les bords de la Loire, mais pour étendre ses ravages jusqu'à Clermont-Ferrand d'abord, puis sur toutes les contrées de la France, à ce point qu'on ne trouva d'autre moyen d'en débarrasser le pays qu'en lui en donnant une partie avec le titre de comte de Chartres (882).

Le roi, du reste, ne pouvait plus rien personnellement. Il avait aliéné tout son royaume en créant, par crainte des soulèvements partiels et des revendications d'indépendance qui éclataient à chaque instant, de grands fiefs, dont il reconnut même l'hérédité par le capitulaire de Kierzy, première consécration officielle du système féodal.

C'était ainsi que l'Aquitaine, où son fils régnait de nom, était partagée de fait par Bernard, fils de Raymond Ier, comte de Toulouse, maître aussi du Rouergue et du Quercy, Walgrin, comte d'Angoulême, Bernard, marquis de Septimanie, Sanche Nitara, duc de Gascogne, dont la capitale était Bordeaux, Bernard *Plantevelue*, comte d'Auvergne, et Rainulf, comte de Poitiers, qui prit même le titre de duc d'Aquitaine qu'il transmit à sa famille.

La France proprement dite était déjà morcelée de la même façon. Nous avons vu Charles fonder le grand duché de France où Hugues succéda à son père Robert le Fort. Il avait déjà créé, entre la Saône et la Loire, le puissant duché de Bourgogne pour Richard le Justicier, et au nord de la

Somme, le comté de Flandre, en faveur de son gendre, Baudouin Bras-de-Fer.

Malgré cet état de choses, le roi, si faible à l'intérieur, entreprit de s'agrandir à l'extérieur, et de réunir sur sa tête toutes les couronnes qu'avait portées son père

Il faut avouer que, servi par les circonstances, il y réussit à moitié, c'est-à-dire qu'il prit des titres qui ne lui donnèrent aucune autorité et n'augmentèrent point sa puissance.

A la mort de Lothaire (855), ses trois fils s'étaient partagé ses États :

Serment de Strasbourg (842).

Louis avait eu l'Italie, Charles la Provence, et Lothaire II la Lorraine ; tous trois devaient mourir sans enfants, le roi de Provence en 863, et Lothaire II en 869. Charles, qui avait échoué dans son projet de s'emparer de la Provence à la mort du premier, y réussit en 870, sous condition de partager la Lorraine avec son frère Louis le Germanique.

Cinq ans après, Louis, roi d'Italie, qui avait le titre d'empereur, mourut aussi sans héritiers ; malgré la diète de Pavie, composée de dix-huit évêques et de dix comtes, et qui offrit la couronne au roi d'Allemagne, Charles passa en Italie et, protégé par le pape, se fit proclamer empereur, et même roi des Lombards. Ces titres lui auraient évidemment été disputés par son frère, mais la mort le surprit, et ses trois fils furent trop occupés de leurs partages pour l'inquiéter.

C'était Charles lui-même qui devait les attaquer. Rêvant de réunir l'Allemagne à ses États, et de reconstituer, au moins territorialement, l'empire de Charlemagne, il sollicita les seigneurs de Germanie, qui déjà avaient reconnu Louis roi de Saxe, Carloman roi de Bavière, et Charles, dit le Gros, roi de Souabe, d'annuler les partages de ses neveux.

Ceux-ci arment aussitôt, et Charles est vaincu par Louis de Saxe, pendant que Carloman envahit l'Italie.

C'est à cette époque qu'il faut placer le traité de Kierzy, par lequel la royauté se constituait des maîtres pour l'avenir, en croyant se créer des alliés pour le présent.

Charles, comptant sur ses grands vassaux, passe les Alpes, mais réduit à ses propres forces il dut s'enfuir devant Carloman, qui se fit proclamer empereur. Il mourut au pied du mont Cenis, empoisonné, dit-on, par son médecin, mais rien n'est moins prouvé ; il est certain cependant que son corps exhalait une odeur si infecte que, malgré le tonneau enduit de poix et doublé de cuir dans lequel on l'enferma, on ne put l'apporter jusqu'à Saint-Denis, et on fut obligé de l'enterrer à Nantua en 878. Le petit-fils de Charlemagne avait combattu pendant 38 ans, sans avoir eu ni le temps ni la force de régner.

Règne de Louis II dit le Bègue (878-879).

A sa mort, son fils Louis le Bègue, qui gouvernait en Aquitaine depuis 867, dans les conditions que nous avons dites, prit le titre de roi des Français, et se fit sacrer à Reims par l'archevêque Hincmar, qui était le membre le plus influent du clergé de ce temps.

Pour se faire des partisans, il commença par distribuer à qui les lui demandait abbayes, terres et comtés ; mais les grands seigneurs de France, Boson, comte de Provence, en tête, s'opposèrent à ces libéralités qui les dépouillaient en partie, et le contraignirent à confirmer le capitulaire de Kierzy.

Il se trouva donc sans influence et sans autres sujets directs que les anciens Neustriens ; il fut cependant couronné empereur, mais par un pape détrôné, Jean VIII, qui, chassé de ses États, venait en France demander des secours, ce qui ne l'empêcha pas, lui sans pouvoir, sans mission, sans États, de n'accorder la pourpre à Louis que comme une faveur, tant la papauté, même exilée, commençait déjà à élever sa puissance sur les débris de la royauté.

Le règne de Louis le Bègue, qui ne dura que dix-sept mois, ne fut marqué par aucun autre incident. Il mourut au mois d'avril 879, à l'âge de 35 ans, laissant de sa première femme Ansgarde deux fils adolescents, Louis III et Carloman, qui lui succédèrent, et sa seconde femme Adélaïde enceinte d'un fils posthume, qui régna plus tard sous le nom de Charles le Simple.

Règnes de Louis III et Carloman (879-884).

A la mort de Louis le Bègue, les seigneurs français, sur lesquels prédominait Hugues, qu'on appelait le premier des abbés parce qu'il possédait les abbayes de Saint-Denis et de Saint-Martin de Tours, mirent ses deux enfants sur le trône sans leur faire de partage, par la raison suffisante que tout le territoire était partagé entre eux.

L'autorité nulle des deux rois aurait pu être indiscutée, mais le duc Boson ne l'entendit pas ainsi; il rassembla vingt-trois évêques et nombre de comtes dans un concile à Mantaille, et se fit proclamer roi de Provence (879).

Aidés de leur cousin Charles le Gros, roi de Souabe, et empereur d'Italie en succession de son frère Carloman, les jeunes rois de France marchèrent contre Boson qu'ils ne purent vaincre après deux ans de combats. Forcés, du reste, de porter leurs armées contre les Normands, qui étaient devenus des puissances, ayant armes, bagages, matériel de siége et établissements dans la France, ils remportèrent sur eux divers avantages, et notamment une victoire en bataille rangée à Saucourt; mais ils ne purent les empêcher de brûler Liége, Cologne, Cambrai, Amiens; ils traitèrent avec eux, sur le prix de mille livres pesant d'argent par année de tranquillité, et abandonnèrent le comté de Chartres à Hastings (882).

C'est en cette même année que mourut Louis d'un accident de chasse. Son frère Carloman, qui ne devait lui survivre que deux ans, n'eut pas le loisir de chercher à relever la France, avilie par les Normands et morcelée par les grands.

Règne de Charles le Gros (884-887).

Ces rois, qui n'avaient pas vingt ans, ne laissaient pas de postérité; leur frère, Charles n'avait encore que cinq ans et les seigneurs étaient trop divisés pour l'asseoir sur le trône. Ils le laissèrent occuper par Charles le Gros, dernier descendant de Charlemagne, et qui semblait l'héritier direct de sa puissance, car il avait réuni sur sa tête toutes ses couronnes (l'Allemagne lui appartenant depuis deux ans que son frère Louis de Saxe était mort).

Mais les événements prouvèrent bientôt que Charles le Gros n'avait hérité que des titres de son aïeul.

Inquiété par une bande de Normands, il leur céda la Frise. Cet acte de faiblesse, qui serait incroyable si l'on ne savait pas que la royauté ne pouvait faire alors aucun état de l'obéissance des grands, encouragea les autres. Rollon, espèce de géant qui ne combattait qu'à pied, faute de trouver un cheval capable de le porter, vint s'emparer de Rouen, de Pontoise, et tuer le duc du Maine, qui s'opposa à son passage; l'ancien pirate Hastings qui, pour être devenu comte de Chartres, n'en était pas moins resté Normand, s'unit à ses compatriotes, et tous ensemble marchèrent sur Paris, dont le siége, commencé le 26 novembre 885, dura 18 mois.

Les Parisiens commandés par Eudes, comte de Paris, duc de France et fils de Robert le Fort, par Hugues, le premier des abbés, et par l'évêque Gozlin, se défendirent avec vigueur, pendant que l'empereur était tranquillement en Germanie.

Sommé de venir au secours de Paris par Eudes, qui resta seul chef après la mort glorieuse de Hugues et de l'évêque Gozlin, Charles envoya d'abord le duc Heinrich pour jeter un secours dans la place, mais ce duc s'étant tué en reconnaissant les travaux d'approche de l'ennemi, ses soldats, effrayés par cet accident dont ils auguraient mal, se débandèrent et laissèrent les Parisiens réduits à leurs propres forces et se décimant par les privations et les maladies.

Après de longs mois, Charles arriva et campa son armée à Montmartre; mais il ne venait pas pour faire la guerre.

Il commença par nommer un successeur à Gozlin, évêque de Paris, puis traita avec les Normands qui, moyennant 700 livres d'argent, consentirent à se retirer sur l'Yonne, promettant de regagner leur patrie au printemps suivant.

Paris n'accepta pas ce honteux arrangement et refusa le passage du fleuve

Siége de Paris (886).

aux Barbares, qui furent obligés de traîner leurs barques sur la terre en faisant un long détour pour éviter la courageuse cité (887).

La lâcheté de l'empereur, qui ressortait d'autant plus par la comparaison de l'héroïsme de Paris, révolta le sentiment national dans tout l'Empire, et Charles le Gros fut déposé à la diète de Tribur (887). On dit qu'abandonné de tous le vieil empereur, succombant sous le mépris général et la vindicte publique,

Louis d'Outre-Mer au concile d'Ingelheim (948).

mourut de chagrin et de misère.

A sa mort, l'empire de Charlemagne fut démembré pour jamais, et chacune des nations qui avaient subi sa domination voulut se donner un roi tiré de son sein. Sept grands États, aux destinées différentes, se fondèrent sur les ruines de l'Empire d'Occident. Ce furent : la France, l'Allemagne, l'Italie, la Bourgogne, la Lorraine, la Navarre et la Provence.

Eudes, comte de Paris, fut proclamé roi de France aux acclamations de la foule, qui manifestait ainsi son mépris pour la race dégénérée de Charlemagne, et de ce jour s'opéra définitivement la séparation des Francs Teutons, des Francs Romains; et le royaume de France fut constitué nominalement.

Règne d'Eudes (887-898).

Malheureusement, il n'y avait pas que l'Empire de démembré ; la France aussi s'en allait en lambeaux. L'hérédité des fiefs et des bénéfices avait fait des titulaires autant de petits rois, et le besoin de résister aux invasions des Normands et des Sarrasins avait hérissé la France de châteaux et de forteresses qui donnèrent aux seigneurs assez de soldats pour lutter contre la royauté. Il y en avait déjà de plus puissants que le roi lui-même, qui, s'il n'avait pas été duc de France, n'aurait possédé en propre que quelques villes qu'il n'avait pas encore été contraint de donner en fiefs. Ainsi le duc de Gascogne possédait tout le pays au sud de la Garonne ; les comtes de Toulouse, d'Auvergne, du Poitou, du Périgord, du Berry, occupaient jusqu'à la Loire ; à l'est et au nord de ce fleuve, tout appartenait au comte du Forez, au duc de Bourgogne, au duc de France, aux comtes de Flandres et de Bretagne.

Et tous ces petits souverains qui exerçaient sur leurs terres, subdivisées elles-mêmes en une multitude de petits États, tous les droits régaliens, ne laissaient à la royauté qu'un titre, et ne lui reconnaissaient qu'une souveraineté inefficace.

Celle d'Eudes n'était du reste reconnue que de la Meuse à la Loire. Arnulf, roi de Germanie, fit de la Lorraine un royaume pour son fils Zwentibold, et pendant que la Provence se divisait en deux royaumes : Bourgogne cisjurane, sous Louis, fils du roi Boson, et Bourgogne transjurane, sous Rodolphe, comte d'Auxerre, Rainulf, duc d'Aquitaine, prenait le titre de roi.

Eudes marcha d'abord contre celui-ci, sans trop s'inquiéter des autres ; il reconnut même l'espèce de droit de suzerain que réclamait, comme Carlovingien, Arnulf, roi de Germanie, et lui laissa la Lorraine pour jouir en paix du reste de la France. Il vainquit plusieurs fois le duc d'Aquitaine, qu'il força à renoncer au titre de roi, mais qu'il ne put soumettre tout à fait, inquiété qu'il était par les Normands, qui ne voulaient plus quitter le pays. Il remporta sur eux deux grandes victoires, l'une dans la forêt de Montfaucon en Argonne, l'autre dans la Limagne près de Montpensier (892). Cependant il ne put les empêcher de piller Meaux, Troyes, Toul, Verdun, Évreux, Saint-Lô, et de faire des déserts sur leur passage.

La guerre civile vint augmenter la misère, qui était telle qu'en beaucoup d'endroits on manquait de grains pour ensemencer la terre : le comte de Flandre refusa l'obéissance, un autre seigneur s'empara de Laon. Eudes reprit la ville et fit couper la tête au rebelle, pour intimider les autres.

Cela n'empêcha pas le duc de Bourgogne et le comte de Vermandois, d'accord en cela avec les comtes de

Poitiers et d'Auvergne, de proclamer roi le fils posthume de Louis le Bègue, Charles, que sa paresse d'esprit fit surnommer le Simple. Le nouvel élu fut sacré par l'archevêque de Reims en 893 ; mais il n'osa pas résister à l'armée que Eudes amena contre lui ; il s'enfuit chez Richard le Justicier, duc de Bourgogne, puis de là en Lorraine, où son parent Zwentibold entreprit pour le rétablir une guerre qui tourna à sa confusion. Il n'eut que le temps de rentrer dans ses États, et Charles, abandonné par les comtes de Flandre et de Hainaut, se confia à la générosité de son vainqueur, qui lui accorda quelques domaines entre la Meuse et la Loire et le reconnut même pour son seigneur.

Eudes étant venu à mourir quelques temps après (898), les grands rassemblés acceptèrent Charles le Simple comme son successeur, et Robert, frère de Eudes, n'hérita que du duché de France.

Règne de Charles IV dit le Simple (898-923).

Le règne de Charles IV ne laisse dans l'histoire que le souvenir de l'établissement définitif des Normands, derniers des éléments qui devaient composer la nation française ; il le leur facilita lui-même, ne pouvant s'opposer à leurs brigandages. N'ayant pu empêcher Thiébold, un de leurs chefs, qui devint la tige des comtes de Blois et de Champagne, de fonder des établissements entre Chartres et Tours, il proposa à Rollon, le plus redouté de tous, qui était déjà maître de Rouen, d'Évreux et de Bayeux, la seigneurie héréditaire de tout le pays situé entre la rivière d'Epte et la Bretagne, s'il consentait à embrasser la religion chrétienne, et, de plus, il s'engagea à lui donner en mariage sa fille Gisèle, s'il faisait la promesse de vivre en paix avec le royaume.

Rollon, qui avait de grandes idées de gouvernement, accepta (912), et établit le système féodal dans son duché, qui prit le nom de Normandie. Il partagea le pays entre tous ses guerriers, et en même temps que ceux-ci, occupés à le coloniser, permettaient, par la cessation de leurs ravages, à la paix et à l'ordre de ranimer la culture et donnaient le temps à la société nouvelle de s'établir, ils communiquèrent à leurs voisins une partie de leur énergie sauvage ; l'esprit d'entreprise, de vie et de liberté gagna de proche en proche, et réveilla les habitudes belliqueuses des Français.

Comme si la fortune voulait indemniser Charles le Simple de la perte de cette province, les Lorrains se donnèrent à lui ; mais son imbécillité le fit bientôt mépriser de ses nouveaux sujets, et ses complaisances pour ses favoris irritèrent les grands du royaume.

En 920, ils déclarèrent à l'assemblée de Soissons qu'ils n'obéiraient plus au roi, s'il ne changeait pas de conduite et s'il ne renvoyait pas son ministre Haganon. Ils patientèrent pendant deux ans ; mais voyant que rien ne changeait, et que Charles venait de se laisser enlever la Lorraine, ils couronnèrent Robert, duc de France, et s'armèrent contre Charles le Simple.

La rencontre eut lieu près de Soissons, et Robert y fut tué ; mais Charles vaincu se retira en Lorraine, d'où il revint avec une armée grossie d'un secours des Normands disputer la couronne à Raoul, gendre de Robert, qu'on avait élu roi à sa place (923).

Il n'eut pas le temps de combattre ; fait prisonnier, en trahison, par Herbert, comte de Vermandois, il fut enfermé dans le château de Péronne, où il périt misérablement six ans plus tard.

Règne de Raoul (923-936).

Le règne de Raoul, qui fut sans éclat, ne fut cependant pas sans gloire.

Le roi de France repoussa une invasion de nouveaux Barbares, les *Madgyars* (appelés par les Germains, dont ils attaquaient depuis longtemps les frontières, *Ungren* (étrangers), d'où leur est venu le nom de Hongrois).

Ces peuples, de race finnoise, originaires du nord de l'Asie, pénétrèrent en Italie, où ils battirent les deux rois Rodolphe et Hugues, et se répandirent dans le midi de la Gaule, ravageant tout sur leur passage. Raoul se joignit à Raymond Pons, comte de Toulouse, et les battit près de cette ville. La défaite les dispersa, et une épidémie acheva de les détruire (926).

Raoul fit ensuite deux expéditions en Aquitaine et en Provence, où ses victoires lui firent obtenir des serments de fidélité sans conséquences ; et quand il mourut, en 936, la royauté n'avait pas fait une conquête de plus sur l'autorité des grands.

Règne de Louis IV dit d'Outre-Mer (936-954).

Raoul ne laissant pas d'enfants, son frère Hugues le Noir hérita de son duché de Bourgogne, et fut obligé de l'abandonner bientôt à Hugues le Grand, duc de France, fils de Robert et neveu du roi Eudes, qui dédaigna la couronne de France, et fit venir d'Angleterre Louis, fils de Charles le Simple, qu'il fit sacrer à Laon.

Celui-ci, qu'on appela d'Outre-Mer à cause de cette circonstance, voulut prendre le trône au sérieux ; il gagna l'appui de quelques seigneurs jaloux de la puissance du duc de France, et avec leur alliance essaya de s'emparer du Vermandois et de la Normandie, dont les titulaires venaient de mourir.

Hugues alors, par esprit de corps plutôt que pour étouffer l'ambition de son protégé, marche contre lui, légitimant en quelque sorte sa prise d'armes par l'alliance des héritiers du Vermandois et de la Normandie.

Louis est vaincu, mis en prison et ne peut en sortir qu'en abandonnant à Hugues le Grand la ville de Laon, la dernière qui lui restât.

Il cède à la force, mais il se plaint au pape et demande du secours au roi de Germanie. Un concile excommunia le duc de France, et Othon qui rêvait la reconstitution de l'empire de Charlemagne n'hésita pas à marcher contre Hugues, quitte à profiter de sa victoire pour lui-même ; il pénétra jusque sous les murs de Rouen, mais il fut battu (946) par Hugues, allié au duc de Normandie. Il repassa le Rhin, entraînant avec lui le malheureux d'Outre-Mer, qui n'eut d'autres ressources que de protester solennellement au concile d'Ingelheim contre les perfidies du duc de France, qui l'avait accusé d'incapacité, et d'offrir de s'en défendre, soit par le jugement du roi Othon, soit par un combat singulier ou jugement de Dieu.

Hugues fut excommunié une seconde fois, mais il n'envoya pas de champion à son rival, et continua la guerre. Louis ne réussit qu'à reprendre Laon avec des secours qu'il avait tirés du Midi où il fit plusieurs voyages ; encore ne put-il s'y établir ; car lorsqu'il mourut des suites d'un accident de chasse, il recevait l'hospitalité de l'archevêque de Reims.

Règne de Lothaire (954-986).

A la mort de Louis, la guerre était finie, mais la situation n'était pas changée : Hugues le Grand était toujours le maître de la France. Comme il ne vou-

Gerbert, depuis le pape Sylvestre II.

lait pas de la couronne pour lui, il consentit, à la prière de Gerberge, veuve de Louis IV, qui était du reste sa belle-sœur, à la placer sur la tête de son petit-neveu Lothaire ; il le fit sacrer à Reims par l'archevêque Artold. Il mourut quelque temps après (956), et ses deux fils héritèrent de ses duchés ; Henri eut la Bourgogne et Hugues surnommé *Capito* ou *Capet* eut la France et conserva sur Lothaire l'autorité qu'avait son père ; il crut y gagner l'Aquitaine qu'il se fit donner officiellement par le roi, seulement il ne put jamais s'en emparer.

Lothaire ne fut pas sans montrer quelque énergie : il résolut de s'emparer de la Lorraine sur laquelle il revendiquait ses droits, et s'y fit appeler par les seigneurs, qui s'étaient révoltés des prétentions d'Othon le Grand à restaurer l'Empire et dont les traditions étaient continuées par son fils Othon II.

En 978, aidé de Hugues Capet, il pénétra en Lorraine, ravagea tout jusqu'à Aix-la-Chapelle où il faillit enlever l'empereur ; Othon le battit à son tour et vint jusqu'à Paris, brûlant tout sur son passage ; mais sa retraite fut si désastreuse qu'il s'en retourna en vaincu, laissant presque toute son armée sur les bords de l'Aisne (980).

Le résultat de cette guerre fut le partage de la Lorraine, et Lothaire put donner à son frère Charles le duché de Basse-Lorraine ou de Brabant.

C'est tout ce qu'on connaît de Lothaire qui était bien peu de chose dans le royaume, dont l'attention était accaparée alors par Gerbert, un moine d'Aurillac, d'une science profonde pour l'époque et d'un savoir incomparable en mathématiques et en astrologie, qui devint archevêque de Reims et devait mourir pape sous le nom de Sylvestre II.

Mêlé à toutes les affaires politiques, il se mit à la tête du clergé pour hâter le mouvement qui devait changer la dynastie des rois français. « Lothaire est roi seulement de nom, écrivait-il ; Hugues n'en porte pas le titre, mais il est roi par le fait et par les œuvres. »

Ces paroles trouvaient un grand écho dans la société nouvelle dont la répugnance pour la race de Charlemagne croissait de jour en jour. L'organisation féodale ne pouvait plus accepter la royauté comme un pouvoir public et une magistrature nationale, mais bien comme un droit personnel et un mode de possession territoriale. — L'intérêt des grands était de trouver dans le roi un seigneur parmi les seigneurs, un ennemi de l'ancienne dynastie, un homme enfin qui eût donné des gages à la révolution féodale ; et la famille des ducs de France, qui avait déjà eu deux de ses membres couronnés et dont l'origine ne remontait pas plus haut que Robert le Fort, remplissait toutes ces conditions.

Ces idées fermentaient partout, et tout portait Hugues Capet à déposséder la race de Charlemagne ; cependant il ne s'y décida pas tout de suite, et par un reste de scrupule, à la mort de Lothaire qui arriva en 986, il mit la couronne sur la tête de son fils Louis V.

Règne de Louis V (986-987).

Le fils de Lothaire, que l'histoire surnomme à tort le Fainéant, puisqu'il n'avait pas vingt ans, ne régna que seize mois. « Il ne fit rien, dit Gerbert ; à charge à ses amis, il ne donnait pas beaucoup d'inquiétude à ses ennemis, et pendant ce temps la grande affaire de sa ruine se traitait sérieusement en secret. »

Comme il ne laissait pas d'enfants, son oncle Charles de Brabant éleva des prétentions au trône ; mais outre qu'il était méprisé, moins encore à cause de ses vices que parce qu'il était vassal des rois de Germanie, le temps des Carlovingiens était fini, la race de Charlemagne était éteinte, et Hugues Capet n'avait plus d'objections à faire aux grands qui le poussaient dans le but d'établir un précédent en usurpation. Appuyé de son frère le duc de Bourgogne et de son beau-frère le duc de Normandie, il rassemble à Senlis toute la noblesse et tout le clergé de France, reçoit d'eux le titre de roi, et se fait sacrer par l'archevêque de Reims Gerbert, dans la cathédrale de Noyon.

Cette révolution n'excita ni surprise ni contestation; tout le monde s'y attendait, la désirait presque, et les seigneurs les plus jaloux de leur autorité n'avaient aucun ombrage de ce titre de roi, qui, s'il ne laissait pas Hugues absolument leur égal, n'avait plus rien d'hostile ni de suspect pour eux.

Cet événement eut cependant une conséquence très-grande; car il fut la consécration du système féodal, et marque, dans l'histoire, l'époque de fondation de la nation française, qui devait rester encore longtemps composite en raison de l'incompatibilité apparente de ses éléments originaires : romain, chrétien et barbare.

CHAPITRE IX

LES PREMIERS CAPÉTIENS. — LE RÉGIME FÉODAL

Règne de Hugues Capet (987-996)

L'avénement au trône de Hugues Capet constitua à la couronne de France le patrimoine territorial qu'elle avait perdu complétement; la royauté n'était plus qu'un titre. Hugues y ajouta en toute propriété le duché de France, le comté de Paris, le comté d'Orléans et les immenses revenus des abbayes de Saint-Martin de Tours, de Saint-Denis et de Saint-Germain-des-Prés, dont il était abbé.

A peine installé, il eut à repousser les prétentions de Charles de Brabant, qui, reconnu successeur de son neveu Louis V par le duc d'Aquitaine, les comtes de Flandre et de Vermandois, était parvenu à s'emparer de Laon et de Reims; mais, trahi bientôt par l'évêque de Laon, il tomba au pouvoir de Hugues, qui le fit enfermer dans la tour d'Orléans, où il mourut. Ses deux fils, proclamés rois par les seigneurs du Midi, se réfugièrent d'abord en Aquitaine, puis en Germanie, où ils s'éteignirent sans postérité.

Hugues, pour éviter à l'avenir l'effet de semblables compétitions, et peut-être aussi pour enlever par un précédent le droit d'élection à la noblesse de France, fit sacrer son fils Robert, qu'il associa à sa couronne. Cet acte politique, répété par ses descendants pendant deux siècles, assura l'hérédité du trône dans la famille des Capétiens.

Cependant le Midi se refusait à reconnaître sa suzeraineté et bravait même sa puissance, puisque le duc d'Aquitaine donnait asile aux fils de Charles de Brabant, qu'il appelait rois. Hugues marcha contre lui; mais après une guerre sans résultats il se retira devant un retour offensif de Guillaume

Sacre de Hugues Capet à Noyon (987).

Fier-à-Bras, qui, après lui avoir fait lever le siége de Poitiers, lui livra sur les bords de la Loire un combat sanglant où il n'y eut pas de vainqueur, tant les morts avaient été nombreuses dans les deux armées.

Premiers hérétiques brûlés vifs (1012).

La campagne n'était cependant pas finie pour le roi de France. Appelé par Eudes, comte de Blois, assiégé dans Tours à la fois par Foulques Nerra, cinquième comte d'Anjou, et par Aldebert, qui venait de se proclamer comte de Périgord, Hugues veut interposer sa suprématie et faire lever le siége sans coup férir. Le comte d'Anjou se retire, mais Aldebert refuse et répond fièrement à la question de Hugues : « Qui t'a fait comte? — Qui t'a fait roi? »

Dans le Nord, l'autorité souveraine n'était guère mieux assise : le roi de France fut obligé de contraindre par les armes Arnould II, comte de Flandre, et le comte de Vermandois, Herbert III, à reconnaître ses droits; et s'il obtint l'hommage de Richard Ier, duc de Normandie, ce fut à charge de revanche ; le comte de Bretagne le lui refusait complétement, occupé, du reste, à défendre son pays contre Foulques Nerra qu'il vainquit enfin à Conquereux, dans la bataille la plus remarquable de ce temps.

A part toutes ces guerres de seigneurs, l'histoire de cette époque est muette faute d'événements d'intérêt général, et ce sera ainsi pendant plus d'un siècle ; il ne faut pas s'en étonner ; depuis que l'hérédité des fiefs avait morcelé le territoire, et que celle des offices avait partagé l'autorité, les rois ne pouvaient rien entreprendre ; ils n'avaient ni assez de force matérielle ni assez d'influence morale pour agir hors de leurs domaines à d'autres titres que celui de suzerain ; ils se contentèrent de tenir réunies les diverses provinces par le lien féodal qui devait faire l'unité de la nation française.

Les premiers Capétiens, suivant l'exemple des chefs de race, s'unirent étroitement d'intérêts avec l'Église, dans laquelle ils voyaient la source unique de toute puissance durable. Hugues rendit aux prêtres la liberté des élections, et leur donna de grands biens. Il leur fut presque aussi agréable en ne portant jamais la couronne et en ne se parant dans les cérémonies que de sa chape d'abbé de Saint-Martin de Tours.

Il mourut en 996 à l'âge de 54 ans, et son fils Robert lui succéda sans contestation, peut-être parce qu'il avait été sacré du vivant de son père, mais surtout parce que la couronne, qui était le premier fief de France, était considérée comme les autres offices, et devenait héréditaire au même titre qu'eux.

Règne de Robert (996-1033).

Le règne de Robert commença au milieu d'une terreur universelle. La croyance de longtemps arrêtée et entretenue par le clergé, qui savait devoir en profiter, que le monde devait finir en l'an 1 000, semblait se justifier par les pestes, les famines, une maladie inconnue qu'on appelait le *mal des ardents*, et les calamités de toute sorte qui désolèrent l'Europe.

Tout mouvement était arrêté, toute entreprise avait cessé, et la population, glacée d'épouvante, ne voyait plus d'espoir ni d'avenir que dans le giron de l'Église ; aussi la ferveur religieuse s'exagérait, on s'entassait dans les couvents qu'on enrichissait de ses biens, et l'on passait son temps en processions et en démonstrations pieuses, dont l'impression ne s'effaça jamais dans l'esprit de Robert, qui fut un roi dévot jusqu'à l'excès.

Le massacre des Juifs, qui ensanglanta ce règne, eut la même cause : le monde chrétien était au paroxysme de la terreur quand on apprit que le calife Hakem, excité, disait-on, par les Juifs, venait de détruire l'Église et le Saint-Sépulcre de Jérusalem ; alors ce fut un cri de réprobation générale, et les Juifs furent traqués comme des bêtes fauves. « On les chassa de toutes les villes, dit la *Chronique* de Raoul Glaber ; les uns furent égorgés, les autres noyés ; plusieurs, pour échapper aux tortures, se tuèrent eux-mêmes, de sorte qu'après cette digne vengeance (le chroniqueur était moine) il n'en resta qu'un très petit nombre dans le royaume. »

Le roi Robert, dont la bonté était proverbiale, dont la charité était débonnaire, au point qu'il se laissait voler par les prétendus pauvres qui l'entouraient toujours, et dont la dévotion fut monacale, (il passait son temps à chanter au lutrin, à composer des hymnes et à régler les chœurs de l'abbaye de Saint-Denis), n'en fut pas moins excommunié par l'Église pour avoir épousé Berthe, veuve de Eudes, comte de Blois, sous prétexte qu'elle était sa cousine, mais en réalité parce qu'elle était héritière du royaume d'Arles, dont l'acquisition par le royaume de France portait ombrage au pape Grégoire V, Allemand de naissance et créature de l'empereur.

Robert essaya d'abord de résister; mais, se voyant abandonné de tous ses serviteurs, il répudia sa cousine, et épousa Constance, fille de Guillaume Taillefer, comte de Toulouse, princesse jeune, belle, instruite, mais impérieuse, et qui se fit bientôt redouter du roi lui-même, autant que les nobles Aquitains qui l'avaient suivie se firent détester par leur élégance, leur luxe, leurs mœurs légères, qui contrastaient singulièrement avec celles des Français du Nord.

Si à l'intérieur Robert perdait son prestige, à l'extérieur son titre de roi de France faisait encore illusion; aussi, lorsque les Italiens, à la mort de Rodolphe II, voulurent se soustraire à la domination de l'empereur Conrad, ils offrirent la couronne de leur pays au roi de France; en même temps, les seigneurs de Lorraine lui proposèrent de reconnaître sa suzeraineté. Effrayé de tant d'honneurs qu'il ne se sentait pas de force à soutenir, Robert se hâta de refuser.

Il n'en fut cependant pas de même pour la Bourgogne, dont il hérita à la mort de son oncle Henri, mais il est probable que s'il avait su que cette succession allait lui coûter douze années de guerre avec Otto-Guillaume, fils de la femme de Henri, il la lui eût abandonnée. Il fut obligé, du reste, de lui en laisser une partie (le comté de Bourgogne, qui devint plus tard la Franche-Comté, 1016).

Tel est le seul fait politique du règne de Robert, encore ne peut-on lui donner d'importance, puisque son successeur ne put pas garder le duché de Bourgogne; il est cependant remarquable par un acte religieux précurseur des *auto-da-fé* de l'Inquisition.

Ce roi, bon, charitable et pieux, fut le premier qui fit mourir des hérétiques. En 1022, treize de ces malheureux, pour la plupart chanoines de la collégiale de Sainte-Croix, furent brûlés vifs à Orléans, et la reine Constance, avec une canne de fer qu'elle tenait à la main, creva l'œil de l'un de ces prêtres, qui avait été son confesseur, au moment où il passait près d'elle pour se rendre au supplice.

Cette exécution est la première qui fut faite en France pour crime d'hérésie; notons-la, car dans la suite il y en aura tant que nous ne pourrons plus les compter.

Robert mourut comme il avait vécu, et pendant que la peste ravageait ses États, que la famine décimait ses sujets, au point qu'ils en étaient réduits à déterrer les morts pour s'en nourrir, il copiait l'obituaire de Melun.

C'était en 1033, et le roi était dans sa soixante-deuxième année.

Règne de Henri (1033-1060).

A la mort de Robert, son troisième fils Henri lui succéda, le premier, Hugues, étant mort, et le second, Eudes, étant imbécile, dit la chronique de Saint-Martin de Tours.

Son plus grand ennemi fut sa propre mère Constance, qui voulait faire asseoir sur le trône Robert, son quatrième fils, au nom duquel elle s'était emparée de Sens, Senlis, Melun, Béthisy, Dammartin, Poissy, Coucy, et de quelques autres forteresses redoutables.

Henri, aidé de son allié Robert le Magnifique, duc de Normandie, contraignit la reine à faire la paix, mais ne put éteindre cette rivalité qu'en abandonnant à son frère le duché de Bourgogne, que ses successeurs ont gardé jusqu'en 1362.

Il réprima plus facilement la révolte de son autre frère Eudes, qu'il prit et enferma dans la tour d'Orléans (1041).

C'est à peu près tout ce qu'il fit pendant les trente ans de son règne; il n'osa même pas secourir, contre l'empereur Henri III, les seigneurs lorrains révoltés qui lui offraient leur couronne; ils furent vaincus, et le duché de Lorraine fut donné à Gérard d'Alsace, tige de la célèbre maison de Lorraine (1046).

Si la royauté consentait à jouer un rôle si effacé, c'est que l'ambition et les haines des seigneurs tenaient trop de place dans le pays. La France entière était ensanglantée par les prétentions, éteintes seulement par la mort, de Eudes comte de Blois, sur le royaume d'Arles et même sur la Lorraine, par le refus de ses enfants, Étienne, comte de Champagne, et Thibaud III, comte de Blois, de reconnaître la suzeraineté de Henri, et par leurs continuelles guerres avec Foulques Nerra, comte d'Anjou, l'un des seigneurs les plus considérables de ce temps, et auquel l'histoire donna le surnom de Bâtisseur, bien qu'en réalité, s'il édifia beaucoup de monuments, il n'en construisît pas encore autant qu'il en avait brûlé. Sa vie se passa dans l'accomplissement de crimes qu'il crut expier suffisamment par deux pèlerinages à Rome et trois en Terre-Sainte. Il mourut en revenant de Jérusalem, où il s'était fait traîner sur une claie, nu, un joug de bois sur le cou et fouetté vigoureusement par deux de ses valets, pour racheter la mort de sa première femme qu'il avait fait brûler, et l'exil de la seconde qui n'avait pu supporter ses mauvais traitements.

Son fils, Geoffroy Martel, lui succéda et fut constamment en guerre avec ses voisins; il s'empara du Maine et de la Saintonge, et prêta son aide puissante au roi Henri, pour faire rentrer dans le devoir les comtes de Blois et de Champagne.

Il fut aussi l'allié de la royauté contre le duché de Normandie, mais plus tard. A ce moment, Robert le Magnifique, que la légende a surnommé le Diable, était duc de Normandie par le droit du poison, qui l'avait débarrassé dans un festin de son frère Richard III et de ses principaux barons. Il fut l'ami de la couronne, et à sa mort, qui arriva au retour d'un pèlerinage qu'il fit en Terre-Sainte pour expier ses forfaits (c'était le grand remède alors), son fils Guillaume le Bâtard implora le secours du roi de France pour imposer l'obéissance à ses vassaux révoltés, il les vainquit à la bataille du Val-des-Dunes près de Caen (1046), mais il ne fut pas longtemps à oublier l'assistance effective et personnelle de Henri, et entraîna contre lui une série de batailles dont la plus célèbre fut celle de Mortimer, en 1054, où les Angevins et les Bretons combattirent à côté des Français.

Ces guerres si fréquentes, qui étaient la vie de la société féodale, puisque chacun ayant le droit de se faire justice soi-même et était toujours disposé à la refuser aux autres, couvrirent la France de châteaux et de forteresses, et les seigneurs, disposant du travail et même de la vie de leurs serfs, les arrachèrent à la culture pour leur faire construire sur le moindre escarpement des donjons redoutables, asile de sûreté ou, si l'on veut, repaire de brigands, d'où ils fondaient sur les voyageurs et les paysans pour les rançonner. Aussi les famines furent fréquentes et si affreuses, au dire de Glaber, qu'il semblait désormais que ce fût un usage consacré que de manger de la chair humaine. »

L'Église s'émut de cette misère, dont elle était une des causes, puisqu'elle était devenue purement matérielle et féodale; mais l'homme qui la dirigeait alors de fait par l'influence qu'il acquit sur le pape Léon IX et qu'il conserva sous ses

La reine Constance évacue le château de Coucy.

successeurs, Hildebrand, moine de Cluny, génie ambitieux, qui devait porter la tiare sous le nom de Grégoire VII, rêvait déjà la monarchie universelle de l'Église.

Empêché dans les réformes qu'il or- donnait par les guerres perpétuelles que se faisaient les seigneurs, il résolut sinon de les arrêter, ce qui eût été impossible avec les besoins de la société féodale, au moins de les limiter et en quelque sorte de les régulariser.

Telle fut l'origine de la *Trêve de Dieu*, instituée en 1041 au concile de Tubinge, près de Perpignan, et qui ne fut en vigueur que quelques années après, quand elle eut été acceptée par tous les seigneurs de l'Europe chrétienne, qui la respectèrent pendant plus de deux siècles.

Par cette législation singulière, toute attaque à main armée fut défendue depuis le mercredi soir jusqu'au lundi matin de chaque semaine, de même que pendant les jours de fête, l'Avent et le Carême; ce qui réduisait à 80 jours au plus par an le temps permis pour les appels à la force.

En outre, les églises et les cimetières furent reconnus lieux d'asile, et les femmes, les enfants, les pèlerins, les marchands, les laboureurs avec leurs outils et leurs bestiaux, les voyageurs mêmes qui se réfugiaient près des charrues furent mis sous la sauvegarde perpétuelle de la *Trêve de Dieu*.

Ce fut le seul événement d'intérêt général du règne de Henri Ier; il y en eut un autre qu'on peut presque appeler politique, c'est le mariage du roi avec Anne, fille du grand-duc de Russie, qui descendait, dit-on, de Philippe de Macédoine par son aïeul, l'empereur Romanus II.

Ce fut sans doute pour consacrer cette généalogie, au moins hasardée, que le premier enfant qui naquit de son mariage avec le roi de France fut appelé Philippe.

Sacré en présence du duc d'Aquitaine, des comtes de Flandre et d'Anjou et de douze autres seigneurs, il succéda à son père quand il mourut, en 1060, à l'âge de 54 ans. Mais avant de nous occuper de l'histoire de son règne il convient de jeter un rapide coup d'œil sur le système féodal, qui, précisément parce qu'il annihilait la royauté, parce qu'il avait supprimé le peuple, devait amener l'unité nationale, en forçant ces deux pouvoirs, qui ne se connaissaient pas encore et qui n'avaient d'avenir que dans l'unité et dans la centralisation à se coaliser contre la puissance seigneuriale.

Le régime féodal.

Le régime féodal n'existait par aucune constitution régulière; il n'avait ni code de lois écrites ni institutions reconnues, mais il était adopté et consenti par l'usage universel, parce que ses coutumes répondaient à des besoins sociaux et qu'elles étaient admirablement appropriées aux hommes et aux choses de ce temps.

Ce système, qui avait en quelque sorte dépersonnalisé l'homme au profit de la terre, divisait la population en deux grandes classes. Les propriétaires et ceux qui ne l'étaient pas, les hommes libres et les serfs. Le clergé, qui les dominait par son influence religieuse, tenait en quelque sorte le milieu entre elles; car, bien qu'il procédât de la noblesse en ce que comme elle il était seigneur, feudataire, vassal ou suzerain, selon l'occasion, il se recrutait parmi la classe opprimée, dont il admettait les membres dans ses couvents, abbayes ou prieurés, et ce ne fut pas la moindre cause de sa puissance, dont on pourra se faire déjà une idée quand on saura qu'au xve siècle il y avait en France 420 cathédrales, 30 500 églises paroissiales, 18 500 chapelles, 2 872 abbayes ou prieurés et 934 maladreries.

Quant à la population noble, qui était répartie sur 70 000 fiefs dont 3 000 titrés et cent États souverains, elle était, sous les premiers Capétiens, d'un million d'individus et comptait plus de cent mille guerriers.

Parmi les cent États féodaux, huit

étaient supérieurs aux autres par leur étendue et par les prérogatives dont jouissaient leurs possesseurs, qui étaient les *pairs* du roi à cause du comté de Paris, et dont ils ne reconnaissaient — et pas toujours de bonne grâce — que la supériorité morale.

C'étaient, en dehors du comté de Paris, qui appartenait au roi de France, les comtés de Flandre, de Vermandois, de Toulouse et les duchés de Bourgogne, de Normandie, d'Aquitaine et de Gascogne, etc.

Les souverains de ces huit États, qui étaient grands-vassaux de la couronne, avaient eux-mêmes pour vassaux des souverains. C'est ainsi que le comte d'Anjou relevait immédiatement des rois de France, que le duc de Bretagne relevait du duc de Normandie, que les comtes d'Angoulême, de la Marche et du Périgord relevaient du duc d'Aquitaine, et les comtés de Bigorre et d'Armagnac du duc de Gascogne, etc.

Ces vassaux étrangers l'un à l'autre, et la plupart du temps ennemis, n'ayant de commun que leur suzerain, étaient *pairs* entre eux ; de même que leurs arrière-vassaux, au même degré, l'étaient aussi, tout en étant seigneurs d'autres arrière-vassaux, pairs également entre eux et suzerains eux-mêmes de plus humbles feudataires, et ainsi de suite jusqu'aux derniers possesseurs non-seulement de la terre, mais des offices, des meubles, des priviléges, de tout enfin ce qui représentait une valeur vénale.

C'est ainsi qu'on donnait en fief les charges domestiques, les droits de chasse, les péages de ponts et de barrières, les baraques des foires, les fours banaux des villes et jusqu'à des essaims d'abeilles.

Le clergé était organisé de la même façon, ou, pour mieux dire, il était compris dans le régime féodal comme possesseur territorial ; les évêchés et les abbayes furent des seigneuries semblables aux seigneuries laïques, ayant des suzerains et des vassaux ; les évêques et les abbés étaient même tenus, comme les autres, au service militaire personnel ; et ceux qui voulurent s'en dispenser en envoyant aux combats des défenseurs appelés *avoués*, *vidames*, *vicomtes*, perdirent leur puissance féodale en se privant de la force matérielle.

Ils prétendirent alors ne faire relever leurs bénéfices que du Saint-Siège ; mais la plupart furent accaparés par les rois, qui, grâce à la non-hérédité de ces sortes de fiefs, en distribuaient l'investiture à prix d'argent.

Cette *investiture*, qui était le droit de posséder, était donnée par le suzerain en échange de l'*hommage*, qui était de deux sortes, *simple* ou *lige*.

L'hommage simple, qui se rendait debout et l'épée au côté, était une alliance et promesse de féauté qui n'obligeait à aucun service effectif : c'était celui des grands-vassaux envers le roi de France.

L'hommage lige qui se rendait à genoux sans éperons, les mains jointes dans celles du seigneur, engageait le vassal à faire la guerre pour son suzerain envers et contre tous. Ce service de guerre était réglé pour un certain temps et un certain nombre d'hommes ; le vassal devait en outre assister aux plaids du seigneur et lui payer des aides pour le délivrer de prison, armer son fils et marier sa fille, plus un droit de relief (sorte d'impôt de mutation à la mort du vassal), droit de rachat (impôt sur la vente du fief), droit de forfaiture (amendes pour les violations du service féodal).

Le seigneur acquérait encore, par

l'hommage lige, la tutelle de tout vassal mineur et le droit de marier l'héritière d'un fief à l'un de ses hommes.

Malgré toutes ces servitudes, la vassalité n'avait rien d'humiliant, et les plus grands seigneurs ne rougissaient point de tenir un fief de moins puissant qu'eux; l'exemple venait de haut, car le roi de France était vassal de l'abbaye de Saint-Denis pour le Vexin.

Du reste, en y regardant de près, l'hommage était réciproque, la foi était jurée des deux côtés, et c'était plutôt une confraternité d'armes, une association pour la sûreté individuelle qu'une aliénation de liberté; l'indépendance du vassal était conservée en ce sens qu'il pouvait rompre le lien féodal en abjurant son hommage; il est vrai qu'il pouvait le perdre aussi de ses vassaux, s'ils trouvaient que le bon droit n'était pas de son côté : aussi y regardait-il à deux fois et portait-il toujours ses différends devant la justice avant de prendre une décision.

La justice était l'œuvre de tous. Chacun était jugé par ses pairs, présidés par le seigneur; si le seigneur refusait justice ou rendait un jugement qui déplaisait à l'offensé, il en appelait en *défaut de droit* ou en *faux jugement* au suzerain de son seigneur qui comparaissait alors devant ses propres pairs. On pouvait remonter ainsi jusqu'au roi, et quand le jugement définitif ne suffisait pas, comme il n'existait pas de force publique capable de le faire exécuter, si l'on ne s'était pas déjà décidé pour la guerre, on avait recours au combat singulier ou *Jugement de Dieu*.

Ce duel judiciaire, qui se livrait en champ-clos devant témoins, était la cour suprême de cette époque batailleuse; et, par la raison que Dieu donnait toujours la victoire au bon droit et à la justice, nul ne pouvait s'y soustraire : les femmes, les enfants, les vieillards et les membres du clergé, seuls, pouvaient s'y faire remplacer par un champion qui prenait leur lieu et place et dont la défaite entraînait leur condamnation.

Au-dessous de cette noblesse et de ce clergé, qui possédaient tous les droits et tous les biens, dont chaque seigneur réunissait dans son petit État le triple pouvoir législatif, administratif et militaire, il y avait ce qu'on ne pouvait pas encore appeler le peuple, mais une population sujette et même possédée.

Cette population se subdivisait non par degrés d'indépendance, mais plutôt par degrés de non-esclavage, en tenanciers, main-mortables et serfs.

Les tenanciers appelés vilains, de *villa* (métairie) étaient de fait des espèces de métayers; à ce titre, ils cultivaient la terre du seigneur moyennant une redevance fixée d'avance, qu'il recevait comme propriétaire, ce qui ne l'empêchait pas d'imposer ses sujets à son gré comme souverain.

Le main-mortable tenait le milieu entre le vilain, qui conservait sa liberté moyennant rançon, et le serf qui était attaché à la glèbe et appartenait au seigneur comme immeuble par destination; il avait à peu près l'existence du vilain, si ce n'est qu'il ne pouvait se marier sans le consentement du seigneur, et que, s'il voulait prendre femme franche ou née hors de la seigneurie, il lui fallait payer le droit de *formariage*. En outre, ses enfants étaient partagés entre les deux seigneurs; s'il n'y en avait qu'un, le cas était prévu, il appartenait au seigneur la de mère.

Différant en cela du vilain, il ne pouvait rien posséder en propre; du moins tout ce qu'il amassait appartenait au seigneur, qui pouvait s'en emparer à sa mort.

Quant aux serfs, leur condition avait

LA FÉODALITÉ. — Serfs travaillant pour le seigneur.

cela de supérieur à celle des esclaves, que les seigneurs ne possédaient que leur travail et non leur corps; qu'ils avaient un nom, une famille; que leur vie était sacrée, et que la religion, qui avait proclamé le serf et le seigneur égaux devant Dieu, était obligée de prendre leur défense contre les oppressions seigneuriales.

Ils pouvaient du reste sortir de leur condition; leur entrée dans un couvent les rendait inviolables; la robe de bure qu'ils endossaient, et qu'ils parvenaient quelquefois à échanger contre la mitre épiscopale ou la crosse abbatiale, les rendait les égaux terrestres et les supérieurs spirituels des barons.

Aussi, grâce à cette perspective habilement ménagée par le clergé, la servitude féodale fut un progrès sur la servitude franque, qui avait déjà une supériorité sur la servitude romaine et, malgré les misères de la vie, malgré quelques droits humiliants et infâmes, comme celui de *marquette* ou de *prélibation* qui donnait au seigneur la première nuit des noces de ses serfs, droits que rarement les possesseurs réclamèrent autrement que par des redevances en argent, la population, décimée par l'esclavage romain, redevint nombreuse, forte, et prit le sentiment de la dignité humaine, à ce point que, se sentant trop opprimée dans ces petits États qui, malgré leur aspect de régime patriarcal, n'étaient autre chose que des gouvernements despotiques, elle revendiqua des droits à son tour et chercha des protecteurs d'abord dans les papes, ensuite dans les rois.

De là vinrent, entre les habitants des villes, des associations, analogues à celles des seigneurs, que nous verrons bientôt apparaître sous le nom de *communes*.

Institution de la chevalerie.

Le complément du système féodal ou, pour mieux dire, sa civilisation et en quelque sorte sa moralisation, lui vinrent de l'institution de la chevalerie, qui naquit du sentiment religieux des femmes et fut acceptée par les seigneurs féodaux, isolés dans leurs donjons, comme un tempérament à l'uniformité de leur vie oisive.

Les châtelaines, dont l'influence domestique ne cessait de grandir, mais qui ne trouvaient en dehors de leurs foyers que de la brutalité et de la tyrannie, cherchèrent dans la religion un moyen de domination efficace sur le côté de la barbe.

Grâce à leurs efforts, l'enthousiasme de la valeur, celui de l'amour, et aussi un peu la charité évangélique, engagèrent quelques jeunes seigneurs à se faire les défenseurs attitrés de la *Trêve de Dieu*, au point de consacrer, devant les autels, leurs épées à la défense des opprimés, à la protection des pauvres, des prêtres et des femmes.

L'exemple aidant, bientôt il ne fut plus homme noble qui ne jurât solennellement de combattre pour la gloire, pour le bien et le profit de la chose publique, et sous l'influence de ces généreux sentiments les âmes s'exaltèrent et l'amour lui-même, jusque-là besoin d'accouplement, prit le caractère héroïque, dévoué, mystique, qu'on poussa jusqu'à l'extrême, mais qui n'en a pas moins pour toujours enrichi et épuré le cœur de l'homme.

Telle fut l'origine de la chevalerie, institution qui, par cela même qu'elle était toute poétique, tout idéale, ne fut jamais réalisée; mais dont l'imperfection même fit faire de grandes choses, et exerça surtout une influence salutaire sur le développement moral de la société.

Bien que réservé aux seuls nobles, l'ordre de la chevalerie ne prit point une importance politique ; il resta une fonction morale, une sorte de sacerdoce où tous étaient égaux, parce que, seules, la vertu et la valeur le dominaient. Il fallut donc s'en rendre digne par un noviciat : il devint de règle que tout homme noble qui voulait devenir chevalier eût d'abord un maître qui le fût.

C'est ce qui ennoblit le service personnel d'un homme envers un autre homme, c'est ce qui, avec le temps, fit de tous les châteaux habités par les chevaliers autant de petites cours qui devinrent des foyers de civilisation, d'où rayonnaient le luxe et les bonnes manières; car les fils des vassaux furent envoyés au château du seigneur pour se former auprès de lui aux exercices militaires et à la pratique des vertus chevaleresques ; ils le servirent d'abord comme *varlets*, puis successivement comme *pages* et comme *écuyers*, jusqu'au jour où, ayant fait leurs preuves, ils devenaient leur égal en chaussant l'éperon d'or des chevaliers.

De même les châtelaines s'entouraient des filles de leurs feudataires, dont elles faisaient l'éducation en échange de leurs services personnels, et voilà des cours toutes peuplées où, dans les privautés du foyer domestique, près de ces femmes qui prêchaient d'enthousiasme les idées chevaleresques, naquit la poésie nationale, en même temps que les mœurs s'adoucirent et prirent cette teinte d'élégance, de courtoisie et de délicatesse qui rendit les Français le peuple le plus sociable du monde et développa la condition des femmes, en leur donnant, avec le sentiment de leur dignité, la finesse d'esprit, la sensibilité de cœur et la force d'âme qui tiennent une si grande place dans l'histoire moderne.

Avec la chevalerie, qui faisait des exercices militaires l'occupation de toute la vie, prirent naissance les *tournois*, simulacres de combat où les chevaliers déployaient leur luxe, leur valeur et leur galanterie.

Ces jeux publics, où l'on rompait des lances pour les dames et sous les yeux des dames, qui couronnaient elles-mêmes les vainqueurs, eurent, entre autres avantages, celui d'exciter la générosité et la loyauté et de les faire passer de la parade sur les champs de bataille.

De plus, en amenant des réunions nombreuses, de grandes fêtes fréquentes qui adoucirent les rapports entre les hommes et favorisèrent toutes les industries, ils répandirent un bien-être considérable dans toutes les classes de la société, et établirent entre les peuples des communications plus faciles.

Enfin les tournois furent la cause du développement de la langue nationale ; comme il fallait s'entendre, tous les jargons informes nés du latin se transformèrent en deux idiomes distincts : celui du Midi qu'on appelait *langue d'oc*, et qui est resté le provençal, et celui du Nord qu'on nommait *langue d'oil*, et qui, modifié, corrigé, recevant les améliorations de tous les âges, devint la langue française.

Ces progrès du langage furent dus en grande partie aux poëtes qui, connus sous le nom de *trouvères* (trouveurs) dans le Nord, et de *trobadors* dans le Midi, allaient de château en château, mettant leur muse au service de l'ordre nouveau, la seule grande idée de cette époque, chanter la trinité chevaleresque : Dieu, les femmes et la guerre.

Règne de Philippe Ier (1060-1108).

C'est au milieu de toutes ces améliorations morales, commerciales et intellectuelles que le fils de Henri Ier, qui n'avait que sept à huit ans, commença sous la tutelle de Baudouin, comte de Flandre, un long règne, célèbre par de grands événements, qui devaient avoir une influence marquée sur l'histoire du monde, et auxquels personnellement il resta étranger. Nous parlerons tout à l'heure des croisades; occupons-nous d'abord de la fondation du royaume des Deux-Siciles par les Normands et de leur conquête de l'Angleterre.

Conquête de l'Italie méridionale.

Le monde, immobilisé depuis deux siècles par la féodalité, commençait à se remettre en mouvement, mais cette fois avec des intentions pacifiques, pieuses même; des foules innombrables arrivaient de tous côtés à Jérusalem, pour visiter les lieux saints. Ce furent d'abord des gens du peuple, des femmes, des enfants, puis des comtes, des margraves, des prélats avec des suites nombreuses, presque avec des armées; ainsi l'évêque de Cambrai partit en 1054 avec 3000 Flamands, et, en 1067, on vit débarquer en Judée quatre évêques allemands avec 7000 hommes. L'esprit de conquête n'était pas encore développé de ce côté, mais le goût des voyages gagnait de proche en proche.

Les Normands n'avaient pas besoin de cette contagion pour raviver l'amour des aventures qu'ils tenaient de leurs pères; ce furent eux qui donnèrent le branle à l'Europe et apprirent aux peuples à quitter leur pays, non plus pour envahir et détruire, comme leurs barbares ancêtres, mais pour fonder et civiliser.

Déjà des pèlerins de leur nation, en revenant de la Terre-Sainte (en 1016), avaient été employés par le pape à chasser les Grecs qui attaquaient Bénévent. D'autres aidèrent les habitants de Salerne à s'affranchir des exactions des Sarrasins; le bruit de leurs succès et la richesse du butin qu'ils enlevèrent firent accourir d'autres Normands; pendant vingt ans, il vint tant de petites bandes chercher fortune dans la presqu'île qu'ils étaient déjà presque maîtres du pays quand les fils de Tancrède de Hauteville arrivèrent en force, et, s'alliant aux Lombards, chassèrent les Grecs de la Pouille et formèrent de leur conquête un comté où trois d'entre eux gouvernèrent successivement.

L'empereur Henri III s'émut et chargea le pape Léon IX de chasser les Normands avec une armée d'Allemands qu'il lui envoyait; le pape fut vaincu, fait prisonnier et obligé de donner l'investiture de la Pouille et de la Calabre qui, augmentées plus tard de la Sicile, devinrent, avec une apparence de légalité, le royaume des Deux-Siciles où régnèrent, feudataires du Saint-Siége et, en quelque sorte, promoteurs de la monarchie universelle de l'Église que rêvait Hildebrand, Robert Guiscard et Roger, tous les deux fils de Tancrède de Hauteville, pauvre gentilhomme de Coutances.

Conquête de l'Angleterre par les Normands.

Pendant que des aventuriers normands fondaient un royaume dans l'Italie, le duc de Normandie partait pour conquérir l'Angleterre.

S'appuyant sur une promesse, peut-être même sur un testament qu'Édouard le Confesseur aurait fait en sa faveur, à l'époque où, chassé par les Danois, il s'était réfugié en Normandie, Guillaume le Bâtard, qui devait bientôt se faire connaître sous le nom de Guil- laume le Conquérant, revendiqua la couronne d'Angleterre, à la mort d'É- douard (1066).

Les Anglais, déjà fort mécontents d'avoir vu tous les grands emplois oc-

Bertrade à Fontevrault.

cupés par des Normands au détriment des Saxons et notamment de Godwin, le premier d'entre eux, promoteur de la révolution qui avait chassé les Da- nois et remis Édouard sur le trône de ses pères, mirent la couronne sur la tête de Harold, fils de Godwin.

Guillaume traita le Saxon d'usurpa- teur et de parjure ; car, le tenant en son pouvoir, il lui avait fait faire serment, sur des reliques saintes, d'aider son établissement en Angleterre. Harold répondit que ses promesses étaient sans valeur, puisqu'elles lui avaient été arrachées par la force. Guillaume porta sa cause à la cour de Rome. Hildebrand, qui la dirigeait, arguant de ce que le denier de saint Pierre, tribut imposé en faveur de l'Église aux Saxons par un des derniers rois danois, n'était pas payé, fit donner la royauté à Guillaume et excommunier Harold.

Le duc de Normandie publia alors son ban de guerre, et furieux de n'avoir pu obtenir aucun secours de Philippe, à qui il promettait pourtant l'hommage de sa conquête, il partit avec 60 000 hommes, tant de ses vassaux que des aventuriers de la Flandre, de la Bourgogne et de Bretagne, qui répondirent à son appel, le 27 septembre 1066, de Saint-Valéry-sur-Somme, sur quatorze cents bateaux.

Son armée débarqua à Pevensey, dans le comté de Sussex. Harold accourut, livra bataille aux envahisseurs, et fut vaincu et tué à la bataille d'Hastings (1066). Avec lui succomba la nation saxonne, qui fut réduite en servitude, aussi bien que les Bretons et les Danois qui habitaient le sol; Guillaume le partagea féodalement entre tous ses guerriers; et tel qui n'était la veille qu'un valet ou un serf en Normandie devint en Angleterre un seigneur ayant serfs et vassaux.

Mais cette féodalité, nous l'avons vu, Guillaume l'établit pratiquement comme elle ne l'était que théoriquement en France; il fit de l'Angleterre un État ayant un chef unique; il exigea de tous les tenanciers, n'importe à quel degré, l'hommage, non comme premier propriétaire, mais comme roi; il se réserva du reste 1 462 manoirs, les principales villes, le droit de battre monnaie, et défendit les guerres privées.

En somme, si cette conquête fut désastreuse pour l'ancienne population, elle ouvrit à l'Angleterre l'ère de son existence historique; avant cela, elle était étrangère à l'Europe par ses mœurs grossières, ses lois barbares et son isolement religieux; elle dut à l'occupation normande ses lois féodales, qui la firent entrer dans la société européenne; elle lui dut ses vertus guerrières, son aristocratie si habile et si persévérante, tout, jusqu'à ses villes, ses églises, ses écoles, et les racines même de sa langue.

Guillaume, ayant organisé sa conquête, revint en Normandie, où il eut à lutter contre son fils aîné Robert, qui prétendait gouverner ce duché; cette guerre dura quinze ans, grâce à l'appui que Robert trouva dans Philippe, jaloux de la puissance de son vassal et qui mettait de l'amertume dans ses plaisanteries. « Quand donc ce gros homme accouchera-t-il? » avait dit le roi de France, ce à quoi le conquérant répondit: « J'irai faire mes relevailles à Notre-Dame de Paris avec dix mille lances en guise de cierges. »

Et de fait il se mit en route, s'empara de Mantes (1088), et pouvait d'autant mieux arriver jusqu'à Paris que Philippe faisait alors la conquête du Vexin normand; mais il mourut des suites d'une blessure faite par son cheval pendant l'incendie de Mantes et sa vengeance fut ajournée, mais l'ancienne haine entre Normands et Français s'était ravivée et n'était pas près de s'éteindre.

En mourant, Guillaume laissa la Normandie à son fils Robert; il n'osa pas disposer par testament de l'Angleterre qu'il avait acquise par la force et au prix du sang; il manifesta seulement le désir que son fils Guillaume y régnât, ce qui ne s'accomplit pas sans difficulté, car les barons, mécontents de voir l'Angleterre et la Normandie séparées, essayèrent de déposséder Robert pour conserver l'unité du nouveau royaume.

Philippe le défendit encore dans ces guerres, non comme suzerain, mais plutôt comme un aventurier à gages que comme allié officiel ; il semblait que le jeune homme ne voulût pas faire acte de roi : vrai baron féodal, il ne comprit jamais le rôle que la monarchie devait jouer en France. Quand il n'avait pas à guerroyer pour le butin, il restait confiné dans ses châteaux, rançonnait les voyageurs, vivait de pillages et surtout de la vente des dignités ecclésiastiques, à ce point que Hildebrand, qui occupait le Saint-Siége depuis l'année 1073 sous le nom de Grégoire VII, ordonna aux évêques de France de mettre le royaume en interdit. La papauté avait alors acquis une telle autorité sur les rois, une telle influence sur les peuples, que Philippe trembla devant cette menace et promit de s'amender, ce qui ne l'empêcha pas, quelques années après, d'encourir l'excommunication.

Marié à Berthe, fille de Florent, comte de Hollande, dont il avait eu quatre enfants, il répudia cette princesse pour épouser Bertrade, femme de Foulques le Réchin, comte d'Anjou, qu'il venait d'enlever (1093). Le pape Urbain II, quoique fort empêché par ses querelles avec l'empereur d'Allemagne, Henri IV, qui seul s'était opposé à l'établissement de la monarchie universelle, à laquelle Hildebrand avait consacré sa vie et son immense talent, excommunia Philippe dans le concile d'Autun. Le roi continua son genre de vie pendant deux ans, mais les foudres de l'Église le poursuivant à nouveau, et son excommunication étant confirmée par le concile de Clermont, il abandonna Bertrade, qui expia momentanément son adultère dans le couvent de Fontevrault, fondé sur des bases toutes nouvelles par Robert d'Arbrissel.

C'est à peu près tout ce qu'on sait de l'histoire personnelle de Philippe, trop adonné à l'assouvissement de ses passions pour se laisser atteindre par l'esprit de piété qui gagnait alors toute la noblesse et par l'esprit de conquête, qui avait fait l'Angleterre, le royaume de Naples, et qui allait créer le royaume de Portugal. Ce fut dans une guerre de religion précédant les croisades, qui étaient déjà la préoccupation de tout le monde chrétien, que ce royaume prit naissance.

Les Sarrasins menaçaient d'étouffer la chrétienté en Espagne. Dès 1086, après la bataille de Zalaca qui avait été funeste à ses armes, Alphonse VI, roi de Castille, avait imploré le secours du roi de France. Philippe ne répondit même pas, mais de nombreux chevaliers partirent à la défense des chrétiens ; les plus puissants furent Raymond, comte de Toulouse, et Henri, quatrième fils du duc de Bourgogne, qui repoussèrent définitivement les infidèles (1094), et acceptèrent de la reconnaissance d'Alphonse les mains de ses deux filles.

Raymond revint dans ses États, où il se rendit célèbre par son amour pour les lettres et les chants des troubadours.

Henri resta dans la Péninsule et reçut en dot un patrimoine qui s'étendait du Minho au Mondégo ; il l'agrandit bientôt par ses conquêtes et, après dix-sept victoires remportées sur les Sarrasins il fonda glorieusement l'indépendance du Portugal et fut la tige de la maison de Bragance, qui règne encore sur ce pays.

Et maintenant que nous avons vu des Français porter leur nom et leurs institutions aux deux extrémités de l'Occident, nous allons en voir d'autres chercher une gloire stérile au cœur même de l'Orient.

CHAPITRE X

LA FRANCE PENDANT LES PREMIÈRES CROISADES

Prédication de la croisade.

La Palestine, qui depuis longtemps appartenait aux musulmans, n'était plus sous la domination des khalifes de Badgad. L'Afrique, l'Égypte et la Syrie s'était séparées de l'Asie-Mineure et formaient le khalifat du Caire où régnaient les Fatimites descendants d'Ali, moteur de cette révolution qui datait de l'an 908.

Ces Fatimites avaient toujours persécuté ouvertement les chrétiens de la Syrie, à ce point que Gerbert (le pape Silvestre II) avait déjà proclamé la nécessité d'une guerre sainte; mais fatigués et inquiétés des nombreux pèlerinages plus ou moins menaçants qui se renouvelaient continuellement sur les lieux saints, ils ne mirent plus de bornes à leurs exactions sur les pèlerins mêmes et firent tellement peser leur joug sur les malheureux habitants que ceux-ci, par l'intermédiaire de l'empereur Alexis Comnène, leur protecteur naturel, intermédiaire d'autant plus intéressé qu'il redoutait les Arabes campés sur la rive droite du Bosphore, en face de Constantinople, firent retentir toutes les cours chrétiennes de leurs cris de détresse, qui restèrent d'abord sans échos, malgré les instances du pape Grégoire VII, qui voulait se mettre à la tête de 50 000 chevaliers pour délivrer le Saint-Sépulcre.

Le moment qui n'était pas encore venu arriva; les récits des pèlerins qui revenaient de la Terre-Sainte excitèrent la compassion dans toutes les contrées de l'Occident, et quand arriva la nouvelle que Jérusalem venait de tomber aux mains d'une horde farouche de Turcs, l'indignation fut générale, et ne fit que s'accroître, quand un pauvre moine, Pierre l'Ermite, parcourut l'Italie et la France, le crucifix à la main, et raconta toutes les misères de la Palestine, prêchant, pleurant et exhortant les chrétiens à délivrer le tombeau du Christ; l'enthousiasme religieux gagna les populations et de partout l'on demandait à grands cris la guerre sainte, qui fut décidée au concile de Clermont, que le pape Urbain II vint présider (1095); et là, devant la foule de princes, de prélats et de gens du peuple qui étaient venus de toutes les parties de la France pour assister au concile, foule tellement considérable qu'elle fut obligée de camper sous des tentes malgré les rigueurs du mois de novembre, il fit un tableau si touchant des malheurs des chrétiens de la Syrie que les acclamations les plus enthousiastes accueillirent son discours, et que les barons se précipitèrent en foule pour recevoir la croix rouge qui devait distinguer les soldats de la guerre sainte, en s'écriant : *Dieu le veut! Dieu le veut!*

Cet enthousiasme se propagea partout l'Europe, et le nombre de ceux qui attachèrent sur leur poitrine la croix de drap rouge, qui leur fit donner le nom de *croisés*, dépassa un million; des gens de toute sorte s'enrôlèrent avec l'espérance de gagner le ciel; prêtres, nobles, chevaliers, serfs, brigands, les plus vertueux comme les plus corrompus

Prédication de la première croisade.

tous prirent la croix, les uns pour se sanctifier, d'autres pour faire pénitence, la plupart avec l'arrière-pensée du butin, quelques-uns pour ne pas paraître lâches et inhabiles, beaucoup pour échapper à leurs créanciers, et la populace par misère autant que par paresse, et pour tâcher de sortir de la servitude.

Les champs, les maisons, les châteaux, tout fut abandonné; les terres et les maisons furent aliénées à vil prix, les seigneurs vendirent leurs biens aux églises et les villes achetèrent leurs droits féodaux (ce qui ne contribua pas peu à l'érection des communes).

De partout sortaient des pèlerins; les seigneurs emmenaient toute leur maison, les pauvres toute leur famille; hommes, femmes, enfants, malades, vieillards, se mettaient en route, à pied, en charrette, sur des bœufs, sans armes, sans guide, sans savoir où ils allaient, croyant résumer et leur but et les moyens de l'atteindre par leur cri de guerre : *Dieu le veut!*

Départ des premiers croisés (1096).

Les plus impatients, ceux qui fuyaient la misère, partirent les premiers, précédés d'une avant-garde de 15 000 hommes, qui à eux tous n'avaient que 18 chevaux, commandés par un pauvre chevalier normand, Gauthier sans Avoir.

Derrière lui, mais suivant la même route et trouvant nécessairement la famine sur son chemin, venait Pierre l'Ermite avec 100 000 croisés. Un nombre à peu près égal fermait la marche sous les ordres d'un prêtre allemand nommé Gotteschalck.

Ils prirent par l'Allemagne, marquant leur passage par des milliers de leurs morts, qui succombaient aux privations et aux fatigues de la marche, et par le massacre des Juifs qu'ils égorgeaient partout où ils les rencontraient, croyant une nécessité de leur sainte entreprise d'immoler la postérité de ceux qui avaient crucifié Jésus-Christ.

Manquant de vivres, ils furent obligés de piller, et leurs désordres furent tels en Hongrie que la population s'arma et les rejeta sur la Thrace, après avoir exercé sur eux de terribles représailles. Il n'en arriva qu'un petit nombre à Constantinople; le reste avait succombé à la famine, conséquence fatale d'un si long voyage accompli sans organisation, sans discipline, par une armée d'abord si considérable.

Alexis Comnène se hâta de la faire passer en Asie pour se débarrasser d'auxiliaires incapables de le sauver. Leurs excès continuèrent et Pierre l'Ermite les abandonna comme indignes d'adorer le saint tombeau; ils marchèrent en désordre sur Nicée, tombèrent presque tous sous le sabre des Turcs, et leurs ossements servirent plus tard à fortifier le camp des seconds croisés.

La première croisade.

Ceux-ci, organisés plus sérieusement et presque militairement, étaient enfin prêts à partir en trois armées, qui devaient prendre des chemins différents pour trouver leur subsistance dans les pays qu'il traverseraient et ne devaient se réunir qu'à Constantinople; ils s'y trouvèrent, dit-on, au nombre de 100 000 chevaliers et de 600 000 fantassins; mais il paraît bien difficile que l'empereur de Constantinople eût pu trouver assez de vaisseaux pour faire traverser le détroit à une pareille multitude; sans tenir compte de cette exagération qui eût rendu possibles, au moyen âge, des choses que nous ne pourrions faire aujourd'hui, malgré nos immenses moyens de transport, disons seulement qu'ils étaient très-nombreux.

L'armée du Nord composée de Flamands et de Lorrains, qui prit sa marche par l'Allemagne et la Hongrie, était commandée par Godefroy de Bouillon, descendant de Charlemagne par les femmes; il avait avec lui ses deux frères, Baudouin et Eustache de Boulogne.

L'armée du Centre, composée de Français, de Normands et de Bourguignons, avait pour chefs Hugues, comte de Vermandois, frère de Philippe, roi de France, Robert, duc de Normandie, et Étienne, comte de Blois; elle traversa l'Italie, repoussa une armée de l'empereur allemand Henri IV et se joignit au contingent des Deux-Siciles, commandé par Bohémond, prince de Tarente, fils de Robert Guiscard, et son cousin Tancrède qui fut une des illustrations de la croisade.

L'armée du Midi, composée de Gascons, de Provençaux et de Toulousains, passa les Alpes et gagna la Thrace par la Dalmatie et l'Esclavonie; elle était commandée par Raymond de Saint-Gilles, comte de Toulouse et Adhémar, évêque du Puy, légat du Saint-Siége et chef spirituel de tous les croisés.

A la vue de ces bandes armées, les gens de Constantinople étaient d'autant moins rassurés que déjà beaucoup de chefs croisés éprouvaient la tentation de prendre la capitale de l'Empire pour Jérusalem et de s'en emparer, et toute la patience, toute l'astuce d'Alexis n'eussent peut-être pas suffi à mettre la concorde entre ses auxiliaires et ses sujets, s'il n'y eût été aidé par Godefroy de Bouillon, l'homme le plus désintéressé des croisés, qui s'opposa à tout esprit de conquête et fit d'avance hommage à l'empereur pour toutes les terres dont il s'emparerait; son exemple fut suivi par tous les chefs, et Alexis promit de les suivre bientôt avec une armée.

En attendant, il se hâta de les transporter de l'autre côté du détroit.

La première ville qu'ils rencontrèrent fut Nicée; après deux batailles et trente-cinq jours de siège, ils allaient s'en emparer quand ils virent, par les étendards qui flottaient sur les murs, que Nicée s'était rendue aux Grecs; ils continuèrent leur route par la Petite-Phrygie, et remportèrent sur les Turcs la sanglante victoire de Dorylée.

Les Turcs ne s'exposèrent plus en bataille rangée, mais ils harcelèrent sans cesse leurs vainqueurs, et firent la famine devant eux en ravageant tout dans leur retraite, de sorte que, quand les croisés arrivèrent en Syrie, après avoir dévasté les deux Cilicies, détruit les mosquées et relevé les églises, les combats, les maladies les avaient réduits de moitié.

Ils assiégèrent cependant Antioche, et s'y consumèrent pendant neuf mois, décimés par la peste, épuisés par la famine et inquiétés par les attaques continuelles des sultans d'Alep et de Damas, qui voulaient délivrer la ville. Enfin la ville fut emportée par la trahison d'un émir qui livra trois tours à Bohémond, et dix mille musulmans y furent massacrés; mais les chrétiens ne s'étaient pas encore dédommagés par des excès des longues privations qu'ils avaient subies qu'ils étaient déjà assiégés dans leur nouvelle conquête par une armée formidable de Turcs, commandée par les sultans de Mossoul, d'Alep et de Damas.

Le découragement se mit alors parmi les assiégés décimés à nouveau par la peste et la famine; beaucoup de croisés désespérant d'arriver jamais à Jérusalem, quittèrent l'armée pour retourner en Europe Pierre l'Ermite lui-même s'enfuit, et il fallut le retenir de force pour porter des propositions de paix aux musulmans; ceux-ci refusèrent de traiter; alors les croisés, préférant lutter contre les ennemis qui les assiégeaient que contre la faim qui les minait, firent une sortie désespérée et taillèrent en pièces l'armée des trois sultans, à ce point que cette bataille

Prise de Jérusalem (1099).

amena la ruine de l'empire des Seldjoucides, les Fatimites ayant profité de cette diversion pour rentrer dans la Syrie et s'emparer de Jérusalem.

La ville sainte était toujours le but des croisés; mais abandonnés par Alexis

Prise du château du sire Hugues du Puiset par Louis le Gros.

qui, d'abord fidèle à sa promesse, était bien débarqué avec son armée, puis croyant les Latins, assiégés alors, dans une situation désespérée, préféra repasser la mer que de tenter de les secourir, ils se reposèrent pendant six mois. Mais, toujours diminués par la peste et la famine, ils se décidèrent à marcher en avant : ils n'étaient plus alors que quarante mille, dont la moitié seulement de combattants.

Arrivés sur les hauteurs d'Emmaüs, ils fondirent en larmes, tombèrent à genoux et poussèrent des cris de joie en apercevant les murs de la ville sainte; ils se préparèrent par la prière et par le chant des cantiques de David au siége qui devait être terrible pour eux, moins nombreux que les assiégés et manquant de tout, hors de courage.

Enfin, après cinq semaines d'efforts, la cité de Dieu fut emportée d'assaut, le 15 juillet 1099, et devint le théâtre d'un carnage tel, que du côté du Temple, dit un chroniqueur, il y avait du sang jusqu'au poitrail des chevaux. Godefroy de Bouillon, qui s'était battu en guerrier, mais qui était resté pur de tout massacre, se rendit pieds nus et sans armes au Saint-Sépulcre; ses compagnons l'imitèrent, mais après avoir dépouillé leurs habits tout sanglants, et s'être purifiés les mains; et alors, pieds nus, chantant des hymnes sacrées avec une dévotion ardente, ils allèrent visiter les saints lieux : ce qui ne les empêcha pas le lendemain et les sept jours suivants de continuer le massacre, le conseil des croisés ayant ordonné de faire périr les musulmans qui restaient dans la ville, s'excusant de leur barbarie par la difficulté de garder des prisonniers plus nombreux que les vainqueurs. Enfants, femmes, vieillards, rien ne fut épargné et les pavés de la ville sainte se rougirent du sang de 70 000 Sarrasins.

Résultats des croisades.

La conquête était faite, il n'y avait plus qu'à la régulariser. Déjà Bohémond avait sa principauté d'Antioche, Baudouin régnait à Édesse; on élut roi de Jérusalem le plus vertueux et le plus brave des chefs croisés, Godefroy de Bouillon, qui ne voulut prendre que le titre de baron du Saint-Sépulcre, refusant de porter une couronne d'or là où le Roi des rois n'avait porté qu'une couronne d'épines.

La victoire d'Ascalon, qu'il remporta peu de temps après sur les Fatimites d'Égypte, commandés par le sultan du Caire, acheva de consolider sa puissance; mais bientôt, las de guerres qui leur avaient été si désastreuses, poussés du reste par le comte de Toulouse déçu dans son espérance sur la royauté de Jérusalem, les débris des croisés regagnèrent leur pays, et il ne resta auprès de Godefroy que le vaillant Tancrède et trois cents chevaliers avec lesquels il organisa son nouveau royaume sur les bases de la féodalité : les principautés d'Antioche, d'Édesse, relevèrent de lui, ainsi que le comté de Tripoli, le marquisat de Tyr et les seigneuries de Naplouse, de Jaffa, de Tibériade, de Ramla, etc.

Quand on vit revenir en Europe ce qui restait de ces inombrables armées qu'on avait vues partir pour la Terre-Sainte, l'enthousiasme religieux fut singulièrement refroidi, et l'espèce de proscription qui avait accueilli le retour prématuré de Hugues de Vermandois et d'Étienne de Blois se trouva levée par les résultats obtenus.

Toute une population, un demi-million de Français étaient morts pour une idée, et cette idée n'était pas triomphante. A la vérité, Jérusalem était française, mais il fallut sept nouvelles croisades pour l'y maintenir pendant moins de deux siècles.

Tout gagna pourtant à ces grands déplacements d'hommes qui ouvrirent de nouvelles routes au commerce, de nouveaux moyens à l'industrie. Constantinople se trouva à l'abri des Turcs et les empereurs d'Orient rentrèrent en possession de l'Asie-Mineure; l'invasion musulmane fut refoulée pour trois siècles en Asie, et la civilisation chrétienne put s'affermir et se développer sans danger.

Il n'y eut que la féodalité qui y perdit ce que du reste la nation devait gagner; les arrière-vassaux ayant vendu leurs terres pour aller en Terre-Sainte, les petits fiefs se fondirent dans les grands qui, devenant des États, firent cesser l'esprit de localité.

D'un autre côté, les villes, qui avaient acheté les droits féodaux de beaucoup de seigneurs à court d'argent, purent d'autant plus facilement s'ériger en communes que ceux qui auraient pu s'opposer à leur indépendance étaient trop appauvris pour leur faire la guerre.

A l'exemple des municipalités, les artisans, qui se multipliaient, formèrent des corporations d'arts et métiers, pour protéger leurs diverses industries et un nouvel élément de force, la richesse mobilière, se retrouva, élément qui grandira tous les jours en face de la richesse territoriale et fera monter plus tard à côté des nobles, maîtres du sol, les bourgeois devenus par l'intelligence et le travail maîtres de l'or.

En somme, la France, qui avait eu la principale part de la croisade, en recueillit presque toute la gloire. Sa langue, déjà portée en Angleterre et en Sicile, fut aussi parlée en Syrie, et le nom de Franc devint en Orient et est toujours depuis resté le synonyme de chrétien.

Du reste, l'initiative de ces expéditions lointaines nous est si peu disputée que tous les historiens latins racontèrent les croisades sous le titre de *Gesta Dei per Francos*.

Règne de Louis VI dit le Gros (1108-1137).

Philippe, qui était resté étranger aux grands événements de son règne, et qui n'avait pas su profiter des croisades pour agrandir son territoire par des acquisitions à vil prix, auxquelles les seigneurs ne demandaient pas mieux que de consentir, s'éteignit obscur et isolé, en 1108, à l'âge de 56 ans, dans les bras de Bertrade, devenue légitimement sa femme, du consentement du pape et de celui de son premier mari, Foulques le Réchin, qui la respectait comme une souveraine et pour rien l'eût adorée comme une divinité.

Louis, surnommé le Gros à cause de la massivité de son corps, ce qui ne l'empêchait pas d'être un homme plein de sens, d'activité et de bravoure, se fit sacrer cinq jours après, à Orléans, ne pouvant le faire à Reims parce que Raoul, archevêque de cette ville, était entré dans une ligue organisée contre lui par Guy, comte de Rochefort.

Il fut du reste, presque toujours en guerre contre la noblesse de France, qui, devenue plus puissante par l'agrandissement de ses fiefs, plus besogneuse par la nécessité de remplacer les richesses considérables dépensées pour l'expédition de Palestine, prétendait faire du pillage organisé un état social, et inquiétait même la royauté.

Louis trouva, contre ces prétentions des seigneurs, des alliés tout naturels dans les communes, qui s'érigeaient sur tous les points de la France, sans qu'aucun mot d'ordre eût été donné, mais parce que les bourgeois souffraient tous de l'oppression des seigneurs. Enrichis par le résultat des

Abailard enseignant.

Église de Vézelay, où fut prêchée la seconde croisade.

croisades, enhardis par l'exemple des habitants du Mans, qui les premiers réclamèrent leurs droits en parlant des seigneurs avec cette éloquence naïve :

Pourquoi nous laisser faire dommage ?
Nous sommes hommes comme ils sont ;
Des membres avons comme ils ont,
Et tout autant grand cœur avons,
Et tout autant souffrir pouvons ;

ils revendiquèrent leurs libertés, et arrachèrent à leurs seigneurs des chartes de communes, par lesquelles les gens taillables ne payaient plus à leur seigneur qu'une fois l'an la rente qu'ils leur devaient; ils s'affranchissaient de leur justice moyennant une amende légalement fixée pour chaque délit.

Louis VI eut l'habileté de seconder cette révolution, dont les effets immédiats affaiblissaient la féodalité; il confirma comme roi les chartres des communes du Mans, de Cambrai, de Saint-Quentin, de Laon, Noyon, Amiens, Beauvais et Soissons, et se montra ainsi comme le patron de ce qui devait être plus tard le tiers-état; mais, comme seigneur suzerain, il se garda bien de permettre l'établissement des communes dans ses domaines et se contenta d'accorder des lettres d'affranchissement partiel.

Roi féodal, il voulait rester le maître chez lui et le devenir un jour chez ses vassaux; mais il n'y réussit que partiellement et ce ne fut pas sans peine.

« Sans cesse, dit Suger, abbé de Saint-Denis, une des illustrations de ce règne et premier ministre sous le règne suivant, sans cesse on voyait le roi courir avec quelques chevaliers pour mettre l'ordre jusque sur les frontières du Berry, de l'Auvergne et de la Bourgogne, afin qu'il parût clairement que l'efficacité de la vertu royale n'est point renfermée dans la limite de certains lieux. » Mais les chevaliers l'abandonnaient dans ces campagnes, ou le soutenaient mollement, et s'il n'eût pas eu les milices des églises et des communes, il n'eût pas pris le château de Crécy, qui était devenu un repaire de brigands, ni celui de Hugues du Puiset, « ce loup dévorant, qui désolait tout l'Orléanais, » et qu'il avait déjà vaincu deux fois. Ce siège très-long fut marqué par un trait de bravoure d'un pauvre prêtre qui, voyant que les chevaliers refusaient d'aller à l'assaut décisif, courut sans armes jusqu'aux palissades, en arracha quelques-unes, et, aidé des siens, finit par faire brèche et entrer dans le château.

Louis le fit raser et établit un marché public sur l'emplacement de la tour maudite. Ses efforts pour discipliner la société féodale furent récompensés; car dans ses guerres contre le roi d'Angleterre les milices communales vinrent se ranger sous sa bannière, et, à la nouvelle de l'attaque projetée par l'empereur d'Allemagne, une armée nombreuse de bourgeois et de vassaux se tint prête à le défendre.

Louis resta d'abord étranger aux dissensions continuelles de l'Empire et de la papauté, et refusa tout secours à Henri IV, qui, poursuivi par le pape Pascal II et trahi par son fils, fut vaincu, déposé et réduit à une telle misère qu'il demanda comme une grâce à l'évêque de Spire de le recevoir comme simple clerc dans son église; celui-ci l'ayant refusé, il mourut de misère et d'abandon. Cet exemple, qui fit trembler devant le Saint-Siège tous les rois sur leurs trônes, ne profita pas au parricide, qui ne fut pas plutôt empereur sous le nom de Henri V, qu'il prétendit aux mêmes droits et continua la guerre.

Quant à la campagne que le roi de France entreprit contre l'Angleterre, elle avait pour but d'enlever le duché de Normandie à Henri, troisième fils de Guillaume le Conquérant, qui s'en était emparé pendant que son frère Robert était en Terre-Sainte, pour le restituer à Guillaume Cliton, fils de Robert, entreprise toute politique, dont le succès eût éloigné un péril toujours imminent pour la couronne de France, tant que l'Angleterre et la Normandie auraient le même maître.

Il s'allia pour cela aux comtes de Flandre et d'Anjou, mais il fut vaincu à la bataille de Brenneville (1119), où il courut même danger d'être pris; mais tel était alors le progrès des armes défensives dont se couvraient les chevaliers, que sur neuf cents qui furent engagés dans cette bataille, il n'y en eut que trois de tués.

Cet échec fut sans conséquence, parce que Henri, vassal du roi de France, n'osait faire la guerre à outrance contre son suzerain, de peur de donner un exemple qui serait préjudiciable à son autorité comme roi d'Angleterre. Il fut du reste frappé à quelque temps de là par un affreux malheur : ses deux fils, Richard et Guillaume, et tout leur cortége, périrent en rentrant en Angleterre dans un naufrage célébré par les légendes sous le nom de « naufrage de la *Blanche-Nef* ».

Ce malheur rejaillit par contre-coup sur la France, en ce qu'il la priva, pour l'avenir, d'un allié puissant qui avait toujours été sûr, le comte d'Anjou, car Henri n'ayant plus qu'une fille, Mathilde, veuve de l'empereur d'Allemagne, il la déclara son héritière et la donna en mariage, en 1127, à Geoffroy Plantagenet, comte d'Anjou, qui devint roi d'Angleterre, ce qui porta jusqu'à la Loire la domination anglo-normande. Nous la verrons, sous le règne suivant, s'étendre jusqu'aux Pyrénées.

Louis fut plus heureux dans le Midi; son influence et son autorité s'y étendirent. Appelé par l'évêque de Clermont qui était en guerre avec le comte d'Auvergne (1124), le roi de France, voyant qu'il était de bonne politique de protéger le clergé, passa la Loire et fit rentrer son vassal dans le devoir;

il fut obligé de recommencer la campagne cinq ans après, s'empara de Montferrand, fit couper une main à tous les prisonniers qu'on trouva dans le château et ne consentit à ne pas poursuivre sa vengeance contre le comte d'Auvergne qu'à la prière du duc d'Aquitaine, qui vint lui-même demander grâce pour son vassal (1126).

Ces faits, comme l'intervention armée de Louis entre deux seigneurs qui se disputaient le Bourbonnais, sont significatifs; ils prouvent que le roi, en s'instituant en quelque sorte le grand justicier du pays, avait relevé le prestige de la couronne et lui avait conquis une autorité qu'elle n'avait jamais eue.

C'est ainsi qu'il s'interposa en Flandre, à la mort du dernier comte, Charles le Bon, assassiné malgré ses vertus, peut-être à cause de ses vertus, par une faction dirigée par la famille de van der Strate, la plus puissante de Bruges, et dont le chef était chancelier de Flandre, qui ne voulait le considérer que comme un étranger, parce qu'il était fils du roi de Danemark.

Ce meurtre avait amené la guerre civile en Flandre. Louis VI entreprit de la faire cesser. Charles le Bon n'ayant pas laissé d'enfants, il convoqua les seigneurs de Flandre et, d'après Galbert (*Vie de Charles le Bon*), il leur dit : « Je veux que vous vous réunissiez en ma présence pour élire, d'un commun avis, un comte qui sera votre égal et régnera sur les habitants. »

C'était parler en maître; aussi les seigneurs acceptèrent-ils sans observations Guillaume Cliton, que le roi de France leur présentait comme comte. Celui-ci vainquit d'abord les van der Strate, qui périrent dans les supplices, ainsi que tous leurs partisans; mais, Louis parti, il succomba contre une insurrection générale qui appela au trône Thierry d'Alsace et mourut d'une blessure qu'il reçut devant Alost (1127); avec lui tomba l'influence de Louis sur la Flandre; mais le précédent existait, et c'était encore un pas de plus fait par l'autorité royale.

Elle en fit un plus considérable encore en s'immisçant dans les élections du Saint-Siége. En 1130, il y avait à Rome deux papes élus par les partis contraires. Innocent II passa en France, à l'imitation de ses prédécesseurs Calixte II, qui y fut élu et tint le célèbre concile de Reims en 1119, et Gélase II qui vint y mourir.

Louis le Gros réunit le concile d'Étampes, qui examina les prétentions des deux compétiteurs et se déclara, sur la proposition de saint Bernard, pour Innocent II.

Le pape, par reconnaissance, vint l'année suivante sacrer le jeune fils de Louis à Reims, où il tint un nouveau concile, auquel assistèrent 13 archevêques et 263 évêques.

Les progrès de la royauté ne furent pas les seuls qui signalèrent le règne de Louis le Gros; nous avons constaté déjà les causes de la prospérité matérielle qui ne fera plus maintenant que s'accroître, et qui donna naissance aux arts français, non plus modelés sur l'antiquité, mais spontanés et indigènes. La poésie prit une place dans la vie, et l'architecture eut un style personnel à l'époque, et qu'on appelle improprement style gothique.

Le mobile de toutes les facultés humaines était encore la passion religieuse; aussi la théologie était-elle la science mère. Il est vrai qu'elle se consumait en subtilités oiseuses, qui avaient pour principal défaut de rétrécir les esprits et de leur faire dépenser sans profit toute leur vigueur; mais elle donnait à l'Église, âme de la société, cette suprématie spirituelle et, en quelque sorte, ce monopole intellectuel, qui lui permettaient de s'incorporer tout ce qui avait des lumières. C'est ainsi que trois hommes, de caractères différents, furent la gloire du règne de Louis le Gros : Suger le ministre, Bernard le saint, et Abailard le philosophe.

Suger, moine de basse extraction, parvint à l'abbaye de Saint-Denis par sa piété et par son savoir; ce fut l'ami de Louis VI et le précepteur de son fils; il les aida tous deux dans toutes leurs entreprises, et ses idées politiques, développées dans sa *Vie de Louis VI*, se manifestèrent autant par ses actions que par ses écrits.

Bernard, abbé de Clairvaux et réformateur de l'ordre de Cluny, fut l'oracle de son siècle plus encore par sa vertu que par sa science. Aimé des grands et des petits, respecté des rois et des nations, il prit part à toutes les affaires de l'Europe, sans autre pouvoir que sa renommée. Diplomate universel, écrivain plein d'élégance et d'onction, il régnait sur les intelligences, instruisait le clergé, gourmandait les papes, dirigeait les conciles, fondait 160 couvents et répandait ses disciples dans toute la chrétienté.

Pierre Abailard, l'un des génies les plus complets qui aient honoré l'humanité, était un novateur. Né en 1079, dans le château de Salles, près de Nantes, il vint à vingt ans écouter l'enseignement de Guillaume de Champeaux; mais il en remontra bientôt au maître; au moment du triomphe le plus absolu de l'autorité en matière de foi, il éveilla ce besoin d'examen et de liberté, qui est la gloire et le tourment de l'esprit humain. Sa doctrine était celle d'Aristote, mais elle se produisait trop tôt, et la foi robuste de saint Bernard, qui ne pouvait permettre qu'on ôtât le voile de tous les mystères, qu'on mît à nu toute la poésie spiritualiste du christianisme, empêcha sa philosophie si positive et si terrestre, mais si téméraire et si intempestive, de faire des adeptes dans l'Église; elle ne nuisit cependant pas au succès d'Abailard. Nul savant n'a joui dans sa vie de plus de renommée, nul docteur ne fut plus

FRÉDÉRIC BARBEROUSSE.

écouté, et cependant le novateur qui fonda la réputation des écoles de Paris est devenu moins célèbre dans la postérité par sa science prodiguée inutilement, par son génie consumé dans des subtilités théologiques, que par les malheurs de ses amours.

L'histoire d'Héloïse et d'Abailard, qui est dans toutes les mémoires, est la plus fameuse et la première de ces grandes passions qu'on rencontre fréquemment dans le moyen âge, et qui montrent les femmes sous un aspect inconnu au monde ancien.

Règne de Louis VII (1137-1180).

A la mort de Louis VI, son fils lui succéda, et commença sagement son gouvernement avec les conseils de Suger.

Héritier de l'Aquitaine par suite de son récent mariage avec Éléonore de Guyenne, fille de Guillaume X qui mourut presque en même temps que Louis le Gros, le jeune roi voulut faire connaître à ses nouveaux sujets le nom et les droits du roi de France. Il parcourut donc le Poitou, le Limousin, le Bordelais, la Gascogne, l'Agénois, l'Auvergne, le Périgord, la Marche, la Saintonge et l'Angoumois, avec sa femme. Mais s'il n'osa y faire aucun acte de souveraineté, il laissa Éléonore s'y montrer en reine populaire, confirmer les priviléges des villes et rendre au clergé la liberté des élections.

Il profita de son voyage pour faire valoir les droits que sa femme avait, comme héritière du Poitou, sur le comté de Toulouse; mais il échoua dans cette entreprise et leva le siége de Toulouse que les habitants défendaient avec vigueur.

Il fut plus heureux en Champagne, mais sa victoire eut des conséquences graves. Le pape Innocent II avait nommé son neveu à l'évêché de Bourges, sans tenir compte du droit royal de présentation. Louis le chassa et fut excommunié, à l'instigation de saint Bernard, en désaccord complet en cela avec Suger.

Le prélat disgracié trouva un asile chez Thibaut IV, comte de Champagne. Louis, enchanté de trouver un prétexte pour se venger du refus que celui-ci avait fait de l'accompagner contre Toulouse, arma contre lui, ravagea ses terres et fit mettre le feu à l'église de Vitry, où treize cents personnes s'étaient réfugiées et périrent dans l'incendie.

Le pape confirma son excommunication, que Louis fit lever cependant; pris de remords de sa cruauté sacrilége, il demanda l'absolution en promettant de se mettre à la tête d'une seconde expédition en Terre-Sainte.

Suger s'y opposa de toute son influence, mais dut céder à la volonté du roi, surexcitée encore par le désir qu'exprimait hautement l'empereur d'Allemagne de partir pour la croisade, et par la honte qu'il y aurait à abandonner ce royaume français fondé sur les bords du Jourdain, qui menaçait de s'écrouler autant par la discorde et la corruption qui s'y étaient glissées que sous le poids des attaques du dehors.

Le moment était du reste opportun. Édesse venait de tomber au pouvoir du sultan d'Alep, qui y avait massacré toute la population chrétienne, et Noureddin menaçait la Palestine.

Deuxième croisade (1147).

La seconde croisade fut résolue, et saint Bernard s'en fit l'apôtre. Comme Pierre l'Ermite, il parcourut la France et l'Allemagne, mais son autorité bien plus grande, sa réputation de sainteté, l'éloquence de ses discours, persuadèrent même les Allemands qui ne comprenaient pas ses paroles. Une réunion générale eut lieu à Vézelay (Yonne). Saint Bernard prêcha la croisade devant le roi et les plus hauts seigneurs dans la cathédrale, et fut obligé de recommencer en plein air devant l'immense multitude qui était venue de tous les pays pour écouter sa parole éloquente. Comme à Clermont, le nombre de ceux qui prirent la croix fut immense ; mais, au moment de partir, il s'éleva des difficultés. Une taxe générale établie sur tout le royaume et sur les gens de toutes conditions, prêtres, nobles, manants, causa beaucoup de murmures et quelques soulèvements armés, de sorte que le roi se mit en route au milieu des imprécations.

L'armée des Allemands, commandée par l'empereur Conrad, avait deux mois d'avance ; elle quitta Constantinople, où elle fut reçue d'assez mauvaise grâce et trahie par ses guides grecs, qui l'égarèrent dans l'Asie-Mineure, où elle ne trouva ni eau ni vivres, mais bien une multitude de Turcs qui la taillèrent en pièces dans les défilés du Taurus.

Les Allemands qui échappèrent au massacre, à la famine de la route, rétrogradèrent sur Nicée, où il ne se trouva plus sous les ordres de Conrad que cinq ou six mille hommes qui attendirent l'arrivée du roi de France pour se réunir à son armée.

Louis profita d'abord des fautes de ses alliés. Après être passé à Constantinople, où il n'obtint des vaisseaux de l'empereur Manuel qu'on lui prêtant serment de fidélité, il prit sa route par le bord de la mer et l'assura d'abord par la victoire du Méandre, où les Turcs furent mis en déroute ; mais ils eurent bientôt leur revanche ; leur cavalerie voltigea sur les flancs de l'armée, coupant les vivres et massacrant les traînards. Aux environs de Laodicée, il fallut entrer dans les montagnes ; par une manœuvre habile des musulmans, le corps de bataille fut séparé de son avant-garde, et presque entièrement détruit dans des gorges sans issue ; le roi y courut risque de la vie ; il combattit longtemps seul, retranché derrière un tronc d'arbre. Toute sa noblesse avait péri.

Arrivé à Attalie, l'armée, réduite de moitié, n'ayant plus de vivres, plus d'armes, plus de chevaux, résolut de s'embarquer pour gagner en trois jours Antioche, éloignée, par terre, de quarante jours de marche, au milieu d'ennemis innombrables ; mais les Grecs ne purent fournir qu'un petit nombre de vaisseaux. Le roi s'embarqua avec sa femme, sa cour et ses chevaliers ; le reste de l'armée, composé d'hommes de pied, de femmes, d'enfants sans chefs, sans armes, essaya désespérément de continuer sa marche par terre, mais il n'en arriva pas un à Antioche : tous avaient péri sous le fer des Turcs ou étaient réduits en esclavage par les Grecs.

Ainsi, de cette croisade qui au départ comptait, dit-on, 400 000 pèlerins, il n'y en eut pas 10 000 qui atteignirent la Terre-Sainte. Débarqué à Antioche avec sa petite armée, Louis ne songea plus à la guerre, mais à accomplir son vœu pour s'en retourner le plus tôt possible. Il fut du reste péniblement occupé en querelles conjugales qui devaient avoir des suites funestes pour la France. « Aliénor, dit Guillaume de Tyr, légère, imprudente, négligeait la dignité royale et oubliait jusqu'à la foi due au lit conjugal. »

Louis, pour arracher sa femme aux séductions de la cour voluptueuse d'Antioche, fut obligé de l'enlever de nuit et de la ramener dans son camp. De là il précipita sa marche sur Jérusalem, où il fut reçu avec acclamation, et comme il fallait tirer au moins l'épée en Terre-Sainte, il résolut de faire le siège de Damas, conjointement avec l'empereur Conrad, le roi de Jérusalem, les ducs d'Antioche, de Souabe, de Bavière, et les comtes de Flandre et de Champagne; mais la discorde s'étant mise entre les croisés et les syriens, les secours musulmans arrivèrent, il fallut lever le siége et regagner la Palestine. Conrad partit de suite pour sa patrie, Louis s'embarqua l'année suivante (1149), fut pris en mer par les Grecs, délivré par les Normands de Sicile, et arriva enfin en France, avec la honte d'une campagne désastreuse et la certitude de son déshonneur.

Aussi, trouvant ses États paisibles, grâce à l'habile administration de Suger, et malgré le mécontentement de ses peuples qui l'accusaient d'avoir abandonné son armée à Attalie et de n'avoir rien fait pour la Terre-Sainte, son premier soin fut de répudier Éléonore qui en était venue à le mépriser si ouvertement que sa fuite en Guyenne, fut une marche triomphale; elle y trouva Henri Plantagenet, comte d'Anjou, duc de Normandie et héritier de la couronne d'Angleterre, qu'elle épousa (1152) et à qui elle apporta ses États; ce qui, avec la Bretagne, dont il acquit la suzeraineté deux ans plus tard par le mariage d'un de ses fils avec la fille unique du comte de ce pays, rendit le roi d'Angleterre possesseur de toute la France occidentale.

Luttes avec l'Angleterre.

Un vassal aussi puissant devait inquiéter Louis VII; mais Henri II était en même temps roi, et, par cela même, obligé de respecter son suzerain pour obtenir de ses propres vassaux le même respect.

C'est ainsi qu'il leva le siége de Toulouse, dont il voulait s'emparer de par les droits prétendus d'Éléonore, sitôt que le roi de France vint défendre la ville.

Louis trouva des moyens d'inquiéter le roi d'Angleterre, en soutenant les révoltes continuelles de ses quatre fils. Les violences de Henri lui donnèrent bientôt un autre allié, un saint, ou plutôt le souvenir d'un saint, car Thomas Becket venait de mourir assassiné dans son église archiépiscopale de Cantorbéry, par les ordres du roi d'Angleterre.

Ce saint homme, jadis créature de Henri, s'était révélé le défenseur de l'Église, que le roi voulait dépouiller et qu'il dépouilla en faisant signer aux évêques anglais les Constitutions de Clarendon, qui mettaient entre ses mains tous les bénéfices ecclésiastiques. Becket résista et passa en France, où Louis le reçut avec empressement; il y resta sept années entières, lançant l'excommunication contre ses ennemis; à la fin, il se réconcilia avec Henri, et son retour en Angleterre fut un tel triomphe qu'il arracha son arrêt de mort au roi qui était alors à Bayeux.

Un cri d'indignation retentit dans tout le monde chrétien. Louis l'exploita habilement en demandant au pape la vengeance du martyr. Henri céda devant cette réprobation générale : les malheurs qui lui survinrent, les révoltes de ses fils, furent considérés par lui comme des signes évidents de la colère céleste, il se soumit à la sentence du pape, et perdit tout son prestige en faisant amende honorable au tombeau de Thomas Becket où, nu jusqu'à la ceinture, il reçut des coups de verges de la main des évêques.

Cette humiliation lui attira le mépris et la haine de sa femme Éléonore, qui devint son plus redoutable ennemi; car elle excitait contre lui le peuple, les barons, le clergé, et même ses enfants, trop désireux d'avoir leur part de sa puissance pour avoir besoin d'y être poussés par une marâtre. Louis, de son côté, attisait tous ces ferments de discorde et une révolte générale éclata. L'Angleterre fut attaquée par les Écossais, la Normandie par Louis VII et le comte de Flandre, l'Aquitaine s'insurgea sous Richard, la Bretagne sous Geoffroy. Le jeune Henri, qui était associé à la royauté, se retira à la cour du roi de France, somma son père d'ab-

Richard Cœur-de-Lion en Palestine.

diquer toutes ses couronnes, et fut reconnu à sa place par la cour des barons de France.

L'activité prodigieuse de Plantagenet fit face à tout; abandonné de ses feudataires, il rassembla des bandes de pillards qu'on appelait *Brabançons*, et fit la guerre victorieusement partout, excepté dans l'Aquitaine, soulevée par Bertrand de Born, seigneur limousin, l'un des plus célèbres troubadours, qui se battait pour l'indépendance et réclamait la liberté de la reine Éléonore, emprisonnée par son mari.

Fatigué de ces guerres sans résultats pour lui, Louis conseilla aux fils de Henri de faire la paix avec leur père, et ce fut le plus vaillant de tous, Richard, que son courage fit surnommer Cœur-de-Lion, qui, à force de cruautés, parvint à soumettre l'Aquitaine, où il avait lui-même allumé la guerre.

L'année suivante, Louis VII associa à la couronne son fils Philippe, âgé de 15 ans, le seul garçon qu'il eût de ses trois femmes, et qui était né de la dernière, Alix de Champagne.

Il le fit sacrer dans la cathédrale de Reims, qui, de ce jour, eut le privilège de ces cérémonies, et en présence des pairs de France qui, pour la première fois, y furent convoqués officiellement.

Leur nombre y fut fixé à douze, trois ducs, trois comtes, et six prélats. C'étaient : les ducs de Normandie, de Bourgogne et de Guyenne, les comtes de Flandre, de Toulouse et de Champagne, l'archevêque de Reims et les évêques de Laon, Noyon, Châlons, et Langres.

Avec ce jeune prince, que ses conquêtes firent surnommer Auguste, commença l'ère de la vraie royauté entrevue par Louis le Gros.

CHAPITRE XI

VICTOIRES DE LA ROYAUTÉ SUR L'ARISTOCRATIE — TROISIÈME ET QUATRIÈME CROISADES

Règne de Philippe-Auguste (1180-1223).

Philippe n'avait que quinze ans; les barons de France voulurent profiter de sa faiblesse pour le réduire à la nullité de ses pères; ils formèrent une ligue et demandèrent l'appui de Henri Plantagenet.

Philippe laissa faire, promettant de se venger plus tard; il avait déjà son plan politique. « Je songe à une chose, disait-il à un de ses officiers qui s'étonnait de le trouver tout pensif, à savoir si Dieu me fera la grâce, à moi ou à un de mes hoirs, de relever la France au point où Charlemagne l'avait laissée. »

Mais le vieux roi d'Angleterre, soit qu'il fût retenu par l'honneur féodal, soit qu'il fût las de la guerre, qu'il trouvait constamment dans sa famille, refusa d'aider les barons français; il s'entremit même entre le jeune roi et ses vassaux pour tout pacifier, et lui-même, le premier, lui fit hommage pour ses fiefs de France.

Par reconnaissance, Philippe ne se mêla point des révoltes du Midi et laissa le vieux Plantagenet combattre ses trois fils, qui ravagèrent isolément le Poitou, l'Aquitaine et l'Anjou, à l'aide de bandes de brigands mercenaires, connus sous les noms de *cotereaux*, *routiers*, *Brabançons*; il encouragea même les milices appelées *capuchons*, organisées par une ligue formée pour la défense des petits et le maintien de la paix, et qui parvinrent à chasser les brigands de plusieurs provinces.

Du reste, habile autant qu'ambitieux,

il rêvait de donner à la royauté, la puissance matérielle qui lui manquait, par la destruction ou la réunion à la couronne des grands fiefs. Pour commencer, il demanda la main d'Isabelle de Hainaut, nièce et héritière du comte de Flandre, Philippe d'Alsace, autant pour acquérir des droits sur l'héritage du comte que pour unir au sang capétien la dernière goutte du sang de Charlemagne (Isabelle descendait de Charles de Lorraine, frère de Louis V, dernier roi carlovingien), de façon à ce que sa postérité confondît les droits des deux races et devînt plus vénérable aux yeux des peuples.

C'était de la bonne politique, et son alliance avec Philippe d'Alsace avait en même temps l'avantage de le dégager de la tutelle que paraissaient vouloir exercer sur lui ses oncles de la maison de Champagne. Sûr d'un appui, il repoussa leurs avances et refusa même de livrer à sa mère les châteaux de son douaire.

Mais Philippe d'Alsace avait aussi la prétention de gouverner le jeune roi, et d'abord il refusa de lui livrer les comtés de Valois, de Vermandois et d'Amiens, qui appartenaient en propre à Isabelle.

Philippe-Auguste marcha contre lui dès l'année 1181. Une longue guerre s'ensuivit; car le comte de Flandre eut pour alliés le comte de Champagne et le duc de Bourgogne. Le roi de France, aidé des seigneurs de l'Ouest, fut partout victorieux. Philippe d'Alsace lui remit les trois comtés, dont l'un relevait de l'évêque d'Amiens ; ce prélat en demanda l'hommage au roi, qui fit voir tout de suite ce qu'il voulait être par cette réponse remarquable : « Nous ne pouvons ni ne devons rendre hommage à personne. »

Cependant la situation de Henri Plantagenet était de plus en plus précaire. Son fils aîné, Henri Court-Mantel, venait de mourir sans enfants (1184). Ce deuil ramena un moment d'union dans sa famille et Henri ouvrit la prison où Éléonore était enfermée depuis 10 ans. Quelque temps après, Geoffroy vint à la cour de Philippe pour le pousser à armer contre son père ; il y mourut dans un tournoi, écrasé sous les pieds des chevaux (1186), laissant un fils nommé Arthur ; mais Richard Cœur-de-Lion se hâta de le remplacer auprès du roi de France et se lia avec lui d'une amitié si étroite que Philippe, sûr de lui, appelait la guerre de tous ses vœux.

Le roi d'Angleterre, qui avait reporté toutes ses affections sur son quatrième fils, Jean sans Terre, reculait devant cette nécessité. Il laissa cependant commencer les hostilités et, trouvant Philippe irrésolu, temporisa, eut avec lui une entrevue à Gisors qui n'arrêta point la guerre. Henri alors, malade autant d'esprit que de corps, effrayé de la perte successive de Tours et du Mans, menacé par les Bretons dans l'ouest, par les Poitevins soulevés par Richard au sud, perdit la tête ; il s'avoua vaincu, accepta toutes les conditions de Philippe-Auguste et mourut de chagrin quand il se vit obligé de signer le traité humiliant qu'avait fait rédiger Jean, son fils de prédilection.

Richard Cœur-de-Lion lui succéda, et, vu les relations amicales des deux rois, la paix parut assurée entre la France et l'Angleterre

Troisième croisade.

Un événement capital, dont la nouvelle terrifia le monde chrétien, vint du reste mettre une trêve à toutes les querelles des rois. Jérusalem venait de tomber au pouvoir des Musulmans Abassides, restaurés par Nouradin et consolidés par le génie militaire de Saladin. Le dernier roi, Guy de Lusignan, vaincu à la bataille de Tibériade, était prisonnier, ainsi que les princes d'Antioche et d'Édesse, les grands-maîtres du Temple et de Saint-Jean et une quantité de chevaliers; dans la ville, quatorze mille chrétiens étaient réduits en servitude, et cent mille en avaient été chassés. C'était un désastre : le pape Urbain III en mourut de douleur. Guillaume, archevêque de Tyr, passa les mers pour conjurer les princes de l'Occident de porter leurs armes contre les infidèles. Le pape Clément III fit prêcher la croisade et établir sur toutes les terres, celles de l'Église comprises, la *dîme saladine*, destinée aux frais de la guerre. Les trois monarques les plus puissants de la chrétienté, Frédéric Barberousse, empereur d'Allemagne, Philippe-Auguste et Richard Cœur-de-Lion, s'enrôlèrent pour la cause sainte.

L'empereur partit le premier avec une armée de cent mille hommes, qu'il commandait, ayant pour lieutenants les ducs d'Autriche, de Moravie et de Souabe; il arriva à Constantinople d'où, malgré les perfidies des Grecs, il prit sa route par la Mysie et la Phrygie. Il vainquit les Turcs qui l'attaquèrent dans les montagnes, les mit en fuite et s'empara d'Iconium. Mais, arrivé dans les plaines de Cilicie, Frédéric pour éviter un long détour voulut passer à la nage une petite rivière, le Sélef : il s'y noya. L'armée vit le doigt de Dieu dans la mort obscure de ce guerrier qui jusqu'alors avait été si redoutable à ses ennemis; elle se débanda et périt en grande partie par la famine et le sabre des Turcs. Le duc de Souabe ne parvint à amener devant Ptolémaïs, rendez-vous général des croisés, que cinq mille guerriers; maigre renfort pour Guy de Lusignan, qui était parvenu à s'échapper et assiégeait la ville avec des bandes de croisés de toutes les nations accourus au suprême appel.

Philippe et Richard partirent plus tard, après s'être donné une garantie mutuelle contre ceux qui troubleraient la paix pendant leur absence; ils marchèrent ensemble jusqu'à Lyon; là, ils se séparèrent, Richard pour venir s'embarquer à Marseille, Philippe pour prendre ses navires à Gênes. Les vents contraires les obligèrent à relâcher en Sicile et à y passer l'hiver; ils y entrèrent amis et en sortirent ennemis acharnés, Richard voulant épouser Bérengère de Navarre, malgré les engagements qu'il avait depuis longtemps avec Alix, sœur de Philippe; ce manque de foi irrita le roi de France encore plus que la prise de Messine, dont Richard s'était emparé violemment; mais ne voulant pas qu'on lui reprochât d'avoir fait manquer la croisade pour ses injures personnelles, il contint sa colère et partit sans attendre Richard, qui ne le rejoignit que deux mois après devant Ptolémaïs (Saint-Jean-d'Acre), ayant mis à profit la tempête qui l'avait contraint à s'arrêter à Chypre en s'emparant de l'île.

Le siége dura encore deux ans, non que la ville pût résister seule aussi longtemps, mais Saladin, avec une armée sans cesse renouvelée, voltigeait autour du camp des croisés et les contraignit vingt fois à livrer bataille sans pouvoir les obliger à s'éloigner de Saint-Jean-d'Acre.

Cette période de combats permit aux chefs et aux chevaliers de s'illustrer par mille beaux faits d'armes; mais leurs discordes continuelles, dégénérant quelquefois en batailles, les empêchèrent de profiter de leurs victoires. L'impétueux Richard, qui acquit dans tout l'Orient par sa bravoure une réputation

Mort de Richard Cœur-de-Lion devant le château de Chalus.

fabuleuse, blessait presque tous les chefs par son orgueil insupportable; il fit jeter dans un fossé l'étendard de Léopold, duc d'Autriche. Nous verrons plus tard comme celui-ci vengea cette injure.

Cette vie de siéges, de coups de main sans but et sans résultat, n'était pas faite pour le courage réfléchi de Philippe-Auguste; d'un autre côté, la fougue impétueuse de Richard Cœur-de-Lion lui donnait, dans ce milieu chevaleresque, un prestige qui lui portait ombrage ; ne pouvant accepter le second rang, il résolut de regagner sa patrie. Il attendit cependant que la ville se fût rendue ; mais dès le lendemain, laissant sans opposition Richard faire décapiter les 5 000 musulmans qui avaient vaillamment défendu Ptolémaïs, il rassembla tous les principaux d'entre les croisés, leur exposa le désir qu'il avait de quitter la Syrie, en raison de la fièvre pernicieuse qui le minait, et, le 31 juillet 1191, laissant le commandement de son armée à Hugues III, duc de Bourgogne, il s'embarqua pour la France, où il revint après dix-huit mois d'absence.

Le commandement suprême des croisés resta à Richard, qui fit des prodiges de valeur, mais ne tira aucun profit de ses victoires ; il mécontenta tellement par son orgueil et ses violences tous ses alliés, qui l'accusaient de ne pas terminer la guerre sainte pour satisfaire sa passion des combats, qu'ils l'abandonnèrent l'un après l'autre. Son armée découragée par l'insuccès, à demi détruite par les maladies climatériques, demandait à grands cris le retour. Richard s'y décida, après avoir fait avec Saladin un traité qui assurait aux chrétiens les villes maritimes depuis Jaffa jusqu'à Tyr. Après avoir donné à Lusignan le royaume de Chypre, pour l'indemniser de Jérusalem, qui passait aux mains de Henri de Champagne, véritable héritier, du chef de la veuve de Conrad de Montferrat qu'il avait épousée, le roi d'Angleterre s'embarqua à Ptolémaïs. Jeté par la tempête sur les côtes de Dalmatie, il essaya de traverser l'Allemagne en pèlerin, mais Léopold d'Autriche, son ennemi mortel, le découvrit, le fit arrêter et le livra à l'empereur Henri VI, fils de Frédéric Barberousse.

Guerres avec l'Angleterre.

A son retour en France, la première pensée de Philippe fut de se venger de Richard ; oubliant les serments qu'il lui avait faits, il fit alliance avec Jean sans Terre, qui s'était emparé de l'Angleterre, et lui garantit personnellement ses possessions françaises. Jean se déclara son vassal et lui fit hommage même pour l'Angleterre.

Mais la nouvelle de la captivité de Richard changea le plan du roi de France. Il envahit la Normandie, s'empara d'Évreux, du Neubourg, du Vaudreuil, et assiégea Rouen, ville alors autrement importante que Paris. Les barons anglais sollicitèrent Jean de marcher contre Philippe, mais il voulut d'abord se faire reconnaître héritier de son frère, au détriment de son neveu Arthur de Bretagne, échoua dans son projet et fut obligé de venir se réfugier en France.

Cependant les efforts de Philippe-Auguste étaient infructueux devant Rouen ; l'hiver survenant, il fut obligé de lever le siége ; du reste, une nouvelle imprévue l'obligeait à la prudence : « Tenez-vous sur vos gardes, venait de lui écrire l'empereur d'Allemagne ; le diable est déchaîné. »

En effet, Richard Cœur-de-Lion venait de recouvrer sa liberté, non pas seulement, comme le dit la légende, par le dévouement d'un troubadour d'Arras, nommé Blondel, mais par suite d'un traité, longtemps entravé par Philippe-Auguste et Jean sans Terre, qui offraient 150 000 marcs d'argent à l'empereur, pour qu'il gardât son prisonnier, lequel, aboutissant enfin, assurait à Henri VI une rançon égale et de plus la suzeraineté sur le royaume d'Angleterre, dont Richard lui fit un hommage qui ne l'engageait à rien ; après quoi il revint en

Angleterre plein de fureur contre Philippe. Jean sans Terre trembla devant son frère et, pour lui faire mieux agréer sa soumission, fit égorger les 300 chevaliers français qui formaient la garnison d'Évreux et lui livra la ville.

La guerre commença alors entre Philippe et Richard, mais elle fut toute d'escarmouches et de pillage, sans combats décisifs; d'abord parce que leurs États étaient épuisés d'hommes et d'argent, par suite de l'expédition de Palestine, et ensuite parce que leurs grands vassaux, qui ne voyaient rien à gagner et tout à perdre dans cette guerre de deux royautés déjà hautaines et solidement établies, ne les secondèrent que mollement. Philippe eut cependant pour alliés les comtes de Flandre et de Champagne et le duc de Bourgogne, et l'Aquitaine, bouleversée à nouveau par les chants du troubadour Bertrand de Born, changea sa situation qui commençait à devenir critique; car les Bretons, les Poitevins et les Saintongeois, s'étaient rangés sous les bannières du roi d'Angleterre. La Champagne fit défection sur le champ de bataille, et le comte de Flandre entra en armes dans l'Artois, entraînant avec lui le comte de Boulogne.

Le légat du pape, Pierre de Capoue, chargé de prêcher la quatrième croisade, en exigeant des combattants une trêve de cinq ans, permit à Philippe de respirer, ce que lui rendit plus facile encore la mort de Richard Cœur-de-Lion, qui arriva dans la même année (1199), devant le château de Chalus, où cet aventureux monarque était venu réclamer un trésor que son vassal, le vicomte de Limoges, avait trouvé.

Cette paix était d'autant plus nécessaire à Philippe-Auguste que son royaume venait d'être mis en interdit par le pape Innocent III, et voici à quelle occasion :

Veuf de sa première femme, Isabelle de Hainaut, Philippe avait épousé, en 1193, Ingeburge, sœur de Canut, roi de Danemark, qui avait vraisemblablement d'autres défauts que de ne pas parler la langue française, car dès le lendemain de ses noces il la fit enfermer dans un couvent et réunit un concile d'évêques pour faire prononcer sa répudiation.

Canut réclama en cour de Rome. Le pape envoya des légats qui vinrent en France tenter de renouer cette union; Philippe leur imposa silence et brava leurs menaces en épousant Agnès, fille de Berthold, duc de Méranie (1196). Un concile, réuni par les légats, blâma le roi, et ce fut tout pour le moment; mais Innocent III monta au Saint-Siège en 1198 et prit en main la cause de la morale et de la religion outragées; il négocia pendant un an, mais les réponses hautaines de Philippe le décidèrent à lancer l'interdit.

Le roi de France tint ferme d'abord; il chassa de leurs sièges les évêques, qui, dociles aux ordres du pape, privèrent les fidèles des consolations religieuses; à la fin il céda, par politique, dans la crainte de perdre tous ses barons, qui se laissaient gagner par l'influence cléricale; et au concile de Soissons il déclara qu'il allait reprendre Ingeburge, et abandonna Agnès, qui mourut l'année suivante (1200), laissant deux enfants que le pape légitima.

Redevenu l'ami de l'Église, Philippe reprit tout son ascendant politique, et en profita pour protéger Arthur de Bretagne contre les usurpations de Jean sans Terre, qui avait forcé Angers, rasé le Mans, s'était fait couronner duc de Normandie à Rouen et roi d'Angleterre à Wesminster.

Philippe fit soulever l'Anjou, le Maine, le Poitou, la Touraine, qui, reconnaissant Arthur, se mirent sous la protection du roi de France ; il proposa alors à Jean de garder l'Angleterre et d'abandonner les provinces françaises à son neveu. Cet arrangement était inacceptable, puisque Rouen avait toujours été considérée comme la vraie capitale du royaume d'Angleterre, et Philippe y comptait bien ; car il porta immédiatement les hostilités en Bretagne, où il démantela les villes de ses nouveaux vassaux ; mais ne se sentant pas assez fort pour continuer la guerre qu'il ne voulait faire qu'au bénéfice de la royauté, il conseilla à Arthur d'attendre des temps meilleurs et d'accepter la paix proposée par Jean sans Terre, paix qui donnait à Philippe Évreux et plusieurs places importantes du Berry.

Quatrième croisade.

Le légat Pierre de Capoue avait trouvé en France un auxiliaire puissant, pour décider les chrétiens à la quatrième guerre sainte, dans Foulques, curé de Neuilly-sur-Marne, que le peuple regardait comme un saint, et qui vint prêcher au milieu d'un tournois qui se célébrait au château d'Euvy, en Champagne ; tous les principaux de la noblesse française, et en première ligne Thibaut, comte de Champagne, Baudouin, comte de Flandre, Louis, comte de Blois et de Chartres, Simon de Montfort et Renaud de Montmirail prirent la croix rouge et envoyèrent à Venise six députés, desquels était Villehardouin, pour y louer des vaisseaux de transport.

La république de Venise était alors toute-puissante dans la Méditerranée ; c'est par ses mains que passaient toutes les marchandises de l'Occident et toutes les richesses de l'Orient, et elle avait profité du mouvement des croisades, en achetant par son influence commerciale les ports de Tyr et de Ptolémaïs, qui étaient des points de débarquement tout trouvés pour la nouvelle expédition.

Henry Dandolo, qui était alors doge de Venise, accueillit les propositions des députés ; il s'engagea à transporter 20 000 hommes et 4 500 chevaux, et à les nourrir pendant 9 mois, moyennant 85 000 marcs d'argent payés d'avance et le partage dans les conquêtes à faire.

Sur cette assurance, les croisés se mirent en route, du moins en partie ; car beaucoup, ne jugeant pas le concours de la république vénitienne comme indispensable, gagnèrent la Terre-Sainte par d'autres chemins, si bien que ceux qui se réunirent à Venise, sous le commandement de Boniface, marquis de Montferrat, ne purent rassembler que 35 000 marcs.

Alors la république, qui avait son but politique, proposa aux Français de remettre sa créance à un autre temps, s'ils voulaient l'aider à reprendre Zara, ville de Dalmatie qui s'était donnée au roi de Hongrie ; les légats voulurent s'opposer à cet emploi sacrilège de l'armée sainte, mais durent céder à la volonté des croisés, tenant à s'acquitter envers les Vénitiens et qui, partis surtout par goût des aventures, étaient assez indifférents sur le choix des conquêtes. Dandolo vainquit, du reste, les scrupules des plus pieux en prenant la croix.

La flotte partit, et l'expédition réussit au delà de ses espérances, car elle prit non-seulement Zara, mais encore Trieste et toute l'Istrie ; de là elle devait se diriger sur la Syrie, mais il fallut laisser passer l'hiver et les événements lui préparaient d'autres destinées.

Prise de Constantinople.

L'Empire d'Orient, tombé dans l'avilissement le plus complet, était devenu l'exécration de toute l'Europe, non-seulement par ses perfidies sans nombre envers les pèlerins de la Terre-Sainte, mais par le massacre tout récent, ordonné par les prêtres grecs, de toute la population latine de Constantinople.

Aussi les croisés accueillirent-ils avec enthousiasme l'occasion de satisfaire leur vengeance, que leur fit offrir le jeune Alexis l'Ange, fils de l'empereur Isaac, qui avait été renversé du trône et aveuglé par la barbarie de

Baudouin nommé empereur de Constantinople, après la prise de cette ville par les croisés (1204).

son frère Alexis ; les Vénitiens, payés par le sultan Malek-Adel pour détourner la guerre de la Syrie, poussèrent à cette expédition, et, malgré les exhortations des légats, malgré la colère du pape qui menaçait les croisés de la vengeance céleste, la flotte fit voile pour Constantinople, qui, ne s'attendant à rien moins qu'au débarquement de 15 à 20 000 ennemis, n'eut le temps de faire aucuns préparatifs de défense, et cette ville de 500 000 habitants, fortifiée pourtant de hautes tours et d'énormes murailles, ouvrit ses portes aux vainqueurs après quelques jours de siége ; l'usurpateur s'enfuit, et Isaac, tiré de prison, fut remis sur le trône avec son fils Alexis.

La guerre ne tarda pas à recommencer; les Latins, qui avaient pris leur campement aux portes de la ville en attendant l'exécution des promesses d'Alexis, voyant bien qu'il lui était impossible de les tenir, firent une seconde fois le siège de Constantinople.

Les Grecs, accusant de complicité et de trahison Isaac et Alexis, les massacrèrent, et élevèrent sur le trône Murzuphle, s'occupant trop tard de la défense de la ville, qui fut emportée d'assaut après un siège de trois jours (1204).

Le désastre fut épouvantable; malgré les efforts des chefs et des prélats, le sang des femmes, des enfants, des vieillards, coula dans toutes les rues; tout fut pillé, les monastères, les monuments, les églises, et il y eut tant de butin monnayé, car on détruisit toutes les statues, livres et objets d'art; que, les Vénitiens payés de leur 85 000 marcs, il resta à chaque nation partageante 500 000 marcs d'argent.

Quant à l'Empire, on le divisa la balance à la main, et chacun eut une part proportionnée à sa puissance : Baudouin IX, comte de Flandre, fut empereur de Constantinople; le marquis de Montferrat devint roi de Thessalonique; Henri de Blois, roi de Nicomédie; Dandolo, au nom de Venise, qui se réserva toutes les positions maritimes, fut despote de Romanie; Villehardouin devint prince d'Achaïe; un seigneur bourguignon fut duc d'Athènes; un chevalier picard eut Thèbes; enfin toute une féodalité s'établit sur ce vieux sol de la Grèce, et ses mille souverainetés, ses confusions, son esprit d'isolement furent les causes de la perte des vainqueurs, qui arrivèrent à faire légitimer leurs conquêtes par l'absolution du pape Innocent III.

Malheureusement, le nouvel empire, qu'on appelait alors *la Nouvelle-France*, qui porta notre langue, nos institutions et notre architecture dans toute la Grèce et l'Asie-Mineure, ne dura que 57 ans; affaibli par l'organisation féodale qui dissémina ses forces sur tous les points du territoire, il ne put résister à la haine de ses sujets et aux attaques des étrangers; presque tous les conquérants finirent misérablement : Montferrat, vaincu par les Valaques, fut décapité sur le champ de bataille; l'empereur Baudouin, fait prisonnier par le roi de cette nation, fut tué à coups de sabre au milieu d'un festin; son fils Henri lui succéda sur un trône ébranlé et sans cesse discuté, et fut remplacé par des princes de la maison de Courtenay, du sang royal français, qui ne purent que reculer l'époque de sa ruine, et dont le dernier cessa de régner en 1261.

Conquête de la Normandie, de l'Anjou et du Poitou.

Pendant ce temps, Jean sans Terre, prince arrogant, dissipateur, luxurieux et lâche, avait soulevé contre lui tous ses sujets de France, que Philippe excitait sourdement à la révolte, rêvant d'asseoir sur le trône d'Angleterre le jeune Arthur de Bretagne, qu'il avait fiancé avec une de ses filles. Une scandaleuse violence de Jean sans Terre, qui enleva et épousa de force Isabelle d'Angoulême, femme du comte de la Marche, vint lui permettre d'agir ouvertement en offrant sa protection à l'offensé, qui souleva le Poitou et le Limousin, pendant que les comtes d'Eu et de Lisieux, dépouillés arbitrairement par le roi d'Angleterre, faisaient déclarer la Normandie pour Arthur.

Philippe, comme suzerain, somma Jean sans Terre de comparaître devant ses pairs pour répondre aux accusations portées contre lui; Jean n'osa s'y refuser, promit de venir et donna deux châteaux pour gage de sa promesse, qu'il ne tint pas.

Le roi, alors, garda les deux châteaux, en prit d'autres en Normandie, et lança Arthur avec une armée contre son oncle. Cet enfant de 17 ans, enhardi par quelques succès, poussa, malgré les recommandations de Philippe, une pointe sur Mirebeau où il voulait s'emparer de son aïeule Éléonore ; il y fut battu et fait prisonnier avec les comtes de la Marche, de Limoges et de Thouars. Son oncle l'emmena dans la tour de Rouen, où il l'égorgea, dit-on, de ses mains et jeta son cadavre à la Seine.

Ce meurtre excita l'indignation générale ; les Bretons élurent pour duc Guy de Thouars, deuxième mari de la mère d'Arthur, et invoquèrent la justice du suzerain. Philippe, qui voyait l'accomplissement de son rêve, souleva tout le Poitou, pendant que les Bretons et les Angevins attaquaient la Normandie. Jean se préoccupa peu des succès de ses adversaires, et quand Philippe se fut emparé des Andelys après un siège de 8 mois, il s'enfuit en Angleterre, où il continua sa vie de débauche et implora la médiation du pape.

Innocent III ordonna aux deux rois, sous peine de l'interdiction de leurs royaumes, de soumettre leur querelle à son tribunal ; Philippe, qui ne voulait pas perdre ses avantages et qui voyait un moyen de s'affranchir de la domination pontificale en exploitant le sentiment national, absolument hostile à Jean sans Terre, réunit tous ses grands vassaux et leur fit signer une protestation solennelle contre cette immixtion du pape, qui était en même temps une promesse de lui porter secours dans la guerre sans paix ni trêve entreprise contre le roi d'Angleterre.

Alors Philippe s'empara successivement de Falaise, de Caen, de Lisieux, de Bayeux, de Séez, et vint mettre le siége devant Rouen, qui, désespérée de la lâcheté du roi Jean, qui ne fit rien pour la secourir, se rendit à la condition que les personnes, les biens et les lois seraient respectés. Philippe, qui voyait de nouveaux sujets dans les Normands, et qui voulait leur faire oublier leur vieille haine contre les Français, accepta une capitulation paternelle qui lui assura toute la Normandie, ainsi que la Bretagne, qui en dépendait comme fief (1204).

En même temps, Guillaume des Roches reconnut la suzeraineté de Philippe pour la Touraine, le Maine et l'Anjou, et Henry Clément, maréchal de France, conquit à la royauté tout le Poitou, à l'exception de trois villes, Niort, Thouars et la Rochelle.

Cet événement avait une importance capitale. Philippe, qui le devait à la conquête, voulut le faire sanctionner par une légalité qu'il improvisa ; il assigna Jean sans Terre à comparaître devant ses pairs comme meurtrier d'Arthur ; Jean n'osa décliner la compétence de ce tribunal, mais demanda un sauf-conduit ; on le lui promit pour venir, mais non pour s'en retourner, attendu que cela dépendait du jugement des pairs.

Naturellement, le roi d'Angleterre resta dans ses États et fut condamné à mort par contumace ; il essaya d'en appeler par les armes, descendit à la Rochelle, fit soulever le Maine, l'Anjou et le Poitou, déjà aux regrets d'avoir perdu leur indépendance, mais n'osa livrer bataille à Philippe, avec lequel il conclut une trêve de deux ans (1205) par laquelle il lui abandonna toutes ses conquêtes.

D'un trait de plume, la domination des Plantagenets dans la Gaule fut détruite pour toujours et la prépondérance qu'elle y avait acquise passa dans la maison de France.

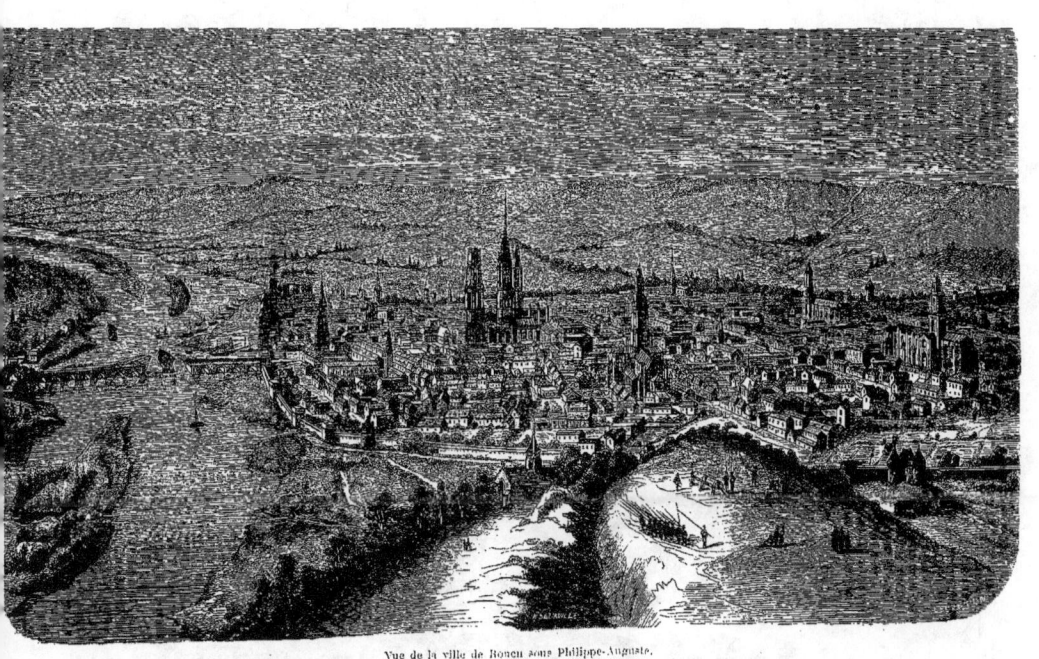

Vue de la ville de Rouen sous Philippe-Auguste.

Mort de Simon de Montfort. (1218.)

CHAPITRE XII

GUERRES CONTRE LES ALBIGEOIS — FIN DES CROISADES

Première guerre contre les Albigeois.

Philippe, qui était arrivé à faire un véritable État du patrimoine royal qu'il avait trouvé simple seigneurie féodale, s'occupa de l'administrer en le divisant en prévôtés sous la surveillance de baillis, de lui donner des lois en restaurant les *Pandectes de Justinien*, de l'instruire en y appelant des savants et des écoliers de tous les pays par la création de l'université de Paris, et de l'embellir par des constructions de toutes sortes.

Il voulut que Paris devînt une capitale digne de son royaume en même temps qu'une résidence plus sûre pour lui, et le fit entourer de murailles de huit pieds d'épaisseur, flanquées de cinq cents tours; il se fit un palais dans la Cité, dont il ordonna de paver toutes les rues, et fit aussi construire des halles, organisa une police pour protéger les habitants, tandis qu'il s'entourait lui-même d'une garde pour sa défense personnelle.

Il se plaisait dans la société des hommes érudits de son temps, et profitait de leurs idées en les appliquant au système de toute sa vie, l'abaissement de la féodalité au bénéfice de la royauté.

La guerre qui éclata dans tout le Midi vint favoriser ses projets. La Provence, l'Aquitaine, le Dauphiné, la Gascogne, étaient jusqu'à présent restées étrangères à la France. Plus riches que les contrées du Nord, elles avaient des mœurs chevaleresques plus somptueuses; plus instruites, elles avaient une langue plus pure, plus harmonieuse, et mieux faite pour inspirer les troubadours.

Elles avaient aussi leur religion, depuis qu'une hérésie nouvelle, née à Alby (ce qui fait que ses sectateurs prirent le nom d'Albigeois), s'était propagée dans tout le Midi et avait envahi tous les pays du Languedoc. Les papes s'étaient beaucoup inquiétés de voir les églises abandonnées et ruinées, et les habitants professer le plus grand mépris pour l'Église de Rome, qu'ils appelaient la prostituée de Babylone, mais ils n'avaient fait qu'en gémir. Innocent III fut le premier qui osa essayer d'étouffer l'hérésie dans le sang des peuples.

Il envoya d'abord des légats et des moines de Cîteaux, pour prêcher la religion orthodoxe; ils y furent aidés par un moine espagnol, Dominique, fondateur de l'Inquisition; mais ils furent accueillis par des sifflets et des vers satiriques. Alors il lança l'anathème contre les Albigeois, livra leurs biens à ceux qui les dépouilleraient et excommunia les seigneurs qui refuseraient de les poursuivre; mais le légat Pierre de Castelnau ne trouva personne pour faire exécuter la sentence, et rencontra même de l'opposition dans le haut clergé, qu'il chassa et remplaça par des moines de Cîteaux. Il sollicita alors tous les seigneurs de Languedoc de se réunir pour marcher contre les hérétiques, et notamment Raymond VI, comte de Toulouse, qui fut sommé, de la part du pape, d'exterminer tous les Albigeois de ses domaines, sous peine d'excommunication; le comte hésita, et le légat ayant été assassiné quelques jours après (15 janvier 1208), Raymond fut accusé de ce meurtre par Innocent III, qui le dénonça à toute la chrétienté, prêcha une croisade générale contre lui et les Albigeois, et convoqua personnellement Philippe-Auguste à y prendre part.

Le roi de France, sûr que cette besogne se ferait bien sans lui, tant il y avait dans le Nord de seigneurs jaloux des richesses du Midi et d'aventuriers avides de pillage, réserva ses forces pour des ennemis plus directs, Jean sans Terre et Othon, empereur d'Allemagne, qui agissaient déjà contre lui.

En effet, deux cent mille hommes descendirent la vallée du Rhône et se réunirent en trois armées au Puy, à Lyon et à Bordeaux; trois ennemis étaient désignés à leurs coups: c'étaient Raymond VI, comte de Toulouse, Raymond Roger, vicomte de Béziers, de Carcassonne et d'Alby, et Raymond Ier, comte de Foix.

Le comte de Toulouse conjura d'abord le danger par une lâcheté, en se croisant contre ses peuples, après s'être soumis à l'absolution humiliante que lui donna le légat Milon; il fut même obligé de commander l'armée qui assiégea Béziers et d'assister à l'effroyable massacre des habitants, qu'ordonna le légat Arnaud, qui fit cette réponse odieuse, quand on lui observa qu'on ne pouvait distinguer les Albigeois d'avec les chrétiens : « Tuez-les tous! Dieu saura bien reconnaître les siens. » (1209).

Carcassonne fut pris de la même façon, mais là on laissa sortir les habitants, à l'exception de quatre cents qui furent brûlés et cinquante pendus, pour être agréable à Dieu. Raymond Roger, qui avait défendu sa ville avec courage, fut pris par trahison et jeté dans la prison de son propre château, où il fut empoisonné quelque temps après.

Le légat offrit ses États au duc de Bourgogne, puis aux comtes de Nevers et de Saint-Pol, qui les refusèrent. Simon de Montfort était prêt à les accepter. L'ami de saint Dominique et du légat, vieux guerrier courageux et illettré, était l'homme qu'il fallait pour accomplir les vengeances de l'Église; il reçut l'hommage des vassaux du jeune Roger, distribua les terres conquises aux chevaliers de France, et se prépara à continuer la guerre; mais les croisés qui avaient fait les quarante jours promis s'en retournèrent avec leur butin, et il ne resta à Simon de Montfort que cinq mille hommes, avec lesquels il s'empara d'Alby, poursuivit le comte de Foix et l'obligea de jurer fidélité à l'Église.

Deuxième guerre des Albigeois.

La guerre n'était cependant pas terminée. Raymond VI, rougissant déjà des humiliations qu'il avait subies, n'en voulut pas accepter d'autres, et se révolta des conditions qu'on lui fit au concile d'Arles, par lesquelles il devait chasser les juifs, livrer les hérétiques aux mains de Montfort, et forcer ses sujets de se vêtir en pénitents et ses nobles à quitter leurs châteaux pour aller vivre aux champs comme vilains, renvoyer tous ses soldats, abattre tous ses châteaux, puis s'en aller en Terre-Sainte pour n'en revenir qu'au commandement de l'Église.

Il publia partout ce traité inouï, et l'indignation fut si grande dans le Midi que tous les peuples prirent les armes et que des seigneurs qui n'étaient pas hérétiques vinrent se ranger sous les étendards du comte de Toulouse.

De nouveaux croisés arrivaient en foule d'Allemagne, de Lorraine et de Flandre. Simon de Montfort s'empara de plusieurs places, soumit le Quercy, et donna à cette nouvelle guerre le même caractère d'atrocité qu'à la première ; ce ne furent partout que massacres, et pendant deux années les croisés promenèrent sur le pays la misère et la mort. Toulouse cependant les arrêta par une résistance sérieuse, pendant que Raymond, pour lequel Philippe avait imploré vainement la clémence du pape, courait demander l'appui de Pierre d'Aragon, le vrai suzerain du Midi. Celui-ci n'était pourtant pas suspect d'hérésie, car il venait de sauver l'Espagne chrétienne par la grande victoire de las Navas de Tolosa ; il ne fut pas plus écouté que le roi de France. Alors il passa les Pyrénées et vint livrer à Simon de Montfort, la bataille de Muret, où il trouva la mort (1213).

Cet avantage, qui fit la réputation militaire de Montfort, jusque-là proclamé seulement *l'athlète du Seigneur*, le *nouveau Machabée*, décida les légats à déposséder définitivement le malheureux Raymond et à donner ses États au vainqueur. Le concile de Latran régularisa cette spoliation, et pendant que Raymond, condamné à l'exil pour faire pénitence, en réalité vivait ignoré chez un pauvre paysan, Simon de Montfort organisait une conquête qu'il devait perdre bientôt, comme si sa famille était appelée à dominer pendant des siècles sur tout le Midi.

Bataille de Bouvines.

Cependant Philippe, qui avait laissé son fils Louis venir à Toulouse en pèlerin, au moment où la guerre albigeoise était terminée, ne vit pas sans inquiétude l'ambition et les succès de Montfort ; il ne se doutait pas alors que l'Église venait de travailler à l'agrandissement de la royauté par la destruction des puissantes seigneuries du Midi, et à la formation de la France par l'anéantissement de la nationalité provençale ; il était, du reste, préoccupé par une grande idée. Il rêvait la conquête de l'Angleterre, et l'occasion était d'autant meilleure que le pape venait d'excommunier Jean sans Terre et de déléguer sa couronne à Philippe au nom de l'Église. Il proposa l'expédition à ses grands vassaux, qu'il réunit à Soissons en 1213. Tous applaudirent et se déclarèrent prêts à marcher, à l'exception de Ferrand, comte de Flandre, dont Philippe suspectait la fidélité, en raison de ses nombreuses relations avec Othon, empereur d'Allemagne, ami de Jean sans Terre et excommunié comme lui.

Une flotte considérable fut équipée, et l'armée était prête à s'embarquer quand le légat Pandolphe vint de la part du pape arrêter l'expédition. Jean sans Terre venait de rentrer en grâce en donnant ses États au Saint-Siège pour les recevoir de lui à titre de fief, moyennant une redevance annuelle de 1 000 marcs d'argent.

Philippe fut indigné de ce revirement ; mais comme il n'avait marché ouvertement qu'à l'instigation du pape il fut obligé de céder. Se trouvant une armée toute réunie, il en profita pour attaquer le comte de Flandre.

L'expédition commença par des succès ; la flotte s'empara de Gravelines et pilla Dame, pendant que l'armée de terre prenait Cassel, Ypres, Bruges, et venait assiéger Gand ; mais la flotte fut battue et à moitié détruite par une flotte anglaise commandée par le comte de Boulogne, et Philippe, obligé de revenir

Bataille de Bouvines. (1214.)

sur ses pas, mais pas avant toutefois d'avoir mis Gand, Ypres, Bruges à rançon, incendia Dame. Courtrai, Oudenarde, Douai furent pillées, Lille brûlée. — Après cette vengeance effroyable, Philippe revint à Paris et licencia son armée.

Cette exécution en Flandre irrita tous les barons du Nord, de la Lorraine et des bords du Rhin, qui craignaient le recommencement de l'empire de Charlemagne. Ils firent cause commune avec tous les vaincus de Philippe, auxquels l'empereur Othon promit son concours.

Jean sans Terre commença les hostilités en débarquant dans l'Ouest; le duc de Bretagne, Pierre Mauclerc, le rejeta sur l'Anjou où Philippe, réservant pour lui les périls de la campagne du Nord, avait envoyé son fils Louis. Ce jeune prince battit le roi d'Angleterre à la Roche-aux-Moines et le poursuivit jusque dans le Poitou.

Pendant ce temps, Philippe entre en Flandre et rencontre, au pont de Bouvines, les armées coalisées de l'empereur d'Allemagne, du comte de Flandre, du comte de Boulogne, du comte de Salisbury, du duc de Brabant et du duc de Limbourg.

La bataille fut très-acharnée; c'est la première dans laquelle on montra un peu d'ordre, un peu de science militaire. Philippe y courut risque de la vie. Jeté à bas de son cheval par un parti de Brabançons, il ne dut son salut qu'à la solidité de ses armes qui ne laissèrent pas de passage à la lame d'un poignard, pendant tout le temps que ses chevaliers mirent à le dégager. Il n'en remporta pas moins une victoire d'autant plus éclatante qu'elle fut un événement national, consolidant à la fois la royauté et le royaume, en commençant la ruine de la grande féodalité (1214).

Les comtes de Flandre et de Boulogne, quatre autres comtes et vingt-cinq chevaliers bannerets tombèrent entre les mains du vainqueur; le roi leur fit à tous grâce de la vie qu'il pouvait leur ôter d'après le lois de la féodalité, car tous étaient du royaume et avaient conspiré contre ses jours; il ne chercha même pas à profiter matériellement de sa victoire, car si Ferrand, comte de Flandre, fut amené triomphalement prisonnier à Paris, où il resta douze ans, ses États demeurèrent à sa femme, et ceux du comte de Boulogne à sa fille. Philippe se contenta de l'effet moral qu'elle produisit; effet immense, car, tout en donnant à la dynastie capétienne le baptême de gloire, elle fit éclater en France une chose que l'on ne connaissait pas encore, l'esprit national, le patriotisme se manifestant pour la première fois au retour de Philippe, qui fut une marche triomphale jusqu'à Paris, où l'enthousiasme fit durer les réjouissances populaires pendant huit jours.

Louis de France, roi d'Angleterre.

L'Angleterre avait profité de l'absence de Jean sans Terre pour secouer le joug d'un roi dont elle ne voulait plus. Quand il rentra vaincu, il trouva toute la population en armes et fut obligé de signer la Grande-Charte des libertés anglaises (1215), ce qui le mit dans un tel désespoir qu'il effraya son entourage par ses emportements furieux, et résolut de mettre toute l'Angleterre à feu et à sang avec 40,000 brigands qu'il fit venir du Brabant, de la Normandie et de la Gascogne : les barons, menacés par cette invasion et en même temps par les foudres de l'Église qui venait de casser la Grande-Charte, cherchèrent du secours au dehors et offrirent la couronne au fils de Philippe-Auguste.

Le roi de France, par politique,

condamna officiellement l'acceptation de Louis, mais il lui facilita sourdement les moyens de passer en Angleterre avec une armée considérable. Il y arriva le 30 mai 1216 et fut proclamé roi, malgré l'excommunication du pape.

Il poursuivit vigoureusement Jean sans Terre, qui fut abandonné même par ses mercenaires et mourut de douleur.

Cette mort changea la face des choses, car les barons, préférant rester Anglais en mettant sur le trône Henri, enfant en bas âge de Jean sans Terre, qui régna sous la tutelle du comte de Pembrock, un des promoteurs de la Grande-Charte, que de consolider le pouvoir du fils du roi de France, commencèrent des défections qui découragèrent tellement Louis qu'après le combat de Lincoln, où son armée fut battue, il revint en France en 1217.

Troisième guerre des Albigeois.

Le pouvoir de Simon de Montfort n'était pas tellement consolidé dans le Midi, qu'il n'eût à chaque instant des révoltes à réprimer. En 1217, Raymond le Jeune, fils de Raymond VI, comte de Toulouse, qui avait arraché de la pitié du pape la permission tacite de reconquérir ses États, débarqua en Provence, où Marseille, Avignon et Tarascon l'accueillirent avec enthousiasme; il entreprit le siège de Beaucaire pendant que son père levait une seconde armée en Aragon.

A ces nouvelles, Toulouse se souleva; mais, par trois fois vaincue par Simon de Montfort, elle accepta la paix qu'il lui proposait, et dont son premier acte fut de violer les conventions en faisant massacrer ses prisonniers, auxquels il avait promis la vie sauve.

Cette barbarie irrita tellement les Toulousains que, profitant de l'éloignement du vainqueur, obligé de livrer bataille à Raymond VI et de défendre Beaucaire, ils rappelèrent leur ancien comte, qui avait été battu par Montfort et opérait sa retraite sur les Pyrénées. Il fut reçu comme un libérateur dans son ancienne capitale et la défendit victorieusement, d'abord contre Guy de Monfort et ensuite contre Simon qui, n'ayant pu empêcher Raymond le Jeune de s'emparer de Beaucaire, revint en hâte devant Toulouse où il devait trouver la mort. Frappé au front d'une énorme pierre lancée par un mangonneau, il n'eut que le temps de recommander son âme à Dieu, ce qui permit aux prêtres de lui faire de magnifiques funérailles, de le proclamer saint et de faire graver ses titres de gloire sur son tombeau.

Son armée n'en fut pas moins vaincue et dispersée, et Raymond reprit pour un temps le gouvernement de sa province.

Cinquième croisade.

L'Église n'accepta pas cette défaite comme définitive et elle se mit à prêcher une nouvelle expédition contre les Albigeois; mais il lui fallut du temps pour réunir une armée, non que le zèle religieux et le goût des conquêtes fût affaibli, mais la cinquième croisade, décrétée par le concile de Latran, avait emmené en Terre-Sainte les seigneurs les plus aventureux. Les ducs d'Autriche et de Bavière, les comtes de Bar, de Nevers et de la Marche, et quantité de chevaliers français, étaient partis, bien résolus à la conquête de l'Égypte, en mettant à profit l'embarras dans lequel l'invasion des Mongols, commandés par Gengis-Khan, allait jeter Seffeddyn-Abou-Bekre, possesseur de l'Égypte et de la Palestine en succession de son père Malek-Adel.

Ils s'emparèrent de Damiette après dix-huit mois de siége ; mais leur campagne resta sans résultat, car, après avoir assiégé le Caire, décimés par la peste et harcelés par les musulmans, ils furent obligés de battre en retraite et d'évacuer Damiette avec toute l'Égypte.

Quatrième guerre des Albigeois.

Cependant la guerre s'était rallumée dans le Midi. Philippe-Auguste, supplié par le pape de prendre la direction de la croisade, déclina cette offre, mais n'empêcha pas son fils de s'unir à Amaury de Montfort et de prendre Marmande (1219) où, grâce à son intervention, les prisonniers faits par les Français eurent la vie sauve. Il est vrai qu'il ne put empêcher le digne fils et successeur de Simon de faire égorger cinq mille habitants de la ville qui étaient restés étrangers au combat.

Ce succès fut le seul de la campagne. Dans le même moment, les croisés étaient vaincus à la bataille de Baziége par le jeune Raymond, les comtes de Foix et de Comminges, et Louis fut obligé de lever le siége de Toulouse après deux mois et demi de combats. Montauban, Castelnaudary, Agen, Béziers se soulevèrent et chassèrent leurs garnisons, et, après tout ce sang versé, il ne resta aux croisés que Carcassonne.

Le pape Honorius, successeur d'Innocent III, prêcha de nouvelles croisades. Pendant trois ans, personne ne bougea, et le vieux Raymond put mourir tranquillement dans ses États ruinés par le pillage, décimés par les massacres, mais redevenus indépendants.

Amaury de Montfort, découragé, sans argent, sans soldats, offrit au roi de France ce qu'il appelait encore ses États. Philippe refusa et résista même aux ordres du pape. Il allait peut-être se voir forcé de lui obéir pour rester en paix avec l'Église, quand la mort vint le frapper, après quarante-trois ans d'un règne glorieux, qui avait fait de ses petits États un royaume, et préparé les événements qui devaient réunir dans un intérêt commun des peuples jusque-là ennemis, et qui étaient déjà la nation française.

Règne de Louis VIII dit le Lion (1223-1226).

Louis, qu'on surnomma le Lion à cause de son humeur belliqueuse, accepta les prétendus droits d'Amaury de Montfort sur les comtés de Toulouse, Foix et Béziers ; non qu'il n'en connût pas la non-valeur, mais la trêve avec l'Angleterre était expirée, et il voulait profiter de l'armée des croisés et du subside de cent mille livres par an que le clergé de France devait lui fournir cinq ans de suite pour l'extinction de l'hérésie, pour tenter dans l'Aquitaine une expédition qui tournât à sa gloire et à l'agrandissement du territoire français. Après quelques batailles où Henri III fut défendu assez mollement, il conquit le Poitou, l'Aunis, la Rochelle, Périgueux, reçut l'hommage du comte de la Marche et de tous les seigneurs de l'Aquitaine (1224).

Pendant ce temps, Raymond VII, comte de Toulouse, Roger Bernard, comte de Foix, et Raymond Trancavel, comte de Béziers, se rendaient au concile de Bourges et offraient de se soumettre aux exigences du pape. Le légat méprisa les offres des deux derniers, et Raymond VII, tout catholique qu'il était, ne put obtenir de rentrer en grâce que s'il voulait renoncer à son héritage pour lui et les siens.

Ces conditions, qui dévoilaient enfin

Raymond VII de Toulouse fait amende honorable à l'église Notre-Dame de Paris (12 avril 1229).

le vrai but de l'Église, étaient inacceptables; aussi la guerre recommença, et Louis VIII se mit à la tête de la croisade, sinon par orthodoxie, du moins pour achever l'annexion du Midi à l'unité territoriale.

Le 17 mai 1226, son armée partit de Bourges et marcha de victoire en victoire. Béziers, Nîmes, Castres ouvrirent leurs portes. Alby, Carcassonne ne firent aucune résistance, et pendant que le clergé élevait ses bûchers, qui consacraient l'établissement récent de l'Inquisition, Louis assiégeait Avignon qui résista trois mois; il ne restait à prendre que Toulouse. Mais l'hiver approchait, et l'armée, décimée par les maladies, harcelée par les escarmouches continuelles de Raymond et diminuée tous les jours par les défections des seigneurs, inquiets des agrandissements successifs de la royauté, n'osa faire le siège de Toulouse et opéra sa retraite.

Louis, qui avait fait acte de conquérant en laissant des garnisons dans les places, et le gouvernement du pays à Humbert, sire de Beaujeu, fut atteint de l'épidémie qui décimait ses soldats et mourut au château de Montpensier, en Auvergne, après avoir fait jurer aux seigneurs qu'ils reconnaîtraient pour roi son fils Louis, âgé de onze ans, l'aîné des cinq qui lui restaient de sa femme, Blanche de Castille.

Règne de Louis IX (1226-1270).

L'enfant royal ne s'assit pas sans difficultés sur le trône de son père. Les seigneurs, qui avaient vu à leur détriment que la royauté était devenue une puissance, essayèrent d'abord de s'y soustraire, poussés en cela par Henri III, roi d'Angleterre. Ils se liguèrent, et les principaux d'entre eux, Thibaut, comte de Champagne, célèbre par ses poésies et son talent, Pierre de Dreux, duc de Bretagne, Hugues de Lusignan, comte de la Marche, élurent pour roi Enguerrand de Coucy, gentilhomme pauvre, mais de haute noblesse.

Henri III ne pouvant venir se mettre à la tête de la ligue, empêché qu'il était par les soulèvements des seigneurs anglais, ce fut le comte de Champagne qui commanda les révoltés. Mais, après avoir fait de grands préparatifs de guerre, il abandonna tout à coup ses alliés et fit sa soumission au roi par amour pour sa mère, Blanche de Castille, qui avait pourtant déjà quarante ans, et qu'il chanta depuis dans tous ses vers.

Les barons marchèrent sur Orléans où étaient le jeune roi et la reine, qui se sauvèrent sur Paris et auraient été pris à Montlhéry si les Parisiens n'étaient venus en armes les délivrer et les ramener en triomphe dans leurs murs (1227).

Blanche de Castille, dont la vie témoigne d'autant de grandeur d'âme que d'énergie de caractère, voulait continuer pour son fils l'œuvre commencée par Philippe-Auguste; elle traita d'abord avec les seigneurs mécontents, qu'elle ramena peu à peu au parti du roi, et fit courageusement la guerre au duc de Bretagne, puis aux barons qui voulurent venger la défection du comte de Champagne. Tous ces combats durèrent trois ans et furent terminés par le traité de Saint-Aubin-du-Cormier, qui assura définitivement la victoire de la royauté sur l'aristocratie. Tous les seigneurs se soumirent à Louis IX, et ses frères, encore enfants, reçurent des apanages. Robert fut comte d'Artois; Alphonse, de Poitou, et Charles, d'Anjou.

Quant à Thibaut, comte de Champagne, qui venait d'hériter de la Navarre, il fut assez mal récompensé de son amour platonique, cause des grands services qu'il avait rendus à la reine. Non-seulement ses anciens alliés ne consentirent à lui pardonner qu'à condition qu'il ferait un pèlerinage en Terre-Sainte, mais Blanche embrassa la cause de son cousin Alix et le fit condamner à lui donner 40 000 marcs d'argent. Il est vrai qu'elle travaillait en cela pour la royauté, car, pour payer, Thibaut fut obligé d'aliéner une partie de ses domaines, et la France acquit ainsi les comtés de Blois, de Chartres, de Sancerre et la vicomté de Châteaudun.

Fin de la guerre des Albigeois.

Raymond VII avait profité de toutes les guerres de France pour essayer de reprendre le Languedoc. Il remporta d'abord quelques avantages sur le sire de Beaujeu, mais Blanche de Castille trouva moyen de lui envoyer des renforts suffisants pour assiéger étroitement Toulouse. De son côté, l'Église, les conciles, l'Inquisition, redoublèrent de sévérité, si bien que les hérétiques (s'il en restait encore après tant de massacres) perdirent tout courage et se décidèrent à se soumettre sans restriction.

Le malheureux Raymond VII se remit désarmé aux mains du légat Saint-Ange, qui l'amena à Paris pour y recevoir l'absolution dans Notre-Dame de Paris, en chemise et la corde au cou ; après quoi, il fut mis en prison dans la tour du Louvre jusqu'à la majorité de sa fille unique, remise en la garde de Blanche de Castille qui la fiança avec son fils Alphonse, parce qu'elle était héritière du comté de Toulouse, de l'Agénois et du Rouergue. Le reste du Languedoc, conquis par Louis VIII, fut immédiatement réuni à la couronne de France. Le pape n'eut que le marquisat de Provence, qu'il mit sous la protection de Louis IX et dont l'usufruit fut donné plus tard à Raymond VII ; il consentit encore, par le même traité, à recevoir garnison française dans toutes les villes des États de sa fille, à en détruire toutes les murailles, et à payer vingt mille marcs d'argent tant pour l'Église que pour relever les fortifications des villes qu'il livrait.

Le comte de Foix obtint la paix à des conditions analogues ; mais Raymond Trancavel, complétement dépouillé, se retira à la cour d'Aragon.

Ainsi cette guerre d'extermination entreprise par l'Église se termina au profit du royaume de France. Le Languedoc perdit ses libertés municipales, ses lois, sa langue et sa civilisation, pour prendre celles des vainqueurs. Il ne devait cependant prendre définitivement le droit de France que trois siècles plus tard.

Premiers actes de saint Louis.

Louis fit proclamer sa majorité en 1236 ; mais sa mère, adorée du peuple pour sa piété et sa charité, aimée des grands pour son élégance et sa magnificence, respectée de tous pour son équité, conserva toujours la plus grande influence sur son esprit et sur la direction des affaires de l'État.

Louis IX, pieux comme elle, à ce point que l'Église lui a décerné le titre de saint que l'histoire ne lui conteste pas, n'en était pas moins d'une très-grande fermeté de caractère et d'une bravoure toute chevaleresque.

Il eut occasion de montrer la première de ces qualités en 1244, lorsque l'empereur Frédéric II, toujours en guerre avec le pape, et que celui-ci avait voulu dépouiller en faveur du roi de France, retint dans ses États quelques prélats français, qui se rendaient en Terre-Sainte ; Louis parla de haut et exigea leur mise en liberté.

Frédéric II, non par crainte de la

guerre, qui était son élément, mais plutôt par égard pour le roi qui avait refusé sa propre couronne pour lui et même pour son frère Robert d'Artois, laissa aller les évêques en leur pèlerinage.

Louis montra sa valeur militaire à la bataille qu'il livra aux Anglais appelés en France par le comte de la Marche, près du pont de Taillebourg (1242) où il courut de grands dangers. Le pont sur lequel il fallait traverser la Charente était fort étroit, de sorte que, quand le roi fut passé, il se trouva seulement avec quelques chevaliers en présence d'une véritable armée.

Il fallut faire brèche dans le mur vivant, pour donner aux Français le temps et surtout la place pour se mettre en ligne ; les Anglais se débandèrent bientôt et se replièrent à Saintes.

Un nouveau combat s'engagea devant cette ville ; Louis y fut encore victorieux et serait certainement venu à bout de chasser les Anglais de France ; mais ce roi pieux avait des scrupules, il ne se trouvait pas, à ces terres acquises par deux confiscations, des droits suffisants pour être soutenus dans le sang de ses sujets. Il accepta les trêves que lui demanda le roi d'Angleterre, et plus tard, à son retour de la croisade, il consentit un traité par lequel il lui laissait la Guyenne, une partie de la Saintonge et la Gascogne, comme feudataire de la couronne de France.

Louis profita de son séjour dans le Midi pour faire rentrer dans l'exécution du traité de Paris Raymond VII de Toulouse, qui avait chassé les garnisons françaises, et le vainquit par les armes et ensuite par la politique, en faisant épouser à son frère Charles, comte d'Anjou, sa fiancée Béatrix, fille et héritière de Raymond Béranger, comte de Provence, ce qui étendait la domination française jusqu'à la Méditerranée.

Septième croisade.

Les querelles entre le Saint-Siège et l'empire d'Allemagne n'étaient jamais si bien éteintes qu'elles ne fussent prêtes à recommencer. Chassé d'Italie par Frédéric II en 1245, le pape Innocent IV vint se réfugier à Lyon ; son premier soin fut d'y réunir un concile, sous prétexte de décider une septième croisade pour marcher au secours des chrétiens de Palestine, qui venaient d'être écrasés par les Kharismiens à la bataille de Gaza, et de perdre Jérusalem, mais en réalité pour déposer solennellement Frédéric II, empereur d'Allemagne ; et tel fut son désir de lui enlever la royauté de Naples et toutes ses relations dans la péninsule, qui menaçaient déjà la papauté de l'unité italienne, qu'il délia de leur serment tous les seigneurs qui s'étaient engagés pour la guerre sainte, à condition qu'ils s'enrôleraient sous sa bannière.

Saint Louis seul protesta vivement contre cette conduite, qui enlevait tout le prestige religieux des expéditions en Palestine, et se prépara à partir pour délivrer Jérusalem. Sa résolution était prise avant l'appel de l'Église, pendant une maladie qui le mit aux portes du tombeau, en 1244. Il avait fait vœu d'aller en Terre-Sainte, et les exhortations de sa mère Blanche de Castille, qu'il écoutait pourtant en tout, ne purent l'empêcher de l'accomplir ; du reste, la piété seule ne l'appelait pas en Syrie : son âme tendre le poussait bien au triomphe de la cause chrétienne, mais, de plus, la virilité de son caractère chevaleresque lui faisait voir une lâcheté dans l'abandon des Français d'outre-mer, et c'est ainsi qu'il présenta l'expédition à ses seigneurs, en leur parlant d'honneur et non de piété. Car, à ce moment déjà, les passions religieuses commençaient à céder la place aux passions politiques.

Ses trois frères, les ducs de Bretagne, de Bourgogne, de Brabant, les comtes de Soissons, de Bar, de Dreux, de la Marche, une multitude d'évêques et de chevaliers, parmi lesquels il ne faut pas oublier le sire de Joinville, sénéchal de Champagne, qui fut l'historien du roi dont il était l'ami, prirent la croix.

LE ROI SAINT LOUIS.

Louis mit trois ans à faire ses préparatifs, fit transporter d'immenses approvisionnements à Chypre où était le rendez-vous général de son armée, rendez-vous d'autant mieux choisi qu'Henri de Lusignan, qui y régnait alors, venait d'être nommé roi de Jérusalem par le pape.

Enfin, après avoir remis tous les pouvoirs entre les mains de Blanche de Castille, à qui il avait fait prêter serment d'obéissance par tous ses barons, il s'embarqua à Aigues-Mortes avec sa femme, ses enfants et ses frères, les comtes d'Artois et de Provence. Il passa l'hiver à Chypre, pour donner le temps à tous ses chevaliers de le rejoindre, et au printemps suivant (1248) toute l'armée s'embarqua pour l'Égypte dans 1 800 navires grands et petits, et, après quatre jours de mer, arriva en vue de Damiette; mais le sultan Nedym-Eddin, bien qu'au lit de mort, les attendait; tout le rivage était couvert d'une multitude de mamelucks, et l'embouchure du Nil était gardée par une flotte nombreuse.

Saint Louis ne chercha pas un port pour débarquer; les Français se précipitèrent dans des chaloupes, la lance à la main, et, sous une grêle de pierres et de flèches, guidés par le roi qui sauta le premier dans l'eau, ils culbutèrent les mamelucks, qui cherchèrent d'abord leur salut dans la ville de Damiette, qu'ils abandonnèrent cependant sitôt que les croisés en approchèrent.

Louis était donc maître d'une bouche du Nil, d'une place importante où il pouvait centraliser les approvisionnements; malheureusement il ne put empêcher le pillage de la ville, qui amena fatalement un gaspillage de vivres, et il eut le tort de s'y cantonner pendant cinq mois et demi, attendant les renforts que devait lui amener son frère Alphonse, comte de Poitiers.

Ce délai avait donné le temps aux musulmans de reprendre courage. Nedym-Eddin était mort; le nouveau sultan, Touran-Schah, n'était pas encore arrivé, mais Bibars, chef des mamelucks, avait pris le commandement en chef et organisait vigoureusement la résistance.

Saint Louis, laissant sa femme Marguerite de Provence pour gouverner Damiette, quitta la ville avec 20 000 cavaliers et 40 000 fantassins pour aller assiéger le Caire; mais il mit un mois à faire les dix lieues qui le séparaient de Mansourah où l'attendait l'ennemi. Là il fallait traverser le canal qu'on appelle rivière de Thanis; au lieu d'y jeter un pont, les croisés entreprirent de boucher la rivière par une chaussée, afin de la passer à pied sec sur toute l'étendue qu'ils voudraient; mais les musulmans ne leur en laissèrent pas le temps, ils les assiégèrent dans leur camp et incendièrent toutes leurs machines et leurs tours de bois avec le feu grégeois.

La situation devenait critique, car les vivres commençaient à manquer et les maladies continuaient leurs ravages; enfin on découvrit un gué dans le canal. Le comte d'Artois avec les Templiers, le comte de Salisbury et ses deux cents hommes (les seuls Anglais qui fussent venus à cette croisade) traversèrent les premiers la rivière et, sans attendre que l'armée pût les seconder, ils se précipitèrent sur les Sarrasins, les taillèrent en pièces et les poursuivirent jusque dans Mansourah. Ils n'y furent pas plus tôt entrés que les portes se refermèrent et, des seize cents hommes qui composaient cette avant-garde, il n'en réchappa pas un. Ils vendirent chèrement leur vie et résistèrent pendant sept heures; ils n'en causèrent pas moins la perte de l'armée, car, enflammés par le désir de la vengeance, les divers corps ne s'attendaient point, et, sitôt de l'autre côté de l'eau, ils se précipitaient dans la mêlée et livraient une infinité de combats isolés, où ils furent décimés. Cependant, à la fin de la journée, saint Louis était maître du champ de bataille, mais aux félicitations qu'on lui fit de sa victoire il ne put répondre que par des larmes; il pleurait et la mort de son frère et son impétuosité qui avait compromis le succès de son entreprise.

Les musulmans ne se tenaient pas pour battus. Le lendemain, ils revinrent à la charge, et après une bataille terrible ils furent encore repoussés; mais les Français étaient trop affaiblis pour pouvoir leur résister de nouveau; ils pensèrent à la retraite, que saint Louis ne voulut pas commander avant d'avoir fait ensevelir les morts, dont le nombre était effrayant, tant d'un parti que de l'autre.

Cette besogne, qui dura huit jours, donna le temps aux Sarrasins de bloquer le camp et d'arrêter par le Nil tous les convois qui venaient de Damiette, de sorte que quand saint Louis, déjà malade de l'épidémie qui sévissait sur toute son armée, ordonna la retraite, il fallut encore livrer une bataille. Pendant un mois, ses efforts furent infructueux; enfin la famine ajoutant encore un fléau aux fléaux qui frappaient l'armée croisée, on se prépara à un mouvement définitif. Louis, de plus en plus malade, refusa de monter sur les galères où l'on embarquait les malades, les blessés et les prêtres, et, préférant mourir que d'abandonner son peuple, il prit le commandement de l'arrière-garde.

Ce furent des escarmouches continuelles; saint Louis s'y conduisit en héros jusqu'à ce que, la maladie maîtrisant son énergie, il fut obligé de s'arrêter; pendant quelque temps on le crut mort: il n'en fut pas moins défendu avec dévouement par Geoffroy de Sargine, qui ne quitta pas sa personne, et par Gautier de Châtillon, qui se fit tuer en défendant la maison où l'on finit par le mettre en sûreté.

Cependant l'armée continuait sa retraite, et l'arrière-garde combattait toujours, quand le bruit courut que le roi ordonnait de se rendre. Alors la panique fut générale, la déroute fut complète. Le roi fut pris et chargé de chaînes, ainsi que ses deux frères et tous ses chevaliers; les soldats, fatigués de tant de souffrances, se jetèrent, pour finir tous leurs maux en gagnant le ciel, sous le sabre des Sarrasins, qui massacrèrent froidement pendant plusieurs jours et ne reçurent comme prisonniers que les gens capables de payer rançon.

Le roi, ses frères et les barons, presque tous malades ou blessés, furent emmenés à Mansourah; l'armée n'existait plus; quelques débris rejoignirent Damiette; d'autres sauvèrent leur vie en promettant d'abjurer leur foi et furent conduits en esclavage au Caire.

Saint Louis se montra aussi grand dans la captivité qu'il pouvait l'être sur son trône; il étonna le sultan par sa fermeté et surtout par le refus qu'il fit de signer tout traité avant que les conditions n'en fussent agréées par sa femme, maîtresse encore de Damiette et des dernières ressources des croisés.

Enfin la paix fut faite en 1250. Louis rendait Damiette pour sa rançon personnelle et donnait 400 000 besants pour celle de ses chevaliers; mais, au moment où le sultan allait signer le traité, qui stipulait aussi une trêve de dix ans, il fut assassiné par les mamelucks qui couronnèrent leur chef à sa place. Les prisonniers coururent alors les plus grands dangers et essuyèrent les plus horribles menaces des mamelucks. Mais leur fierté et surtout la fermeté de saint Louis sauva tout: « Fais-moi chevalier, lui dit un jour le nouveau sultan, ou tu es mort! — Fais-toi chrétien, » répondit saint Louis sans s'émouvoir.

Après de longues hésitations de la part des musulmans, le traité de délivrance fut maintenu et accepté par eux sur la simple promesse du roi, qui ne voulut faire aucun serment; il est vrai qu'à cette époque déjà ils le proclamaient « le prince franc le plus fier chrétien qu'on eût jamais vu en Orient». A ce point même que, si l'on en croit Joinville, ils pensèrent à lui offrir le trône d'Égypte. Saint Louis s'embarqua

Saint Louis à la bataille de Taillebourg (juillet 1242).

La galère de saint Louis touche sur un rocher (1254).

avec les débris de son armée, sur des vaisseaux génois : une partie, sous les ordres de ses deux frères, fit voile pour la France, tandis que lui, avec six mille hommes, s'en alla débarquer à Saint-Jean-d'Acre ; car il restait encore douze mille prisonniers aux mains des musulmans, et Louis ne voulait pas abandonner l'Orient avant qu'ils lui fussent rendus : il resta encore trois ans en Palestine, employant son zèle à rétablir la concorde entre les chrétiens et ses ressources à réparer les fortifications des places qu'ils occupaient encore.

Pendant ce temps, sa popularité s'accroissait en France ; le peuple, qui ne connaissait que ses malheurs, ne s'occupa point de ses fautes militaires et ne pensa qu'à ses vertus. Une foule innombrable de serfs, de paysans, s'assemblèrent pour passer la mer et aller le secourir, puisque, disaient-ils, les seigneurs et les évêques l'abandonnaient. Ce fut la croisade des *Pastoureaux*, qui perdit son but en devenant plus nombreuse. Sous la conduite d'un inconnu qui s'appelait le *Maître*, ces pauvres gens parcoururent la France en faisant des prosélytes ; ils étaient déjà trente mille quand ils arrivèrent à Amiens ; mais alors ils ne trouvèrent plus à vivre si facilement dans les villes et commencèrent à piller partout sur leur passage. Blanche de Castille sévit contre eux, et ces *Pastoureaux*, dont le but était très-louable, furent dispersés parce qu'ils faisaient acte de brigands.

Quelque temps après, la régente mourut (décembre 1252), et saint Louis ne put guère plus prolonger son séjour en Terre-Sainte ; il y resta cependant encore une année et ne voulut s'embarquer pour la France que quand il eut délivré tous les prisonniers chrétiens faits en Égypte depuis vingt ans ; comme il passait en vue de Chypre, sa galère toucha sur un rocher et perdit trois toises de sa quille ; on lui conseilla de passer sur un autre navire, mais il résista même aux prières de sa femme, alléguant que s'il abandonnait le vaisseau, lui qui était sûr d'en trouver un autre, il n'en était pas de même des cinq ou six cents personnes qui y étaient, et qui n'osant pas y rester, lui parti, descendraient à Chypre, où elles seraient abandonnées sans espoir de retourner dans leur patrie. « J'aime mieux, dit-il, mettre moi, la reine et mes enfants en danger et en la main de Dieu, que de faire un tel dommage à un si grand peuple. »

Ces paroles sont belles, et le roi qui en fit toujours sa ligne de conduite était digne de l'amour de ses sujets.

Gouvernement de saint Louis.

La féodalité, singulièrement affaiblie par Philippe-Auguste, conservait encore de très-grandes prérogatives ; saint Louis entreprit de les supprimer au nom de la justice et de la religion.

Il interdit d'abord les guerres privées entre seigneurs, par l'établissement de la *quarantaine le roy*, qui obligeait les parties adverses à porter leurs différends devant la justice royale dans un délai de quarante jours ; en cela, le chrétien voulait supprimer toutes ces guerres qui envoyaient vers Dieu tant d'âmes mal préparées à comparaître devant lui, le roi voulait arrêter cette dévastation des campagnes qui avait déjà causé tant de famines.

Par raison d'équité plus encore que d'humanité, saint Louis défendit le *duel judiciaire*, au moins en matière civile, et remplaça le jugement de Dieu par le droit donné aux lésés de faire un appel direct à sa cour, qui devint alors d'autant plus souveraine qu'en n'importe quelle cause portée devant les cours seigneuriales les baillis n'avaient qu'à invoquer le prétexte qu'elles intéressaient le roi pour les arracher à la juridiction féodale ; c'est ce qu'on appelait les *cas royaux*, et on les multiplia tellement que les justices seigneuriales ne connurent bientôt que des différends sans importance.

Les principaux vassaux et les grands officiers de la couronne, faisaient encore partie de droit de la *Cour du roi*. Saint Louis leur rendit ces droits si pénibles pour leur paresse, si humiliants pour leur ignorance, en ne rendant plus la justice royale que sur procédures écrites, qu'ils la désertèrent bientôt et laissèrent aux conseillers-clercs, et aux légistes que la bourgeoisie fournissait, le soin de composer presque exclusivement la cour. Telle est l'origine des parlements, qui firent du tiers état une puissance capable de contre-balancer la féodalité.

L'amour que le roi avait pour la justice, à ce point qu'il la rendait lui-même à ses peuples au pied d'un chêne de la forêt de Vincennes où, une fois par semaine, il venait tenir ses assises paternelles, était si grand que le rang et la naissance n'avaient pour lui aucun privilége. Il condamna son frère Charles d'Anjou, qui s'était emparé, en le payant, d'un bien que le propriétaire ne voulait pas vendre, à restituer le bien et à payer une forte amende.

Le sire de Coucy avait fait pendre trois jeunes gens pour délit de chasse, malgré les prières de tous les grands du royaume. Louis le fit enfermer dans la tour du Louvre, en attendant un jugement qui le condamna à une amende ruineuse. Sa réputation d'équité était si bien établie que les barons anglais le prirent pour arbitre de leurs différends, à l'exemple des comtes de Bar et de Luxembourg. Cependant il fut toujours partial pour les hérétiques et pour les juifs, auxquels il refusait le titre et les droits de sujets, et il poussa la défense de la religion si loin que lui, naturellement bon et humain, il ne croyait pas cesser de l'être en faisant percer d'un fer rouge la langue des blasphémateurs.

Sa piété ne l'empêcha cependant pas de publier la *pragmatique sanction*, par laquelle il jeta les bases de la liberté de l'Église gallicane, en restreignant les impôts dont la cour de Rome pouvait frapper les églises de France aux *nécessités urgentes*, reconnues par le roi et le clergé.

Le besoin de restaurer définitivement l'autorité royale lui fit redouter l'indépendance communale au même degré que l'indépendance féodale. Il ne supprima cependant pas les chartes octroyées par ses prédécesseurs, mais il en corrigea le plus qu'il put et transforma les communes en villes royales, protégées et surveillées par l'autorité supérieure, qui nommait les maires en faisant son choix entre quatre candidats que chaque commune lui présentait. Ce maire devait venir chaque année rendre compte de sa gestion financière.

Par ce fait, les communes allaient disparaître, mais les fortes idées de droit et de liberté, les fiers sentiments ne s'éteignaient pas, car le tiers état était né et pouvait d'autant mieux s'accroître que le droit seigneurial était devenu lettre morte par suite d'une ordonnance de saint Louis qui permettait à tout habitant d'une terre féodale de se soustraire à la juridiction du seigneur en se déclarant *bourgeois du roi*.

Rien d'utile n'échappait aux sages préoccupations du roi. C'est ainsi qu'il favorisa l'industrie, le commerce, les arts et les sciences; qu'il créa la première bibliothèque royale en faisant transporter à la Sainte-Chapelle douze cents volumes qu'il avait fait copier; qu'il appela à Paris tous les savants de l'Europe en accordant de grands priviléges à l'Université et en créant dans la *Sorbonne* la première Faculté de théologie, où Albert le Grand, Thomas d'Aquin et Roger Bacon vinrent étudier.

C'est ainsi que, pour empêcher les difficultés de transmission des monnaies battues en France par quatre-vingts seigneurs, sans garanties d'alliage, il régla le titre de la monnaie à soixante-dix-neuf grammes le sou d'argent, et en fit lui-même frapper une grande quantité, dont il ordonna le cours dans tout le royaume.

Il réforma aussi la prévôté, qui était dans un tel état de désordre que, dit Joinville, « le menu peuple n'osait demeurer en la terre du roi ». Il rendit aux Parisiens une sécurité sans cesse troublée par les exactions des gens de guerre et les turbulences des écoliers, en établissant le guet royal, chargé de la police de la ville ; c'est encore saint Louis qui fit rédiger par le prévôt Étienne Boileau les règlements des cent corps de métiers qui existaient dans le royaume, voulant ainsi mettre dans l'industrie l'ordre et la paix qu'il avait ramenés dans l'état politique par l'établissement d'une sorte de code civil et criminel, mélange de droit romain, de coutumes franques, d'ordonnances royales et de canons des conciles, rédigé avec le concours de Pierre de Fontaine et de Pierre de Villette, et qui fut publié sous le nom d'*Établissements de Louis IX*.

Conquête du royaume de Naples.

Ces grands travaux occupèrent presque exclusivement les dernières années de sa vie. C'est ce qui fit qu'il ne s'opposa que mollement à la conquête du royaume de Naples par son frère Charles d'Anjou ; il lui avait déjà fait refuser cette couronne offerte par le pape, alors vainqueur dans ses interminables démêlés avec l'Empire allemand. Mais, à un appel direct, Charles répondit. Le pape enrôla sous sa bannière la plupart des seigneurs déjà engagés pour la huitième croisade, et il devint roi de Naples en 1266, après avoir vaincu Manfred, fils de l'empereur Frédéric II ; mais il ne profita pas humainement de la victoire et ses nouveaux sujets furent indignés de la façon dont il laissa mourir en prison la femme et les enfants de Manfred. Ils devaient l'être bien davantage lorsque Conradin, fils de Conrad IV, qui était descendu en Italie pour réclamer ses droits à la tête d'une armée, fut vaincu. Charles, voulant en finir tout d'un coup avec ses compétiteurs, n'osant du reste garder prisonnier ce jeune homme de dix-sept ans au moment où il allait être obligé de partir pour la Terre-Sainte, malgré l'envie qu'il avait de tenter la conquête de Constantinople d'où les Latins venaient d'être chassés, fit condamner le jeune Conradin à mort pour avoir porté les armes contre l'Église. Il fut décapité avec tous ses seigneurs, et il ne resta plus alors de la maison de Souabe qu'une fille de Manfred, mariée avec le roi d'Aragon, qui revendiqua plus tard ses droits à la couronne des Deux-Siciles.

Dernière croisade. — Mort de saint Louis.

Cependant la huitième croisade s'organisait ; l'exemple de saint Louis, qui voulait marcher à la délivrance d'Antioche et venger les 17 000 chrétiens qui y avaient été égorgés par les mamelucks, entraîna les principaux seigneurs. Les trois fils du roi, les comtes de Toulouse, de Flandre, de Champagne, Édouard Ier, duc d'Aquitaine, et le nouveau roi de Naples prirent la croix.

Le roi de France s'embarqua à Aigues-Mortes (1270), et fit voile vers la Sardaigne où était le point de réunion des croisés. Cette fois, son fidèle Joinville refusa de le suivre, trouvant l'entreprise

Portail de la chapelle du château de Vincennes, bâtie sous le règne de saint Louis.

si mauvaise que « tous ceux-là, dit-il, firent péché mortel, qui lui conseillèrent le départ ».

L'armée réunie, Louis se laissa persuader par son frère Charles d'Anjou de cingler vers Tunis, où celui-ci avait personnellement des tributs à recouvrer ; Charles s'y fit néanmoins attendre assez longtemps pour que l'armée, qui ne voulait rien entreprendre de sérieux avant son arrivée, s'affaiblit considérablement. Campée sur les ruines de Carthage, n'ayant d'abri ni contre les ardeurs mortelles du soleil d'Afrique ni contre la pénétrante humidité des nuits, elle y contracta des maladies qui se changèrent en une peste si terrible que bientôt on n'eut plus la force d'enterrer les morts. Le plus jeune des enfants de France fut emporté par le fléau. Le roi lui-même en fut atteint; il vit approcher la mort avec la quiétude la plus parfaite, donna à son successeur des instructions touchantes, où s'épanouit toute la pureté de son âme, et termina une vie qui avait donné de grands jours à la France, couché par humilité sur un lit de cendres, le 25 août 1270, à l'âge de cinquante-cinq ans.

Ainsi finit ce prince, vrai gentilhomme et parfait chrétien, qui eut toutes les qualités d'un roi et toutes les vertus d'un saint et qui restera toujours le modèle de ceux qui veulent régner pour le bien de leurs États.

Il laissait trois fils : Philippe III dit le Hardi, qui lui succéda ; le comte d'Alençon, qui mourut sans postérité, et Robert, comte de Clermont, qui devint la tige de la maison royale de Bourbon, par suite de son mariage avec Béatrix, héritière des sires de ce nom.

Règne de Philippe III le Hardi (1270-1285).

Les cendres de saint Louis n'étaient pas encore refroidies que la flotte de Charles d'Anjou arriva devant Carthage. L'armée était dans un tel état de désolation que le frère du roi n'eut à ordonner que des funérailles.

Le duc d'Aquitaine, fils du roi d'Angleterre, qui fut plus tard le redoutable Édouard 1er, voulut cependant faire acte d'hostilité. Il fit voile avec sa suite pour Saint-Jean-d'Acre, s'empara de Nazareth dont toute la garnison musulmane fut égorgée ; après quoi, il traita avec l'émir de Joppé, qui lui promit de se convertir.

Pendant ce temps, Philippe, reconnu roi de France par son armée, entamait des négociations pacifiques avec les Maures de Tunis, qui lui accordèrent tout ce qu'il demandait pour prix de son départ : à savoir un tribut annuel de 20 000 onces d'or pour le roi de Naples, la reddition de tous les prisonniers et l'ouverture des ports au commerce français.

Cette paix conclue, les croisés s'embarquèrent pour la Sicile, la plupart avec l'intention de se diriger ensuite sur la Terre-Sainte ; mais une tempête engloutit une grande partie de la flotte en vue de l'Italie, et presque tous ceux qui échappèrent au naufrage moururent en revenant en France des fatigues et des maladies contractées pendant l'expédition.

De ce nombre furent Thibaut, comte de Champagne, et sa femme; Alphonse, comte de Toulouse, et sa femme, fille de Raymond VII, et Isabelle d'Aragon, femme du nouveau roi, qui ne rapporta en France pour don de joyeux avènement que ses coffres vides et des cercueils pleins des restes de ses proches.

Son premier soin, après avoir conduit avec une magnificence jusque-là sans égale les cendres de son père à la basilique de Saint-Denis, fut de s'emparer de l'héritage de son oncle Alphonse : le comté de Toulouse, le Rouergue, le Quercy et l'Agénois furent réunis à la couronne ; il en fut de même pour la plus grande partie du comté de Foix, dont le possesseur vaincu fut obligé de promettre fidélité au roi de France.

Quant au comtat Venaissin, dernière partie de la succession des Raymond, il fut rendu aux papes, qui l'ont gardé jusqu'en 1790.

Non content d'étendre sa domination jusqu'aux Pyrénées, Philippe pensa à les franchir, et en prépara les voies en faisant épouser à son fils l'héritière du royaume de Navarre; il est vrai qu'il ne réussit pas à faire proclamer en Castille un roi soumis à son influence, ni à mettre la couronne d'Aragon sur la tête de son second fils Charles et que ses victoires en Espagne furent stériles; mais cette campagne fut la conséquence des désastres qui précipitèrent la déchéance du comte d'Anjou du royaume de Naples.

Les Vêpres siciliennes.

Nous avons vu comment le frère de saint Louis avait fait la conquête de Naples et des Deux-Siciles; nous savons qu'il dominait presque toute l'Italie et qu'il rêvait de mettre sur sa tête la couronne d'empereur d'Orient; mais il comptait sans Pierre d'Aragon, gendre et héritier de Manfred, qui conspirait secrètement contre lui avec l'empereur Paléologue et les Siciliens appelés à la guerre de l'indépendance par Procida.

Les Français étaient devenus odieux comme soutiens d'un pouvoir tyrannique, qui faisait peser de cruelles exactions sur les paysans et qui portait ombrage à l'Italie tout entière et aux papes eux-mêmes.

Tout fut convenu entre les conjurés. Pierre d'Aragon vint croiser dans la Méditerranée avec une flotte équipée à l'aide des subsides de l'empereur, pendant que Procida parcourait la Sicile en distribuant des armes et de l'argent et en attendant l'occasion d'un soulèvement général.

Elle se présenta le 30 mars 1282. Le lundi de Pâques, au moment où les fidèles de Palerme se rendaient à vêpres, un Français, nommé Drouet, insulta une femme, et fut immédiatement tué par les gens qui l'accompagnaient. Ce fut le signal du massacre, qu'on appela les *Vêpres siciliennes*, bien qu'il durât un mois entier, en s'étendant dans toutes les villes de la Sicile; pas un Français n'y échappa, et Pierre d'Aragon, qui débarqua à Trapani sur ces entrefaites, fut proclamé roi et prit la direction de la guerre contre Charles d'Anjou, qui fut obligé de lever le siège de Messine et, malgré les secours que les Français indignés apportèrent à sa cause, essuya revers sur revers.

Sa flotte brûlée à Catane et à Reggio par Roger de Luria, le plus habile marin de cette époque, Charles proposa à son rival un combat particulier et décisif de cent chevaliers. Pierre accepta le défi malgré la défense du pape; mais Édouard Ier, duc d'Aquitaine, qui venait de succéder sur le trône d'Angleterre à Henri III, refusant d'être le gardien du champ clos, Pierre d'Aragon prétendit qu'il n'avait pas ses sûretés pour le combat et s'enfuit dans son royaume.

La guerre en Espagne.

Son œuvre était faite en Sicile, et il était menacé en Espagne par une armée de Français commandée par trois rois: Philippe III, son fils aîné Philippe, roi de Navarre, et son second fils Charles, qui avait pris le titre de roi d'Aragon. Pendant que cette armée, forte, dit-on, de vingt mille chevaliers, s'apprêtait à passer les Pyrénées, Charles d'Anjou préparait un armement formidable dans les ports de la Provence; mais Roger de Luria défit complètement sa flotte à Malte, fit voile vers Naples et fut encore victorieux du fils de Charles d'Anjou, qui commandait la flotte napo-

Mort de saint Louis devant Tunis.

litaine et qu'il fit prisonnier. Le vieux roi mourut d'humiliation et de douleur.

La campagne d'Espagne commença par des succès. Pierre était détesté de ses sujets, les Cortès s'étaient emparées du gouvernement, il n'avait pour soldats que des montagnards nus et sans armes et son frère, le roi de Majorque, venait de livrer toutes ses villes aux Français.

Pierre semblait perdu. Il se sauva en rendant toutes leurs libertés aux Cortès, qui décrétèrent une levée en masse contre l'ennemi. — Girone fut prise par les Français, mais les maladies décimaient leur armée, pendant que leurs flottes étaient vaincues deux fois par Roger de

Rixe de matelots à Bayonne (1293); origine de la guerre entre la France et l'Angleterre.

Luria. La retraite fut ordonnée, les soldats périrent de misère et de maladie, et le roi lui-même mourut à Perpignan en 1285.

C'est tout ce que l'on sait de l'histoire de Philippe III; aussi n'est-ce pas à cause de ses entreprises militaires que ses contemporains le surnommèrent *le Hardi*, mais bien parce que, le premier, il osa faire d'un roturier l'égal de ses barons, par les lettres d'anoblissement qu'il accorda à Raoul, son argentier (1272).

Les seigneurs furent indignés de cette

usurpation, qui faisait de la royauté un pouvoir surhumain et en quelque sorte créateur, mais ils n'osèrent témoigner leur ressentiment autrement que par de sourdes intrigues contre les roturiers puissants qui étaient dans le conseil du roi. L'un d'eux surtout, Pierre de Labrosse, ancien barbier de saint Louis, excita leur envie par l'empire qu'il avait sur l'esprit de Philippe, et leur colère par le mépris avec lequel il accueillait leurs bassesses ; ils employèrent tous les moyens pour le perdre, l'accusèrent de conspirations très-obscures, et il ne fallut rien moins que les larmes de Marie de Brabant, deuxième femme du roi, que Labrosse venait d'accuser d'avoir fait périr un enfant royal du premier lit, pour décider Philippe à faire juger son ministre ; la procédure fut inique et resta secrète, mais Labrosse n'en fut pas moins pendu.

Le roi, en digne fils de saint Louis, était cependant ami de la justice ; car, par une ordonnance de 1274, il obligea les avocats des justices royales à jurer tous les ans qu'ils ne défendraient que des causes justes.

N'eût-il fait que cela, il aurait encore des titres à la reconnaissance publique.

Règne de Philippe IV dit le Bel (1285-1314).

Philippe le Bel n'avait que dix-sept ans quand il succéda à son père, mais, guidé par les anciens conseillers de son aïeul, il pensa à se débarrasser de la guerre entreprise en Espagne pour continuer l'œuvre d'agrandissement du domaine royal. Son mariage avec l'héritière de Henri le Gros, qui lui avait donné le titre de roi de Navarre, lui avait valu en même temps la Champagne et la Brie ; une sentence du parlement, qui dépouilla les héritiers de Hugues de Lusignan, lui assura l'Angoumois et la Marche ; mais il convoitait toute la France, et, en dehors de la Franche-Comté, qui ne devait faire partie du domaine royal que par le mariage du second fils de Philippe avec l'héritière de cette province, il restait autour du roi de grands vassaux qui inquiétaient sa puissance : le duc de Bretagne, le comte de Flandre, mais surtout le duc de Guyenne, vassal d'autant plus redoutable qu'il était en même temps roi d'Angleterre.

Édouard Ier, prince habile et courageux, qui s'était fait un renom dans la Palestine, s'était conduit jusque-là en feudataire soumis et en bon voisin ; Philippe ne pouvait donc commencer les hostilités, quelque envie qu'il eût de profiter de la guerre entreprise en Écosse par le roi d'Angleterre, et attendait impatiemment l'occasion, qui lui fut offerte par une cause d'apparence bien futile, mais qui n'en fut pas moins l'origine de la haine aveugle qui porta Français et Anglais à se faire la guerre avec tant d'acharnement pendant un siècle.

Ce fut une querelle survenue à Bayonne (1293) entre un matelot normand et un matelot anglais qui amena sans guerre déclarée, par le simple esprit de représailles, des combats sanglants entre les marins des deux nations partout où ils se rencontraient.

Philippe se saisit de ce prétexte pour commencer les hostilités. Édouard, retenu en Angleterre, ne put empêcher l'armée française de faire de rapides progrès en Guyenne, ni même une flotte de venir piller Douvres. Le roi lui-même, à la tête d'une autre armée, entra dans la Flandre dont le comte s'était déclaré pour le roi d'Angleterre, et le battit à Furnes (1297).

L'intervention du pape Boniface VIII, bien que très-irrité contre le roi de France, parce que Philippe, manquant d'argent, avait mis des taxes sur le clergé, amena entre les deux rois une paix qui fut scellée par le mariage d'une fille de France avec Édouard, fils du roi d'Angleterre (1299), mariage qui amena la série des guerres qui désolèrent ces deux pays, en portant dans la maison d'Angleterre des droits d'héritage à la couronne de France.

Par ce traité de paix, les deux rois se livraient leurs alliés : Philippe, les Écossais, qu'il avait pu soudoyer en altérant les monnaies et en dépouillant les banquiers juifs et lombards; Édouard, le comte de Flandre, qui prit les devants, vint faire sa soumission et remettre au roi de France ses États, qui furent réunis aux domaines de la couronne (1299). Philippe, imitant en cela la curiosité de toute sa cour, visita solennellement sa nouvelle conquête et ne pensa plus qu'à en tirer de l'argent.

Querelle avec Boniface VIII.

Les différends de Philippe avec la papauté avaient commencé en 1296, lorsque le roi frappa d'impôts les biens des églises de France; ils paraissaient apaisés, puisque Boniface VIII avait prononcé depuis la canonisation de saint Louis; mais un de ses légats, Bernard Saisset, évêque de Pamiers, brava l'autorité royale. Philippe le fit arrêter et ordonna à l'archevêque de Narbonne, son métropolitain, de le dégrader canoniquement; celui-ci en référa au pape, qui menaça le roi d'excommunication pour avoir osé porter la main sur un évêque; en même temps (1301), il lançait contre lui la bulle *Ausculta fili*, dans laquelle il lui reprochait d'accabler son peuple d'exactions cruelles, de le molester par l'altération continuelle des monnaies, d'empiéter sur la juridiction ecclésiastique et d'accaparer les revenus des églises vacantes, sous prétexte de droit de *régale*.

Sans doute toutes ces accusations étaient fondées : Philippe avait empêché toute circulation d'argent en dépouillant les banquiers ; il avait rendu le commerce impossible en battant de la fausse monnaie ; il avait ruiné l'industrie en édictant des lois somptuaires, et il venait de pousser les Flamands à la révolte en les accablant d'impôts exorbitants; mais appartenait-il au pape de lui reprocher ses fautes autrement que comme Saint-Père, et de les condamner de son prétendu droit de chef de la hiérarchie ecclésiastique?

C'est ce que ne crut pas Philippe qui, saisi de fureur, fit jeter la bulle au feu, chassa de France le nonce qui l'avait apportée et l'évêque de Pamiers qui en était le moteur; et, voulant faire de sa cause une querelle nationale, il convoqua un parlement plus nombreux que ceux qui s'étaient réunis jusque-là et qui, sous le nom d'États généraux, s'assembla dans l'église Notre-Dame de Paris, le 10 avril 1302.

Pour la première fois, le peuple fut représenté aux assemblées nationales. Les États généraux, divisés en trois ordres : la noblesse, le clergé et le tiers état, donnèrent raison au roi, et chaque ordre écrivit une lettre de blâme à Boniface VIII.

La guerre était donc déclarée. Quarante-cinq évêques sortirent de France; Philippe fit saisir leurs biens et commencer leur procès, qu'il ne poursuivit pas tout d'abord, parce qu'un ennemi plus redoutable l'inquiétait; la Flandre, écrasée par son gouverneur, Jacques de Châtillon, se soulevait; la féodalité n'existait pour ainsi dire plus dans ce pays et le peuple, érigé en communes, était depuis longtemps accoutumé à plus de douceur de la part de ses comtes. Une révolte éclata dans Bruges et trois mille Français y furent égorgés; en même temps, le fils du comte Guy, prisonnier dans la tour du Louvre, vint se mettre à la tête des insurgés, s'empara de Courtray et assiégea Cassel; presque toutes les autres villes flamandes s'étaient soulevées et avaient chassé les Français.

Bataille de Courtray.

Philippe envoya en Flandre sept mille cavaliers, dix mille archers et trente mille fantassins, sous les ordres de Robert d'Artois; les Flamands, qui étaient tout au plus vingt mille, attendirent cette armée près de Courtray, derrière un canal (1302).

Les Français, sûrs de vaincre et ne faisant pas à cette *ribaudaille* l'honneur de croire qu'elle oserait les regarder en face, s'élancent en désordre et sans se douter qu'ils étaient séparés de l'ennemi par un canal aux bords escarpés. La moitié de la cavalerie y resta et les Flamands n'eurent que la peine d'allonger leurs lances pour massacrer ceux qui s'approchaient trop de l'autre bord. Ce ne fut pas une bataille, mais une boucherie. Robert d'Artois, le connétable Raoul de Nesle, le chancelier Flotte, deux cents grands seigneurs et six mille chevaliers se noyèrent sous les yeux de l'armée, qui ne fit rien pour les défendre et se laissa démoraliser à ce point que le duc de Bourgogne, les comtes de Clermont et de Saint-Pol s'enfuirent du champ de bataille avec deux mille hauberts.

C'était la première fois que la chevalerie française était vaincue par des vilains; aussi cette journée eut un retentissement considérable, qui porta un coup terrible au prestige militaire de la féodalité, mais elle ne corrigea pas les seigneurs de leur folle présomption; seulement ils éprouvèrent un si terrible besoin de vengeance qu'il s'établit entre les nobles de tout pays une espèce de coalition contre les bourgeois, qu'ils poursuivirent dans des guerres acharnées.

Philippe prit d'énergiques mesures pour réparer le désastre de Courtray; il força les nobles et les vilains à porter à la monnaie leur vaisselle d'argent, qu'il acheta avec des espèces falsifiées; il vendit la liberté aux serfs de la couronne et la noblesse aux bourgeois; avec l'argent qu'il fit ainsi de tout, il soudoya une armée de mercenaires prête à marcher avec la véritable armée de France, dont il ordonna la levée de la façon suivante: un cavalier pour toute terre de 100 livres de rente, six sergents à pied pour cent feux de vilains, et tout roturier ayant 25 livres de rente devait le service personnel; grâce à ses efforts, en deux mois il réunit, en Flandre 10 000 hommes d'armes et 60 000 fantassins; mais les insurgés étaient déjà 80 000; ils eurent l'avantage dans toutes les rencontres partielles et purent éviter la bataille que Philippe ne se pressa pas de donner, car il était dans tout le feu de sa querelle avec Boniface VIII; et, l'hiver étant venu, il fit une trêve avec les Flamands et rentra en France.

Mort de Boniface VIII.

Le pape venait d'assembler le concile de Rome, dans lequel il prétendit qu'en vertu de sa puissance temporelle il avait le devoir de veiller sur la conduite des rois dans l'administration de leurs États, et le droit de les déposer s'ils ne se corrigeaient.

Il proposa une pacification humiliante à Philippe, le menaçant d'excommunication s'il ne l'acceptait pas. Le roi réunit de nouveaux États généraux (1303), pour affaires concernant l'indépendance de sa couronne, et leur proposa un concile général devant lequel le pape serait traduit.

Le Temple.

Boniface répondit à cela en préparant une bulle prononçant la déchéance du roi et donnant ses États à Albert d'Autriche, mais Philippe le prévint; Guillaume de Nogaret, dont l'aïeul avait été brûlé comme Albigeois, passa en Italie pour arrêter le pape.

Il s'entendit avec Sciarra Colonna, mortel ennemi de Boniface, et entra avec 400 cavaliers et autant de fantassins dans Anagni, où il s'était réfugié, aux cris de : « Mort au pape ! vive le roi de France ! »

Boniface crut son dernier jour venu, mais ne montra aucune faiblesse ; il attendit ses ennemis sur son trône, la tiare en tête et la croix à la main. Sur l'ordre que lui intima Nogaret d'abdiquer, il refusa, se déclarant prêt à mourir pape. Alors Colonna, l'arrachant de son trône, le frappa de son gantelet de fer et l'eût tué, si Nogaret ne l'en eût empêché. Il était du reste très-hésitant, car, en donnant aux bourgeois de la ville le temps de se remettre de leur stupeur, de s'armer et de chasser les conjurés, il manqua son coup de main ; le pape mourut quelques jours après, fou de honte et de colère des indignes traitements qu'il avait subis, à l'âge de 86 ans.

Son successeur, Benoit XI, voulut le venger en excommuniant Nogaret, Colonna et tous ceux qui l'avaient aidé. Philippe en prit d'autant moins de soucis que le nouveau pape mourut empoisonné un mois après la publication de sa bulle, et qu'il avait eu le temps de prendre ses mesures pour faire asseoir sur le trône pontifical une de ses créatures, Bertrand de Goth, archevêque de Bordeaux, qui prit la tiare sous le nom de Clément V, quand il eut promis au roi de complaire à ses désirs.

Un de ceux-là, qui fut certainement la condition de l'élection de Clément V, était la destruction de l'ordre des Templiers, dont Philippe convoitait les immenses richesses, pour combler le désordre de ses finances.

Cet ordre de moines guerriers possédait dans la chrétienté plus de 10 000 manoirs et un grand nombre de forteresses, notamment celle du Temple à Paris, où Philippe devait trouver un asile pendant une émeute, mais où il savait que, dans la tour construite en 1212, était un trésor qui se montait à 150 000 florins d'or, sans compter l'argent et les vases précieux.

Le roi ne se dissimulait pas que leur puissance était redoutable, puisque l'ordre comptait 15 000 chevaliers et une multitude infinie de frères servants et d'affiliés organisés militairement sous la main du grand-maître, et c'était justement cette puissance, qui offusquait son despotisme et était en quelque sorte une menace permanente pour l'Europe, qu'il voulait abattre ; mais d'abord, et pendant que le nouveau pape se faisait sacrer à Lyon, il résolut d'en finir avec les Flamands. Il les attaqua à la fois par terre et par mer ; sa flotte, composée de galères génoises, battit celle des révoltés, près de Zirichzée, et lui-même vengea la défaite de Courtray par la sanglante victoire de Mons-en-Puelle. Mais les Flamands n'étaient pas abattus ; une nouvelle armée força Philippe à lever le siége de Lille. Alors, épouvanté de cette guerre interminable, il aima mieux traiter que de combattre encore ; on lui promit de l'argent, qu'il ne toucha jamais ; mais on lui céda Douai, Béthune, Lille, Orchies et toute la Flandre wallonne entre la Lys et l'Escaut, et il rendit aux Flamands le vieux Guy, leur comte, qui ne promit que l'hommage féodal.

C'était le premier échec qu'éprouvait la royauté française dans son travail d'agrandissement. L'exemple en fut perdu pour elle, mais il servit aux peuples, en leur démontrant qu'il n'était pas impossible de défendre et de conserver leur indépendance.

Procès des Templiers.

Les finances de Philippe avaient été épuisées par cette dernière guerre, où il avait été obligé de s'entourer de troupes auxiliaires ; il continua ses exactions monétaires. Pour être plus libre dans ses falsifications, qui diminuèrent graduellement de 8 livres 10 sous le marc d'argent à 2 livres 14 sous, il racheta de tous les seigneurs le droit de battre monnaie ; mais quand ses seules espèces circulèrent, il s'aperçut bientôt que son travail était à recommencer, puisque tout se payait avec sa monnaie et à sa valeur nominale; il le recommença, frappa de la bonne monnaie, décréta qu'elle seule aurait cours et que l'ancienne perdrait deux tiers de sa valeur nominale. Il y eut des soulèvements, des émeutes ; il échappa à une en se réfugiant dans la forteresse du Temple, et réprima les autres en modifiant sa décision, ce qui tarit immédiatement la source de ses produits.

Alors il remplit ses coffres par un brigandage inouï, autorisé et amnistié d'avance par le pape. Le même jour, à la même heure, dans toute la France, sans que personne en eût le soupçon, tous les juifs furent arrêtés, mis en prison, jetés hors du royaume, et leurs biens confisqués sans autre forme de procès.

Clément V payait son élection de toutes ces iniquités, dont il se rendait complice en n'élevant pas la voix contre elles. Il devait encore en commettre une, sinon plus criminelle, du moins d'un retentissement plus considérable.

Philippe ne voulait plus attendre la réalisation de son projet : les Templiers étaient condamnés dans son esprit ; il favorisa d'abord de vagues rumeurs populaires, qui parlaient d'orgies, de scandales, d'iniquités et même de crimes ; des chevaliers avaient, dit-on, disparu, parce qu'ils avaient menacé de faire des révélations.

En réalité, les Templiers n'étaient coupables aux yeux du roi que de leur immense fortune, et aux yeux du peuple que par leur orgueil et le relâchement de leurs mœurs.

Par ordre écrit du roi, et remis d'avance, avec défense de le décacheter avant la nuit du 12 au 13 octobre 1307, à tous les baillis et sénéchaux du royaume, les chevaliers du Temple furent arrêtés par toute la France ; ils s'y attendaient d'autant moins que leur grand-maître, Jacques Molay, venait, sous prétexte de croisade, d'être rappelé d'Orient par Philippe, qui l'avait prié d'être le parrain d'un de ses enfants.

Les tortures firent avouer aux Templiers tout ce qu'on voulut, et le roi, un peu pour dégager la responsabilité du pape, qui avait feint d'élever la voix, associa la nation à ce grand procès, en convoquant à Tours des États généraux, spécialement chargés d'examiner les accusations et les aveux des inculpés.

Les députés prononcèrent que les chevaliers méritaient la mort. Le jugement du grand-maître et des commandeurs de l'ordre fut réservé au pape ; des conciles provinciaux condamnèrent les autres ; celui de Paris fit brûler à petit feu, en un seul jour, au faubourg Saint-Antoine, cinquante-quatre Templiers qui avaient rétracté dans les prisons les aveux qu'on leur avait arrachés dans les tortures ; celui de Senlis en fit brûler neuf, et il y eut évidemment d'autres exécutions. Clément V eut-il des remords de sa participation à ce procès inique ? essaya-t-il de sauver les Templiers, en instituant en France, en Italie, en Espagne et en Allemagne quatre commissions inquisitoriales pour juger les chevaliers ? C'est probable, car la procédure traîna en longueur, et ce ne fut qu'en 1311 que, poussé par Philippe, il convoqua le concile de Vienne, dans lequel l'ordre du Temple fut aboli dans toute la chrétienté et ses biens remis aux chevaliers de Rhodes ; mais le fisc royal s'en était déjà emparé et ne consentit à rendre que le tiers des biens meubles et immeubles.

Par le même concile, le pape ordonna une nouvelle croisade. Philippe promit de prendre la croix pour l'exemple, sûr d'avance qu'il ne s'engageait à rien : il fit cependant grandement les choses.

Aux fêtes de la Pentecôte de l'année 1313, il arma ses trois fils chevaliers et fit venir à cette cérémonie son gendre Édouard II, roi d'Angleterre, et sa fille Isabeau.

Ce furent des fêtes magnifiques, dans lesquelles il faut peut-être rechercher l'origine du théâtre populaire en France, car les bourgeois, en défilant sous les yeux de la jeune reine d'Angleterre, qui était parée en une tourelle du Pré-aux-Clercs, représentaient, « par leurs costumes et feintises, le paradis, l'enfer et la procession du Renard, où maintes gens feignaient d'exercer leurs métiers, sous le déguisement de divers animaux ».

Le quatrième jour de ces divertissements, le roi de France, ses trois fils, le roi d'Angleterre et tous les chevaliers de sa cour prirent solennellement la croix; mais personne ne songea à organiser une expédition, le roi moins que tout autre ; il avait à cœur d'en finir avec les Templiers, dont les grands dignitaires étaient depuis six ans dans ses cachots. Philippe les en tira pour les traduire devant une commission nommée par le pape, qui les condamna à une prison perpétuelle.

En entendant cette sentence, le grand-maître Jacques Molay et le commandeur de Normandie rétractèrent tous leurs aveux et protestèrent de leur innocence; la commission délibéra à nouveau, mais Philippe ne voulut pas attendre sa décision; il fit enlever les deux Templiers, qui furent brûlés sur le terre-plein du Pont-Neuf, à l'endroit où est aujourd'hui la statue de Henri IV (11 mars 1314).

Une légende populaire veut que le grand-maître ait ajourné, en mourant, ses bourreaux à comparaître devant Dieu avant un an; mais il est plus que probable que cette prophétie a été faite après coup, car Clément V mourut au mois de juillet, et Philippe au mois de novembre de la même année, qui fut ensanglantée, à la cour de France, par les suites du procès fait aux trois brus du roi, accusées d'adultère, et dont les déportements donnèrent matière à la lugubre histoire de la *Tour de Nesle*. Blanche, femme de Charles le Bel, et Marguerite, femme de Louis le Hutin, toutes deux filles de Othon IV, duc de Bourgogne, surprises en flagrant délit à l'abbaye de Maubuisson, où elles s'étaient retirées sous prétexte de faire pénitence, furent enfermées au château Gaillard, des Andelys, et leurs amants, Philippe et Gauthier de Launoy, écorchés vifs. Jeanne, aussi de Bourgogne, mais fille de Robert II et femme de Philippe le Long, était coupable comme ses belles-sœurs, mais elle avait eu le temps de faire évader son amant, qui était un huissier de sa chambre ; elle fut déclarée innocente par le parlement, et son mari la reprit, après qu'elle se fut purifiée par une année de réclusion et que le chambellan et tous ceux qu'on supposait avait favorisé son intrigue eurent été pendus et torturés.

Quant aux deux autres brus du roi, elles moururent au château Gaillard : Marguerite, étranglée le jour de l'avénement au trône de son mari, et Blanche, de douleur et de honte d'avoir été livrée à la brutalité de ses geôliers qui la rendirent mère.

Règne de Louis X dit le Hutin (1314-1316).

A la mort de Philippe, son fils aîné eut à défendre la royauté, dont l'autorité était devenue absolue, contre les tentatives des barons, qui, se confédérant par provinces avec quelques communes, demandèrent le rétablissement de leurs anciennes justices, du duel judiciaire, du droit de guerre privée et

Isabeau, reine d'Angleterre, assistant au défilé des bourgeois (1313).

de celui de battre monnaie; ils voulaient aussi l'abolition de la procédure par dépositions écrites, qui rendait les hommes de loi seuls instruments des justices royales; ils eurent le tort de le dire trop tôt, car les communes virent alors que les seigneurs ne tenaient qu'à la restauration de leurs priviléges et abandonnèrent leur alliance, ce qui permit à la royauté d'en avoir assez vite raison.

Louis temporisa cependant et fit quelques concessions; il abandonna à la vindicte publique ceux des conseillers royaux qui s'étaient rendus le plus odieux pendant le dernier règne : Pierre de Latilly, chancelier de France, Raoul de Presles, avocat général, Nogaret, furent torturés; on alla plus loin envers Enguerrand de Marigny, homme de basse extraction, que Philippe avait fait successivement chevalier, chambellan, comte de Longueville, intendant des finances et capitaine du Louvre. Ce malheureux, qui avait pour ennemis tous les seigneurs et notamment les frères du roi, fut accusé d'avoir dilapidé les finances pour s'enrichir aux dépens du trésor, et d'avoir voulu *envoulter* le roi ; — il fallait bien faire intervenir la magie dans son procès, pour y intéresser le populaire.

Naturellement on ne lui laissa pas dire un mot pour sa défense ; il fut condamné à être pendu et exécuté au gibet de Montfaucon, le 30 avril 1315.

Ces sacrifices n'assurèrent pas la paix du royaume ; les seigneurs se révoltèrent partiellement, battirent de la fausse monnaie, et la plupart des réformes administratives de Philippe semblèrent frappées de caducité. Louis trouva un appui dans les classses inférieures, qu'il appela à lui par une ordonnance fameuse, où il disait que, « selon le droit de nature, chacun devant être franc, tout le monde pouvait le devenir en achetant sa liberté ».

La fin gâtait un peu le commencement ; car elle laissait voir le bout de l'oreille. Louis avait besoin d'argent pour faire la guerre au comte de Flandre ; les serfs ne se hâtant pas d'en apporter à son trésor, parce qu'ils ne tenaient pas à sortir de leur état, où ils avaient au moins le gîte et la nourriture assurés, pour devenir libres et pauvres et tomber sous la dépendance de la bourgeoisie, il en chercha d'un autre côté ; il imposa les marchands italiens, défendit tout commerce avec les Flamands, et permit aux Juifs chassés par son père de rentrer en France moyennant finances, c'est-à-dire en lui abandonnant les deux tiers de leurs créances.

Avec ces subsides, il leva une armée qui alla périr presque tout entière dans les boues de la Flandre, sans pouvoir dépasser Courtray.

Il mourut l'année suivante, laissant une fille, et sa seconde femme, Clémence de Hongrie, enceinte.

Interrègne de cinq mois.

La loi salique, qui ne régissait aucun des grands fiefs de France, puisque nous avons vu toutes les filles des ducs, des comtes, hériter directement de leurs pères et porter leurs domaines à des princes étrangers, était tacitement reconnue pour le royaume ; c'est pourquoi, à la mort de Louis X, sa fille ne fut pas reconnue apte à lui succéder, et les barons réunis résolurent d'attendre la délivrance de la reine pour mettre la couronne sur la tête de l'enfant royal, au cas où ce serait un garçon.

Philippe, comte de Poitiers, deuxième fils de Philippe IV, fut reconnu régent du royaume pendant cet interrègne.

Au bout de cinq mois, Clémence de Hongrie accoucha d'un garçon nommé Jean, et Philippe resta régent, promettant de résigner le pouvoir quand le nouveau roi aurait dix-huit ans ; mais il ne vécut que cinq jours, et le régent fut proclamé roi, au détriment de sa nièce Jeanne, de par la décision générale des barons et des légistes, qui ne voulaient pas, en accordant le droit de succession aux filles, que le trône de France pût être gagné en mariage par un prince étranger.

Règne de Philippe V dit le Long (1316-1322).

Philippe commença son règne par laisser diminuer l'autorité royale, car pour combattre l'opposition menaçante qui se formait parmi les barons, sous prétexte de défendre l'héritier légitime, il fut obligé de leur promettre de leur rendre tous leurs priviléges.

Il n'y mit cependant aucun empressement. Il chercha d'abord l'assentiment du Saint-Siége pour légitimer sa quasi-usurpation, et, l'ayant obtenue, il confirma les franchises des villes communales ; après quoi, il se fit des alliés en répandant de l'argent et aussi en mariant ses trois filles, qui n'étaient pourtant que des enfants, au fils du comte de Flandre, au dauphin du Viennois et à Eudes, duc de Bourgogne, oncle et tuteur de Jeanne (fille de Louis X), qui, ajoutant à son duché la Franche-Comté et l'Artois, que Philippe donnait en dot à sa fille, se hâta de trahir la cause de sa pupille en lui faisant signer un acte de renonciation au royaume de France et notamment à celui de la Navarre, que le roi avait consenti à lui laisser.

Cette enfant renouvela son abandon quand elle épousa le comte d'Évreux, dont elle eut un fils qui fut Charles le Mauvais. Philippe se vit affermi sur le trône de son frère et put s'occuper sérieusement d'administration. Il établit en 1318 le *conseil étroit*, qui devint plus tard le Conseil d'État; créa les *clercs du secret;* déclara le domaine royal inaliénable et imprescriptible, et pensa à décréter l'unité de monnaies, de poids et de mesures.

Enfin il rendit sur les finances, sur l'organisation de la Chambre des comptes, sur l'administration des eaux et forêts, plusieurs ordonnances qui dénotent un remarquable esprit d'ordre et d'économie.

Il travailla aussi à relever la royauté, en facilitant tout ce qui pouvait abaisser la féodalité; c'est ainsi qu'il donna de nombreuses lettres d'anoblissement à des roturiers, et qu'il octroya aux bourgeois le droit de s'organiser militairement, nomma un capitaine par chaque ville et un capitaine général pour chaque bailliage.

En somme, il eût pu faire de grandes choses, si la mort ne l'eût frappé en 1322, à peine âgé de trente ans, et l'histoire ne lui reproche qu'une persécution contre les Juifs, ordonnée pour gagner les bonnes grâces du pape, qui s'opposait à son départ pour la Terre-Sainte, et contre les lépreux qu'il voulait chasser du royaume, craignant d'y voir devenir épidémique leur épouvantable maladie.

Règne de Charles IV, dit le Bel (1322-1328).

A la mort de Philippe V, la décision qui lui avait donné la couronne, et qui avait acquis force de loi par la restauration officielle de cet article de l'ancien code des Saliens : « De la terre salique, que nulle portion d'héritage ne vienne à la femme, mais que l'héritage de toute la terre parvienne au sexe viril, » profita à son frère Charles le Bel. Cette fois il n'y eut même pas d'opposition, et le nouveau roi put continuer les réformes administratives commencées par son frère; comme lui, il convoqua fréquemment les États généraux, qui, sous le nom de Parlement, firent trembler l'autorité féodale.

Charles fit même un grand exemple en y faisant condamner le baron de l'Ile-en-Jourdain, convaincu de plusieurs crimes; et malgré les supplications de toute la noblesse, malgré l'intervention du pape qui était son oncle, il fut pendu au gibet de Montfaucon.

Cet acte de justice n'empêcha pas Jean XXII, pontife français, qui siégeait à Avignon comme ses deux prédécesseurs, de travailler pour la grandeur de son pays. Il rêvait de rétablir l'empire de Charlemagne, et Charles le Bel, qui avait trouvé moyen de favoriser la révolution qui renversa Édouard II du trône d'Angleterre, qui avait soldé des Polonais, des Russes et des Valaques, pour attaquer l'Allemagne, qui s'était fait des alliés du duc d'Autriche et du roi de Bohême, aurait peut être réussi à se faire proclamer empereur, si la mort ne l'eût emporté à trente-quatre ans (1328).

Ces fins prématurées de Philippe IV et de ses trois enfants semèrent dans la croyance populaire l'idée, entretenue du reste par les intéressés, que la vengeance céleste s'était exercée sur cette famille qui avait souffleté Boniface VIII, empoisonné Benoît XI et brûlé les Templiers.

Avec Charles le Bel s'éteignit la race directe des Capétiens, car les deux fils qu'il avait eus étaient morts au berceau, et sa femme enceinte donna, deux mois après, le jour à une fille qui se trouvait exclue de la couronne par la loi et par la déclaration que son père lui-même avait faite à son lit de mort. « Si la reine met au monde un fils, avait-il dit à ses barons, il sera votre roi ; si c'est une fille, la couronne appartiendra à Philippe de Valois, que je déclare votre régent. »

On peut presque dire qu'avec la branche des Capétiens, qui a rendu les plus éminents services à la nationalité française, s'éteignit le moyen âge ; car tout ce qui l'avait fait puissant n'existait plus ou allait s'écrouler : la féodalité n'était bientôt plus qu'un souvenir, les croisades plus qu'un regret, la chevalerie plus qu'une obligation ; la papauté était captive à Avignon, la royauté était absolue et le tiers état envoyait les fils des vilains aux Etats généraux siéger en face des nobles et des évêques.

CHAPITRE XIII

LES CAPÉTIENS-VALOIS — LA GUERRE DE CENT ANS

Règne de Philippe VI (1328-1350).

A la mort de Charles IV, Philippe de Valois, son cousin germain, et comme lui petit-fils de Philippe III, fut régent du royaume pendant deux mois ; après quoi, la reine étant accouchée d'une fille, il fut proclamé roi par les douze pairs et les hauts barons, qui rejetèrent les prétentions d'Édouard III, roi d'Angleterre, petit-fils de Philippe IV par sa mère Isabeau, comme contraires à la loi salique, mais à la vérité pour ne pas faire asseoir un étranger sur le trône de France. On donna pour raison à Édouard que si les femmes étaient appelées à succéder il y aurait un héritier plus direct que lui, le comte d'Évreux, mari de Jeanne, fille de Louis le Hutin ; le roi d'Angleterre, inquiété par des troubles intérieurs, parut s'en contenter et fit hommage au roi de France pour son duché de Guyenne.

Philippe ne crut pas cependant sa prise de possession du trône suffisamment légitimée par le sacre ; il abandonna le royaume de Navarre au comte d'Évreux, et chercha à consolider sa puissance par une victoire. Sûr de ne pouvoir être plus agréable à sa noblesse qu'en marchant contre la bourgeoisie, il porta secours à Louis de Nevers, comte de Flandre, que ses sujets refusaient de reconnaître.

Son armée, qui comptait cent soixante bannières, non compris celles du roi de Bohême et de plusieurs princes d'outre-Rhin qui l'avaient rejoint d'enthousiasme pour combattre l'ennemi com-

Bataille de Cassel (23 août 1328).

mun de toute la noblesse, arriva en présence des Flamands groupés sur une éminence des environs de Cassel.

Ces vilains, qui se souvenaient des quatre mille éperons d'or qu'ils avaient recueillis après la bataille de Courtray, portaient un coq sur leurs drapeaux, avec cette fière devise :

> Quand ce coq icy chantera
> Le roi Cassel conquetera.

Philippe ne commit pas l'imprudence de les attaquer dans leur excellente position; il se campa dans la vallée et fit perdre patience aux Flamands en brûlant leurs villages et en affamant leurs villes; ceux-ci tentèrent sur l'armée royale une surprise dans laquelle Philippe courut le risque de la vie, mais finalement anéantit l'armée bourgeoise, qui laissa treize mille morts sur le champ de bataille (1328).

Cette victoire ouvrit les portes de Cassel, de Bruges, d'Ypres et de Bergues, et le roi put rentrer en France après avoir remis à Louis de Nevers ses États pacifiés pour quelques années. Philippe jouit alors de son triomphe et reçut en grande pompe le roi d'Angleterre qui voulut lui renouveler son hommage à Amiens (1329); mais il ne fut pas dupe de cette soumission et chercha à accroître les embarras de son rival en donnant tous les secours qu'il put aux Écossais, toujours en guerre pour leur indépendance.

Édouard III vainquit les Écossais et se promit bien de rendre au premier ennemi de la France l'appui que Philippe venait de leur donner.

Commencement de la guerre de Cent Ans.

L'occasion ne se fit pas attendre. Robert d'Artois, intime ami de Philippe tant que ce dernier n'avait été que haut seigneur, devint son ennemi le plus acharné sitôt qu'il fut roi.

S'appuyant sur la loi salique, Robert revendiqua l'Artois, dont avait hérité sa tante, Mahaut, femme d'Othon, comte de Bourgogne; il avait déjà porté sa réclamation au parlement de Philippe V; mais comme celui-ci avait épousé l'héritière de Mahaut, il fut debouté de sa demande. A l'avénement de Philippe VI, qui était son ami et dont il avait épousé la sœur, il se crut sûr de réussir et renouvela ses réclamations. Mahaut et la veuve de Philippe V vinrent à Paris pour soutenir leurs droits.

Au cours de la procédure, les deux princesses moururent empoisonnées. Robert fut accusé de leur mort, et comme on reconnut que toutes les pièces qu'il produisait étaient fabriquées par lui et que ses témoins étaient faux, le parlement prononça contre lui le bannissement perpétuel et la perte de tous ses biens (1332). Ses complices furent condamnés à mort et exécutés; quant à lui, il s'était déjà réfugié à Bruxelles.

C'est là qu'il mérita l'accusation de magie qu'on porta contre lui, en *envoûtant* le roi et son fils, c'est-à-dire en faisant fabriquer et baptiser par un prétendu sorcier des figures en cire que, selon la croyance du vulgaire, il suffisait de percer au cœur avec des aiguilles pour que les personnes qu'elles représentaient mourussent dans l'année.

Effrayé du procès en sorcellerie qu'on instruisait contre lui, il se trouva trop près de la France et s'enfuit en Angleterre, où il poussa Édouard à la guerre à laquelle celui-ci se préparait déjà (1334); mais quelque envie qu'il eût de réclamer ses prétendus droits à la couronne de France, Édouard voulait que cette lutte fût populaire en Angleterre et attendait que Philippe lui en fournît le prétexte. C'est ce qui arriva bientôt.

Affaires de Flandre.

La Flandre était un pays tout industriel ; la fabrication du drap occupait presque toute la population, qui tirait ses laines de l'Angleterre, pays agricole où l'élevage avait pris de grandes proportions ; pour amoindrir le commerce de la nation rivale, Philippe ordonna au comte de Flandre, Louis de Nevers, qui lui était si dévoué qu'il séjournait même habituellement à Paris, de faire arrêter tous les Anglais qui commerçaient en Flandre. Édouard III répondit en défendant l'importation dans son pays des draps flamands.

Alors (1336) les Flamands se révoltèrent, chassèrent leur comte et prirent pour chef Jacques Arteveld, ancien brasseur de Gand, devenu par ses richesses et l'autorité qu'il acquérait de jour en jour une sorte de grand-maître de la bourgeoisie.

Celui-ci comprit bien que la chevalerie de France soutiendrait Louis de Nevers et qu'il ne pourrait leur résister sans un secours étranger ; il demanda celui d'Édouard III qui, du reste, était prêt à l'offrir, en lui donnant le conseil de prendre le titre de roi de France, non qu'il ne lui répugnât de voir la couronne de saint Louis sur la tête d'un Anglais, mais comptant ainsi ôter tout scrupule aux Flamands, qui ne se seraient pas battus volontiers contre leur suzerain.

Les hostilités commencèrent l'année suivante. Le roi de France donna le commandement d'une armée de terre qui entra dans le Hainaut à son fils Jean, duc de Normandie, pendant qu'une flotte de 140 vaisseaux castillans et génois fermerait le retour à Édouard et que Philippe lui-même, à la tête d'une nombreuse armée, où l'on voyait les rois de Navarre, de Bohême et d'Écosse, s'opposerait aux efforts de Robert d'Artois.

Tout d'abord, les Français eurent des revers. Jean échoua au siége du Quesnoy, où l'on commença à employer les canons et les bombardes, machines de guerre alors plus embarrassantes qu'efficaces, et qui ne furent redoutables qu'après les perfectionnements apportés à l'invention de la poudre. La flotte fut battue près de l'Écluse, dans une anse où elle ne pouvait manœuvrer. 20 000 hommes y périrent avec la moitié des vaisseaux castillans et génois.

Mais Philippe prit sa revanche en contraignant Édouard à lever le siége de Tournay et en battant Robert d'Artois près de Saint-Omer ; cependant il n'y eut pas de grande bataille livrée, et les armées se séparèrent à l'entrée de l'hiver et conclurent, par une trêve de deux ans, cette première campagne, qui resta sans résultat.

Dispute du duché de Bretagne.

La guerre recommença bientôt et, chose qui serait bizarre si elle n'était expliquée par l'intérêt, les deux rois se la firent en opposition directe avec leurs principes.

Le duc de Bretagne, Jean III, venait de mourir sans enfants (1341) ; son frère aîné était mort laissant une fille, Jeanne, mariée au comte Charles de Blois. L'autre compétiteur était Jean de Montfort. Tous deux réclamèrent la succession : Jean, s'appuyant sur la loi salique, s'empara de Rennes et de Nantes et se fit proclamer duc de Bretagne ; Charles de Blois, réclamant le droit d'hérédité des fiefs, demanda justice au parlement de Paris, qui lui donna gain de cause, par la raison que Philippe VI était l'oncle du prétendant, et que la France avait tout à gagner en ayant la Bretagne sous une dépendance plus directe. Jean de Montfort passa en Angleterre, reconnut Édouard III pour roi de France et lui fit hommage pour la Bretagne.

Ainsi Philippe de Valois, roi de par la loi salique, allait combattre contre le principe qui l'avait élevé au trône, et Édouard, qui prétendait régner en France par le droit des femmes, prenait fait et cause pour la loi salique.

Cette guerre fut toute de siéges, de surprises, d'escarmouches qui donnèrent à la chevalerie de France et de Bretagne des occasions de montrer sa valeur; le premier résultat fut l'investissement de Nantes par Charles de Blois, aidé d'une armée française commandée par le fils du roi, Jean, duc de Normandie. Les bourgeois, effrayés par la cruauté de ces deux princes (dont l'un était renommé par sa piété et l'autre devait régner sous le nom de Jean le Bon), qui, après avoir fait décapiter trente chevaliers bretons pris dans un château voisin, en firent jeter les têtes par-dessus les murs de la ville, les bourgeois capitulèrent et livrèrent Jean de Montfort qui fut enfermé dans la tour du Louvre.

La lutte n'était pas terminée. En apprenant ce qu'elle appelait une trahison, la comtesse Jeanne de Montfort parcourut les villes et les châteaux, présentant son enfant à tous les seigneurs et chevaliers bretons, et leur fit jurer de défendre ses droits jusqu'à la mort.

Ranimant le courage de tous, chevauchant comme un homme d'armes, cette héroïque femme, après la perte de Rennes, qui tomba bientôt au pouvoir de Charles de Blois, s'enferma dans Hennebon, où elle résista assez longtemps, défendant la brèche et faisant des sorties glorieuses, pour donner à Édouard III le temps de venir délivrer la place (1342).

Pendant ce temps, Robert d'Artois passait en Bretagne avec 46 vaisseaux. Philippe envoya contre lui 32 gros bâtiments castillans, commandés par Louis de La Cerda, l'un des plus habiles marins de l'époque. La bataille, qui eut lieu près de Guernesey, fut indécise, une tempête affreuse ayant séparé les combattants; cependant la flotte anglaise, fort maltraitée, fut jetée sur la côte de Bretagne. Robert d'Artois s'empara de Vannes, qu'il reperdit bientôt, et où il reçut une blessure dont il alla mourir en Angleterre.

Édouard parut alors devant Vannes qu'il voulait reprendre; il abandonna bientôt cette ville pour assiéger Nantes où s'était enfermé Charles de Blois; mais le duc de Normandie amena une armée de 40 000 hommes au secours des assiégés; les Anglais reculèrent jusqu'auprès de Vannes. Jean les atteignit et les poursuivit à Malestroit; il se préparait déjà à leur livrer une bataille où il eût été vraisemblablement vainqueur, car son armée était quatre fois plus nombreuse que la leur; mais les légats du pape Clément VI intervinrent (19 janvier 1343), et forcèrent les combattants à signer une trêve qu'on s'engagea à observer jusqu'à la Saint-Michel de l'année 1346.

Campagne de France. — Bataille de Crécy.

Philippe, qui pendant cette trêve ne s'occupa qu'à ramasser de l'argent par des ordonnances ruineuses, en frappant de quatre deniers par livre la valeur de toutes les marchandises vendues et en altérant les monnaies, ne tarda à pas à donner un prétexte à la reprise des hostilités.

Olivier de Clisson et quatorze chevaliers bretons du parti de Jean de Montfort, attirés à Paris par l'annonce d'un tournoi, y furent pris et décapités par ordre du roi, qui dédaigna la plus simple forme de procès.

La Bretagne s'indigna et Édouard III rompit la trêve pour poursuivre la vengeance des nobles bretons, qui n'avaient trouvé une mort ignominieuse que parce qu'ils lui étaient attachés, et préparer trois expéditions.

La première, sous les ordres du comte Derby, débarqua en Guyenne, s'empara de la Réole, de Port-Sainte-Marie, et

Jeanne de Montfort présente son fils aux seigneurs bretons (1344).

pénétra jusqu'à Angoulême après la bataille d'Auberoche.

La seconde descendit en Bretagne, commandée par Jean de Montfort, qui semblait ne s'être échappé de la prison du Louvre que pour venir mourir dans les bras de son héroïque épouse.

La troisième, commandée par Édouard en personne, se rendit en Flandre où Arteveld, maître absolu, voulut lui livrer le pays en faisant reconnaître pour comte le prince de Galles, fils du roi d'Angleterre : mais les Flamands ne voulurent pas plus appartenir aux Anglais qu'aux Français ; ils se soulevèrent contre Arteveld, dont on commençait à jalouser l'autorité souveraine, et ce tribun aussi fameux par ses talents que par ses violences fut tué dans sa maison par le peuple dont naguère encore il était l'idole.

Édouard ne chercha pas à venger celui qu'il appelait son *cher compère*. Il mit à la voile pour la Guyenne, se hâtant de porter secours à l'armée de Derby, culbutée par le duc de Normandie qui s'épuisait alors contre la petite ville d'Aiguillon.

Les vents contraires le repoussèrent vers la Manche, et un chevalier français, Geoffroy d'Harcourt (il faut savoir le nom des traîtres), lui conseilla de débarquer en Normandie dont il lui dépeignit les richesses et dont il connaissait l'abandon, puisque tous les chevaliers étaient alors en Guyenne, à l'armée du prince Jean.

Édouard prit terre dans le Cotentin où d'Harcourt avait ses fiefs et marcha de conquêtes en conquêtes. Tout fuyait devant l'armée anglaise. Barfleur, Cherbourg, Valognes, Carentan, Saint-Lô, furent dévastés. Caen seule essaya de résister ; les bourgeois n'y gagnèrent qu'un pillage général et un odieux massacre, qu'Édouard se décida à arrêter, en promettant la vie sauve aux habitants qui reconnaîtraient ses droits.

Après cela, il fit une tentative sur Rouen, en voulant se retirer sur la Flandre ; mais les ponts étaient coupés et une partie de l'armée française, que Philippe réunissait en hâte, occupait la rive droite de la Seine. Édouard alors se rabattit sur Louviers, qu'il pilla, et suivit la rive gauche du fleuve, cherchant un passage toujours disputé par les Français, qui le suivaient sur l'autre bord, mais qui ne purent l'empêcher de brûler Pont-de-l'Arche, Vernon, Poissy et Saint-Germain ; ses coureurs même vinrent jusqu'à Bourg-la-Reine et Saint-Germain, qu'ils incendièrent.

Cependant Édouard cherchait à passer la Seine ; il y réussit à Passy et prit sa route vers la Somme ; mais Philippe avait fait couper tous les ponts, garder tous les gués et espérait affamer l'armée de son ennemi entre les deux rivières.

La situation du roi d'Angleterre était très-compromise ; il avait même fait des propositions de paix à Philippe, quand un prisonnier lui indiqua le gué de Blanquetage, au-dessus d'Abbeville, sur la Somme : il n'y avait pas à hésiter. Édouard y courut, culbuta les milices du Vermandois qui tentèrent de l'arrêter et força le passage défendu par quatorze mille hommes. Philippe, qui le suivait de près, arriva comme le combat venait de finir et ne put poursuivre son ennemi par le gué que le flux venait de grossir ; il perdit du temps en allant traverser la Somme à Abbevillle, et Édouard eut le temps de choisir une bonne position pour accepter la bataille qui devenait inévitable. Il disposa près de Crécy son armée, qui eut tout un jour pour se préparer au combat.

Philippe, sans laisser reposer la sienne, partit d'Abbeville le 26 août 1346, lui fit faire cinq lieues au pas de course, sous les alternatives de pluie torrentielle et de chaleur torride d'une journée d'orage ; aussi arriva-t-elle dans le plus grand désordre en face de l'armée anglaise, qui l'accueillit par une grêle de flèches et de balles de fer lancées par les bombardes qu'Édouard entraînait après son armée, plutôt pour effrayer les chevaux et les soldats par le bruit des canons que comme un auxiliaire puissant.

Ce premier emploi de l'artillerie fut cependant d'un effet terrible ; d'autant plus que les arbalétriers génois qui devaient commencer le combat ne purent arriver à bander leurs arcs, dont les cordes mouillées étaient hors de service.

Alors la chevalerie française culbuta ses alliés devenus inutiles, qui lui barraient la route, et chargea l'ennemi avec cette témérité folle qui enfante des héros, mais qui perd les batailles.

Malgré les exploits du comte d'Alençon qui, avec sa cavalerie, traversa la première ligne ennemie et inquiéta tellement la seconde, commandée par le prince de Galles, que si Édouard n'alla pas à son secours, c'est qu'il voyait la bataille finie et qu'il voulait laisser son fils gagner lui-même ses éperons d'or, l'armée française fut taillée en pièces, et ce fut un massacre, car les Anglais s'étaient juré de ne pas faire de prisonniers.

Le roi de Bohême, vieux et aveugle, qui avait fait attacher la bride de son cheval aux chevaux de deux de ses barons pour pouvoir s'élancer dans la mêlée, y perdit la vie : avec lui périrent les ducs de Lorraine et de Bourbon, les comtes de Flandre, d'Alençon, de Nevers, de Savoie, six autres princes, deux archevêques, quatre-vingts seigneurs bannerets, douze cents chevaliers et trente mille soldats, sans compter deux corps de milice qui, s'étant égarés, tombèrent le lendemain entre les mains des Anglais et furent entièrement détruits.

Philippe, qui avait eu son cheval tué sous lui, échappa à ce désastre. Il se réfugia, à deux heures de la nuit, au château de Broyes, avec cinq chevaliers pour toute suite. Telle fut la première grande défaite de la France dans une guerre nationale, défaite bien plus honteuse que le massacre de Courtray, car là au moins la chevalerie française avait pu combattre : elle y perdit tout son prestige militaire; on commença à comprendre que la bravoure ne suffisait pas dans le combat et que la noblesse n'avait pas seule le privilége de la défense de la France ; la bourgeoisie allait bientôt montrer comment on meurt pour la patrie.

Le siège de Calais.

Édouard III, malgré sa victoire, ne chercha pas à pénétrer au cœur de la France; il voulut d'abord assurer sa retraite, en s'ouvrant un port pour recevoir les renforts d'Angleterre. Calais était la ville la mieux située pour cela. Édouard vint l'assiéger le 3 septembre 1346, non-seulement pour les services qu'elle pourrait lui rendre dans l'avenir, mais aussi pour se venger des maux qu'elle lui avait faits comme foyer de cette guerre de pirates qui, depuis quelques années, désolait l'Angleterre. Il ferma le port avec une flotte de sept cent trente-huit barques ou vaisseaux fournis par toutes ses villes maritimes, et entoura la ville d'un camp de baraques où son armée se reposa de ses fatigues, en attendant que la famine obligeât les Calaisiens à se rendre.

Philippe mit près d'un an à rassembler une nouvelle armée; elle partit enfin d'Amiens au milieu de juillet 1347, mais ne put réussir à forcer le camp retranché d'Édouard ; et Calais, voyant sa dernière espérance s'évanouir par cette infructueuse tentative, et ayant consommé toutes ses provisions, implora la générosité du roi d'Angleterre (31 août).

Édouard, irrité d'une aussi longue résistance, qui coûtait à son trésor 337 000 livres sterling, demanda d'abord que toute la population se rendît à discrétion ; puis, cédant aux instances de son entourage, il exigea seulement que six bourgeois de la ville vinssent, en chemise et la corde au cou, lui apporter les clefs du château et se remettre à sa volonté.

Cette décision jeta la consternation dans la ville. La population s'assembla aux halles, et il se trouva six bourgeois des plus riches qui se dévouèrent pour expier la colère du roi d'Angleterre et assurer par leur supplice le salut des habitants de Calais.

Le premier qui s'offrit fut Eustache de Saint-Pierre. Son exemple fut suivi par Jean d'Aire, puis par Jacques de Vissant et son frère Pierre de Vissant; l'histoire n'a pas consacré le nom des deux autres.

Tous les six se rendirent à la tente où le roi les attendait. Sa colère s'augmenta de leur contenance résolue et de la noblesse qu'ils conservaient tout en étant à genoux devant lui; par deux fois, malgré les supplications de tous ses barons, qui pleuraient en lui demandant la grâce des otages, il ordonna leur mort. Il céda pourtant aux prières de sa femme, qui venait d'arriver d'Angleterre, et abandonna, quoique à regret, les prisonniers à son bon plaisir. Inutile de dire que la reine leur rendit la liberté.

Ils partagèrent le sort de leurs compatriotes; tous furent chassés de la ville et leurs maisons distribuées aux chevaliers anglais et à des familles qu'Édouard fit venir de son pays.

Philippe donna asile aux habitants de Calais dans les villes de son domaine, et chercha à adoucir leur misère en leur octroyant des priviléges et même des portions de son propre bien; mais le roi d'Angleterre fit encore plus pour eux, car il laissa rentrer dans leur patrie tous ceux qui le voulurent, et y rappela même Eustache de Saint-Pierre, en lui rendant tous ses biens et lui donnant de plus une pension, afin qu'il maintînt le bon ordre dans Calais.

Dernières années de Philippe de Valois.

Épuisés par leurs guerres, désolés par les ravages de la peste noire, qui faisait le tour de l'Europe en dépeuplant tous les États, les deux rois acceptèrent la médiation du pape Clément VI et signèrent, le 28 septembre 1347, une trêve pour eux et leurs alliés, qui devait durer dix mois et laissait chacun en possession de ce qu'il avait.

Édouard garda donc Calais, mais Philippe s'agrandit d'un autre côté. Il utilisa les impôts énormes qu'il prélevait sur son peuple, notamment la gabelle qu'il inventa en donnant au gouvernement le monopole du sel, à des acquisitions territoriales. C'est ainsi qu'il acheta en 1348, du roi de Majorque, la seigneurie de Montpellier; qu'il paya l'année suivante à Humbert II, dauphin du Viennois, las d'une vie de débauches, criblé de dettes et à moitié fou, 120 000 florins pour qu'il remît à son petit-fils Charles les insignes de la souveraineté du Dauphiné.

Après ce jeune prince, qui fut plus tard Charles V, il passa en coutume d'attribuer cette souveraineté aux fils aînés des rois de France, et c'est pour cela qu'on les appela dauphins.

Cette acquisition était extrêmement importante, parce que la nouvelle province donnait à Lyon la ligne des Alpes comme défense naturelle. Philippe essaya d'annexer la Provence, mais ses négociations avec Jeanne de Naples, plus célèbre par ses crimes que par la protection éclairée qu'elle accorda à Pétrarque et à Boccace, n'aboutirent pas.

Il mourut le 22 août 1350, à l'âge de cinquante-sept ans, après avoir prolongé de trois années sa trêve avec le roi d'Angleterre.

Règne de Jean le Bon (1350-1364).

Le nouveau roi, que nous avons déjà vu mêlé aux guerres du règne précédent, sous le nom de duc de Normandie, avait

Les bourgeois de Calais (1347).

trente et un ans, lorsqu'il succéda à son père. Depuis longtemps associé aux affaires, il était, comme Philippe, brave, impétueux, orgueilleux, ignorant et cruel, et de plus galant et prodigue, à ce point qu'il donna 50 000 écus à un de ses chevaliers, sans s'inquiéter qu'en ce moment le trésor était à sec.

Comme son père, il eut recours à tous les expédients pour se procurer de l'argent, et altéra tellement la valeur des monnaies que le marc d'argent varia en quelques mois de 5 livres 5 sols à 11 livres.

Ce roi, que l'histoire appelle le Bon, sans que sa vie en explique la raison, commença son règne par un assassinat. Le connétable, comte d'Eu et de Guines, qui avait été fait prisonnier par les Anglais, était venu en France pour amasser sa rançon. Jean le fit arrêter au Louvre et exécuter deux jours après, parce que le bruit courait qu'il allait vendre à Édouard le château de Guines pour payer sa liberté.

La garnison, indignée de ce crime, livra le château aux Anglais. La trêve entre les deux rois fut rompue, et ils se préparèrent à la guerre.

Les hostilités recommencèrent en Bretagne, mais les armées royales n'y intervinrent point. Ce ne furent que des siéges, des surprises, des rencontres partielles, au nombre desquelles il faut citer le combat des Trente (1351), espèce de duel à outrance où trente chevaliers bretons, commandés par Beaumanoir, défirent trente chevaliers anglais aux ordres de Branborough, dans les environs de Ploërmel, près du chêne de Mi-Voie, et qui eut en France autant de retentissement qu'une bataille rangée; mais tous ces combats sans importance réelle restèrent sans résultats.

La guerre que préparait le roi d'Angleterre était plus sérieuse. Jean, qui n'avait pas trop de toutes ses forces pour lutter, se fit un ennemi de plus. Ce fut Charles le Mauvais, roi de Navarre et comte d'Évreux, qui se prétendait des droits à la couronne de France, comme héritier de sa mère, Jeanne, fille de Louis le Hutin. Il réclama énergiquement non pas le trône, mais la Champagne qu'il disait lui appartenir, et surtout l'Angoumois que Jean venait de donner à son nouveau connétable, Charles de La Cerda, que toute la noblesse haïssait parce qu'il était le favori du roi.

N'obtenant aucune réponse, il fit assassiner le connétable. Jean saisit ses fiefs de Normandie, et Charles passa en Angleterre, où Édouard lui donna le commandement d'une armée qui débarqua à Cherbourg, pendant que lui-même prenait terre à Calais et que son fils le prince Noir faisait voile pour Bordeaux.

Cette dernière armée fut seule redoutable, car Jean parvint à désarmer Charles de Navarre en lui faisant des concessions et en lui donnant sa fille en mariage, et Édouard fut obligé de repasser la Manche pour repousser une invasion des Écossais. Quant au prince de Galles, qu'on appellait déjà le prince Noir, il ravagea le Languedoc, pilla Castelnaudary, Carcassonne, Limoux et cinq cents villages ou châteaux; passant et repassant la Garonne, et même devant Toulouse, avec mille charrettes portant son butin, sans être inquiété par le comte d'Armagnac, gouverneur de la province, qui n'avait pourtant qu'un ban à publier pour appeler sous son drapeau les comtes de Bourbon, de Foix, de Ponthieu et de Clermont.

États généraux de 1355.

Les grands seigneurs devenant trop prudents, Jean, irrité de leurs trahisons et voyant ses ressources épuisées par une campagne désastreuse, se décida, malgré ses répugnances, à réunir à Paris les États généraux de la Langue d'oui, pour leur demander les moyens de continuer la guerre.

Les trois ordres délibérèrent ensemble, et Jean obtint plus qu'il n'avait demandé, à savoir 30.000 gens d'armes, 70 000 fantassins et cinq millions de livres parisis pour les payer pendant une année; mais ils firent leurs conditions.

Cette fois, les députés s'enhardirent. Ils imposèrent des réformes, notamment l'établissement d'une monnaie invariable, à 4 livres 12 sous le marc d'argent au lieu de 18 livres, et la suppression du droit de prise par les officiers du roi qui, sous prétexte du service de sa maison, pillaient les fermes et les hameaux dans les voyages de la cour; et, indignés du gaspillage auquel étaient livrées les finances de l'État, ils voulurent que la somme votée demeurât jusqu'au parfait emploi entre les mains des receveurs particuliers des États, qui n'en seraient comptables qu'envers les États généraux et devraient justifier que la totalité du subside avait été employée à la guerre.

Quant à l'argent, il devait entrer dans les caisses des États au moyen d'une gabelle sur le sel et d'un droit de 8 deniers pour livre sur toute marchandise vendue. Ces deux impôts furent déclarés communs aux trois ordres, et le roi, la reine et les princes du sang s'engagèrent à le payer; malheureusement le dernier était impraticable, et il fut remplacé par une contribution foncière, si mal répartie, que les pauvres avaient plus à payer que les riches.

Quelque piètre résultat matériel qu'eussent ces ordonnances, leur existence même fait entrer la Constitution française dans une ère toute nouvelle; le roi partage maintenant la souveraineté avec les États, l'égalité entre les trois ordres est reconnue, la nation a la libre disposition des impôts, en perçoit le montant, en surveille l'emploi, les charges sont égales, les droits tendent à le devenir. C'était une véritable révolution, et, du premier coup, les États de 1355 allèrent plus loin qu'on n'est encore allé dans aucune monarchie constitutionnelle.

Le nouvel impôt déplaisait fort à la noblesse, et plusieurs barons, qui trahissaient la France pour l'Angleterre, notamment Charles le Mauvais, empêchèrent sa perception sur leurs terres; furieux de voir son autorité combattue, Jean, qui n'avait point oublié ses anciens griefs contre le roi de Navarre, résolut de se venger de lui et de punir les traîtres; il profita d'un festin que donnait à Rouen son fils Charles, duc de Normandie, pour venir lui-même, bien accompagné, arrêter Charles le Mauvais, le comte d'Harcourt, les seigneurs de Graville, de Maubué et Olivier Doublet; ces quatre derniers furent décapités sans procès. Le roi de Navarre fut traîné de prison en prison et les troupes royales occupèrent ses États.

Bataille de Poitiers.

Jean était occupé au siége de Breteuil, qui faisait mine de résister, quand il apprit que le prince Noir recommençait ses ravages en Languedoc; il culbuta l'armée anglaise, commandée par le duc de Lancastre, qu'Édouard lui avait opposée en Normandie, et rassembla à Chartres une nombreuse armée, avec laquelle il passa la Loire.

Le prince de Galles n'avait que 2 000 hommes d'armes et 6 000 archers; c'était assez pour piller le Rouergue, le Limousin, l'Auvergne et le Berry, mais non pour livrer une bataille rangée aux cinquante mille hommes que commandait le roi de France, accompagné de ses quatre fils, de vingt-six ducs ou comtes et de cent quarante-quatre bannerets ; aussi résolut-il d'éviter le combat ; mais il s'attarda au pillage de Romorantin et n'eut pas le temps de regagner Bordeaux, dont Jean lui fermait la route près de Poitiers.

La petite armée anglaise était dans une situation désespérée. Point d'issue vers la Guyenne, la Loire à dos, un pays dévasté pour se nourrir : il fallait se rendre ou combattre. Le prince de Galles prit ce dernier parti, se choisit un camp à Maupertuis (à deux lieues de Poitiers), sur le sommet d'un coteau plein de haies, de buissons et tout planté de vignes, par conséquent impraticable à la cavalerie et favorable à un combat de tirailleurs ; il s'y fortifia de palissades et de fossés, se servant de ses chariots comme de remparts derrière lesquels étaient cachés ses archers, et fit de son camp une véritable redoute, à laquelle on ne pouvait arriver que par un sentier bordé de haies, où trois cavaliers ne pouvaient pas marcher de front.

C'est dans cette position, et après avoir embusqué derrière une colline qui séparait les deux armées six cents de ses meilleurs cavaliers, qu'il attendit l'armée française (16 septembre 1356).

Jean pouvait, devait ne pas combattre ; il avait assez de monde pour investir le camp anglais et le prendre par la famine, mais il voulait venger la honte de Crécy, et rendit inutile la médiation des légats qui voulurent empêcher le combat, en refusant la proposition du prince de Galles qui consentait à rendre ses conquêtes et ses prisonniers et à ne pas servir contre la France pendant sept ans ; il voulait que le prince Noir se constituât prisonnier avec cent chevaliers : c'était pousser le cri de bataille.

L'armée se disposa en trois divisions : l'aile gauche était commandée par le duc d'Orléans, frère du roi, le centre par les fils du roi, et la réserve par le roi lui-même ; quoiqu'on connût très-bien la position de l'ennemi, au lieu de la tourner, on essaya de l'enlever ; trois cents hommes d'armes s'engagèrent dans le sentier et furent massacrés par les archers, cachés dans les haies qui le bordaient ; la cavalerie qui suivait, troublée par cette attaque, se rejeta sur la gauche et la mit en désordre ; au même moment, l'embuscade des six cents chevaliers anglais fondit sur le centre et le mit en déroute ; ce que voyant, le prince de Galles descendit le coteau avec sa cavalerie et culbuta la gauche, qui imita l'exemple de l'armée du centre.

Ces paniques sont inexplicables autrement que par la trahison ; car il était difficile de croire que la chevalerie française fût devenue assez lâche pour fuir devant une poignée d'ennemis après un premier choc.

Il ne restait plus que le corps d'armée du roi ; il était de force à vaincre, mais le désarroi était partout. Jean lui-même perdit la tête au point de faire mettre pied à terre à ses chevaliers, se souvenant malheureusement que la cavalerie était cause du désastre de Crécy, et combattit à pied comme tout le monde ; il y eut là de grands actes de bravoure, notamment de la part du roi, qui, accompagné de son plus jeune fils, Philippe, se battit comme un lion ; mais il fallut céder, n'ayant plus de chevaliers autour de lui, tous étant mort ou prisonniers. Le prince de Galles, qui avait perdu la moitié de sa petite armée, le traita avec la plus humble courtoisie et se hâta de mettre ses prises en sûreté à Bordeaux ; car, chose honteuse pour la France, et qui porta le dernier coup au prestige de l'aristocratie, il emmenait 13 comtes, un archevêque, 70 barons et 2 000 chevaliers, sans compter les soldats, et, comme ce nombre l'inquiétait, il en mit en liberté le plus qu'il put, sous promesse de rançon, et s'enfuit à Londres avec son royal captif.

Étienne Marcel.

A la nouvelle de cette honteuse défaite, l'indignation fut extrême par toute la France; le peuple s'indigna contre la noblesse qui avait la prétention de défendre le pays et qui ne savait plus que perdre des batailles, et les chevaliers qui s'étaient enfuis du champ de de bataille, et qu'on accusait tout haut de trahison, n'osèrent plus rentrer dans

États généraux de 1356-1357.

les villes. Quant au roi, personne ne s'en prenait à lui; il avait été très-brave; on le plaignait, mais on faisait d'avance le procès de ses conseillers.

Paris, qui depuis Philippe IV avait acquis une telle influence politique par son parlement si respecté, son université si célèbre et sa bourgeoisie si riche, qu'il tendait déjà à envoyer aux provinces leur histoire toute faite, en prenant seul les décisions qui intéressaient tout le royaume, Paris fut d'abord consterné, croyant voir l'ennemi à ses portes; mais bientôt il reprit courage à la voix de son prévôt des marchands, Étienne Marcel, homme d'une des plus anciennes famille de la ville et dont les ancêtres avaient toujours occupé un rang élevé dans la corporation des drapiers.

Marcel voulut sauver Paris, et montrer à la France qu'elle pouvait se défendre elle-même. Déployant une activité prodigieuse et agissant en souverain, il doubla les fortifications de Paris, garnit les murailles de canons, fit forger d'énormes chaînes pour fermer la Seine et barrer les rues pendant la nuit, organisa les milices bourgeoises, en divisant la ville par quartiers, cinquantaines et dizaines, dont les chefs recevaient les ordres de la municipalité, et tout cela fut fait si vite, qu'il était déjà à la tête de 20 000 hommes quand le dauphin Charles, affaibli par la maladie de langueur dont il souffrait depuis l'enfance et honteux de sa lâcheté, qui avait été l'une des causes du désastre de Poitiers, rentra en fugitif dans Paris; il prit le titre de lieutenant général du royaume et convoqua pour le 17 octobre les États généraux, qui ne devaient se réunir qu'au mois de novembre.

États généraux de 1356.

Cette assemblée, véritable représentation nationale, se composait de 800 membres, dont 400 députés des villes, présidés par Étienne Marcel. Le tiers état y était d'autant plus en majorité que le clergé, dont le président d'ordre était Robert Lecoq, évêque de Laon et président au parlement de Paris, faisait cause commune avec lui et que la noblesse, annulée sous le poids de sa honte, n'osait élever la voix.

Après délibération, les États accordèrent à la royauté un subside d'un décime et demi sur tous les revenus des trois ordres, pendant un an, aux conditions suivantes :

1° Destitution et mise en jugement du chancelier, du trésorier, du maître des monnaies, du maître de l'hôtel du roi, et de plusieurs autres ministres convaincus de malversations dans les finances, altération des monnaies, etc.;

2° Mise en liberté du roi de Navarre, arrêté dans un guet-apens;

3° Institution d'un conseil composé de 12 prélats, de 12 seigneurs et de 12 bourgeois, élus par les États, pour assister désormais le prince dans l'administration du royaume;

4° Rétablissement des anciennes libertés féodales et communales, comme avant Philippe le Bel.

Le dauphin, effrayé de ces exigences, ajourna l'assemblée et il n'y eut rien de fait.

Mais l'anarchie était dans le royaume; les seigneurs prisonniers de Poitiers et renvoyés sur parole pour chercher leur rançon pressuraient cruellement leurs vassaux pour trouver de quoi la payer; ils firent plus encore : ils se mirent à la tête des bandes d'aventuriers de toutes nations qui pillaient les routes et les campagnes, brûlaient les chaumières et torturaient les paysans, pour recommencer le brigandage organisé comme aux plus mauvais jours de la féodalité; alors les campagnes se dépeuplèrent, les paysans se réfugièrent dans les villes, dans les îles des fleuves et dans les souterrains, où ils s'entassaient avec leurs outils et leurs bestiaux.

Pour mettre le comble à cette misère, Charles, qui ne voulait pas rappeler les États et qui avait cependant besoin d'argent pour gouverner, se décida à altérer les monnaies.

Aussitôt Paris s'émut et, par l'ordre de Marcel, tous les métiers s'arrêtèrent. Le dauphin eut peur, retira ses monnaies qu'on refusait du reste partout et convoqua de nouveau les États, en promettant de faire droit à leurs demandes.

États généraux de 1357.

Les États se réunirent le 5 février 1357; les trois chefs d'ordres, Étienne

Marcel, Robert Lecoq et Jean de Picquigny, présentèrent les cahiers des doléances arrêtées à la dernière session et en demandèrent la communication aux états de chaque province ; un mois suffit à cette formalité et les cahiers revinrent en quelque sorte munis de l'approbation nationale.

Le 3 mars, à l'assemblée générale que le dauphin présida au palais, l'évêque de Laon porta la parole et proposa soixante et un articles, contenant toutes les conditions faites déjà par les États généraux de 1355 et de 1356.

Quand il eut parlé, Jean de Picquigny au nom des nobles, un avocat d'Abbeville au nom des communes, et Étienne Marcel au nom des bourgeois de Paris, approuvèrent ses demandes, et le dauphin, pour avoir une armée de trente mille hommes et l'argent nécessaire à la rançon de son père, fut obligé de rendre la grande ordonnance de mars 1357, qui ratifiait toutes les exigences des États.

Puissance de Marcel.

Les mesures adoptées par les États généraux étaient presque toutes excellentes, mais le moment était mal choisi : ce n'était pas en face de l'Anglais victorieux qu'il fallait faire une réforme politique, qui n'était en somme que les désirs de la bourgeoisie de Paris, et la France le fit bien voir en ne venant pas à son secours quand elle fut obligée de combattre pour défendre l'œuvre des États généraux.

Il était, du reste, impossible d'espérer que la royauté, absolue depuis cinquante ans, consentirait à abdiquer ; aussi, dès le 6 avril, le dauphin, par ordre de son père, défendit à tous ses sujets de payer l'impôt décrété par les États. Il est vrai qu'il révoquait cette ordonnance le surlendemain ; mais quelques jours après il signifia à Marcel et aux échevins qu'il ne voulait plus de curateurs et congédia le conseil des Trente-six, qui se sépara sans résistance. Enfin, le 22 février 1358, s'appuyant sur les anciens ministres et sur la noblesse qui se groupait de nouveau autour de lui, il rendit une ordonnance pour altérer les monnaies.

C'était l'acte d'autorité qui pouvait le plus déplaire aux bourgeois ; le lendemain, Marcel assembla en armes tous les corps de métiers qui portaient comme insigne un chaperon aux couleurs de Paris, mi-parti rouge et bleu, et leur conseilla de tuer les traîtres qui entouraient le roi. Sa proposition fut acceptée d'acclamation : toutes les milices se réunirent au son du beffroi, pendant que Marcel, à la tête d'une compagnie bourgeoise, envahissait l'hôtel Saint-Paul où demeurait le dauphin. Il monta jusqu'à sa chambre et fit massacrer sous ses yeux les maréchaux de Champagne et de Normandie, ses principaux conseillers, qui s'y étaient réfugiés avec lui.

Charles crut qu'on en voulait à sa vie et pria Marcel de l'épargner ; le prévôt l'assura qu'il ne courait aucun danger, mais cependant lui mit sur la tête son chaperon rouge et bleu et prit le sien qu'il porta toute la journée.

Dès lors Marcel se crut maître de la France ; il ne l'était que de Paris : les députés des autres villes, irrités du meurtre des deux maréchaux qui leur semblait inutile et qui avait soulevé toute la noblesse, abandonnèrent peu à peu sa cause ; la plupart des membres du conseil des Trente-six, même ceux du tiers état, car la noblesse s'était retirée et le clergé n'y paraissait plus, refusèrent de se réunir. Le prévôt les remplaça tous par des bourgeois de Paris et essaya de gouverner ; il fut cependant obligé de laisser les États généraux décerner au dauphin le titre de régent du royaume, qui du reste ne le gênait en rien; mais ce titre servit beaucoup Charles, car les états provinciaux se divisèrent et la plupart se prononcèrent pour lui. Le dauphin, qui s'était déjà enfui à Meaux, encouragé par cette résistance, accepta les offres de service que la noblesse, avide de vengeance, lui faisait contre les rebelles de Paris.

La guerre civile commença. Marcel s'empara du Louvre, continua les fortifications de Paris et prit à sa solde des compagnies de Navarrais et de Brabançons.

Le dauphin réunit sous sa bannière sept mille lances et, avec une armée de trente mille pillards, intercepta la Seine et la Marne, ravagea les campagnes jusqu'aux murs de Paris et proposa aux bourgeois une amnistie complète, qui ne fut pas acceptée, parce qu'il fallait livrer Marcel à la merci du vainqueur.

La Jacquerie.

Les paysans, poussés à bout par les brigandages des seigneurs que nous avons vus commencer après la bataille de Poitiers, enhardis par la guerre que se faisaient la bourgeoisie et la royauté, se soulevèrent à leur tour. C'était sur eux surtout que portait le poids des malheurs du pays. N'ayant plus rien à perdre, puisque la plupart étaient réduits à vivre sous terre, ils résolurent de se venger, se réunirent en masse, se donnèrent pour roi Guillaume Caillet, qu'ils appelèrent *Jacques Bonhomme*, du nom que les seigneurs donnaient par dérision à leurs souffre-douleurs, et commencèrent à attaquer les châteaux, à massacrer les habitants, à violer les femmes et à brûler les enfants, afin de rendre coups pour coups à cette noblesse qu'ils exécraient.

Dans la Champagne et la Picardie seulement, les *Jacques* étaient plus de cent mille et s'étaient promis d'en finir avec les seigneurs. Ceux-ci, d'abord surpris, s'armèrent à leur tour, s'unirent par esprit de caste, et alors commença une guerre atroce, sans pitié, sans merci.

Les *Jacques* vinrent assiéger Meaux, où s'étaient réfugiées presque toutes les châtelaines de la province; malgré le secours de deux mille hommes que leur envoya Marcel, qui voyait en eux des alliés, malgré l'appui des bourgeois de Meaux, ils durent abandonner le siège, à moitié détruits par le comte de Foix, Gaston Phébus, accouru du Midi avec son armée (9 juin 1358).

Charles le Mauvais et le captal de Buch achevèrent de les disperser. Ils les battirent en plusieurs rencontres, prirent leur roi et le firent pendre avec trois mille des siens, après l'avoir couronné, par dérision, d'un trépied de fer rouge.

Enfin, au bout de six semaines, les campagnes étaient rentrées dans la soumission, mais elles étaient ravagées et dépeuplées.

Mort de Marcel.

Marcel, sentant bien qu'il ne pouvait pas faire une révolution avec la seule bourgeoisie, avait compté sur l'appui des Jacques; les voyant détruits, il se rabattit sur leur ennemi le plus acharné. Il appela dans Paris le roi de Navarre, lui livra le trésor de la ville et lui fit déférer le titre de capitaine général du royaume (15 juin).

Un prince aussi ambitieux, qui ne rêvait rien moins que la couronne, était un dangereux allié; son premier acte

Marcel et le dauphin (23 février 1358).

fut une trahison... Sommé de marcher contre le dauphin qui s'avançait du côté de Charenton et de Saint-Maur, il sortit de Paris avec son armée, mais ce fut pour traiter avec Charles, auquel il promit de livrer Paris et Étienne

Marcel, moyennant pleine satisfaction sur tous ses griefs et 400 000 florins (3 juillet).

Les Parisiens eurent vent de cette menée, et ils le chassèrent de la ville avec ses Anglais et ses Gascons; il s'en alla camper à Saint-Denis, ravagea les campagnes et se fit payer de grosses sommes par les deux partis pour arrêter les pillards que lui-même conduisait.

La situation de Marcel commençait à être inextricable; il n'avait plus d'argent, plus de vivres, plus de garnison, et il était inquiet pour sa vie; car il était devenu suspect aux bourgeois de son parti, et rien ne le défendait plus contre ceux qui conspiraient presque ouvertement pour la cause du dauphin; croyant sauver la Révolution, il prit la résolution extrême de la mettre sous la sauvegarde d'une royauté de son choix. Il offrit la couronne à Charles le Mauvais, et promit de lui livrer la Bastille et la porte Saint-Denis, dans la nuit du 31 juillet; mais l'échevin Maillard, son compère, son ancien ami, sur lequel il comptait le plus, répondit à ce complot par un autre complot. Il réunit les chefs du parti royaliste, Pépin des Essarts et Jean de Charny, et au moment où Étienne Marcel changeait la garde de la porte Saint-Denis, il tomba sur lui et le tua avec six des principaux magistrats.

Le surlendemain, le dauphin rentrait dans Paris avec un grand nombre de chevaliers et de gens d'armes; aussitôt les vengeances commencèrent. Tous les amis de Marcel, tous les magistrats de la Commune, tous les partisans de la liberté, furent proscrits, dépouillés de leurs biens, ou moururent sur l'échafaud. Jean de Picquigny fut assassiné, et Robert Lecoq, évêque de Laon, ne sauva sa vie qu'en se réfugiant auprès du roi de Navarre; qui continua encore quelque temps la guerre civile et finit par se soumettre au dauphin et même par entrer dans son conseil, en promettant d'être « bon Français ».

Ainsi se termina cet essai informe de gouvernement populaire, qui ne laissa ni un débris d'institution démocratique ni une garantie de liberté, parce que rien ne l'avait préparé, et parce qu'il ne s'appuyait que sur une ville, et non sur la nation, parce qu'enfin il était en avance de plusieurs siècles sur la maturité des esprits.

Nouvelle invasion des Anglais.

La royauté était rétablie, mais la situation du royaume semblait désespérée; des guerres intestines éclataient de tous côtés: les seigneurs contre les vilains, et les routiers, brigands de toutes nations, que l'on commençait à désigner sous le nom de Grandes Compagnies parce qu'ils marchaient maintenant en armées, contre tout le monde.

Le pays était dévasté, et les habitants des campagnes faisaient de leurs clochers des forteresses, ou se retiraient dans les souterrains qu'ils s'étaient creusés; quand l'ennemi qui les menaçait était trop nombreux.

C'est ce moment que choisirent les Anglais pour faire une nouvelle invasion, et voici à quelle occasion.

Jean, fatigué de la royale hospitalité qu'il recevait à Windsor, avait traité avec son vainqueur, mais à des conditions si onéreuses (il abandonnait près de la moitié de la France, et quatre millions d'écus d'or pour sa rançon personnelle), que le dauphin ne voulut pas les accepter. Il eut le courage de réunir les États généraux; les députés furent peu nombreux à cause de l'anarchie qui régnait partout et empêchait les voyages, mais ils furent de l'avis de Charles (19 mai 1359), qui profita de leurs bonnes dispositions pour leur faire abolir tous les actes de l'administration d'Étienne Marcel et réhabiliter les vingt-deux ministres et grands-officiers dont il n'avait jamais consenti à se séparer.

Jean fut très-irrité de cette décision, qui annulait son autorité en prolongeant sa captivité, et Édouard en profita pour déclarer la trêve rompue et proposer une nouvelle expédition.

Le dauphin n'arma pas; après tant de revers, il ne voulait pas risquer de batailles, espérant que les Anglais s'useraient à parcourir des provinces dévastées ; il envoya seulement des capitaines dans les villes, qui enrôlèrent les Grandes Compagnies pour leur défense individuelle.

Édouard débarqua à Calais le 28 octobre 1359 avec ses quatre fils, les plus grands seigneurs du royaume, six mille hommes d'armes, une armée considérable, et six mille charrettes chargées de bagages et d'approvisionnements.

Il traversa la Picardie et la Champagne, se dirigea vers Reims où il voulait se faire sacrer; mais les habitants se défendirent avec tant de courage qu'il fut obligé de lever le siége au bout de sept semaines. Il descendit alors en Bourgogne, où il ne trouva pas à guerroyer, la reine de France, qui gouvernait cette province pour son fils du premier lit, Philippe de Rouvre, ayant acheté sa neutralité au prix de deux cent mille écus d'or.

Pendant ce temps, une guerre cruelle se faisait sur la Manche; les vaisseaux français balayèrent la mer, brûlèrent des villes et jetèrent la terreur sur toute la côte anglaise. Édouard voulut se hâter d'en finir, d'autant plus que son armée, qui se décimait par les maladies, était harcelée par les paysans, et marquait partout son passage par de nombreux cadavres.

Il vint droit sur Paris, et campa à Bourg-la-Reine, espérant contraindre le dauphin à accepter une bataille définitive. Ce dernier s'en garda bien, car il constatait la réussite de son plan. Il était sûr que le temps ferait plus contre l'armée anglaise que tous les efforts de sa chevalerie; il ne s'inquiéta pas des cris qui s'élevaient dans Paris contre sa couardise, et laissa Édouard continuer sa route vers la Beauce, où il n'y avait plus rien à piller.

Cette marche sur Chartres fut un désastre pour l'armée anglaise : un orage terrible qui détruisit le camp d'Édouard le décida à céder aux conseils de ses seigneurs, et à signer la paix de Brétigny (1er mars 1359), par laquelle il renonçait à la couronne de France, mais recevait en suzeraineté directe l'Aunis, le Poitou, l'Angoumois, la Saintonge, le Limousin, le Périgord, le Quercy, le Rouergue, l'Agénais, le Bigorre, et, dans le Nord, le Ponthieu, Calais et Guines.

Par ce traité, le plus humiliant qu'eût jamais signé la France, et qui fut pourtant accueilli avec transport, tant la misère était grande, la rançon du roi était fixée à trois millions d'écus, payables en six ans ; et Édouard avait en garantie le frère de Jean, deux de ses fils, vingt seigneurs et quarante bourgeois, qui passèrent en Angleterre comme otages.

Quant aux provinces promises, on les livra au vainqueur; mais il ne put guère y exercer qu'une souveraineté nominale; presque toutes protestèrent énergiquement de l'abandon qu'en faisait Jean contre son droit, et le sentiment national, engendré par la haine contre les Anglais, sortit plus épuré, plus vivace, du sein de nos calamités.

Dernières années de Jean le Bon.

Le roi Jean revint en France sitôt qu'on put réunir l'argent du premier terme de sa rançon, c'est-à-dire le 25 octobre. Cet argent venait de Jean Galéas Visconti, le plus féroce tyran de l'Italie, qui, par un traité honteux pour la famille de France, venait d'acheter six cent mille florins la main d'Isabelle, fille du roi, pour son fils.

Il en fallut trouver d'autre, et ce n'était pas chose facile : tout le pays était ruiné par les dernières guerres, ravagé à nouveau par les Grandes Compagnies, et décimé par le retour de la peste noire, qui emporta d'un coup la reine de France et son fils Philippe de Rouvre, duc de Bourgogne.

Les nouveaux impôts que décréta Jean, dès le 5 décembre, ne produisirent rien. Il eut recours aux expédients, emprunta aux Lombards, vendit aux Juifs le droit de rentrer en France et des priviléges nouveaux, révoqua toutes les donations faites par les rois jusqu'à Philippe le Bel.

Avec les ressources qu'il se procura ainsi, le roi ne pensa même pas à chasser les Grandes Compagnies, devenues si redoutables qu'elles venaient de vaincre la noblesse dans une bataille rangée, à Brignois, où était mort Jacques de Bourbon, comte de la Marche, en compagnie de son fils et des seigneurs du Forez, de Châlons et du Beaujolais. Il se rendit en grande pompe, s'arrêtant de ville en ville, prendre possession du duché de Bourgogne, qu'il arrachait, comme héritier plus direct de son beau-fils, aux prétentions du turbulent Charles le Mauvais.

Ensuite il descendit à Avignon, où il resta six mois dans les fêtes, projetant un troisième mariage avec la célèbre Jeanne de Naples ; il y fit même au pape une promesse qu'il était incapable de tenir, celle d'emmener dans une croisade les Grandes Compagnies, qui avaient déjà rançonné dix fois le souverain pontife.

Sur ces entrefaites, le duc d'Anjou, son deuxième fils, qui était retenu en otage en Angleterre, s'échappa et refusa d'y retourner. Jean, par un sentiment qui l'honore, s'il est vrai qu'il ait prononcé ces belles paroles : « Quand la bonne foi serait bannie du reste de la terre, on devrait la retrouver du moins dans le cœur des rois, » se rendit à Londres pour reprendre ses fers, qui, il faut en convenir, n'étaient pas bien lourds à porter, puisqu'il y mourut, le 8 avril 1364, des fatigues éprouvées dans les fêtes continuelles que la cour chevaleresque d'Édouard III donnait en son honneur.

Il n'avait que quarante-quatre ans et laissait quatre enfants : Charles, dauphin de France, qui régnait de fait depuis la bataille de Poitiers ; Louis, duc d'Anjou et comte du Maine ; Jean, duc de Berry et comte d'Auvergne et de Poitou, et Philippe le Hardi, d'abord duc de Touraine, auquel il avait cédé son dernier héritage, le duché de Bourgogne, non pas seulement en apanage, ainsi qu'il était d'usage envers les princes du sang, mais en toute propriété pour lui et ses successeurs.

Et comme s'il était dans la destinée de ce roi que tous ses actes seraient funestes à la nation, cette cession faillit, au siècle suivant, causer la ruine de la royauté et de la France.

Règne de Charles V dit le Sage (1364-1380).

Le Dauphin n'avait pas cessé de gouverner la France, même depuis que son père était revenu de captivité ; son avénement au trône ne fut donc qu'une formalité.

Éloigné de toute habitude militaire

DE LA FRANCE 209

Les exploits de Duguesclin. — Duguesclin incendie une machine au siége de Rennes (1356).

par sa faiblesse corporelle, retenu dans ses châteaux par son état maladif, nul prince pourtant ne fit plus la guerre que lui et ne la fit plus heureusement. Grâce à l'habile direction qu'il savait donner aux affaires du fond de son cabinet, grâce à la vaillance des capitaines qu'il sut faire asseoir sur les marches de son trône, il montra que les Anglais n'étaient pas invincibles et que le traité de Brétigny ne pèserait pas longtemps comme une honte sur la France.

C'est au succès qui couronna presque toutes ses entreprises, succès préparé par sa connaissance des affaires, son appréciation des hommes, sa profonde dissimulation, son esprit de finesse et de temporisation, qu'il dut le surnom de *Sage* que l'histoire lui a décerné.

Il ne fut pas plutôt roi, qu'il pensa à se venger de Charles de Navarre qu'il avait toujours trouvé sur son chemin; et qui, en ce moment même, réclamait le duché de Bourgogne, et s'empara par trahison de Mantes et de Meulan. Charles le Mauvais prit à sa solde des compagnies d'aventure sous les ordres de Jean de Grailly, captal de Buch. Le roi lui opposa des troupes de même nature, commandées par Bertrand Duguesclin, le plus célèbre des capitaines d'aventuriers de cette époque où les Grandes Compagnies paraissaient avoir le monopole de la vaillance.

C'était un gentilhomme breton d'une laideur extrême, mais d'une bravoure à toute épreuve et d'une force corporelle prodigieuse; ignorant et brutal, il était généreux envers ses compagnons et intrépide dans la mêlée. Sa réputation datait du siége de Rennes (1356), où, par une de ces ruses dans lesquelles il était si habile qu'il en inventait constamment, il avait incendié les machines de guerre de l'ennemi.

Il fut si complétement vainqueur à la bataille de Cocherel (16 mai 1364), que le captal fut fait prisonnier et John Joël, qui commandait les Anglais, tué. Le Navarrais se hâta de traiter et d'abandonner toutes ses possessions en Normandie contre la seigneurie de Montpellier qu'on lui promit.

La guerre durait toujours en Bretagne, les deux rois s'étant réservé le droit de soutenir les prétendants sans pour cela rompre toute trêve. Charles V envoya Duguesclin avec mille lances au secours de Charles de Blois; l'Anglais rendit la politesse à Jean de Montfort, en le renforçant d'une armée commandée par Chandos.

Une bataille décisive se livra à Auray (20 septembre 1364). Charles de Blois y perdit la vie, et Duguesclin sa liberté, qu'il ne recouvra qu'en payant une rançon de cent mille livres qu'il n'aurait jamais réunie, tant il était pauvre, si les dames de Bretagne ne s'étaient cotisées pour la lui fournir. Jeanne de Blois fut contrainte de signer le traité de Guérande (11 avril 1365), par lequel elle abandonnait le duché de Bretagne à Jean de Montfort, recevant en échange le comté de Penthièvre, la vicomté de Limoges et quarante mille livres de rentes sur les revenus du duché.

Charles V ratifia ce traité et accepta l'hommage du nouveau duc de Bretagne, mais il prit à sa solde tous les seigneurs du parti de Blois et lui en débaucha même quelques-uns des siens, et notamment Olivier de Clisson.

Expéditions d'Espagne.

Débarrassé de ces deux guerres, Charles s'occupa avec intelligence à remettre de l'ordre dans l'État; il protégea le commerce et les étrangers, donna à ferme la levée des impôts à des Juifs, les seules gens en France qui eussent quelques connaissances financières, établit une police sur les corps de métiers, régularisa l'administration de la justice, fixa les monnaies. Toutes ces ordonnances émanaient directement de lui, car, il était très-savant en droit; il était du reste très-habilement secondé par son ministre principal, Bureau de La Rivière.

Mais il y avait un obstacle insurmontable au retour de la prospérité. La France était désolée par les Grandes Compagnies, qu'on regardait si bien comme une école de courage que la noblesse batailleuse ne rougissait pas d'en faire partie. Charles trouva moyen d'en délivrer le pays.

La Castille gémissait alors sous la tyrannie de Pierre le Cruel, fils d'Alphonse XI, qui avait mérité son surnom en faisant mourir Léonor de Guzman, la maîtresse de son père, ses trois frères germains et sa propre femme, Blanche de Bourbon, belle-sœur du roi de France; elle se souleva à la voix d'un frère naturel de Pierre, Henri de Transtamarre, qui lui disputa la couronne et réclama la protection de la France. Charles V ne laissa pas échapper l'occasion d'éloigner les Grandes Compagnies; il donna le commandement de l'expédition à Duguesclin, qui en quelques jours recevait trente mille aventuriers sous sa bannière, sans compter un grand nombre de chevaliers de France et d'Angleterre qui partirent là comme pour une croisade, car on se promettait de pousser jusqu'à Grenade pour en chasser les Maures.

Aussi, pour commencer saintement l'entreprise, l'armée passa par Avignon et exigea, avec la bénédiction du Saint-Père, deux cent mille livres pour venger, « Notre-Seigneur ».

Le roi de Castille essaya vainement d'assembler une armée, et pendant que son frère était acclamé à Burgos et que Duguesclin, qui avait déployé des talents exceptionnels en maintenant dans le devoir son armée de brigands, était créé connétable de Castille, il passa en Guyenne, où il supplia le prince Noir de le rétablir, lui promettant la Biscaye et 600 000 florins qu'il avait cachés, disait-il, en lieu sûr.

Le prince de Galles, jaloux de la gloire de Duguesclin, dont l'expédition était très-populaire, s'engagea à soutenir, comme roi, Pierre le Cruel qu'il détestait comme homme, et partit avec les mêmes aventuriers dont Duguesclin n'avait pu retenir que deux mille et qui revenaient d'Espagne.

Charles de Navarre, ami de Transtamarre autant qu'il pouvait être l'ami de quelqu'un, fit mine de défendre les Pyrénées; mais, contre l'argent de Pierre, il livra tous les passages.

La bataille se livra entre Najara et Navarette (3 avril 1367), malgré l'avis de Duguesclin, qui était sûr d'anéantir l'armée anglaise par la famine qu'il se chargeait de faire autour d'elle; mais Transtamarre voulait combattre. Son armée ne disputa même pas la victoire, et les Français succombèrent sous le nombre; Duguesclin fut prisonnier encore une fois.

Henri de Transtamarre chassé, Pierre rétabli, le prince Noir se trouvait maître d'une grande partie de l'Espagne; mais il fallait vivre sur ce sol où tout manquait, où les maladies décimaient déjà l'armée anglaise. Les trésors promis par Pierre le Cruel n'avaient jamais existé, et le prince de Galles, qui avait épuisé ses ressources et vendu jusqu'à ses bijoux pour cette expédition, fut obligé de repasser les Pyrénées sans un sou pour payer ses soldats.

Il réunit les états de la province, d'abord à Niort, puis à Angoulême, à Poitiers, à Bergerac, pour obtenir un *fouage* de dix sous par feu, mais les états refusèrent cet impôt.

Bien plus, les comtes d'Armagnac, de Périgord, de Comminges, le sire d'Albret et nombre de barons de la Guyenne protestèrent pour leurs franchises et vinrent à la cour de Charles V se plaindre à lui, comme suzerain, de la conduite du prince de Galles.

Le roi de France temporisa ; il n'avait pas encore fini ses préparatifs de guerre; cependant, quand il eut racheté la liberté de Duguesclin, qu'il envoya aussitôt recommencer la guerre en Espagne; quand il eut entraîné dans son parti le roi de Navarre toujours indécis, renoué soigneusement l'alliance si utile de l'Écosse, il cita le prince de Galles à comparaître, à Paris, devant ses pairs.

Cependant Duguesclin arrivait en Espagne, où Transtamarre avait recommencé la guerre avec son frère sitôt le départ du prince Noir. Il battit complètement Pierre le Cruel à la bataille de Montriel (4 mars 1369), le fit prisonnier et le laissa tuer par Henri de Transtamarre, à la grande joie des Espagnols.

Charles V pouvait aussi s'applaudir de ce résultat, qui lui donnait un allié tout dévoué, dont l'excellente marine allait lui être très-utile, et c'est alors que, se croyant assez fort pour dénoncer l'odieux traité de Brétigny, il envoya un valet de ses cuisines déclarer la guerre à Édouard, qui fut d'autant plus surpris que depuis longtemps le roi de France l'amusait en propositions de paix.

Nouvelle guerre avec l'Angleterre.

Pendant que le roi d'Angleterre préparait une expédition en France, Charles faisait approuver sa conduite par les États généraux assemblés à Paris le 9 mai 1369. — Les pairs du royaume réunis en même temps déclaraient que, puisque le prince de Galles n'avait point comparu à leur ajournement, l'Aquitaine et les autres possessions anglaises en France devaient être confisquées.

Aussitôt toutes les villes, gagnées d'avance, se soulevèrent, les Anglais furent chassés du Quercy par les habitants, le Ponthieu fut soumis en une semaine, et la situation du prince Noir, déjà souffrant de l'hydropisie qui devait l'emporter, était très-précaire quand l'armée de son père débarqua à Calais.

Charles avait envoyé à sa rencontre de nombreux soldats commandés par son frère, le duc de Bourgogne, mais avec ordre absolu de ne pas livrer de bataille, de faire seulement le vide en reculant devant les Anglais pour les affamer et les harceler par des escarmouches. Ces sages mesures eurent un plein succès; les villes étaient bien armées et bien défendues, l'armée d'invasion n'en put prendre aucune, et fut obligée de se rembarquer sans avoir combattu et pourtant diminuée de moitié et ayant perdu le brave Chandos, tué dans une rencontre.

Il en revint une autre en 1370. Le même système fut inexorablement appliqué et eut le même succès. Charles ne s'émut pas de voir devant Paris un corps de routiers commandés par Robert Knolles. Il est vrai qu'en ce moment il venait de donner l'épée de connétable à Duguesclin qui, tout honteux de se voir, lui, capitaine d'aventure, commander aux plus grands seigneurs de France et même aux princes du sang, ne l'accepta qu'à la condition de guerroyer contre l'Anglais. Charles lui permit les petits combats et lui défendit les engagements généraux.

On se battait déjà dans le Midi : le prince de Galles, furieux de voir la cité de Limoges, sur laquelle il comptait le plus, se déclarer française, la mit à feu

LA LOI AU MOYEN AGE. — Annonce d'un nouvel impôt.

et à sang; la ville rendue, il fit même décapiter 3 000 personnes.

Ce dernier exploit fut une grande tache à la gloire militaire du vainqueur de Poitiers, qui, exténué par la maladie, se retira à Bordeaux, de là en Angleterre, où il mourut six ans après.

Première expulsion des Anglais.

Cependant Duguesclin s'était mis en campagne et faisait reculer les bandes de Robert Knolles qu'il battit à Pont-Valain, et dont il rejeta les débris jusqu'en Bretagne ; ensuite il se porta contre le captal de Buch, qu'il prit près de Soubise en 1372, et comme s'il avait à cœur de prouver que les Français ne reculaient pas toujours, il anéantit un troisième corps ennemi près de Chizey, en Poitou (1373).

A cette époque, il ne restait plus au roi d'Angleterre que Thouars, Niort et quelques châteaux ; Poitiers, Angoulême, Saintes et la Rochelle avaient ouvert leurs portes, après la défaite de la flotte anglaise sous les ordres du comte de Pembrocke par celle du roi de Castille qui l'avait presque anéantie, devant la Rochelle, dans une bataille de deux jours.

Édouard s'embarque aussitôt avec son fils et 20 000 hommes ; mais les tempêtes le retiennent dans la Manche. Thouars se rend ; Niort, où s'était réfugiée toute la noblesse du Poitou, capitule, et il ne reste rien aux Anglais en deçà de la Gironde.

Jean de Montfort, duc de Bretagne, allié de cœur du roi d'Angleterre, tente alors une diversion, mais ni nobles ni manants ne veulent marcher sous sa bannière. Édouard lui envoie des troupes ; mais quand les chevaliers bretons les virent ils fermèrent leurs forteressesses. Charles V envoya alors Duguesclin en Bretagne ; toutes les villes se rendirent, les garnisons anglaises furent égorgées, le duc Jean fut obligé de s'embarquer, et il ne resta plus aux Anglais que la ville de Brest.

Exaspéré de se voir enlever ses plus belles conquêtes par un roi qui ne se battait pas, Édouard fit un dernier effort d'argent et de soldats, et donna le commandement d'une armée considérable au duc de Lancastre et au duc de Bretagne ; ils débarquèrent à Calais et s'acheminèrent vers le Centre, espérant bien forcer les Français à livrer une bataille décisive ; mais Charles fut inflexible aux prières de ses capitaines et sans pitié pour les souffrances du peuple qui allait subir encore une fois le pillage de l'ennemi.

L'expédition commença bien. Dans les grasses provinces du Nord, les Anglais trouvaient à vivre ; mais, arrivés dans le centre, les privations amenèrent des maladies ; en Auvergne, ils n'avaient plus de chevaux, et quand ils arrivèrent à Bordeaux, où ils furent obligés de se retirer, ils n'étaient plus que 6 000 hommes et les chevaliers comme les soldats mendiaient leur pain de porte en porte ; il faut dire que, pendant les deux cent cinquante lieues qu'ils avaient faites, ils avaient été continuellement harcelés par des partis qui, sortant des forteresses, leur enlevaient les vivres et massacraient leurs traînards.

La dernière armée d'Édouard anéantie, Charles envoya dans la Guyenne son frère, le duc d'Anjou, qui s'empara de toutes les places, reçut la soumission de tous les seigneurs de la Gascogne, et en peu de temps il ne resta aux Anglais que Bayonne, Bordeaux, Calais, Brest et Cherbourg, qu'ils durent à une trahison du roi de Navarre. Ils essayèrent pourtant de prendre Saint-Malo, que le duc de Lancastre assiégea avec une flotte nombreuse portant dix mille combattants, mais il fut obligé de se retirer devant une armée française qui le força de se rembarquer (1376).

Un an après, Édouard mourut. Le roi de France consolida ses conquêtes, pendant qu'une flotte castillane, montée par des troupes françaises, ravageait les côtes du Kent et du Sussex.

Ainsi ce roi qui avait débuté par une lâcheté, qui ne s'était assis que sur un trône ébranlé par les troubles intérieurs, qui n'avait hérité que d'un royaume dévoré par la peste et les brigandages de toutes sortes, courbé sous la honte d'un traité désastreux, ruiné d'argent, de soldats et presque de population, était arrivé en moins de vingt ans, par la sagesse de son administration, par la fermeté de son caractère, à rétablir l'ordre et la sécurité de l'État, et à refaire la France plus grande qu'elle n'avait jamais été.

On peut dire qu'il fut l'étonnement de son siècle, qui, n'étant pas habitué à voir un homme accomplir tant de choses sans sortir de son cabinet, était assez porté à croire qu'une fortune si extraordinaire ne pouvait lui venir que d'une puissance occulte et mystérieuse.

Dernières années de Charles V.

Charles, qui mérita si bien le nom de Sage, commit cependant une faute qui eut des conséquences funestes. Croyant agir dans l'intérêt du royaume, il voulut s'annexer définitivement la Bretagne, dont il disposait de fait, puisque le duc Jean s'était réfugié en Angleterre. Il le somma à comparaître devant ses pairs, et, comme il ne vint pas, fit déclarer son fief acquis au domaine royal. Ce moyen avait réussi en Guyenne, mais les seigneurs bretons, qui aimaient Charles comme suzerain, ne voulaient pas l'avoir pour maître; barons, chevaliers, écuyers signèrent à Rennes (26 avril 1379) un acte de confédération que les bourgeois eux-mêmes acceptèrent. Jean de Montfort fut rappelé, et tous les Bretons attachés au roi de France abandonnèrent son service, hors Olivier de Clisson et Duguesclin; encore Duguesclin lui renvoya-t-il son épée de connétable.

Charles n'accepta pas la démission de ce brave serviteur; mais, pour ne pas l'obliger à servir contre son pays, il le chargea de chasser les Anglais de quelques petites places du Midi. Duguesclin mourut en faisant le siége de Château-Randon. La garnison, qui avait promis de se rendre et livré des otages, apprenant sa mort, fit mine de vouloir résister; le maréchal de Sancerre menaça d'égorger les otages et contraignit le capitaine anglais à venir déposer les clefs de la ville sur le cercueil du connétable.

Cependant une nouvelle armée anglaise, commandée par le duc de Buckingham, dernier fils d'Édouard III, était débarquée à Calais pour soutenir les droits de la Bretagne. Charles employa contre elle le système qui lui avait déjà deux fois réussi. Elle traversa sans encombre la Picardie, la Champagne, le Gâtinais, la Beauce et le Maine, escortée en flanc par une armée française commandée par le duc de Bourgogne, qui ne voulait l'arrêter que sur la Sarthe.

La bataille allait se livrer quand on apprit que Charles V venait de mourir à Vincennes (16 septembre 1380). A cette nouvelle, l'armée française se dispersa et les Anglais entrèrent en Bretagne où ils se rembarquèrent bientôt, les seigneurs bretons ayant contraint le duc Jean à faire sa paix avec la France.

Ainsi finit, avec la première période de la guerre des Anglais en France, le règne de Charles V, qui, bien que très-laborieux, reste un des plus utiles que nous puissions trouver dans notre histoire; car s'il renferme les principes administratifs qui firent la royauté grande, il contient aussi le germe des idées de liberté qui firent la nation souveraine.

CHAPITRE XIV

L'ANARCHIE. — FIN DE LA GUERRE DE CENT ANS

Règne de Charles VI (1380-1422).

A la mort du roi, son fils Charles avait à peine douze ans; ses oncles, les ducs d'Anjou, de Berry et de Bourgogne, frères de son père, et le duc de Bourbon, frère de sa mère, se disputèrent la régence tout en se partageant le royaume.

Enfin, après de longues discussions, il fut convenu que le jeune roi serait déclaré majeur, que les ducs de Bourgogne et de Bourbon feraient partie du conseil de régence, dont le duc d'Anjou serait président; le duc de Berry eut le gouvernement de toutes les provinces méridionales, qu'il ne tarda pas à faire soulever par ses exactions.

L'esprit de révolution soufflait du reste sur toute l'Europe : peuples et bourgeois, rêvant la continuation de l'œuvre de Marcel et de la Jacquerie, s'unissaient en armes au nom de leur haine contre la noblesse.

Le mouvement insurrectionnel, qui ne s'était pas encore interrompu en Flandre, gagna l'Angleterre où les habitants des campagnes, rassemblés au nombre de plus de cent mille par un prêtre nommé John Bull, disciple de Wiclife, contraignirent le roi Richard II à leur promettre des lettres d'affranchissement; mais ayant tué le chef des bandes armées, Wat-Tyler, il les dispersa facilement, reprit les quelques concessions qu'il avait déjà faites, et tout rentra dans le devoir.

Dans le même temps, pareilles émeutes éclataient en Languedoc où les révoltés s'appelaient les *Tuchins*, et à Paris où ils prirent le nom de *Maillotins*, des maillots qui leur servaient d'armes offensives.

En Languedoc, le peuple s'était révolté contre le duc de Berry : le pape s'interposa et mit un terme au soulèvement, mais il ne put empêcher les cruelles représailles de l'oncle du roi. Dépouillés par les soldats, les paysans se réfugièrent dans les Cévennes et recommencèrent une sorte de Jacquerie qui attaquait en force les nobles et les riches et ne faisait aucun quartier.

A Paris, ce fut la mise à exécution d'un nouvel impôt sur les denrées, que les États généraux rassemblés avaient déjà refusé sept fois au duc d'Anjou, qui fut le signal de la prise d'armes. (7 mars 1382).

Les Maillotins se rendirent d'abord maîtres de la plus grande partie de Paris; mais les princes firent assassiner les plus séditieux, et auraient certainement éteint la révolution dans des flots de sang, s'ils n'avaient été effrayés des progrès qu'elle menaçait de faire. En effet, Reims, Rouen, Troyes, Châlons, Orléans, Sens s'insurgèrent, et ce n'était pas au moment où la révolte était dans toute sa violence en Languedoc et en Flandre qu'il fallait tenter un coup de force. On retira l'impôt provocateur, les Maillotins se tinrent tranquilles. Paris paya une contribution de guerre de cent mille francs, avec laquelle le duc d'Anjou s'en alla conquérir pour son compte l'héritage de Jeanne de Naples, et les autres princes organisèrent une expédition contre la Flandre, qui devenait vraiment trop menaçante.

Guerre de Flandre.

Les Flamands, depuis longtemps en guerre ouverte avec leur comte, Louis de Mâle, venaient, dirigés par Pierre Dubois et Philippe Arteveld, fils du célèbre brasseur, de le vaincre en bataille rangée, devant Bruges (3 mai 1382). Les *chaperons blancs*, ainsi que s'appelaient les révoltés, n'étaient plus une faction; ils tendaient à devenir un gou-

Charles VI, vainqueur des Flamands, entre à Paris par la brèche (1383).

vernement, et Philippe Arteveld était proclamé régent de la Flandre; de plus, il était le véritable chef des révoltés de Paris et de Londres, avec lesquels il était en correspondance suivie. C'est ce qui détermina la France à agir vigoureusement pour éteindre l'insurrection dans son centre, et c'est la même raison qui fit qu'Arteveld ne put obtenir le secours de Richard II, malgré ses promesses de le reconnaître roi de France et de l'aider à faire valoir ses droits.

Une armée considérable, où l'on comptait six mille seigneurs de toutes nations, qui ne servaient que la cause de la noblesse, fut bientôt prête. A son approche, toutes les villes de Flandre se rendirent et subirent un pillage méthodique. Arteveld à la tête de cinquante mille hommes déterminés à mourir pour la liberté et qui avaient juré de ne faire aucun prisonnier, excepté le roi, parce que c'était un enfant, tenta de l'arrêter à Rosbecque (27 novembre 1382).

La bataille fut terrible. La noblesse y prit sa revanche de Courtray. Vingt-six mille Flamands restèrent sur le terrain et avec eux Arteveld et tout le bataillon des Gantois, qui s'étaient liés l'un à l'autre pour ne pas reculer.

Cette victoire était double, car le duc de Bourgogne, en anéantissant les Flamands, savait qu'il démoralisait les Parisiens déjà en armes et prêts à s'emparer du Louvre et de la ville aux premiers succès des révoltés. Il fallait en profiter; aussi se hâta-t-il de regagner Paris, après avoir laissé en Flandre des garnisons suffisantes pour imposer ses lois aux vaincus.

Il trouva les bourgeois en armes et rangés en bataille, au nombre de trente mille, sous Montmartre; mais ils n'avaient pas d'intentions hostiles, ils voulaient seulement montrer leur force au roi et lui servir d'escorte dans sa bonne ville. Le connétable Olivier de Clisson refusa ce dévouement, dont il devinait le motif, et intima aux bourgeois l'ordre de rentrer chez eux et de quitter leurs armures.

Ils obéirent en silence, et le roi, qui arriva le lendemain, trouva ouvertes toutes les portes de la cité; mais il fit abattre un pan de mur pour entrer dans Paris comme dans une ville conquise. C'était répondre à une menace déguisée par une menace offensive, qui ne tarda pas à être suivie de vengeances. Trois cents notables furent arrêtés, et la plupart exécutés : l'un des plus illustres fut Nicolas Flamand, l'un des amis de Marcel, et comme lui l'instigateur des meurtres des maréchaux de Champagne et de Normandie. La colère de Charles V l'avait épargné, mais il était devenu trop riche pour que sa fortune ne tentât pas la cupidité des régents. Jean Desmarets, avocat général au parlement, fut immolé comme lui, et sa mort jeta la consternation dans tout Paris, car il était notoire qu'il s'était employé pendant plus d'une année comme médiateur entre la bourgeoisie et la royauté.

Les supplices se continuèrent plusieurs semaines, non-seulement à Paris, mais dans les villes où la sédition avait éclaté. A la fin, les régents donnèrent au peuple assemblé dans la cour du palais la comédie honteuse d'un pardon à prix d'argent : les seigneurs se jetèrent aux genoux du roi et lui demandèrent la grâce de la ville; cet enfant de quinze ans qui avait bien appris sa leçon se laissa toucher par les larmes de ses oncles et fit annoncer par son chancelier qu'il daignait convertir les châtiments en amendes. Paris n'en fut pas quitte pour quatre cent mille francs. Ce fut ainsi à Rouen, à Reims, à Troyes, à Châlons, à Orléans, à Sens, dans l'Auvergne, dans le Languedoc, et la haute bourgeoisie fut ruinée pour cinquante ans.

Cependant les Flamands remuaient encore. Ackerman, qui avait succédé à Arteveld comme chef des révoltés, parvint à obtenir le secours des Anglais. Il reprit Dunkerque, Gravelines, Bergues et Cassel, et assiégea Ypres, que Charles VI délivra avec une armée de vingt-six mille lances et de soixante mille fantassins; il s'empara également d'Ypres, qui fut saccagée. Mais comme la saison devenait mauvaise il consentit une trêve signée entre les rois de France, d'Écosse et de Castille, d'une part, et de l'autre les Anglais et les Gantois (1384).

Sur ces entrefaites, le comte de Flandre mourut, et le duc de Bourgogne, son gendre, hérita de ses vastes domaines. Désolés de se voir tomber sous la domination d'un Valois, les Flamands craignirent non-seulement pour leurs libertés, mais encore pour leur indépendance.

La guerre recommença. Philippe le Hardi la porta mollement dans ces États, qui étaient devenus les siens, et prolongea le siége de Gand pendant des années. Les Anglais tentèrent une diversion en Guyenne; mais ils furent empêchés par une attaque des Écossais, menée par la France. En somme, les opérations militaires furent si peu actives que le jeune roi put célébrer à Amiens, avec une pompe inusitée, son mariage avec Isabeau de Bavière (18 juillet 1385).

La jeune reine ne fit cependant son entrée triomphale à Paris que quatre ans après; mais ce fut une fête comme on n'en avait encore jamais vu, par la raison que les représentations théâtrales, qui étaient alors dans toute leur nouveauté, en furent le principal attrait.

Le roi eut sa petite victoire personnelle dans cette interminable guerre de Flandre; il fit le siége de Dame et réduisit la ville en cendres.

Enfin le duc de Bourgogne traita secrètement avec la ville de Gand, qui se rendit. Les Flamands obtinrent une amnistie entière et la confirmation de toutes leurs libertés; ils jurèrent fidélité à Philippe le Hardi qui, pour maintenir ses nouveaux sujets dans l'obéissance, fut contraint peu à peu de devenir un ennemi de la France.

L'année suivante, on prépara une grande expédition contre l'Angleterre. Quatorze cents vaisseaux furent réunis; mais toutes ces dépenses furent inutiles. Le duc de Berry, qui devait prendre le commandement de l'expédition, arriva quand la saison ne permettait plus de l'entreprendre.

Une opération tentée contre le duc de Gueldre, qui, payé par l'Angleterre, avait envoyé un défi au roi (1388), obtint un résultat aussi négatif, militairement parlant, mais donna, comme la précédente, occasion à des gaspillages d'argent si prodigieux que beaucoup d'habitants quittèrent la France, pour échapper aux tailles qu'il leur était impossible de payer.

Gouvernement personnel de Charles VI.

C'est alors que le jeune roi, poussé par les anciens ministres de son père et les réclamations de ses peuples, se décida à gouverner par lui-même. Il réunit un grand conseil dans la salle de l'archevêché de Reims, et là, sur l'avis émis par le cardinal de Laon, il remercia ses oncles des soins qu'ils avaient donnés à son éducation et à son royaume, et les prévint que désormais il n'en aurait plus besoin; les ducs se retirèrent dans leurs domaines sans témoigner leur mécontentement, mais à quelques jours de là le cardinal de Laon mourait empoisonné.

Charles reprit les anciens conseillers de son père, et les petites gens, les *Marmousets*, comme disaient les grands seigneurs, eurent la direction des affaires : Olivier de Clisson fut l'âme de ce gouvernement, composé de Bureau de La Rivière, Lebègue de Vilaines, Jean de Noviant, Jean de Montaigu, dont l'administration sage rétablit l'ordre à l'intérieur et la paix au dehors. Ils cherchèrent à soulager les misères du peuple, non par l'abolition des impôts, qui était impossible, mais en prenant des mesures pour supprimer les détournements et en restreignant les libéralités du roi qui, habitué à la profusion et au gaspillage, ne rêvait que fêtes, tournois, débauches, et s'y livrait avec cette fougue indomptable qui devait être le germe de sa démence.

Incapable de s'occuper d'affaires, Charles s'en remettait de tout à ses ministres, qui, en rendant aux villes et aux communes les priviléges qu'on leur avait enlevés, avaient fini par le faire aimer du peuple, qui appréciait beaucoup sa douceur et son affabilité.

C'est aussi dans ce but qu'ils lui conseillèrent un voyage dans le Midi, pour faire justice aux habitants contre la tyrannie du duc de Berry et arrêter les progrès de l'émigration, qui devenait inquiétante, puisque déjà quarante mille individus s'étaient enfuis en Aragon pour échapper aux exactions du gouverneur.

Celui-ci, oncle du roi, était inviolable. Bétizac, son trésorier et le principal instrument de ses cruautés intéressées, fut immolé à la vindicte publique, sous prétexte de sorcellerie, et Charles continua sa route au milieu des fêtes et en préparant de nouvelles. Il se rendit à Avignon, où il fit sacrer comme roi de Naples Louis II, fils de son oncle le duc d'Anjou, qui était mort en soutenant ses droits en Italie.

Vint ensuite le mariage de son frère, le duc d'Orléans, avec Valentine Visconti, fille du duc de Milan, le seul grand seigneur de la cour qui se rallia au gouvernement des *Marmousets* et leur pardonna de chercher à faire le bonheur du royaume.

Assassinat d'Olivier de Clisson.

Les ducs détestaient surtout Clisson, parce qu'il donnait l'appui de la noblesse à ce ministère de bourgeois, et leur haine allait jusqu'à prendre parti pour le duc de Bretagne, fidèle allié des Anglais, dans son interminable querelle avec le connétable de France; Jean IV avait cependant été condamné par le parlement à lui restituer ses châteaux, mais il n'avait pas obéi à cette sentence et ne consentit à se rendre près du roi, à Tours, sur la sommation du conseil, qu'à la condition que Clisson n'assisterait pas à l'entrevue.

Là, se sachant protégé par les ducs de Bourgogne et de Berry, il refusa tout accord, et ce ne fut que l'année suivante qu'il consentit à faire hommage à Charles VI et à se réconcilier avec Clisson; mais loin d'exécuter les conditions du traité il ne pensait qu'à se venger de son ennemi, et il le fit assassiner par une bande de brigands commandée par un gentilhomme angevin, Pierre de Craon, un soir qu'il sortait de l'hôtel du roi (13 juin 1392).

Le connétable, tombé, par bonheur, sur la porte d'un boucher, qui céda sous le coup, ne mourut pas de ses blessures; mais Charles VI n'en résolut pas moins de punir ce crime, dont il connaissait le vrai coupable.

Démence de Charles VI.

Pierre de Craon s'était sauvé d'abord dans son château de Sablé; mais, ne s'y trouvant pas suffisamment garanti contre la colère du roi, il se réfugia à la cour de Bretagne. Charles somma vainement le duc de lui livrer l'assassin, et prépara une expédition dans une exaltation d'esprit qui devait dégénérer en fièvre chaude.

Les ducs de Bourgogne et de Berry faisaient tout ce qu'ils pouvaient pour entraver cette guerre. Clisson, croyant

Isabeau de Bavière, mariée à Charles VI, 18 juin 1385.

mourir, avait fait un testament par lequel il disposait de dix-sept cent mille francs en biens meubles, et leur haine pour le connétable s'était accrue de l'envie qu'ils avaient de se partager cette proie.

Ils y réussirent en ce sens que, frappant l'imagination affaiblie du jeune roi, qui ouvrait la campagne quoique sérieusement malade, par des apparitions fantastiques, ils déterminèrent sur son organisme, énervé par des débauches précoces et la satiété des plaisirs, l'accès de folie furieuse sur lequel ils comptaient peut-être.

L'armée était dans la forêt du Mans par une lourde journée d'août, quand tout à coup un homme tout vêtu de blanc arrêta le cheval du roi par la bride, en lui criant : « Ne va pas plus loin, tu es trahi ! »

Cette apparition subite fit une révolution sur les sens de Charles, qui continua cependant sa route ; mais un moment après un page qui dormait sur son cheval laissa tomber sa lance qui frappa un casque. Ce bruit d'armes surexcita le roi, qui, se croyant réellement trahi, tourna bride, l'épée haute, sur son escorte dont il tua quatre hommes ; il allait se jeter sur son frère le duc d'Orléans, qu'il ne reconnaissait plus, quand on s'empara de lui. La réaction s'opéra, mais il n'avait plus sa raison.

Aussitôt les ducs de Bourgogne et de Berry, qu'il avait contraints de marcher avec lui, ramènent l'armée à Paris et s'emparent du gouvernement ; le duc d'Orléans est éloigné des affaires. Clisson, à peine guéri de ses blessures, est banni, privé de son office et condamné par le parlement comme concussionnaire. Montaigu se sauve à Avignon. Les autres ministres sont emprisonnés et leurs biens confisqués.

Charles se rétablit peu à peu. Il se serait peut-être guéri complétement de sa fièvre chaude, si un accident qui lui arriva dans un bal masqué ne l'avait replongé dans la démence. Il s'était déguisé avec cinq seigneurs de sa cour qui étaient liés ensemble, pour mieux représenter des sauvages arrachés à leur liberté. Le feu prit aux étoupes collées sur de la poix, ils brûlèrent misérablement, et le roi ne dut la vie qu'à la présence d'esprit de la duchesse de Berry, qui l'enveloppa de sa robe.

Il recouvra cependant des éclairs de lucidité qui rendirent sa vie plus atroce, mais dont il profita, au moins dans les quatre premières années de sa folie, où ces moments furent plus fréquents et surtout plus prolongés, pour s'occuper des intérêts populaires. Il fit dans toute la France et surtout dans le Midi des voyages signalés par des ordonnances utiles, il entama de nombreuses négociations avec les Anglais et parvint à conclure avec eux une trêve de vingt-huit ans, qui fut scellée par le mariage de Richard II avec une fille du roi ; malheureusement les Anglais étranglèrent leur prince en 1399, et cette alliance fut inutile.

Croisade contre les Turcs.

Cependant la cour n'avait jamais été si joyeuse. Ce n'étaient que fêtes chevaleresques, que cavalcades des princes, que processions du clergé, que bals et festins ; on cherchait non pas à guérir le roi, car les ducs voulaient conserver le gouvernement, mais à l'étourdir par des réjouissances continuelles, et il fallait que déjà la France fût bien riche, pour subvenir à tous ces besoins fastueux.

Le peuple, voyant que le roi ne guérissait pas, considérait sa maladie comme une punition de Dieu, à cause du schisme introduit par Charles V, qui avait donné son appui au pape d'Avignon pendant qu'il y en avait un autre qui siégeait à Rome. Ce schisme inquiétait toute la chrétienté et passionnait le pays. Le ministère des *Marmousets* avait essayé de le faire cesser ; les ducs s'en occupèrent à leur tour. Ils firent si bien qu'au lieu de deux papes il y en eut trois ; car ils déposèrent les deux qui siégeaient et en nommèrent un troisième.

Ils voulurent cependant faire quelque chose d'utile à la chrétienté menacée de nouveau par l'invasion asiatique. Bajazet, sultan des Turcs, avait juré de faire manger l'avoine à son cheval sur l'autel de Saint-Pierre de Rome.

Une croisade fut résolue ; les seigneurs de France s'y engagèrent comme à une partie de plaisir, sous les ordres d'un jeune homme de vingt-quatre ans, Jean sans Peur, comte de Nevers, fils du duc de Bourgogne ; ils passèrent par la Hongrie, dont le roi Sigismond se joignit à eux avec une armée de soixante mille hommes ; mais ils ne surent pas l'utiliser, et comme à Courtray, à Crécy, à Poitiers, l'orgueil de la noblesse perdit tout.

La bataille se livra à Nicopolis. Sigismond supplia pour faire engager l'action par ses fantassins et sa cavalerie légère, et tenir la cavalerie en réserve contre la véritable armée ottomane ; les seigneurs crurent qu'il voulait se réserver l'honneur de la journée et partirent devant sans l'attendre, ni lui, ni même leurs propres archers. Ils attaquèrent comme des fous, culbutèrent d'abord les janissaires de Bajazet, puis se heurtèrent contre une armée de quarante mille hommes, qui les mit en pièces. Sur sept cents chevaliers qu'ils étaient, quatre cents périrent dans le combat ; les autres, faits prisonniers, furent égorgés de sang-froid, à l'exception du comte de Nevers et de vingt-sept autres seigneurs, qui purent se faire accepter à rançon.

Les Hongrois subirent le même sort et l'on dit que Bajazet fit tuer en sa présence dix mille captifs (1397).

Cette défaite porta le dernier coup à la noblesse dans l'esprit des peuples ; il est vrai qu'elle ne profita guère à Bajazet, dont l'empire fut bientôt anéanti par l'invasion des Mongols commandés par Tamerlan, ce qui permit à Manuel, ramené en France par la petite armée du maréchal de Beucicaut, de retourner occuper son trône à Constantinople avec les secours d'argent que lui fournit la France.

Assassinat du duc d'Orléans.

Le duc de Bourgogne, Philippe le Hardi, conserva le pouvoir jusqu'à sa mort, qui arriva en 1404 ; son fils Jean sans Peur émit la prétention de lui succéder dans le gouvernement de la France ; mais le duc d'Orléans, frère du roi, était tout-puissant sur l'esprit de la reine dont il était évidemment l'un des amants ; car cette malheureuse princesse, arrivée à l'âge de quinze ans dans une cour dissolue dont elle ne connaissait pas la langue, s'était habituée à n'aimer que le luxe, le plaisir et tout ce qui les donne. Les années ne modifièrent pas sa conduite ; bien que chargée après la démence du roi de la garde de sa personne, elle ne songea jamais qu'elle était mère, qu'elle était reine de France, et elle ne fit servir l'autorité que ces titres lui donnaient qu'à l'accomplissement de ses débauches, qu'à l'assouvissement de ses vengeances.

Maître de la reine, et par elle du roi et du dauphin, le duc d'Orléans, d'ailleurs chef de la noblesse de France, s'empara de la direction des affaires ; il y eut bientôt entre lui et Jean sans Peur une rivalité qui menaça de dégénérer en guerre civile. Au milieu même de Paris, les princes fortifiaient leurs hôtels, assemblaient leurs hommes d'armes et on allait en venir aux mains, quand le duc de Berry, oncle des deux jeunes gens, s'interposa et les fit s'embrasser et communier ensemble le 20 novembre 1407.

Trois jours après, Jean sans Peur assassinait, dans la rue Vieille-du-Temple, son cousin qui revenait à 8 heures du soir de l'hôtel Barbette où demeurait la reine. Le lendemain, il alla comme tous les princes visiter le mort et lui jeter de l'eau bénite dans l'église des Blancs-Manteaux ; il pleura aux funérailles, où il porta un coin du poêle ; mais quand le conseil des princes s'assembla pour découvrir le meurtrier, il s'avoua coupable audacieusement et chercha à justifier son crime ; le duc de Berry refusa de le laisser siéger au conseil, et il s'enfuit dans ses États.

La haine inspirée par le duc d'Orléans était si grande parmi la population parisienne qu'il ne s'éleva pas une clameur contre Jean sans Peur qui du reste avait su se rendre populaire en prenant ouvertement, plutôt par opposition à son cousin que par humanité, le parti des opprimés, et non-seulement il se fit absoudre par les parlements de Bourgogne et de Flandre, mais il en fut applaudi et ses sujets promirent de le soutenir contre tous.

Alors il marcha sur Paris à la tête d'une armée ; il y fit une entrée triomphale qui fit enfuir la reine et le dauphin, poussa l'audace jusqu'à faire justifier publiquement son crime par le théologien Jean Petit, par un sermon en douze points, en l'honneur des douze apôtres, et parvint à contraindre le malheureux roi à signer « qu'il ne conservait aucune déplaisance contre lui de la mort de son frère. »

Jean sans Peur était donc maître du gouvernement ; une révolte des Liégeois le força à retourner dans ses États ; pendant qu'il les battait à Hasbain et qu'il en tuait vingt-quatre mille (1408), la reine rentrait à Paris et faisait commencer sur le meurtre une enquête qu'elle n'osa pas continuer dans la crainte des bourgeois et surtout parce que Jean rentrait à Paris acclamé comme un héros et un libérateur ; la reine et les princes s'enfuirent encore, mais cette fois en emmenant le roi : il fallut négocier une réconciliation. Elle se fit solennellement dans l'église de Chartres (mars 1409). Le duc de Bourgogne demanda pardon au roi « pour le fait commis sur la personne du duc d'Orléans pour le bien de l'État... » et les princes d'Orléans déclarèrent ne conserver aucun ressentiment contre Jean sans Peur, avec lequel ils jurèrent amitié.

La duchesse d'Orléans, Valentine de Milan, ne fut pas témoin de cette honte des siens ; la mort de son mari l'avait tuée.

Guerre des Armagnacs et des Bourguignons

Le premier prince du sang ne méritait pas beaucoup de regrets. Son administration comme ses mœurs avaient été déplorables : il avait augmenté les impôts sous prétexte de faire aux Anglais une guerre qu'il leur déclara officiellement, mais qui ne reçut aucun commencement d'exécution et dont il s'appropria les subsides, et la noblesse de France entreprit de le venger non par respect pour sa mémoire, mais par haine pour Jean sans Peur, qui appuyait son gouvernement sur le peuple de Paris auquel il rendit toutes ses anciennes franchises et de plus le droit de posséder des fiefs nobles, avec tous les priviléges qui en dépendaient.

Le duc de Bourgogne se créa même une espèce de garde particulière avec les bouchers et les gens des halles, appelés *Cabochiens* du nom de Jean Caboche, leur chef ; il donna un prétexte

Assassinat du duc d'Orléans (23 novembre 1407).

au soulèvement général en envoyant à l'échafaud Jean de Montaigu, le surintendant des finances (1409). A l'instigation de Bernard, comte d'Armagnac, qui venait de marier sa fille au nouveau duc d'Orléans, tous les nobles du Midi se réunirent pour venger l'assassinat du frère du roi et, sous le nom d'*Arma-*

gnacs, commencèrent une guerre civile qui aurait anéanti la France si l'unité nationale n'avait été déjà assez puissante pour qu'aucun des partis, tantôt vainqueur, tantôt vaincu, n'ait osé essayer de la démembrer pour reconstituer les grands États féodaux des siècles passés.

De 1410 à 1412, les deux factions se mirent deux fois en campagne, et deux fois terminèrent ces prises d'armes, où il n'y eut point de grandes batailles, mais énormément de pillages, par des traités (paix de Bicêtre, novembre 1410, et paix d'Auxerre, juillet 1412).

Par ce dernier traité, les Bourguignons, qui avaient obtenu le secours des Anglais, recherché aussi par les Armagnacs, restèrent maîtres du pouvoir; mais le dauphin embrassa le parti des princes d'Orléans, surtout pour secouer le joug des Cabochiens qui étaient alors les vrais maîtres de Paris, qui le tenaient enfermé dans son hôtel, et qui l'avaient forcé, ainsi que le malheureux roi, à se coiffer dans un jour d'émeute du chaperon blanc des Gantois.

La bourgeoisie et l'université de Paris se crurent de force à pacifier l'État, et après avoir obtenu de Charles VI, dans un moment lucide, l'ordre de renvoyer tous les princes dans leurs terres, préparèrent la grande ordonnance de 1413, remplie de réformes très-sages en théorie, mais dont la pratique fut bientôt reconnue impossible avec les instincts sanguinaires des Cabochiens.

Honteuses alors d'un joug tyrannique et ne se voyant que le choix des maîtres, elles préférèrent rappeler les Armagnacs que de subir plus longtemps la domination brutale et cupide des bouchers.

Le duc de Bourgogne, effrayé de ce changement subit, qui s'était manifesté dans une réunion à l'Hôtel de Ville où les délibérants en étaient venus aux mains, s'enfuit en Flandre, obéissant à un sentiment qu'on ne comprenait pas, puisqu'il était maître du roi et de toutes les forces de la France, à ce point que s'il l'avait voulu il se serait fait proclamer successeur de Charles VI sans aucune difficulté.

Les Armagnacs alors rentrèrent dans Paris, reprirent le pouvoir, arrêtèrent les excès de la populace en exilant trois cents des principaux meneurs, mais abolirent les mesures réformatrices de la grande ordonnance cabochienne (5 septembre 1413). Après quoi, ils poursuivirent Jean sans Peur jusque dans ses terres et le contraignirent à promettre de ne pas rentrer dans Paris, par le traité d'Arras (5 septembre 1414).

Bataille d'Azincourt.

Cependant le roi d'Angleterre Henri V, s'il avait tenu à conserver une espèce de neutralité entre les deux partis qui le sollicitèrent tour à tour, n'en pensait pas moins à faire une expédition sérieuse en France; il avait, du reste, besoin de cette guerre de revendication des provinces perdues pour se consolider sur le trône d'où son père avait précipité Richard II.

Le 14 août 1415, il débarqua près de Harfleur, dont il commença immédiatement le siège avec une armée de 6 000 hommes d'armes et de 24 000 archers; la petite ville résista plus d'un mois et coûta au roi d'Angleterre la moitié de son armée. Trop faible alors pour pouvoir rien entreprendre, il résolut de gagner Calais par la Normandie et la Picardie. Il quitta Harfleur le 8 octobre 1415 et arriva le 13 pour passer la Somme à Abbeville; mais une armée française, réunie par le dauphin Louis, duc de Guyenne, qui gouvernait seul depuis une année et qui avait refusé le concours de Jean sans Peur, offert tardivement du reste, l'y attendait et barrait tous les passages de la rivière.

Henri remonta les rives de la Somme jusqu'auprès de Nesle, où un homme du pays lui indiqua un gué.

La noblesse française fit encore là de la chevalerie à contre-temps. Au lieu de profiter du moment et de battre le roi d'Angleterre à leur avantage, les princes lui députèrent la fleur de leur armée pour lui demander jour et lieu pour le combat. Henri, très-étonné de cette démarche, répondit qu'il était toujours prêt à livrer bataille; il faut dire que, sentant sa position précaire, il avait fait des propositions de paix assez humbles, que la noblesse française n'avait pas cru devoir accepter; elle voulait se battre et prendre sa revanche de Poitiers et de Crécy; mais elle prit si bien ses précautions que la journée d'Azincourt lui fut aussi désastreuse que les précédentes (25 octobre 1415).

Chargeant en masse dans un terrain détrempé par les pluies et trop étroit pour lui permettre de se déployer, refusant du reste d'exécuter les ordres du connétable d'Albret, qui voulait disposer l'armée en trois corps, et neutralisant par sa marche en avant l'emploi de l'artillerie et des archers, la chevalerie française, malgré sa bravoure, fut encore une fois décimée par les archers anglais qui, bien postés, n'avaient que la peine de tirer dans des masses vivantes, incapables de se mouvoir dans les terres fraîchement labourées.

Deux mille soldats et huit mille nobles restèrent sur le champ de bataille avec sept grands seigneurs: le connétable d'Albret, les ducs de Brabant et de Nevers (tous les deux frères du duc de Bourgogne), le duc d'Alençon, le duc de Bar et ses deux frères.

Les Anglais ne purent pas profiter de cette incroyable victoire; leur armée n'existait plus et ils se hâtèrent de gagner Calais et de s'embarquer pour l'Angleterre en emmenant 1500 prisonniers, parmi lesquels les ducs d'Orléans et de Bourbon, les comtes d'Eu, de Vendôme et de Richemont et le maréchal de Boucicaut.

Puissance du comte d'Armagnac.

La France fut consternée à la nouvelle de ce désastre, qui augmentait la haine qu'on avait pour les Armagnacs et la noblesse, en même temps que la popularité de Jean sans Peur, qui avait tout gagné à n'avoir pris aucune part à la défaite d'Azincourt.

Elle ne bénéficiait en somme qu'à lui, car les Anglais, qui avaient perdu leur armée, n'avaient récolté que de la gloire; il ne sut pas en profiter; il s'achemina bien vers Paris avec dix mille cavaliers; mais déjà le duc de Berry l'occupait avec le roi et le dauphin qu'il y avait ramenés, et le comte d'Armagnac arrivait avec six mille Gascons pour recevoir l'épée de connétable et le titre de capitaine général du royaume.

Jean sans Peur, effrayé de ce contre-temps, resta pendant deux mois à Lagny, d'où il regagna ses terres, piqué des quolibets des Parisiens qui l'appelaient *Jean de Lagny qui n'avait point hâte*.

Le nouveau connétable utilisa cette disposition d'esprit et reconquit un peu de popularité pour son parti en allant mettre le siège devant Harfleur (1416).

Sur ces entrefaites, le dauphin Louis, duc de Guyenne, mourut épuisé de débauches; son frère Jean devenait héritier du trône; mais il était, par son mariage avec la fille du duc de Hainaut, neveu du duc de Bourgogne et ne voulait pas revenir de chez son beau-père, où il habitait, sans ramener avec lui Jean sans Peur; il entama à ce sujet des négociations avec le connétable d'Armagnac qui gouvernait alors absolument la France, quand il mourut, empoisonné, dit-on, par les ordres du duc d'Anjou, qui voulait pousser au trône son gendre Charles, comte de Ponthieu, troisième fils de Charles VI, âgé alors de seize ans.

Le duc de Berry étant venu à mourir, la puissance du comte d'Armagnac fut sans contrôle; la reine seule le gênait, il la fit exiler à Tours sur un ordre du jeune dauphin, qu'il n'entoura que d'intrigants et de gens de basse extraction pour l'exciter à la vengeance.

L'emprisonnement d'Isabeau fut une occasion pour le duc de Bourgogne qui depuis quelque temps augmentait les murmures de Paris en l'empêchant de recevoir des vivres. Il vint délivrer la reine, la fit se déclarer régente du royaume, casser le parlement, en créer un autre à Poitiers, et instituer un nouveau gouvernement dont tous les offices appartenaient aux Bourguignons et qui négocia directement avec le roi d'Angleterre, lequel était redescendu en Normandie, s'était emparé de Caen (1417) et se préparait à une conquête d'autant plus facile qu'il avait signé avec les ducs de Bretagne, d'Anjou et de Bourgogne, des traités de neutralité pour leurs États.

Massacre des Armagnacs.

En présence de ce nouvel ennemi, le connétable d'Armagnac ne pensait qu'à maintenir sa tyrannie dans Paris; il était décidé en cas d'insuccès ou à détruire la ville ou à la livrer aux Anglais.

Mais Paris ne lui appartenait déjà plus; las de souffrir, les habitants laissèrent déborder leur haine, et quelques jeunes gens « de moyen état et de légère volonté, qui autrefois avaient été punis pour leurs démérites, » dit Monstrelet, dirigés par Perrinet Leclerc qui déroba à son père les clefs du guichet Saint-Germain, ouvrirent, dans la nuit du 29 mai 1418, la porte à un corps de 800 Bourguignons commandés par le sire de l'Isle-Adam. Aussitôt tous les écorcheurs, tous les bouchers, tout le peuple des halles accoururent autour de lui; les chefs de la faction sortirent de leurs retraites et Paris tomba encore une fois au pouvoir des Bourguignons, pendant que le prévôt Tanneguy-Duchâtel faisait réfugier le dauphin à la Bastille et que les Armagnacs qui échappaient à la mort ou aux prisons se sauvaient.

Le parti bourguignon ne se contenta pas de cette victoire; non contenu par la présence de Jean sans Peur, qui n'était pas encore arrivé, le dimanche 12 juin 1418, la populace se rua sur les prisons et tua tout ce qu'elles contenaient, hommes, femmes, prêtres, enfants; le massacre dura vingt-huit heures et fit près de 3000 victimes, parmi lesquelles étaient naturellement le comte d'Armagnac et le chancelier de France.

Le jeune dauphin, guidé par des intrigants de bas étage, Tanneguy-Duchâtel, Robert Lemasson et le président Louvet, s'enfuit à Poitiers où il prit le titre de lieutenant-général du royaume.

Cependant le duc de Bourgogne arriva à Paris avec la reine, mais il n'y ramena pas l'abondance, encore moins la paix; car il exerça ses vengeances personnelles et remplit de nouveau les prisons. Une épidémie qui emporta, dit-on, dans Paris et les environs près de 50 000 personnes vint exaspérer les Parisiens, et le 21 août une bande d'égorgeurs, commandée par le bourreau Capeluche, se dirigea vers les prisons et recommença les massacres, sans que Jean sans Peur pût les empêcher d'autorité; il ne put se débarrasser

INVASION DES ANGLAIS (1415). — Les princes français firent demander au roi Henri V jour et lieu pour le combat.

des Cabochiens qu'en les faisant sortir de Paris sous prétexte de marcher contre un parti d'Armagnacs réfugié à Montlhéry, et en fermant les portes sur eux.

Effrayé alors de sa situation, qui se compliquait encore des succès des Anglais en Normandie, épouvanté de tout le sang versé en son nom et dominé par cette irrésolution à laquelle nous l'avons déjà vu plusieurs fois céder, le duc de Bourgogne chercha à traiter avec le dauphin et perdit à ce point la tête que lui, qui avait tant reproché aux Armagnacs la défaite d'Azincourt et qui ne devait qu'à elle sa rentrée au pouvoir, il ne fit rien pour s'opposer aux Anglais.

Perte de la Normandie.

Henri V poursuivait ses conquêtes; après avoir pris méthodiquement possession de toute la Basse-Normandie, de Falaise, de Saint-Lô et d'Évreux, il vint mettre le siége devant Rouen. La ville résista pendant sept mois, mais se rendit devant la famine qui avait déjà enlevé 30 000 personnes.

Le roi d'Angleterre exigea une contribution de guerre de 300 000 écus, et la mort de six bourgeois avec le plus brave des défenseurs de la ville, Alain Blanchard (1419). Les six bourgeois se rachetèrent à prix d'argent, mais le chef des arbalétriers rouennais, Alain Blanchard, fut décapité.

Infatué de sa victoire, qui lui livrait toute la Normandie, Henri refusa de traiter avec le duc de Bourgogne s'il ne lui accordait d'abord Catherine, fille de Charles VI, en mariage, avec la Guyenne, la Normandie, la Bretagne, le Maine, l'Anjou et la Touraine pour dot.

Cette proposition était inacceptable, et quelque ennemi de la France que pût être le duc de Bourgogne il n'osa en prendre la responsabilité et laissa le roi d'Angleterre s'emparer de Pontoise pendant qu'il renouait des négociations avec les Armagnacs.

Assassinat de Jean sans Peur.

Le duc de Bourgogne, las de guerres et de crimes, avait renoncé à toutes ses vues ambitieuses sur la couronne de France et ne demandait plus que du repos; le dauphin avait tout intérêt à faire la paix personnellement, pour ne pas rester en rébellion ouverte contre son père et compromettre ainsi la couronne qu'il devait porter un jour, et son union avec Jean sans Peur eût pu sauver la France; malheureusement il était jeune, indolent, sans caractère, et les intrigants qui s'étaient emparés de sa personne, et qui n'avaient pu l'empêcher de signer avec le duc de Bourgogne un traité de paix à Corbeil, résolurent d'en arrêter les suites par tous les moyens possibles.

Après une entrevue amicale avec le dauphin au ponceau de Pouilly (14 juillet 1419), Jean sans Peur, victime de son irrésolution de caractère, était retourné aux Anglais; Tanneguy-Duchâtel et les autres conseillers du dauphin l'accusèrent de trahison, et comme Charles persistait dans ses projets de paix ils se promirent de se débarrasser de leur ennemi et profitèrent d'une entrevue que le duc devait avoir avec le dauphin au pont de Montereau (le 10 septembre 1419), pour l'assassiner au moment où il se mettait à genoux pour faire hommage au dauphin.

Ce meurtre, qui n'était plus une vengeance de la mort du duc d'Orléans, rendait Charles odieux, car, il eut beau s'en défendre, l'opinion fut toujours persuadée qu'il y avait donné son consentement. Ce fut un désastre; car il refit une puissance au parti de Bourgogne qui était dépopularisé et mit la couronne de France sur la tête d'un roi d'Angleterre; ce que n'avaient pu faire les désastres de Crécy, de Poitiers et d'Azincourt, le traité de Troyes, conséquence fatale de l'assassinat du pont de Montereau, le fit.

Traité de Troyes.

A la mort de Jean sans Peur, son fils Philippe, âgé de 23 ans, se prépara à une terrible guerre contre les Armagnacs; mais avant, et comme conseil de la reine Isabeau, il voulut assurer le destin de la France en transportant la couronne hors de la race capétienne. Ayant signé personnellement avec le roi d'Angleterre un traité secret qui déclarait ses États indépendants de la couronne de France, il poussa la reine et le malheureux roi à accepter le traité de Troyes (21 mai 1420), par lequel Henri V prenait dès ce jour le gouvernement de la France, en attendant la mort de Charles VI, qui devait le rendre roi de fait, comme époux de sa fille Catherine, au détriment du dauphin Charles, avec lequel les deux rois s'engageaient à ne jamais traiter et qu'ils promettaient de poursuivre jusqu'à destruction.

On eut le courage de faire signer cette condamnation de son propre fils par un roi en démence, et ce fut Isabeau elle-même qui en accepta l'infamie; mais le pays ne sanctionna pas ce lâche abandon et la trahison de cette mère dénaturée; le traité de Troyes eut beau être ratifié par les États généraux et reconnu comme loi du royaume; le royaume ne voulait pas être anglais et il se défendait. Sens, Montereau, Melun, Meaux résistèrent vigoureusement aux armées de Henri V. Son frère le duc de Clarence fut vaincu et tué à la bataille de Beaugé, dans l'Anjou (23 mars 1421), et, en opposition au roi anglais, le sentiment national se créa un roi français, Charles VII, qu'il saura bientôt défendre.

Henri V s'inquiéta beaucoup de ce mouvement des esprits et quand il mourut quelque temps après (31 août 1422) il prédit que son fils, qui n'était qu'un enfant de huit mois, perdrait tout ce qu'il avait conquis.

Charles VI le suivit de près dans la tombe (21 octobre), emportant, à la fin d'une vie de misères et de souffrances les regrets d'une population qui de son fait avait encore plus souffert que lui.

Règne de Charles VII (1422-1461).

A la mort de Charles VI, il y eut deux rois en France. Les Anglais, maîtres à Paris et dans le Nord, proclamèrent un enfant de dix mois; ses oncles, le duc de Bedford et le duc de Glocester, gouvernèrent la France et l'Angleterre. Dans le même moment, le dauphin Charles était investi de la royauté à Mehun-sur-Yèvre par quelques seigneurs qui suivaient sa destinée. Son autorité fut aussitôt reconnue par la Touraine, l'Orléanais, le Berry, le Bourbonnais, l'Auvergne, le Languedoc, le Dauphiné et le Lyonnais; mais les deux défaites qu'il essuya à Crevant près d'Auxerre (1423) et à Verneuil en Normandie (1424) anéantirent toutes ses espérances sur le nord de la France et lui firent donner par ses ennemis le nom de *roi de Bourges*, qu'il accepta assez gaiement.

Ni son tempérament ni son caractère ne le portaient aux conquêtes; il avait dix-neuf ans, peu de courage, presque pas de santé, et rien ne faisait prévoir que ce jeune homme, occupé surtout de ses plaisirs, restaurerait bientôt la royauté.

Tout d'abord il avait mécontenté les Armagnacs en donnant tous les offices aux seigneurs écossais qui lui avaient amené des troupes : le comte de Douglas, qui était venu avec 6 000 hommes, fut créé duc de Touraine et lieutenant-général du royaume, le comte de Buchan reçut l'épée de connétable ; mais ces deux seigneurs ayant été tués à la bataille de Verneuil, qui fut désastreuse aussi pour la noblesse française, Charles se chercha d'autres alliés. Il chassa de sa cour tous les meurtriers de Jean sans Peur, et nomma connétable le comte de Richemont, beau-frère du duc de Bourgogne ; c'était le moyen de se rapprocher à la fois de Philippe le Bon, dont les chevaliers commençaient à se lasser de se battre pour les Anglais et du duc de Bretagne, frère du comte de Richemont.

Le nouveau connétable commença par dégager les frontières de Bretagne en s'emparant de Pontorson, dans le même moment que Jean, comte de Dunois, bâtard du duc d'Orléans assassiné, battait les Anglais devant Montargis et délivrait la ville. Ces succès endormirent dans la sécurité le jeune roi, qui reprit, sous la direction de son favori le sire de Giac, un train de vie qui scandalisa tous ses vrais amis. Richemont l'en arracha en faisant jeter dans la rivière le ministre dont les dilapidations l'avaient empêché de réussir, faute d'argent, au siège de Saint-James-de-Beuvron. Charles, qui n'aimait déjà pas le connétable, homme brutal, orgueilleux, qui censurait sa conduite et limitait ses dépenses, fut très-irrité ; mais il se consola bientôt avec un écuyer nommé Le Camus de Beaulieu, qui prit la place de Giac. Richemont était reparti défendre la Bretagne attaquée par les Anglais ; mais il y eut si peu de succès que son frère fut contraint de reconnaître à nouveau le traité de Troyes ; il revint et, trouvant le favori aussi malveillant et surtout aussi opposé que Giac à l'alliance bourguignonne, il le fit assassiner et le remplaça par le sire de La Trémouille ; celui-ci, comme ses prédécesseurs, s'occupa surtout des plaisirs du roi, mais, plus résolu qu'eux, il avait pris ses précautions, et quand le connétable revint de l'armée pour le punir il trouva fermées toutes les portes des villes et fut obligé de se retirer en Bretagne (1427).

Siége d'Orléans. — Journée des Harengs.

Malgré cette faute, la cause du roi de Bourges semblait s'améliorer, le sentiment national s'était réveillé partout, et à l'exemple du Mont-Saint-Michel, qui s'était défendu vaillamment et avait finalement repoussé les Anglais, nombre de localités avaient résisté, et Charles VII était plus près qu'il ne pensait sinon d'avoir l'alliance du duc de Bourgogne, du moins de le voir abandonner le parti anglais. Déjà il était en guerre avec le duc de Glocester à propos du Hainaut, auquel celui-ci prétendait par suite de son mariage avec Jacqueline de Hainaut, qui l'avait épousé bien que son mari, le duc de Brabant, cousin germain de Philippe, ne fût pas mort. Glocester fut obligé de retourner en Angleterre, où le cardinal de Winchester lui disputait la régence. Le duc de Bourgogne s'empara de Jacqueline, la fit prisonnière dans Mons et la contraignit à signer un traité par lequel elle le reconnut son héritier ; mais elle s'échappa bientôt et ralluma la guerre, qui empêcha le duc de Bedfort de s'occuper sérieusement de la conquête de la France.

Mais revenu d'Angleterre où il avait apaisé la querelle de son frère avec le cardinal de Winchester il résolut d'en finir avec le roi de Bourges et donna au comte de Salisbury une armée de vingt mille hommes avec laquelle il s'empara de Nogent-le-Roi,

Assassinat de Jean sans Peur au pont de Montereau (10 septembre 1419).

Jargeau, Beaugency, Pithiviers et Chartres, et vint mettre le siége devant Orléans que sa situation rendait la clef du royaume (12 octobre 1428).

Les habitants montrèrent autant de courage que de dévouement ; ils brûlèrent leurs faubourgs, fortifièrent le pont et repoussèrent toutes les attaques. Ils furent du reste encouragés par les vœux et quelques secours effectifs de toute la France nationale. Les États réunis à Chinon votèrent des subsides et invitèrent tous les feudataires de la couronne à venir se ranger sous l'étendard royal. Dunois, La Hire, Xaintrailles, La Fayette, Boussac, Chabannes et deux mille hommes d'armes se jetèrent dans la place que les villes voisines ravitaillaient.

Il était déjà bien tard. Les Anglais venaient de s'emparer du pont et construisaient autour de la ville quatorze bastides en terre et en bois pour l'attaquer à la fois par le nord et par le midi. Il ne leur manquait que des vivres. Bedford leur envoya de Paris un convoi de trois cents charrettes de poissons et de farine, escortées par deux mille cinq cents hommes. Le comte de Clermont qui rassemblait des troupes à Blois résolut de leur enlever ces vivres, dont les Orléanais, affamés par quatre mois de siége, commençaient à avoir besoin. Dunois, La Fayette, Xaintrailles et d'autres chevaliers sortirent d'Orléans dans le même but, si bien qu'il se trouva cinq à six mille hommes pour attaquer le convoi qu'ils rencontrèrent à Rouvray.

Les Anglais se barricadèrent avec leurs chariots ; mais foudroyés par quatre canons qui en défonçant les barils jonchèrent le champ de bataille de harengs ils allaient abandonner le combat, quand la chevalerie française eut la malencontreuse idée de vouloir charger elle-même. On fit cesser le feu ; alors les archers anglais, à couvert derrière leurs chariots, reprirent l'avantage, tuèrent quatre cents hommes à l'ennemi et le mirent en déroute.

Cette honteuse défaite, connue sous le nom de *Journée des harengs*, en jetant la consternation dans toute la France, découragea les Orléanais qui, ne pouvant plus compter sur le secours de la noblesse encore une fois avilie, envoyèrent une députation au duc de Bourgogne pour remettre la ville entre ses mains et la conserver à son cousin d'Orléans, alors prisonnier en Angleterre. Philippe accepta la proposition, mais Bedford s'y opposa avec insolence, malgré le traité de Troyes qui l'obligeait à respecter les apanages des princes du sang. De vives discussions s'élevèrent entre eux, et Philippe ordonna à tous ses sujets de quitter l'armée anglaise.

Cela ne diminuait que les assiégeants. Orléans n'en semblait pas moins perdue et le roi se disposait déjà à s'enfuir dans le Midi ; mais le sentiment national vivait en France et le peuple, qui ne voyait que les Anglais auteurs de tous ses maux, n'eut bientôt plus qu'une pensée, chasser les Anglais. Ne pouvant plus compter sur les hommes, il comptait sur Dieu. Sa foi simple et résignée allait enfanter des prodiges et déjà le bruit courait de village en village que la France, trahie, livrée aux étrangers par une reine, allait être sauvée par une fille du peuple.

Jeanne d'Arc.

Depuis près de cinq ans, une jeune fille, née en 1409 de parents pauvres, vertueux et attachés au parti royaliste, et qui vivait au village de Domrémy dans une dévotion extatique, prétendait avoir des visions dans lesquelles les saints lui ordonnaient d'aller délivrer Orléans et de faire sacrer le roi à Reims. Elle était belle, forte, simple, d'une vertu au-dessus de tout soupçon ; le peuple, qui ne voyait dans le roi que la personnification de la patrie déchirée, la croyait sur parole et l'opinion qu'elle pouvait délivrer la France gagnait de proche en proche.

Jeanne déclara ce qu'elle appelait sa mission au sire de Baudricourt, commandant à Vaucouleurs, qui d'abord la crut folle, mais finit par se laisser toucher par sa persévérance et la candeur avec laquelle elle l'assurait que personne autre qu'elle ne pouvait relever le royaume de France. Sa foi gagna deux gentilshommes, qui l'équipèrent en homme d'armes et promirent de la mener au roi. Elle partit malgré les larmes de sa famille, accompagnée de son jeune frère, des deux seigneurs et de quelques serviteurs, et fit sans encombre, dans des provinces soumises aux Anglais, à travers les bandes d'aventuriers qui couraient le pays, les cent cinquante lieues qui la séparaient de Chinon où se tenait alors Charles VII.

Le difficile pour la sainte fille était de persuader la cour de sa mission providentielle. Elle débuta par un quasi-miracle, car à sa présentation au roi, qu'elle n'avait jamais vu, elle marcha droit à lui, bien qu'il se fût dissimulé dans un groupe de seigneurs et qu'un autre occupât son trône. Alors les moqueries cessèrent et l'on fut émerveillé des propositions vraiment militaires qu'elle fit au conseil pour chasser les Anglais. Mais la foi n'était pas venue encore; Jeanne se soumit à toutes les épreuves, se rendit à Poitiers, subit du parlement et de l'université des interrogatoires rebutants. Ils ne trouvèrent en elle « qu'humilité, virginité, dévotion et simplesse », car elle resta toujours inébranlable dans sa foi, pure dans ses mœurs et passionnée pour sa mission, sans s'attribuer aucun pouvoir miraculeux. « Mon fait, disait-elle, est un ministère; je dois sauver la France; » et sa conviction était telle qu'elle se communiquait. Bientôt la surprise et l'admiration devinrent universelles. La reine, la duchesse d'Alençon, toutes les femmes de la cour étaient en extase devant l'héroïne et sa réputation se répandit bientôt dans tout le royaume. Le peuple se sentit renaître et ne fit plus de vœux que pour Jeanne d'Arc qu'il appelait la fille de Dieu, la fille au grand cœur, et dont il attendait des miracles.

Par contre, les Anglais furent terrifiés. Leurs chefs avaient beau leur dire que la Pucelle était une envoyée de l'enfer, ils ne s'en crurent pas moins perdus et la confiance passa de leur camp dans Orléans qui oublia ses misères en attendant sa libératrice.

Délivrance d'Orléans.

Sitôt que le train de maison que le roi avait voulu lui donner et qui se composait d'un gentilhomme, le vieux chevalier Jean d'Authon, d'un écuyer, de deux pages, de deux hérauts d'armes et de douze chevaux, fut prêt, Jeanne partit. Elle rallia une petite armée qui s'organisait à Blois pour faire entrer un convoi dans Orléans, y rétablit par sa présence l'esprit d'ordre et de discipline, et marcha à sa tête derrière son étendard blanc semé de fleurs de lys avec une figure du Christ et ces mots: *Jésus, Marie!* que portait son héraut d'armes.

A son approche, les Anglais épouvantés abandonnèrent leurs bastilles du midi et laissèrent passer le convoi. Jeanne renvoya sa troupe et entra seule dans Orléans le 29 avril 1429.

Elle y fut reçue en triomphe et vénérée comme l'ange du Dieu des armées. On se jetait à ses pieds, on baisait ses habits, les mères lui présentaient leurs enfants à bénir.

Et pourtant il n'y avait encore rien de

fait ; les Anglais assiégeaient toujours la ville et, sentant bien qu'ils allaient à leur tour être attaqués, avaient concentré des forces considérables dans les bastilles des Tournelles et des Augustins. Celle de Saint-Loup était aussi redoutable ; elle fut attaquée la première et en l'absence de Jeanne, bien que Dunois lui eût promis de l'en prévenir. Les Français eurent d'abord le dessous ; mais sitôt que l'héroïne parut ils reprirent autant de courage que les Anglais en perdirent, emportèrent la bastille d'assaut et la brûlèrent.

C'était la première victoire autour d'Orléans. Le peuple ne l'attribua qu'à Jeanne et courut aux églises en remercier Dieu, pendant que les ennemis, effrayés de leur défaite, accusaient la sorcière d'avoir jeté un maléfice sur leurs armes.

De ce jour, les Anglais n'eurent plus qu'à se défendre. Le 6 mai, on tenta une action décisive. Jeanne passa la Loire et se porta sur la bastille des Augustins qui fut enlevée courageusement par ses soldats, électrisés à la vue de son étendard qu'elle avait planté sur le bord du fossé.

La bastille des Tournelles se défendit mieux (7 mai). Jeanne y reçut deux blessures en montant à la première échelle appliquée contre le rempart ; mais l'assaut fut si vigoureux et la forteresse si étroitement entourée que les Anglais essayèrent vainement de s'échapper. Le fameux capitaine William Glasdale se noya dans le fleuve et cinq cents des siens furent passés au fil de l'épée.

Restaient les bastilles du nord ; mais Suffolk et Talbot n'attendirent pas l'attaque ; ils les évacuèrent en abandonnant leurs canons, leurs bagages et leurs malades, et se retirèrent à Jargeau et à Beaugency (8 mai).

Bataille de Patay.

Le 13 mai, la Pucelle quitta Orléans délivrée pour venir à Tours engager le roi à marcher sur Reims pour se faire sacrer ; dans son opinion, qui était celle du peuple, le sacre seulement faisait le roi. L'indolent Charles opposait des objections sur la difficulté du voyage. « Je ne durerai qu'un an, répondait Jeanne ; il me faut bien employer. »

On résolut de faciliter cette expédition en s'emparant des villes de la Loire. Le duc d'Alençon mit le siège devant Jargeau avec 4 000 hommes ; Richemont vint l'y rejoindre avec 2 000, malgré La Trémouille qui voulait qu'on combattît le connétable. Jargeau fut emporté d'assaut ; Beaugency se rendit, et lord Talbot battit en retraite sur Paris avec les garnisons anglaises, fortes d'environ 6 000 hommes ; l'avis des commandants français n'était pas de les poursuivre et de livrer une bataille rangée aux Anglais, qui avaient toujours vaincu nos troupes ; Jeanne les y décida. On les atteignit près de Patay, où ils furent mis en pleine déroute, deux mille cinq cents hommes furent tués ; lord Talbot et lord Scales restèrent prisonniers.

Ce petit succès eut un immense retentissement, passa pour un miracle de Jeanne d'Arc et lui donna pour l'avenir pleine autorité dans le conseil. Toutes les villes entre la Seine et la Loire se soulevèrent et les débris de l'armée anglaise se retirèrent péniblement sur Corbeil.

La route de Reims était ouverte, les Anglais étaient terrifiés, Bedford abandonné des Bourguignons ; mais Charles VII, conseillé par La Trémouille, refusait de se mettre en marche. Jeanne vint à Gien le supplier de partir ; il ne s'y décida que lorsque Richemont et Culant eurent balayé les bords de la Loire. Les peu-

Jeanne d'Arc à l'attaque des Tournelles (1429).

ples, les nobles mêmes accouraient autour du roi, et ceux qui ne pouvaient pas s'équiper servaient comme archers et comme coutilliers.

Sacre de Charles VII.

L'armée royale, forte de 12 000 hommes, partit de Gien le 28 juin 1429. Charles ayant préféré se priver d'un plus grand concours pour que le connétable, qu'il haïssait comme meurtrier de ses deux favoris, n'assistât pas à son sacre, lui défendit de le suivre et l'envoya guerroyer dans le Maine et l'Anjou contre les Anglais de la Normandie.

Le roi fut accueilli avec joie par les paysans; les villes hésitaient. Auxerre qui était bourguignonne n'ouvrit point ses portes; elle donna seulement des vivres et promit de se soumettre si Reims, Châlons et Troyes reconnaissaient Charles VII.

Troyes se prépara à la résistance et l'armée royale parlait déjà de retourner en arrière quand la Pucelle promit de prendre la ville. Elle courut aux remparts fit combler le fossé et allait commencer l'assaut, quand les Anglais, effrayés, s'en allèrent, et la ville se rendit sous condition d'une amnistie.

Charles ne fit que la traverser, ainsi que Châlons, qui ouvrit ses portes avec empressement, et arriva le 13 juillet à Reims, dont les habitants chassèrent leur garnison bourguignonne et acclamèrent le roi qui fit une entrée triomphale.

Enfin, le 17 juillet, il fut sacré en grande pompe dans la cathédrale, ayant à son côté Jeanne d'Arc, qui tenait en main son étendard. Quand la cérémonie fut terminée, elle se jeta à ses genoux et lui dit : « J'ai accompli ce que Dieu m'avait commandé, qui était de lever le siège d'Orléans et de faire sacrer le gentil roi; je voudrais bien qu'il voulût me faire ramener auprès de mes père et mère à garder leurs brebis et bétail. »

Mais Charles ne voulait pas perdre ainsi le plus beau fleuron de sa couronne et ses capitaines mettaient le plus grand prix à la présence de la Pucelle qui excitait tant d'enthousiasme dans l'armée. La sainte fille dut se résigner à servir encore la cause de son roi; son dévouement fut le même, son intrépidité ne vacilla pas; mais sa mission était remplie, elle n'avait plus foi dans l'avenir.

Jeanne d'Arc devant Paris.

Malgré l'inquiétude et l'irrésolution qui devaient la dominer pendant le reste de sa carrière, Jeanne demanda à marcher immédiatement sur Paris, mais elle se laissa convaincre par le conseil alarmé de cette proposition hardie, et qui ne pouvait pas s'habituer à croire que les héroïques témérités valent quelquefois mieux que la prudence, qu'il fallait d'abord s'emparer des petites places.

L'armée royale perdit donc un temps précieux à faire des entrées à Laon, à Soissons, à Provins, à Château-Thierry, Compiègne, Beauvais, Senlis et Saint-Denis, qui ne firent aucune résistance et dont la plupart reçurent le roi en libérateur; si bien que lorsqu'elle arriva devant Paris l'occasion était manquée. Bedford qui était allé soumettre quelques villes de la Normandie qui s'étaient soulevées allait y rentrer avec 4 000 hommes que le cardinal de Winchester lui avait amenés d'Angleterre.

Paris, du reste, était une trop grande ville pour être enlevée d'un coup de main et l'armée de Charles VII n'avait rien de ce qu'il fallait pour entamer un siège; on ne pouvait pas compter non plus sur les habitants qui détestaient les Armagnacs et étaient trop compromis par les dernières révolutions pour se livrer au roi sans nécessité absolue.

On tenta cependant l'attaque de la porte Saint-Honoré. Jeanne y décida les seigneurs, un peu jaloux de sa renommée, et dont la plupart, les courtisans surtout, n'auraient pas été fâchés qu'il lui arrivât malheur; mais on ne la soutint que faiblement : elle emporta le boulevard, franchit seule le fossé de la ville, mais, blessée d'un trait qui lui traversa la jambe, elle fut ramenée en arrière par ses soldats.

Bedford arrivait en forces; il fallut décamper, et la Pucelle reçut tout le blâme de cette tentative.

La Trémouille décida le roi à revenir sur la Loire, sous prétexte de favoriser les négociations entamées avec le duc de Bourgogne et qui étaient, disait-il, sur le point d'aboutir; c'était abandonner la campagne juste au moment où, toutes les villes se soulevant, les Bourguignons allaient être obligés de faire la paix. Jeanne le sentit bien; aussi, avant d'évacuer Saint-Denis, elle déposa ses armes dans l'abbaye devant la statue de la Vierge, comme pour faire une protestation muette à la résolution qui désarmait le roi.

Elle le suivit pleine de tristesse dans cette retraite intempestive, qui alarma la bourgeoisie, arrêta le mouvement du peuple, et se fit par moments avec tant de précipitation que parfois elle paraissait ressembler à une fuite.

Jeanne d'Arc prisonnière.

La guerre reprit au printemps; la Pucelle, qui s'était fatiguée bien vite à suivre l'indolente cour de Charles VII dans toutes les villes de la Touraine, repartit aussitôt vers le Nord, où de tous les côtés les bourgeois semblaient résolus à sauver la France malgré le roi. Melun, Louviers chassèrent les Anglais et beaucoup de châteaux et de petites places leur furent enlevés; mais Compiègne venait d'être assiégée par le duc de Bourgogne.

Jeanne, avec Xaintrailles, Chabannes et une poignée de soldats, se jeta dans la ville pour défendre les habitants, qui s'étaient donnés à Charles VII; le jour même de son arrivée (24 mai 1430), elle fit une sortie qui fut vigoureusement repoussée. Après avoir fait des prodiges de valeur, ses soldats se précipitèrent en tumulte sur le pont; la Pucelle, qui couvrait la retraite, recula la dernière et trouva la porte fermée. Elle fut prise par les soldats du sire de Luxembourg.

Cette capture causa trop de joie parmi les Anglais pour qu'ils ne pensassent pas immédiatement à la vengeance; ils firent réclamer la sorcière par l'évêque de Beauvais, Pierre Cauchon, au nom de l'Inquisition, parce qu'elle avait été prise sur son diocèse. Jean de Luxembourg, par répulsion pour les Anglais, résista six mois pendant lesquels Jeanne fut traînée de prison en prison, et si Charles VII eût fait alors la moindre démarche pour la racheter il n'aurait pas encouru l'accusation d'ingratitude que lui jetait alors tout le peuple; car Luxembourg la vendit pour dix mille francs aux Anglais.

Ce n'était certes pas une question d'argent, et quelle qu'eût été la rançon demandée, à défaut de la cour, la bourgeoisie et le peuple l'eussent fournie dans les vingt-quatre heures; mais le roi, engourdi dans les plaisirs, entretenu dans l'oisiveté, tenu dans l'ignorance la plus complète de tout ce qui se passait par son favori La Trémouille, semblait étranger à tout sentiment d'honneur et de patrie. Jeanne fut livrée à Cauchon, conduite dans la tour de Rouen, enfermée dans une cage de fer où elle eut à souffrir mille tortures, pendant qu'on instruisait son procès.

Cependant Compiègne se défendait héroïquement et fut délivrée après six mois de siége, par les efforts réunis des habitants et d'une armée de quatre mille royalistes qui attaqua les Bourguignons dans leur camp, les vainquit, les mit en fuite, et s'empara de plusieurs places de la Picardie.

Philippe rassembla une nouvelle armée ; mais voyant son avant-garde battue par Xaintrailles à Germiny, il n'osa accepter la bataille que celui-ci lui offrait. Dans le même moment, pendant que le sire de Barbazan mettait en déroute une autre armée bourguignonne près de Troyes et se rendait maître de toute la Champagne, le sire de Gaucourt, gouverneur du Dauphiné, repoussait des troupes bourguignonnes que le prince d'Orange amenait à la conquête de cette province.

Martyre de Jeanne d'Arc.

Irrités de tant de revers, les Anglais résolurent d'en finir avec celle qu'ils accusaient d'en être la principale cause. Vaincus partout depuis son apparition dans l'armée, ils demandaient sa mort, croyant qu'elle leur rendrait la victoire en abattant l'enthousiasme patriotique des Français, et leur procédure fut dirigée dans le but de démontrer au peuple que ce n'était pas le ciel, mais l'enfer, que Charles VII avait pris pour auxiliaire. Mais ils n'y réussirent point. Malgré le mensonge, la calomnie et la perfidie la plus ouverte qu'employa l'évêque de Beauvais pour trouver matière à accusation, la sainte fille se montra dans les seize interrogatoires qu'on lui fit subir toujours pleine d'héroïsme, de piété, de raison et de modestie. L'Inquisition ne parvint pas à constater une erreur sur la foi chez cette pauvre paysanne qui ne connaissait que ses prières et il fallut pour la condamner avec une apparence de légalité religieuse lui faire signer frauduleusement un écrit par lequel elle se reconnaissait hérétique, sorcière et dissolue, ce qui était d'autant plus facile qu'elle ne savait pas lire et que le papier qu'on lui avait lu ne contenait que les conditions de sa réconciliation avec l'Eglise et dont la principale était de ne plus revêtir d'habits d'hommes.

Sur ces faux aveux et les prétendues révélations de son confesseur, les évêques condamnèrent Jeanne à la prison perpétuelle. Les Anglais, qui ne comprenaient rien à l'astuce cléricale et ne voyaient pas que ce n'était là que le premier acte d'une infâme comédie, tirèrent leurs épées et menacèrent de tuer les juges. Cauchon les calma d'un mot : « Nous la retrouverons, » leur dit-il ; et en effet il la retrouva. Un matin, Jeanne n'ayant plus dans son cachot que ses habits d'homme, fut bien obligée de s'en revêtir pour se rendre auprès de l'évêque, qui la déclara relapse et hérétique et la livra au bras séculier pour être brûlée.

A cette sentence, la pauvre fille fondit en larmes ; mais, entraînée par les soldats anglais qui devaient la conduire au bûcher, elle retrouva assez de calme pour se confesser, communier, demander les prières des assistants, et accuser l'évêque Cauchon de sa mort.

Sa douceur, sa piété étaient si admirables que ce n'étaient plus des curieux avides qui entouraient l'échafaud, dressé sur la place du Vieux-Marché le 30 mai 1431. Le peuple indigné, mais contenu par la force, pleurait ouvertement ; les bourreaux eux-mêmes étaient émus et stupéfaits ; l'évêque et le vicaire de l'Inquisition étaient frémissants et la réaction fut telle en présence de cette simple paysanne qui du milieu des flammes pardonnait à son faux confesseur

JEANNE D'ARC.

et mourait en déclarant que sa mission venait de Dieu qu'un secrétaire du roi d'Angleterre qui avait assisté à ce martyre s'écria : « Nous sommes perdus, nous avons brûlé une sainte. »

Cet Anglais avait raison : la mort de Jeanne, qui termina par une funèbre apothéose son épopée de quinze mois, fut la rédemption de la France, — malgré l'impardonnable ingratitude de celui qu'elle en avait fait roi, qui non-seulement ne fit rien pour l'arracher à ses ennemis, mais qui n'eut pas un remords de son supplice, — car elle avait appris à se dévouer et à mourir pour la patrie.

Aussi la Pucelle d'Orléans est-elle la renommée la plus pure de notre histoire, la personnification la plus touchante du sentiment national, et il est difficile d'y penser sans jeter la honte sur le monarque qui l'abandonna, les seigneurs qui la trahirent, et l'infâme clergé qui la condamna.

Traité d'Arras.

Après la mort de Jeanne d'Arc, les Anglais crurent d'abord qu'ils n'avaient plus qu'à se montrer pour achever la conquête de la France; ils commencèrent par faire sacrer leur roi à Paris (16 décembre 1431), mais ce fut une fête de famille à laquelle n'assista pas un prince de France et qui ne fut marquée ni par une libération de prisonniers, ni par une réduction d'impôts, ni par une largesse au peuple; aussi cette cérémonie n'excita qu'un mécontentement général, mélangé d'ironie. « Un bourgeois qui marierait ses enfants ferait mieux les choses, » disait-on ouvertement dans la ville.

Ensuite la guerre recommença un peu partout. Battus comme nous l'avons dit dans trois endroits après la levée du siége de Compiègne, les Anglais faillirent perdre Rouen et le maréchal de Boussac s'en serait emparé s'il y eût eu un peu plus de discipline dans son armée. Dunois fut plus heureux à Chartres (1432), et pendant qu'il leur enlevait cette place importante le duc de Bedford et le comte de Warwick étaient obligés d'abandonner le siége de Ligny, petite place peu importante de fait, mais d'où le capitaine Jean Foucault inquiétait terriblement les environs de Paris.

Dans le même moment, la duchesse de Bedford, sœur de Philippe le Bon, mourut et la discorde que seule cette princesse empêchait éclata entre le duc de Bourgogne et les Anglais.

Chacune de leurs fautes était habilement exploitée par le connétable de Richemont qui avait repris l'autorité en enfermant La Trémouille. C'est ainsi qu'il délivra le Maine des Anglais, qu'il vint en Picardie, s'empara de Ham et occupa les ennemis en des guerres continuelles en faisant soulever les paysans. Son but était de rapprocher le roi de France du duc de Bourgogne et de retourner le traité de Troyes contre les Anglais. Philippe le Bon ne manquait pas de griefs; mais il ne voulut se prêter qu'à des négociations générales auxquelles Bedford acquiesça d'autant plus volontiers que les Armagnacs, maîtres de Saint-Denis, empêchaient les vivres d'arriver jusqu'à Paris qui, à moitié cerné, était réduit à la plus affreuse misère.

Un congrès européen fut convoqué à Arras pour le 5 août 1435; dix mille députés y assistèrent, représentant tous les États chrétiens et toutes les villes et provinces de France; c'est assez dire qu'il n'aboutit à rien; du reste, les Anglais ne voulurent faire aucune modification au traité de Troyes et se retirèrent le 6 septembre. Le duc de Bourgogne se laissa supplier de rendre la paix à la France; mais au fond il ne demandait pas mieux. Ses Bourguignons étaient d'autant plus humiliés de l'intrusion des Anglais qu'elle était en quelque sorte leur œuvre, et lui sentait se réveiller en lui tous les sentiments de son origine. Bedford étant venu à mourir, il se crut dégagé de ses promesses et signa le traité d'Arras (21 septembre 1435).

Par ce traité, Charles, qui reconnaissait que Jean sans Peur avait été mis à mort iniquement et que sa jeunesse seule l'avait empêché de s'y opposer, abandonnait au duc de Bourgogne, qui le reconnaissait pour roi de France, Auxerre, Mâcon, Péronne, Roye, Montdidier, en toute propriété, et les villes de Saint-Quentin, Corbie, Abbeville, Saint-Valéry, Amiens, avec faculté de rachat. Le duc de Bourgogne était ensuite, mais personnellement, dégagé de tout hommage envers le roi de France.

Ces conditions quelque peu humiliantes répandirent une grande joie par tout le royaume. La reine Isabeau elle-même, qui mourut huit jours après la signature du traité, en témoigna son contentement. Elles furent, du reste, bientôt suivies d'une compensation. La prise de Paris fut la conséquence du traité d'Arras; car pendant que le duc de Bourgogne portait dans le Nord la guerre contre les Anglais, les bourgeois de Paris appelèrent le connétable de Richemont et lui ouvrirent la barrière Saint-Jacques, le 29 mai 1436. La garnison anglaise, repoussée des Halles et des portes Saint-Denis et Saint-Martin par la population révoltée, se réfugia à la Bastille. Richemont aurait bien voulu la faire prisonnière; car il avait là, en dehors du commandant, lord Willoughby, de riches seigneurs qui étaient bons à mettre à rançon; mais n'ayant pas les ressources suffisantes pour le siége de la forteresse il accepta leur capitulation. Lord Willoughby abandonna la Bastille, sortit par la porte Saint-Antoine avec ses 1 500 soldats et fit le tour des remparts sous les huées du peuple qui les accompagnèrent jusque sur les bords de la Seine, où ils s'embarquèrent pour Rouen.

Cette prise de possession de Paris mettait fin non-seulement à la guerre civile, mais à la guerre anglaise, qui durait depuis un siècle. Désormais les Anglais devenaient des ennemis peu redoutables. En perdant avec la capitale le parlement et l'université, ils ne s'appuyaient plus sur l'apparence d'un gouvernement français, et s'ils n'étaient pas encore complétement chassés de France ils n'y possédaient plus que quelques villes qu'ils n'allaient pas tarder à perdre; car le duc de Bedford qui avait été l'âme de leur occupation n'était plus là pour relever leur puissance.

CHAPITRE XV

DERNIÈRES VICTOIRES DE LA ROYAUTE SUR L'ARISTOCRATIE FÉODALE

Gouvernement de Charles VII.

Charles ne se pressa pas d'entrer dans sa capitale, qu'il savait ravagée par une épidémie engendrée par la famine; mais il l'administra de Bourges et s'occupa de mettre de l'ordre dans ses États, dont les Anglais n'étaient plus maîtres, mais qui n'en étaient pas moins asservis par de nouveaux tyrans. Les hommes de guerre, qui ne recevaient du gouvernement ni solde, ni vivres, ni munitions, avaient été obligés de subvenir à leurs besoins aux dépens de l'ennemi quelquefois, mais presque toujours du pays. S'habituant à cet état de choses, ils avaient agrandi leurs besoins et étaient devenus de véritables fléaux qu'on redoutait par toute la France sous les noms significatifs de *houspilleurs, écorcheurs, retondeurs*.

Sans discipline, ne reconnaissant d'autres souverains que leurs capitaines, ces hordes guerrières inquiétaient d'autant plus le roi qu'elles étaient toute son armée et que non-seulement il n'avait pas la puissance de les dissoudre, mais qu'il ne pouvait en avoir la volonté, puisqu'elles étaient commandées par les Lahire, les Xaintrailles, les Chabannes, les Boussac, auxquels, en somme, il devait son royaume. Bien qu'ils se considérassent absolument comme des chefs indépendants faisant la guerre à leur profit, il résolut cependant de s'en rendre le maître, et trouva le moyen de les discipliner.

Ce n'était plus le jeune homme indolent et frivole que nous avons vu perdre son trône le plus gaiement du monde ; il l'avait reconquis et rêvait déjà de le faire grand. Une légende assez gracieuse attribue le changement de son caractère à l'influence d'Agnès Sorel, sa maîtresse, la première courtisane royale qui apparaisse dans notre histoire ; mais outre qu'il n'y a aucune trace de la faveur d'Agnès avant l'année 1444, il est certain que Charles, qui conserva toujours ses mœurs très-légères, se mûrit aux affaires publiques avec l'âge et l'expérience qu'il acquit à la fréquentation de ses sages conseillers le maître de l'artillerie Jean Bureau, son frère le maître des comptes, l'argentier Jacques Cœur, le secrétaire Étienne Chevalier, qui signa presque toutes les grandes ordonnances de ce règne, et le maître des requêtes Guillaume Cousinot, tous gens de basse extraction mais de talents reconnus et d'un dévouement éprouvé.

Son premier acte d'autorité fut pris non pas contre l'Église, mais contre les effets du schisme nouveau qui la désolait. Déjà en 1432, accusant les papes Martin et Eugène IV de favoriser les Anglais en donnant les prélatures à des étrangers, il avait ordonné que nul ne serait reçu aux bénéfices ecclésiastiques s'il n'était Français et affectionné au roi. En 1438, il fit plus : il réunit tout le clergé du royaume en un concile à Bourges et lui fit adopter une ordonnance connue sous le nom de *Pragmatique Sanction*, qui fut regardée comme loi de l'État.

Cette ordonnance, sorte de compromis entre les décisions du concile orthodoxe de Florence et celles du concile intransigeant de Bâle, reconnaissait l'autorité du concile général comme supérieure à celle du pape, rendait la liberté des élections aux églises et aux abbayes, interdisait les annates, réserves, expectatives, limitait le droit d'appel au pape et enfin n'admettait la publication des bulles pontificales en France qu'après l'approbation du roi.

Cette fermeté étonna tout le monde et on commença à se demander si la conduite passée du roi n'avait pas été de la dissimulation plutôt que de l'indolence ; le pays s'attendit à lui voir prendre de la vigueur ou jeter définitivement le masque.

La taille perpétuelle.

Cependant la guerre avait recommencé et désolait le Nord. Charles ne pouvait encore mettre à exécution son projet contre les écorcheurs qui servaient dans les débats du duc de Bourgogne

Mort de Jeanne d'Arc (1431).

et de l'Angleterre. Pour en finir plus vite, il se jeta dans la mêlée et envoya le connétable de Richemont, auquel il avait rendu son estime à cause de sa sévérité contre les pillards, assiéger Meaux, ville très-forte et qui gênait les approvisionnements de Paris. Il lui donna des troupes soldées avec l'argent fourni par Jacques Cœur, marchand de Bourges qui commençait la réforme des finances, et de l'artillerie commandée par Jean Bureau, le premier qui mit de l'air dans l'emploi du canon au siége des villes. Grâce à lui, Meaux fut emportée d'assaut, l'armée anglaise battue et poursuivie par Richemont, et Paris put voir renaître sa prospérité.

C'est alors que Charles, débarrassé pour un temps des Anglais, convoqua à Orléans les États généraux de la langue d'oïl et leur proposa la réorganisation de l'armée qui devait anéantir toutes les bandes d'écorcheurs, et supprimer avec eux tous les pillages et les cruautés qu'avaient à subir les paysans. Cette proposition fut votée d'enthousiasme, et l'ordonnance du 2 novembre 1439 institua une armée permanente de quinze compagnies de chacune cent lances. Pour chaque lance, on comptait huit chevaux et six hommes aux gages de cent vingt livres par homme; pour les payer, les États assignèrent une taille perpétuelle de 1 200 000 livres.

Le roi seul avait la nomination des capitaines, responsables de la conduite de leurs soldats et qui devaient empêcher le pillage et les exactions sous peine de la perte de leur noblesse, de leurs biens et de leur vie.

Tous les hommes de guerre étaient justiciables des baillis et prévôts du roi et il était ordonné aux citoyens maltraités d'employer la force pour les conduire devant les tribunaux, ce qui était d'autant plus facile, en temps de paix, que les troupes devaient tenir garnison par vingt à trente lances dans les places désignées par le roi et n'en pas sortir sans son ordre.

Par la même ordonnance, il était interdit à tous ceux qui n'étaient pas nommés à cet effet de prendre le titre de capitaines et de commander à des gens de guerre sous peine de confiscation de corps et de biens, et les barons qui avaient garnison dans leurs châteaux devaient les maintenir à leurs frais et devenaient responsables des excès qu'ils pourraient commettre.

La Praguerie.

C'était une véritable révolution; par cette ordonnance, la royauté portait le coup le plus violent qu'eût encore reçu la féodalité, et mettait le pouvoir civil au-dessus de tout. Le roi, ayant de l'argent, n'avait plus besoin des États généraux qui devenaient un instrument dans sa main; ayant une armée, il pouvait se passer de la noblesse ou choisir parmi elle des dévouements aveugles ; aussi bien des intrigues se nouèrent. Les capitaines refusèrent de quitter leurs compagnies, les écorcheurs se débandèrent et Richemont fut obligé d'abandonner le siége d'Avranches qui était près de se rendre. Les seigneurs et les écorcheurs se répandirent partout, déclarant que c'était le renversement de tout ordre et qu'il fallait au plus tôt remplacer le roi par le dauphin Louis, jeune homme de dix-sept ans dont ils vantaient la précoce habileté.

Le dauphin, déjà impatient de régner, se prêta à ces projets et les ducs de Bourbon, d'Alençon, les comtes de Vendôme et de Dunois se mirent à la tête de la rébellion, où entrèrent les principaux chefs des écorcheurs, Antoine de Chabannes, le bâtard de Bourbon, Jean

Sanglier et Jean de La Roche. C'était une insurrection de la noblesse contre la royauté, insurrection qui prit le nom de *Praguerie*, par allusion à la guerre que les hussites de Prague faisaient alors aux catholiques. Charles VII, préparé à cette guerre qu'il prévoyait, avait, en dehors des paysans et de la bourgeoisie, des partisans dans la noblesse. Richemont et le comte du Maine marchaient avec lui, et il ne répugnait pas à Xaintrailles et à quelques chefs d'écorcheurs de recevoir une solde régulière pour défendre la royauté. Il arriva avec ses troupes à Poitiers pour apprendre que Saint-Maixent venait de tomber au pouvoir des insurgés, mais que les bourgeois résistaient encore; aussitôt il continua sa route et délivra la ville ; toutes les autres places du Poitou se rendirent; Dunois et quelques chefs de bandes se soumirent et bientôt Charles eut autour de lui 4 800 lances, 2 000 archers et l'artillerie de Jean Bureau et put poursuivre les révoltés, qui avaient emmené le dauphin à Moulins, sans être obligé de rappeler une seule des garnisons qui tenaient tête aux Anglais en Normandie.

Partout le peuple se déclarait pour le roi ; toutes les villes ouvraient leurs portes sans que les troupes y fissent le moindre désordre. La Praguerie, réduite à ses bandes d'écorcheurs, chercha à se réfugier en Bourgogne; mais Philippe refusa de la recevoir et fit mettre ses frontières en état de défense. Alors elle demanda à traiter. Le dauphin, dont l'orgueil s'irritait de fléchir devant son père, fut forcé de venir avec ses compagnons se mettre à genoux devant le roi, qui le releva avec dignité, mais refusa le pardon à ses mauvais conseillers. Il leur permit seulement de se retirer dans leurs domaines. Louis objecta alors qu'il devait partir avec eux, puisqu'il avait promis de partager leur sort. Le roi lui répondit qu'il ne le retenait pas ; puis, se laissant toucher par l'humilité de son fils et voulant utiliser sa turbulence et son avidité de pouvoir, il l'envoya gouverner le Dauphiné.

Cette prompte soumission des révoltés, cet accord de la bourgeoisie et du pouvoir royal furent un rude avertissement pour la noblesse. Philippe de Bourgogne commença à regretter d'avoir refusé asile à la Praguerie et chercha à la recommencer en lui donnant un chef. Pour ce, il paya la rançon du duc d'Orléans, prisonnier des Anglais depuis la bataille d'Azincourt, le reçut avec les plus grandes démonstrations d'amitié, lui fit épouser sa nièce et lui conféra l'ordre de la Toison-d'Or, dont il envoya en même temps le collier aux ducs d'Alençon et de Bourbon, puis adressa à Charles VII une longue liste de griefs, rédigée par toute la noblesse réunie à Nevers.

Le roi fit à ces plaintes une réponse ferme et cependant modérée, défendit habilement son administration et expliqua si bien l'utilité des impôts dont on lui reprochait la lourdeur que l'opinion publique se convainquit que les princes n'agissaient que dans leur intérêt et que le roi seul était loyal et bienveillant.

Activité de Charles VII.

L'attitude énergique du roi fit encore mieux rentrer la noblesse dans le devoir que les manifestations populaires. Charles montra qu'il était prêt à tout événement en portant ses forces vers le Nord. Il fit sentir sa justice royale au plus hardi des chefs des écorcheurs ; le bâtard de Bourbon, malgré sa naissance, fut livré au prévôt, cousu dans un sac et jeté à la rivière. Le comte de Saint-Pol fut forcé de se soumettre au parlement de Paris pour la succession de Ligny, et cela ne l'empêcha pas de continuer avec succès la guerre contre les Anglais, leur prenant Pontoise après Meaux dans le Centre, Dieppe dans le Nord, et les contraignant, eux si arrogants au congrès d'Arras, à implorer une trêve et la main d'une princesse française, Marguerite d'Anjou, fille du duc René, pour leur jeune roi Henri VI (1444); ensuite il détacha d'eux leurs alliés du Midi, les comtes d'Albret, de Foix et d'Armagnac, et en acquit un puissant pour sa cause par le mariage du dauphin avec la fille du roi d'Écosse.

Cette trêve conclue, Charles qui cherchait un moyen d'éloigner les écorcheurs pour constituer ce qu'il voulait faire la véritable armée de la France, porta ses armes de deux côtés à la fois. L'empereur d'Allemagne Frédéric III lui demandait du secours contre les Suisses; il lui envoya une armée de 25 000 hommes, commandée par le dauphin, et lui-même se mit à la tête d'une expédition qui allait aider René, duc d'Anjou et de Lorraine, à faire rentrer les Messins dans le devoir.

Les bandes du dauphin arrivèrent sans trop de confusion jusqu'au Jura et entrèrent en Suisse en traversant la petite rivière de la Birse. Là elles rencontrèrent 1600 Suisses qui, malgré l'inégalité de leurs forces, se battirent comme des héros et moururent jusqu'au dernier après avoir tué aux Français 8 000 hommes et 1 100 chevaux (1444).

Louis prit tant d'estime pour des gens d'un si grand courage qu'il n'alla pas plus avant et fit un traité d'alliance avec les Suisses. Du reste, ses écorcheurs ne trouvant rien à piller dans les montagnes l'abandonnèrent par bandes et beaucoup tournèrent vers l'Alsace et la Souabe.

L'armée du roi était plus disciplinée, plus brillante; beaucoup de noblesse s'était rangée autour de lui; on parlait déjà de reporter les frontières de la France jusqu'au Rhin. Mais si Épinal et Verdun furent enlevées facilement, Metz se défendit vigoureusement et Charles, craignant que la guerre ne devînt trop sérieuse par le soulèvement de l'Allemagne, accepta le traité que lui offraient les Messins et par lequel ils conservaient leur indépendance moyennant 100 000 florins donnés à René et 200 000 écus au roi de France. Verdun et Toul traitèrent dans les mêmes conditions, et l'armée du dauphin ayant rejoint celle de son père, la paix fut faite avec l'empire.

Organisation de l'armée permanente.

Débarrassé alors des aventuriers les plus mutins, Charles put mettre à exécution l'ordonnance d'Orléans et se créer une armée qui ne dépendît plus que de la royauté.

La cavalerie, qui avait été organisée déjà sur le papier, le fut effectivement, et l'empressement pour entrer dans les nouveaux corps, dont la solde était assurée, fut si grand que de vieux routiers qui n'avaient pu y entrer d'abord se mirent à la suite des compagnies pour en faire partie à la première vacance.

L'attention du roi se porta aussi sur l'infanterie; la France n'en avait jamais eu et elle avait jusque-là toujours été obligée de la faire venir de l'étranger quand elle en avait eu besoin.

Par une ordonnance du 28 avril 1448, chacune des 16 000 paroisses de France devait fournir un homme habile à tirer de l'arc, qu'elle armerait et équiperait à ses frais et qui serait toujours prêt à marcher pour le service du roi, moyennant une solde de quatre francs par mois. Ces soldats prirent le nom de de francs-archers, parce qu'ils étaient exempts de toutes les tailles et subsides, excepté de la gabelle et des aides; et s'ils ne rendirent pas d'abord de grands services militaires, nous les verrons lutter victorieusement sous François Ier contre les vieilles bandes castillanes et regagner une bataille que la cavalerie avait perdue.

Pour empêcher la noblesse de murmurer contre cette organisation militaire, qui la tenait à l'écart, Charles s'assura de son concours par une nouvelle

JACQUES CŒUR.

ordonnance qui assimilait comme solde aux gens d'armes des compagnies tous ceux qui pouvaient armer avec eux cinq hommes de cheval, de façon à former une lance d'ordonnance.

Ainsi, au moyen de ces quinze compagnies régulières, de l'armée nobiliaire et des milices communales, la France pouvait mettre sur pied, au premier appel, de 80 à 100 000 hommes.

Pour obtenir ces résultats, qui donnèrent à la royauté une grandeur nouvelle, il avait fallu réorganiser les finances. C'était l'œuvre que Jacques Cœur avait commencée en 1443 et qu'il avait réalisée non sans peine; car jusque-là on avait considéré comme impossible d'établir un contrôle sur les receveurs des deniers publics et de forcer les grands-officiers de la couronne, argentier, écuyer, trésorier des guerres, maître de l'artillerie, etc., à régler avec le roi au moins une fois par mois.

Jacques Cœur, qui était argentier du roi, donna l'exemple et grâce à lui il y eut enfin en France un service des finances sur lequel la royauté pouvait compter.

Conquête de la Normandie.

Cependant les trêves avec l'Angleterre avaient été prolongées et cette puissance s'attendait d'autant moins à la guerre qu'elle n'était pas en état de la soutenir. Ce fut elle pourtant qui en donna le prétexte.

Henri VI avait abandonné tout le pouvoir à sa femme Marguerite d'Anjou, princesse ambitieuse, détestée de toute la noblesse anglaise et qui avait assez à faire en contenant la faction d'York, qui préludait déjà à la guerre des Deux-Roses, et ne pensait à envoyer ni vivres ni munitions, et encore moins de solde, aux garnisons des villes normandes.

Un aventurier aragonais à son service, François de Surienne, ne pouvant se faire payer son arriéré, s'empara de la ville de Fougères et la donna à ses soldats pour les dédommager.

Le duc de Bretagne, indigné de cette violation des traités en pleine paix, sollicita l'appui du roi de France, et tous deux demandèrent réparation au gouverneur de la Normandie et 1 600 000 écus pour les dommages. C'était demander l'impossible, puisque Talbot et Sommerset, qui commandaient dans la province, ne touchaient pas même de solde pour leurs dix mille Anglais, qu'ils avaient dispersés dans les garnisons normandes pour qu'ils pussent plus facilement vivre sur le bourgeois. Aussi la guerre fut déclarée et marcha avec toute la rapidité qu'on pouvait attendre d'une armée disciplinée, qui, vivant de sa solde, n'avait plus à s'attarder pour pourvoir par le pillage aux besoins de la vie.

Pont-de-l'Arche, Gerberoi, Verneuil tombèrent au pouvoir du duc de Bretagne, et Dunois, arrivant en hâte, s'empara sans difficulté de Pont-Audemer, Lisieux, Mantes, Vernon, Évreux, Louviers, Saint-Lô, Coutances, Valognes, qui du reste furent à moitié livrées par les bourgeois trop heureux de redevenir Français.

Granville même les imita; c'était cependant une ville anglaise, fortifiée par eux et qui ne datait guère que de 1436.

Pendant ce temps, le duc de Bretagne et le connétable de Richemont reprenaient Fougères et soumettaient tout le Cotentin, et les Anglais saisis de terreur se concentrèrent à Rouen où Talbot et Sommerset espéraient résister; mais sitôt que l'armée de Dunois fut en vue de la ville, les bourgeois se révoltèrent, forcèrent les Anglais à se réfugier dans le palais et ouvrirent leurs portes à l'armée française (1449).

Talbot et Sommerset obtinrent la vie sauve et la liberté de retourner en Angleterre, moyennant 50 000 écus et la cession de Caudebec, Villequier, Lillebonne, Tancarville et Honfleur.

Charles VII fit alors une entrée solennelle dans la ville, lui confirma ses priviléges, et fut reçu avec d'autant plus d'enthousiasme que son armée, soldée régulièrement, grâce à l'argent prêté par Jacques Cœur, n'avait commis aucun désordre dans la cité qui redevenait française pour toujours.

Bataille de Formigny.

Le gouverneur de Honfleur ayant refusé de reconnaître la capitulation de lord Talbot en ce qui concernait sa ville, il la perdit en plein hiver (décembre 1449). Harfleur eut le même sort quelques jours après.

Mais alors l'Angleterre se décida à secourir la Normandie. Six mille hommes débarquèrent à Cherbourg sous la conduite de Thomas Kyriel. Ils s'emparèrent de Valognes et cherchèrent à se joindre à lord Sommerset qui était à Caen. Le comte de Clermont avec trois mille hommes se jeta à leur poursuite par Carentan, pendant que Richemont partait de Saint-Lô pour tomber sur leur droite.

Les Anglais, qui suivaient la côte et avaient Bayeux pour objectif, rencontrèrent Clermont près de l'embouchure de la Vire ; ils le repoussèrent, passèrent la rivière et se retranchèrent devant le village de Formigny. Clermont les y attaqua et fut battu. Il allait se retirer en abandonnant son artillerie, quand le connétable, débouchant sur la droite, décida du sort de la journée par une victoire complète (15 avril 1450). Les Anglais laissèrent 4 000 des leurs sur le champ de bataille, et si ce succès, intrinsèquement petit, releva l'honneur des armées françaises, si souvent battues en batailles rangées, et consola la nation des désastres de Crécy, de Poitiers et d'Azincourt, c'est que son résultat fut immense. Vire, Bayeux, Avranches, Domfront, Falaise se rendirent, et Caen, qui avait quatre mille hommes de garnison, ouvrit ses portes au roi de France. Il ne restait plus que Cherbourg qui comptait, pour prolonger sa résistance, sur la force de ses murs et surtout sur le voisinage de la mer : c'est par là qu'elle fut prise. Les canonniers français établirent sept batteries dans la mer même : quand la marée montait, ils quittaient leurs pièces, solidement ancrées sur la grève et bien couvertes par des cuirs graissés ; et sitôt que la mer était retirée ils revenaient à leurs canons et compensaient cette interruption forcée par un feu plus terrible et un tir plus précipité. Enfin la ville capitula et la Normandie entière fut délivrée en moins d'une année de la domination anglaise, qu'elle subissait depuis trente ans.

Conquête de la Guyenne.

Charles profita du succès de ses armes et de la terreur qu'il inspirait en Angleterre pour envoyer une expédition en Guyenne. Un mois après, Dunois, Xaintrailles, Chabannes et les deux frères Bureau qui dirigeaient si habilement notre artillerie entrèrent dans cette province, encore ennemie, avec vingt mille soldats.

Bourg, Blaye, Castillon, Libourne, Saint-Émilion furent emportées sans difficultés. Les bourgeois de Bordeaux, affectionnés aux Anglais parce qu'ils achetaient leurs vins, tentèrent une sortie ; mais ils s'enfuirent sitôt qu'ils aperçurent les Français et entrèrent en négociations. Charles, qui tenait à se les attacher, accepta toutes leurs conditions, et la ville capitula le 23 juin 1451.

Dunois y fit une entrée triomphale, et toutes les autres villes se rendirent d'elles-mêmes, à l'exception de Bayonne qu'il fallut assiéger pendant deux mois.

Dès lors, il ne restait plus en France aux Anglais que Calais et son territoire ; mais la conquête de la Guyenne n'était pas définitive. Quelque doux que se montrassent les vainqueurs, Bordeaux regretta bientôt la domination anglaise; son port était vide, ses vins ne s'écoulaient pas, et il lui fallait payer des impôts et fournir des soldats; aussi les seigneurs gascons, indignés d'être soumis à un roi absolu, lièrent des intrigues avec le gouvernement anglais, qui commençait à s'inquiéter du sort de ses anciens sujets; car Marguerite d'Anjou ne voyait plus d'autre moyen de regagner l'affection du peuple que par la reprise de la Guyenne.

Bataille de Castillon.

Ce fut le vieux Talbot, un général de quatre-vingts ans, qui fut chargé de cette expédition; elle fut d'abord facile, puisque les habitants de Bordeaux introduisirent eux-mêmes les Anglais dans leur ville (24 septembre 1452), et presque toutes les places se soulevèrent.

Charles VII comprit qu'il fallait recommencer la conquête, et organisa tout pour assurer le succès. Au printemps suivant, son armée s'empara de plusieurs villes et mit le siége devant Castillon de Perigord (14 juillet 1453).

Talbot accourut à la délivrance de cette ville; mais les Français, déjà retranchés dans leur parc d'artillerie, repoussèrent les Anglais et les mirent en pleine déroute. Talbot fut tué, avec la moitié de son armée, dans cette bataille qui décida du sort de la Guyenne.

Castillon se rendit, puis Libourne, Cadillac, Blanquefort. Le roi arriva avec une nouvelle armée autour de Bordeaux, bloqua l'embouchure de la Gironde avec une flotte castillane et flamande et seize gros vaisseaux rochelois, qui avaient déjà anéanti la flotte ennemie, et Bordeaux, menacée d'une destruction complète, en trois jours, par l'artillerie des frères Bureau, se rendit une seconde fois, mais en perdant ses priviléges et en payant une indemnité de guerre de cent mille écus; la garnison anglaise, forte de huit mille hommes, retourna dans son pays; vingt seigneurs gascons furent bannis, et le sire de Lesparre, le plus turbulent d'entre eux, l'ennemi le plus déclaré de la couronne, eut la tête tranchée.

Le 19 octobre 1453, Charles VII entra triomphalement à Bordeaux, et l'on peut dater de ce jour la fin de la guerre de Cent Ans et l'affranchissement des provinces françaises; car les Anglais ne possédèrent plus chez nous que Calais et deux petites places voisines.

Prise de Constantinople par Mahomet II.

Cet événement si important pour la France, qu'il faisait grande, unie, sous une royauté forte et sage, passa presque inaperçu en Europe : le monde avait les yeux fixés sur l'Orient qui venait encore une fois de changer de maître.

La puissance turque, éclipsée depuis la bataille d'Angora, avait repris tout son éclat sous Amurat II, petit-fils de Bajazet, qui avait enlevé Thessalonique aux Vénitiens, conquis la Servie, vaincu et tué le roi de Hongrie Ladislas à la bataille de Varna, et menacé l'Europe qui n'avait été sauvée que par la valeur de Jean Corvin Huniade, vayvode de Transylvanie, et de Scanderberg, prince d'Albanie.

Mahomet II, successeur d'Amurat, fit plus encore : il renversa deux empires, conquit douze royaumes, et prit plus de douze cents villes aux chrétiens.

A vingt-deux ans, à peine installé sur son trône, il vint mettre le siége devant Constantinople, qui était tout ce qui restait à Constantin Paléologue de l'empire d'Orient. Bien que ne pou-

Prise de Constantinople par Mahomet II.

vant guère compter sur les Grecs, sans cesse occupés de querelles théologiques et pleins de haine pour les Latins, il refusa de se rendre à l'insolente proposition de l'assiégeant et demanda des secours à la chrétienté; mais le pape n'était alors qu'un fantôme éblouissant, la chrétienté, un corps sans tête; du reste, les Grecs refusèrent toute alliance avec les Latins, préférant se soumettre au turban du sultan qu'au chapeau d'un cardinal.

Ils ne se défendirent pour ainsi dire pas, et si Constantin résista deux mois aux cent mille hommes de Mahomet, c'est qu'il commandait à cinq mille Romains et environ deux mille étrangers qui étaient arrivés sous sa bannière par quatre navires génois.

Enfin, le 29 mai 1453, Constantinople fut prise d'assaut; l'empereur mourut sur la brèche. Quarante mille chrétiens furent massacrés, tous les monuments pillés et brûlés, et la population tomba dans la servitude. Mahomet transporta le siége de sa puissance dans l'ancienne capitale de l'Empire romain d'Orient, qui, sous le nom de Stamboul, commença une nouvelle existence.

Dernières années de Charles VII.

Le petit roi de Bourges était devenu le plus puissant des monarques chrétiens; par la conquête de son royaume sur les Anglais, il avait consolidé dans la maison de Valois le trône si souvent chancelant. Redouté en dehors, il lui restait à se rendre maître à l'intérieur, et ce n'était pas chose facile avec la grande noblesse, qui s'inquiétait de voir cette royauté, au lieu de s'amoindrir, comme d'usage, dans les tournois et les fêtes, s'affermir en faisant des lois, en organisant les finances, et en créant des armées pour chasser l'ennemi.

Le duc de Bourgogne, que sa puissance personnelle faisait presque l'égal du roi de France, et dont la cour était infiniment plus somptueuse, fut le premier qui se tint à l'écart; sans rompre absolument avec Charles VII, il se faisait l'appui de tous les mécontents, qu'il gagnait en leur envoyant le collier de sa Toison d'or. C'est ainsi qu'il fit amitié avec le dauphin Louis, de tous les ennemis du roi le plus dangereux par son esprit remuant et son caractère cauteleux, qui le faisaient intriguer avec tout le monde, et essaya de le faire même avec Jacques Cœur, toujours fidèle à la royauté malgré le procès inique qui le ruina.

Louis s'était fort compromis avec les ducs d'Alençon et d'Armagnac qui conspiraient ouvertement contre la France; le premier ayant offert de livrer ses villes aux Anglais s'ils voulaient tenter quelque entreprise, Charles le fit arrêter par Dunois (1456). On lui fit son procès; tout prince du sang qu'il était, il fut condamné à mort, et n'échappa au supplice qu'en gardant une prison perpétuelle dans la tour de Loches.

Jean d'Armagnac, coupable des mêmes tendances et de plus publiquement incestueux et bigame, fut condamné au bannissement par le parlement, et son comté occupé par une armée royale.

Ces actes de sévérité n'étaient pas de nature à tranquilliser le dauphin; aussi, voyant approcher une armée commandée par l'ancien chef des écorcheurs, Chabannes, s'enfuit-il à Bruxelles se mettre sous la protection du duc de Bourgogne. Charles VII entra alors en Dauphiné, dont les États se soumirent, et cette province, entièrement réunie à la couronne, n'eut plus une administration séparée.

Cependant Louis, dépossédé, cherchait à intéresser le duc de Bourgogne à sa cause; mais il ne put en obtenir une armée pour marcher contre son père. Philippe, déjà bien vieux, voulait achever tranquillement sa vie, et le comte de Charolais, son héritier, n'avait aucune sympathie pour celui qui devait être bientôt Louis XI.

En ce moment, Charles, très-inquiet de l'inimitié, qu'il se représentait comme dangereuse, de son fils, puisqu'on disait déjà que ceux qui déplaisaient au dauphin ne vivaient guère, témoin Agnès Sorel et la dauphine, la spirituelle et savante Marguerite d'Écosse, cherchait à lui retirer son héritage, en transférant la couronne à son second fils; mais le pape Pie II, consulté en secret, s'était opposé à ce projet.

Redoutant un empoisonnement, ce qui paraîtrait peu pratique, puisque le dauphin vivait retiré à Genappe, Charles se laissa, dit-on, mourir de faim; la vérité est que sa santé était ruinée par les désordres de sa vie et qu'il précipitait sa fin par des débauches honteuses. Un abcès lui survint dans la bouche qui l'empêcha de prendre toute nourriture; son esprit, qui n'était pas exempt de la démence de son père, s'affaiblit, et dans son délire il persuada à son entourage qu'il refusait de manger parce qu'il craignait d'être empoisonné par son fils.

Cette mort, qui emporta le roi à cinquante-huit ans, le 22 juillet 1461, devait être horrible; si l'on croit aux vengeances célestes, elle n'était que la punition de l'incroyable ingratitude de ce roi, qui laissa martyriser la sainte fille qui lui avait donné un trône et qui, dans la maturité de son âge, laissa accuser, condamner, dépouiller Jacques Cœur, un sujet dévoué, qui n'avait que l'immense tort d'être devenu plus riche que le roi par un commerce intelligent, mais qui avait donné à la couronne l'argent nécessaire à la conquête de la Normandie et qui, bien loin d'avoir transporté de l'or et de l'argent, comme on l'en accusait, chez les Sarrasins ennemis de la foi, avait répandu en France les riches produits de l'Orient, si recherchés des courtisans.

Règne de Louis XI (1461-1483).

A la nouvelle de la mort de Charles VII, son fils, qui avait été contraint à dévorer son activité et son ambition dans le repos et dans l'exil, accourut recueillir son héritage, escorté du duc de Bourgogne qui voulait le faire sacrer à Reims, et d'une noblesse brillante, qui, annihilée sous le règne précédent, espérait reprendre de l'autorité et des priviléges sous le nouveau roi, qui avait commencé par renvoyer les ministres de son père, changer les conseillers au parlement, les maîtres des monnaies et tous les grands officiers de la couronne.

Naturellement, il dépouilla ses ennemis et récompensa ses compagnons d'exil. Les ducs d'Alençon et d'Armagnac recouvrèrent leur liberté et la possession de leurs biens; mais à part cela la féodalité ne devait rien gagner sous ce règne; bien au contraire, Louis s'entourait de petites gens dont il faisait ses intimes ministres et auxquels il parlait tout haut de ses projets contre les grands.

Il déploya son activité mesquine et un peu brouillonne à faire des actes d'autorité. C'est ainsi qu'au moment où le peuple s'attendait à une diminution d'impôts pour don de joyeux avénement il vit la taille perpétuelle portée de dix-huit cent mille livres à trois millions.

C'est ainsi que l'université de Paris se vit retirer tous ses priviléges, que les juridictions des parlements de Paris et de Toulouse furent singulièrement diminuées par la création de ceux de Bordeaux et de Dijon, fondés sur les mêmes bases que celui de Grenoble qu'il avait déjà créé en 1453.

Louis porta même la main sur la Pragmatique Sanction ; il la révoqua parce qu'elle donnait trop d'indépendance au clergé et trop de pouvoir à la noblesse, qu'il chercha à diminuer par tous les moyens possibles : d'abord en la popularisant par la création dans toutes les villes de France de charges municipales et consulaires qui donnaient la noblesse; ensuite en réclamant des droits féodaux dont il n'était plus question depuis longues années, tels que les aides, les rachats, les gardes-nobles, les forfaitures, et pour que les intéressés ne pussent pas invoquer la prescription il leur fit dresser d'énormes comptes d'arriérés dont il exigea le paiement immédiat.

Ligue du bien public.

Les murmures furent universels, d'autant que le roi n'épargna pas les grandes familles; au contraire, la maison de Brezé se vit enlever la sénéchaussée de Normandie; la maison de Bourbon, le gouvernement de la Guyenne qui passa dans la maison d'Anjou, le roi agissant ainsi dans l'espérance de brouiller les deux familles.

Ainsi Louis n'avait pas encore régné quatre ans qu'il avait tout le monde contre lui : le peuple à cause de l'augmentation des impôts, la bourgeoisie parce qu'elle était blessée dans ses intérêts particuliers, le clergé qui était menacé dans ses biens, la petite noblesse dans ses priviléges et la grande dans ses prétentions souveraines.

Une ligue de mécontents ne tarda pas à se former contre lui et trouva bientôt appui dans les ducs de Bourgogne et de Bretagne.

Celui-ci ne se soumettait qu'en apparence aux exigences de la nouvelle royauté. Il s'était déclaré duc par la grâce de Dieu et ne voulait ni admettre les droits de vassalité, qu'il refusait de payer, ni se priver de la nomination des évêques, à laquelle le roi prétendait. Il se révolta tout à fait quand Louis lui fit défendre de battre monnaie et de lever des tailles dans sa province.

François II, le duc de Bretagne, appela alors tous les princes à son secours : le duc de Bourbon, le duc de Lorraine, le duc de Berry lui-même, quoique propre frère du roi, lui promirent assistance; mais le comte de Charolais, fils du duc de Bourgogne, fut son plus sérieux allié, car il regardait comme une spoliation le rachat que Louis XI venait de faire au vieux Philippe le Bon de toutes les villes de la Somme, moyennant 400 000 écus, après des négociations personnelles où le roi de France avait déployé toute la fausse bonhomie qui était le fond de son caractère astucieux.

Louis ne s'inquiéta cependant pas tout d'abord des menées des seigneurs et continua contre eux ses entreprises tortueuses. Il enleva au comte de Charolais le gouvernement de la Normandie qu'il lui avait donné à son avénement; mais quand il vit que celui-ci prenait possession du gouvernement de Bourgogne, qu'il l'accusait d'avoir envoyé des assassins contre lui, et qu'il pactisait avec tous les princes par l'entremise du comte de Saint-Pol; quand il vit que le comte d'Armagnac, qui lui devait sa liberté et ses États, que le sire d'Albret, le comte de Dunois et la plupart des capitaines de Charles VII entraient dans la ligue, il comprit que le complot était sérieux et que le mécontentement était général. Il convoqua alors une grande assemblée de seigneurs à Tours et leur exposa ses griefs contre le duc de Bretagne; mais il était trop tard : tous avaient promis et la conjuration, qui s'intitulait

Ligue du bien public, comprenait plus de cinq cents seigneurs et nombre de dames.

L'assemblée de Tours était à peine dissoute que les hostilités commencèrent. Le duc de Berry, prince sans caractère et sans mérite, qui était le chef nominal de la ligue, s'enfuit auprès du duc de Bretagne, pendant que Chabannes s'échappait de la Bastille pour se réfugier chez le duc de Bourbon qui venait de refuser publiquement au roi cent lances qu'il lui demandait pour marcher contre ses ennemis.

LOUIS XI.

Bataille de Montlhéry.

Louis ne s'effraya pas de tant d'ennemis. Il mit autant de sagesse et d'activité à détruire cette ligue qu'il avait mis d'imprudence à se l'attirer, mais il ne réussit que là où il se porta personnellement, c'est-à-dire en Berry et dans le Bourbonnais qu'il ramena à la soumission; partout ailleurs, il était trahi ou mal défendu. Le comte du Maine, chargé d'arrêter les Bretons, reculait devant eux tout le long de la Loire; le duc de Nevers, qui devait défendre la barrière de la Somme, livrait cette entrée aux Bourguignons, et Paris où commandaient Charles de Meulan et le cardinal La Balue, dont la fidélité était très-équivoque, allait se trouver attaqué à la fois par les ducs de Bretagne et de Berry d'un côté et le comte de Charolais de l'autre. Louis laissa le comte de Foix pour maintenir le Languedoc et s'opposer aux princes d'Armagnac; et se dirigea en toute hâte sur sa *bonne ville de Paris*, qu'il cajolait déjà beaucoup.

Le sénéchal de Brezé, qui commandait son avant-garde et se vantait d'avoir donné sa parole aux princes et son corps au roi, amena son armée au milieu de celles des seigneurs, et Louis, qui cherchait à éviter tout combat, fut contraint de livrer la bataille de Montlhéry où il n'y eut ni vainqueurs ni vaincus, mais beaucoup de fuyards de part et d'autre, car si l'armée royale parvint à traverser celle du duc de Bretagne qui lui barrait le chemin, l'armée du comte de Charolais passa au travers de celle de Louis XI, qui gagna prudemment Paris où il réchauffa le zèle des bourgeois, pendant que le duc de Bourgogne s'enorgueillissait d'une victoire déjà douteuse, et que la jalousie des princes rendit sans résultat.

Ils se réunirent cependant tous devant la capitale de la France, mais pensèrent bien plus à disputer des préséances et à débattre leurs propres intérêts qu'à l'assiéger.

Traité de Conflans.

Louis, dont les vrais moyens d'action étaient la ruse et l'intrigue, avait bien compté que la discorde se mettrait parmi ses ennemis. Il la soufflait du mieux qu'il pouvait, en traitant séparément avec tous les mécontents, leur accordant tout ce qu'ils demandaient, quitte à ne pas le leur donner ou à le leur ôter quand la Ligue serait dissoute. Malheureusement il ne pouvait pas être partout à la fois et il était trahi partout où il n'était pas. Voyant Pontoise, puis Rouen, Évreux, Caen, Beauvais, Péronne, passer au parti des princes, il craignit que Paris, jadis si bourguignon, ne fût tenté de le redevenir et brusqua les négociations.

Les alliés, de plus en plus suspects les uns aux autres, s'empressèrent d'accepter le traité de Conflans par lequel ils se partageaient la France. Le duc de Berry, frère du roi, eut la Normandie en souveraineté héréditaire, avec la suzeraineté des ducs de Bretagne et d'Alençon; le comte de Charolais rentra en possession des villes rachetées de la Somme et de quelques autres qui lui livraient la Picardie; le duc de Bretagne eut Étampes et Montfort; le duc de Lorraine, Mouzon, Sainte-Menehould, Neufchâteau; le duc de Nemours, Jacques d'Armagnac, devint gouverneur de Paris et de l'Ile-de-France; Chabannes rentra dans tous ses biens, et Saint-Pol reçut l'épée de connétable. Tous, en un mot, eurent de l'argent, des charges, des faveurs, des compagnies d'ordonnance, et le roi, qui affecta de se mettre entre leurs mains et ne leur fit pas observer qu'on n'avait pas dit un mot du bien public, paraissait se résigner à reconstituer la féodalité en se contentant d'être le suzerain de ses vassaux.

Mais Louis n'avait pas dit son dernier mot; en signant le traité de Conflans, le plus humiliant que jamais roi de France eût souscrit à ses sujets, il savait bien qu'il ne serait jamais exécuté, et employa toute son habileté à trouver des empêchements et son astuce à les faire légitimer. « Qui ne sait pas dissimuler ne sait pas régner, » fut alors sa maxime et elle resta celle de toute sa vie. Ennemi né des seigneurs par politique, il agrandit sa haine du désir de la vengeance et de la honte d'avoir été vaincu; trahi par tout son entourage, il jugea tout le monde ingrat et cupide, ne chercha plus l'estime de personne et employa tous les moyens pour marcher à son but sans scrupule, sans faiblesse et sans remords.

D'abord il voulut s'assurer de sa maîtresse ville; il se fit aimer des Parisiens en vivant avec les bourgeois, les admettant à sa table, à son conseil, les haranguant aux halles, tenant leurs enfants sur les fonds baptismaux: il s'en fit craindre encore plus en inaugurant les exécutions secrètes de Tristan l'Hermite, qu'il appelait son compère et qui le débarrassa petit à petit des gens obscurs qui l'avaient trahi et inspira à ceux qui en auraient eu l'idée une salutaire terreur

Ceci explique pourquoi le parlement de Paris refusa d'enregistrer le traité de Conflans : c'était le premier pas! Avant d'en faire d'autres, Louis gagna les princes d'Armagnac, les comtes de Dunois et de Saint-Pol avec plus de promesses que d'effets, s'assura l'appui du duc de Bourbon en lui donnant le gouvernement de presque tout le Midi, fit alliance avec le duc de Lorraine et se réconcilia avec Chabannes, son ennemi de vingt ans; alors il enleva la Normandie à son frère, qui se retira chez le duc de Bretagne devant une armée envahissante.

Le comte de Charolais se récria contre cette violation du traité; mais Louis, qui le savait d'autant mieux occupé dans une guerre contre les Liégeois qu'il avait lui-même allumé cette guerre et qu'il soutenait les Liégeois de ses subsides, s'excusa sur les ordonnances des rois ses prédécesseurs empêchant de donner en apanage la Normandie, qui payait le tiers des revenus de la couronne.

Charles le Téméraire sentit bien que la raison était mauvaise; mais après Liége il avait Dinant et Gand à faire rentrer dans le devoir; il fut obligé de s'en contenter. La ligue, du reste, était dissoute et le duc de Bretagne avait accepté 120 000 écus d'or pour ne s'apercevoir de rien.

Entrevue de Péronne.

Sitôt débarrassé de cette guerre, le comte de Charolais, qui venait de se faire reconnaître duc de Bourgogne à la mort de son père, se chercha un autre allié contre Louis XI. Édouard d'York, roi d'Angleterre, dont il avait épousé la sœur, bien qu'il fût de la maison de Lancastre par sa mère, lui envoya cinq cents lances, et lui offrit une flotte.

De son côté, le duc de Bretagne, cédant aux prières du duc de Berry, s'empara de Caen et d'Alençon et appela les Anglais à son aide en leur offrant douze places à leur volonté.

Louis rassembla deux armées, l'une sur les marches de la Champagne, commandée par Chabannes, et l'autre sur les marches de Bretagne, et pendant qu'elles s'organisaient il faisait légitimer ses décisions par les États généraux de Tours (6 avril 1468), et il entretenait l'esprit de révolte contre le Téméraire dans les villes flamandes. Les Liégeois se soulevèrent encore, et pendant que le duc de Bourgogne gagnait sur eux la bataille de Bruenstein, le duc de Bretagne, poussé vigoureusement, était obligé de signer le traité d'Ancenis par lequel il abandonnait l'alliance bourguignonne et promettait de servir le roi envers et contre tous. Le duc de Berry fut réduit à accepter une pension de 60 000 livres, si bien que quand le Téméraire arriva, enivré de sa victoire, il se trouva sans alliés.

Louis pouvait le vaincre par les armes; mais, confiant dans les séductions de sa conversation caressante et enjouée, plus vain de son mérite et de sa finesse que de sa couronne et de sa naissance, conseillé du reste par le cardinal La Balue qui le trahissait, il fit accepter au duc une entrevue à Péronne et se rendit presque sans escorte au milieu

Jeanne Hachette au siège de Beauvais (juin 1472).

de l'armée bourguignonne, qui se grossissait chaque jour de tous les mécontents.

Cette témérité faillit lui coûter cher; car les négociations étaient à peine commencées que les Liégeois, soudoyés par Louis XI, et qui n'avaient pas reçu l'ordre de surseoir, se soulevèrent avec plus de fureur que jamais. Charles, qui se doutait d'où partait le coup, entra dans une colère terrible et voulut ou tuer le roi, ou le garder dans une prison perpétuelle; mais sa jalousie contre François II et sa haine pour la nation bretonne l'empêchèrent de prendre l'un ou l'autre de ces partis, car, Louis XI supprimé, le duc de Berry régnerait à sa place et l'influence bretonne dominerait. Le roi en fut quitte pour une trahison; il marcha ouvertement avec le Téméraire contre les Liégeois qui comptaient sur son appui, et quand la ville, qui portait son drapeau, fut brûlée sur son conseil, il fit la paix avec son ennemi en confirmant les traités d'Arras et de Conflans, avec cette modifica-

Mort de Charles le Téméraire (5 janvier 1477).

tion que le duc de Berry aurait la Champagne pour apanage.

Mort du duc de Berry.

Rendu à la liberté, Louis comprit très-bien que donner la Champagne à son frère, c'était ouvrir les portes de Paris au duc de Bourgogne. Aussi s'en arrangea-t-il avec le duc de Berry et lui fit-il comprendre que la Guyenne était infiniment plus digne de lui. Par ce moyen, il le brouillait avec l'Angleterre; il en trouva un autre pour le rendre suspect à Charles le Téméraire.

Ayant fondé l'*ordre de Saint-Michel*, pour dominer ses grands et se faire des alliés, comme l'Angleterre le faisait avec la *Jarretière* et le duc de Bourgogne avec sa *Toison d'or*, il en donna le premier collier à son frère qui fut obligé de renvoyer celui de la Toison d'or, car l'ordre de Saint-Michel était exclusif.

Le duc de Bretagne le refusa. Louis marcha contre lui, le vainquit et lui imposa le traité d'Angers par lequel il renonçait à toute alliance étrangère.

Pendant qu'il se vengeait de La Balue en le faisant enfermer dans une cage de fer où il resta dix ans, le roi envoyait Chabannes contre les princes d'Armagnac, révoltés de nouveau : le duc de Nemours obtint son pardon ; le comte d'Armagnac se sauva hors du royaume et ses biens furent confisqués. Pour isoler davantage le duc de Bourgogne, Louis donna à Warwick, qu'il réconcilia avec Marguerite d'Anjou, les moyens de renverser en Angleterre Édouard IV, beau-frère de Charles le Téméraire.

Alors il se résolut à l'attaquer ouvertement ; il fit décréter par une assemblée de notables réunie à Tours (1470) que le duc de Bourgogne avait violé le traité de Péronne en attaquant les ports de la Normandie et en portant publiquement l'ordre anglais de la Jarretière ; il envoya contre lui une armée de cent mille hommes qui s'empara d'abord de Saint-Quentin, Roye, Montdidier et Amiens.

Charles le Téméraire était pris au dépourvu ; mais les trahisons recommencèrent. Le duc de Bretagne renoua avec la Bourgogne. Le duc de Guyenne, qui n'était plus héritier de la couronne puisqu'un dauphin était né l'année précédente, se fit à nouveau le chef de la ligue des princes, et le connétable de Saint-Pol, qui commandait l'armée, était tout prêt à passer dans le camp ennemi.

Louis crut prudent de s'arrêter et conclut avec le Téméraire la trêve d'Amiens qui était d'autant plus nécessaire qu'Édouard IV venait de remonter sur le trône d'Angleterre (1471).

La situation du roi de France était très-menaçante : il avait des inimitiés partout, des alliés nulle part, quand la mort de son frère vint détruire le lien de la grande association féodale et les espérances des mécontents ; il est vrai que Louis XI fut accusé de cette mort par l'opinion publique et qu'il ne s'en défendait pas trop, si l'on en croit les vieilles chroniques nous le représentant confit dans sa dévotion particulière à la Vierge Marie qu'il appelait sa grande amie et qu'il avait faite *duchesse de Boulogne*, « la priant d'être son avocate auprès de Dieu pour qu'il lui pardonnât la mort de son frère qu'il avait fait assassiner par ce méchant abbé de Saint-Jean ».

Charles de Guyenne fut-il ou ne fut-il pas empoisonné ? C'est encore une question historique ; ce qu'il y a de certain, c'est qu'il ne le croyait pas lui-même, puisque dans son testament il demanda pardon à son frère.

Quoi qu'il en soit, Louis XI, et on peut le dire, la royauté en profitèrent.

Siége de Beauvais.

Le duc de Bourgogne, plein de rage d'avoir été dupé, entra dans le royaume sous le prétexte de venger la mort du duc de Guyenne ; il commença ses exploits par la petite ville de Nesle où il fit égorger toute la population, hommes, femmes et enfants, qui s'étaient réfugiée dans l'église.

Ce massacre mit les bourgeois des autres villes sur leurs gardes et Beauvais, attaquée le 27 juin 1472, soutint, quoique sans garnison, un premier assaut qui dura onze heures. Les femmes prirent part à la défense, et l'une d'elles, dont l'histoire a consacré la gloire sous le nom de *Jeanne Hachette*, arracha un étendard bourguignon qu'un soldat avait déjà planté sur le rempart.

Charles fit recommencer l'assaut le 9 juillet; il fut repoussé avec la même vaillance, et y perdit 1 500 hommes; le 22, il levait le siége et se dirigeait sur la Normandie, brûlant toutes les places où il pouvait entrer, Eu, Saint-Valéry, Longueville, Neufchâtel, échouant devant Dieppe et se dirigeant sur Rouen où il avait donné au duc de Bretagne un rendez-vous auquel celui-ci ne vint pas, par la raison qu'il avait sur les bras une armée française qui lui enleva la Guerche, Machecoul, Ancenis, Chantocé, et lui fit accepter une paix avantageuse (18 octobre).

Cinq jours après, le Téméraire se voyant sans alliés fut trop heureux de signer la trêve de Senlis. Louis XI s'était vengé de Liége par Beauvais et le traité de Péronne n'existait pour ainsi dire plus puisque le roi eut l'habileté d'attirer à son parti les conseillers intimes de ses deux ennemis. Philippe de Commines cessa d'être Bourguignon, le sire de Lescun d'être Breton, pour devenir Français; et ces deux hommes, les plus capables de pratiquer et d'aimer la politique de la ruse et du succès, apportèrent leurs talents au service de la couronne.

Punition des ducs d'Alençon et d'Armagnac.

Louis avait pour un moment dompté son ennemi le plus redoutable à l'extérieur; il résolut d'en finir avec ceux de l'intérieur et de faire des exemples en punissant les traîtres.

Le duc d'Alençon, déjà en révolte ouverte sous le règne précédent, et qui devait à Louis XI sa liberté et la restitution de ses États, n'en avait pas moins continué ses menées hostiles; il traitait avec le duc de Bourgogne pour lui céder ses États et avec les Anglais pour leur livrer ses châteaux; coupable en outre de nombre de crimes et de fabrication de fausse monnaie, il fut arrêté, traduit devant le parlement et condamné à mort en 1473 ; Louis commua sa peine en une prison perpétuelle. Il y mourut deux ans après.

Le comte d'Armagnac offrait moins de prétextes à la vengeance du roi, puisqu'il l'avait absous d'avoir épousé sa propre sœur Isabelle et des crimes abominables qui l'avaient fait condamner sous Charles VII, en lui rendant ses biens; mais fatigué de rencontrer toujours parmi ses ennemis cet odieux Jean V à qui il avait déjà pardonné deux fois, jaloux de l'autorité que sa maison, qui se vantait de descendre de Clovis, acquérait dans le Midi, Louis employa la force contre lui.

Jean se défendit vaillamment dans Lectoure, mais fut obligé de capituler. Il s'y prit trop tard; les Français étaient déjà entrés dans la ville et massacraient les habitants. Il fut égorgé sous les yeux de sa femme enceinte de huit mois, qui mourut de saisissement, et il ne resta, dit-on, de la population de Lectoure que trois hommes et quatre femmes.

Son frère, le vicomte de Fézenzac, fut envoyé à la Bastille où il resta dix ans, et le sire d'Albret, parent des Armagnacs et traître comme eux, fut condamné à mort et exécuté avec plusieurs serviteurs de cette famille.

Ces sévérités enseignèrent aux seigneurs du Midi, si souvent rebelles et si enclins à la trahison, le respect de la loi et de la royauté. Du reste, Louis leur ôta tout prétexte à soulèvement en marchant lui-même contre le roi d'Aragon, fomentateur de tous les désordres, parce qu'il voulait reprendre, sans bourse délier, le Roussillon qu'il avait engagé à la France pour 200 000 écus; il le vainquit à plusieurs reprises et le contraignit à signer la paix.

Dernières guerres de Charles le Téméraire.

Cependant l'orgueil du duc de Bourgogne n'était pas abattu; il agrandissait par tous les moyens possibles ses États, dont il voulait faire un royaume.

C'est ainsi qu'il avait acheté le duché de Gueldre au vieil Arnould, emprisonné par son fils Adolphe; c'est ainsi qu'à la mort du duc de Lorraine (1473) il se saisit de son héritier, René de Vaudemont, et ne lui rendit la liberté que contre quatre places fortes sur les frontières et le libre passage à travers le pays. La même année, il prêta une faible somme à l'archiduc Sigismond d'Autriche sur le landgraviat de la Haute-Alsace et le comté de Ferrette, qu'il était bien résolu à ne jamais rendre.

Il fut moins heureux avec les Suisses, qui lui envoyèrent un défi solennel et remportèrent sur les Bourguignons la sanglante bataille de Héricourt (1474).

Charles était en ce moment occupé de sa nouvelle dignité. Il allait se faire reconnaître roi par l'empereur d'Allemagne Frédéric : mais au dernier momoment celui-ci recula, et sur des avis reçus du roi de France remit l'affaire à des temps plus opportuns.

Le Téméraire apprit alors qu'une ligue formidable existait contre lui entre l'archiduc Sigismond, les villes du Rhin, les Suisses et Louis XI. Occupé d'ailleurs à soutenir contre le pape, contre l'empereur et contre ses propres sujets, l'archevêque de Cologne Robert de Bavière, qui l'avait nommé protecteur de son électorat, il appela son beau-frère Édouard IV à son secours.

Le roi d'Angleterre ne demandait pas mieux que de passer en France; mais quand il se vit seul avec son armée à Calais, où il ne trouva pas le duc de Bourgogne reculant alors devant l'armée allemande et abandonnant le siége de Neuss, il accepta les propositions de paix que lui fit Louis XI et signa le traité d'Amiens (29 août 1475), par lequel il recevait 75 000 écus pour les frais de la guerre qu'il ne faisait pas et la promesse du mariage du dauphin avec sa fille.

Supplice du connétable de Saint-Pol.

Le Téméraire arriva furieux reprocher sa lâcheté à Édouard IV; mais lui-même fut obligé de demander une trêve à la France pour pouvoir achever la guerre contre la Lorraine et contre les Suisses. Une des conditions de ce traité fut que le premier des deux princes qui s'emparerait du connétable de Saint-Pol, traître à la Bourgogne et à la France, en ferait justice dans les huit jours ou le livrerait à l'autre comme criminel de lèse-majesté.

Saint-Pol, qui savait ses infamies connues et cherchait déjà à échapper aux deux souverains qu'il trahisssait tour à tour, fut désolé de cette convention; mais comme il avait rendu plus de services au Téméraire, il crut pouvoir se réfugier en Hainaut. Charles l'y fit arrêter, non pour le punir, mais pour faire servir cette capture à ses intérêts; il ne consentit à le livrer à Louis XI qu'à la condition que celui-ci abandonnerait le duc René. Le roi de France y consentit, et le 30 novembre le Téméraire entrait à Nancy. Mais aussi la

Bible présentée à Louis XI.

mort du connétable de Saint-Pol, qui monta sur l'échafaud, porta le dernier coup à la grande féodalité.

Mort de Charles le Téméraire.

Les choses n'allèrent pas aussi facilement, pour le duc de Bourgogne, du côté des Suisses. Il est vrai qu'il s'empara d'abord de Granson, qui capitula (28 février 1476) sur la promesse faite aux habitants d'avoir la vie sauve ; mais cette promesse n'ayant pas été tenue et la garnison de Granson ayant été noyée ou pendue, les Suisses de tous les cantons accoururent irrités de cette perfidie et mirent les Bourguignons dans une déroute si complète qu'ils abandonnèrent leur camp et tous les bagages et bijoux de leur duc.

Ils les vainquirent encore à Morat (22 juin); mais cette fois ce fut une boucherie si horrible que les Suisses purent faire, quatre ans après, avec les ossements des vaincus, une chapelle qu'on appela l'ossuaire des Bourguignons.

Ces victoires, qui affaiblissaient et discréditaient le Téméraire au point qu'il ne put obtenir de subsides de la Franche-Comté, de la Bourgogne ni de la Flandre, profitaient surtout au roi de France. Le duc de Lorraine voulut en avoir sa part; soutenu par Louis XI qui lui solda des mercenaires allemands et suisses, il arriva en vue de Nancy avec 20 000 hommes, le 4 janvier 1477.

Charles n'avait pas 4 000 soldats; néanmoins il ne voulut pas abandonner la ville et dès le lendemain il essaya de passer au travers de l'armée ennemie. En quelques heures, les Bourguignons furent anéantis et René entra dans Nancy. Le duc de Bourgogne avait disparu dans la mêlée et les bruits les plus étranges couraient sur son sort; enfin, après deux jours de recherches, on retrouva près d'un étang glacé son cadavre défiguré, qu'on ne reconnut qu'à son anneau.

Une croix de pierre marque l'endroit où s'est brisée l'ambition brutale et stérile du dernier représentant de cette noblesse du moyen âge, orgueilleuse et ignorante, qui fit tant de mal à la France.

Traité d'Arras.

Louis XI, qui avait appris vite la mort de son ennemi au moyen des postes, que le premier il organisa dans le royaume, en témoigna une allégresse qui fit trembler tous les seigneurs, et s'occupa immédiatement de la succession du Téméraire, en proposant le dauphin Charles pour époux à Marie de Bourgogne, seule héritière des États de son père.

Mais elle avait déjà quatre prétendants : deux Anglais, le duc de Clarence et lord Rives, frère et beau-frère d'Édouard IV, et deux Allemands, Adolphe de Gueldre et Maximilien d'Autriche, fils de l'empereur Frédéric III.

Ce fut ce dernier qui l'emporta, et Louis sentait bien d'avance qu'il n'y avait que cette alliance-là de possible, connaissant assez les Flamands pour savoir qu'ils n'accepteraient pas plus la domination anglaise que la domination française. Le dauphin, d'ailleurs, n'avait que huit ans et l'héritière en avait vingt; il agit en conséquence, et pour ne pas tout perdre prit d'abord tout ce qu'il put.

Il envoya des armées dans le duché et le comté de Bourgogne, les revendiquant comme fiefs masculins et appartenant dès lors à la couronne de France. Les États eurent beau réclamer, ils furent obligés de conclure un traité par lequel la Bourgogne se mettait provisoirement sous la protection de Louis XI jusqu'à ce que la question de propriété fût décidée; en attendant, les troupes royales occupèrent la province et un parlement fut créé à Dijon.

En Picardie, le succès fut plus facile; toutes les villes de la Somme étaient françaises et ne demandaient qu'à le redevenir. Louis se prépara à attaquer l'Artois et le Hainaut, pendant que ses agents secrets soulevaient la Flandre et arrivaient à faire mettre à la torture, condamner à mort et décapiter les deux ministres de Marie de Bourgogne, Hugonet et d'Himbercourt.

C'est alors que, pleine d'horreur pour Louis XI, la jeune fille chercha un protecteur et donna sa main au fils de l'empereur d'Allemagne; mais Maximilien n'en profita pas; il ne put empêcher le roi de France d'occuper les principales villes du Hainaut et de l'Artois, et bien qu'il remportât sur lui une quasi-victoire à Guinegatte, bataille semblable à celle de Montlhéry où il y eut une aile victorieuse et une aile battue, il ne parvint pas à déloger les Français de Thérouanne.

D'ailleurs la fin prématurée de Marie de Bourgogne, qui mourut le 27 mars 1482 d'une chute de cheval, modifia singulièrement sa situation. Les deux enfants qu'il avait eus d'elle furent reconnus par les Flamands, mais avec un conseil de tutelle qui ne laissa pas la moindre autorité au père; il essaya de la reconquérir en faisant saisir et pendre les bourgeois les plus récalcitrants, et ne réussit qu'à ruiner son crédit; les Flamands alors cherchèrent l'appui du roi de France, lui offrirent pour le dauphin la main de leur petite princesse Marguerite, avec les provinces françaises de la succession de Bourgogne pour dot.

Louis, qui ne comptait que sur ce qu'il avait pris, accepta très-vite, pour ne pas laisser aux Flamands le temps de réfléchir qu'ils donnaient ce qui ne leur avait jamais appartenu, à savoir le comté de Bourgogne et l'Artois, et le traité d'Arras fut signé (22 décembre 1482).

Dernières années de Louis XI.

Le roi de France était en veine d'héritage; la mort successive du roi René d'Anjou (1480) et de son neveu Charles (1481), lui avait donné par testament le Maine, l'Anjou, la Provence et des droits sur le royaume de Naples qu'il se garda bien de faire valoir; la mauvaise politique de Maximilien venait de l'enrichir; il n'avait plus d'ennemis à l'intérieur depuis qu'il avait fait décapiter le duc de Nemours, le dernier des Armagnacs; plus d'ennemis à l'extérieur, puisque les Suisses lui obéissaient comme ses propres sujets, les Flamands étaient à ses ordres, les rois d'Écosse et de Portugal étaient ses alliés, la Navarre faisait ce qu'il voulait, l'Aragon le redoutait depuis l'affaire du Roussillon; l'Angleterre seule aurait pu l'inquiéter, et de fait Édouard IV fut irrité du traité d'Arras, parce que sa fille devait épouser le dauphin; mais il vint à mourir et ses fils furent assassinés par le duc de Glocester, qui monta sur un trône ébranlé par les guerres civiles, sous le nom de Richard III.

Louis XI pouvait donc passer dans la tranquillité les dernières années de sa vie; c'est ce qu'il fit, ou du moins c'est ce qu'il crut faire, car l'existence qu'il menait en son château de Plessis-lez-Tours, entouré de chausse-trapes, se méfiant de tout le monde, faisant pendre les suspects, arrêter les inconnus, d'ailleurs usé à soixante ans par une cruelle maladie de langueur, était peu digne d'envie.

Retiré dans cette gentilhommière, entouré d'astrologues et de charlatans, qu'il priait presque aussi souvent de prolonger ses jours que sa grande amie la *duchesse de Boulogne*, aigri par ses souffrances autant que par le profond mépris qu'il professait pour l'espèce humaine, Louis XI devint un tyran accompli, et d'autant plus redoutable qu'il ne se laissait plus voir à personne et dictait tous ses ordres absolus par des lettres brèves et sauvages, qui se terminaient généralement ainsi : « Et sur votre vie, obéissez. »

Et cependant n'eût-il rien fait politiquement pour la France, ne fût-il pas le véritable restaurateur de la monarchie, il faudrait encore lui savoir gré des choses utiles qu'il fit ou laissa faire; ses vices eussent-ils dépassé ses talents, sa science diplomatique eût-elle été annihilée par sa méchanceté, nous lui devrions encore de la reconnaissance pour la protection qu'il accorda à la sublime invention de Gutemberg; grâce à lui, la première presse à imprimer fut établie en France en 1469, dans le collége de Sorbonne, et cet art nouveau, qui devait porter la vie intellectuelle dans tous les rameaux de la société, fit de si rapides progrès que les livres de la fin du xv° siècle ne sont pas seulement célèbres par leur rareté, mais encore par leur correction et le fini de leur exécution matérielle.

On peut dire que Louis XI fut un malhonnête homme, un génie monstrueux et plein de contrastes, un tyran justement détesté de son vivant; mais l'histoire est obligée de convenir que ce fut un grand roi, et le seul vraiment remarquable de la dynastie des Valois.

CHAPITRE XVI

LES GUERRES EN ITALIE — RÈGNES DE CHARLES VIII ET DE LOUIS XII

Réaction contre le gouvernement de Louis XI.

Le dauphin avait treize ans à la mort de son père; la loi le faisait majeur, mais sa constitution chétive et presque difforme, son petit esprit et son manque absolu d'instruction le rendaient impropre à régner sans tuteur. Louis XI avait indiqué à cet effet sa fille Anne de Beaujeu qui, bien que n'ayant que 22 ans, était la seule personne capable de continuer son gouvernement.

Les princes, disposés plus que jamais à relever la tête, lui laissèrent seulement le soin de la santé et de l'éducation du jeune roi et nommèrent le duc de Bourbon connétable et lieutenant général du royaume; la réaction contre les actes de Louis XI commença aussitôt. Maximilien réclama contre le traité d'Arras, le duc de Lorraine exigea le duché de Bar, la famille d'Armagnac rentra dans ses biens et charges, le duc d'Orléans, Louis, qui avait épousé la fille difforme du roi par crainte pour sa vie, obtint une pension de 24 000 livres, le gouvernement de la Picardie, de la Champagne et de l'Ile-de-France, et une compagnie de cent lances, Dunois eut le Dauphiné et 4 000 ducats de pension, le duc d'Angoulême eut 20 000 livres et une compagnie d'ordonnance.

On licencia 6 000 Suisses et on fit le procès des ministres parvenus, compagnons des dernières tyrannies de Louis XI; Olivier Le Dain fut pendu,

CHARLES VIII.

Jean Doyat eut les oreilles coupées et André Coyctier le médecin fut exilé et condamné à restituer 50 000 écus.

Ensuite la noblesse voulut prendre les rênes du gouvernement; mais la dame de Beaujeu ne l'entendait pas ainsi et conseilla de rassembler les États généraux.

États généraux de 1484.

Cette assemblée, composée de 246 députés des trois ordres, envoyés par 26 bailliages, 18 sénéchaussées et 16 comtés, se réunit à Tours le 15 janvier 1484. Elle commença par perdre beaucoup de temps en récriminations contre le règne précédent et en réclamations de toutes sortes, et finit par décider, malgré le remarquable discours de Philippe Pot, député de la noblesse de Bourgogne, qui rêvait déjà le gouvernement de la nation par la nation, que le roi lui-même ferait les ordonnances, expédierait les actes et présiderait le conseil, que le duc d'Orléans le suppléerait, et après lui le sire de Beaujeu;

les autres princes du sang avaient voix délibérative au conseil, qui devait se composer des anciens ministres de Louis XI auxquels on adjoindrait 12 nouveaux membres choisis dans les États.

La dame de Beaujeu fut écartée de tout, hormis de l'éducation du roi; mais son astuce rendit cette décision lettre morte. Elle écarta du conseil, qu'elle faisait toujours présider par le jeune Charles VIII, les ducs d'Orléans et de Bourbon, et tous les actes politiques émanèrent du sire de Beaujeu, son mari, aveuglément soumis à ses volontés.

Quant aux États, on les laissa discuter tant qu'ils voulurent les cahiers de leurs doléances; chaque ordre demanda des réformes : mais ils ne purent s'entendre et ne tombèrent à peu près d'accord que sur la fixation de l'impôt; malheureusement, la cour ne leur ayant produit que des états falsifiés, ils votèrent pour deux années les subsides ordinaires, c'est-à-dire 1 200 000 livres, et se séparèrent sans avoir fait autre chose que de démontrer leur incapacité et leur impuissance, mais en jetant cependant les germes des principes qui n'ont pu être mis en action que trois siècles plus tard.

Révolte de la noblesse.

Heureux d'être débarrassés des États qui les inquiétaient par leurs demandes de réformes, les princes revinrent peu à peu à l'indépendance féodale et laissèrent la dame de Beaujeu prendre une autorité absolue sur le jeune roi. Le duc d'Orléans ne s'occupait que de tournois et de galanteries, le duc de Bourbon était toujours souffrant de la maladie qui devait l'emporter bientôt et faire passer ses États dans les mains de son cadet Beaujeu; la royauté continua les traditions de Louis XI.

Le duc d'Orléans remarqua un jour, entre deux parties de paume, qu'on se passait de lui au conseil et adressa au parlement, à l'université et aux bonnes villes une protestation qui fut peu écoutée, mais donna l'éveil à la dame de Beaujeu; craignant que sa bonne mine et ses manières chevaleresques ne fissent trop d'impression sur l'esprit du jeune roi, elle le rendit suspect en le privant de ses charges et pensions.

Alors il sollicita les seigneurs de faire respecter les volontés des États, prit les armes avec le duc de Bourbon, les comtes d'Angoulême et de Dunois, et chercha l'appui du duc de Bretagne. Anne le poursuivit, l'assiégea dans Beaugency et le força à revenir à la cour en promettant de ne plus s'occuper que de ses plaisirs.

Bataille de Saint-Aubin-du-Cormier.

Sur ces entrefaites, Maximilien, nommé roi des Romains, c'est-à-dire héritier de la couronne impériale, rompit le traité d'Arras; le duc d'Orléans recommença ses intrigues avec les ducs de Lorraine et de Savoie, le sire d'Albret, le duc de Bretagne nécessairement, et même avec le roi d'Angleterre Richard III. Dunois était l'âme de cette nouvelle ligue du *bien public*, qui avait pour but d'enlever la régence à la dame de Beaujeu pour la donner aux princes.

Mais la digne fille de Louis XI déjoua le complot. Elle retint Richard III dans ses États en donnant des secours d'hommes et d'argent à son compétiteur Henri de Richemond, qui devait régner bientôt sous le nom de Henri VII; elle traita avec les Flamands contre Maximilien, qu'elle fit attaquer de son côté et arrêter dans l'Artois par le sire d'Esquerdes, qui lui prit Saint-Omer et Thérouanne (1487). Pendant ce temps, elle réconciliait le duc de Lorraine en lui rendant le Barrois, le duc d'Angoulême en lui faisant épouser Louise de Savoie (mariage d'où devait naître François Ier), et préparait une expédition contre la Bretagne, où s'était retiré le duc d'Orléans abandonné de presque tous ses alliés.

Elle mit le jeune roi à la tête d'une armée peu nombreuse, mais très-dévouée, que commandait de fait Louis de La Trémouille. Il entre en Bretagne en avril 1488, prend Châteaubriand, Ancenis, Fougères, et bat si complétement l'armée bretonne à Saint-Aubin-du-Cormier, que le duc d'Orléans y fut pris.

La Trémouille s'avance alors sur Dinan et Saint-Malo, et contraint François II à signer le traité de Sablé, par lequel il livre les quatre places principales de la Bretagne, s'engage à ne recevoir dans son duché aucun ennemi de la couronne et à ne marier sa fille qu'avec le consentement du roi.

Mariage de Charles VIII.

Ce dernier article du traité visait les prétentions de Maximilien d'Autriche, ce grand épouseur d'héritières, qui avait dû la Flandre à son premier mariage avec Marie de Bourgogne, et qui faisait déjà négocier par ambassadeur son alliance avec Anne de Bretagne; mais il fut rendu inutile par la mort de François II, qui arriva trois semaines après.

La dame de Beaujeu, qui rêvait la réunion de la Bretagne à la France par des moyens plus sûrs que la conquête, redoubla ses intrigues en Flandre, et pendant que Maximilien, retenu à Bruges, où il ne reconquit sa liberté qu'en abandonnant toute prétention à gouverner la Flandre, ne pouvait épouser que par ambassadeur la jeune héritière que le titre d'impératrice séduisait, elle envoyait en Bretagne son frère Charles VIII, à qui elle avait fait désirer vivement cette alliance, à laquelle travaillaient, d'un autre côté, le duc d'Orléans réconcilié et Dunois, tuteur nommé de la fille de François II.

Le roi rejoignit son armée qui assiégeait Rennes depuis le mois d'août 1491, força la ville à capituler et eut avec la jeune duchesse une entrevue où il fut plus question d'amour que de politique. Anne résista d'abord par haine traditionnelle pour la France, et voulut se réfugier en Angleterre; mais indignée de l'abandon dans lequel la laissait Maximilien, trop occupé à sa guerre contre les Turcs pour lui porter aucun secours, elle céda aux conseils de son entourage et devint reine de France.

Par ce mariage, célébré au château de Langeais, en Touraine, entre un roi de vingt et un ans et une duchesse de quatorze, le 6 décembre 1491, la Bretagne était définitivement réunie à la couronne; l'œuvre de Louis XI était complétée et la ruine de la grande vassalité était achevée.

Projets d'expédition en Italie.

De ce jour, la dame de Beaujeu se retira discrètement du pouvoir. Déjà, au fur et à mesure que son frère devenait homme, elle lui avait laissé l'autorité, bien que ne voyant pas sans un certain dépit les portes de la prison du duc d'Orléans s'ouvrir, Dunois rentrer en grâce, le duc de Nemours reprendre possession de ses biens; mais ces seigneurs avaient secondé ses projets, le roi ayant gagné leur affection et celle de toute la noblesse par son goût pour les plaisirs, son esprit chevaleresque et son penchant pour la guerre, qui allait lui faire jeter les yeux sur l'Italie.

Elle était alors divisée en cinq États principaux :

1° Le duché de Milan, créé par les Visconti en 1295, où régnait alors, sous la tutelle de son oncle Ludovic le More, Jean Galéas, petit-fils de François Sforza, qui avait réduit à néant les prétentions des ducs d'Orléans en épousant une bâtarde du dernier Visconti.

2° La république de Venise, affaiblie à l'intérieur par les conquêtes des Turcs et les découvertes des Portugais, mais toujours reine de la péninsule par sa politique habile et patiente, puissance maritime la plus considérable de l'Europe, gardienne de l'Italie contre l'empereur, champion de la chrétienté en face des Turcs.

3° La république de Florence, alliée de la France, mais devenue une espèce de monarchie sous les Médicis, famille marchande illustrée par Cosme Ier, dit *le Père de la patrie*, par son petit-fils Laurent, dit *le Père des lettres*, et où gouvernait alors Pierre II, jeune homme rempli de vanité et d'arrogance, qui prétendait à la souveraineté.

4° L'État pontifical, dont Alexandre VI (Rodrigue Borgia), homme dont les vices égalaient les talents, portait la triple couronne après avoir ouvertement acheté les voix des cardinaux, et qui avait résolu de conquérir la Romagne pour en faire des États à ses bâtards.

5° Le royaume de Naples, sur lequel la maison d'Anjou n'avait pas renoncé à ses droits, puisque nous avons vu Louis XI en hériter du comte du Maine, mais où régnait alors Alphonse II, petit-fils d'Alphonse le Magnanime.

Louis XI avait eu la sagesse de ne pas revendiquer les prétentions des ducs d'Anjou ; son fils les tira de l'oubli pour pouvoir, malgré les conseils de Mme de Beaujeu devenue duchesse de Bourbon, aller frapper quelques grands coups d'épée au delà des monts ; l'Italie venait d'ailleurs se jeter dans ses bras. Ludovic le More, menacé par le roi de Naples, appelait Charles VIII; le marquis de Saluces, qui voulait que son fief relevât du Dauphiné pour ne plus devoir l'hommage au duc de Savoie, son voisin, Savonarole, chef du parti libéral de Florence, les barons napolitains, exaspérés contre leur roi, le peuple de Naples, qui ne voyait dans l'avénement d'une dynastie nouvelle que des occasions de fêtes, de danses, de loisirs, l'appelaient aussi.

Le jeune roi, qui voulait une brillante et retentissante expédition à la façon des paladins de Charlemagne, dont il se faisait lire incessamment les romans, n'avait pas besoin de toutes ces prières; il était décidé, et la bouillante ardeur de la noblesse, retenue depuis trente ans à l'intérieur et heureuse de se répandre au dehors, entraîna le mouvement.

En vain les vieux politiques remontrèrent au roi que le moment était mal choisi, que les puissances voisines, jalouses de l'annexion de la Bretagne, formaient une nouvelle ligue contre lui. Charles eut réponse à tout et termina les guerres dont il était menacé par des traités.

Traité d'Étaples (3 novembre 1492) avec Henri VII, qui était déjà débarqué à Calais, et qui, sur la promesse de 745 000 écus d'or payables en quinze ans, retourna en Angleterre.

Traité de Narbonne (19 janvier 1493) avec Ferdinand le Catholique, auquel on rendit la Cerdagne et le Roussillon, malgré les protestations de Perpignan, qui voulait rester française.

Traité de Senlis (23 mai 1493) avec Maximilien, qui avait attaqué l'Artois et qui le recouvra avec la Franche-Comté et le Charolais.

CÉSAR BORGIA.

Toutes ces concessions étaient onéreuses, mais Charles VIII croyait qu'il courait à une victoire certaine. La soumission de l'Italie était peu de chose pour son ambition; de Naples, il devait passer en Grèce, chasser les Turcs de Constantinople et même remettre le tombeau de Jésus-Christ sous la protection du royaume chrétien de Jérusalem.

Première campagne d'Italie.

Dès le mois d'août, l'armée était réunie au pied des Alpes : il y avait 3 600 lances, 6.000 archers bretons, 6 000 arbalétriers, 8 000 arquebusiers gascons, 8 000 piquiers suisses, en tout 50 000 hommes, 140 gros canons et une quantité de petites pièces de campagne. Il n'y manquait que deux choses : de la discipline et de l'argent comptant.

Le roi sut pourvoir à ce dernier inconvénient : en passant à Turin, où il dansa avec la duchesse de Savoie et la marquise de Savoie, il leur demanda leurs diamants pour continuer son voyage ; à Gênes, il trouva 100 000 francs à emprunter en promettant un intérêt qui se montait, tout compte fait, à 42 pour 100 ; à Florence, il toucha 200.000 florins de Pierre de Médicis ; et puis, ne pouvait-il compter sur les bénéfices de sa conquête ?

Tout d'abord, le roi de Naples avait envoyé son frère avec une flotte du côté de Gênes, et son fils avec une armée sur les Apennins : le duc d'Orléans battit la flotte napolitaine à Rapallo, avec quelques vaisseaux qu'il avait ramassés à Marseille, et l'armée de terre n'osa même pas attendre l'avant-garde française, que commandait d'Aubigny et dans laquelle celui qui devait être le chevalier sans peur et sans reproche, Bayard, servait comme écuyer.

La campagne s'ouvrait donc bien. Charles fut rejoint à Asti, propriété de son cousin le duc d'Orléans, où il entra le 19 septembre, par Ludovic le More, son beau-père le duc de Ferrare et un bataillon des plus séduisantes Milanaises ; ce qui fut un prétexte à fêtes continuelles, à plaisirs sans cesse renouvelés, dont l'abus mit le jeune roi aux portes du tombeau. Il se rétablit pourtant assez promptement et vint à Pavie conférer avec le duc de Milan Jean Galéas, qui s'y mourait d'une maladie de langueur, ou du poison que lui aurait versé, dit-on, son ambitieux tuteur.

La duchesse sœur du roi de Naples se jeta aux genoux de Charles VIII et le pria de renoncer à ses projets ; mais le roi de France n'était pas homme à céder aux larmes d'une jolie femme. Du reste, Ludovic l'attendait pour lui faire traverser en conquérant tout le duché de Milan, dont il s'empara personnellement, sitôt la mort de Galéas, au détriment d'un fils de sa victime, enfant alors, et qui longtemps après mourut moine en France.

Entrée à Florence.

L'armée allait seulement entrer en pays ennemi ; car si tout le nord de l'Italie était favorable aux projets de Charles VIII, les Vénitiens restaient neutres et Pierre de Médicis et le pape Alexandre embrassèrent ouvertement la cause du roi de Naples. Elle prit la route de la Toscane, emporta d'assaut Fivizzano, place importante située près des fameuses carrières de Carrare. Toute la garnison fut passée au fil de l'épée.

Cette manière de faire la guerre, nouvelle pour les Italiens, qui se battaient toujours comme dans les tournois, terrifia le pays et poussa Pierre de Médicis, inquiété par le soulèvement des Florentins à la voix de Savonarole, à venir au-devant des Français, espérant s'en faire des alliés pour se maintenir au pouvoir.

Il accourut au camp de Charles VIII, lui offrit Sarzane, Pise, Livourne et quelques autres places, à la condition qu'elles lui seraient rendues après la conquête de Naples, plus 200 000 florins qui lui seraient comptés à Florence... Charles accepta; mais à la nouvelle de ces conventions l'indignation éclata dans la ville, le peuple se souleva, chassa les Médicis. La *Seigneurie* les déclara rebelles, confisqua leurs biens et promit une récompense à qui les arrêterait.

Cependant le nouveau gouvernement n'osa pas revenir sur les concessions accordées à une armée qui menaçait ses portes. Savonarole vint à Pise pour ratifier le traité conclu si étourdiment par Pierre II; mais en ce moment déjà le roi de France y avait porté une grave atteinte en rendant la liberté à cette ville cruellement opprimée par la République florentine.

Malgré cela, il fit une entrée triomphale à Florence le 17 novembre, acclamé comme un allié, mais marchant en vainqueur la lance sur la cuisse; aussi y eut-il des difficultés pour la signature du traité. Charles demanda des sommes tellement exagérées que le secrétaire d'État florentin Pierre Capponi déchira le projet de convention en s'écriant : « Eh bien! sonnez vos trompettes et nous sonnerons nos cloches. » C'était la guerre de rues, toujours si dangereuse aux étrangers; le roi céda et consentit à rendre après la conquête de Naples toutes les villes qu'il avait reçues de Médicis moyennant 120 000 florins.

Entrée à Rome.

Ce traité fut publié dans la cathédrale de Florence le 26 novembre; le surlendemain, Charles se dirigeait sur Rome. Il y entra le 31 décembre 1494, au moment où les troupes napolitaines d'Alphonse II en sortaient par une porte opposée.

Le pape s'était retiré au château Saint-Ange avec six cardinaux; tous les autres lui étaient hostiles et, guidés par Julien de La Rovère et Ascagne Sforza, sollicitaient le roi de délivrer l'Église d'un pape incestueux et simoniaque.

Charles hésita à rassembler le concile qu'on lui demandait de tous côtés pour déposer le pape, d'autant qu'Alexandre VI négociait sourdement avec les seigneurs; par deux fois, l'artillerie française fut braquée contre le fort Saint-Ange; par deux fois, l'attaque fut empêchée par les courtisans qui convoitaient des dignités ecclésiastiques et la paix fut conclue le 11 janvier. Alexandre VI livrait Civita-Vecchia, Terracine et Spolette jusqu'à la fin de l'expédition que son fils César Borgia devait suivre, comme ôtage, pendant 4 mois. De plus, il devait remettre aux Français Djem, frère du sultan Bajazet II, pour diriger leur expédition en Turquie.

Mais le pape ne tint aucun de ses serments; les citadelles promises accueillirent les Français à coups de canon. Djem fut empoisonné et César Borgia se sauva du camp déguisé en palefrenier.

Entrée à Naples.

Cependant Alphonse II, effrayé des progrès de l'armée française, signait son abdication à Naples le 23 janvier, et partait avec ses effets les plus précieux et 300 000 ducats pour la Sicile, se réfugier dans un couvent où il mourut quelques mois après.

Charles quitta Rome le même jour et se mit en marche contre Naples. Ferdinand II, fils et successeur d'Alphonse, l'attendait sur le Garigliano, au défilé de San-Germano, très-facile à défendre et qu'il avait fortifié d'une façon formidable; mais à l'approche de l'avant-garde française ses soldats, redoutant le sort de la garnison de Monte-Fortino qui avait été égorgée, se sauvèrent jusqu'à Capoue.

Là le peuple se déclara pour Charles VIII; il en fut de même à Naples, et le malheureux roi, abandonné même de ses condottieri, notamment du célèbre Trivulzio qui passa à l'ennemi, s'embarqua le 21 février avec son oncle Frédéric et s'établit dans l'île d'Ischia, à l'entrée du golfe de Naples.

L'armée française n'eut plus que la peine de marcher. Charles entra en triomphe dans la ville dont les habitants se précipitèrent au-devant de lui comme un libérateur et un souverain légitime. Les châteaux de Naples, foudroyés par notre artillerie, capitulèrent; toutes les villes se soumirent, tous les grands accoururent et il n'y eut aucune espèce de résistance.

Cette conquête si rapide jeta la consternation chez les Turcs qui évacuèrent l'Épire et la Macédoine, pendant que les Grecs se préparaient ouvertement à la révolte, qui devait éclater, disaient-ils imprudemment, le jour où le grand roi des Francs aborderait sur leurs rivages. Mais ce jour ne vint pas et Bajazet, prévenu par la république de Venise, éteignit cette conjuration dans le sang de quarante mille chrétiens.

Charles avait bien soutenu les Grecs d'hommes et d'argent, mais il était trop occupé à jouir de ses triomphes pour penser encore à la croisade de Constantinople; cela ne l'empêcha pas de se faire couronner roi de Naples et de Jérusalem, et même empereur d'Orient, et de passer son temps en parades, en tournois, sans s'inquiéter du mécontentement des seigneurs aragonais, qu'il avait dépouillés en partageant leurs fiefs à ses compagnons. Enivré de ses succès, qui le faisaient se comparer naïvement à Charlemagne qu'il avait pris pour modèle, il croyait son royaume de Naples, qu'il ne pensait en aucune façon à administrer, aussi sûr, aussi tranquille que son royaume de France, que sa sœur, la duchesse de Bourbon, gouvernait avec sagesse.

Retraite de Charles VIII.

Il y avait à peine deux mois que Charles VIII était entré dans Naples, quand il reçut de Philippe de Commines, son ambassadeur à Venise, une lettre qui l'avisait d'une coalition formidable de toutes les puissances de l'Europe, dont le but était de lui fermer la sortie de l'Italie et de faire rentrer la France dans ses limites.

Déjà quarante mille hommes, fournis par Ludovic le More, Alexandre VI, Venise, Bajazet, se rassemblaient dans la vallée du Pô, pendant que les armées de Ferdinand le Catholique, Maximilien, Henri VII, se préparaient à attaquer les frontières.

Il n'y avait pas de temps à perdre; Charles laissa quatre mille hommes à Gilbert de Montpensier qu'il nomma vice-roi de Naples, et se mit en route par les Apennins, qu'il franchit avec grand'peine au défilé de Pontremoli. Au revers des montagnes, il trouva l'armée confédérée, forte de trente-cinq mille hommes, qui lui barrait le passage à Fornovo (6 juillet 1495).

Charles avait tout au plus dix mille hommes; il n'en résolut pas moins de passer. La *furia francese* dérouta si bien les tacticiens italiens que la bataille dura vingt minutes et la poursuite de l'ennemi trois quarts d'heure.

Cette éclatante victoire, où le roi de France se montra personnellement très-brave, ne lui ouvrit que le chemin de la retraite. Incapable de délivrer le duc d'Orléans assiégé dans Novare, il signa le traité de Verceil qui rendait cette ville au duc de Milan (19 octobre), et rentra en France par Gap où il arrivait le 25.

Une fois revenu, il parut oublier ses rêves ambitieux et ne plus penser à Naples, qui fut surprise, au lendemain de la bataille de Fornovo, par Ferdinand II. Montpensier se retira dans Atella, où il mourut de la peste, et d'Aubigny ramena en France les débris de nos garnisons.

Ainsi la domination française sur le royaume de Naples tomba aussi vite

LOUIS XII.

qu'elle s'était élevée, avec les mêmes témoignages de joie des habitants, et il ne resta d'autre trace de l'expédition de Charles VIII que l'appauvrissement des finances.

Quant aux autres ennemis du roi, à l'exception des Espagnols qui firent une invasion sans résultats dans le Languedoc, ils ne mirent même pas d'armées en campagne, et Charles put penser tout à son aise, non à recommencer la campagne d'Italie, comme le lui conseillait sa noblesse, mais à ruiner sa santé et son trésor dans des fêtes et des amours toujours nouvelles.

Cependant les plaintes du peuple, des malheurs domestiques, la perte de ses enfants qui moururent tous en bas-âge, le firent rentrer en lui-même, et il s'occupa d'administration; il était résolu à supprimer les impôts et à se réduire à vivre des revenus du domaine royal, quand un accident vint mettre fin à ses jours, au château d'Amboise, le 7 avril de l'année où Améric Vespuce donnait son nom au nouveau monde que Christophe Colomb avait découvert six ans plus tôt.

Règne de Louis XII (1498-1515).

A la mort de Charles VIII, Louis, duc d'Orléans, son plus proche parent comme petit-fils du frère de Charles V, lui succéda avec d'autant moins de difficultés que la noblesse, de qui dépendait l'élection, se souvenait qu'il avait été son chef.

Mais Louis ne voulait plus se le rappeler, et l'homme qui put dire, en conservant dans leurs charges La Trémouille et tous ceux qui l'avaient si bien battu à Saint-Aubin-du-Cormier, « qu'il n'appartenait pas au roi de France de venger les injures du duc d'Orléans », était décidé à devenir un tout autre personnage que le prince brillant qui ne s'était jusque-là guère occupé que de ses plaisirs.

Louis XII comprit qu'il avait charge d'âmes, et s'étudia, dès son avénement au trône, à mériter le surnom de *Père du peuple*, qui est son plus beau titre de gloire. Il diminua les impôts, supprima le don de joyeux avénement, qui coûtait trois cent mille livres aux contribuables, et continua la politique de ses prédécesseurs.

Celle de Louis XI était bonne à suivre; elle dicta son mariage avec Anne de Bretagne, veuve de Charles VIII, qui s'était déjà retirée dans son duché, qu'elle prétendait rendre indépendant. Pour cela, il lui fallait divorcer avec la fille de Louis XI. L'intérêt de la France l'exigeait, et le pape Alexandre VI ne demandait pas mieux que d'être agréable au nouveau roi, d'autant que son intervention donnait un apanage à son fils César Borgia, qui renonça au chapeau de cardinal pour devenir duc de Valentinois, avec de grosses pensions, une princesse d'Albret pour épouse, et la promesse qu'on l'aiderait à dépouiller les seigneurs de la Romagne.

Deuxième campagne d'Italie.

Louis fit oublier le scandale de son divorce par de sages réformes : il rétablit la discipline des troupes soldées, restreignit les priviléges abusifs de l'université, régla la rapacité des huissiers et des procureurs, soumit les magistrats à des examens et à des tribunaux de censure, et créa des parlements en Provence et en Normandie. Malheureusement, dans des vues d'ambition personnelle, il outrepassa les errements de Charles VIII relativement à l'Italie.

Non-seulement il prétendait au royaume de Naples au même titre que son prédécesseur, mais il réclamait encore le duché de Milan, comme petit-fils de Valentine Visconti ; ce qui était difficile, en politique, parce que Louis XI et Charles VIII avaient absolument reconnu les Sforza en faisant alliance avec eux.

Avant d'engager l'action, Louis renouvela les traités avec tous ses voisins et chercha des appuis en Italie. Il avait déjà gagné le pape en dotant richement son fils, il eut Venise en lui promettant Crémone et la Ghiara d'Adda,

Florence en garantissant la soumission de Pise révoltée. Le duc de Savoie lui ouvrait les Alpes et s'engageait à le suivre avec ses troupes.

L'armée royale, commandée par d'Aubigny et Trivulzio, et forte de 8 000 chevaux, 12 000 Suisses et Gascons, de 58 gros canons et couleuvrines, partit de Lyon et franchit les Alpes; toutes les villes de Lombardie se rendirent, et Ludovic le More, sans alliés, détesté de ses sujets, trahi même par son gendre San Severino, se sauva dans le Tyrol. Les Français entrèrent à Milan sans tirer l'épée. Louis XII accourut, prit possession du duché, lui donna une sage administration et Trivulzio pour gouverneur, et revint en France, précédé d'une renommée de grandeur et de justice.

Malheureusement, Trivulzio était avant tout guelfe; il mécontenta toute la noblesse gibeline par ses injustices, et irrita le peuple par sa brutalité; bientôt la haine fut universelle contre lui et le souverain qu'il représentait. Ludovic profita du moment et rentra dans Milan soulevée, le 5 février 1500, à la tête de 500 gendarmes allemands et de 8 000 fantassins suisses.

Trivulzio avait quitté la ville pour courir au-devant des renforts qu'il avait demandés; il les rencontra bientôt et dès le commencement d'avril Ludovic le More était étroitement assiégé dans Novare par une gendarmerie nombreuse et 15 000 Suisses.

C'étaient alors les meilleurs fantassins de l'Europe, mais avides de pillage; pleins d'orgueil et de férocité, ils vendaient leurs piques à tous les souverains. Ceux de l'armée du Milanais, moins nombreux que ceux de France, se laissèrent acheter et déclarèrent à Ludovic qu'en présence de leur étendard national ils n'avaient plus qu'à se retirer.

Celui-ci, se voyant trahi, voulut fuir; ils l'en empêchèrent et le livrèrent à La Trémouille qui l'envoya à Loches, où il subit une si dure captivité qu'il mourut d'épuisement quand on la fit cesser.

Milan obtint sa grâce moyennant d'énormes contributions; on y fit quelques exécutions pour l'exemple, et tout le pays rentra sous la domination française, avec Charles d'Amboise comme gouverneur.

Conquête de Naples.

Le Milanais conquis, Louis tint ses promesses à ses alliés. Pise perdit ses libertés et redevint florentine, et une petite armée permit à César Borgia, passé maître en crimes et en trahisons, à ce point que Machiavel en a fait le héros de son livre *Du prince*, de balayer la Romagne et de s'en faire un État.

Ensuite il pensa au royaume de Naples et crut avoir trouvé le moyen de s'en emparer sans coup férir, en le partageant d'avance avec Ferdinand le Catholique, seul soutien de Frédéric III, nouveau roi de Naples; mais il avait affaire à plus fin que lui. Le roi d'Espagne, après avoir signé le traité de Grenade qui assurait à Louis XII le titre de roi avec Naples, Gaëte, les Abruzzes et la terre de Labour, et lui donnait à lui la Pouille et la Calabre avec le titre de duc, trahit effectivement le malheureux Frédéric, qui se remit à la générosité de Louis XII et mourut duc d'Anjou (1504), mais, le partage fait, ne songea plus qu'à déposséder les Français.

Les hostilités commencèrent bientôt au sujet de la Capitanate, au sud des Abruzzes et de la Basilicate, au sud-ouest de la Pouille, dont la possession n'avait pas été déterminée par le traité de Grenade, et que les co-partageants se disputèrent les armes à la main.

Gonzalve de Cordoue, qui commandait pour l'Espagne et dont les forces étaient moindres que celles de Louis d'Armagnac, duc de Nemours, vice-roi de Naples pour la France, proposa de terminer le différend à l'amiable, et traîna les négociations en longueur, pour donner le temps d'arriver aux renforts qu'il attendait.

Nemours déjoua enfin ses projets et attaqua les Espagnols sur tous les points (1502); il bloqua Gonzalve dans Barletta; malheureusement, chef incapable, il éparpilla ses troupes au lieu de les concentrer sur le point vulnérable et perdit le temps en escarmouches, en combats particuliers où la chevalerie française se faisait une réputation, où Bayard acquit son immortelle gloire, mais qui n'eurent rien de décisif.

Cependant il allait recevoir une nouvelle armée qui devait lui permettre d'en finir, si la fourberie du roi d'Aragon n'était venue triompher de la loyauté de Louis XII : il envoya en France son gendre Philippe le Beau, porteur d'un projet de négociations qui devait mettre fin à tout dissentiment. Il s'agissait de fiancer Charles de Luxembourg, fils de Philippe le Beau, qui fut depuis Charles-Quint, avec Claude de France, fille de Louis XII, et de donner en dot aux deux époux tout le royaume de Naples.

Le traité fut signé et, pendant que le roi de France rappelait ses troupes qui allaient partir pour l'Italie, Ferdinand envoyait à Gonzalve de Cordoue des secours qui le débloquèrent, après quoi il jeta le masque, refusa de ratifier le traité et se moqua du roi qu'il avait trompé.

Perte du royaume de Naples.

Nemours n'était pas le général qu'il fallait pour punir cette perfidie; il laissa Gonzalve profiter de ses avantages, battre Stuart d'Aubigny à Seminara (21 avril 1503), et lui-même fut vaincu et tué à Cerignola, dans la Capitanate (28 avril).

Louis XII fit de grands préparatifs pour se venger, mais deux armées qu'il envoya sur les Pyrénées échouèrent, et une troisième, commandée par La Trémouille, n'eut pas meilleur sort au delà des Alpes. D'abord le général tomba malade à Parme, ce qui causa un premier retard; ensuite le duc de Mantoue, qu'on lui donna pour successeur et qui n'avait d'autre titre à cet honneur que d'avoir été vaincu par nous à Fornoue, ne put faire entrer dans le royaume de Naples, les Français, qui lui obéissaient à contre-cœur, qu'à l'approche de la mauvaise saison. Il les cantonna sur les bords humides du Garigliano où la fièvre qui les décimait les fit éclater en imprécations contre lui.

En outre, Alexandre VI étant venu à mourir après avoir bu par mégarde du vin empoisonné qu'il destinait à d'autres, il fallut pour soutenir les prétentions à la tiare du cardinal d'Amboise, ami particulier de Louis XII, immobiliser une partie de l'armée, et bien inutilement, puisque ce fut un Italien, Pie III, qui fut élu pape.

Cependant le duc de Mantoue avait résigné son commandement. Le marquis de Saluces, qui l'avait reçu, essaya d'arracher l'armée à ces marais pestilentiels; mais il était trop tard. Gonzalve de Cordoue l'atteignit à Molo de Gaëta; la déroute fut complète : l'artillerie, les bagages et un grand nombre de prisonniers tombèrent au pouvoir de l'ennemi.

L'héroïsme de Bayard racheta une partie de la honte de cette défaite; on le vit seul défendre un pont du Garigliano assez longtemps pour permettre à cent hommes d'armes de le dégager, de faire reculer les Espagnols d'un grand mille et de donner à la retraite le temps de s'effectuer de ce côté en bon ordre.

Le royaume de Naples n'en était pas moins perdu, et malgré la vaillance du brave Louis d'Ars, qui s'y maintint seul, avec 600 hommes de pied et 200 cavaliers, jusqu'au milieu de l'année 1504, l'Espagne se trouva maîtresse des Deux-Siciles qu'elle a conservées jusqu'au xviiie siècle.

Les quatre traités de Blois.

Naples perdue, il était d'autant plus

États généraux de Tours (14 mai 1505).

à craindre le même sort pour les Milanais que Maximilien s'apprêtait à faire valoir ses droits impériaux au delà des monts, et que Gonzalve de Cordoue marchait vers le nord de l'Italie; Louis divisa ses ennemis et les désarma par les traités de Blois.

Le premier, fait à l'instigation d'Anne de Bretagne, qui voulait assurer un sort brillant à sa fille Claude, reprenait son projet d'union avec Charles de Luxembourg, déjà héritier des Pays-Bas, de l'Artois et de la Franche-Comté par son père Philippe le Beau, de l'archiduché d'Autriche par son grand-père Maximilien, de l'Aragon et de la Sicile, de Naples et de la Sardaigne, par son aïeul maternel Ferdinand le Catholique, et de la Castille et des Indes par son aïeule maternelle Isabelle ; et lui donnait en dot le duché de Milan, les droits de la France sur le royaume de Naples, le duché de Bretagne, le comté de Blois et la Bourgogne.

Ce traité, désastreux à cause de la loi salique, qui eût empêché Charles-Quint, souverain de presque toute l'Europe, de régner sur la France qu'il démembrait, fut signé le 22 septembre 1504 ; mais Louis XII avait une arrière-pensée, car il en signa deux autres le même jour et avec les mêmes contractants ; par le second, il recevait l'investiture du duché de Milan, moyennant 200 000 francs versés à l'empereur, et reconnaissait en échange, pour valables, toutes les prétentions de Maximilien sur les princes et les États de l'Italie et de l'Allemagne.

Par le troisième, les deux monarques, sans autre provocation que l'inquiétude que les républiques inspirent toujours aux rois, se promettaient d'attaquer Venise sous quatre mois et de partager entre eux ses États de terre ferme.

Une maladie de langueur, qui menaça d'emporter Louis XII, arrêta l'effet de ces traités, que le roi reconnaissait enfin contraires aux intérêts de la France, surtout en ce qui concernait le mariage de Madame Claude, que toute la population avait fiancée avec le jeune François, fils du duc d'Angoulême et héritier présomptif de la couronne ; un quatrième traité signé à Blois (12 octobre 1505) avec Ferdinand, vint, du reste, modifier singulièrement les conditions de ce mariage.

Isabelle venait de mourir ; elle avait laissé la Castille à son mari, à condition qu'il ne se marierait pas, pour laisser toutes les Espagnes à leur petit-fils Charles ; mais Philippe le Beau voulut gouverner comme tuteur de son fils et comme suppléant à l'incapacité de sa femme Jeanne la Folle ; c'est alors que Ferdinand, bien qu'âgé de cinquante-trois ans, chercha dans un second mariage avec Germaine de Foix, nièce du roi de France, les moyens de priver son petit-fils des couronnes d'Aragon, des Deux-Siciles et de Sardaigne.

Il ne restait plus d'engagé par les promesses de Louis XII que la Bourgogne et la Bretagne ; il eut l'habileté de s'en affranchir en se faisant forcer la main par les États généraux, qu'il réunit à Tours le 14 mai 1506, et qui, après lui avoir remontré que la loi fondamentale de l'État ne lui permettait pas d'aliéner deux provinces des domaines de la couronne, exigèrent les fiançailles de Madame Claude, âgée de sept ans, avec François, duc de Valois, âgé de douze ; la cérémonie eut lieu le 21 mai, malgré la répugnance de la reine Anne, et ni Maximilien ni Ferdinand ne réclamèrent.

Ligue de Cambrai.

Louis XII n'en fut pas plus en paix pour cela. Gênes, qui reconnaissait ses lois depuis la conquête des Milanais, se révolta, chassa le gouverneur français et tous les nobles.

Le roi accourut lui-même pour faire rentrer « ces orgueilleux vilains » dans le devoir ; le 26 avril 1507, il était au pied des montagnes qui entourent la ville. Les Génois restèrent au-dessous de leur réputation et n'essayèrent pas de défendre leurs défilés ; il n'y eut qu'une action sanglante sur la hauteur du Belvédère, où fut blessé le brave La Palice, et Louis XII entra dans la ville à cheval, armé de toutes pièces et l'épée nue à la main, trois jours après.

Gênes obtint son pardon en livrant soixante des chefs de l'insurrection, qui furent pendus, en payant 200 000 florins de contribution de guerre, et, de plus, en bâtissant à ses frais la forteresse de la Lanterne, d'où la garnison française pouvait dominer la ville et le port.

Louis profita de l'occasion pour annexer définitivement au royaume la seigneurie de Gênes, ainsi que les îles de Corse et de Chio.

Il passa alors à la république de Venise, qui l'inquiétait toujours, et fut plus disposé que jamais à entrer dans la ligue que le pape Jules II, ce cardinal de La Rovère qui avait déterminé l'invasion de Charles VIII, organisait sous le nom de ligue de Cambrai. Cette alliance fut signée, contre Venise, le 10 décembre 1508, par Maximilien, Louis XII, Jules II, Ferdinand le Catholique, le duc de Savoie, le duc de Ferrare et le marquis de Mantoue.

Les hostilités ne commencèrent que le 27 avril 1509, par un interdit que le pape lança contre Venise, ses magistrats, ses citoyens et ses défenseurs; mais l'armée de Louis XII n'était pas loin; elle avait passé l'Adda le 15 avril, et, forte de 20 000 fantassins et de 2 300 lances, elle marchait contre les deux condottieri célèbres Petigliario et l'Alviane, qui commandaient les troupes vénitiennes, 30 000 fantassins et 12 000 cavaliers, et qui s'étaient retranchés à Tréviglio.

Louis, pour les forcer à quitter cette position, se porta à Rivolta, comme pour couper les routes de Crémone et de Créma; il y réussit, mais ils se fortifièrent à Agnadel, où ils résistèrent d'abord à l'avant-garde française. Quand toute l'armée fut arrivée (14 mai), quand Bayard, d'Allègre, Molard et tous les chefs d'aventuriers eurent tourné leur flanc par les marais, ils se mirent en déroute; dix mille restèrent sur le champ de bataille avec les bagages et l'artillerie; l'Alviane fut fait prisonnier.

Cette victoire, qui nous coûtait à peine 4 à 500 hommes, menait les Français jusqu'aux lagunes. Aucune place ne résista; dans celles qui essayèrent de le faire, les garnisons furent passées au fil de l'épée.

Le Sénat de Venise sauva la République par un trait de sagesse et de haute politique: il retira ses troupes de toutes les villes de terre ferme et délia du serment de fidélité tous ses sujets, qui se firent de leur dévouement un point d'honneur; alors Venise, inexpugnable au milieu de la mer, attendit que la discorde éclatât parmi ses ennemis.

La Sainte-Ligue.

Cela ne pouvait être long. Jules II, qui avait seul gagné à la bataille d'Agnadel, puisqu'il avait recouvré les villes qu'il convoitait, pris la Romagne, les Marches et le duché de Rome, avec lesquels il avait constitué la monarchie temporelle, ce qui était la première partie de son plan, ne tarda pas à mettre à exécution la seconde, qui était l'expulsion des *Barbares*. Le pape appelait ainsi tous les étrangers envahisseurs de l'Italie; mais ceux qu'il détestait le plus, parce qu'il les redoutait davantage, étaient les Français; aussi est-ce contre eux qu'il dirigea d'abord ses opérations.

Le 2 février 1510, il accorda l'absolution à la république de Venise et commença à détacher de la ligue de Cambrai Ferdinand le Catholique, qui en avait déjà recueilli tous les fruits qu'il pouvait en espérer, en s'emparant des ports napolitains; Maximilien ne fut pas difficile à ébranler: il n'y avait qu'à lui promettre de l'argent dont il avait toujours besoin; même système avec les Suisses, dont Louis XII n'avait pas voulu augmenter les subsides, et qui, gagnés par le cardinal de Sion, Mathieu Schinner, ennemi juré de la France, furent très-flattés du nom qu'on leur donna de *Défenseurs du Saint-Siége*.

Le duc de Ferrare et la ville de Gênes furent attaqués en même temps, mais sans succès. Louis XII hésitait pourtant, cédant aux scrupules religieux de sa femme qui lui faisait un cas de conscience de faire la guerre au chef de la chrétienté. Mais les évêques français se mirent résolûment de son côté; ils accordèrent sur les biens de l'Eglise un subside de 300 000 écus, et déclarèrent non avenues toutes les excommunications que pourrait lancer le pape contre lui et son royaume, déclarant d'ailleurs qu'on n'allait pas combattre le pontife, mais le souverain des États romains.

La guerre commença avec acharnement. Chaumont, à la tête des troupes françaises, surprit l'armée pontificale devant Bologne. Jules II quitta la tiare pour le casque, les clefs de saint Pierre pour l'épée de saint Paul, et fit personnellement le siége de la Mirandole, qui capitula (20 janvier 1511). Il aurait poussé plus loin ses succès si les Bolonais ne s'étaient révoltés; obligé de reculer, il fut battu à Casalecchio et rentra malade dans Rome.

Louis XII commit alors la faute d'attaquer le pontife, en convoquant un concile à Pise pour le faire déposer; Jules II se servit de ses armes sacrées, répondit en lançant l'interdit sur Pise, en excommuniant les cardinaux dissidents et en invoquant l'appui des puissances catholiques par le concile de Saint-Jean-de-Latran, où fut vraiment signée la Ligue sainte, dans laquelle entrèrent Ferdinand d'Espagne, Henri VIII d'Angleterre, Maximilien d'Autriche, la république de Venise et même les Suisses (5 octobre 1511), avec le but avoué de préserver l'Église d'un schisme, mais en réalité pour chasser les Français d'Italie.

Sac de Brescia.

La situation de Louis XII en Italie devenait critique, d'autant que 12 000 Espagnols, commandés par Ramon de Cardona, vice-roi de Naples, vinrent se joindre aux troupes pontificales avec 10 000 Suisses conduits par Mathieu Schinner; ce qui n'empêchait pas les frontières françaises d'être menacées au nord, à l'est et au sud.

Un jeune et héroïque général, Gaston de Foix, duc de Nemours, âgé de vingt-deux ans et neveu du roi, conjura un moment le danger; il prit le commandement de l'armée d'Italie comme gouverneur du Milanais, repoussa les Suisses dans leurs montagnes (décembre 1511), dégagea Bologne pressée par les troupes pontificales et espagnoles (7 février 1512); et ce jour-là même, apprenant que Brescia ouvrait ses portes aux Vénitiens, il quitte Bologne et arrive avec une diligence prodigieuse sous les murs de Brescia qu'il emporte d'assaut le 19.

Les soldats français, irrités d'une défense obstinée, qui leur coûta beaucoup de sang, mirent la ville à sac; et d'après les Mémoires de Bayard, blessé en montant le premier aux murailles, massacrèrent 22 000 Italiens.

Le pillage suivit le massacre, et la ville était si riche que sa prise fut la ruine des Français; car beaucoup de capitaines, gorgés de butin, quittèrent l'armée, estimant leur fortune faite.

Bayard ne put empêcher ce brigandage affreux, qui se prolongea pendant sept jours, pendant lesquels la soldatesque effrénée ne respecta ni femme ni fille; il ne put que protéger la famille chez laquelle il prit logement pour soigner sa blessure. Encore n'y fut-il pas longtemps, car il voulait assister à la grande bataille que préparait Gaston de Foix.

Bataille de Ravenne.

Le vaillant duc de Nemours se hâtait: Louis XII était menacé de tous côtés. Henri VIII avait envoyé 10 000 hommes en Espagne pour attaquer les Pyrénées et s'emparer de la Guyenne; les Suisses

Bataille de Ravenne (1513).

s'avançaient à la fois sur la Bourgogne et sur le Milanais; Marguerite d'Autriche se préparait à fondre sur la Picardie, et Maximilien rappelait ses lansquenets qui combattaient dans l'armée française. Il s'agissait de porter un grand coup en Italie et c'est pour cela que Gaston marchait sur Ravenne avec 1 600 lances et 18 000 fantassins. Ramon de Cardona, commandant l'armée hispano-pontificale, d'une force à peu près égale, le poursuivit et parvint à l'enfermer entre la ville et son camp.

Gaston abandonna aussitôt le siége à peine commencé pour attaquer l'armée ennemie. Il fit tonner sa redoutable artillerie sur le camp espagnol; mais bientôt la cavalerie pontificale, lasse de se faire hacher par les boulets pendant que l'infanterie espagnole se tenait en réserve, s'élança sur la gendarmerie française, qui la mit en déroute et fondit sur les Espagnols, lesquels se retirèrent sans accepter le combat.

C'était une victoire, mais le fougueux général ne la croyait pas complète. Il dirigea lui-même une dernière charge contre les fuyards, s'engagea témérairement dans un défilé avec une petite escorte et y mourut glorieusement, percé de dix-sept coups de lance.

La bataille de Ravenne (11 avril 1513) fut la plus sanglante qu'on eût encore vue dans les guerres modernes de l'Italie. Les vaincus y perdirent 12 000 hommes, leur artillerie et leurs bagages; les Français 6 000 hommes, mais avec eux Gaston de Foix, qui valait plus qu'une armée.

Lui mort, le découragement se mit partout, et malgré les efforts du brave La Palice, successeur de Gaston dans le commandement, on fut obligé, malgré la victoire, de reculer devant Cardona, d'abandonner Bologne et de revenir dans le Milanais après avoir laissé 7 à 8 000 hommes dans la Romagne.

Revers des Français.

Nous n'étions pas plus heureux du côté de l'Espagne. Ferdinand le Catholique s'empara de la Navarre espagnole sur Jean d'Albret, que le pape venait d'excommunier parce qu'il était notre allié, et s'apprêtait à marcher plus avant; mais il ne put s'entendre avec Henri VIII, son gendre, et n'utilisa pas les 10 000 hommes que celui-ci lui avait envoyés pour tenter un coup de main sur la Guyenne. Arrêté du reste par François d'Angoulême qui battit les Aragonais et les repoussa jusqu'à Pampelune, il ne régularisa sa conquête, qu'il réclamait du chef de sa femme Germaine de Foix, que par le traité d'Orthez signé avec la France (1er avril 1513).

Sur ces entrefaites, le pape Jules II vint à mourir; mais avant il avait réchauffé le courage de ses alliés par le concile de Latran. Il avait excommunié Louis XII et délié tous ses sujets du serment de fidélité; il fit plus encore : il fit prêcher en Suisse une croisade contre la France par le cardinal de Sion, qui amena en Italie 20 000 Suisses. Ce renfort décida Maximilien à répondre par la trahison aux témoignages d'amitié que lui donnait Louis XII; il envoya Maximilien Sforza, fils de Ludovic le More, pour reconquérir le Milanais. 10 000 Vénitiens se joignirent à ces deux armées et La Palice, qui n'avait plus que 8 à 10 000 hommes, laissa des garnisons dans les places fortes et abandonna le duché.

Les Sforza rentrèrent de nouveau à Milan. Maximilien Sforza reprit la couronne de son père, et, le 29 juin, Gênes chassait les Français et se donnait un doge national.

Le pape reconquit la Romagne, reprit Bologne, se vengea cruellement du duc de Ferrare, notre allié. Les Espagnols envahirent la Toscane; les Médicis furent rétablis à Florence pour punir la ville de son vieil attachement pour la France, et il ne nous resta plus en Italie que les citadelles de Milan, de Crémone, de Novare et de Gênes.

Bataille de Novare.

A Jules II succéda Léon X; c'était un Médicis et par conséquent un ennemi personnel de la France. Plus ambitieux encore que son prédécesseur au point de vue des pouvoirs temporels, il rêvait d'ailleurs pour son frère Julien la couronne de Naples; il lui importait donc de continuer la guerre. A cet effet, il resserra à Malines la Sainte-Ligue, que les Vénitiens seuls abandonnèrent : ils venaient de signer avec Louis XII, bien moins redoutable pour eux que Maximilien, Ferdinand ou le pape, un traité par lequel ils lui garantirent la possession du Milanais et lui fournirent 10 000 fantassins et 4 000 gendarmes commandés par l'Alviane.

La Sainte-Ligue résolut non-seulement l'expulsion des Français de l'Italie, mais encore l'invasion de notre territoire. Louis fit tête à l'orage, et pendant que le roi d'Angleterre s'apprêtait à débarquer à Calais, que Ferdinand n'attendait qu'une occasion pour s'emparer de la Navarre française, il remporta de grands succès en Italie. La Trémouille et Trivulzio attaquèrent le duché de Milan par l'ouest; l'armée vénitienne l'envahit par l'est; une flotte française s'empara de Gênes, et tout le Milanais fut bientôt en notre pouvoir, à l'exception de Novare où le jeune Maximilien Sforza se retrancha.

La Trémouille l'y assiégea, mais ne put remporter aucun avantage et se mit en retraite; les Suisses qui défendaient Sforza le poursuivirent et l'attaquèrent à l'improviste au nombre de 20 000 près de la Riotta.

La gendarmerie française, saisie d'une terreur panique, s'enfuit en bouleversant l'armée qui laissa 10 000 hommes sur le champ de bataille et abandonna son artillerie au pouvoir des vainqueurs.

Ce fut fini; les Français repassèrent les Alpes, et le Milanais rentra sous la domination des Sforza. En même temps, les Vénitiens étaient battus à Vicence par Ramon de Cardona qui ravagea impitoyablement les États de Venise jusque devant les lagunes.

Bataille de Guinegatte (*journée des Éperons*).

Cependant les Anglais étaient débarqués à Calais. Henri VIII, après avoir attendu Maximilien à qui il avait envoyé cent mille écus pour équiper une armée, mais qui les dépensa à autre chose pour ne pas démériter de son surnom, *Sans argent*, et qui arriva tout seul se mettre à la solde de son allié, moyennant cent écus d'or par jour, vint faire le siège de Thérouanne le 17 juin.

Le 16 août, le duc de Longueville, commandant une armée française chargée de secourir la ville, essaya de la ravitailler. Il commanda à sa gendarmerie de se montrer du côté de Guinegatte et de fuir devant les Anglais pour les attirer aussi loin que possible.

Malheureusement, la cavalerie rencontra les Anglais beaucoup trop tôt et avant que l'armée qui devait opérer sous les murs de Thérouanne fût prévenue; de sorte que, voyant la gendarmerie fuir sans combattre, ce qui fit donner à cette affaire le nom de *journée des Éperons*, elle se crut trahie, se débanda et aucune tentative de défense ne fut possible. Ce fut une déroute dans laquelle Bayard et le duc de Longueville restèrent prisonniers.

Thérouanne se rendit le 22 août et les Anglais assiégèrent Tournai. La prise de cette ville, qui succomba le 24 septembre, brouilla les deux alliés et Henri VIII retourna en Angleterre où il était du reste rappelé par une invasion de Jacques IV, roi d'Écosse, fidèle allié de la France, qu'il vainquit et tua à la bataille de Flodden.

Cette diversion sauva la France qui eût été dangereusement atteinte si les alliés, après la facile victoire de Guinegatte, avaient marché sur Paris, pendant que les Suisses assiégeaient Dijon. La Trémouille s'y défendit six semaines et signa avec les envahisseurs une capitulation singulière, en ce qu'elle engageait tous les ennemis de la France pour une

Tombeau de Louis XII et d'Anne de Bretagne.

François 1ᵉʳ se faisant armer chevalier après la bataille de Marignan.

paix générale, moyennant quatre cent mille écus d'or promis aux Suisses et la renonciation de Louis XII à tous ses droits sur le duché de Milan (13 septembre).

Tous les signataires de la Ligue sainte

ratifièrent ou à peu près ces conventions : Léon X fut le premier qui se réconcilia avec Louis XII, sitôt qu'il eut désavoué le concile de Pise; Maximilien et Ferdinand signèrent la trêve d'Orléans (13 mars 1514); Henri VIII refusa d'abord de déposer les armes; mais, se voyant sans alliés, il consentit au traité de Londres qui lui laissa Tournai et lui assura une pension de cent mille écus pendant dix ans. La paix fut ainsi faite et cimentée de ce côté par le mariage de Louis XII, qui avait perdu Anne de Bretagne, avec Marie, sœur du roi d'Angleterre, âgée de seize ans, dont il espérait avoir des enfants mâles.

Mais à cinquante-trois ans le roi crut pouvoir modifier son genre de vie pour complaire à sa jeune épouse, et lui qui, depuis sa grande maladie, se couchait presque avec le soleil, se mit à passer la moitié des nuits dans les bals et dans les fêtes. Sa santé chétive s'en altéra et il mourut six semaines après son mariage (1ᵉʳ janvier 1515), ne laissant que deux filles : Claude, mariée à François d'Angoulême, héritier de la couronne, et Renée, qui devint duchesse de Ferrare.

Commencement de la Renaissance.

Louis XII fut sincèrement regretté; le peuple, dont l'horizon était borné, ne s'inquiétait pas de la mauvaise politique du roi. Il ne savait qu'une chose, c'est que sous aucun règne il n'y avait eu moins d'impôts, moins de charges extraordinaires et plus de tranquillité.

Louis était d'ailleurs d'un abord facile, d'une grande bénignité de caractère et mérita toujours le surnom de *Père du peuple*, que lui avaient décerné les États de Tours. Il avait d'excellentes intentions et une vertu rare sur le trône, l'économie, qu'il poussait peut-être un peu loin, mais il ne se fâchait pas quand on l'en raillait. « J'aime mieux, disait-il de ses courtisans, les voir rire de mon avarice que de voir mon peuple pleurer de mes dépenses. »

C'est grâce à cette avarice qu'il put soutenir toutes ses guerres sans augmenter les impôts. Il trouva même moyen de les diminuer en faisant subsister sa maison avec une partie de ses revenus personnels, employant l'autre à encourager l'agriculture d'une façon si efficace que le tiers de la France fut défriché en douze ans.

Aussi, en même temps que l'aisance devenait plus grande dans les maisons, l'élégance entrait dans la vie intérieure et les relations suivies avec l'Italie amenèrent plus de goût et plus de richesse dans les meubles et les vêtements.

Les arts, protégés par Louis XII et son ministre Georges d'Amboise, passèrent les Alpes et acquirent droit de cité en France : l'architecture, qui ne s'était portée que sur les églises au moyen âge, sur les forteresses au temps de la féodalité, entra dans la vie privée, et on ne voulut plus bâtir que des palais et des maisons élégantes; la peinture suivit de près, et en appelant en France Léonard de Vinci, génie universel, peintre, architecte et mécanicien, Louis XII donna un maître aux artistes français.

La littérature prit aussi une vie nouvelle au contact de l'Italie; mais elle fut moins remarquable par la valeur de ses productions que par le luxe dont elles étaient mises en œuvre. Les livres insignifiants par eux-mêmes étaient des merveilles artistiques et le *Livre d'heures* de la reine Anne de Bretagne sera toujours célèbre.

Le théâtre seul était en progrès, encore n'était-ce pas tout à fait au point de vue littéraire : les *Enfants sans souci* durent leurs succès à leurs essais de comédies politiques dans leurs *Sotties* et *Moralités* qui étaient la satire et la caricature des grands personnages de l'époque, voire même du roi qui ne trouvait pas mauvais de se laisser jouer en plein théâtre. Il est vrai qu'il comprit que, si cette arme satirique le blessait quelquefois, elle pouvait tuer ses ennemis et qu'il s'en servit pour rallier à lui l'opinion populaire dans sa lutte avec Jules II.

Du reste, en représentant *Sot dissolu* en costume ecclésiastique, *Dame Pragmatique* aux prises avec le légat, et *Peuple italique* déplorant le gouvernement de *Mère Sotte* déguisée en robe d'église, les clercs de la Basoche ne faisaient pas seulement les affaires de la royauté, ils faisaient aussi celles de la raison.

CHAPITRE XVII

LUTTE CONTRE LA MAISON D'AUTRICHE — RÈGNES DE FRANÇOIS Ier ET DE HENRI II.

Bataille de Marignan.

A la mort de Louis XII, la première pensée de François Ier, roi de vingt ans, beau, spirituel, brave, adroit à tous les exercices du corps et imbu des idées chevaleresques, fut de reconquérir le Milanais. Il laissa le gouvernement à sa mère Louise de Savoie, femme intelligente et active, mais vaine et jalouse, avide de plaire et de régner, donna l'épée de connétable au duc de Bourbon et prépara une armée formidable, pendant qu'il renouvelait la paix avec Henri VIII, l'alliance offensive des Vénitiens, et signait avec Charles d'Autriche, à qui il promettait la main de la seconde fille de Louis XII, un traité contre Maximilien et le roi d'Aragon par lequel il s'engageait à aider un jour celui qui devait être Charles-Quint à recueillir les héritages de ses deux grands-pères.

A la nouvelle de ces préparatifs, la Ligue sainte se mit en mouvement : l'empereur n'y entra que par ses promesses ; mais les Espagnols, commandés par Cardona, avaient déjà enlevé Brescia, Vérone et Vicence aux Vénitiens; 20 000 Suisses, envoyés par Sforza, étaient déjà dans le Piémont pour barrer le passage des Alpes à François Ier avant que celui-ci eût quitté Lyon avec son armée, qui comptait 18 000 fantassins, presque tous Gascons, 20 000 lansquenets allemands, 70 gros canons et 300 petites pièces dirigées par le grand-maître de Genouillac.

François ne chercha pas à disputer aux Suisses, commandés par Prosper Colonna, les passages du mont Cenis et du mont Genèvre, les seuls que l'on crût praticables pour une armée ; il en chercha d'autres et en trouva assez pour franchir les Alpes en trois colonnes, tourner les Suisses et leur prendre leur général surpris dans Villafranca.

Ce passage merveilleux, dû à l'habileté de nos ingénieurs qui se firent des chemins avec la poudre et au travail de nos soldats qui hissèrent les canons à force de bras, jeta l'épouvante en Italie ; l'armée pontificale s'arrêta à Modène, et Cardona, serré de près par l'Alviane, qui commandait les Vénitiens, se retira de Vérone sur Plaisance où les Suisses cherchèrent à le rejoindre en opérant leur retraite par Milan.

François Iᵉʳ les poursuivit vigoureusement, sans s'arrêter à prendre Milan ; il les atteignit, mais avant d'engager une action avec ces belliqueux montagnards il essaya de les acheter. Le traité fut conclu à 700 000 écus, et les Suisses se retirèrent vers le Simplon ; mais ils rencontrèrent 20 000 de leurs compatriotes qui arrivaient en Lombardie conduits par Rosten, bourgmestre de Zurich, et Zwingle le réformateur. Ceux-ci leur remontrèrent leur lâcheté et les décidèrent d'autant plus facilement à combattre que le convoi qui leur apportait le premier paiement était en route et qu'ils espéraient faire coup double, enlever l'argent et l'armée française qui s'était avancée jusqu'à Marignan pour assurer sa jonction avec les Vénitiens arrivés à Lodi.

Excités encore par le cardinal de Sion, les Suisses, qui s'étaient rassemblés à Milan, sortirent de la ville au nombre de 35 000 et s'avancèrent sur le camp français par une longue et étroite chaussée située entre deux marais. Le combat dura toute la journée (13 septembre 1515) et il fut indécis parce que l'armée, qui occupait une mauvaise position et qui avait été surprise, n'avait pas eu le loisir de se mettre en ligne, obligée qu'elle était à repousser les attaques continuelles de l'ennemi ; mais le lendemain François Iᵉʳ, qui avait passé la nuit couché sur l'affût d'un canon, à cent pas d'un bataillon ennemi, prit de meilleures dispositions, et au point du jour les Suisses étaient vaincus. Leur retraite ne fut cependant définitive que quand ils entendirent les cris de l'armée vénitienne qui avait marché toute la nuit pour prendre part à la bataille. Alors ils se retirèrent, laissant douze mille morts sur le terrain et, sans s'arrêter, reprirent le chemin de leurs montagnes.

Cette victoire inaugurait bien le règne de François Iᵉʳ. Il en profita pour se faire armer chevalier sur le champ de bataille, et ce fut Bayard, le chevalier sans peur et sans reproche, qui lui donna l'accolade.

Nouvelle conquête du Milanais.

La Ligue sainte était vaincue. Sforza, qui s'était enfermé dans Milan, signa une capitulation par laquelle il cédait le duché à son vainqueur, après quoi il fut envoyé en France où il mourut.

François chercha à rendre sa domination durable en Italie, en s'attachant le pape et les Suisses, qui étaient la tête et les bras de la ligue. Le pape, qui se croyait perdu, lui fut très-reconnaissant de ne lui prendre que Parme et Plaisance, et les Suisses signèrent la *paix perpétuelle*, par laquelle ils s'engageaient à n'ouvrir leur territoire à aucune armée ennemie des Français et permettaient à François Iᵉʳ de lever des troupes chez eux, moyennant 700 000 écus.

Restaient les Espagnols et l'empereur. Cardona, vaincu, ne demandait qu'à faire rentrer ses troupes dans le royaume de Naples. François lui en facilita les moyens. Quant à Maximilien, il arriva quand tout fut fini, et François était déjà retourné en France quand il fit dans les États vénitiens une invasion qu'il abandonna aussitôt, craignant d'être trahi par les Suisses de son armée qui étaient entrés en négociation avec ceux que commandait le connétable.

Vers cette époque, Ferdinand le Catholique vint à mourir, laissant à

Charles-Quint les royaumes d'Aragon, de Naples, de Sicile et de Sardaigne, mais si peu assurés que celui-ci, malgré les sollicitations de Maximilien, renonça à continuer la guerre et rechercha l'amitié de François Ier, en confirmant le traité d'alliance offensive et défensive qu'il avait déjà contracté avec lui. L'empereur accéda à ce traité et rendit à Venise tous ses États.

La guerre d'Italie, terminée au gré de ses désirs, permit à François Ier de

FRANÇOIS Ier.

reviser les conventions avec l'Angleterre et de reprendre Tournai moyennant une indemnité de 600 000 écus.

La cour de François Ier.

L'Europe étant en paix, François Ier, glorieux de sa victoire de Marignan, laissa le gouvernement à sa mère, ou, pour mieux dire, au chancelier Duprat, pour ne s'occuper que de ses plaisirs; il se fit alors une cour modelée sur celle du pape Léon X, mais qui la surpassa en faste, en magnificence, en fêtes de toutes sortes, où il attirait toute la noblesse de France et notamment les dames, qu'il aimait déjà beaucoup, — qu'il aima trop par la suite.

Il faut lui rendre cette justice qu'il n'étendit pas seulement ses libéralités sur les superfluités ; il récompensa dignement les arts et les artistes. Les savants, les poëtes étaient honorés et choyés par lui à l'égal des hommes utiles à l'État, et il poussait les marques extérieures du culte qu'il avait pour toutes les choses de l'esprit et du génie, et qui lui mérita le surnom de *Restaurateur des lettres*, jusqu'à recevoir un tableau de Raphaël avec l'appareil des pompes royales.

Toutes ces choses, qui concouraient à la splendeur de sa cour et augmentaient sa prépondérance à l'étranger, exigeaient des ressources dont le Trésor affaibli était loin de disposer, épuisé qu'il était par les guerres récentes et par les prodigalités du roi envers la comtesse de Châteaubriant et la duchesse d'Étampes, qui se succédèrent dans ses faveurs.

François Ier y remédia, et ce qui n'avait été sous Louis XII qu'un expédient que le *Père du peuple* se reprochait et qu'il espérait réparer devint une source perpétuelle de revenus ; on vendit les charges judiciaires et on en créa un si grand nombre de nouvelles qu'il n'y eut bourgeois enrichi qui ne voulût faire de ses enfants des officiers civils.

Ce fut une grande plaie et dont on ne cessa de se plaindre. Cependant, si mauvais que fût le système, il avait son bon côté ; car les offices devenant des propriétés transmissibles et vendables, les cours de justice en acquirent plus d'indépendance et il se développa chez elles un esprit d'opposition au despotisme royal qui se montra d'abord dans l'affaire du *Concordat*.

Le traité que François Ier avait signé à Bologne avec Léon X et qui abolissait la Pragmatique-Sanction, en donnant au roi le droit de nommer directement à toutes les dignités ecclésiastiques et au pape celui des annates, ne pouvait avoir de valeur qu'autant qu'il serait ratifié par le concile de Saint-Jean-de-Latran et enregistré au parlement de Paris. Le concile ne fit aucune réflexion ; mais en France il n'y eut qu'un cri d'indignation contre le Concordat, qui livrait l'Église gallicane au caprice du monarque ; et le parlement, qui avait déjà protesté contre le principe de la vénalité des charges, refusa de l'enregistrer et ne s'y décida qu'après deux années de résistance « et par exprès commandement du roi » ; encore persista-t-il, et en cela il était l'interprète de la nation, à considérer la Pragmatique-Sanction comme non abolie.

Commencement de la Réforme.

La papauté triomphait ; Alexandre VI et Jules II avaient assuré sa puissance temporelle. Léon X, ce pape des poëtes et des peintres, l'avait agrandie et étayée sur une cour souveraine, absolument mondaine. Épicurien plein de noblesse et de bon goût, prodigue, fastueux, aimant les fêtes, la chasse, les festins, la musique, les beaux vers, les savantes causeries, cette sorte d'athée aux mœurs douces et élégantes, qui riait tout haut de la *fable* du Christ, fit fleurir au pied de la croix la mythologie de la grâce et de la volupté, livra le Vatican à la religion de la chair et à la beauté matérielle de l'art païen.

Aussi, quand les moines d'Allemagne et des contrées du Nord, pleins de foi et d'espérance, mais ignorants, austères et d'un spiritualisme exalté, venaient s'agenouiller devant la chaire de saint

Pierre, ils s'en retournaient scandalisés.

L'un d'eux, Martin Luther, né en 1483 à Eisleben, en Saxe, âme énergique, rude et passionnée, avait vu Rome en 1510 ; il s'était enfui effrayé de ce haut clergé, ami des savants, savant lui-même, qui refusait de lire la Bible de peur de gâter son style ; de ce pape Jules II qui ne paraissait que le casque en tête et le blasphème à la bouche ; de la vie de son prédécesseur qui, couvert de crimes, était l'amant incestueux de sa fille : il avait condamné l'Église dans son cœur.

Il ne jeta pourtant le cri de révolte que lorsque Léon X s'avisa de vendre publiquement les indulgences (1517) pour remplir son trésor, obéré par la construction de la basilique de Saint-Pierre moins encore que par les fêtes et les prodigalités de sa cour, en publiant contre les indulgences de nombreuses thèses qu'il invitait les savants à examiner.

Ses doctrines étaient accueillies avec faveur. Le moment était opportun ; l'esprit de curiosité et d'examen, surexcité par les découvertes de Christophe Colomb et de Vasco de Gama, par les travaux scientifiques de Copernic, se porta sur tout ; il transforma les arts, les lettres, les sciences, l'état social ; il n'avait pas à reculer contre les institutions religieuses, si facilement critiquables, et que le pape eut la maladresse de défendre par une bulle en faveur des indulgences qui menaçait des peines les plus graves ceux qui enseignaient des doctrines contraires.

Luther était désormais chef de parti. De docteur de l'université de Wittenberg, il allait devenir, entraîné beaucoup plus loin qu'il n'avait pensé par la discussion et les besoins de se défendre, l'instituteur d'une hérésie nouvelle qui, après avoir sapé tous les abus de l'Église, attaquait sa discipline et ses dogmes, et ne laissait debout que ceux de la Trinité, de l'Incarnation, du Baptême et de l'Eucharistie.

Le pape s'alarma d'autant plus que les idées nouvelles prenaient partout faveur. Ce ne fut cependant que lorsque la plus grande partie de l'Allemagne eut adopté la Réforme, et qu'il la vit se propager en Suisse, en France et en Angleterre, qu'il se décida à lancer une bulle condamnant les 41 propositions de Luther, l'excommuniant personnellement comme hérétique et donnant ordre à tous les princes chrétiens de se saisir de lui si dans les soixante jours il n'avait pas rétracté ses erreurs.

Luther répondit par la publication de son grand ouvrage : *la Captivité de Babylone;* et pour rompre définitivement avec le pape, qu'il appelait l'Antechrist, à la grande porte de Wittenberg, le 10 novembre 1520, il brûla publiquement, aux applaudissements populaires, la bulle qui le condamnait, avec les *Décrétales* et tous les autres livres pontificaux.

Charles-Quint empereur d'Allemagne.

François Ier, qui d'abord ne s'était pas effrayé de la Réforme, puisqu'il voulait appeler en France Érasme de Rotterdam, qu'on accusait d'avoir préparé les voies à Luther, hésita quand il vit les paysans allemands en tirer des conséquences sociales pour renverser toute autorité ; il pensa que la Réforme, qui voulait supprimer le pape, pourrait bien conduire à une révolte contre le roi, et s'il resta l'ami intéressé des protestants, que sa mère et sa sœur, la docte Marguerite, protégeaient ouvertement, il ne voulut point que leurs doctrines gagnassent ses États.

Il avait du reste, à cette époque, une

autre préoccupation : Maximilien venait de mourir, et il rêvait la reconstitution de l'empire de Charlemagne en se faisant élire empereur d'Allemagne.

Le roi d'Espagne avait des droits plus directs, comme petit-fils de Maximilien; mais les électeurs se laissèrent acheter par les deux candidats et nommèrent Frédéric de Saxe.

Celui-ci, protecteur officiel de Luther, et qui prévoyait déjà les troubles que la Réforme allait causer en Allemagne, refusa l'empire et rallia les voix des électeurs sur Charles-Quint, qui était jeune, sans gloire, et partant peu redoutable pour les princes allemands.

Cette prétention de François Ier ne devait pas être un *casus belli;* car il avait écrit très-chevaleresquement à Charles, avant l'élection, « qu'ils poursuivaient tous les deux la même conquête, et n'en resteraient pas moins bons amis quel que fût le rival heureux. »

Il n'en devait pas être ainsi. Charles-Quint, dont la devise était : « Toujours plus loin, » se trouvait maître de l'Espagne, de Naples, des Pays-Bas, de l'Autriche et de l'Allemagne; son titre d'empereur lui donnait des droits de suzeraineté sur l'Italie; il menaçait ainsi la France de trois côtés : les Pyrénées, la Franche-Comté et la Flandre.

Aussi la politique de François changea; outre le dépit de l'ambition déçue, il comprit les dangers que l'Europe allait courir de la réunion de tant de couronnes sur une seule tête, et chercha des alliés pour entreprendre au compte de la France, ce qui est son plus beau titre de gloire, une lutte qui semblait inégale avec la puissante maison d'Autriche.

Il se mit en relations avec Henri VIII, roi d'Angleterre, que cajolait déjà Charles-Quint, et lui donna des fêtes magnifiques entre Ardres et Guines, au camp du *Drap d'or* (7 juin 1520), où il dépensa des sommes prodigieuses en forçant ses courtisans à se ruiner comme lui dans un faste qui fut nuisible, car il blessa l'amour-propre de l'Anglais au point de lui faire accepter l'alliance que lui offrit plus simplement, à Gravelines, le rusé Charles-Quint, qui avait gagné le premier ministre anglais, le cardinal Wolsey, en lui promettant la tiare.

Commencement des hostilités.

Les deux rivaux n'attendaient plus qu'une occasion pour se mesurer les armes à la main : François Ier crut la trouver dans une révolte qui éclata en Espagne; il fit entrer dans la Navarre, que Charles-Quint ne voulait pas restituer à Henri d'Albret, une armée qui n'appartenait officiellement qu'à ce prince. Il s'empara de Pampelune, où fut blessé un gentilhomme obscur, Ignace de Loyola, qui devait renoncer aux armes et fonder plus tard l'ordre redoutable des Jésuites; mais les révoltés furent écrasés avant l'arrivée des Français, qui se laissèrent ensuite chasser de la Navarre.

En même temps, Robert de La Marck, duc de Bouillon, soudoyé par François Ier, déclarait la guerre à Charles-Quint et attaquait le Luxembourg; le comte de Nassau marcha contre lui, s'empara de son duché, reçut l'ordre de l'empereur d'envahir la Champagne et menaça Mézières. On eut d'abord envie d'abandonner cette place, mais Bayard s'y jeta avec Montmorency et ils résistèrent assez longtemps pour donner à François Ier le temps d'arriver avec sa noblesse et ses Suisses et de faire lever le siège; il poursuivit l'armée impériale, qu'il atteignit

Mort du connétable de Bourbon.

entre Cambrai et Valenciennes, mais que malheureusement il n'osa pas attaquer; car Charles était dans un tel désarroi que de Valenciennes il s'enfuit en Flandre avec cent cavaliers; François se contenta de prendre Hesdin et ramena ses troupes à Amiens.

Perte du Milanais.

La guerre était déclarée entre la France et l'empereur; mais le premier coup sérieux fut porté en Italie. Charles-Quint, qui avait fait un traité avec le pape pour partager le Milanais, était prêt à soutenir les habitants soulevés contre le gouvernement sévère et impolitique de Lautrec, frère de la comtesse de Châteaubriant.

François Ier, qui de son côté avait traité avec Léon X pour le partage du royaume de Naples, ne s'inquiéta pas trop; et Lautrec, inférieur en forces aux troupes espagnoles que commandait Pescaire, leur abandonna Parme, Plaisance et même Milan (1521); il demanda en France des secours ou tout au moins de l'argent pour payer les Suisses qui, ennuyés d'attendre, menaçaient de retourner dans leurs montagnes.

Le roi ordonnança 400 000 écus pour leur solde arriérée; mais la reine-mère, jalouse de la comtesse de Châteaubriant, se fit livrer cette somme par le surintendant des finances, Semblançay, et les Suisses, ne recevant rien, mirent le marché à la main à Lautrec en lui demandant argent, congé ou bataille; celui-ci, en désespoir de cause, les mena à l'attaque de la Bicoque, à sept kilomètres de Milan (22 avril 1522), où les Suisses, qui avaient neutralisé ses habiles dispositions en se jetant dans un chemin creux, furent écrasés; ils partirent immédiatement pour leur pays; les Vénitiens se retirèrent sur leur frontière, et Lautrec, réduit à sa seule gendarmerie, évacua toutes les places. Le Milanais fut entièrement perdu.

Il accourut en France se plaindre énergiquement de n'avoir pas reçu l'argent promis et annoncé; le scandale fut énorme; on informa, et Semblançay, qui s'était laissé voler le reçu de la reine, vit commencer contre lui cet inique procès qui se termina, cinq ans après, par sa mort au gibet de Montfaucon.

Défection du connétable de Bourbon.

François Ier crut que sa présence allait tout réparer; il rassembla sur les Alpes 25 000 hommes dont il voulait prendre le commandement; mais au moment de partir il fut retenu par la trahison de son connétable que Charles-Quint venait de gagner à son parti.

Habile homme de guerre, dévoré d'ambition, Charles de Montpensier, qui avait réuni, par son mariage avec la fille unique d'Anne de Beaujeu, la Marche, le Bourbonnais, le Beaujolais, l'Auvergne, le Forez et tous les domaines de la maison de Bourbon, vivait en prince dans ses États, et avait déjà porté ses vues sur la couronne de France, et c'est même ce qui l'avait porté à refuser la main de Louise de Savoie, qui, bien que reine régnante, du fait de l'indolence de son fils, rêvait d'entrer en partage de ces vastes domaines.

Ce refus, peu ménagé et accompagné de marques de mépris pour la cour de François Ier, ses favoris, ses maîtresses et sa mère, avait irrité Louise de Savoie au point de la faire devenir l'implacable ennemie du connétable; elle poussa le chancelier Duprat à attaquer une donation concernant la moitié de ses biens.

Bourbon perdit son procès et jura de se venger; Charles-Quint lui en offrit les moyens et lui promit le Dauphiné, la Provence et le Lyonnais avec le titre de roi, la France devant être réduite à rien, puisque Henri VIII était prêt à faire valoir ses prétentions sur les provinces de l'Ouest, et que l'empereur allait reprendre la Bourgogne et les villes de la Somme.

Tel était le plan de Charles-Quint, et il parut d'autant plus pratique au connétable que le pape qui avait succédé à Léon X, Adrien VI, ancien précepteur de l'empereur, allait lancer une bulle qui déliait les Français du serment de fidélité.

François Ier eut vent de ces négociations secrètes, et se rendit près de Bourbon, espérant lui arracher un aveu ou une parole de repentir. Le connétable fut sec et froid, et, sitôt que le roi l'eut quitté, s'enfuit par des chemins détournés pour gagner l'Allemagne (1523).

Triple invasion.

Le plan de Charles-Quint fut mis promptement à exécution. François fit tête à tout. Il envoya Lautrec en Guyenne contre 25 000 Espagnols qui ne purent venir à bout de Bayonne, le comte Claude de Guise contre 12 000 lansquenets allemands arrivés par la Franche-Comté et la Champagne et qu'il rejeta derrière la Meuse, le vieux La Trémouille contre 35 000 Anglais et Flamands qui étaient arrivés jusqu'à onze lieues de Paris, mais qu'il fit reculer par les habiles manœuvres d'une armée presque insignifiante.

François fut moins heureux en Italie où 40 000 hommes obéissaient à l'amiral Bonnivet, fort brave de sa personne, mais général inexpérimenté. Au lieu de marcher droit sur Milan sans défense, il laissa à l'ennemi le temps de s'y fortifier et aux trois armées commandées par Bourbon, Launay et le vice-roi de Naples le loisir d'opérer leur jonction. Il recula alors jusqu'à Biagrasso, compromit Bayard à Rebecco et fut encore obligé de se retirer sur la Sesia pour ne pas se laisser couper de la France.

Blessé au passage de cette rivière, près de Romagnano, il laissa le commandement de l'arrière-garde à Bayard qui y fut tué d'un coup de feu. Comme il expirait couché au pied d'un arbre et le visage tourné vers l'ennemi, pendant que les Français fuyaient vers les Alpes, Bourbon vint à passer près de lui et descendit de cheval pour lui exprimer sa douleur de le voir en cet état. « Ce n'est pas moi, lui répondit le brave chevalier, qui suis à plaindre; mais vous qui servez contre votre prince, votre patrie et votre serment. » (1524.)

Cette déroute ouvrait la porte de la Provence; le connétable affirmait que Marseille n'attendrait pas trois coups de canon pour envoyer ses bourgeois, la corde au cou, au pied de l'empereur; il y fut au contraire reçu vigoureusement et se consuma quarante jours en un siège qui donna le temps à François Ier d'accourir avec 8 000 chevaux, 34 000 fantassins et une nombreuse artillerie; alors, pour ne pas se laisser enfermer au fond d'un cul-de-sac, il fit rebrousser chemin à son armée harcelée par les paysans furieux, qui descendaient des montagnes s'emparer des convois et égorger les traînards, et repassa les Alpes (août 1524).

Bataille de Pavie.

François se trouvait trop près du théâtre de ses premiers exploits pour renoncer à la tentation de s'y montrer de nouveau; rien du reste ne s'opposait à son passage, puisque l'armée impériale s'était perdue dans les Alpes. Il s'empara de Milan sans coup férir et se crut si sûr de la victoire qu'il détacha un corps de dix mille hommes pour conquérir le royaume de Naples, pendant qu'il ferait le siège de Pavie.

Cependant Bourbon était passé en Allemagne; il en ramena 12 000 lansquenets, rallia Launay, Pescaire et le vice-roi de Naples, et vint avec eux bloquer l'armée de François Ier entre la ville, défendue par une garnison de 6 000 hommes, et leur camp.

La situation était périlleuse; les vieux généraux conseillaient au roi de lever le siège et de choisir lui-même son champ de bataille; mais Bonnivet prétendit que le roi ne devait pas reculer devant un traître et le chevaleresque François approuva cette raison.

L'artillerie fit d'abord un grand carnage dans les bataillons ennemis, et comme ils commençaient à plier le roi crut la bataille gagnée et chargea à la tête de sa gendarmerie, sans penser qu'il neutralisait son artillerie. Ce fut une mêlée épouvantable : les Espagnols se précipitèrent sur les Suisses qui, se voyant menacés sur leurs derrières par la garnison sortant de Pavie, abandonnèrent le champ de bataille où il ne resta plus que la gendarmerie française, qui fit des prodiges de valeur inutile. La Palice, La Trémouille, les meilleurs généraux, Bonnivet, l'auteur du désastre, qui eut un moment la possibilité de se sauver, se firent tuer auprès du roi blessé. Celui-ci combattit

Le Havre sous François Ier.

longtemps, entouré de cadavres, parce qu'il ne voulait pas se rendre au connétable de Bourbon.

Enfin un gentilhomme français l'ayant reconnu le tira de la mêlée et le conduisit au vice-roi de Naples, qui reçut son épée à genoux, rendant ainsi hommage à cette bravoure qui permettait au roi d'écrire à sa mère, en lui rendant compte du désastre : « Tout est perdu, fors l'honneur. » (25 février 1525.)

Captivité de François Ier.

Mais la France n'était point perdue parce qu'elle était privée de son roi. Louise de Savoie avait toujours tenu à peu près les rênes du gouvernement ; elle redoubla d'activité et la défaite de Pavie ne fut fatale qu'à l'Italie, qui fut pillée par les mercenaires victorieux. Nos frontières ne furent même pas attaquées, et pendant que François s'ennuyait à périr dans le château de Madrid que Charles-Quint lui rendait aussi triste qu'il pouvait, la reine régente prodiguait l'or pour racheter les captifs, pour remonter la cavalerie ; elle ne se contentait pas de refaire une armée, elle se faisait des alliés, traitait secrètement avec Venise, avec le pape, avec Soliman, sultan des Turcs, qu'elle voulait jeter sur l'Autriche. Elle détacha même Henri VIII de l'alliance impériale, et le roi d'Angleterre s'effraya si bien de la puissance de Charles-Quint qu'il fit insérer au traité cette clause, assez singulière de la part d'un ennemi, « que la régente ne consentirait à au-

Descente de Henri VIII à Calais pour aller assiéger Boulogne.

cune cession de province, » comprenant bien que l'intégrité de la France était la garantie de l'indépendance de l'Europe entière.

Cependant François Ier, malade de chagrin, voulait abdiquer en faveur de son fils pour ne laisser entre les mains de son ennemi qu'un chevalier dont le destin n'entraînait plus celui de la nation ; mais la présence de sa sœur vint ranimer son moral ; il reprit goût à la royauté et consentit à signer un traité désastreux, par lequel il cédait la Bourgogne sous condition d'hommage, renonçait à ses droits sur Naples, Milan, Gênes, à la suzeraineté sur la Flandre et l'Artois, réintégrait le connétable de Bourbon dans tous ses biens et promettait d'épouser Éléonore, sœur de Charles-Quint, alors reine douairière de Portugal (janvier 1526).

La Sainte-Ligue.

Revenu dans son royaume, François confirma les traités qu'avait conclus sa mère, et déclara hautement qu'il regardait le traité de Madrid, imposé par la force et contraire aux volontés de la France, comme nul. Une assemblée de notables, réunie à Cognac, déclara, du reste, que le roi ne pouvait aliéner aucune province de son royaume; les États de Bourgogne déclarèrent qu'ils resteraient français en dépit du roi et de l'empereur, et le pape Clément VII le releva de son serment sur la promesse du roi qu'il était prêt à tout sacrifier pour rendre l'indépendance à l'Italie.

Alors s'organisa contre Charles-Quint la Sainte-Ligue, dans laquelle entrèrent le roi d'Angleterre, Venise, Florence et les Suisses.

L'armée italienne fut prête la première, sous le commandement du duc d'Urbin. Mais elle n'osa pas attaquer les 15 000 luthériens fanatiques que commandait Bourbon et dont un chef, Georges Frondsberg, portait à son cou la chaîne dont il voulait étrangler le pape.

Ces lansquenets, après avoir ravagé le Milanais, voulurent une autre proie et le connétable, qui n'en était plus maître, fut obligé de les conduire devant Rome, la *Babylone sacrilége*, comme ils l'appelaient. Charles-Quint n'eut pas l'air de s'apercevoir de ce mouvement, et, pour donner une leçon à l'Italie, ne fit rien pour empêcher le siège; mais à l'assaut des murs Bourbon fut tué (6 mai 1527). Ses soldats vengèrent cruellement sa mort. Pendant neuf mois, Rome subit des outrages que lui avaient épargnés les Goths et les Vandales et c'était une armée chrétienne, l'armée de l'empereur d'Allemagne, qui tenait le pape captif au château Saint-Ange et qui infligeait à la capitale de la chrétienté des tortures qui se seraient sans doute prolongées plus longtemps si la peste, qui décima les brigands, ne les avait dispersés. François Ier accusait Charles-Quint de toutes ces horreurs; celui-ci, qui avait pris ses précautions en faisant dire des messes pour la délivrance du pape, s'en défendait avec vivacité, tout en profitant de leur résultat, et se tenait prêt à repousser la nouvelle armée que Lautrec conduisait en Lombardie.

Le général français eut d'abord de brillants succès: il poussa jusqu'à Naples et s'empara de presque tout le royaume; mais laissée sans argent, son armée, déjà découragée par un commencement de peste, se débanda quand l'amiral génois Doria fit défection, et l'expédition fut ruinée.

C'était la quatrième armée française que l'Italie anéantissait depuis la bataille de la Bicoque; une cinquième, commandée par Saint-Paul, eut le même sort le printemps suivant à Landriano, et la péninsule resta définitivement à Charles-Quint.

Traité de Cambrai. — Paix de six ans.

Rien ne semblait plus probable que de voir l'empereur essayer maintenant d'entamer la France, mais une guerre de religion était sur le point d'éclater en Allemagne. Soliman, allié de François, envoyait ses janissaires jusque sous les murs de Vienne, et Henri VIII parlait de répudier sa première femme, Catherine d'Aragon, tante de Charles-Quint. Inquiété au nord et à l'orient, il préféra la paix et ratifia le traité conclu à Cambrai (1529) entre Louise de Savoie et Marguerite d'Autriche, et qui pour cela prit le nom de *paix des Dames*. C'était une confirmation du traité de Madrid, avec cette modification que la Bourgogne restait à la France.

Cette paix encore humiliante pour nous ne fut pas troublée jusqu'en 1535. Charles-Quint employa ce temps à consolider ses conquêtes et François à se préparer à les lui disputer. C'est ainsi qu'il organisa une infanterie nationale qui compta jusqu'à 42 000 hommes, qu'il créa des ports pour sa marine, notamment au Havre-de-Grâce, petite bourgade dont il avait fait une ville, en 1517, sous le nom de Franciscopolis, et qui acquit bientôt une importance considérable.

Il renoua aussi les traités d'alliance avec Henri VIII qui venait de se brouiller avec le pape et mit ce dernier dans ses intérêts, en lui demandant pour son second fils Henri la main de sa nièce Catherine de Médicis; renouvela amitié avec les Écossais en faisant épouser sa fille aînée à leur roi ; signa des traités avec la Suède, le Danemark, et dévoila ses relations avec la Porte, alléguant que, quand les loups venaient fondre sur son troupeau, il avait bien le droit d'appeler les chiens à son secours.

En même temps, François, qui ne voulait pas que la Réformation, — dont les disciples de Luther, beaucoup plus radicaux que lui, Zwingle l'apôtre de la Suisse, qui mettait Hercule et Numa au rang des saints, Bucer et Carlostadt, qui voulaient supprimer l'Eucharistie et détruire les images, avaient fait une question sociale,—s'établît en France, et qui y faisait poursuivre et exécuter les novateurs, notamment à Séez, à Vienne et à Toulouse, protégeait ouvertement les protestants d'Allemagne, qui étaient pour le moment le plus grand embarras de son rival. Il cherchait en un mot à former autour de la France une coalition des États secondaires pour tenir tête à celui qui, recommençant à l'étranger le règne de Charlemagne, aspirait à la suprématie universelle.

Troisième guerre avec Charles-Quint.

Cependant, malgré les persécutions, peut-être même à cause des persécutions, la Réforme faisait de grands progrès en France, grâce aux doctrines nouvelles que Jean Calvin, né à Noyon en 1509, homme de mœurs austères et cruelles, au langage aussi plein de fiel que de force et de pénétration, et qui, à vingt-six ans, était déjà à Genève le chef d'une religion sévère et intolérante, publia dans son livre de *l'Institution chrétienne*.

Renée, fille de Louis XII et duchesse de Ferrare, Marguerite, sœur du roi, professaient ouvertement les idées nouvelles qu'embrassaient les membres intelligents de la noblesse, de la magistrature et de la haute bourgeoisie, ainsi que les hommes de science et d'étude. La duchesse d'Étampes était soupçonnée d'hérésie. On chantait publiquement dans Paris les *Psaumes* de David traduits en vers par Clément Marot; les *Colloques* d'Érasme étaient vendus à 24 000 exemplaires, chiffre aussi énorme pour le temps que pour l'ouvrage, et le roi allait se voir dans la nécessité de sévir de nouveau, quand la guerre éclata pour la troisième fois avec la maison d'Autriche, par le fait de Charles-Quint, qui avait fait condamner à mort sous un prétexte quelconque, par le duc François Sforza, un agent secret que François entretenait dans le Milanais.

Le roi de France cria à la violation des traités, mais n'obtint aucune satisfaction. Alors, Sforza étant venu à mourir, il remit en avant ses prétentions sur le Milanais et envoya en Italie, au commencement de 1536, une armée qui s'empara de la Savoie et du Piémont.

Charles-Quint, qui revenait de sa glorieuse expédition contre Tunis, jura en plein consistoire, à Rome, de rendre François le plus pauvre gentilhomme de son royaume et envoya devant Marseille la flotte qui venait de réduire Tunis; mais il n'y fut pas plus heureux que le connétable de Bourbon. La Provence, défendue ou plutôt ruinée par Montmorency devint le tombeau de 2000 impériaux; Charles ne parvint qu'à s'emparer d'Arles où il voulait se faire couronner roi de Provence : mais la ville était abandonnée; la noblesse, le parlement, le clergé, avaient fui devant la dyssenterie et l'empereur voyant qu'elle décimait son armée s'enfuit honteusement à Gênes où il s'embarqua pour l'Espagne.

François, qui avait porté la guerre en Picardie et en Artois, en laissant son armée au marquis de Saluces, homme sans talent et allié infidèle, lequel était déjà en négociations avec Charles-Quint, ne fut pas beaucoup plus heureux dans le Nord; il dégagea Péronne, mit en retraite l'armée du comte de Nassau qui l'assiégeait, et ne parvint à s'emparer que de Hesdin et de Saint-Pol.

D'un autre côté, il appelait ses alliés ottomans. Barberousse devait débarquer dans la Pouille et marcher sur Rome; Soliman arriva avec cent mille hommes à Valona, prêt à fondre sur l'Italie. Le pape, effrayé des progrès des Turcs, dont la flotte venait de saccager toute la côte d'Otrante, s'interposa et fit signer la trêve de Nice, qui devait durer dix ans (1538). Par ce traité où les deux rivaux se sacrifièrent mutuellement leurs alliés, François Ier gardait la Savoie et le Piémont, Hesdin et ses conquêtes récentes.

Quatrième guerre avec Charles-Quint.

Cependant le roi de France et l'empereur, qui avaient refusé de se voir au traité de Nice, se rapprochèrent dans une entrevue à Aigues-Mortes et ou put croire un moment qu'ils deviendraient des amis dévoués. François Ier était-il las des guerres, ou son caractère chevaleresque l'entraînait-il vers les grandes qualités politiques de Charles-Quint? Toujours est-il que les habitants de Gand s'étant révoltés et ayant offert de se donner au roi de France, celui-ci fit connaître cette proposition à l'empereur et l'invita même à traverser ses États pour pouvoir plus vite faire rentrer les rebelles dans le devoir (1539).

Charles accepta et fut magnifiquement reçu et fêté par François qui alla au-devant de lui jusqu'à Châtellerault, espérant ainsi vaincre de générosité son nouvel ami et en obtenir de bonne grâce le Milanais auquel il tenait plus qu'à toutes choses. Mais l'empereur refusa de comprendre aucune des nombreuses allusions qui furent constamment faites à ce sujet; il n'était d'ailleurs pas sans inquiétudes : bien que se fiant à la parole du roi-chevalier, il savait que toute la cour lui était hostile et opinait ouvertement pour qu'on le gardât prisonnier. Aussi ne prolongea-t-il pas son séjour et arriva-t-il en Flandre sans avoir rien promis de positif.

François, qui comptait sur l'investiture du Milanais pour un de ses fils, fut profondément irrité; il se sentit joué et jura de se venger. Charles-Quint lui en donna bientôt l'occasion en faisant assassiner deux agents de la France près la Porte ottomane (1541).

La guerre fut donc encore déclarée; mais cette fois les efforts de Fran-

HENRI II.

çois Ier et de Soliman furent mieux combinés. Les janissaires conquirent presque toute la Hongrie, pendant que les Français envahissaient le Luxembourg et le Piémont; et la mer Méditerranée étant devenue libre par suite de l'échec que la flotte de Charles-Quint avait éprouvé devant Alger, une escadre franco-turque vint bombarder Nice, la dernière ville du duc de Savoie (1543). Le siége fut laborieux : une femme, la Ségurane, qui avait été l'âme de la défense, mérita la statue que ses compatriotes lui élevèrent, et la ville ne se rendit qu'à la condition que seules les troupes françaises y entreraient.

Nouvelle invasion de la France.

Charles-Quint ne manqua pas de crier à la trahison de la cause chrétienne; il rassembla tout exprès la diète de Spire où il prouva que les succès des infidèles n'étaient dus qu'à l'appui des Français; il gagna les protestants allemands à sa cause, en leur montrant des lettres que François lui avait écrites en 1540 pour lui offrir son alliance contre eux, puis il décida Henri VIII à se prononcer contre la France, et une nouvelle invasion fut résolue (1543).

Elle devait se faire sur trois points à la fois. Del Guasto, gouverneur du Milanais, allait passer dans le Piémont sur l'armée du duc d'Enghien, pour pénétrer en Provence ou dans le Dauphiné et s'emparer de Lyon, pendant que le roi d'Angleterre, qui débarquait une armée considérable à Calais, prenait rendez-vous sous les murs de Paris avec Charles-Quint qui devait y arriver par la Champagne.

La première partie de ce plan échoua d'abord, malgré la résolution de François Ier qui, se défiant des grandes batailles depuis Pavie, voulait seulement qu'on usât l'ennemi en détail. Del Guasto fut vaincu à Cerignola (1544). Un moment la bataille fut douteuse; les magnifiques charges de la gendarmerie et d'une quantité de jeune noblesse qui était accourue en Piémont aux premiers bruits de guerre restèrent sans résultat; ce fut l'infanterie qui décida du sort de cette journée meurtrière, où les Espagnols perdirent 12 000 hommes, leur artillerie et leurs bagages. Le duc d'Enghien resta maître du Piémont, mais ne put poursuivre ses avantages, car une partie de son armée fut rappelée pour résister à l'invasion du Nord qui devenait menaçante.

En effet, Charles-Quint était entré facilement en Champagne; il avait pris Saint-Dizier après quarante jours de siège et était arrivé, en poussant une pointe audacieuse, à vingt-quatre lieues de Paris. Claude de Guise l'arrêta pourtant devant Château-Thierry, ville presque ouverte; mais on ne sait ce qu'il serait advenu si Henri VIII avait exécuté ses promesses et était venu rejoindre l'empereur, au lieu de s'obstiner au siège de Boulogne.

Le dauphin qui était acculé à Meaux profita de la résistance de Château-Thierry pour se jeter sur les derrières de l'armée de Charles-Quint, qui, isolé avec une troupe de mercenaires, sans argent et sans vivres, au milieu de nos provinces, s'estima heureux de signer la paix de Crespy (17 septembre 1544), juste au moment où il croyait réduire son ennemi à la dernière extrémité.

Par ce traité, François Ier restait maître de la Savoie et du Piémont, et obtenait enfin le Milanais tant désiré pour son fils puîné; malheureusement ce jeune prince vint à mourir, et l'empereur se hâta de donner à son fils Philippe l'investiture de la Lombardie que la maison d'Autriche a gardée trois cents ans.

Quant à Henri VIII, il refusa d'abord de souscrire à la paix; il ne s'y décida que lorsqu'il vit les côtes d'Angleterre menacées par une flotte française (1546); on lui laissa Boulogne, qu'il promit de rendre dans huit ans, moyennant 2 000 000 d'écus, et qui n'en coûta, en 1550, que 400 000 donnés à son successeur; car il mourut huit mois après.

François le suivit dans la tombe à deux mois de distance, au moment où il se préparait à recommencer la guerre contre Charles-Quint.

Agé seulement de cinquante-trois

ans, il mourut d'épuisement ou des suites d'une maladie honteuse, contractée par les débauches de sa vie accidentée ; malgré ses vices brillants, pour lesquels on a toujours eu en France trop de faiblesse ; malgré de grands défauts, car il fut notoirement violent, capricieux, au besoin même injuste, perfide, cruel, et toujours absolu dans ses volontés, bien que livré à d'indignes favoris, il montra quelquefois de la vraie grandeur, comme le jour où il pardonna aux Rochelois révoltés, ne voulant pas, disait-il, avoir du sang de ses sujets sur les mains (ce qui ne l'empêcha pas, en 1546, de faire massacrer ou brûler 3000 paysans vaudois, coupables tout au plus d'hérésie, dans les petites villes de Mérindol et de Cabrières, et une trentaine de villages des Alpes et de la Provence, où il ne resta pas une maison à quinze lieues à la ronde).

Malgré cette tache sanglante, dont on ne peut lui retirer qu'une partie de la responsabilité en disant qu'il en eut des remords et que ses ordres avaient été outrepassés, trois actes honorables lui donnèrent le nom de Grand : la bataille de Marignan, la restauration des lettres et des arts, et la résistance qu'il fit à toute l'Europe.

Règne de Henri II (1547-1559).

Le successeur de François Ier était un prince de vingt-neuf ans, faible, ignorant, prodigue, et qui en ayant tous les défauts de son père n'avait aucune de ses qualités ; il ne se contenta pas de s'asseoir sur son trône, il lui fallut aussi les bonnes grâces de sa maîtresse. Diane de Poitiers, bien qu'âgée de quarante-huit ans, exerça sur lui une telle influence qu'il la fit duchesse de Valentinois et lui laissa gouverner la cour où la reine était sans crédit.

Son premier acte politique fut de renvoyer les ministres que son père lui avait recommandés : le chancelier Olivier, l'amiral d'Annebaud et le cardinal de Tournon, hommes de grand mérite, qui avaient régénéré l'administration, et de s'entourer des favoris contre lesquels il l'avait mis en garde.

Le gouvernement fut remis aux mains de Montmorency, guerrier renommé, mais politique inepte ; puis au maréchal de Saint-André, et enfin à la famille des Guises, branche cadette de la maison de Lorraine, qui ne se disait pas encore descendante de Charlemagne. Inutile de dire que les courtisans se partagèrent avidement les pensions, les places, les dignités, les faveurs de tout genre, si bien qu'un trésor de 400 000 écus d'or que François Ier avait amassé pour faire une nouvelle guerre à Charles-Quint fut dissipé en quelques jours.

Henri resta cependant fidèle à la politique de son père ; mais avant de resserrer ses alliances il voulut, obéissant en cela aux recommandations de François, donner quelque satisfaction à l'opinion publique, qui gémissait encore du massacre des Vaudois ; il fit instruire le procès des égorgeurs, qui avaient outrepassé les volontés du roi, et, malgré la mollesse du parlement, l'un d'eux, l'avocat général Guérin, fut pendu. Il montra d'ailleurs une grande sévérité ; ainsi le sire de Vervins, accusé d'avoir rendu Boulogne aux Anglais malgré les habitants, fut décapité ; Bordeaux qui se souleva, ou plutôt qui fut le théâtre d'un soulèvement contre les employés de la gabelle, fut traitée en pays conquis par le connétable de Montmorency ; elle gagna pour toute la Guyenne une petite réduction de l'impôt du sel, mais elle perdit ses privilèges et son parlement, qui ne lui fut rendu qu'en 1550.

Nouvelle guerre avec l'empereur.

Charles-Quint était à l'apogée de sa gloire; il venait de vaincre les protestants d'Allemagne à Mulberg et se repentait déjà d'avoir fait élire son frère Ferdinand roi des Romains, ce qui l'empêchait de faire passer toutes ses couronnes sur la tête de son fils; il essaya de persuader à Ferdinand d'abdiquer pour assurer la grandeur de leur maison; celui-ci ayant refusé absolument, Charles crut arriver à ses fins par un concile qui, rétablissant l'unité religieuse, rendrait son pouvoir absolu en Allemagne, comme il l'était en Espagne et en Italie.

Le pape Jules III n'hésita pas à convoquer le concile de Trente, et l'empereur alla s'établir à Insprück pour le dominer, tout en observant l'Allemagne, qui à cette nouvelle s'était soulevée de nouveau et était prête à marcher sous la conduite de Maurice de Saxe, jadis général de Charles-Quint.

Henri II, qui venait d'embrasser la cause de l'Écosse dans sa querelle avec l'Angleterre et avait tellement inquiété cette dernière puissance qu'elle lui avait rendu Boulogne pour le cinquième de la somme stipulée au traité, ne laissa pas échapper cette occasion d'entraver l'ambition de la maison d'Autriche; il défendit aux évêques français de se rendre au concile de Trente, et poussé par les Guises, qui ne cessaient de lui rappeler qu'il avait existé jadis un royaume franc d'Austrasie dont la capitale était Metz, il arma résolûment contre l'Allemagne, s'unit secrètement avec Maurice de Saxe et se déclara le défenseur des libertés germaniques.

Avant de commencer les hostilités, il s'assura, comme son père, de l'alliance des Suisses et des Turcs, de la neutralité des Anglais, et déclara la guerre au pape, en protégeant contre lui Octave Farnèse, petit-fils du pape Paul III, qui conservait Parme par héritage.

Et comme s'il voulait prouver au monde chrétien que ce n'était pas le souverain Pontife qu'il attaquait, mais bien la puissance temporelle, le roi de France, allié des infidèles et des protestants, ordonna par l'édit de Châteaubriant des persécutions sévères contre les protestants de France, édit qui non-seulement mettait hors la loi tous ceux qui n'avaient pas de certificat d'orthodoxie, mais encore assurait aux délateurs le tiers des biens de leurs victimes.

Charles-Quint s'inquiéta trop tard du mouvement organisé contre lui, car il faillit être pris à Insprück par Maurice de Saxe, et ne dut sa liberté qu'à une fuite précipitée, la nuit, par un orage affreux (mai 1552).

Cependant Henri II marchait en Lorraine. Toul lui avait déjà ouvert ses portes; il s'empara de Metz un peu par trahison et voulut essayer sur Strasbourg le même système qui ne réussit pas : les habitants canonnèrent l'armée française, qui ne put que se vanter d'avoir fait boire ses chevaux dans le Rhin et revint prendre Verdun. De ce jour, la couronne compta une province de plus, celle des Trois-Évêchés (Toul, Metz et Verdun).

Ces succès irritèrent plus Charles-Quint que la trahison de Maurice de Saxe. Il signa avec les luthériens le traité de Passau et entra en Lorraine avec 60 000 hommes. Son armée se montra devant Metz le 19 octobre 1552; mais déjà François de Guise, avec la plus brillante noblesse du royaume, s'était jeté dans la ville et pour la mettre en état de défense il n'avait pas hésité à détruire sept faubourgs qui contenaient cinq abbayes et dix-neuf églises. Des fortifications auxquelles avaient travaillé les plus grands seigneurs furent élevées à la hâte.

Charles-Quint y épuisa ses efforts pendant deux mois; il ne réussit, à force de canons, qu'à faire dans les murailles une brèche de cent pieds de large. Mais il n'osa pas commander l'assaut, car pour un mur qui s'écroulait deux autres se construisaient derrière, sans compter les barricades et les fossés ni les mines qui détruisaient tous les travaux des assiégeants. Au mois de novembre, l'armée allemande avait perdu

Le siége de Metz (1552).

le tiers de son effectif; le typhus arriva avec les grands froids et fit de tels ravages que l'empereur leva le siége le 1ᵉʳ janvier, en abandonnant la plus grande partie de ses malades. Le duc de Guise, qui acquit une grande renommée de cette défense, soulagea comme il put cette misère affreuse, et eut bien du mal à empêcher la peste de se répandre dans la ville qu'il venait d'assurer à la France.

A cette nouvelle, l'enthousiasme fut à son comble; on croyait que Charles-Quint était ruiné pour jamais et on ne songea pas à profiter de sa déroute. Mais pendant que la cour de Henri II célébrait nos succès par des fêtes interminables, l'empereur rassemblait une nouvelle armée en Brabant et l'année suivante il prenait Thérouanne, petite ville d'Artois qu'il fit raser si cruellement qu'elle ne s'est jamais relevée. Hesdin subit le même sort.

Henri II ordonna des représailles terribles dans le Hainaut et dans le Brabant. Montmorency saccagea Marienbourg, Dinant, et vint mettre le siége devant Renty, près de Saint-Omer. Charles-Quint accourut pour dégager la place et ne réussit qu'à faire écraser sa cavalerie par Guise et Tavannes. Malgré cela, l'armée française, faute de vivres, fut obligée d'abandonner la campagne et laissa les ennemis se retirer sans dommage.

En Italie, la guerre se continuait aussi avec mollesse. Cependant Brissac, par une série d'habiles campagnes, était parvenu à se maintenir dans le Piémont, malgré les efforts du duc d'Albe. Il s'empara même de Cazal, capitale du Montferrat. Dans le même temps, Strozzi et Montluc défendaient Sienne contre les impériaux, alliés aux Florentins, les Turcs menaçaient Naples et la flotte du baron de La Garde saccageait l'île d'Elbe et s'emparait de la Corse.

Enfin la situation sembla si embarrassée à Charles-Quint, affecté de ses derniers revers et qui les attribuait à son grand âge, ayant répété maintes fois que « la fortune fuit les vieillards », qu'après avoir noué avec Henri II des négociations qui aboutirent à la paix de Vaucelles il abdiqua les couronnes d'Espagne, d'Italie et des Pays-Bas en faveur de son fils Philippe II, résigna l'empire d'Allemagne à son frère Ferdinand et se retira dans le couvent de Saint-Just (27 août 1556), où il mourut deux ans après.

Guerre avec Philippe II.

A la nouvelle de l'abdication de Charles-Quint, la France respira : le grand empire était démembré. Mais si Philippe perdait l'Allemagne, il semblait gagner l'Angleterre en épousant la reine de ce pays, Marie Tudor. Il avait déjà un fils, don Carlos ; il lui réservait ses possessions espagnoles et italiennes, et se promettait de mettre sur la tête de l'enfant qui naîtrait de sa nouvelle union les deux couronnes d'Angleterre et des Pays-Bas.

Henri vit dans ce mariage une double menace contre la France, et se résolut à rompre la trêve de Vaucelles; le moment d'ailleurs était favorable. A Jules III venait de succéder sur le trône pontifical le cardinal Caraffa (Paul IV), vieillard d'autant plus rempli de zèle pour la réforme catholique qu'il était président du tribunal de l'Inquisition, mais ennemi des Espagnols qu'il appelait « la lie de la terre, un mélange du Juif et de l'Arabe », et qui voulait rendre Naples et Milan à la maison de France.

Henri II accepta cette alliance avec empressement, et la guerre fut déclarée. Il s'agissait de réduire Philippe II à la seule Espagne; pour cela, Montmorency fut envoyé à la conquête des Pays-Bas et François de Guise partit pour l'Italie chercher, pour un fils du roi de France, la couronne de Naples qu'il prétendait bien garder pour lui comme héritier, par les femmes, de la maison d'Anjou.

Ce plan bien combiné, le pape porta les premiers coups, en excommuniant le roi *très-catholique*.

Philippe II envoya le duc de Savoie, Philibert-Emmanuel, contre Montmorency et opposa le duc d'Albe, vice-roi de Naples et son meilleur général, au duc de Guise qui, reçu en triomphe à Rome par Paul IV, avait déjà pénétré dans les Abruzzes; mais il échoua au siége de Civitella, perdit le quart de son armée par les maladies et fut obligé de rentrer dans les États du pape, poursuivi par le duc d'Albe.

Le sort des armes nous fut encore moins favorable dans le Nord. Philibert-Emmanuel, après une fausse attaque sur la Champagne, se porta tout à coup sur Saint-Quentin où 7 000 Anglais le rejoignirent. Coligny se jeta avec 700 hommes dans la ville qui n'était point préparée à un siége, n'ayant ni murailles, ni munitions, ni vivres. Montmorency essaya de la ravitailler, mais son armée très-inférieure en nombre s'approcha trop près de la place et n'assura pas ses derrières; le duc de Savoie la tourna et, l'attaquant en tête et en queue, la mit en pleine déroute. Dix mille hommes, tant tués que blessés, restèrent sur le champ de bataille; le connétable de Montmorency, le maréchal de Saint-André, le duc de Longueville et quatre mille hommes restèrent au pouvoir de l'ennemi avec l'artillerie et les bagages (1557).

A la nouvelle de cette honteuse défaite, Paris trembla; mais le duc de Savoie ne profita pas de la victoire; au lieu de marcher sur la capitale, il voulut s'emparer de Saint-Quentin, où Coligny, avec ses 700 hommes et les débris de l'armée de Montmorency qu'il avait pu rallier, le retint dix-sept jours qui donnèrent le temps à Henri II de rassembler des troupes, si bien que lorsque Philibert-Emmanuel eut pris encore Ham et le Catelet, il n'osa plus poursuivre sa route et se retira sur les Pays-Bas.

Le duc de Guise avait reçu l'ordre de revenir d'Italie; il laissa le duc d'Albe dicter des lois au pape et vint accepter le titre de lieutenant-général du royaume et des pouvoirs illimités, qu'il employa, du reste, pour le salut et la gloire de la France; il feignit de se porter sur le Luxembourg et se dirigea en toute hâte sur Calais, qu'il investit inopinément et qu'il emporta en huit jours (8 janvier 1558). Le dernier souvenir de la guerre de Cent Ans était effacé; les Anglais ne possédaient plus un pouce de terrain sur notre territoire, et la tentative qu'ils firent sur Brest pour se dédommager de cette perte, dont le chagrin emporta la reine Marie Tudor, fut repoussée vigoureusement.

La mort de la reine d'Angleterre rompit l'alliance hispano-anglaise; car Élisabeth, qui succéda à sa sœur, fit triompher dans l'île le protestantisme et devint l'irréconciliable ennemie de Philippe II.

Les hostilités recommencèrent au printemps; Guise, que la prise de Calais avait rendu l'homme le plus populaire de la France, s'empara de Thionville, mais ne put se joindre au corps d'armée du maréchal de Thermes, qui après avoir enlevé Dunkerque, Bergues, Nieuport, fut battu simultanément à Gravelines par le comte d'Egmont et une flotte anglaise dont les boulets labouraient ses flancs.

Paix de Cateau-Cambrésis.

Cette défaite décida Henri II à accepter la paix que lui proposait Philippe; le successeur de Charles-Quint voulait dominer l'Europe par une autre voie que son père; génie sombre et fanatique, souffrant dans sa foi des progrès de la Réforme, il conçut le dessein d'écraser le protestantisme et de se faire le bras séculier du saint-siége, l'exécuteur des sentences de l'Église; mais pour cela il lui fallait non-seulement la paix avec la France, mais en quelque sorte une union qui lui semblait d'autant plus facile qu'Henri II persécutait les protestants dans ses États. Le roi de France avait même tant de hâte de faire une guerre cruelle à l'hérésie que par le traité qui fut signé à Cateau-Cambrésis, le 3 avril 1559, il abandonnait presque toutes ses conquêtes, Marienbourg, Thionville, Montmédy, Danvilliers, le comté de Charolais et cent quatre-vingt-neuf villes ou châteaux, tant en Italie qu'aux Pays-Bas, pour ravoir Saint-Quentin, Ham, le Catelet, et quelques places sans importance que les Espagnols lui rendaient ; il est vrai qu'il gardait les Trois-Évêchés, avec leur territoire en toute propriété ; Calais, pour lequel il promettait 500 000 couronnes aux Anglais ; et le Piémont jusqu'à ce que les droits de Louise de Savoie, mère de François Ier, fussent réglés définitivement.

Un double mariage cimenta cette paix : Philippe II, deux fois veuf, épousait Élisabeth, fille du roi de France ; et Philibert-Emmanuel, Marguerite, sœur de Henri II ; des fêtes brillantes, données à la cour de France avant le départ des deux princesses, furent tristement ensanglantées : Henri II fut blessé dans un tournois par son capitaine des gardes Montgomery ; il mourut onze jours après, à l'âge de quarante et un ans, laissant quatre fils dont trois régnèrent sur la France et s'éteignirent sans postérité.

Ce fut un grand malheur ; car si Henri laissait le royaume le plus uni et le plus riche de l'Europe, celui où la noblesse était la plus belliqueuse, le peuple le plus soumis, l'autorité royale, qui y était absolue et pouvait conjurer par sa virilité les périls dont les nouveautés théologiques menaçaient l'État, tombait entre les mains d'enfants trop faibles pour dominer les ambitions de toute sorte qui allaient s'agiter autour d'eux et mettre la France en proie, pendant trente années, aux horreurs d'une guerre civile dont la religion était le mobile.

CHAPITRE XVIII

LES GUERRES DE RELIGION. — RÈGNES DE FRANÇOIS II, CHARLES IX ET HENRI III

Règne de François II (1559-1560).

A la mort de Henri II, son fils aîné, âgé de seize ans, était majeur de par la loi ; mais, faible d'esprit comme de corps, il laissa prendre toute l'autorité à sa mère Catherine de Médicis, qui, constamment tenue à l'écart des affaires, ne s'était fait connaître encore que comme princesse spirituelle, mais superstitieuse, grande amie des arts et des plaisirs délicats, mais sans la moindre sévérité morale. Elle n'était pas à la hauteur de son rôle : là où il fallait une politique droite et ferme, elle eut recours aux menées ténébreuses. Aigrie par les longs outrages qu'elle avait eu à souffrir de la triomphante Diane de Poitiers et de ses courtisans, le cœur vide de tout bon sentiment (hormis son amour maternel), tous les moyens, de-

Mort de Henri II (1559).

puis la galanterie jusqu'à l'assassinat, lui semblèrent bons pour conserver le pouvoir à ses fils, et elle ne s'étudia à gouverner qu'en prenant les hommes par leurs mauvaises passions, sans réfléchir qu'elle augmentait ainsi la corruption, et en opposant les partis les uns aux autres sans s'apercevoir qu'elle accroissait leurs forces.

Les concurrents au pouvoir étaient

nombreux d'ailleurs; le connétable de Montmorency s'était fait éconduire dès l'abord, discrédité par sa défaite de Saint-Quentin; il s'était vu remercier par le roi, qui par égard pour sa vieillesse lui retira le fardeau des affaires. L'opinion semblait réclamer les grands offices pour les princes du sang. Les Bourbons seuls avaient ce titre; mais, appauvris depuis la trahison du fameux connétable, ils se tenaient loin de la cour. Le chef de cette famille était Antoine, qui était devenu roi de Navarre par son mariage avec Jeanne d'Albret; comme son frère Louis, prince de Condé, il avait embrassé le protestantisme plutôt par intérêt que par conviction, et il eût suffi de leur présence au Louvre pour que le calvinisme, qui faisait tous les jours d'immenses progrès, se crût maître du gouvernement.

Montmorency, par haine pour les Guises, dont l'influence était d'autant plus considérable que le jeune roi avait épousé leur mère, Marie Stuart, qui exerçait alors à la cour de France les séductions de l'esprit et de la beauté qu'elle devait expier si cruellement, pressa les Bourbons d'accourir.

Antoine arriva trop tard. François de Guise, fameux par la défense de Metz et la prise de Calais, et son frère Charles, cardinal de Lorraine et titulaire de douze siéges épiscopaux, dont trois archevêchés, s'étaient déjà partagé toute l'administration du pays, d'accord en cela avec Catherine de Médicis qu'ils reconnaissaient comme surintendante générale du gouvernement.

Leur premier acte fut de renouveler les édits contre les hérétiques et de les faire exécuter avec vigueur: le procès commencé sous Henri II contre Anne Dubourg, Dufour et quelques autres conseillers au parlement, qui s'étaient faits presque les défenseurs du protestantisme, fut continué et causa une fermentation très-vive; les ministres de l'Église réformée tinrent à Paris leur premier synode national pour rédiger en faveur des prisonniers une pétition qui serait restée sans résultat, même si le président Ménard, ennemi acharné de Dubourg, n'avait pas été tué d'un coup de pistolet en sortant de l'audience (12 décembre 1559); car c'était le cardinal de Lorraine qui avait excité la colère de Henri II, en lui persuadant que les rebelles l'insultaient et le bravaient en face.

Les compagnons d'Anne Dubourg se rétractèrent; quant à lui, qui confessa intrépidement sa foi, il fut condamné et brûlé en place de Grève.

Conjuration d'Amboise.

Le supplice de Dubourg fit jeter des cris d'indignation à tous les protestants. Encouragés par Calvin qui les exhortait à défendre la sainte cause même à coups d'arquebuse, ils s'organisèrent, arrêtèrent leur profession de foi, leurs réunions consistoriales, l'élection de leurs pasteurs, l'établissement de subsides réguliers.

Pleins d'orgueil et de confiance, grossis de toute la petite noblesse de province, qui, ayant perdu tous ses priviléges, comptait peut-être s'en dédommager avec les riches domaines d'Église; qu'à l'exemple des seigneurs d'Allemagne et d'Angleterre elle espérait séculariser, ils se crurent de force à former un État dans l'État, en attendant qu'ils pussent, par un coup de violence, s'emparer du gouvernement et imposer leurs doctrines à la France.

Il semblait d'ailleurs que les Guises, durs et implacables, s'étudiaient à les pousser à bout. Ils exerçaient le pouvoir avec une arrogance et une partialité telles qu'après avoir licencié toutes les vieilles bandes où servaient des gentilshommes ruinés par les guerres d'Italie qu'ils avaient faites à leurs frais, ils firent élever à la porte du château de Fontainebleau une potence destinée à ceux qui viendraient réclamer.

Cette quasi-banqueroute de la reconnaissance royale indigna beaucoup de gens qui n'auraient pas fait la guerre civile, mais qui se jetèrent dans un complot ayant pour but d'enlever le roi aux Guises, pour soustraire la France à leur autorité despotique.

Les conjurés comptaient sur les deux Bourbons. Ils étaient sûrs de Condé qui avait, dit-on, assisté à une réunion et qui, chef secret de l'entreprise, se tenait à l'écart pour ne pas se compromettre et laissait le commandement effectif à un gentilhomme du Limousin nommé La Renaudie, et ils espéraient entraîner dans le mouvement les trois Châtillons, neveux de Montmorency : l'un cardinal évêque de Beauvais; le second, Coligny, amiral de France, ennemi du duc de Guise, et qui, s'il n'était pas encore huguenot, était bien près de le devenir, puisqu'il avait dit à François II qu'il aimerait mieux mourir que d'aller à la messe; et le troisième, d'Andelot, colonel général de l'infanterie.

Le coup devait se faire à Blois où était la cour; une députation de huguenots devait s'y rendre auprès du roi pour demander la liberté religieuse, pendant que La Renaudie, avec 500 gentilshommes et 1 000 soldats, profiterait du moment favorable; mais le complot fut dévoilé par un avocat, et Guise emmena François II au château d'Amboise, plus facile à défendre, et y appela Condé et les Châtillons, dans le double but de priver la conjuration de ses chefs et de les compromettre pour l'avenir aux yeux de leurs coreligionnaires. Pour cela, il plaça Condé aux postes les plus exposés, où il fut obligé de feindre du zèle, pendant que les gentilshommes qu'il avait fait cacher aux environs d'Amboise, surpris les premiers, furent les premiers massacrés.

La Renaudie continua de s'avancer; sa bande fut écrasée; il périt dans le combat et tous les prisonniers furent pendus aux créneaux du château d'Amboise. Ces exécutions se continuèrent pendant un mois. On battit les environs et tous les suspects qui tombèrent aux mains de l'armée du roi furent décapités, noyés ou pendus.

Le prince de Condé, compromis par les révélations des conjurés, fut inquiété, et le cardinal de Guise voulait faire trancher sa tête; mais déjà son frère sentait qu'ils avaient été trop loin et que la nation était indignée de tant de sang versé. Aussi non-seulement il facilita les moyens de se disculper au prince de Condé, qui dans une réunion solennelle défia en combat singulier quiconque oserait l'accuser, en se proposant comme son second, mais il se hâta de donner, sur la demande officielle de Catherine de Médicis, une amnistie générale pour tous les crimes commis pour cause de religion.

Il était trop tard. Le crédit de la maison de Lorraine s'ébranla d'autant plus vite que partout les protestants répandaient le bruit que la conjuration d'Amboise était plutôt une affaire de mécontentement qu'une question de huguenoterie. Le jeune roi avait remarqué que les malédictions des suppliciés ne s'adressaient qu'à ses oncles. Catherine se refroidit singulièrement pour eux et donna les sceaux à Michel de L'Hôpital, qui rendit un premier service à l'État en combattant victorieusement l'Inquisition que le cardinal de Lorraine voulait introduire en France. Il ne put empêcher cependant l'édit de Romorantin (mai 1560), qui attribuait la connaissance du crime d'hérésie aux tribunaux des évêques.

C'était une grave concession au clergé. Mais le nouveau chancelier n'avait pas encore de point d'appui contre les Guises; il en chercha un dans une assemblée de notables qui se réunit à Fontainebleau. Coligny y présenta au roi la pétition des huguenots de Normandie qui réclamaient la liberté de conscience. Le cardinal de Lorraine s'y opposa ouvertement, et, sur la demande de Montluc, évêque de Valence, et de Marillac, archevêque de Vienne, on suspendit toutes les poursuites jusqu'à la réunion des États généraux, convoqués à Orléans pour le 10 décembre 1560.

La nation allait être appelée à juger en dernier ressort entre les ambitions rivales et les croyances contraires. Mais en attendant et pour répondre aux armements des Guises, qui se liaient à la politique impitoyable du roi d'Espagne et acceptaient son appui pour châtier les rebelles, les Bourbons et les Châtillons levaient des troupes de gentilshommes, et, à l'aide des émissaires de Calvin, organisaient la résistance dans le Midi où l'on s'était déjà battu sur plusieurs points, lorsque le roi de Navarre et le prince de Condé arrivèrent à Orléans pour prendre part aux délibérations des États généraux.

Cette fois, Guise avait des preuves contre son ennemi; il le fit arrêter à son entrée en ville et pour se débarrasser du roi de Navarre, contre lequel on ne pouvait rien prouver, il résolut de le faire assassiner dans l'antichambre du roi. Ce projet ne fut cependant pas mis à exécution. Mais le procès de Condé, instruit rapidement, se termina par une condamnation à mort que le prince ne subit pas, parce que le jeune roi étant à l'agonie, Michel de L'Hôpital refusa de signer la sentence pour gagner du temps.

François II mourut le 5 décembre, après avoir porté le nom de roi pendant dix-sept mois, et si à propos pour le prince de Condé que quelques historiens ont supposé que la fin du jeune roi, frêle et débile depuis sa naissance, avait bien pu être hâtée. Cette accusation est toute gratuite, car le seul intéressé à cette mort était en prison, et les Guises qu'elle allait éloigner du pouvoir tenaient trop à la vie du roi pour ne pas entourer le malade d'une surveillance d'autant plus facile que leur nièce, Marie Stuart, ne quittait pas son mari.

La pauvre jeune reine fut obligée d'abandonner sa patrie d'adoption pour retourner dans sa sauvage Écosse où l'attendait un trône, et elle pleura tant, en quittant les côtes de France, qu'on eût dit qu'elle avait le pressentiment de la fin misérable qui l'attendait.

Régence de Catherine de Médicis.

Charles IX, deuxième fils de Henri II, qui succéda à son frère, n'avait que dix ans et demi. La reine-mère, par le conseil de L'Hôpital, s'empara du pouvoir sans attendre la décision des États généraux, et répudia la politique à outrance pour la conciliation et la paix à tout prix.

Ainsi, tout en laissant à Guise le commandement de la maison du roi, au cardinal de Lorraine les finances, sous condition qu'ils se réconcilieraient avec les Bourbons, elle nomma le roi de Navarre lieutenant-général du royaume et délivra Condé. Le connétable de Montmorency revint à la cour, et le nouveau règne parut s'inaugurer du consentement et avec l'approbation de tous.

Les États cependant ne rendirent pas

FRANÇOIS II.

les services que L'Hôpital en attendait; la question financière fut l'objet des discussions les plus graves, qui restèrent sans résultats. La dette se montait à 43 millions et les revenus nets n'en atteignaient que 12; les États, effrayés d'une telle situation, n'osèrent rien conclure avant d'avoir consulté leurs provinces et s'ajournèrent au mois d'août suivant.

Sur la question religieuse, les trois ordres furent divisés : le clergé, tout en avouant le relâchement où il était tombé, demandait le rétablissement des élections ecclésiastiques et surtout la répression de l'hérésie; la noblesse, au contraire, réclama des temples pour les calvinistes, et le tiers état, qui avait déjà demandé l'abolition de la vénalité des charges et des douanes intérieures et la réunion des États tous les cinq ans, vota pour la réforme des abus de l'Église.

Le chancelier Michel de L'Hôpital passa outre, certain en cela de travailler pour la nation. Par l'ordonnance d'Orléans (1561), il rétablit l'équilibre entre les recettes et les dépenses par des réformes dans la maison du roi, la suppression d'un tiers des pensions et le rappel des sommes énormes extorquées à la munificence des rois précédents, dernière clause qui éloigna de la cour le duc de Guise, le maréchal de Saint-André et le connétable de Montmorency et les fit s'unir en une espèce de *triumvirat* pour défendre en réalité leur argent, mais, disaient-ils, la religion en péril.

L'ordonnance d'Orléans ne se borna pas à cela : elle rétablit les élections canoniques, défendit de rien exiger pour les sacrements et obligea les ecclésiastiques à la résidence ; elle acheva aussi la réforme judiciaire, commencée par Louis XII, en ôtant personnellement aux baillis et sénéchaux, pour la plupart hommes de guerre et ignorants des lois, l'administration de la justice pour la donner à leurs lieutenants qui durent être de robe longue ou de judicature.

Colloque de Poissy.

Les protestants n'avaient rien gagné à l'ordonnance d'Orléans, et pourtant Catherine de Médicis, abandonnée d'ailleurs par les Guises, commençait à pencher de ce côté, se laissant convaincre par Coligny et les autres chefs calvinistes que, si le gouvernement voulait, il ne faudrait pas dix ans à la France entière pour devenir protestante. Elle eut un moment l'idée de tenter l'entreprise où Henri VIII en Angleterre et Gustave Wasa en Suède avaient si facilement réussi, et défendit sous peine de mort les noms de huguenots et de papistes, mit en liberté tous les détenus pour cause de religion, appela le prince de Condé au grand-conseil, laissa son fils assister au prêche de l'évêque de Valence, et n'eut pas l'air de s'apercevoir que le cardinal de Châtillon faisait la cène dans la cathédrale de Beauvais ayant à ses côtés une femme qu'il venait d'épouser.

Alors les protestants s'enhardirent; ils demandèrent le libre exercice de leur culte et la permission de bâtir des temples. L'agitation fut si grande que L'Hôpital, qui était surtout partisan de la conciliation, proposa à Poissy un colloque de théologiens des deux religions pour chercher, s'il était possible, un compromis qui mît fin aux disputes.

En même temps, il réunissait à Pontoise les États généraux, qui demandèrent d'abord à siéger régulièrement tous les deux ans, puis la tolérance religieuse, la réforme des offices de judicature et de finance, enfin, pour payer les dettes de l'État, la vente des biens de l'Église, estimés 120 millions, quitte à indemniser les propriétaires par des pensions.

Le clergé para le coup en s'obligeant à libérer l'État des rentes constituées sur les gabelles et les domaines, par un don annuel de 1 million 600 000 livres, qui devait se renouveler pendant neuf ans.

Ce résultat était excellent pour la royauté. Celui du colloque de Poissy fut loin de le valoir. Catherine de Médicis avait donné à cette assemblée la plus grande pompe possible; toute la cour y assista; le pape, inquiet des projets de la reine qui lui avait demandé par lettre la suppression des images et la permission de prier en langage vulgaire, y envoya un légat pour dominer les conférences et renforcer le parti catholique.

La discussion fut d'abord courtoise, Théodore de Bèze, le plus célèbre disciple de Calvin, exposa sa doctrine; mais quand il nia la présence réelle dans l'Eucharistie, les docteurs catholiques protestèrent avec chaleur, le cardinal de Lorraine se récria contre les abominations qu'il venait d'entendre, le général des jésuites Lainez, qui avait accompagné le légat du pape, attaqua jusqu'à la reine, en revendiquant pour le pape seul le droit de prononcer sur les questions religieuses, et il fallut dissoudre au plus vite l'assemblée.

La guerre était pour ainsi dire déclarée. L'Hôpital, toujours par esprit de conciliation, rendit un édit (janvier 1562) qui autorisait le culte calviniste dans les campagnes, mais l'interdisait dans les villes fermées; il n'y avait plus dans les lois de peines portées contre les hérétiques, mais il leur était interdit de troubler l'ancien culte.

Massacre de Vassy.

Le temps des concessions était passé, les partis s'organisaient. Le duc de Guise était le chef militaire des catholiques; pendant que son frère le cardinal de Lorraine implorait secrètement l'alliance de Philippe II, il passa en Alsace pour conférer avec les princes luthériens d'Allemagne, et, feignant un penchant pour la confession d'Augsbourg, il obtint d'eux qu'au cas où la guerre éclaterait en France ils observeraient la neutralité.

De leur côté, Saint-André et Montmorency, restés à la cour, avaient circonvenu Antoine de Bourbon au point de le rallier à leur cause, et quand ils virent l'opinion catholique se prononcer partout contre l'édit de janvier, ils crurent que le moment était venu d'agir et écrivirent à Guise de revenir.

Celui-ci partit de Joinville avec deux cents gentilshommes; le 2 mai 1562, il passait à Vassy, petit village de la Champagne où 6 à 700 calvinistes étaient réunis pour célébrer l'office du dimanche et faisaient entendre leurs chants jusque dans l'église où le duc de Guise entendait la messe.

Ses gens, ne voulant pas que Monseigneur fût gêné dans l'exercice de sa religion, trouvèrent tout naturel de gêner les autres; ils vinrent dans le prêche pour faire cesser les chants. Une rixe s'ensuivit: les catholiques mirent l'épée à la main; les protestants se défendirent à coups de pierre. Le duc accourt et reçoit une pierre dans le visage; alors les gentilshommes se jetèrent sur les paysans, en tuèrent soixante et en blessèrent plus de deux cents.

Tel fut le signal de la guerre civile, qui, suspendue sept fois par des apparences de traités, sept fois recommença et pendant trente-deux ans couvrit la France de sang et de ruines.

Première guerre civile.

A la nouvelle du massacre de Vassy, de tous côtés les huguenots prirent les armes et se donnèrent Condé pour chef suprême, avec le titre de défenseur du roi et protecteur du royaume; mais il était déjà trop tard: Guise s'était emparé de vive force du roi et de la reine-mère à Fontainebleau et les avait amenés à Paris. Les huguenots étaient en petit nombre, mais ils allaient vite en besogne dans la Provence; en peu de semaines, ils furent maîtres de plus de deux cents villes, notamment de Rouen, Lyon, Tours, Montpellier, Poitiers, Grenoble, Orléans et Blois.

Les Guises, surpris par cette activité

CATHERINE DE MÉDICIS.

et inquiétés par ces succès, se hâtèrent de faire déclarer les calvinistes rebelles et Condé criminel de lèse-majesté; puis ils appelèrent à leur aide Philippe II, qui leur envoya immédiatement 3 000 hommes de ces vieilles bandes espagnoles qui nous avaient si maltraité en Italie.

Condé riposta par une alliance avec Élisabeth d'Angleterre, qui lui envoya une garnison pour défendre Rouen, à la condition qu'on lui livrerait le Havre

en gage des sommes qu'elle avançait.
 Les deux rivaux n'avaient jusque-là rien à se reprocher; tous les deux avaient commis la faute de faire intervenir l'étranger dans leurs querelles.
 La guerre, commmencée dans le Midi,

CHARLES IX.

se fit partout à la fois sans ordre, sans autre plan que les sollicitations des haines ou des vengeances personnelles; on s'attaquait de ville en ville, de château en château, on pillait, on brûlait; c'est ainsi qu'à Montpellier le baron de Crussol, commandant les huguenots, fit détruire tous les faubourgs pour mieux défendre la ville; les catholiques prirent leur revanche à Toulouse où le combat dura huit jours. Les chefs de bandes rivalisaient d'ardeur et de cruauté; la palme, en ce genre, resta partagée entre le catholique Blaise de Montluc, qui marchait partout accompagné de deux bourreaux qu'il appelait ses laquais, et le baron des Adrets, chef calviniste célèbre par sa férocité.

Dans le Nord, la guerre se fit avec plus d'ensemble, sinon plus de mesure; le duc de Guise, qui commandait l'armée catholique, y entraîna le roi de Navarre et vint avec lui faire le siége de Rouen (1562). Cette ville, dominée par des hauteurs, n'était pas tenable; elle résista cependant huit jours; elle fut pillée avec la plus extrême rigueur pendant le même espace de temps. Antoine de Bourbon y reçut une blessure mortelle et Guise faillit, dit-on, y être assassiné; et les légendaires de l'histoire, qui lui font pardonner à son meurtrier, lui prêtent à ce sujet des paroles trop belles pour s'accorder avec sa conduite passée et présente; car s'il ne fit pas exécuter son assassin, il ordonna dans la ville conquise de nombreux assassinats juridiques.

Le prince de Condé, qui venait de recevoir d'Allemagne un renfort de 7 000 hommes, tenta de réparer cet échec en attaquant les faubourgs de Paris; il en fut repoussé par les Espagnols et se dirigea en toute hâte sur le Havre pour rallier les Anglais que lui envoyait Élisabeth et revenir en plus grande force sur Paris; mais Guise l'arrêta à Dreux et le contraignit à la bataille. Les deux armées, fortes de 15 à 20 000 hommes, restèrent quelques jours face à face; enfin Condé culbuta le centre des catholiques, et le connétable de Montmorency, blessé dans le combat, fut fait prisonnier; mais à la fin de la journée le sort des armes avait changé, grâce à l'intervention des Suisses, qui permit au duc de Guise d'attaquer de flanc les calvinistes et de les mettre dans un tel désordre que le prince de Condé fut pris.

A cela près, la victoire était indécise; car sur les 8 000 cadavres qui jonchaient le champ de bataille il y en avait à peu près autant d'un parti que de l'autre, et si les protestants perdaient leur chef, les catholiques étaient également privés de Montmorency, plus du maréchal de Saint-André qui périt dans le combat; il est vrai que Guise considérait ces deux accidents, trois même en y comptant la mort du roi de Navarre, comme des avantages; car ils éteignaient toutes les rivalités de commandement et forçaient Catherine de Médicis à lui donner la lieutenance-générale du royaume; elle était cependant effrayée de ce succès; elle parla de négocier et rendit même un décret d'amnistie pour tous ceux qui déposeraient les armes.

Guise ne l'entendait pas ainsi; porté aux nues par le parti catholique, mais par contre exécré parmi les protestants, il voulut profiter de ses avantages et vint mettre le siége devant Orléans où commandait d'Andelot.

Coligny, qui avait organisé la retraite de l'armée de Condé, voulait bien se jeter dans le ville; mais une mutinerie des Allemands, poussés à la trahison par Catherine de Médicis, le força à remonter vers le Nord chercher l'argent anglais, qui devait rappeler ses auxiliaires au devoir; par compensation, il ravagea toute la Normandie; mais Orléans n'en allait pas moins tomber, comme venaient de le faire Lyon, Montauban et Grenoble, quand un crime vint sauver le parti protestant: Guise fut assassiné par un gentilhomme, fanatisé par les exemples sanglants puisés dans la Bible, nommé Poltrot de Méré.

Paix d'Amboise.

La face des affaires changea aussitôt; les catholiques, consternés, levèrent le siége d'Orléans, et la reine-mère, restée maîtresse du gouvernement par la mort ou la captivité de tous les chefs de parti, qu'elle jugeait bien plus portés à revendiquer le pouvoir qu'à soutenir leurs croyances religieuses, résolut d'éteindre une guerre civile qui ne pouvait avoir d'autre résultat que d'ébranler l'autorité royale. Le moment, du reste, était critique pour tout le monde; car si les chefs catholiques ne reconnaissaient pas Charles IX, qu'ils appelaient le petit *royot* auquel ils donneraient des verges, les paysans huguenots refusaient les anciens droits aux gentilshommes, prétendant qu'ils n'étaient pas prévus par la Bible.

Catherine de Médicis profita de cette hésitation pour offrir la paix à Condé, en retour d'un édit qui autorisait la Réforme dans toute l'étendue des domaines des seigneurs justiciers et dans une ville par baillage.

Par ce traité, signé à Amboise (mars 1563), les huguenots s'engagèrent à marcher avec les catholiques contre le Havre qu'Élisabeth prétendait garder, et la ville, dont les Anglais espéraient se faire un nouveau Calais, aussi mal défendue que bien attaquée par ces ennemis d'hier qui, marchant réunis sous le drapeau de la France, se piquèrent d'émulation et de courage, fut enlevée en quelques jours.

La paix n'était pas assurée pour cela; le pape, qui avait entrepris au concile de Trente ce que le colloque de Poissy n'avait pu faire, n'y réussit pas davantage; ses vues personnelles l'éloignaient, d'ailleurs, de toute concession. Ancien grand-inquisiteur, Pie V voulut continuer, comme pontife, la guerre terrible qu'il avait faite aux doctrines nouvelles; plus politique que le roi d'Espagne, qui dans le même but poussait ouvertement Catherine de Médicis à la répression, lui promettant tous les secours dont elle aurait besoin, il mit en campagne les Jésuites, milice nombreuse et intelligente et d'autant plus redoutable que, sous le couvert de l'instruction, elle prêchait le peuple, catéchisait la jeunesse et livrait à l'hérésie de continuels et mortels combats.

La reine résista quelque temps aux obsessions de Philippe II; mais le parlement n'enregistra pas l'édit de pacification que les plus exaltés des deux partis n'acceptaient pas; et Catherine, satisfaite de voir les Guises abaissés, trouva bientôt les Bourbons trop puissants. Elle restreignit peu à peu les libertés accordées par l'édit d'Amboise; les crimes commis contre les protestants ne furent point poursuivis, ce qui donna lieu à des représailles, avant-coureurs de la reprise des hostilités. La reine alors consentit à une entrevue à Bayonne (1565) avec le duc d'Albe, le plus terrible instrument de Philippe II, et profita de ce voyage, où elle emmenait Charles IX, pour changer sur sa route tous les gouverneurs suspects de calvinisme et faire construire des citadelles partout où cette religion dominait.

Les protestants comprirent qu'une alliance avec le roi d'Espagne ne pouvait être conclue que contre eux, et malgré l'ordonnance de Moulins (1566), où le chancelier de L'Hôpital ne s'occupait, d'ailleurs, directement que de la réformation de la justice, ils se préparèrent à la guerre, qui ne pouvait tarder à recommencer.

Deuxième guerre civile.

Catherine de Médicis, de son côté, se mettait sur la défensive; elle réorgani-

ÉLISABETH D'AUTRICHE, femme de Charles IX.

sait l'armée royale et la renforçait de 6 000 hommes levés en Suisse, pendant que le duc d'Albe, qui était dans les Pays-Bas avec des forces considérables, sous prétexte de contenir les protestants de Hollande, était prêt à marcher contre ceux de France.

Alors eut lieu une nouvelle conjuration d'Amboise ; les réformés, pour prévenir leurs ennemis, résolurent d'enlever le roi qui était à Montceaux-en-Brie. Le 27 septembre 1567, un corps de 500 gentilshommes se montra à cinq lieues de là, et la cour n'eut que le temps de se réfugier à Meaux pour gagner Paris au milieu de l'infanterie suisse.

Le coup manqué, Condé marcha ou-

L'AMIRAL COLIGNY.

vertement sur Paris; la population força le vieux Montmorency à sortir de la ville pour le repousser. Ce dernier rencontra Condé à Saint-Denis, où il prit si mal ses dispositions de bataille qu'il y fut tué (à l'âge de soixante-quinze ans); il n'y eut cependant ni vainqueurs ni vaincus, car si la position resta aux catholiques, ils y refusèrent un nouveau combat que les huguenots vinrent leur offrir le lendemain.

Catherine de Médicis considéra cette journée comme une double victoire; « car si, disait-elle, le connétable a vengé le roi de ses ennemis, les ennemis du roi l'ont vengé du connétable ». Tout le caractère de cette femme astucieuse est dans cette appréciation qui était fausse, et s'il y avait eu victoire à Saint-Denis, c'était surtout pour l'Espagne, qui acquérait d'autant plus de chances de conquérir la Flandre et les Pays-Bas que la guerre civile nous tuait plus de monde.

Cependant Condé ne continua pas à investir Paris; il se dirigea vers Chartres pour intercepter tous les arrivages de la Beauce; renforcé par 9 000 lansquenets qu'il lui fallut payer le jour même de leur arrivée, toute l'armée, chefs et soldats, se cotisa pour fournir la somme et se prépara à prendre une offensive vigoureuse.

La reine-mère n'avait plus de capitaine à opposer aux calvinistes; elle écouta les conseils de L'Hôpital et signa le traité de Longjumeau (23 mars 1568), qui rétablissait l'édit d'Amboise à condition que les protestants restitueraient les places qu'ils occupaient.

Ce fut le dernier acte du chancelier, qui aurait pu rendre tant de bons services à la France s'il était arrivé aux affaires dans un autre moment; la reine n'avait fait la paix que parce qu'elle méditait de tout terminer par un coup à l'italienne; L'Hôpital n'était pas homme à l'y aider, elle le disgracia (mai 1568). Ce qu'elle voulait, c'était enlever le même jour Condé et Coligny en Bourgogne, et la veuve d'Antoine de Bourbon, Jeanne d'Albret, en Navarre, pour leur faire subir le sort des comtes de Horn et d'Egmont et de dix-neuf autres seigneurs wallons décapités à Bruxelles par le sanguinaire duc d'Albe. L'entreprise ne réussit pas : Condé et Coligny s'échappèrent, firent cent lieues à cheval et arrivèrent à la Rochelle, où Jeanne d'Albret vint bientôt les rejoindre avec son jeune fils Henri de Béarn et tout ce qu'elle put ramasser d'argent en aliénant ses domaines et en engageant ses bijoux.

Troisième guerre civile.

La tentative de Catherine de Médicis était une déclaration de guerre; elle la confirma encore par un édit qui défendait, sous peine de mort, l'exercice de la religion prétendue réformée et enjoignait aux ministres protestants de sortir du royaume dans le délai de quinze jours; en même temps, on obligea tous les membres des parlements et des universités à prêter serment de catholicisme. Pour la première fois que le gouvernement intervenait directement dans les guerres religieuses, il faisait un coup de force; il n'y était pourtant pas très-préparé, car il n'avait qu'une armée de 18 000 fantassins et de 4 000 cavaliers, dont le commandement nominal fut donné au duc d'Anjou, frère du roi, que Catherine, fidèle à son système de bascule politique, voulait mettre en avant pour l'opposer au besoin à Charles IX.

En réalité, l'armée de la cour était dirigée par Tavannes et Biron, qui entreprirent à l'entrée de l'hiver très-rude de 1568-69 une campagne sans résultats.

Les protestants étaient maîtres de tout le Sud-Ouest, avec la Rochelle comme place forte, où ils attendaient des renforts qui devaient leur arriver de l'Allemagne. Tavannes voulut les en isoler et les repousser vers le Midi; il manœuvra dans ce sens sur la Charente et finit par surprendre l'arrière-garde calviniste, commandée par Coligny, près de Jarnac (13 mars 1569). Condé accourut aussitôt avec 300 chevaux, mais déjà le désordre était dans les rangs; blessé au bras la veille, ayant eu la jambe cassée, au moment de charger, par un coup de pied du cheval de son cousin La Rochefoucauld, il n'entreprit pas moins une trouée dans les lignes ennemies; le succès couronnait ses efforts, quand son cheval tomba mort. Incapable de se relever, il se défendit comme un lion; quinze gentilshommes, fils, petits-fils et neveux de M. de La Vergne, se firent tuer avec ce courageux vieillard pour défendre leur général accroupi derrière son cheval. Condé se décidait à se rendre et tendait son gantelet à un gentilhomme, quand Montesquiou, capitaine des gardes du duc d'Anjou, le reconnut et lui brûla la cervelle d'un coup de pistolet à bout portant.

La mort de Condé portait un coup terrible au parti huguenot et l'armée se retirait désespérée, pour s'enfermer dans la Rochelle, lorsque Jeanne d'Albret releva le courage de tous en se présentant au camp de Saintes avec son fils Henri de Béarn et son neveu Henri, fils du prince de Condé. « Mes amis, leur dit-elle, voilà deux nouveaux chefs que Dieu vous donne et deux orphelins que je vous confie. »

Henri de Navarre, âgé seulement de quinze ans, mais élevé comme un gentilhomme campagnard, plus même en campagnard qu'en gentilhomme, séduisit tout le monde par son esprit, sa bravoure et l'entrain communicatif qui lui faisait trouver de ces mots qui enlèvent une armée; on le nomma généralissime, avec Coligny pour lieutenant et conseiller.

Coligny, s'il n'était pas un grand général, était un excellent chef de parti; il voyait juste, ne se décourageait jamais, et s'il n'avait pas le génie de l'exécution, du moins savait-il faire ressource de tout. C'est ainsi qu'il résolut de réparer l'échec de Jarnac, qui, bien qu'ayant fait une réputation militaire au jeune duc d'Anjou, n'était qu'un combat d'arrière-garde où les huguenots n'avaient perdu que 400 hommes. Le frère du roi n'avait du reste pas su profiter de sa victoire; au lieu de marcher de l'avant ou de se porter à la rencontre du duc des Deux-Ponts, qui, à la tête de 8 000 cavaliers et 6 000 fantassins, arrivait au secours de Coligny après avoir échappé aux ducs d'Aumale et de Nemours envoyés contre lui en Lorraine, il perdit son temps à faire les sièges de Cognac et d'Angoulême qui tinrent bon, et quand il se décida à marcher contre l'armée allemande, il était déjà trop tard; elle avait rejoint Coligny qui commandait maintenant 25 000 hommes.

Le duc d'Anjou reçut, il est vrai, des renforts considérables, notamment 6 000 Italiens envoyés par le pape avec ordre de tuer sur place tous les huguenots qui tomberaient entre leurs mains; il n'en fut pas moins vaincu près de la Roche-Abeille où le prince béarnais fit glorieusement ses premières armes.

Tavannes répara le mal; avec des Allemands catholiques et des Espagnols envoyés par le duc d'Albe, il fit rebrousser chemin au duc d'Anjou déjà acculé à la Loire, dégagea Poitiers assiégé par Coligny et surprit l'armée protestante entre la Dive et le Thouet près de Moncontour (3 oct. 1569). La position était détestable; les protestants furent mis en déroute et laissèrent dix mille hommes sur le champ de bataille.

Cette victoire fut célébrée dans tous les pays catholiques. Et pendant que le pape Pie V, qui la déclarait décisive, en prenait occasion d'excommunier la reine Élisabeth et de prêcher une croisade en Angleterre, Charles IX, jaloux de la gloire qu'on avait faite à son frère, accourut à l'armée et trouva moyen de rendre la victoire inutile. Au lieu de poursuivre les protestants jusqu'aux

Pyrénées, comme le voulait Tavannes, il fit le siége de Saint-Jean-d'Angély qui lui coûta six mille hommes et donna le temps à Coligny de traverser le Midi en se refaisant une armée et d'apparaître tout à coup en Bourgogne à la tête de toute la noblesse protestante du Dauphiné et de la Provence; il passa sur le corps d'une armée royaliste qui essaya de l'arrêter à Arnay-le-Duc, et arriva sur le Loing, à peu de distance de Paris.

Pendant ce temps, l'armée de Charles IX s'était réduite à 8 000 hommes, par suite du rappel des Italiens et des Espagnols, après la bataille de Moncontour que le pape et Philippe II avaient crue d'importance à tout terminer; si bien que les protestants avaient repris l'avantage dans la Saintonge. Lanoue, qui les commandait, avait battu le baron de La Garde, pris les Sables-d'Olonne, Luçon, Fontenay, et assuré les approches de la Rochelle en s'emparant des îles voisines.

En présence de cette situation menaçante, Catherine de Médicis offrit la paix, et Coligny la signa à Saint-Germain (8 août 1570). Par ce traité, les protestants obtenaient le libre exercice de leur culte dans deux villes par province, indépendamment de celles où il était déjà établi, de plus l'admission des calvinistes à tous les emplois, et quatre villes de sûreté : la Rochelle, Cognac, Montauban et la Charité.

La Saint-Barthélemy.

Cette paix était bien onéreuse pour le parti de la cour. Tous les catholiques français et étrangers s'en indignèrent; mais Catherine avait une arrière-pensée : certaine qu'on ne viendrait pas à bout des calvinistes par des combats, elle rêvait de s'en débarrasser autrement. Était-elle de bonne foi quand elle proposa le mariage du jeune prince de Béarn avec sa fille Marguerite pour sceller la paix de Saint-Germain, ou n'était-ce qu'un moyen d'attirer les chefs protestants à Paris ? C'est ce que l'histoire ne peut affirmer. Ce qu'il y a d'à peu près certain, c'est que Charles IX, qui venait de prendre vingt et un ans, accepta avec enthousiasme ce projet d'union qui pouvait lui permettre de régner véritablement. Jusque-là, habitué à recevoir le mot d'ordre de sa mère, il ne s'était occupé que de bien vivre et de satisfaire sa passion pour la chasse. Mais, en présence de la politique d'apaisement qu'il espérait, il entra avec ardeur dans le plan de sa mère, écrivit à Coligny, à Jeanne d'Albret, et poussa à la conclusion du mariage de Henri de Navarre avec sa sœur Margot.

Coligny accompagna à la cour la veuve d'Antoine de Bourbon et fut reçu avec un véritable élan par Charles IX qui l'embrassa en lui disant : « Enfin nous vous tenons, mon père, et vous ne nous échapperez pas quand vous voudrez. »

Il ne croyait pas dire si vrai ; mais la reine-mère, effrayée de l'influence que l'amiral prenait sur son fils qui s'exaltait à l'idée de la guerre espagnole que Coligny proposait de porter dans les Pays-Bas, offrant d'utiliser ainsi toute l'armée calviniste, conçut alors un plan machiavélique, qui remettrait tout en l'état ; ce plan consistait à faire assassiner Coligny par les Guises; les huguenots ne manqueraient pas de venger leur chef et les troupes royales tomberaient sur les uns et sur les autres comme violateurs de la paix publique.

Avant de mettre ce projet à exécution, elle fit de vaines remontrances à

LA SAINT-BARTHÉLEMY. — Assassinat de l'amiral Coligny.

Charles IX qui la reçut fort mal et lui dit brutalement qu'il n'avait pas de plus grands ennemis qu'elle et son frère le duc d'Anjou. Le moment était venu d'agir et il était d'autant plus propice que le duc d'Anjou, son jeune frère le duc d'Alençon, les Guises, Tavannes et tous les seigneurs catholiques voyaient avec colère l'influence passer à leurs ennemis et la cour peuplée de gentilshommes calvinistes, qui étaient venus se ranger autour de leurs chefs.

Un événement avait failli gâter déjà la bonne harmonie qui régnait officiellement entre huguenots et catholiques. Jeanne d'Albret était morte presque subitement, le 9 juin; on crut à un empoisonnement; mais ce fait n'ayant pas été prouvé n'empêcha pas le mariage de son fils de se célébrer le 18 août, et s'il y eut une quasi-émeute à la porte de Notre-Dame, elle était due autant à l'argent que Philippe II semait dans Paris pour entretenir des troubles qu'au ressentiment bien naturel des huguenots de l'assassinat de Coligny.

Car l'amiral avait reçu le 12 avril, en sortant du Louvre, un coup de feu de Maurevert, assassin de profession aux gages du duc de Guise. A la vérité, le roi était accouru auprès de Coligny dont la blessure n'était pas très-grave, et avait juré de le venger; mais il paraissait avoir oublié sa promesse.

Il avait fait pis que cela. Harcelé par sa mère, par le duc d'Anjou, le duc d'Angoulême, le maréchal de Tavannes et ses favoris italiens, le chancelier de Birague, le maréchal de Retz, le duc de Nevers, qui lui persuadèrent que les deux partis étaient prêts à en venir aux mains et à se disputer le pouvoir, il avait fini par entrer dans un vaste complot qu'il ne soupçonnait pas la veille, mais qui était organisé de longue main, puisque la municipalité avait déjà tout préparé pour le faire réussir.

Charles résista pendant cinq jours; mais devant la menace de sa mère de quitter la cour avec ses fils, les ducs d'Anjou et d'Alençon, pour ne pas être témoin de la ruine de la maison de Valois, il fléchit un peu et lorsque Catherine, qui savait bien aussi aiguillonner la violence de son caractère, l'eut accusé de poltronnerie et de lâcheté, il bondit sous l'injure et s'écria « que puisqu'on trouvait bon de tuer l'amiral, il voulait qu'on tuât tous les huguenots de France, afin qu'il n'en restât pas un pour le lui reprocher ».

C'est ainsi que fut résolu le massacre des protestants, horrible guet-apens flétri dans l'histoire sous le nom de Saint-Barthélemy. Le signal devait être donné par la cloche de Saint-Germain-l'Auxerrois, à trois heures de la nuit du 24 août 1572; mais l'impatience des bandes armées par les prévôts des marchands, et des gentilshommes catholiques qui faisaient de la boucherie humaine en amateurs, n'attendit pas jusque-là. A deux heures, la cloche tinta et les pavés de la ville furent rougis du sang de ses hôtes.

Naturellement, Coligny fut le premier dépêché; les plus grands seigneurs s'en mêlèrent. Henri de Guise, les ducs d'Aumale et d'Angoulême coururent à son hôtel. Déjà un Allemand, Besme, était dans la chambre de l'amiral avec une bande de forcenés. Coligny, malgré sa récente blessure, mourut debout et sans essayer de se défendre. Besme lui traversa la poitrine de son épée. « As-tu achevé? lui cria d'en bas le duc de Guise. — C'est fait, répondit l'assassin. — Jette-le donc par la fenêtre ».

Le corps de Coligny qui respirait encore tomba dans la cour et l'on vit alors un prince qui se disait descendant de Charlemagne, le fils de ce grand capitaine qui avait repris Calais et nous avait conservé Metz, frapper à coups de talons de bottes le visage d'un amiral français.

De pareils faits se répétèrent toute la

nuit. Les maisons des huguenots avaient été d'avance marquées de blanc et les assassins, qui se reconnaissaient à une croix blanche qu'ils portaient au chapeau, n'eurent que la peine de les égorger dans leurs lits. Quelques-uns se sauvèrent, comme le second fils du marquis de La Force, qui eut la présence d'esprit de contrefaire le mort sur un tas de cadavres; mais son père, Pardaillan, La Rochefoucauld, Coligny et tous les chefs du parti calviniste tombèrent sous les coups des assassins que Tavannes excitait en courant dans les rues et criant à tous les groupes : « Saignez, saignez ! les saignées d'août sont aussi bonnes que les saignées de mai. »

L'histoire reproche à Charles IX d'avoir tiré lui-même sur ses propres sujets. Si peu prouvé que soit ce crime, il est bien dans la nature violente de ce jeune homme surexcité par son entourage. Cependant il se contenta de faire emprisonner Henri de Navarre et le prince de Condé, en les menaçant de mort s'ils n'abjuraient, et le matin du 25, quand il vit de la fenêtre du Louvre la Seine charrier tant de cadavres, il fut saisi d'horreur de ce qu'il avait fait et il écrivit dans les provinces pour arrêter les massacres qu'il avait ordonnés.

Il était trop tard : la foule, avec ces instincts de bestialité qu'on retrouve aux jours de révolution dans les bas-fonds de la société et la lie des grandes villes, recommença à tuer. Ce ne furent plus seulement les huguenots qui périrent; on se débarrassait d'un ennemi, d'un rival, d'un créancier; on tua même pour piller, et cette soif de sang se prolongea jusqu'au milieu de septembre.

Quelques historiens évaluent le nombre des morts à dix mille; oui, peut-être, en comptant tout. Mais si l'on veut seulement parler des victimes de la Saint-Barthélemy proprement dite, il vaut mieux prendre une moyenne entre les chiffres mis en avant par d'autres statisticiens, 4 000 et 2 000 ; car, quelle qu'eût été l'horreur de ce massacre, il est difficile, étant donné leur petit nombre à Paris, qu'on ait pu tuer plus de 3 000 huguenots en quatre heures de temps.

Charles IX fut atterré; sa fièvre de sang était tombée. Cependant sa mère le traîna le 26 au parlement prendre la responsabilité de cette nuit exécrable et le contraignit à envoyer aux gouverneurs des villes de province de nouveaux ordres qui firent de 15 à 20 000 victimes. On peut compter de ce nombre le vertueux Michel de L'Hôpital, retiré à Vignay, près d'Étampes, depuis sa disgrâce, bien qu'il n'ait pas été assassiné, car la bande qui se précipitait vers son château fut arrêtée par des cavaliers; mais il en mourut de honte et de douleur six mois après et sa dernière parole fut : « Périsse à jamais le souvenir de ce jour exécrable ! »

Le roi fut cependant mieux servi qu'il ne méritait. Quelques gouverneurs refusèrent d'obéir à ses ordres. Citons : Montmorency dans l'Ile-de-France, Longueville en Picardie, Matignon dans la Basse-Normandie, Charny en Bourgogne, de Gordes en Dauphiné, Joyeuse en Languedoc, Saint-Hérem en Auvergne, le comte de Teule en Provence; et, si l'on en croit d'Aubigné, le vicomte d'Orthez à Bayonne, bien que la magnifique lettre qu'il lui attribue soit peu probable en raison du caractère du personnage.

Quelques jours après le massacre, Charles IX, de plus en plus subjugué par sa mère, chargea sa mémoire d'une infamie de plus ; il se rendit au gibet de Montfaucon, avec toute la cour, pour voir le cadavre de l'amiral Coligny qu'on y avait accroché, et comme on voulait le tenir à distance à cause de l'odeur, il répondit ces paroles abominables : « Laissez, laissez ! le corps d'un ennemi mort sent toujours bon. »

Faut-il dire que le parlement eut la bassesse de rendre grâce au monarque comme au sauveur de l'État? Oui, car il fit plus encore; il ordonna une procession annuelle en l'honneur de la Saint-Barthélemy et condamna à mort comme complices d'une prétendue conspiration qui aurait légitimé le massacre deux seigneurs protestants qui avaient échappé au fer des assassins.

Quatrième guerre civile.

Malgré l'acte du parlement, l'État n'était point sauvé, la guerre allait recommencer plus sauvage que jamais. Les protestants étaient privés de chefs, mais leur courage avait grandi et tous avaient à venger le sang de quelque parent; ils reprirent les armes avec une fureur désespérée.

L'armée royale tenta vainement le siége de Sancerre, où les habitants se défendirent avec des frondes, faute d'armes à feu; elle échoua avec plus de fracas devant la Rochelle. Le duc d'Anjou commandait cette armée, où étaient tous les princes, la plupart des grands et toute la noblesse de la cour. Charles IX y vint lui-même et y amena avec lui Henri de Béarn et le prince de Condé, forcés d'assister ceux qui venaient d'égorger leurs frères et qui voulaient exterminer le reste.

Nîmes, Montauban et cinquante autres villes fermèrent leurs portes et se préparèrent à la résistance; en même temps, la dissension se mettait dans le parti catholique. Montmorency, ses frères et beaucoup de gens ennemis des Guises, sinon favorables aux calvinistes, n'étaient pas à l'armée royale. Ils commençaient alors le tiers parti, qui se montrera bientôt à découvert. Les ressources s'épuisèrent vite. On tenta successivement quatre assauts contre la Rochelle; tous furent infructueux. Catherine de Médicis pensa à faire la paix. Le duc d'Anjou, pressé d'aller prendre possession de sa couronne de Pologne, entra en négociations et Charles IX fut obligé d'accorder aux protestants, par le traité de la Rochelle (1573), le libre exercice de leur culte, au moment où il recevait des cours de Rome et d'Espagne les plus enthousiastes félicitations pour la Saint-Barthélemy.

Cette humiliation détermina chez lui une horrible maladie qui l'emporta en moins d'une année. Il avait surmené son tempérament bilieux dans les exercices violents de la chasse; les remords le privèrent de sommeil et il passa cette dernière année de sa vie dans des convulsions terribles, des accès de délire furieux, au milieu desquels le sang lui sortait par les pores, par le nez et par les oreilles; il avait des visions sanglantes, il entendait dans l'air des cris lamentables, et cet effroi continu lui fit la plus horrible fin qui puisse punir un aussi grand coupable.

La nuit qui précéda sa mort, les médecins avaient fait retirer tout le monde de sa chambre, et il mourut à vingt-quatre ans dans les bras de sa nourrice huguenote, repentant des meurtres qu'il avait commandés et versant des torrents de larmes sur les crimes qu'on lui avait fait commettre (30 mai 1589).

Règne de Henri III (1574-1589).

Charles IX mourait au milieu d'un complot. Le tiers parti, que nous avons vu en germe, s'était formé; les catholiques modérés qui le composaient et parmi lesquels on citait Montmorency, Damville, Thoré et Méru, et un grand

Mort de Charles IX.

nombre de magistrats et de riches bourgeois, avaient pris le nom de *politiques* et mis à leur tête le duc d'Alençon, qui n'ayant pu être Anglais, puisque son mariage avec la reine Élisabeth avait manqué, voulait, disait-il, être Français de nom et d'effet, ennemi de l'Espagnol.

Il prétendait même à la couronne de France et pendant les dernières phases de la maladie de son frère il s'était conjuré avec le roi de Navarre, le prince de Condé et les Montmorency pour s'emparer du pouvoir; mais au moment décisif le cœur lui manqua; il dévoila tout à sa mère, qui le fit enfermer à Vincennes avec le roi de Navarre. Condé parvint seul à s'échapper et rejoignit Damville, dont les deux frères Thoré et Méru furent arrêtés.

Le coup avait avorté, mais les deux partis, protestants et politiques, étaient réunis dans un intérêt commun, la délivrance de leurs chefs, et résolus à faire de l'opposition au gouvernement du duc d'Anjou, qui, à la nouvelle de la mort de son frère, était parti la nuit, en fugitif, de son royaume de Pologne, poursuivi par ses sujets qui voulaient le retenir (il vivait sur sa réputation de Jarnac et de Moncontour, et n'avait pas eu le temps de s'en faire connaître); il ne s'arrêta que sur la terre autrichienne; il est vrai qu'il ne se fit pas faute de s'y reposer de sa longue course; il prit le chemin des écoliers, s'amusa à Vienne, à Venise, en plaisirs et en somptuosités, à Turin, où il payait l'hospitalité du duc de Savoie en lui rendant Pignerol, Pérouse et Savigliano, derniers restes des conquêtes de François Ier, et n'arriva en France que deux mois après pour ceindre la couronne qui l'attendait.

Henri III n'était pas l'homme qu'il fallait pour dominer la situation périlleuse que son frère lui laissait. L'abus des plaisirs avait éteint en lui la bravoure qu'il avait montrée dans la Saintonge. Il n'avait plus de goût qu'à des occupations de femme ou d'enfant. Quand il n'était pas livré à ces monstrueuses débauches qui firent de ses favoris, qu'on appelait ses *mignons*, des objets d'exécration, il passait son temps à découper patiemment des images pieuses; il aimait les chats, les chiens, les singes, presque autant que les démonstrations religieuses. Sa piété n'allait pas plus loin qu'à des processions où il se mêlait aux flagellants, se battant les épaules pour la rémission de ses péchés, pensant qu'avec un jeûne et quelques coups de discipline il réglait tous ses comptes avec Dieu et sa conscience. Pourtant il avait de brillantes qualités d'esprit et une majesté indiscutable : mais tout cela était effacé par les pratiques d'une existence crapuleuse et la dépravation de son cœur qui ne lui laissait de l'éloquence qu'à mentir, de l'habileté que pour tromper.

Son entrée solennelle dans Paris, précédée d'un ordre aux huguenots de se faire catholiques ou de quitter le royaume, qui avait fait hausser les épaules aux moins clairvoyants, scandalisa les plus conciliants. Il se montra dans le cortége entouré d'une grande quantité de singes, de perroquets et de petits chiens, scandale encore renouvelé à Reims pendant le sacre. Il prétendait que la couronne le blessait.

L'avenir va nous montrer qu'elle était en effet beaucoup trop lourde pour sa tête.

Cinquième guerre civile.

Le premier désir du roi fut de se venger de son frère à la façon de Machiavel, seul auteur qu'il se fît lire. Le duc d'Alençon fut plusieurs fois en danger de mort; mais, fidèle à sa politique de contre-poids, Catherine de Médicis avait besoin de le conserver pour l'opposer à l'influence des Guises qui venait de grandir encore par le mariage du roi avec Louise de Vaudemont, princesse de cette maison; elle favorisa son évasion.

Il courut aussitôt dans le Midi resserrer l'alliance des politiques et des calvinistes. En peu de temps, Damville réunit 15 000 soldats dans le Languedoc. Condé, qui s'était réfugié en Allemagne, y formait aussi une armée. Il envoya d'avance une avant-garde de

5 000 hommes, qui fut battue par Guise à Dormans, près de Château-Thierry (11 octobre 1575), au prix d'une blessure reçue au visage et qui, en lui faisant donner le surnom de *Balafré*, augmenta sa popularité; mais Condé passa sans difficulté à travers la Champagne et la Bourgogne, franchit la Loire, et rejoignit le duc d'Alençon à Moulins, avec 18 000 hommes et 16 canons.

Dans le même moment, d'Aubigné, l'historien-poëte, ami du roi de Navarre, parvint à le faire évader, et celui qui devait être plus tard Henri IV arriva à l'armée en jurant de « ne plus retourner à Paris qu'on ne l'y traîne ».

La situation devenait critique pour le roi, qui n'avait pas d'armée à opposer à ses ennemis, et pas d'argent pour appeler des soldats. Le duc d'Alençon s'offrit comme médiateur et obtint à Beaulieu (mai 1576) le traité qu'on appela paix de *Monsieur*, dont le titre fut donné désormais au frère puîné du roi.

Le négociateur ne s'était pas oublié dans le traité; il se fit donner l'Anjou, dont il prit le nom, la Touraine, le Berry, avec tous les droits réguliers, sous la seule condition de l'hommage. Le roi de Navarre obtint le gouvernement de la Guyenne, Condé celui de la Picardie; de plus, le libre exercice de leur culte fut accordé aux protestants dans toute la France, sauf Paris et la cour, jusqu'à la prochaine réunion des États généraux et d'un concile général.

En somme, par l'annulation de toutes les sentences portées pour cause de religion depuis le règne de Henri II, par la réhabilitation de la mémoire de Coligny et des victimes de la Saint-Barthélemy, dont les veuves et les enfants obtinrent exemption d'impôts, par la cession de nombreuses places de sûreté et l'intrusion dans les tribunaux d'autant de magistrats protestants que de catholiques, la royauté semblait demander grâce pour le passé et accorder confiance pour l'avenir.

La Sainte-Ligue.

A cette nouvelle, tout le parti catholique fut indigné et s'agita sourdement; l'humiliation du roi touchait moins les mécontents que le gaspillage des sommes colossales qu'il avait levées sur les villes et sur le clergé, et qui n'avaient servi qu'à des fêtes et à satisfaire l'avidité de ses mignons; elle éclata ouvertement quand il fallut aliéner les biens du clergé pour 200 000 livres de rentes, afin de payer les mercenaires allemands qui étaient venus ravager le pays.

Un seigneur d'Humières, gouverneur de Péronne, refusa de livrer sa place à Condé, et fit signer aux prélats, seigneurs et bourgeois un traité d'union très-chrétienne pour la conservation de la ville et de la province en l'observance de la religion catholique. Cet exemple se propagea; le clergé aidant, et surtout les Jésuites dont le nombre et l'activité croissaient avec le danger, chaque province eut bientôt sa ligue.

Le duc de Guise, plus ambitieux que son père, qui, en mettant en circulation des généalogies d'après lesquelles il descendait de Charlemagne, rêvait déjà de s'emparer de la couronne de France, à l'exclusion du nouveau duc d'Anjou, discrédité comme complice des huguenots, et, à son défaut, des Bourbons condamnés comme princes hérétiques, comprit que la grande conspiration catholique était pour lui la première marche du trône s'il savait en réunir tous les fils et la faire servir d'instrument à sa politique.

En conséquence, il se mit à la tête

du mouvement, dressa et fit circuler dans toute la France l'acte constitutif de la Sainte-Ligue, par lequel tous les associés juraient « de retenir le saint service de Dieu selon la forme de la sainte Église catholique; de conserver roi Henri III en l'état, splendeur, autorité et puissance qui lui sont dus par ses sujets; de remettre les provinces aux mêmes droits, franchises et libertés qu'elles avaient au temps de Clovis; de procéder contre ceux qui persécuteraient l'union sans acception de personnes; enfin de rendre prompte obéissance et fidèle service, jusqu'à la mort, au chef qui serait nommé ».

Henri savait tout cela; il savait que le chef déjà nommé était le Balafré, dont il démêlait les vues ambitieuses : mais ce qu'il ne savait pas, c'est que les plus impatients, qui voulaient mettre sur le trône le meurtrier de Coligny, l'allié de Philippe II et du saint-siége, n'étaient pas disposés à attendre sa mort pour exécuter leurs projets, et, prétendaient que Henri de Guise raffermirait la royauté et la foi en enfermant le Valois dans un cloître, comme son ancêtre Pépin avait fait pour Childéric III.

Il dut cependant s'en douter quand il vit que les États de Blois, réunis le 6 décembre 1576, ne comptaient qu'un seul député protestant, tant la Sainte-Ligue avait travaillé les élections par tous les moyens de fraude et de violence, et quand les États, sous l'influence des Guises, entreprirent non-seulement contre les protestants, mais encore contre l'autorité du roi, en déclarant que leurs délibérations auraient force de loi, et que 36 membres choisis par eux entreraient au conseil du roi.

Henri crut alors faire un coup de maître; il signa la Sainte-Ligue et s'en proclama le chef, espérant ainsi supplanter le duc de Guise, et surtout, tant son besoin d'argent était grand, mettre la main sur la cotisation imposée à chaque ligueur. En cela, il se trompait grossièrement, car de roi il s'abaissait au rôle de chef d'un parti qui n'était pas le sien, et qui ne faisait d'ailleurs que fort peu d'adeptes dans la bourgeoisie, soupçonneuse de cette nouveauté, qui ne tendait, disait-elle, qu'à épuiser les bourses.

Il est vrai que, s'il repoussa les prétentions politiques des États de Blois, il se jeta dans le catholicisme le plus violent et fit voter la suppression du culte réformé; c'était une déclaration de guerre et les calvinistes l'accueillirent ainsi en s'emparant de Périgueux, de la Réole et de Marmande et en protestant par écrit contre l'assemblée illégale de Blois.

Sixième guerre civile.

Henri se croyait sûr de l'appui des États, puisqu'il ne faisait, en somme, que ce qu'ils avaient réclamé; mais non-seulement sa demande de subsides fut repoussée, l'assemblée lui refusa encore le droit d'aliéner des portions du domaine royal, pour subvenir aux frais de la guerre, « parce que le fonds appartient aux provinces et que le roi n'en est que simple usager ».

Henri III comprit alors sa faute. Le duc de Guise, qu'il avait cru supprimer, lui faisait sentir cruellement l'impuissance de son gouvernement; aussi résolut-il de ne pas l'employer à la guerre, et en cela il eut encore tort. Son frère le duc d'Anjou, nommé au commandement de l'armée de la Loire, se contenta de prendre la Charité et Issoire; le duc de Mayenne, frère de Guise, commandant dans le Poitou, ne put s'emparer que de Brouage. Ces médiocres succès amenèrent cependant une paix que le roi négocia lui-même à Bergerac (17 septembre 1577). Il accordait aux protestants une liberté de conscience mieux spécifiée que dans les traités précédents, des juges particuliers dans les huit parlements, huit places de sûreté, et prononçait l'abolition de toute confédération.

Ce dernier article visait aussi et peut-être plus particulièrement la Sainte-

HENRI III.

Ligue. Henri d'ailleurs voulait la paix : il créa l'ordre du Saint-Esprit, dont il décora les principaux partisans des Guises et des Bourbons, croyant ainsi les attacher à lui. Ce qu'il fit de meilleur et qui n'est pas le moins étonnant de ces temps si troublés, ce fut de pousser les magistrats à continuer leur grand travail d'amélioration des lois, et l'ordonnance de Blois parut en 363 articles renfermant d'excellentes et libérales dispositions de droit civil, conçues en majeure partie par le chancelier de L'Hôpital; les questions de discipline religieuse y recevaient une solution mettant dans la main du roi les nominations aux prélatures et aux bénéfices. Enfin cette ordonnance qu'on ne pouvait guère attendre de Henri III contenait de très-louables précautions contre l'usurpation des titres de noblesse, la vénalité des charges, le trop grand nombre d'offices et les infidélités en matière de justice.

Malheureusement la conduite du roi gâtait les meilleurs actes; la cour était non-seulement un lieu de débauche, mais de crimes. Le meurtre y alternait avec des plaisirs si scandaleux que la reine Catherine de Médicis crut devoir réagir contre une honteuse tendance en enrégimentant des filles d'honneur sous le nom d'*escadron volant de la reine*. Le soir, c'étaient des fêtes et des ballets; le matin, des rencontres à main armée, quand le guet-apens n'avait pas rendu le duel inutile. C'est ainsi que Saint-Mégrin, un des favoris du roi, fut assassiné par les gens du duc de Guise; du Gast, par ceux du roi de Navarre; Bussy d'Amboise, par le comte de Montsoreau, et tout cela pour des intrigues amoureuses. Villequier tua sa femme, une femme de la cour tua son mari, Cimier tua son frère, sans compter les moindres personnages; le roi et les princes avaient leurs assassins à gages qui tuaient la nuit et leurs bretteurs de profession qui se battaient le jour. Un duel célèbre par la mort de quatre personnes eut lieu entre trois mignons du roi et trois partisans du duc de Guise; deux de chaque parti y périrent et le roi remplaça Quélus et Maugiron, auxquels il fit des funérailles insensées, par Joyeuse et d'Épernon qui ne valaient pas mieux. Ce lui fut encore un surcroît de dépense, car le mariage seul de Joyeuse lui coûta 120 000 écus.

Rien ne pouvait suffire à ces prodigalités inouïes : la taille augmentait chaque année et à chaque instant le roi présentait au parlement des édits bursaux que celui-ci n'enregistrait qu'après les plus longues résistances. Aussi le mécontentement était-il devenu général, et un jour le clergé, poussé en cela par la Sainte-Ligue, refusa de servir les rentes de l'Hôtel de Ville de Paris qu'il avait promis de payer.

Septième guerre civile.

Pour comble de malheur, la guerre éclata par la faute de Henri III qui intervint maladroitement dans les démêlés que le roi de Navarre avait avec sa femme Marguerite, démêlés tout conjugaux, qui se seraient assoupis d'eux-mêmes. Le Béarnais n'avait pas tout à fait le droit d'être d'une rigidité excessive sur la conduite de sa femme, car lui-même ne se gênait guère et entretenait ouvertement des maîtresses à sa cour de Nérac; mais il ne trouva pas bon que son frère de France se mêlât de ses affaires intérieures, et surtout que Catherine de Médicis se rendît à Nérac avec son escadron volant. Il se fâcha et commença la petite guerre connue sous le nom de *Guerre des amoureux;* entreprise sans cause, elle se termina sans raison. Henri de Navarre s'empara de Cahors, mais Biron battit ses troupes en une rencontre et on signa à Fleix (1580) un traité qui confirmait la paix de Bergerac.

Cette turbulence des partis aurait pu être employée utilement, si Henri III se fût occupé un peu de sa gloire ou de son gouvernement; la France pouvait alors, devait peut-être entreprendre la guerre étrangère entrevue par Coligny pour éteindre à jamais la guerre civile. Elle avait le choix entre deux champs de bataille : au nord, les Pays-Bas foulés par les Espagnols appelaient un libérateur; au midi, le Portugal qui avait perdu son roi, et sur lequel Catherine de Médicis élevait des prétentions, était envahi par Philippe II.

Henri donna sournoisement une armée à son frère, le duc d'Anjou, appelé à grands cris par les Flamands, et une flotte à Antoine de Crato, candidat au trône de Portugal; mais non-seulement il ne convoqua pas la noblesse à ces entreprises qui étaient trop faibles pour réussir, mais il les désavoua publiquement. La flotte de Portugal fut entièrement détruite. Le duc d'Anjou eut d'abord des succès, grâce à son allié le prince d'Orange; il fut proclamé duc de Brabant, comte de Flandre. Mais abandonné sans argent au moment où il avait le plus besoin de secours il fut obligé d'évacuer les Pays-Bas, et vint mourir à son retour en France de la maladie qui avait emporté Charles IX (juin 1584). Les provinces des Pays-Bas perdirent en même temps leur défenseur Guillaume d'Orange, assassiné par un émissaire de l'Espagne, et affolées elles offrirent de se donner à la France si Henri III voulait les délivrer de Philippe II et de l'Inquisition.

Recrudescence de la Ligue.

Cette proposition avait séduit Henri III, mais il était trop tard; la mort prématurée de François, duc d'Anjou, avait fait de l'éventualité qui pouvait appeler au trône l'hérétique Henri de Navarre une nécessité, car il était certain que le roi n'aurait pas d'enfants, et atteint du germe de la maladie qui avait emporté ses frères, on lui donnait à peine quelques années à vivre.

En présence de cette perspective, la Ligue, depuis quelque temps en désarroi, se ranima d'elle-même et sans que les chefs y fissent des efforts et, de société secrète qu'elle était, elle devint un grand parti révolutionnaire, grâce aux prédications éloquentes de Jean Boucher, curé de Saint-Benoît, de Prévost, curé de Saint-Séverin, et de Launay, ancien ministre protestant; grâce à l'activité de Lachapelle-Marteau, maître des comptes, de Crucé et Bussy-Leclerc, procureurs en Sorbonne, elle s'organisa vite dans Paris et élut un conseil dont les membres, représentants des seize quartiers de la ville, furent appelés les *Seize*; de là elle se répandit dans la province et établit, partout où elle fut la plus forte, une sorte de terreur.

Le duc de Guise comprit que le moment de se montrer était venu. Il signa à Joinville (31 décembre 1584), avec Philippe II, un traité pour l'exclusion du trône de France des princes hérétiques ou qui promettraient l'impunité aux hérétiques. Il ne dévoila cependant pas son ambition; car il mit en avant pour la succession des Valois Charles, cardinal de Bourbon, vieillard d'une nullité complète, qui ne pouvait en aucune façon gêner ses vues. Du reste, il avait eu carte blanche du pape, qui lui permettait tout, excepté d'attenter à la vie du roi. Alors il publia le manifeste de la Ligue, le 31 mars 1585, dont les signataires juraient de ne pas poser les armes « que l'Église de Dieu n'eût été réintégrée en la vraie religion catholique, la noblesse remise en ses franchises et le peuple soulagé des nouvelles impositions ».

Aussitôt tout le royaume fut en feu: Guise souleva la Champagne, Mayenne la Bourgogne, Elbeuf la Normandie, Mercœur la Bretagne, Aumale la Picardie; Lyon, Orléans, Bourges, Rouen, Angers, Reims, Châlons, Soissons, Péronne, Amiens, Caen, Dijon et vingt autres villes se déclarèrent pour la Ligue.

Henri III était fort embarrassé; il détestait bien plus Guise que son beau-frère le Béarnais, qui lui offrait son assistance; Élisabeth d'Angleterre, les députés des Provinces-Unies le poussaient à l'accepter; mais il ne pouvait

LE DUC D'ALENÇON.

ainsi donner raison à la Ligue, et ne voulait contracter d'alliance avec le roi de Navarre qu'à condition que ce dernier se ferait catholique. Henri refusa net; mais il fit un acte très-habile, en se déclarant contre le manifeste de la Ligue et en prenant le rôle de champion du roi et des lois de l'État, qui lui gagna tous les politiques réunis à l'appel de Montmorency dans la Guyenne et le Poitou.

La situation du roi s'aggravait; ce n'était plus la Ligue seule qu'il craignait, c'étaient deux ennemis, Guise et Bourbon, qu'il avait espéré faire user l'un par l'autre et qui l'usaient lui-même; il courut au plus pressé. D'Épernon battit quelques ligueurs à Gien, Joyeuse en vainquit d'autres en Touraine; mais Paris était en ébullition et Guise arri-

MARGUERITE DE VALOIS, femme de Henri IV.

vait avec 12 000 hommes. Henri ne vit pas d'autres moyens de l'arrêter que le traité de Nemours (7 juillet 1585), par lequel il ratifiait les actes de la Ligue, lui donnait neuf places de sûreté et s'engageait à publier un édit interdisant le culte réformé sous peine de confiscation et ne donnant que quinze jours aux protestants pour vider le royaume.

Sa sortie du palais fut un triomphe populaire. C'était la première fois de son règne que le peuple le couvrait d'applaudissements; encore n'était-ce pas à sa personne qu'ils s'adressaient, mais à la déclaration de guerre qu'il venait de faire aux huguenots. Tous la voulaient; l'argent de Philippe II y travaillait toujours et le pape Sixte-Quint avait porté les premiers coups en déclarant les deux Bourbons, le roi de Navarre et Condé, déchus de leurs droits de princes du sang et indignes de succéder à la couronne. Le parlement eut beau protester contre cette violence faite aux consciences, sa voix fut étouffée par le cliquetis des armes des ligueurs et par les clameurs de la populace.

Huitième guerre civile.

Le roi n'était pas préparé à cette guerre; l'anarchie régnait partout. Sous prétexte de rétablir l'unité de religion, ligueurs et huguenots sacrifiaient l'unité de l'État. Chaque gouverneur se cantonnait dans sa province et y vivait en maître en attendant que la monarchie fût dissoute; en même temps que la féodalité renaissait, les villes resaisissaient l'autorité militaire et les communes revendiquaient leurs anciens priviléges; naturellement les impôts ne rentraient pas et les soldats ne s'empressaient pas autour des drapeaux de la royauté; aussi les hostilités furent-elles sans importance pendant l'année 1586. Ce ne fut que l'année suivante, quand les deux partis eurent reçu des secours de leurs alliés étrangers, que la guerre commença réellement.

Le plan de Henri III fut assez machiavélique. Il donna une bonne armée à Joyeuse pour marcher en Guyenne contre le roi de Navarre, une poignée d'hommes pour s'opposer au passage des Allemands, et tint lui-même la Loire avec des forces considérables avec lesquelles il comptait achever Guise qu'il espérait faire battre par les Allemands, pendant que son favori Joyeuse acculerait le Béarnais aux Pyrénées. Ce fut le contraire qui arriva : Joyeuse fut battu à plate couture à la bataille de Coutras, où il perdit la vie (octobre 1587) et qui commença la réputation militaire du roi de Navarre. Mais celui-ci ne sut pas profiter de la victoire; au lieu de poursuivre les débris de l'armée royaliste, il courut au fond de la Gascogne mettre au pied de la comtesse de Grammont les drapeaux pris à l'ennemi. Pendant ce voyage inexcusable, les gentilshommes de son armée rentrèrent mécontents dans leurs provinces, les Suisses se débandèrent et tout fut à recommencer, et avec d'autant moins de chances que le duc de Guise avait battu les Allemands du baron de Dohna. Pas assez fort pour leur livrer une bataille décisive, il les harcela par des escarmouches et les rejeta sur l'armée du roi qui les mit en déroute et les rabattit sur lui. Guise, après avoir surpris les Suisses déserteurs de l'armée huguenote près de Montargis où il leur tua 2000 hommes, acheva la dispersion des Allemands de Dohna, après en avoir fait un nouveau carnage près d'Auneau.

Le roi de France était vaincu deux fois, par les huguenots et par la Ligue; il fit cependant chanter un *Te Deum* à Notre-Dame pour célébrer sa victoire; mais l'accueil qu'il reçut à Paris était peu fait pour le tranquilliser. « Saül en a tué 1000, David en a tué 10000, » criait-on sur son passage.

L'allusion était blessante : il défendit au duc de Guise de venir à Paris et cantonna 4000 Suisses et des compagnies de ses gardes dans les faubourgs Saint-Martin et Saint-Denis.

Journée des Barricades.

Le mécontentement fut général. La Ligue fit courir le bruit que c'était à l'instigation de Henri III qu'Élisabeth d'Angleterre venait de faire décapiter sa prisonnière Marie Stuart. L'effervescence grandit; on ne parlait de rien moins que de déposer le roi, et les Seize appelèrent Guise comme un libérateur.

Malgré la défense qu'il avait reçue, le vainqueur des Allemands entra à Paris le 9 mai 1588, où il fut reçu en triomphe, accompagné jusqu'au Louvre par une multitude qui criait : *Hosanna filio David!* Cette ovation n'était pas faite pour calmer la colère du roi qui avait déjà dessein de faire assassiner son ennemi; mais à la prière de sa mère il temporisa et accepta les excuses et les protestations de fidélité du duc de Guise qui ne fut pas plutôt dans son hôtel qu'il se fortifia, pendant que des négociations étaient ouvertes entre lui et la cour.

Le 11, il revint au Louvre et parla presque en maître, sommant le roi de renvoyer ses conseillers, de faire la guerre à outrance contre les hérétiques et d'établir l'Inquisition.

Henri ne répondit pas ouvertement, mais le soir il fit occuper plusieurs places par les compagnies de gardes bourgeoises dont il se croyait sûr et le lendemain matin les Suisses et 2 000 hommes des gardes-françaises entrèrent par la porte Saint-Honoré et s'établirent au pont Saint-Michel et au Marché-Neuf. Les Seize alors dirent partout que le roi méditait une Saint-Barthélemy de catholiques. Les gardes bourgeoises firent défection, s'unirent au peuple, firent des barricades à la Bastille et à la place Maubert; l'exemple fut suivi partout et en deux heures les troupes royales et le Louvre étaient entourés d'un cercle de barricades, derrière lesquelles une armée populaire, commandée par le comte de Brissac, fusillait les Suisses. Le duc de Guise crut devoir intervenir à l'exemple de David dont il semblait avoir pris le rôle, bien que le roi ne ressemblât pas à Saül; il voulut montrer ce qu'il pouvait. Il sortit de son hôtel en pourpoint blanc, une baguette à la main, traversa toute la ligne des barricades, sauva les Suisses qu'il renvoya dédaigneusement au roi et apaisa tout comme par enchantement; puis il rentra chez lui, attendant les avances que la cour ne pouvait manquer de lui faire.

En effet, la reine-mère, après avoir arrêté un plan de campagne avec Henri III, se rendit à l'hôtel de Guise. Le Balafré demanda la lieutenance-générale du royaume pour lui, des commandements pour tous ses amis, des gouvernements de provinces pour les chefs de la Ligue, la déchéance des Bourbons et la convocation des États généraux à Paris. Catherine discuta longuement ces exigences et ce ne fut qu'après trois heures de négociations qu'on vint apprendre au duc de Guise que le roi avait quitté Paris et juré de n'y rentrer que par la brèche.

Assassinat du duc de Guise.

Guise comprit alors qu'il était joué, mais il n'en était pas moins maître de la capitale du royaume et en sa qualité de roi de Paris il traita avec le roi de France.

Celui-ci, par une bizarrerie qui ne s'expliquerait pas s'il n'avait eu déjà la résolution bien arrêtée de se débarrasser de Guise par un moyen violent, accorda alors ce qu'il avait refusé deux mois avant en face des barricades; il disgracia d'Épernon, jura de ne déposer les armes qu'après l'extinction des hérétiques, convoqua les États à Blois, nomma le duc de Guise lieutenant-général du royaume, et déclara déchu de ses droits au trône tout prince non catholique.

Ce dernier article visait personnellement le roi de Navarre qui écrivait alors : « Le diable est déchaîné, et c'est merveille que je ne succombe sous le faix. Si je n'étais huguenot, je me ferais Turc. Ah! les violentes épreuves par où l'on sonde ma cervelle! Je ne puis faillir d'être bientôt ou fou ou habile homme; cette année sera ma pierre de touche. »

Le Béarnais prévoyait juste; sa situation était d'autant plus désespérée que les États généraux ne furent composés que de ligueurs; le cardinal de Lorraine présidait le clergé, Brissac la noblesse, et Lachapelle-Marteau le tiers état.

La situation du roi de France n'était guère meilleure : les États le menacèrent et l'opinion publique, exaltée par la Ligue, allait bien plus loin encore. On ne parlait plus que de son entrée au couvent et la duchesse de Montpensier montrait, pendus à ses côtés, les ciseaux d'or dont elle devait elle-même tailler la couronne monacale du nouveau Chilpéric.

Henri prit vivement son parti. Croyant tuer la Ligue en tuant Guise, qu'il détestait en outre personnellement, il résolut sa mort pour le 23 décembre. Il n'avait pu si bien cacher ses desseins qu'on ne s'en doutât; le duc en fut prévenu à diverses reprises, mais toujours il répondait : « Il n'oserait. »

La veille du jour fixé, on l'engageait encore à s'éloigner de Blois; mais il refusa, prétendant que quitter la partie, c'était la perdre. Appelé dans la chambre du roi à six heures du matin, il y fut assassiné par huit ou dix gentilshommes de la garde particulière de Henri III et que, à cause de leur nombre, on appelait les *Quarante-cinq*. Le lendemain, son frère, le cardinal de Guise, était massacré à coups de hallebarde, et l'on brûla leurs deux corps, pour que les ligueurs n'en fissent pas des reliques.

Ce double meurtre accompli, Henri courut au lit de sa mère qui se mourait de vieillesse et qui lui dit : « C'est bien coupé, mon fils, mais il faut savoir coudre. »

Assassinat de Henri III.

Catherine de Médicis se trompait, ce n'était pas bien coupé; s'il fallait supprimer le duc de Guise, il fallait au moins employer les apparences de la légalité, en le faisant condamner comme conspirateur, sinon par les États, qui étaient ses complices, du moins par une haute-cour de justice. Un crime est toujours un crime, et un crime d'État sert rarement à ceux qui le commettent.

Henri, incapable, d'ailleurs, de recoudre avec habileté, en eut bientôt la preuve; Paris fut irrémissiblement perdu pour lui; les Seize en donnèrent le commandement au duc d'Aumale, en attendant l'arrivée de Mayenne. Toutes les églises retentirent d'imprécations contre le roi et de lamentations au sujet des deux frères martyrs; les prédicateurs déclarèrent qu'Hérode n'était plus roi de France; la Sorbonne décréta que le peuple français était délié du serment de fidélité envers Henri III et tous les magistrats firent chorus, à l'exception de cinquante membres du parlement ayant à leur tête le président Achille de Harlay, que Bussy-Leclerc emmena, sans forme de procès, à la Bastille dont il était gouverneur. Le peuple était surtout très-exalté; des processions de nuit et de jour sillonnèrent la capitale; dans l'une, cent mille personnes portant des cierges les éteignirent tout à coup en s'écriant : « Que Dieu éteigne ainsi la race des Valois! »

Henri n'avait rien fait pour parer à ce coup, sinon d'écrire au pape, à Philippe II, au roi de Navarre, à Mayenne et même au chef de la Ligue, croyant qu'il était encore l'heure de négocier. Le Béarnais seul lui répondit, et après avoir reçu Saumur comme ville de sûreté, il se rendit auprès du roi à Plessis-lez-Tours et conclut avec lui une alliance offensive et défensive.

La réunion de l'armée protestante et de l'armée royale sous le même drapeau, qui était celui de la France, changea la nature de la guerre, et tous les politiques vinrent se ranger autour du roi, qui entrait en lutte contre les masses catholiques révoltées contre son autorité.

L'ambition du roi de Navarre gagnait trop à ce changement d'attitude pour qu'il ne poussât pas la guerre

Assassinat de Henri III par Jacques Clément.

avec vigueur. Pendant que Henri III rappelait son parlement à Tours et lançait un manifeste contre Mayenne et les chefs de la Ligue, il s'emparait de Pithiviers, d'Étampes, de Poissy, et de Pontoise qui résista énergiquement et où il faillit être tué. En deux mois, il fut maître de tout le pays entre la Loire et la Seine. C'est alors que, recevant un secours de 15 000 Suisses ou lansquenets, il remonta vers Paris et, le 30 juillet 1589, les deux rois bloquaient la capitale que Henri III contemplait de son camp de Saint-Cloud en s'écriant avec colère : « Paris, tête trop grosse pour le corps, tu as besoin d'une bonne saignée pour purger l'État de ta frénésie. »

Le malheureux rêvait encore une Saint-Barthélemy, mais cette fois contre les ligueurs; ses amis faisaient dire dans Paris qu'avant trois jours il y aurait tant de pendus qu'il n'y aurait pas assez de bois pour les gibets. Luimême avait fait prévenir la duchesse de Montpensier qu'il la ferait brûler vive le jour de son entrée. Naturellement celle-ci répondit qu'elle ferait du pis qu'elle pourrait pour l'empêcher d'entrer. Elle y réussit : un dominicain de 22 ans, nommé Jacques Clément, excité par l'effroi des Parisiens qui n'avaient que 8 à 10 000 hommes à opposer aux assiégeants, énervé par un mysticisme fiévreux, fanatisé par les prédicateurs, peut-être même par la duchesse de Montpensier, s'offrit pour être l'instrument de la vengeance céleste.

Le 1ᵉʳ août 1589, veille du jour fixé pour l'assaut général, il arriva à Saint-Cloud auprès du roi, porteur d'une fausse lettre du président de Harlay. Pendant que Henri s'empressait à la lire, le moine, à genoux, le frappa au bas-ventre d'un coup de couteau qui fut mortel. Henri III retira l'arme de sa blessure, et en frappa au visage son meurtrier qui fut massacré sous ses yeux par ses gardes accourus à son cri.

Henri de Navarre, dont le quartier général était à Meudon, se rendit précipitamment auprès du roi, qui n'eut que le temps de faire jurer à son armée de le reconnaître comme roi de France et de lui dire en l'embrassant : « Soyez certain que vous ne régnerez jamais si vous ne vous faites catholique. »

Ainsi finit, par ce roi de 38 ans, qui succédait à ses deux frères, la race des Valois, qui n'eut que le génie des arts pour voiler ses passions et ses vices et qui fut si funeste à la France que la nation ne marcha sous elle qu'à travers des larmes et du sang. Elle s'éteignait, comme celle des Capétiens, par trois frères et, chose bizarre, sinon providentielle ! la dynastie brillante et glorieuse qui lui succéda devait aussi finir par trois frères et quelque chose de plus tragique encore qu'un assassinat. Mais le chef de cette race destinée à s'asseoir sur presque tous les trônes de l'Europe ne s'était encore montré qu'un ambitieux sans idées définies, qu'un prince plus jeune par le caractère que par l'âge, dominé par son goût pour la guerre de partisans moins encore que par ses penchants amoureux. Il est vrai que cette année 1589 fut, comme il l'avait dit, sa pierre de touche; mais il lui faudra neuf ans encore de travaux, de revers et aussi de gloire pour devenir un grand roi et fermer définitivement l'horrible plaie des guerres civiles.

CHAPITRE XVIII

LE RÈGNE DE HENRI IV

Premiers embarras.

La mort de Henri III fut accueillie dans Paris par une joie sacrilége; on poussa l'égarement jusqu'à honorer le meurtrier comme un martyr; le portrait de Jacques Clément fut placé sur les autels et toutes les églises retentirent de son éloge. L'Espagne applaudit au crime, et le pape eut la honte de comparer la mort de l'assassin à la passion de Jésus-Christ.

La situation faite à la Ligue était devenue tout autre; la race des Valois éteinte, la nation, qui repoussait deux fois la candidature de Henri de Bourbon, comme étranger, puisqu'il était roi de Navarre, et comme hérétique, puisqu'il était chef des calvinistes, semblait rentrer dans son droit de se choisir un souverain. L'occasion était belle pour la maison de Guise si ambitieuse et si populaire; elle ne sut pas en profiter. Le fils du Balafré, que rien ne recommandait, d'ailleurs, était prisonnier de l'armée royale, et Mayenne, chef de la Ligue un peu malgré lui, n'avait ni l'ambition suffisante pour porter la couronne dans sa maison, ni même l'intelligence de ne pas l'en laisser s'éloigner. Il se hâta de faire proclamer, sous le nom de Charles X, le vieux cardinal de Bourbon, gardant pour lui la lieutenance générale du royaume. La faute était double, parce que c'était une reconnaissance des droits de la maison de Bourbon qui préparait les voies au roi de Navarre.

C'était bien ainsi, du reste, que l'entendaient les politiques, Villeroy, Jeannin et autres, en poussant à cette mesure.

Cette élection, qui lui était favorable pour l'avenir, compliquait la situation du Béarnais. Reconnu roi à Saint-Cloud, sous le nom de Henri IV, il ne régnait que sur un camp, et encore ce camp tendait de jour en jour à devenir une solitude. Les seigneurs catholiques ne voulaient pas commander sous un chef protestant. Pour les retenir, Henri s'engagea solennellement, dans une assemblée tenue le 4 août, à maintenir la religion catholique jusqu'à la convocation d'un concile national qui réglerait la question religieuse. Il s'engageait aussi à garantir aux calvinistes la liberté de leur culte dans une ville par bailage; du reste, chacun était conservé dans ses droits et offices.

Ces concessions ne satisfirent pas tout le monde; il y eut des mécontents dans les deux partis. D'Épernon et plusieurs seigneurs catholiques se retirèrent avec leurs troupes. La Trémouille reprit le chemin du Midi avec neuf bataillons protestants; en peu de temps, l'armée de siége diminua de moitié, et il fut impossible avec ce qui restait de rien tenter contre la capitale.

Un moment Henri eut envie de se retirer dans le Midi; mais sur les observations de d'Aubigné, qui lui remontra qu'un roi de France ne datait pas ses édits de Limoges, il resta dans le

Nord où il devait conquérir sa couronne.

Campagne de Normandie.

Ce n'était pas chose facile avec l'état actuel de la France qui, par cela même qu'elle avait deux rois officiels, n'en reconnaissait aucun. Chaque province, chaque ville même, avait opté ou pour la Ligue ou pour Henri ; à côté d'une ville catholique était une ville calviniste ou une ville politique. C'était l'anarchie et peut-être la guerre civile à courte échéance ; les deux parlements se démembrèrent ; une partie de celui de Tours vint siéger à Caen, comme celui de Carcassonne devait se former plus tard avec les dissidents de celui de Toulouse.

En somme, le roi ne pouvait compter à peu près que sur le sixième de la France ; mais une partie de la Guyenne restait neutre et quelques gouverneurs puissants, comme d'Épernon, Damville, d'Ornano, en Languedoc et en Dauphiné, attendaient les événements pour se prononcer.

Henri résolut de les précipiter : il envoya Longueville en Picardie, d'Aumont en Champagne, pour lui ramener ce qu'ils pourraient lever de troupes et se dirigea vers la Normandie. Senlis, Compiègne, Gournay, Gisors ouvrirent leurs portes et donnèrent de l'argent dont l'armée avait grand besoin. Rouen résista, mais Dieppe reçut Henri avec enthousiasme ; il s'y établit pour attendre les secours d'Élisabeth d'Angleterre et résista ensuite à Mayenne, dont la lenteur exaspérait d'autant plus les Parisiens qu'ils savaient qu'il avait reçu de l'argent d'Espagne et de Rome pour lever des troupes en Allemagne.

Il partit enfin avec 33 000 hommes, promettant de ramener le Béarnais prisonnier ou de le jeter à la mer ; mais Henri n'était pas homme à se laisser bousculer ainsi. Il n'avait que dix mille hommes, presque point d'argent et personnellement pas de chemises ; il n'en fit pas moins bonne figure, avec son pourpoint troué au coude ; il gagna tous les officiers de fortune et prit des dispositions habiles, qui rassurèrent tout le monde ; il s'empara d'Eu, de Tréport, s'établit fortement autour de Dieppe et, plaçant son camp sur les hauteurs d'Arques, attendit la grosse armée de Mayenne.

Elle se consuma pendant cinq semaines contre la valeur de Henri et de ses troupes ; du 3 septembre au 6 octobre, elle ne laissa pas un point de la ville ou des retranchements sans y tenter l'assaut ou l'escalade ; partout elle fut repoussée avec des pertes énormes. Un jour cependant, le 21 septembre, le roi courut risque de la vie ; entouré d'un cercle de lansquenets, il ne fut dégagé que par Châtillon, parti du Pollet avec des fantassins huguenots. Enfin il reçut des renforts d'Angleterre : Longueville, d'Aumont, La Noue, arrivèrent avec leurs corps d'armée, et Mayenne battit en retraite sur la Somme, appelant à l'aide les Espagnols des Pays-Bas.

Henri commandait alors 25 000 hommes. Après avoir écrit à Crillon avec sa joviale humeur qui lui faisait tant de partisans : « Pends-toi, brave Crillon, nous avons combattu à Arques et tu n'y étais pas, » il gagna trois journées sur Mayenne et se porta rapidement sur Paris. Toute la rive gauche, les faubourgs Saint-Germain, Saint-Marceau, Saint-Jacques et Saint-Victor tombèrent en son pouvoir, et si les bourgeois et les moines, réunis à la hâte, ne s'étaient défendus vigoureusement, le coup de main réussissait. Déjà La Noue essayait de passer la Seine près de la tour de Nesle ; mais Mayenne accourait, il fallut rebrousser chemin. Henri laissa piller les faubourgs pour tenir lieu de solde à son armée et se dirigea sur Tours, capitale du parti royaliste, en emportant en route Étampes, Châteaudun et Vendôme.

De là, il força le Mans, Alençon, Angers, Laval à reconnaître son autorité, si bien qu'en quelques semaines toute la Normandie, de la Seine à Vire, lui fut soumise.

Ces succès décidèrent les neutres : le

HENRI IV.

parlement de Rennes le reconnut avec une partie de la Bretagne; Ornano et Lesdiguières en Dauphiné, Damville en Languedoc, La Valette en Provence se déclarèrent pour lui. A l'extérieur, la république de Venise le reconnaissait pour roi légitime, et Sixte-Quint lui-même commençait à se laisser convaincre par les politiques.

Bataille d'Ivry.

Henri devait beaucoup aux ambitions rivales de ses ennemis qui s'aliénaient le pays en cherchant à le démembrer en leur faveur. C'est ainsi que les ducs de Lorraine et de Savoie voulaient, l'un les Trois-Évêchés, l'autre la Champagne. De leur côté, les ducs de Mercœur, de Nevers et de Nemours exigeaient des principautés indépendantes; Philippe II irrita tout le monde en réclamant la couronne pour sa fille qu'il voulait marier à un prince autrichien. Il consentit plus tard à lui faire épouser le duc de Guise; mais le coup était porté et cette concession dévoila son ambition et la fit combattre par le parti national.

Quant aux Seize, ils rêvaient une république théocratique, qui gouvernerait du haut de la chaire. Mayenne avait bien aussi ses idées; mais il avait été vaincu, il lui fallait prendre sa revanche avant de pouvoir élever la voix. Il éloigna les Seize du gouvernement municipal, les remplaça par ses créatures et partit avec une armée de sept mille hommes pour chercher la victoire et la popularité.

Il ne trouva ni l'une ni l'autre. Henri, qui assiégeait Dreux, quitta son entreprise pour lui livrer bataille dans la plaine de Saint-André, près d'Ivry (14 mars 1590). Il n'avait que 8 000 fantassins et 3 000 cavaliers; Mayenne, un tiers de plus. La valeur et l'habileté suppléèrent au nombre. Henri ne voulut même pas assurer sa retraite, défaut de général, mais vertu de conquérant : « Point d'autre retraite que le champ de bataille, » dit-il, puis il ajouta : « Compagnons, gardez bien vos rangs, et si vous perdez vos enseignes, ralliez-vous à mon panache blanc; vous le trouverez toujours au chemin de l'honneur et de la gloire. »

Toute la cavalerie chargea à la fois, et en moins de deux heures l'armée de la Ligue était en fuite. « Quartier aux Français! cria le roi, qui avait combattu comme un simple capitaine; main basse sur l'étranger ! » Cinq canons et cent drapeaux furent les trophées des vainqueurs et Mayenne s'enfuit aux Pays-Bas, n'osant rentrer cacher sa honte dans Paris dont il laissait la route ouverte.

Siége de Paris.

La capitale du royaume n'était ravitaillée ni en munitions ni en vivres. Elle avait peu de garnison et les murailles étaient en mauvais état. Mais l'exaltation religieuse des Parisiens suppléa à tout. A la voix des prédicateurs : Chrestin, Rose, Boucher, Lincestre et du légat du pape Caïetano, qui promettait la palme du martyre aux ennemis du Bourbon et fit rendre par la Sorbonne un décret déclarant coupable de péché mortel quiconque parlerait de traiter avec lui, 30 000 hommes s'enrôlèrent sous les ordres du jeune duc de Nemours, frère de Mayenne, qui s'était fait recevoir bourgeois de Paris pour flatter la démocratie de la Ligue. On fondit les cloches pour en faire des canons, et le premier assaut (30 mai) fut repoussé avec énergie.

Le lendemain, une étrange procession parcourut la ville : tous les prédicateurs de la Ligue, la barbe et la tête rasées, un hausse-col par-dessus leur rochet ou leur camail, suivis de 1 300 moines, jacobins, feuillants, capucins, carmes, etc.; défilèrent quatre par quatre, l'épée au côté et la pertuisane sur l'épaule, devant le légat du pape, qui les bénit et leur donna le nom de Macchabées que quelques-uns méritèrent à la défense des remparts.

Cette manifestation de l'Église militante électrisa tellement le courage des Parisiens que Henri IV ne pensa plus à emporter la ville d'assaut et ne s'occupa plus que de la bloquer pour la prendre par la famine.

La légende nous le montre laissant entrer des vivres dans Paris, mais l'histoire n'est pas la légende; cette bonté d'âme eût, du reste, été hors de propos, et il est certain qu'il tança vigoureusement quelques-uns de ses capitaines, d'O, de Givry et d'autres, qui faisaient passer des provisions aux amis qu'ils avaient dans la place.

La famine fut horrible quand tous les animaux furent dévorés; on essaya de faire de la farine avec les ossements des morts; on vit les hommes d'armes faire la chasse aux petits enfants; une mère mangea le sien; mais ces abominations ne domptèrent pas l'esprit de résistance des Parisiens, et l'assaut du 24 juillet ne donna à Henri IV que les faubourgs.

Les assiégés allaient bientôt être secourus; il était temps, car déjà les politiques, sur lesquels le roi comptait le plus, couraient les rues en criant : « Du pain ou la paix! » Quelques jours de plus et les Parisiens allaient être contraints d'ouvrir leurs portes, et même de prier Henri d'y entrer; mais le roi d'Espagne veillait; Paris pris, et toutes ses espérances s'évanouissaient. Le roi Charles X était mort pendant le siége, et Philippe comptait plus que jamais installer sa fille sur le trône de France; aussi avait-il donné l'ordre au duc de Parme d'abandonner les Pays-Bas, dût-il les perdre à jamais, pour venir au secours des Parisiens. Farnèse arriva à Meaux le 23 avril avec une armée importante; Henri courut au-devant de lui pour le combattre dans les plaines de Chelles. Le duc de Parme, habile tacticien, refusa constamment la bataille; il escarmoucha pendant quatre jours avec les Français et le cinquième, à la faveur d'un brouillard épais, il surprit Lagny qui fermait la rivière aux approvisionnements de Paris; de là il expédia par la Marne une flottille de bateaux remplis de vivres, escortés par 4 000 Espagnols.

Henri essaya vainement de reprendre la ville; mais Farnèse la défendait comme la clef de Paris, qui avec elle ne pouvait plus être affamé. Profondément humilié de la défense des Parisiens et de la perte de Lagny, qui effaçait presque sa gloire d'Ivry et augmentait la haine de ses ennemis, Henri dissémina son armée dans les provinces conquises et se retira à Compiègne, pendant que Mayenne entrait dans Paris avec l'armée de Farnèse.

Siége de Rouen.

Il resta toute une année dans l'inaction, mais ne perdit pas son temps, car les excès des ligueurs lui firent dans Paris plus de partisans qu'il n'aurait pu s'en faire par une victoire. Les Seize avaient repris toute l'autorité, et naturellement ils en abusèrent; ils mirent à leur tête le fils du Balafré, qui parvint à s'échapper du château de Tours où il était prisonnier depuis deux ans (15 août 1591), et le bercèrent de l'espérance d'épouser la fille de Philippe II et de s'asseoir avec elle sur le trône de France.

Peu à peu les prédications prirent un caractère farouche; on parla de jouer du couteau, « de faire une nouvelle saignée » contre les politiques, et, le 15 novembre, Bussy-Leclerc, Crucé et quelques autres énergumènes vinrent en armes au palais et en arrachèrent le président Brisson et les conseillers Claude Larcher et Jean Tardif, qu'ils allèrent pendre au Châtelet sans autre forme de procès.

Ces assassinats ne furent pas les seuls; ils servirent au contraire de signal à une sanglante persécution contre les suspects, et naturellement ceux qui échappèrent à la mort devinrent des partisans de Henri IV.

Il se remuait, du reste, de son côté. Turenne avait passé l'hiver à lui rassembler des alliés : il obtint 700 Anglais d'Élisabeth, 2 000 Hollandais de Maurice, et alla lever en Allemagne 4 000 chevaux et 8 000 fantassins, qu'il amena lui-même à Henri IV, lequel venait de s'emparer de Chartres (19 avril 1591), où il fit tenir par les neuf dixièmes des évêques de France un concile national

Une procession à Paris sous la Ligue.

qui annulait les nouvelles excommunications lancées par le pape Grégoire XIV.

Maître du grenier de Paris, Henri ne songea pas pour cela à l'assiéger de nouveau; il résolut de l'affamer de loin, et comme il lui avait déjà coupé tous les arrivages de la Beauce, il tenta de s'emparer de Rouen pour lui couper ceux de Normandie.

Ce fut un second siége de Paris; la famine y fut moins grande, mais les attaques beaucoup plus sanglantes. Villars-Brancas, gouverneur de Normandie, conduisit la défense avec habileté; le duc de Parme accourut une seconde fois des Pays-Bas, où il était retourné hâtivement au secours de la ville assiégée; Henri se porta à sa rencontre avec

Bataille d'Ivry (15 mars 1590).

7 000 hommes de cavalerie, mais cette fois pour ne pas commettre la même faute qu'autour de Paris, en laissant toute son infanterie continuer le siége de Rouen sous les ordres de Biron. Il atteignit Farnèse à Aumale (mars

1592), et se jeta en enfant perdu avec 600 cavaliers au milieu de l'armée espagnole. Il y reçut un coup de mousquet et y serait très-probablement resté mort ou tout au moins prisonnier, si le duc de Parme avait pu croire que cette escarmouche, sans résultat, était dirigée par le roi de France.

Biron n'en fut pas moins obligé de lever le siége, Farnèse ayant dégagé la Seine en s'emparant de Caudebec; mais il y reçut une blessure dont il mourut huit mois après. Pendant qu'il était retenu sur son lit de douleur, Henri l'attaqua dans Yvetot, lui tua 3 000 hommes, chassa son armée devant lui et l'accula entre la Seine et la mer, dans une situation où elle ne lui échappa qu'en traversant le fleuve sur des bateaux arrivés secrètement de Rouen pendant la nuit. Il est vrai qu'elle regagna aussitôt les Pays-Bas. Encore Farnèse, qui deux fois avait arraché la victoire des mains du roi, ne put-il aller que jusqu'à à Arras, où il succomba à sa blessure (3 décembre 1592).

États généraux de la Ligue.

La situation militaire de Henri était toujours la même. Sa situation politique s'améliorait grâce au mécontentement excité dans Paris par les ligueurs. Mayenne s'en était aperçu, mais un peu tard; et, enlevant le pouvoir aux Seize, il enveloppa la Bastille d'où Bussy-Leclerc n'eut que le temps de se sauver pour échapper au supplice qui fit justice de quatre de ses collègues (4 février 1592). Le conseil des Seize fut cassé et le pouvoir municipal remis à des *politiques* déclarés.

En faisant cet acte de vigueur, Mayenne avait rendu un grand service à Paris, à la France, mais il n'avait pas travaillé pour son ambition, car il avait tué la Ligue et ne chercha pas depuis à lui restituer, en la disciplinant, la force qu'il avait ôtée au seul instrument dont il pouvait se servir.

Il commençait, du reste, à devenir évident que la guerre n'amènerait pas de solution, aucun des deux partis ne pouvant détruire l'autre et leurs dissensions continuelles ne tendant qu'à anéantir la France, et l'idée d'une transaction s'offrait à tous les esprits. Jusqu'alors, chaque faction, confiante dans sa force, avait repoussé les États généraux pour ne pas soumettre ses destinées au scrutin d'une assemblée ; maintenant tous, bouleversés par les écrits, les pamphlets des deux partis, demandaient qu'on laissât parler la nation même.

Les ligueurs en appelaient à elle de l'élection royale. Mais les protestants, devenus les défenseurs du trône héréditaire, opposaient aux prétentions populaires et à l'autorité pontificale le droit divin des rois.

Les États généraux, convoqués depuis longtemps, ne se réunirent que le 15 janvier 1593 : il n'y vint que 130 députés, que Philippe II chercha à circonvenir par tous les moyens possibles. Les historiens d'Espagne estiment à 30 000 000 de ducats (quelque chose comme 500 000 000 de francs d'aujourd'hui) les sommes dépensées par le fils de Charles-Quint pour appuyer ses prétentions au trône de France.

Henri IV n'avait pu dépenser que de l'héroïsme. Il ne l'avait pas marchandé, il est vrai, mais il lui restait une garantie à offrir aux catholiques qui n'auraient pas demandé mieux que d'aller à lui, s'il n'avait pas été huguenot et excommunié. Il se décida à quitter sa religion, qui aurait éternisé la lutte, et promit de rentrer dans le giron de l'Église.

Mayenne avait bien aussi ses prétentions; mais, comme elles n'étaient pas définies, elles passaient inaperçues entre l'or du roi d'Espagne et la promesse du roi de France.

Les députés, effrayés de la responsabilité qui allait peser sur eux, acceptèrent à Suresnes, 29 avril, avec les catholiques du parti de Henri IV, une conférence qui resta sans résultats, les royalistes prenant pour base l'obéissance au roi naturel, et les députés, ligueurs pour la plupart, l'unité de religion. Enfin, ces derniers ayant été amenés à ne reprocher à la candidature du Béarnais que son défaut d'orthodoxie, les catholiques déclarèrent que le roi venait d'envoyer une ambassade au pape pour obtenir mainlevée des excommunications qui le frappaient et qu'il allait convoquer à Mantes, pour le 18 mai, une réunion de prélats et de docteurs de tous les partis pour s'éclairer dans la religion catholique.

Les ligueurs suspectèrent la sincérité de cette conversion dans laquelle ils ne voyaient qu'un coup d'État, et l'ambassadeur d'Espagne essaya de brusquer le dénouement avant que l'assemblée de Mantes eût trouvé une transaction. En conséquence, le 28 mai, il proposa formellement aux États d'élire pour reine Isabelle-Claire-Eugénie, fille de Philippe II et petite-fille par sa mère du roi de France Henri II.

Cette infraction à la loi salique arrêta court même les ligueurs les plus radicaux, et Mayenne demanda deux jours pour délibérer. Au bout de ce délai, l'ambassadeur, sommé de déclarer quel mari Philippe II destinait à sa fille, désigna l'archiduc Ernest d'Autriche. Ce fut une explosion de murmures. L'assemblée aurait peut-être accepté l'infante d'Espagne mariée avec un prince français. Mais elle ne pouvait livrer la France à cette maison d'Autriche que nos rois avaient combattue pendant un demi-siècle.

On vit clair dans les prétentions de Philippe II, et dès lors sa cause fut perdue. En vain son ambassadeur proposa-t-il de donner le duc de Guise pour mari à la princesse Isabelle; il était trop tard. La raison surnageait par-dessus l'écume des passions à moitié apaisées. Déjà le parlement s'était ému et, le 28 juin, il rendit un arrêt par lequel il ordonna que « remontrances seraient faites à M. le lieutenant-général, à ce qu'aucun traité ne se fît pour transférer la couronne en mains de princes étrangers ».

Un pamphlet célèbre, *la Satire Ménippée*, œuvre de bon sens et de patriotisme de quelques bourgeois parisiens, le chanoine P. Leroy, Nicolas Rapin, Pierre Pithou, Passerat et autres, acheva de tuer la Ligue par le ridicule et démasqua, avec un esprit qui n'a pas vieilli, l'ambition politique que Philippe II cachait sous les dehors de champion du catholicisme.

Conversion du roi.

La question se trouvait réduite entre la maison de Guise et la maison de Bourbon. Henri la trancha en sa faveur en faisant, comme il l'écrivait à sa maîtresse, Gabrielle d'Estrées, « le saut périlleux ».

Certes, il dut en coûter beaucoup au fils de Jeanne d'Albret, à l'élève de Coligny, de rompre avec les huguenots qui l'avaient fait ce qu'il était. Mais la raison d'État parlait plus haut que ses propres aspirations. « Paris vaut bien une messe, » dit-il, et, suivant l'avis des plus sages, il se rendit à la conférence de Mantes, le 23 juillet 1593, discuta quelques heures avec les docteurs catholiques qui s'y étaient rassemblés, après quoi il se déclara convaincu.

Il l'était en effet, non de la supériorité de dogmes qu'il connaissait à peine, mais des malheurs de la France qu'il avait bien étudiés et qui ne pouvaient prendre fin que par sa conversion dans laquelle il ne faut pas voir que le résultat d'une nécessité absolue, mais aussi un grand acte de sagesse et de dévouement qui dénotait dans Henri IV une profonde connaissance de son temps et de son pays.

Le surlendemain, après avoir fait en pleurant ses adieux aux ministres de la religion qu'il abandonnait, il se rendit en grande pompe à la porte de la basilique de Saint-Denis, où, malgré la défense de Mayenne, un grand nombre de Parisiens s'étaient rendus ; là il fit abjuration de ses erreurs entre les mains de l'archevêque de Bourges, qui lui donna une absolution provisoire, puis il entra dans l'église aux acclamations de la foule et entendit solennellement la messe.

Les prédicateurs de la Ligue essayèrent de présenter cette conversion comme une hypocrisie. Mais le peuple était affamé de paix et le plus grand nombre la considéra comme le gage d'une patriotique réconciliation.

Les États généraux, qui n'avaient plus de raison d'être, se séparèrent au milieu de l'indifférence générale, en renouvelant le serment d'union pour se donner une attitude et en ordonnant la publication du concile de Trente pour se conserver une raison d'être.

Henri eut la sagesse de ne rien brusquer : d'abord il eut l'intention d'obtenir son royaume tout d'un bloc en négociant avec la Ligue ; mais il s'aperçut bientôt du danger qu'il y aurait à la reconnaître comme mandataire de la nation, et traita directement avec les chefs et les villes de l'Union, les uns après les autres. Du reste, la réaction gagnait du terrain en province : Lyon s'insurgea contre le duc de Nemours, l'enferma à Pierre-Encise et arbora le drapeau blanc ; Meaux, Péronne, Montdidier, Vitry, Orléans, entraînèrent leurs gouverneurs ; la Provence, soulevée contre le duc d'Épernon, fit sa soumission au roi de France, dont le sacre, qui eut lieu dans la cathédrale de Chartres le 27 février 1594, augmenta considérablement les sujets.

Entrée de Henri IV à Paris.

Maître d'une partie de la France, achetant d'ailleurs par des places, des honneurs et même de l'argent les gouverneurs de provinces qui se montraient les plus intraitables, Henri pensa à prendre possession de Paris ; mais il ne voulait pas d'effusion de sang ; il se savait, d'ailleurs, appelé par la majeure partie de la population. Il entra en négociations avec Brissac, l'ancien héros des barricades, qui, pour un bâton de maréchal, les gouvernements de Mantes et de Corbeil, promit les clefs de la ville.

Le 21 mars 1594, au matin, 4 000 hommes se présentèrent à la porte Saint-Denis et à la porte Neuve, firent prisonniers quelques soldats allemands qui les gardaient, descendirent dans le centre de Paris et occupèrent les principales places ; le premier moment de surprise passé, le peuple acclama le roi, toutes les cloches sonnèrent et il fut conduit au Louvre au milieu d'une foule compacte et aux cris de : « Vive la paix ! Vive le roi ! »

Quelques ligueurs tentèrent un mouvement agressif, mais ils furent vite contenus par la garde bourgeoise ; et la garnison espagnole, forte de 3 000 hommes, qui s'était cantonnée dans le faubourg Saint-Antoine où elle espérait faire résistance, se trouva fort heureuse

Henri IV au combat d'Aumale (mars 1592).

de pouvoir sortir de la ville avec les honneurs de la guerre. L'ambassadeur, duc de Féria, quitta la ville au milieu d'elle, et le roi qui le regardait passer de ses fenêtres lui dit avec son ironie habituelle :

—Recommandez-moi à votre maître ; mais n'y revenez plus.

Soumission des ligueurs.

Henri triomphait : la prise de possession de sa capitale n'avait coûté ni une larme ni une goutte de sang. Paris était tranquille et satisfait, le roi était reconnu par la Sorbonne et le parlement venait d'abolir tous les arrêts rendus précédemment contre lui ; mais il n'était pas maître de toute la France, les Espagnols tenaient encore dans le Nord et les chefs ligueurs comptaient ne se soumettre que les mains bien garnies.

Henri IV ne répugnait pas à ces moyens, au contraire ; et pendant qu'il marchait contre les Espagnols, il chargea un de ses conseillers les plus dévoués, dont le rôle grandissait de jour en jour, Maximilien de Béthune, qui devint célèbre sous le nom de duc de Sully, de traiter avec les ligueurs à n'importe quel prix.

Le roi n'eut qu'à se montrer devant Abbeville pour que la ville lui ouvrît ses portes malgré le duc d'Aumale. Troyes et Sens imitèrent cet exemple malgré les Lorrains ; Laon seule résista. Biron, fils du maréchal, mort récemment devant Épernay, aussi brave et aussi habile que son père, en commença le siége avec 8 000 hommes et l'emporta après avoir battu une armée de secours accourue des Pays-Bas. La reddition de Laon amena la soumission d'Amiens, de Beauvais, de Château-Thierry et de Cambrai.

De son côté, Sully avait d'autant mieux réussi qu'il ne marchandait pas. Villars-Brancas livra Rouen et la Normandie pour 60 000 livres de pension et la charge d'amiral ; le duc de Guise céda ses places de Champagne pour 400 000 écus, 24 000 livres de pension et le gouvernement de la Provence ; le duc de Lorraine se soumit moyennant 900 000 écus et les gouvernements de Toul et de Verdun ; et des traités pareils furent si souvent répétés qu'il en coûta, dit Sully, 32 000 000 au roi pour acheter son royaume.

Cependant Henri IV se sentait encore impopulaire et comprenait que, tant qu'il n'aurait pas reçu son absolution de Rome, ses ennemis auraient beau jeu contre lui. L'Espagne était le plus grand obstacle à sa rentrée officielle dans le giron de l'Église. Il résolut d'autant plus de l'attaquer qu'il avait à se venger personnellement d'un attentat fait contre sa vie par un élève des Jésuites, nommé Jean Châtel, à l'instigation de l'Espagne, et qu'en entraînant le pays dans une guerre nationale il finissait mieux les guerres civiles.

Il commença par bannir les Jésuites (les plus ardents soutiens des prétentions espagnoles, par arrêt du parlement du 8 janvier 1595, puis, le 17 du même mois, il déclara solennellement la guerre à Philippe II.

Le roi d'Espagne envoya Velasco, gouverneur du Milanais, dans la Franche-Comté, pour se joindre à Mayenne, et Fuentès en Picardie, où l'attendait le duc d'Aumale. Henri courut au-devant de ce dernier et renouvela en Bourgogne ses témérités passées. Le 4 juin, il fut surpris à Fontaine-Française avec Biron et une poignée de braves par tout un corps d'armée espagnol ; il y risqua dix fois sa vie, mais parvint à contenir l'ennemi jusqu'à l'arrivée de ses troupes.

Cela n'empêcha point Fuentès d'entrer dans Ham, que lui livra d'Aumale, de saccager le Catelet, Doullens et même Cambrai, bien qu'il fût appelé en trahison par les bourgeois.

Henri se repentit d'avoir commencé trop tôt la guerre ; mais son absolution, depuis si longtemps demandée au pape Clément VIII, arriva enfin, malgré les menaces de Philippe II. Le roi de France fut pardonné par l'Église en la personne des cardinaux du Perron et d'Ossat et le coup de baguette que reçurent solennellement ses ambassadeurs de la main du grand-pénitencier changea en succès politiques ses revers militaires.

Mayenne, fatigué de la guerre, n'attendait que cet événement pour faire sa soumission; il rendit ses dernières places fortes et reçut le gouvernement de la Bourgogne, trois places de sûreté et 335 000 écus d'indemnité. Henri ne se vengea de lui que par une gaminerie : le recevant au château de Montceau, il l'embrassa, lui prit le bras et le fit marcher à grands pas dans les jardins, malgré ou plutôt à cause de son obésité. L'ancien ligueur suant et soufflant fut obligé de demander grâce pour ses poumons. « Touchez là, cousin, lui dit en riant le roi ; voilà le le seul mal que vous recevrez jamais de moi.» Il tint parole et de ce jour le chef de parti, égaré par une ambition indéfinie, devint un des soutiens du trône; il sauva même l'armée royale surprise devant Amiens par ses anciens alliés les Espagnols.

Son neveu, Guise, redevint aussi bon Français; il reconquit Marseille et la Provence sur le duc de Savoie, les troupes de Philippe II et d'Épernon qui prétendait la garder. Ce dernier trouva moyen de faire un bon accommodement; il ne déposa les armes qu'après qu'on lui eut assuré les gouvernements d'Angoulême et de la Saintonge, du Limousin et du Périgord. Joyeuse imita cet exemple et obtint de même le gouvernement du Languedoc. Le roi, bien conseillé par Sully, ne refusait rien; il savait qu'il pourrait tout reprendre s'il le voulait, quand il aurait unifié le royaume et chassé définitivement les Espagnols.

Assemblée des notables à Rouen.

C'est pour arriver à ce but qu'Henri convoqua à Rouen, en 1596, une assemblée de notables composée de dix prélats, dix-huit nobles et cinquante magistrats, à qui il demanda, avec cette bonhomie spirituelle et confiante qui lui gagnait tous les cœurs, des conseils qu'il n'avait pas absolument envie de suivre. Il cherchait plutôt des ressources pour continuer la guerre, car les finances étaient dans un tel désarroi qu'il pouvait écrire en toute sincérité : « Je n'ai quasi pas un cheval sur lequel je puisse combattre, mes pourpoints sont troués au coude et ma marmite est souvent renversée. » Le plus fâcheux est que le pays ressemblait à son roi : 800 000 personnes avaient péri ou émigré par les guerres civiles et les massacres ; 9 villes avaient été rasées, 250 villages brûlés, 128 000 maisons détruites. Le commerce était interrompu, les ateliers sans travail, l'agriculture désolée; aussi l'assemblée des notables de Rouen ne trouva aucun remède à tous ces maux; elle donna seulement au roi un *conseil de raison* pour l'administration des finances et ne proposa que des plans impraticables, qui permirent au roi de suivre les siens ou plutôt ceux de Sully qui réorganisa tout et peu à peu rendit à la France une prospérité qu'elle n'avait jamais connue.

La noblesse offrit bien à Henri de le tirer de cette détresse, en lui fournissant tout l'argent nécessaire au gouvernement et à l'entretien de l'armée; mais comme elle y mettait pour condition que ceux qui avaient des gouvernements par commission les garderaient en propriété, c'était le retour à la féodalité. Aussi le roi se garda bien d'accepter cet expédient qui ruinerait la royauté en démembrant l'État; il avait mieux, du reste : Sully travaillait, et cet homme, qui devait devenir la personnification du génie de l'ordre, était déjà en mesure de subvenir aux besoins de la guerre.

Les Espagnols avaient pris Calais (1596). Henri n'avait pu que gémir de cette perte qui avait retenti douloureusement au cœur de la France. Mais quand, en mars 1597, ils parvinrent à s'emparer d'Amiens par surprise, le roi, qui se trouvait dans sa capitale au milieu des fêtes, s'écria : « C'est assez faire le roi de France; il est temps de faire le roi de Navarre. » Assuré par Sully de pouvoir entretenir 20 000 hommes, il partit avec Biron, sa belle artillerie et toute sa noblesse, assiéger Amiens qui se rendit en septembre, après la déconfiture d'une armée de secours qui était accourue des Pays-Bas.

La rapidité de cette expédition prouva à l'étranger la vitalité de la France, et Mercœur, le dernier ligueur, qui marchandait depuis quatre ans sa soumission et qui s'était fait de la Bretagne une sorte de souveraineté, ne crut pas prudent d'attendre que l'armée royale fût dans sa province pour faire sa paix; il obtint des conditions dont Sully lui-même se scandalisa. Mais le prince lorrain avait désarmé le roi en lui offrant la main de sa fille et son immense héritage pour César de Vendôme, un des fils qu'il avait de Gabrielle d'Estrées. Il parut se démettre de son gouvernement en faveur de son gendre, mais reçut pour lui et ses partisans force pensions et indemnités.

Édit de Nantes.

La guerre civile était terminée. Henri voulut aussi éteindre à jamais la guerre religieuse.

Depuis sa conversion, les huguenots le boudaient; quelques-uns, les plus riches et les plus ambitieux, l'avaient imité; mais la masse résistait et, malgré sa bonhomie et les flatteries qu'il leur prodiguait, le roi espérait d'autant moins se les attacher qu'ils étaient alors commandés surtout par leurs ministres. Il était tranquille pour le présent, car les chefs étaient las de guerres; il voulut assurer l'avenir et, par l'édit de Nantes (13 avril 1598), il établit partout la liberté de conscience, autorisa l'exercice du culte réformé dans l'intérieur des châteaux, dans toutes les villes où il se trouvait établi ou tout au moins dans un pays par baillage; les écoles étaient ouvertes aux protestants et rien ne les excluait des fonctions publiques; il leur donna de plus des places de sûreté, établit des chambres mi-parties de protestants et de catholiques dans les parlements de Paris, de Toulouse, de Grenoble et de Bordeaux, pour juger les procès dans lesquels ils seraient impliqués, et leur permit de se rassembler tous les trois ans, par députés, pour présenter leurs réclamations au gouvernement.

Ce n'était en somme que reprendre les idées émises trente-six ans plus tôt par le chancelier de L'Hôpital. Mais l'édit de Nantes n'en était pas moins très-sage et très-politique, en ce qu'il proclamait le principe moderne de la tolérance en matière religieuse et cet autre, que l'État doit s'élever au-dessus de tous les partis pour leur imposer le respect de la paix publique. Il fit, du reste, plus pour la popularité d'Henri IV que ses victoires passées et les réformes administratives qu'il méditait.

Pendant qu'il se rattachait les huguenots, l'occasion vint s'offrir à lui de gagner le cœur de tous ses sujets, en faisant la paix avec l'Espagne que le sombre despotisme de Philippe II avait précipitée dans une décadence d'où elle ne s'est pas encore tirée. Le fils de

DE LA FRANCE

LE COSTUME MILITAIRE EN FRANCE. — Piquier sous Henri IV.

Charles-Quint, vaincu par l'Angleterre qui avait anéanti sa flotte merveilleuse, l'*Invincible Armada*, repoussé par les Provinces-Unies de Hollande, et chassé par celui qu'il persistait à appeler le Béarnais, ruiné par les dépenses qu'il avait faites pour soutenir toutes ces guerres et surtout par les sommes folles qu'il avait prodiguées à soutenir la Ligue et ses prétentions sur la France, ne demandait qu'à terminer une lutte d'autant plus inégale que son ambition était partout déçue et que sa monarchie était, comme lui-même, épuisée, agonisante, tandis que celle de la France se rajeunissait par des institutions et une dynastie nouvelles.

Dix-neuf jours après l'édit de Nantes, Henri IV signa avec lui le traité de Vervins, qui rétablit entre les deux États les frontières tracées quarante ans plus tôt par le traité de Cateau-Cambrésis. Cet acte dans lequel le roi de France ne se montra peut-être pas aussi exigeant que sa situation le lui permettait, termina la période tourmentée de son règne. Il ne s'était encore montré que le vainqueur de ses sujets, mais pour ne pas faire mentir Voltaire, qui le premier l'a rendu populaire, il allait s'appliquer à en devenir le père.

Gouvernement de Henri IV.

La paix une fois établie d'une façon durable, les réformes commencèrent : Sully, compagnon de la mauvaise fortune du roi et qui l'avait assisté dans toutes ses batailles, qui avait souvent coupé ses bois de Rosny pour en porter le prix à son maître, devint surintendant des finances et grand-voyer de France (1599). L'année suivante, il était grand-maître de l'artillerie et, ce qui est son plus grand éloge, c'est qu'il ne fut jamais au-dessous de ses multiples fonctions; homme tout d'une pièce, dévoué à sa façon, il sut conserver à la cour, qui n'était guère moins désordonnée que celle des Valois, sa probité, ses mœurs et sa religion. Il fut l'ami du roi autant que son ministre, lui résista souvent pour le mieux servir et se montra surtout impitoyable pour tous les prévaricateurs qui vivaient aux dépens du public.

A ce point de vue, c'est surtout dans les finances qu'il eut à faire ; on volait partout, à tous les degrés de l'échelle, et, pour que l'État touchât à peine 30 millions net, la France payait annuellement 170 millions d'impôts, sans compter les droits seigneuriaux et les contributions féodales que les gouverneurs levaient arbitrairement sur leurs provinces.

Il vit tout par lui-même, parcourut le pays, en étudia les ressources, supprima les abus, punit les déprédations et fit si bien que, du premier coup, il doubla les revenus de la couronne sans augmenter les charges; il obtint plus tard des résultats meilleurs encore, et à la fin de Henri IV, indépendamment d'une réserve de 20 millions, son gouvernement avait acquitté 147 millions de dettes, racheté pour 80 millions de domaines aliénés, amorti pour 8 millions de rentes, employé plus de 40 millions aux fortifications et aux travaux publics, tout en ayant diminué l'impôt de 30 à 26 millions, dont 20 entraient à l'épargne.

Rien de ce qui pouvait contribuer à la prospérité du pays ne fut négligé par ce grand homme d'État, et si Olivier de Serre a mérité le titre de *Père de l'agriculture française*, il ne faut pas oublier que Sully lui avait préparé les voies, et l'homme qui répéta tant de fois que l'agriculture et le commerce étaient les deux mamelles de la France devait faire tous ses efforts pour leur donner de l'extension.

Impopularité du roi.

Malgré le bien-être qui se répandait partout, malgré les paroles du roi qui prétendait que le plus pauvre de ses sujets pût mettre la poule au pot le dimanche, malgré l'essor vigoureux qu'il imprimait à tout en France, ni lui ni son ministre n'étaient populaires. La dévotion minutieuse qu'il affectait le fit accuser d'hypocrisie; malgré le rappel qu'il fit des Jésuites, et l'attention politique qu'il eut de prendre son confesseur dans cet ordre, les prédicateurs continuèrent à le traiter en ennemi; les pamphlets contre lui et sa cour débauchée se répandaient partout, les attentats contre sa personne se renouvelaient souvent, on ne lui tenait aucun compte de ses bonnes intentions, de ses travaux, de la vie qu'il avait rendue à la France agonisante en lui donnant la paix; aussi en était-il très-affecté, car il avait le sentiment le plus droit du bien public, aimait véritablement son peuple, et souffrait en son cœur des rigueurs employées pour la perception des impôts, nécessairement encore lourds.

Sully était plus détesté que le roi; c'est lui qu'on accusait de la multiplicité des impôts, c'est après lui que tout le monde murmura de l'établissement de la *paulette*, droit annuel du soixantième denier de la valeur financière, par lequel toutes les charges de judicature et de finance devinrent la propriété de ceux qui les exerçaient; on ne lui savait aucun gré de veiller à la gestion des finances avec l'économie la plus sévère, de régler les prodigalités du roi, qui dépensait jusqu'à 1 200 000 écus par an pour son jeu et ses maîtresses; il avait fait refondre les monnaies, et l'on prétendait que c'était dans le bénéfice qu'il y avait trouvé qu'il avait fondé son immense fortune qui, en somme, lui venait surtout des économies qu'il faisait sur ses 200 000 livres de pension et sur les revenus de ses 2 millions de biens personnels.

Ce n'était pas précisément dans le peuple qu'éclatait le mécontentement; car bientôt il vit clair, et pardonna bien vite au roi ses faiblesses galantes en faveur des qualités brillantes de son esprit et de son cœur; mais il restait dans les partis certains hommes que sa politique blessait bien plus encore que ses défauts, ses maîtresses, ses bâtards; on en criait pour dire quelque chose; cependant la faveur de Gabrielle d'Estrées, qui devint duchesse de Beaufort, celle de Henriette d'Entragues, qu'il fit marquise de Verneuil, portèrent ombrage à bien des petits ressentiments, qui, grossis encore par des promesses oubliées, des services rendus au roi de Navarre et qui n'avaient pas été récompensés par le roi de France, dégénérèrent, avec l'aide de l'étranger, en complots contre la France et la personne de Henri IV.

La plus célèbre de ces conspirations fut celle de Biron, qui ne se trouvait pas suffisamment récompensé de l'aide qu'il n'avait jamais marchandée au Béarnais par les titres de maréchal, duc et pair et le gouvernement de la Bourgogne; il se laissa séduire par les promesses du roi d'Espagne, qui ne pouvait plus faire la guerre à la France que par ses intrigues, par celles aussi du duc de Savoie, qui, vaincu par Henri IV, craignait d'être obligé de restituer la Bresse.

Une première fois (1601), le roi avait pardonné à son ancien ami; il eût certainement encore oublié si Biron avait consenti à faire les aveux qu'il lui demandait; l'irascible et orgueilleux maréchal subit la peine que prononça contre lui le parlement, et fut décapité dans la cour de la Bastille (1602). Henri gémit de cette sévérité; mais elle était devenue indispensable et servit d'exemple à quelques membres de la grande noblesse qui ne rêvaient rien moins que le rétablissement de la féodalité; elle n'empêcha cependant pas le père et le frère de la marquise de Verneuil de conspirer encore avec l'Espagne deux ans plus tard; tous deux furent condamnés à mort, mais la maîtresse du roi obtint la commutation de leur peine.

Mariage du roi.

Henriette d'Entragues avait pourtant bien perdu de son influence; Henri

Entrevue de Henri IV et de Mayenne.

l'avait abandonnée après lui avoir fait une promesse de mariage, et, écoutant la voix de la raison qui parlait par la bouche de Sully, il avait renoncé à épouser Gabrielle d'Estrées, dont il avait trois enfants et qu'il considérait comme sa femme, pour contracter une union politique qui pût consolider son trône et achever la défaite des partis en lui donnant un héritier de sa dynastie.

Son divorce avec l'impudique Marguerite de Valois, qui vivait séparée de lui depuis plus de quinze ans, ne fut qu'une formalité et une dépense, car il fallut assurer un riche douaire à la fille de Henri II. Le pape se montra d'autant plus facile à rompre, sous prétexte de parenté, ce mariage stérile, que la future reine de France était sa propre nièce, Marie de Médicis.

Cette union, dont Henri eut trois fils et trois filles, ranima ses alliances en Italie où il rêvait d'éteindre la domination espagnole; ami du pape, des ducs de Mantoue et de Toscane, des Vénitiens, il ne lui manquait pour répandre l'influence française dans toute la Péninsule que l'alliance du duc de Savoie; il ne l'obtint que les armes à la main.

Profitant des embarras de la France, le duc de Savoie s'était emparé du marquisat de Saluces (1588). Henri en ré-

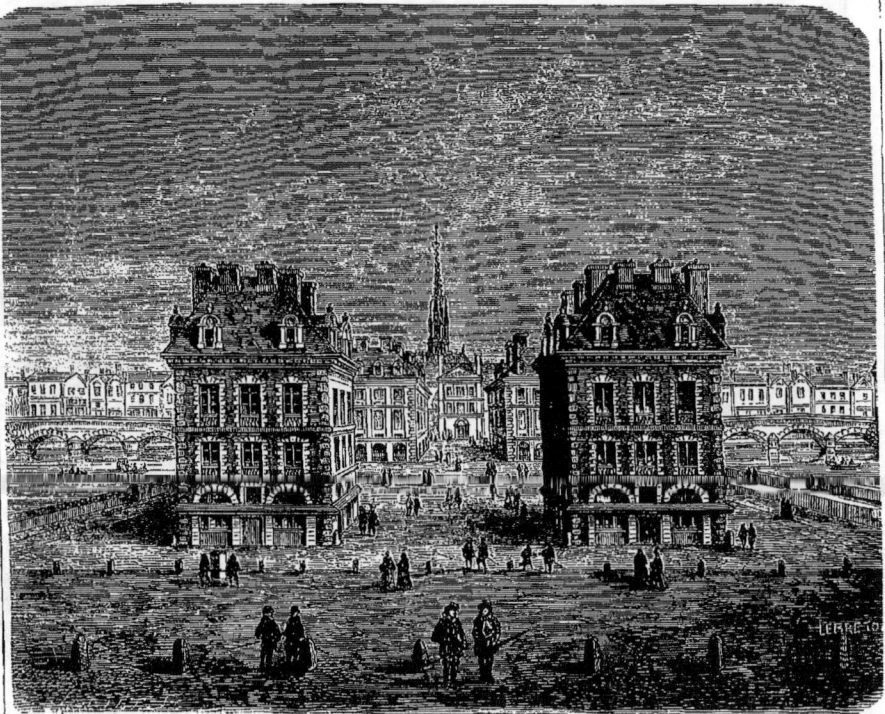

L'hôtel de ville de Paris au temps de Henri IV.

clama d'abord la restitution, qui avait été stipulée par le traité de Vervins. Après de longues discussions à ce sujet, Charles-Emmanuel vint à Paris sous prétexte de faciliter un arrangement; mais il profita de son voyage pour ranimer les étincelles de la Ligue; il offrit cependant la Bresse et le Bugey en échange de Saluces qu'il persistait à garder; mais il ne fut pas plutôt rentré dans ses États qu'il reprit sa parole et se prépara à soutenir la guerre, espérant être soutenu par l'Espagne et servi par les troubles qu'il croyait avoir fomentés en France. Henri envoya contre lui deux corps d'armée qui s'emparèrent de toutes les places du Bugey et de la Bresse, et, quoique vainqueur, consentit à signer la paix moyennant l'abandon de ces deux provinces, du Valromey! et du pays de Gex; c'était une excellente acquisition pour la France, dont les frontières, s'élargissant jusqu'aux Alpes, devenaient une barrière entre la Franche-Comté espagnole et le duché de Savoie.

Par l'abandon qu'il fit, en échange, de ses droits sur le marquisat de Saluces, Henri perdit un peu de sa prépondérance en Italie; mais il portait déjà ses vues d'un autre côté.

Projets politiques de Henri IV.

L'Espagne était toujours l'ennemie de la France; ne pouvant faire la guerre, elle nouait des intrigues, suscitait des complots. Henri était de force à marcher contre elle et à réduire ses prétentions; mais son rêve était d'anéantir complétement la puissance de la maison d'Autriche, et cela faisait partie d'un plan complet de remaniement de la carte d'Europe, qu'il caressait depuis longues années, qu'il avait fait adopter depuis douze ans par sa grande amie Élisabeth d'Angleterre, et dont il s'était toujours promis de tenter l'exécution quand il serait roi paisible et puissant.

Ce plan gigantesque et qu'on peut prendre à distance pour une sublime utopie, bien qu'en définitive son résultat ne se basât que sur la ruine de la maison d'Autriche, consistait à former de la chrétienté une seule confédération qui réunirait les trois communions religieuses, la catholique, la calviniste et la luthérienne, sous trois formes de constitution politique, la monarchie héréditaire, la monarchie élective, et la république soit fédérative, soit aristocratique. Cette confédération, qui aurait inauguré le règne du droit et qui était déjà l'application du grand principe que nous n'avons trouvé que depuis, le respect des nationalités, puisque chaque État devait fournir des députés pour former un conseil suprême, chargé de prévenir les injustices et les collisions, devait se composer de six royaumes héréditaires: France, Espagne, Angleterre, Suède, Danemark et Lombardie, de cinq puissances électives: Papauté, Empire, Pologne, Hongrie et Bohême, et de quatre républiques: Venise, Gênes et Florence, Suisse, et Pays-Bas.

Il n'y avait, en somme, de difficile à l'accomplissement de la première partie de ce plan que de chasser la maison d'Autriche de l'Italie, des Pays-Bas et de l'Allemagne, et Henri n'était pas seul pour l'essayer: il avait l'alliance presque désintéressée de l'Angleterre et pouvait compter sur le concours de tous les princes qui avaient quelque chose à gagner au remaniement territorial qu'il projetait. Il était déjà en relations avec le duc de Savoie, prêt à marcher, pour devenir roi de Lombardie, avec les protestants des Pays-Bas qui ne demandaient qu'à chasser les Espagnols, avec ceux d'Allemagne qui formaient alors l'*Union évangélique*, et dont le chef, Maurice, landgrave de Hesse, entrait dans le plan du roi de France, lequel avait des intelligences jusque parmi les populations mauresques de l'Espagne, prêtes à secouer le joug de Philippe II.

Tout était prêt pour entrer en campagne. Sully avait amassé des trésors, et Henri n'attendait qu'une occasion pour commencer les hostilités. Elle se présenta bientôt. Jean-Guillaume de La Marck, duc de Clèves, de Juliers et de Berg, vint à mourir sans postérité; quatre prétendants se présentèrent pour recueillir sa succession. Deux d'entre eux, l'électeur de Brandebourg et le comte palatin de Neubourg s'entendirent pour la partager et s'en emparèrent d'abord; mais ils étaient protestants tous les deux et les États en litige étaient catholiques. L'empereur, poussé par l'Espagne qui ne voulait pas de prince protestant à proximité des Pays-Bas, ordonna le séquestre des trois duchés entre les mains de Léopold, archiduc d'Autriche. Les deux prétendants demandèrent le secours de l'*Union évangélique* et obtinrent même celui du roi de France, qui se prononça ouvertement pour eux. C'était déclarer la guerre ; mais Henri était prêt, trois armées furent levées : la première, forte de 40 000 hommes qu'il voulait commander lui-même, devait opérer dans les duchés de Clèves et de Juliers et s'y joindre aux 20 000 hommes qu'amenait Maurice de Nassau. La seconde, commandée par Lesdiguières, devait aller s'unir en Italie aux ducs de Savoie et aux Vénitiens pour s'emparer du Milanais ; et la troisième devait rester en observation sur les Pyrénées.

Des armements considérables répondirent en Allemagne à la marche de nos régiments et tout ce qui portait l'épée frémissait déjà d'impatience, quand le roi de France tomba sous le poignard d'un assassin.

Assassinat de Henri IV.

La guerre qu'on allait entreprendre était la plus grave qu'on eût vue en Europe depuis plusieurs siècles ; les ultra-catholiques, qui n'en connaissaient pas la portée, en prirent occasion pour éclater : la cour était remplie d'intrigues, Marie de Médicis elle-même, triste reine qui n'avait ni beauté, ni cœur, ni esprit, mais beaucoup de jalousie, correspondait secrètement avec l'Espagne. Ses favoris finirent par lui faire croire, ainsi qu'à tout le monde, que le roi n'avait déclaré la guerre à l'Espagne que parce que le prince de Condé s'était enfui à Bruxelles avec sa nouvelle épouse, la belle Charlotte de Montmorency, dont le roi était follement épris. A la vérité, Henri avait réclamé les deux fugitifs plutôt pour se donner un grief contre le roi d'Espagne que pour satisfaire sa passion amoureuse, et le peuple, qui ne pouvait, qui ne devait pas connaître son grand projet, poussa des cris d'indignation contre cette guerre qui ne lui semblait entreprise que pour forcer le premier prince du sang à livrer sa femme au roi.

Henri, chagrin de tant de haines, n'en continua pas moins ses préparatifs et se disposa à rejoindre l'armée qu'il devait commander. Une exigence de la reine, à qui il laissait la régence, retarda son départ de quelques jours et le rendit encore plus morose et plus sombre. Marie de Médicis voulut être sacrée, pour inspirer plus de respect au peuple. « Ah ! mon ami, disait le roi à Sully, que ce sacre me déplaît ! il sera cause de ma mort ! Je mourrai dans cette ville et n'en sortirai jamais. Ils me tueront, car je vois bien qu'ils n'ont d'autre remède en leur danger que ma mort. »

Ces pressentiments devaient être fondés. Le lendemain de la cérémonie (14 mai 1610), le roi voulut aller voir Sully, qui était malade, à l'Arsenal ; il partit en carrosse découvert, avec les ducs d'Épernon, de Montbazon et cinq autres seigneurs. En passant dans la rue de la Ferronnerie, un embarras de voiture arrêta sa marche ; un malheureux fanatisé, nommé François Ravaillac, qui s'était laissé persuader qu'Henri IV faisait le malheur de la France et qu'il rendrait un grand service au royaume en le délivrant d'un tel monarque, et qui depuis plusieurs jours le suivait partout pour trouver une occasion, monta sur une borne et le frappa de deux coups de poignard ; la mort fut instantanée. Ravaillac ne chercha pas à fuir et l'on eut grand'peine à empêcher le peuple de le mettre en pièces.

On accusa de ce crime la maison d'Autriche, les jésuites, le duc d'Épernon, Henriette d'Entragues, et même la reine; mais l'assassin prétendit dans les tortures qu'il n'avait pas de complices ; qu'il était le mandataire d'une opinion et chargé par sa conscience de traduire en actions les haines populaires. Il fut écartelé en place de Grève, et le peuple furieux, qu'il prétendait représenter, s'attela de lui-même aux cordes.

Du reste, la réaction avait été prompte et rien ne montra mieux ce que valait un tel roi et combien sa personne était le gage de l'ordre et de la stabilité que la terreur profonde qu'inspira sa mort. Sully, le premier, s'était écrié en l'apprenant : « Mon Dieu, ayez compassion de lui, de nous et de l'État ; la France va tomber en d'étranges mains, » et l'opinion publique ratifia ses craintes. On crut à un grand complot, on vit tous les partis en armes, et dans la crainte de la guerre civile tout le monde se porta avec ardeur au maintien de la paix, ce qui sauva la maison d'Autriche de la ruine dont elle était sérieusement menacée.

Ainsi mourut Henri IV, si injustement détesté de son temps et devenu si populaire après le poëme de Voltaire. L'histoire grave et réfléchie juge qu'il ne mérita ni cet excès d'honneur ni cette indignité. En lui tenant compte du travail pénible auquel il succomba pour rallier les deux croyances qui se combattaient depuis un siècle, de la grandeur de ses vues politiques, de ses excellentes intentions pour la gloire et la prospérité de la France, et de l'impulsion qu'il donna à la royauté absolue, elle lui reprochera ce qui fit peut-être sa réputation de père du peuple, plein de franchise et de générosité, c'est-à-dire son caractère si fin, si profond, si égoïste, dont tout, jusqu'aux bons mots et aux épanchements, était de la duplicité.

En somme, si Henri IV ne fut pas tout à fait un grand homme, ce fut presque un bon roi, supérieur à tous ses prédécesseurs par son intelligence et par son cœur ; il inaugura dignement la dynastie des Bourbons sur le trône de France.

CHAPITRE XIX

LE RÈGNE DE LOUIS XIII

Régence de Marie de Médicis.

A la mort de son père, Louis XIII n'avait pas neuf ans; l'usage attribuait la régence à la reine, et, d'ailleurs, elle venait d'être investie solennellement de ce pouvoir pendant l'absence prévue de Henri IV ; mais, comme elle se savait peu aimée, elle voulut le tenir du parlement, qui, devant l'attitude menaçante du duc d'Épernon, n'hésita pas.

Il n'y eut d'abord rien de changé dans les combinaisons politiques de Henri IV. Sully resta aux affaires, l'édit de Nantes fut confirmé et une armée de 10 000 hommes, commandée par le maréchal de La Châtre, alla s'em-

Assassinat de Henri IV par Ravaillac.

parer de Juliers pour les princes protestants.

Il ne fut pas donné d'autre suite au grand projet du feu roi contre la maison d'Autriche, tout au contraire. Marie de Médicis, écoutant son propre penchant, et plus encore les conseils du Florentin Concini, qui la gouvernait par l'influence de sa femme, se rapprocha du roi d'Espagne et ouvrit des négociations pour le double mariage du roi avec une infante d'Espagne et d'un prince castillan avec une fille de la maison de France; naturellement, elle s'engagea à ne plus intervenir dans les affaires d'Allemagne.

Cette politique, qui était contraire à celle de Henri IV, ne pouvait être suivie par Sully. La reine le renvoya, en ne lui laissant que le côté honorifique de sa charge de grand-maître de l'artillerie (janvier 1611). Il se retira dans son château de Villebon où il vécut encore trente ans.

Concini, n'ayant plus de rival dans le conseil, devint alors le maître de la France, du gouvernement et de la reine par sa femme Léonora Galigaï, Italienne d'une naissance obscure, mais qui, sœur de lait de Marie de Médicis qu'elle n'avait jamais quittée, lui faisait faire tout ce qu'elle voulait, sans aucun examen. Ce Florentin, dont l'ambition n'avait pas plus de limites que son orgueil, absolument incapable, d'ailleurs, de succéder à l'homme supérieur qui depuis vingt ans était associé à la bonne et à la mauvaise fortune des Bourbons, ne pensa qu'à s'enrichir; puisant à pleines mains dans le trésor, il acheta en quelques mois le marquisat d'Ancre (près d'Amiens), la charge de premier gentilhomme de la chambre et les lieutenances générales de Péronne, d'Amiens, de Dieppe, de Pont-de-l'Arche, de Quillebeuf, de Bourg-en-Bresse, etc.

Son avidité excita celle des seigneurs : le prince de Condé, le comte de Soissons, les ducs de Bouillon, de Guise, et quantité d'autres moins titrés, accoururent pour avoir part au gâteau; la reine, dont la prodigalité envers Concini était scandaleuse, ne put leur refuser des pensions. Condé obtint 200 000 livres par an, un hôtel à Paris et le comté de Clermont; le comte de Soissons, 200 000 écus comptant et une pension de 50 000 livres; le duc de Bouillon, 200 000 livres; le duc de Guise, 100 000 écus; de sorte que le trésor amassé par Sully dans la Bastille fut bien vite épuisé.

Première révolte des seigneurs.

Ces concessions ruineuses avaient mis les seigneurs en goût. Ce qu'ils voulaient, ce n'était pas seulement de l'argent, c'était aussi l'autorité absolue dans leurs gouvernements; et ceux qui étaient arrivés trop tard à la curée réclamaient l'un et l'autre.

D'Épernon avait donné l'exemple. Sous Henri IV, il avait le gouvernement de Metz; mais le roi, redoutant son orgueil, lui avait imposé un lieutenant qui occupait la citadelle et correspondait directement avec les ministres; dès le lendemain de l'avènement de Louis XIII, il s'était affranchi de ce coadjuteur gênant, et eut ainsi, à deux pas des Espagnols, une place forte qu'il appelait « son royaume d'Austrasie ».

Beaucoup de seigneurs l'imitèrent, et, pendant le trouble qui suivit l'assassinat de Henri IV, se jetèrent dans les villes à leur convenance et refusèrent d'en sortir. La régente voulut sévir, et la guerre civile fut déclarée. « Ce n'est plus le temps des rois, disaient ouvertement les seigneurs; celui des grands est venu. »

Condé se mit à la tête du mouvement. Il se servit de l'argent qu'il venait de recevoir de la cour pour soudoyer une insurrection, et publia un manifeste dans lequel il accusait la régente d'avoir abaissé la noblesse, dilapidé les finances et grevé le *pauvre peuple*, et demandait la convocation des États généraux pour travailler à la réforme des abus.

Protestant par tradition, mais élevé dans la religion catholique, il espérait rallier à lui l'un et l'autre des deux partis; il n'enrôla que des chefs. Les ducs de Vendôme, de Longueville, de Luxembourg, de Mayenne, de Nevers, de Retz et d'autres vinrent se ranger sous ses drapeaux, mais le peuple ne bougea pas : ni les calvinistes, qui avaient toutes les libertés de conscience qu'ils pouvaient désirer, ni les catholiques, qui étaient, la raison aidant, presque tous devenus des politiques, ne voulurent défendre une cause qui n'était que celle de la noblesse; et, si le gouvernement eût agi avec vigueur, la révolte eût été écrasée dans son œuf. C'était l'avis des vieux ministres Villeroy et Jannin; mais la reine aima mieux traiter avec les princes.

Par le traité de Sainte-Menehould, signé le 15 mai 1614, le prince de Condé reçut 450 000 livres en argent; le duc de Mayenne, 300 000; le duc de Longueville, 100 000 livres de pension, et les autres à proportion; si bien que, pour subvenir à cette dépense, les rentes de l'Hôtel de Ville ne furent pas payées cette année-là. Ainsi se termina cette levée de boucliers que les seigneurs étaient censés faire pour le pauvre peuple.

États généraux de 1614.

Cependant les États étaient convoqués. Les princes firent dire à la reine qu'ils consentiraient volontiers à leur ajournement : ils étaient assouvis. Mais la reine crut à un piège et ne voulut pas leur donner un nouveau prétexte de révolte. Les députés se réunirent le 14 octobre 1614.

Cette assemblée, qui fut la dernière réunion des États généraux avant 1789, ne servit à rien, sinon à mettre en évidence les talents d'Armand du Plessis de Richelieu, évêque de Luçon, qui, à l'âge de vingt-neuf ans, avait déjà conquis assez de notoriété dans le clergé pour que son ordre le nommât son orateur.

Les trois ordres ne s'entendirent pas; il y eut même des scènes regrettables : un député du tiers état fut bâtonné par un représentant de la noblesse et ne put en obtenir justice; les ministres profitèrent de ces divisions pour fermer le lieu de réunion des États, sous prétexte qu'on avait besoin de la salle pour donner un ballet (mars 1615); et il n'y avait point alors de Mirabeau pour ne vouloir quitter la salle des séances que par la force des baïonnettes. Le tiers état était pourtant déjà représenté par des gens de valeur, dont les discours montrèrent jusqu'où était arrivée l'éducation politique de la haute bourgeoisie. Robert Miron, prévôt des marchands, révéla une intelligence pratique des affaires et un désir d'innovations dont la sagesse étonne. Il proclamait la monarchie absolue légitime parce qu'elle était encore nécessaire; il voulait que le roi, souverain législateur, fût obéi de tous, mais à la condition d'accomplir les réformes intérieures réclamées par la nation; et ces réformes, qu'il indiquait, étaient nombreuses.

La noblesse et le clergé ne voulurent entendre à rien, et l'assemblée se sépara sans prendre une décision et, du reste, comme nous l'avons vu, tout simplement parce qu'on avait disposé de la salle des réunions.

Deuxième révolte des seigneurs.

La convocation des États généraux n'avait été qu'un prétexte pour les seigneurs; aussi ils n'eurent pas plutôt dilapidé les largesses qu'ils tenaient de la cour qu'ils se soulevèrent de nouveau, sous prétexte qu'on n'avait pas fait droit aux demandes des États. Cette fois, Condé entraîna les protestants ; le duc de Rohan arma les populations des Cévennes, et tout le parti prit feu pour soutenir la noblesse.

Le moment était mal choisi pour la cour qui préparait un voyage à Bordeaux, où le roi allait chercher sa fiancée Anne d'Autriche et conduire sa sœur qui allait épouser l'infant d'Espagne (octobre 1615). Ce déplacement, fixé d'avance, ne pouvait être reculé, car les Espagnols étaient déjà en marche. Louis XIII fut obligé d'employer toute une armée pour escorter lui et sa sœur jusqu'à la frontière ; encore n'avait-il pu éviter les escarmouches continuelles des soldats de Condé et de Rohan ; aussi se hâta-t-il d'acheter une nouvelle paix par le traité de Loudun (mai 1616) ; il paya les troupes qu'on avait levées contre lui, reconnut les révoltés pour de bons et loyaux sujets, et notamment le prince de Condé, qui toucha une indemnité personnelle de 1 500 000 livres.

Le métier de conspirateur devenait bon pour ce prince ambitieux ; mais il venait d'arriver au ministère, heureusement pour la France que la dernière révolte avait encore grevée de 20 millions, un homme qui allait lui faire une morte-saison. Cet homme, qui devait être Richelieu, mis en vue par les États généraux de 1614, était devenu grand-aumônier de la reine, puis membre du conseil ; et Concini, qui trouva que le jeune prélat en savait plus que tous les barbons, lui fit donner un des quatre grands offices de la maison et couronne de France, — ce qu'on appellerait aujourd'hui le ministère des affaires étrangères.

Sitôt au pouvoir, Richelieu fit adopter les mesures de rigueur, et Condé, qui avait à la cour un train à éclipser le roi lui-même, fut arrêté au Louvre le 1ᵉʳ septembre 1616 et conduit à la Bastille. C'était une déclaration de guerre ; mais Richelieu était prêt, et il en appela d'abord à l'opinion publique par une sorte de manifeste où il montrait Condé extorquant 3 millions et demi en six années ; Mayenne, 2 millions ; Nevers, 1 600 000 livres ; Bouillon, près de 1 million ; Longueville, 1 200 000 ; et Vendôme, 600 000 ; puis il déclara les princes et leurs adhérents criminels de lèse-majesté et déchus de leurs dignités, et mit sur pied trois armées qui se dirigèrent sur la Picardie, la Champagne et le Berry pour étouffer la révolte.

Cette fois, la cause de la royauté semblait gagnée, et elle l'était réellement si le roi lui-même ne se fût uni à ses ennemis pour sortir de tutelle.

L'ambition vulgaire de Concini était assouvie ; il avait ramassé 8 millions avec lesquels il pensait acheter au pape le duché de Ferrare ; son rêve était de rentrer prince dans un pays dont il était parti avec la cape et l'épée ; il se savait haï, méprisé en France ; la populace, une fois déjà, avait pillé son hôtel à Paris ; mais il était trop réellement attaché à la reine pour hâter son départ.

Cet attachement, la seule peut-être de ses qualités, fut cause de sa perte ; on s'en servit pour irriter le jeune roi qui, bien que n'ayant que seize ans, vivait isolé dans son caractère triste et morose, n'ayant d'autre attachement que quelques pages, sur lesquels il reportait ce besoin d'affection qu'éprouvent les êtres les moins bien doués ; il s'était cependant laissé dominer par Albert de Luynes, fils d'un officier de fortune qui convoitait pour lui la succession du maréchal d'Ancre, et qui le persuada qu'il ferait un acte méritoire en débarrassant la cour d'un aventurier qui ruinait la France et déshonorait la reine.

Louis n'hésita pas; il donna ordre à Vitry, son capitaine des gardes, d'arrêter Concini, et de le tuer s'il résistait. Vitry crut mieux gagner le bâton de maréchal, qu'on lui avait promis pour cela, en tuant d'abord, et le maréchal

MARIE DE MÉDICIS.

d'Ancre fut assassiné sur le pont du Louvre, aux cris de : « Vive le roi ! » qui attirèrent Louis XIII à sa fenêtre. Le crime commis, le jeune roi crut régner. Marie de Médicis reçut l'ordre de quitter la cour et partit pour Blois; Richelieu fut exilé dans son évêché (1617).

Quant à la maréchale d'Ancre, on procéda autrement contre elle : on l'accusa de sorcellerie; elle fut décapitée en place de Grève, et ses restes jetés dans les flammes.

Gouvernement d'Albert de Luynes.

Louis XIII ne régna pas plus qu'avant; son favori Luynes prit non-seulement les rênes du gouvernement, mais encore tous les biens confisqués sur le maréchal d'Ancre; ce que voyant, les seigneurs, qui avaient été enchantés du renvoi de Richelieu, commencèrent à murmurer. Le mécontentement fut général lorsque Luynes, montrant autant d'avidité que son prédécesseur, en quinze mois devint duc et pair, mari d'une Rohan qui fut plus tard la célèbre duchesse de Chevreuse, et fit faire ses deux frères, Brantes et Cadenet, aventuriers comme lui, ducs de Chaulnes et de Piney-Luxembourg; les seigneurs alors se révoltèrent de nouveau, et, changeant de drapeau, prirent les armes pour la reine-mère. Le duc d'Épernon la tira de sa prison de Blois et chercha à soulever le Midi.

De Luynes ne fut pas plus habile à réprimer cette révolte que n'avait été le maréchal d'Ancre; il accepta la paix d'Angoulême proposée par Richelieu, et par laquelle Marie de Médicis obtenait le gouvernement d'Anjou et trois places de sûreté (1619).

Cette paix ne dura pas. Angers devint le foyer de nouvelles intrigues; tous les mécontents s'y donnèrent rendez-vous. Louis XIII, qui avait par moments quelques reflets de l'humeur batailleuse de son père, marcha sur Angers, décidé à poursuivre sa mère jusqu'à l'extinction de ses prétentions, à se ressaisir du pouvoir; il n'alla pas loin pour cela : l'escarmouche des Ponts-de-Cé (1620), dans laquelle les partisans de la reine furent défaits, termina la campagne, et Richelieu se trouva encore là à propos pour demander et obtenir la confirmation du premier traité.

Une guerre plus considérable éclata alors dans le Midi; les protestants, inquiets de l'alliance de la reine-mère avec l'Espagne, avaient pris, dès le mariage du roi, les précautions que leur concédait l'édit de Nantes; ils avaient même été au delà dans l'assemblée générale tenue à Saumur où présidait Duplessis-Mornay, qu'on appelait le pape des huguenots : ils s'étaient presque organisés en république divisant leurs huit cent six églises et leurs seize provinces en districts qui, pour la politique et pour la guerre, se groupaient en cercles comme en Allemagne. Depuis cette époque, ils avaient à la cour deux mandataires, élus pour trois ans, qui servaient d'intermédiaires entre le roi et le parti; quelques catholiques avaient pris ombrage de ces précautions menaçantes, et dans certaines villes les haines étaient redevenues vivaces comme au temps de la Ligue; on ne se battait pas encore, mais on sentait que d'un côté comme de l'autre on n'attendait qu'un prétexte.

Le gouvernement le donna en rétablissant par un édit la religion catholique dans le Béarn, et en enjoignant aux protestants de restituer les biens ecclésiastiques, sécularisés depuis un siècle; naturellement, cet édit s'exécuta mal; le roi entra dans le Béarn avec une armée; tout le parti s'agita alors, et, malgré les avis de Sully et de Duplessis-Mornay, publia une déclaration d'indépendance et leva des troupes dont le commandement fut confié au duc de Rohan (1621).

De Luynes se fit nommer connétable et marcha contre Montauban avec le roi et une armée de 15 000 hommes; la ville tint bon du 8 août jusqu'au 2 novembre, époque à laquelle Rohan menaçant les derrières de l'armée royale, elle fut contrainte à lever le siège. Le nouveau connétable voulut se dédommager de cet insuccès en enlevant Mouheurt, petite place au bord de la Garonne; il y contracta une fièvre maligne qui l'emporta quelques jours après (14 décembre).

Louis XIII continua seul la guerre, sans autre résultat que beaucoup de pillages et des exécutions dans les petites places qu'il emporta; mais il mena la campagne avec assez de vigueur pour contraindre Rohan à demander la paix. Louis, qui commençait à s'ennuyer au siège de Montpellier (octobre 1622), signa un traité qui renouvelait l'édit de Nantes, mais interdisait les assemblées politiques aux réformés et ne leur laissait que deux places fortes, la Rochelle et Montauban.

Ministère de Richelieu.

La mort de Luynes avait réconcilié Louis XIII avec sa mère, qui avait obtenu le chapeau de cardinal pour son conseiller habituel, l'évêque de Luçon; elle parvint à le faire entrer aux affaires au commencement de l'année 1624, et ce fut un grand bonheur pour la France, qui était alors sans alliance et sans considération, sous le coup d'une guerre civile et menacée par la maison d'Autriche, laquelle, commençant la guerre de Trente Ans par une série de victoires, faisait présager non-seulement la ruine du protestantisme allemand, mais encore l'asservissement de l'Europe.

Richelieu n'était pas depuis trois mois au ministère qu'il avait, par l'ascendant d'un génie supérieur, dominé le conseil, subjugué Louis XIII et dessiné la politique qui devait l'illustrer et achever dans la gloire un règne si tristement commencé.

Son plan consistait à rabaisser l'orgueil des grands, à ruiner le parti huguenot, et à relever le prestige évanoui de la France. Il mit au service de cette politique un esprit assez vaste pour embrasser tous les détails en considérant l'ensemble, une activité incroyable et une volonté de fer.

Sans perdre une minute, il voulut poursuivre ses trois buts à la fois : il conclut d'abord le mariage de la sœur de Louis XIII, Henriette de France, avec le fils du roi d'Angleterre, renouvela l'alliance avec les Hollandais, fit tenir des secours d'argent à Mansfeld, le seul adversaire redoutable de la maison d'Autriche en Allemagne, et envoya dans la Valteline 10 000 hommes qui chassèrent les soldats du pape de cette province et la restituèrent aux Grisons.

L'Espagne ne répondit pas directement à ces hostilités cachées, elle n'avait plus d'argent; mais, avec son or, elle souleva les réformés de France, qui prirent les armes; Rohan rallia les protestants du Languedoc et des Cévennes, pendant que son frère Soubise mettait en état de défense la Rochelle, qui était comme la capitale de la république calviniste et qui avait une flotte supérieure à celle du roi de France.

Richelieu abandonna momentanément ses autres projets pour courir au plus pressé. Un peu surpris par cette révolte, il emprunta des vaisseaux à l'Angleterre et à la Hollande, et Montmorency qui commandait la flotte eut assez de succès sur les côtes de l'Aunis pour obliger Soubise à se réfugier en Angleterre avec les débris de son armée navale.

Le cardinal, qui n'était pas prêt à la guerre et qui ne voulait la faire qu'à bon escient, offrit la paix aux rebelles (février 1626), et se prépara à démériter des titres ironiques que les courtisans lui donnaient déjà « de pape des huguenots » et « patriarche des athées ».

Attaque des Ponts-de-Cé (1620).

Siége de la Rochelle.

Richelieu avait trop en vue la grandeur de la France pour faire de sa guerre aux protestants une question religieuse, et les poursuivait seulement parce qu'ils étaient rebelles. Pour le

Les mousquetaires au siége de la Rochelle (1627).

faire plus à son aise, il signa avec l'Espagne le traité de Mençon qui lui laissait la disposition de toutes ses forces.

Quand il eut acheté et équipé des vaisseaux, organisé l'armée et remis un peu d'ordre dans le service des finances, il entraîna le roi et la cour au siége de la Rochelle (août 1627).

L'entreprise fut d'autant plus impopulaire qu'elle paraissait plus difficile ; on savait que le roi d'Angleterre, Charles Ier, envoyait aux Rochelois une flotte de 90 vaisseaux, commandée par le brillant, mais incapable duc de Buckingham ; et les courtisans, les généraux, mécontents de se voir commandés par un prêtre, n'obéissaient qu'avec un mauvais vouloir évident. Richelieu suppléa à tout ; il se fit à la fois général, ingénieur, amiral, et, secondé par l'évêque de Maillezais, Sourdis, dont il fit son chef d'escadre, en attendant qu'il en fît l'archevêque de Bordeaux, il chassa les Anglais de l'île de Ré et les empêcha de ravitailler la Rochelle, en fermant les approches du port par une digue gigantesque, longue de 1 480 mètres, large de 24 à la base et de 8 au sommet.

Les Anglais essayèrent vainement de forcer cet ouvrage prodigieux ; il était défendu, à ses extrémités, par deux forts et 200 petits navires qui bordaient les rivages voisins. Deux nouvelles flottes arrivées d'Angleterre vinrent s'y consumer en efforts superflus, et la Rochelle, bloquée par une circonvallation de trois lieues, devait succomber à la famine.

Elle résista néanmoins longtemps. Excitée par le courage viril de la duchesse de Rohan, par l'énergie du maire Guiton, qui avait menacé de poignarder quiconque parlerait de se rendre, la population fit des prodiges ; il fallut pourtant céder, mais ce ne fut qu'après avoir tenu quinze mois en échec la fortune de Richelieu que la Rochelle se rendit. Elle fut traitée en place conquise et perdit ses fortifications et ses franchises municipales.

Montauban et les autres villes révoltées firent leur soumission. Le duc de Rohan résista encore huit mois, mais il fallut pour cela que Richelieu et l'armée fussent appelés dans les Alpes par les affaires d'Italie, et la paix d'Alais (juin 1629) termina la dernière guerre religieuse qui devait attrister la France. De ce jour les calvinistes cessèrent d'être un parti politique ; mais ils conservèrent la liberté de leur culte, et Richelieu fit ressortir leur égalité civile et donna, quoique prêtre, un grand exemple de tolérance religieuse en les employant, comme les autres citoyens, dans l'armée, la magistrature et les offices de finance ; la seule partialité qu'il montra contre eux fut de les exclure de la colonisation du Canada, dans le but de réserver la conversion des Indiens aux missionnaires catholiques.

Cette guerre, qui avait rétabli l'unité dans l'État, nous valut plus tard l'acquisition de l'Acadie et du cap Breton, que les Anglais nous cédèrent par le traité de Saint-Germain (1632).

Guerres extérieures.

La paix de Suze, signée aussitôt que Louis XIII eut forcé ce passage des Alpes dans une action brillante où il montra le courage de son père, ne termina pas la guerre de la succession de Mantoue ; les Espagnols avaient abandonné le siége de Casal pour rentrer dans le Milanais ; mais il y avait peu de confiance à avoir dans les promesses du duc de Savoie, et l'année n'était pas encore écoulée qu'il négociait déjà avec l'Espagne et l'Autriche et que les Impériaux, victorieux en Allemagne, entraient chez les Grisons pendant que les Espagnols envahissaient le Montferrat.

Richelieu, après avoir eu beaucoup de peine à décider le roi, qui ne comprenait pas l'importance qu'il attachait au Mantouan et au Montferrat, possessions insignifiantes par elles-mêmes, mais dont les deux capitales, Casal et Mantoue, étaient les clefs de l'Italie, revint sur les Alpes avec 40 000 hommes. Pignerol fut pris (mars 1630), toute la Savoie conquise et le Piémont entamé; mais Mantoue avait été emportée par les Espagnols, Casal était vivement pressée, et les Français, diminués par les maladies, attendaient vainement les renforts et l'argent que Marillac, à l'instigation de la reine-mère, n'envoyait pas. Richelieu, inquiet des intrigues de ses ennemis, accepta la paix de Cherasco, dont l'abbé Mazarini, envoyé de la cour de Rome, fut le négociateur (avril 1631).

Par ce traité, dans la rédaction duquel l'esprit souple et délié de Mazarin fut très-remarqué du cardinal, l'influence française s'affermissait en Italie : le duc de Mantoue fut rétabli dans ses États et le duc de Savoie nous céda, avec Pignerol, le libre passage des Alpes.

Richelieu ne voulait pas seulement séparer, en Italie, les domaines des deux branches de la maison d'Autriche, il songeait à établir une confédération italienne, capable de contre-balancer dans la péninsule la puissance de l'Espagne; Venise, Mantoue et la Savoie signèrent cette ligue, à laquelle Gênes, la Toscane, Parme et Modène adhérèrent en secret; le pape Urbain VIII était sur le point de faire comme eux, quand les événements appelèrent l'attention sur l'Allemagne.

On était alors au plus fort de la guerre de Trente Ans, commencée en 1618, et l'empereur Ferdinand II, dont l'armée, créée et commandée par Waldstein, avait marché en victorieuse jusqu'à la Baltique, était sur le point de réunir sous sa domination toutes les principautés allemandes, jusqu'alors indépendantes.

Richelieu ne pouvait acquiescer au triomphe de la maison d'Autriche; il prit en mains la cause des princes allemands, tout huguenots qu'ils étaient, et envoya à la diète de Ratisbonne (1630) le père Joseph Dutremblay, en qui il avait la plus grande confiance et qu'on appela depuis l'*Éminence grise*. Ce diplomate capucin travailla si bien les électeurs qu'ils contraignirent Ferdinand II à licencier son armée, à renvoyer Waldstein, sous la vague promesse de reconnaître son fils roi des Romains, ce à quoi ils ne voulurent plus consentir ensuite.

Ce n'était pas assez pour Richelieu d'avoir désarmé l'empereur, il fallait lui trouver un ennemi redoutable; il lança contre lui le roi de Suède Gustave-Adolphe, qui s'était déjà fait connaître par de grands succès militaires. Ce monarque termina par un traité avec la Pologne la guerre qu'il lui faisait et tourna ses armes contre l'Allemagne, en enflammant son ardeur par le mirage d'immenses dépouilles à saisir, et surtout par la promesse d'un subside annuel de 1 200 000 francs qu'il lui fit par le traité de Berwald (janvier 1631).

Gustave-Adolphe, qui apparut en Allemagne comme un foudre de guerre, porta le premier coup à l'Empire; il vainquit Tilly près de Leipzig, le tua quelques jours après au passage du Lech et vint lui-même périr au milieu de sa victoire de Lutzen (1632). « A d'autres le monde! » s'écria ce héros en tombant, et Richelieu prit une partie de sa prédiction pour lui; mais pour le moment il avait d'autres soucis.

Abaissement des grands.

Gaston d'Orléans, frère du roi, qui se croyait héritier de la couronne, puisque le mariage de Louis XIII restait sans fruits, ne se lassait pas de conspirer.

Deux fois déjà Richelieu avait déjoué ses complots. La première affaire, connue sous le nom de conspiration de Chalais, avait éclaté en 1626 ; les conjurés, au nombre desquels étaient le maréchal d'Ornano, gouverneur du prince, la duchesse de Chevreuse, amie de la reine, le comte de Soissons, les princes de Vendôme, fils naturels de Henri IV, le comte de Chalais, et d'autres jeunes seigneurs conseillers ou amis de Gaston, devaient assassiner le cardinal, déposer le roi et mettre à sa place son frère, qui aurait épousé Anne d'Autriche.

Ce complot fut découvert : la duchesse de Chevreuse fut exilée, d'Ornano enfermé à la Bastille, puis à Vincennes où il mourut, probablement empoisonné ; et Chalais, le plus compromis de tous, fut décapité à Nantes par un bourreau si maladroit qu'il dut frapper trente-quatre coups d'épée pour faire tomber sa tête ; la reine, un peu complice, subit presque un jugement. Quant à Gaston d'Orléans, il s'humilia devant le cardinal et promit d'aimer et d'affectionner ceux qu'aimeraient le roi et la reine-mère.

Dans la deuxième affaire (octobre 1630), Marie de Médicis se compromit ouvertement : elle ne voulait que le renversement de Richelieu, qu'elle appelait *ingrat serviteur*, parce qu'au lieu de ne songer qu'à ses caprices et à ceux de son second fils Gaston, qu'elle affectionnait, il s'occupait des grands intérêts de l'État.

Un moment le cardinal se crut perdu ; la reine arracha à Louis XIII, malade, une promesse de disgrâce et trônait déjà au milieu d'une nouvelle cour, quand le roi, éclairé par Saint-Simon sur l'humeur de sa mère et le nombre de gens âpres à la curée qui allaient s'abattre sur le budget, changea d'idée ; il fit appeler le cardinal et lui dit : « Continuez à me servir comme vous avez fait, et je vous maintiendrai contre tous ceux qui ont juré votre perte. »

Richelieu reprit le pouvoir, et il y eut tant de courtisans surpris, à l'exemple de la reine-mère, qui fut reléguée à Compiègne, qu'on appela cette journée la *Journée des dupes*. Le cardinal ne s'en vengea pas moins de ses ennemis ; le garde des sceaux Marillac fut destitué et mourut en prison ; son frère, le maréchal, arrêté au milieu de son armée en Piémont, fut accusé de concussions, condamné à mort et exécuté ; et Bassompierre, qui n'avait peut-être que le tort d'être son ami, fut mis à la Bastille où il resta douze ans.

Richelieu, d'ailleurs, ne transigeait pas avec les lois, et plus le coupable était grand, plus sa justice était expéditive ; c'est ainsi qu'il fit décapiter Bouteville, de la maison de Montmorency, pour avoir bravé l'édit contre les duels en venant se battre, en plein jour, au beau milieu de la place Royale ; cette défense de se tuer pour un oui, pour un non, et même pour le plaisir, comme on disait alors, était devenue si nécessaire qu'en 1629 on comptait plus de 4 000 gentilshommes ayant péri en combat singulier pendant les dix dernières années.

Les sévérités du cardinal, l'attitude de plus en plus ferme qu'il prenait, effrayèrent Marie de Médicis ; elle ne se trouva pas en sûreté à Compiègne et s'enfuit à Bruxelles (1631), où elle vécut dans un état voisin de la misère, sous la protection équivoque des Espagnols.

Richelieu se garda bien d'entraver cette fuite ; il laissa même Gaston d'Or-

LOUIS XIII.

léans se sauver pour rejoindre sa mère, après s'être réfugié auprès de Charles IV, duc de Lorraine, dont il épousa la sœur malgré la défense du roi.

Les conspirations recommencèrent et celle-ci aboutit à une révolte armée. Montmorency, gouverneur du Languedoc, se laissa séduire par les belles promesses de Gaston ; il souleva les provinces du Midi, irritées par l'introduction des officiers royaux dans leur administration intérieure, et se joignit aux troupes que le duc d'Orléans amenait de Lorraine.

Une armée royale, commandée par Schomberg, les atteignit sous les murs de Castelnaudary (septembre 1632). Gaston s'enfuit au premier choc, et Montmorency, blessé, fut pris, condamné à mort par le parlement de Toulouse, et exécuté malgré les supplications de toute la noblesse. On murmura d'abord un peu, mais les seigneurs se tinrent pour avertis, et cette sévérité du roi, ou plutôt de son ministre, tourna au bien de l'État.

Ce fut le duc de Lorraine qui fit les frais de la guerre. Louis XIII prit personnellement Bar-le-Duc, et occupa militairement le duché, qui resta aux mains de la France. Quant à Gaston, s'il ne fut pas officiellement pardonné, on l'épargna parce qu'il était du sang royal, et on se contenta de l'exiler à Blois. Depuis, il resta d'autant plus tranquille que la naissance inespérée de Louis XIV (15 septembre 1638) lui enleva le titre et le rang d'héritier présomptif de la couronne.

Guerres contre la maison d'Autriche.

Richelieu ayant frappé à l'intérieur d'assez grands coups pour se faire craindre et même haïr, mais pour faire respecter la royauté, s'occupa exclusivement de la troisième partie de son programme : l'abaissement de la maison d'Autriche. Il noua d'abord un solide faisceau d'alliances.

Par la convention de Paris (novembre 1634), il promet 12 000 hommes aux princes allemands, qui lui remettent l'Alsace en dépôt; par le traité de Saint-Germain (octobre 1635), il achète l'armée de Gustave-Adolphe, commandée par son meilleur élève, Bernard de Saxe-Weimar; par celui de Compiègne, signé à Oxenstiern, il s'assure le concours de la Suède. L'année d'après, il traite, à Wesel, avec le landgrave de Hesse-Cassel, qui s'engage à fournir des troupes moyennant subsides; à Paris (février 1637) avec les Hollandais, pour le partage des Pays-Bas; à Rivoli avec les Suisses et les ducs de Mantoue, de Savoie et de Parme. Il n'y eut qu'avec le roi d'Angleterre qu'il ne réussit pas à contracter d'alliance; mais, offensé de la fierté de Charles Ier, il se promit de s'en venger et l'immobilisa en déchaînant contre lui les presbytériens.

Du reste, les hostilités étaient déjà commencées. L'enlèvement par les Espagnols de l'archevêque de Trèves, qui s'était mis sous la protection de la France, avait servi de prétexte. Richelieu porta la guerre sur toutes nos frontières. Il eut sept armées à la fois : aux Pays-Bas, pour se les partager avec la Hollande; sur le Rhin, pour s'emparer de l'Alsace en couvrant la Champagne et la Lorraine; en Allemagne, pour secourir les Suédois contre l'Autriche; en Italie, pour maintenir l'autorité des Grisons dans la Valteline; aux Pyrénées, pour conquérir le Roussillon; sans compter ses deux flottes (100 vaisseaux) sur l'Océan et la Méditerranée, pour y détruire les flottes espagnoles, soutenir les révoltes de Catalogne et de Portugal et menacer les côtes de l'Italie.

La guerre commença heureusement. Châtillon et Brézé remportèrent, dans les Pays-Bas, la victoire d'Avein, près Liége (mai 1635). Mais les Hollandais s'inquiétèrent de voir les Français si près d'eux. Aimant mieux l'Espagne affaiblie que la France régénérée, ils ne secondèrent pas nos opérations, ce qui permit aux Espagnols, renforcés par Piccolomini et 18 000 Impériaux de pénétrer en Picardie, de franchir la Somme et de s'emparer de Corbie (1636).

Cette nouvelle jeta d'abord l'épouvante à la cour et dans Paris ; mais le patriotisme s'éveilla. Les ouvriers et les gens du peuple s'enrôlèrent. Les bourgeois donnèrent le moyen d'entretenir pendant trois mois 12 000 fantassins et 3 000 cavaliers, et Louis XIII, plus hardi que Richelieu qui parlait de se retirer sur la Loire, partit à la tête de 40 000 hommes, reprit Corbie, et rejeta les Espagnols hors des frontières. Le cardinal l'avait suivi dans cette courte campagne, où il échappa au plus grand danger qu'il ait couru de sa vie, par la faiblesse de Gaston d'Orléans, qui n'osa pas, au dernier moment, donner le signal de l'assassinat qu'il avait prémédité contre lui.

Une autre invasion, tentée en Bourgogne par Gallas et le duc de Lorraine qui s'avancèrent jusqu'à Dijon avec 30 000 hommes, ne réussit pas mieux. Ils vinrent attaquer Saint-Jean-de-Losne, dont les bourgeois se défendirent héroïquement, et donnèrent le temps à Rantzau d'arriver à leur secours, de forcer les Impériaux à la retraite et de les rejeter sur le duc de Saxe-Weimar, qui les refoula en désordre dans la Comté.

L'année d'après, le cardinal de La Valette s'empara de Cateau-Cambrésis, Maubeuge et Landrecies. Richelieu aimait à confier les grands commandements militaires à des dignitaires de l'Église, dont l'obéissance lui était plus assurée : c'est ainsi que Sourdis, archevêque de Bordeaux, mais faisant plus souvent les fonctions d'amiral, détruisit une flotte espagnole en face de Fontarabie (1638), et ravagea à plusieurs reprises les côtes d'Espagne et du royaume de Naples.

Pendant ce temps, notre allié Bernard de Saxe-Weimar remportait de grands succès sur le Rhin. Il battit les Impériaux à Rheinfeld, fit prisonnier leur général Jean de Werth, et emporta d'assaut Vieux-Brisach. Il songeait même à former un royaume avec l'Alsace et le Brisgau, quand il vint à mourir (1639), très-opportunément pour la France, qui conserva ses conquêtes et son armée.

L'année suivante, les maréchaux de Châtillon, de La Meilleraye et de Chaulnes envahirent l'Artois et investirent Arras. Beck et Lamboi accoururent avec 30 000 hommes pour faire lever le siége ; ils ne réussirent qu'à susciter entre les maréchaux français des dissentiments que Richelieu, consulté, trancha par cette réponse qui le peint tout entier :

« Lorsque le roi vous a confié le commandement, il vous a cru capables ; sortez ou ne sortez pas de vos lignes, mais vous répondez sur vos têtes de la prise de la ville. »

Quelques jours après, les Espagnols, battus, étaient en fuite, Arras était forcée et une seconde province était arrachée à la maison d'Autriche.

Nous étions aussi heureux en Italie. Après la mort du duc de Savoie, ses frères, le prince Thomas de Carignan et le cardinal Maurice, avaient disputé, avec l'appui d'une armée espagnole, la régence à sa veuve, Christine, fille de Henri IV. Le comte d'Harcourt remporta trois victoires dans le Piémont : à Casal, à Turin et à Ivrée, ensuite desquelles la régente fut rétablie, et un traité habile fit rentrer les princes de Savoie dans l'alliance française.

Mêmes succès en Espagne, où Richelieu avait fait soulever les Catalans et les Portugais. Il fournit des secours au nouveau roi de Portugal, Jean de Bragance, et décida les Catalans à appeler à leur secours Louis XIII, en le reconnaissant comte de Roussillon et de Barcelone. Le roi ne se fit pas tirer l'oreille; il s'empara personnellement de Perpignan, pendant qu'une autre armée, commandée par La Mothe-Houdancourt, chassait les Espagnols de la Catalogne, et le Roussillon fut pour toujours ajouté à la France (septembre 1641.)

L'empereur d'Allemagne n'était pas plus favorisé que nos autres ennemis. S'il avait respiré après la bataille de Nordlingen et la défection de l'électeur de Saxe, qui avait forcé les Suédois à reculer jusqu'en Poméranie, il avait été deux fois battu par Banner, qu'on

Siége de Saint-Jean-de-Losne (2 novembre 1636).

appelait le *second Gustave*, à Wittstock et à Chemnitz. Après cette dernière affaire (1639), où le comte de Guébriant, un des plus habiles tacticiens de l'époque, avait brillamment secondé Banner, ils pénétrèrent en Bohême et faillirent enlever, dans Ratisbonne, l'empereur au milieu de la Diète (1641).

Un dégel sauva Ferdinand III, car Banner, qui avait passé le Danube sur la glace, ne put être suivi par son armée. Il mourut quelques mois après, et sa succession échut à Torstenson, un paralytique qui étonna l'Europe par la rapidité de ses opérations et par la série de glorieuses victoires qu'il

Exécution de Cinq-Mars et de Thou (1642).

remporta dans la Silésie et dans la Saxe.

Guébriant le secondait audacieuse-
ment. Il s'avança, avec l'armée weimarienne, dans l'ouest de l'Empire, battit Piccolomini à Wolfenbuttel

(1641), Lamboi à Kempen (1642), et donna la main à tous les mécontents de l'Allemagne.

Conspiration de Cinq-Mars.

Le plan de Richelieu, qui réussissait partout, ne lui avait pas gagné les sympathies de la noblesse. Une humiliation infligée au duc d'Épernon, le dernier rejeton des prétentions féodales, et la condamnation à mort du duc de La Valette pour une faute militaire, en montrant à tous que le temps de l'obéissance absolue était arrivé, lui avait aliéné précisément tous ceux à qui l'obéissance répugnait.

Le comte de Soissons, de la maison de Condé, tenta aussi, lui, de renverser ce détesté cardinal, qui avait fait de la France la première nation de l'Europe. Réfugié auprès du duc de Bouillon, il appe a à lui tous les mécontents et se prépara à la guerre civile. L'Espagne se hâta de lui envoyer 7 000 hommes, avec lesquels il attaqua le maréchal de Châtillon qui surveillait Sedan avec une armée royale. Chargé à l'improviste dans les bois de la Marfée (juillet 1641), le maréchal fut vaincu par la défection de quelques-uns de ses régiments; mais le comte de Soissons fut tué dans la mêlée d'un coup de pistolet et la guerre finit avec lui, car le duc de Bouillon s'empressa de faire sa soumission au roi.

Cette soumission n'était que feinte. Bouillon continua d'agir en ennemi et entra dans la conspiration de Cinq-Mars.

Ce jeune homme brillant, fils du marquis d'Effiat, qui avait été placé par Richelieu auprès de Louis XIII pour l'amuser autant que pour le surveiller, s'ennuyait de ce rôle qui n'était pas à la hauteur de son ambition. En vain fut-il nommé grand-écuyer, il rêvait la fortune du connétable de Luynes, et c'était pour y arriver qu'il était entré dans le complot du comte de Soissons. Ce prince mort, il travailla pour son propre compte et se flatta de renverser Richelieu avec le concours de la noblesse et même la complicité du roi, qui était las de n'être rien en France.

La neutralité du roi est au moins douteuse; mais la complicité de la reine et de Gaston d'Orléans ne l'était pas; car le duc de Bouillon avait promis, dans le cas où Louis XIII viendrait à mourir, de recevoir à Sedan la reine et ses deux fils pour les soustraire au cardinal.

Cinq-Mars, qui pouvait rester inattaquable en ne conspirant que contre le ministre, se perdit en signant un traité d'alliance avec les Espagnols, toujours prêts à fomenter des troubles en France.

Richelieu, bien que malade, presque mourant, se procura, à prix d'argent, une copie de ce traité et l'envoya au roi, qui abandonna son favori. Cinq-Mars livré, selon l'usage, à une commission extraordinaire, fut condamné et décapité à Lyon (septembre 1642); il avait à peine vingt-deux ans. Avec lui périt le fils de l'historien de Thou, qui avait été l'intermédiaire entre la reine et le duc de Bouillon. Celui-ci ne se tira d'affaire qu'en sacrifiant sa principauté, et Sedan fut pour toujours réuni à la France.

Mort de Richelieu.

Quelques mois après, et au moment où le succès de nos armes allait lui permettre de s'applaudir dans sa grande œuvre, Richelieu fut emporté par la maladie qui le minait. Le 1er décembre 1642, son état empira tout d'un coup; ne faisant aucun cas des espérances dont on berce toujours les malades, il commanda à son médecin de lui dire la vérité. « Monseigneur, répondit l'homme de l'art, dans vingt-quatre heures vous serez mort ou guéri. »

Le cardinal savait alors à quoi s'en tenir; fier d'avoir donné à la France une prépondérance qu'elle n'avait encore jamais exercée avant lui, il ne regrettait que de ne pouvoir mettre fin à une tâche aussi glorieusement commencée, et il désigna au roi Mazarin qu'il s'était attaché depuis le traité de Casal, qu'il avait fait nommer cardinal et sur lequel il s'était déchargé en partie du poids des affaires étrangères, comme le seul homme capable de continuer son ministère.

Ce dernier devoir rempli, il attendit la mort avec un calme et une confiance qui épouvantèrent les assistants. Le curé de Saint-Eustache lui apporta le viatique. « Voilà, dit-il quand il lui présenta l'hostie, mon Juge qui prononcera bientôt ma sentence; je le prie de me condamner si dans mon ministère je me suis proposé autre chose que le bien de la religion et de l'État. »

Ainsi mourut, à l'âge de cinquante-sept ans, l'homme qui a le plus fait pour la grandeur de la France, pour l'unité nationale et pour établir l'égalité de toutes les classes devant la loi.

Il est vrai qu'en ne cherchant ces résultats que dans l'intérêt du pouvoir absolu il fit tomber la nation d'un péril dans un autre, de la licence aristocratique dans l'arbitraire du despotisme royal, qui se mettait quelquefois au-dessus de toute justice et disposait à son gré de la fortune, de la liberté et de la vie des citoyens; mais il faut ici tenir compte de l'époque, qui de deux maux ne pouvait choisir que le moindre: le despotisme d'un seul est toujours moins dur à supporter que la tyrannie de plusieurs, et c'est peut-être dans le résultat de l'œuvre de Richelieu qu'il faut chercher le germe des principes de 1789.

Richelieu ne fut pas seulement un homme politique sans pair dans l'histoire, ce fut un administrateur, un organisateur et un homme de lettres.

S'il refit tout en France, dans toutes les branches de l'administration, de l'industrie et du commerce, en continuant, modifiant ou améliorant les sages institutions de Sully; s'il créa la marine nationale, releva notre armée à ses propres yeux et à ceux du monde entier, il ne faut pas oublier qu'il donna une impulsion considérable à tous les arts et à toutes les sciences en protégeant les artistes, pensionnant les savants et créant des établissements utiles, comme le Jardin des Plantes, le Muséum d'histoire naturelle, la Sorbonne, l'Imprimerie royale, et que sa fondation de l'Académie française fut le berceau du grand siècle littéraire qui fut la gloire la plus pure du règne de Louis XIV.

Si comme homme de lettres il eut la vanité de se croire l'égal de Corneille, du moins fit-il construire, pour représenter ses tragédies, une salle de spectacle qui donna plus tard aux œuvres de Molière une partie du prestige qu'elles méritaient, et dont les imitations relevèrent l'art dramatique français, qui jusque-là n'avait eu pour temple que des granges enfumées ou les tréteaux de la place publique.

Mort de Louis XIII.

Rien ne parut changé à la politique de Richelieu. Mazarin, l'ami et le dépositaire des pensées du grand ministre, continua son œuvre; mais, comme il était plus renard que lion, il poussa de tout son pouvoir à des mesures de clémence. Gaston rentra en grâce; les portes de la Bastille s'ouvrirent pour

Bassompierre et une foule de prisonniers; les ducs de Vendôme, de Mercœur, de Beaufort, de Bellegarde furent rappelés. Louis XIII eût aussi pardonné à sa mère; mais elle venait de mourir à Cologne dans la douleur et l'abandon.

Lui-même ne tarda pas à suivre son ministre dans la tombe; il mourut le 14 mai 1643, à l'âge de quarante-trois ans, laissant deux fils, Louis XIV, âgé de cinq ans, qui devait lui succéder, et Philippe, duc d'Orléans, qui fut la tige de la branche cadette des Bourbons.

Louis XIII valait mieux que sa réputation, et c'est peut-être une exception; sans doute il ne fit rien personnellement, mais il laissa faire à Richelieu, et cela n'est pas sans quelque mérite, si l'on considère qu'il garda pendant dix-huit ans un ministre qu'il détestait, et qu'il en fit non-seulement son conseiller, mais le dépositaire de la toute-puissance et en quelque sorte le dictateur de la France; et ce n'était pas par faiblesse, car le fils de Henri IV avait de la décision et un courage qu'il montra en maintes occasions; il souffrit des exigences souvent cruelles du cardinal, et se résigna à lui laisser toute la gloire par dévouement pour l'intérêt public, en gardant pour lui toute la responsabilité, ce qui est si rare dans un roi que l'histoire devrait lui en tenir compte.

CHAPITRE XX

LE RÈGNE DE LOUIS XIV

Régence d'Anne d'Autriche.

Louis XIII, en mourant, avait laissé la régence à sa femme; mais, comme il l'aimait peu et craignait ses sympathies espagnoles, il limita son pouvoir par l'établissement d'un conseil composé du cardinal Mazarin, du prince de Condé, du chancelier Séguier, des secrétaires d'État Boutillier et Chavigny, et du duc d'Orléans, qui le présidait avec le titre de lieutenant général du royaume.

Le premier soin d'Anne d'Autriche fut de s'affranchir de cette tutelle; elle flatta le parlement qui, heureux de rentrer dans la politique par un acte éclatant, cassa le testament de Louis XIII et nomma la reine régente avec pouvoir de choisir ses conseillers, et ce qui étonna surtout la cour, c'est que le premier ministre qu'Anne d'Autriche se donna fut le cardinal de Mazarin, le successeur recommandé par Richelieu qui avait été son ennemi personnel.

Cette décision fit éclater la cabale qu'on appela des *Importants*, parce que ceux qui en faisaient partie, anciens amis de la reine, bannis pour cela par Richelieu, affectaient des airs de supériorité et de protection et ne cachaient pas assez qu'ils se croyaient les maîtres de l'État, et de fait ils avaient été assez en faveur dans les premiers jours pour faire rappeler tous les exilés et faire nommer ministre d'État une de leurs créatures, ce Potier, évêque de Beauvais et premier

Bataille de Rocroi (19 mai 1643).

aumônier de la reine, que le cardinal de Retz appelle une *bête mitrée*, parce que sa première dépêche fut une sommation aux Hollandais d'avoir à rentrer dans l'Église catholique s'ils voulaient conserver l'alliance de la France.

A la tête des Importants, qui ne pensaient qu'à défaire l'œuvre de Richelieu, étaient : le duc de Vendôme, fils légitimé d'Henri IV et de Gabrielle d'Estrées; ses deux enfants, le duc de Mercœur, et le duc de Beaufort qui allait bientôt mériter le surnom de « Roi des halles »; le jeune Marcillac, qui devint duc de La Rochefoucauld et ne dut sa célébrité qu'à ses *Maximes*. Il faut compter aussi la duchesse de Chevreuse à qui son esprit d'intrigue et son titre d'amie de la reine firent jeter le masque la première. Elle déclara bien haut qu'il fallait restituer aux grands tout ce que Louis XIII leur avait enlevé; mais Anne était avare du pouvoir et elle ne s'était pas affranchie de la tutelle imposée par le testament de son mari pour le confier à des brouillons qui recommençaient les complots précurseurs des guerres civiles; la découverte d'une tentative d'assassinat contre Mazarin, son principal conseiller, la décida à rompre ouvertement avec ses anciens amis. Potier fut renvoyé dans son diocèse; Beaufort, emprisonné au donjon de Vincennes, et les autres, exilés dans leurs maisons des champs (2 septembre 1643).

Victoires de Condé et de Turenne.

Cependant la guerre étrangère se continuait et le règne de Louis XIV avait été inauguré par des victoires.

Cinq jours après son avénement, Louis, duc d'Enghien, plus tard prince de Condé, âgé de vingt-deux ans, en qui Richelieu avait mis sa confiance parce qu'il avait épousé sa nièce, remporta sur 28 000 Espagnols commandés par François de Mello la sanglante bataille de Rocroi, qu'il ne dut qu'à son audace juvénile qui fut toujours la clef de la tactique française.

Battu sur sa gauche par Mello, il abandonne la droite où il était victorieux, passe rapidement derrière l'armée espagnole et la prenant à revers culbute sa cavalerie. L'infanterie restait immobile; il revint sur elle par trois fois, la rompit, et le vieux comte de Fuentès qui la commandait fut tué dans le combat.

Condé, qui avait reçu trois coups de mousquet dans son armure, poursuivit son succès avec cette fougue et cette audace heureuse qui en firent un grand homme de guerre. Il s'empare en courant de Thionville (4 août 1643), et se précipite contre l'Autriche au secours de l'armée weimarienne qui venait de perdre son général, Guébriant, en prenant Rottveil, et qui, obéissant mal à plusieurs chefs, s'était laissé surprendre à Duttlingen par les Impériaux. Il amène 10 000 hommes à Turenne qui venait d'être nommé maréchal et rassemblait les débris de cette armée.

Réunis, ils attaquent le général bavarois Mercy à Fribourg en Brisgau (26 août 1644). Le combat dura deux jours et Condé y fit des prodiges de valeur, entraînant à sa suite les Français électrisés. Il ne faut cependant pas prendre pour de l'histoire la légende populaire qui nous le montre jetant son bâton de maréchal dans les retranchements ennemis, pour aller le reprendre l'épée à la main; car il n'était pas maréchal de France et il ne le fut jamais. Il fit mieux, il s'y jeta littéralement; ses soldats l'y suivirent et remportèrent une victoire brillante, sinon décisive; car il faut reconnaître qu'après un massacre épouvantable de part et d'autre Mercy put s'éloigner sans être poursuivi. Il s'avoua cependant vaincu et laissa les deux généraux français s'emparer de Philipsbourg, Worms, Mayence, et faire place nette d'ennemis sur les bords du Rhin.

Condé revint à Paris recueillir les acclamations populaires, et Turenne s'engagea avec un peu trop de confiance au cœur de l'Empire pour rejoindre Torstenson qui l'attendait à Vienne. Il fut battu à Marienthal par Mercy (mai 1645). Le duc d'Enghien accourt avec une nouvelle armée, fait reculer l'ennemi, le poursuit jusqu'en Bavière et achève la déroute des Impériaux par la bataille de Nordlingen où Mercy trouve la mort (août 1646). De là il passe en Flandre et enlève Dunkerque à la face d'une armée espagnole.

L'année suivante, il éprouva sa première défaite en Catalogne, à Lérida, que deux maréchaux avaient vainement assiégée ; il ne fut pas plus heureux qu'eux et revint prendre sa revanche dans le Nord où les Espagnols, encouragés par son absence, s'étaient joints à l'archiduc Léopold, frère de l'empereur, pour s'avancer jusqu'à Lens. Condé les y attaqua avec sa vigueur ordinaire et en deux heures la bataille était gagnée (10 août 1648).

De son côté, Turenne avait brillamment réparé son échec et, par une tactique savante et hardie, jetait en Allemagne les fondements d'une réputation militaire qui est une des gloires de notre pays. Réuni au Suédois Wrangel, successeur de Torstenson, il avait gagné la bataille de Lavingen (novembre 1647) qui contraignit l'électeur de Bavière à sortir de ses États, et celle de Susmarshausen (mai 1648) qui mit l'empereur à deux doigts de sa perte, car sans une pluie torrentielle qui grossit tout à coup les eaux de l'Inn Turenne marchait sur Vienne et Ferdinand III fut sur le point d'abandonner sa capitale.

Traités de Westphalie.

Ces victoires mirent fin à la guerre de Trente Ans. Depuis longtemps déjà on négociait, mais les conférences ouvertes le 10 avril 1643, à Münster et à Osnabrück, n'aboutissaient pas. Il s'agissait, il est vrai, de remanier la carte d'Europe, de donner à l'Empire une constitution nouvelle et de régler le droit public et religieux de plusieurs nations chrétiennes. L'épée de Condé et de Turenne, en rendant la paix nécessaire, simplifia bien des questions, et malgré l'absence de l'Espagne qui, dans l'espoir de profiter des troubles de la Fronde qui commençaient à Paris, se retira au dernier moment, la paix fut signée par tous les autres États, le 24 octobre 1648.

Par ces traités, qui devinrent la base de toutes les conventions diplomatiques jusqu'à la Révolution française et qui eussent fait la grandeur de notre pays et établi la liberté politique de l'Europe, si les Bourbons n'eussent pas hérité de l'ambition des Habsbourgs, la maison d'Autriche perdait toute sa suprématie en Allemagne dont les petits États recouvrèrent toute leur indépendance en même temps que leur pleine liberté de conscience.

Naturellement la France et la Suède, qui avaient été les instruments de cette révolution, s'agrandirent aux dépens du vaincu ; la Suède eut l'île de Rugen, indépendamment de 5 millions d'écus pour les frais de la guerre, Weimar, la Poméranie occidentale avec Stettin, l'archevêché de Brême et l'évêché de Verden, ce qui lui donnait l'embouchure des trois grands fleuves alle-

Arrestation de Broussel (1648).

mands, l'Elbe, l'Oder et le Weser, et trois voix à la Diète.

La France gardait ses conquêtes : la Lorraine qu'elle promettait de restituer à son duc s'il acceptait ses conditions ; Metz, Toul, Verdun, qu'elle possédait depuis un siècle ; Pignerol, cédée par le duc de Savoie en 1631 ; toute l'Al-

LE CARDINAL DE MAZARIN (1602-1661).

sace, à l'exception de Strasbourg, dont la non-possession fut compensée par la propriété de Vieux-Brisach, sur la rive droite du Rhin, et le droit de mettre garnison dans Philipsbourg.

C'était un beau résultat, plus beau

même qu'on ne le croyait d'abord, car, en se portant garant de l'exécution du traité, la France, qui avait un pied en Allemagne par Vieux-Brisach et Philipsbourg et un autre en Italie par Pignerol, se donnait le droit d'intervenir à toute occasion dans les affaires de l'Allemagne, que sa division en trois cent soixante États de toutes sortes de gouvernements politiques et religieux appelait nécessairement à devenir le théâtre de toutes les intrigues et le champ de bataille de l'Europe.

La Fronde.

Mazarin eut beau couronner l'œuvre de Richelieu en faisant donner une sanction à ses actes par le congrès de Westphalie, personne ne lui en savait gré dans l'État. Haï des grands qu'il avait froissés en sévissant contre les Importants, haï des petits à cause de la sévérité du surintendant des finances d'Émery, étranger comme lui, qui fit mettre dans les geôles du royaume, et pour le seul recouvrement des impôts, jusqu'à 23 800 personnes pendant l'année 1646 il ne tarda pas à trouver autour de lui des ennemis que sa nationalité irritait moins que l'influence de plus en plus grande qu'il exerçait sur la reine.

Le dernier règne lui avait légué d'immenses embarras financiers; il les augmenta encore pour subvenir aux besoins de la guerre étrangère, pour acheter les seigneurs en les pensionnant, et aussi pour satisfaire sa scandaleuse avidité; si bien qu'après avoir laissé faire au ministre des finances des emprunts à 25 p. 0|0, des suppressions de quartiers aux rentiers de l'État, des rétablissements de vieilles ordonnances tombées en défaveur et des créations de nouvelles charges vénales, il ne put rien pour l'empêcher de faire banqueroute (1648).

La Fronde est sortie de ce scandaleux dépôt de bilan : ce fut cependant le parlement qui fournit le prétexte de la Journée des barricades.

Depuis qu'il avait fait acte politique en cassant le testament de Louis XIII, le parlement, qui se rendait de jour en jour plus populaire en refusant d'enregistrer les nouveaux édits bursaux pour faire de l'opposition au Mazarin, qu'il détestait parce qu'il avait accaparé toute l'autorité qu'il croyait exercer sur la régente, voulut se substituer aux États généraux; les magistrats, exaltés par l'exemple du Parlement d'Angleterre qui, en ce moment, faisait une révolution et envoyait son roi à l'échafaud, prétendirent diriger les affaires de l'État.

Le 13 mai 1648, les membres des quatre cours souveraines : parlement, chambre des comptes, cour des aides et grand-conseil, se réunirent au Palais de Justice « pour servir le public et les particuliers et réformer les abus de l'État ».

Mazarin fit d'abord casser l'*arrêt d'union;* mais, se ravisant, il autorisa les délibérations de cette assemblée qui prétendait donner une constitution nouvelle à la France, beaucoup par crainte, car le peuple s'éveilla au premier murmure du parlement, mais un peu pour voir ce qu'il en sortirait.

Journée des barricades.

Les quatre compagnies proposèrent à la sanction royale vingt-sept articles pour en faire la loi fondamentale de l'État. Il y en avait bien les trois quarts d'impraticables, mais quelques-unes étaient bons, notamment celui qui portait qu'à l'avenir les impôts ne seraient perçus que s'ils avaient été discutés et enregistrés avec la liberté du suffrage par le parlement de Paris.

Accepter cela était dangereux, car c'était faire passer le pouvoir législatif, qui ne peut appartenir qu'aux élus de la nation, entre les mains d'une aristocratie populaire aujourd'hui, mais qui ne donnait aucune garantie pour l'avenir, puisqu'elle était composée de deux cents magistrats qui achetaient leurs charges; aussi Mazarin ne le voulait pas: il n'avait cherché qu'à gagner du temps. Le retentissement de la victoire de Lens, qui avait arraché à Louis XIV, âgé de dix ans, ce cri du cœur: « Le parlement sera bien fâché! » donna du courage au cardinal. Il résolut de faire un exemple et de saisir trois des principaux meneurs de l'opposition, Novion-Blancmesnil, Charton et Broussel. Mais, au lieu de les faire arrêter sans bruit, il choisit le moment où l'on chantait à Notre-Dame le *Te Deum* pour la victoire de Lens, et où tout Paris était sorti pour voir les soixante-treize drapeaux conquis sur l'ennemi (26 août 1648).

Charton parvint à s'échapper. Blancmesnil fut arrêté sans peine. Il n'en fut pas de même pour le conseiller Broussel, qui s'était rendu l'idole de la foule par ses cheveux blancs et l'opposition systématique qu'il faisait de longtemps à tout ce que proposait la cour. Sa servante, le voyant jeter dans un carrosse, ameute le peuple: les boutiques se ferment, on tend les grosses chaînes qui étaient à l'entrée des rues principales; deux cents barricades s'élèvent en un instant; on les pousse jusqu'à cent pas du Palais-Royal aux cris de: « Liberté et Broussel! »

Le lendemain, le parlement se rend en corps auprès de la reine et redemande la liberté de ses membres; il n'obtient rien. Le peuple irrité l'insulte, et son président, Mathieu Molé, ne dut la vie qu'au grand courage civil qui lui fit braver les injures et les menaces de la foule d'un front aussi serein que s'il eût siégé au Palais. « Quand vous m'aurez tué, dit-il à ces furieux, il ne me faudra que six pieds de terre. »

Cependant l'émeute grandissait et la reine refusait toujours. Le coadjuteur de Paris, Paul de Gondi, qui fut plus tard cardinal de Retz, esprit inquiet et brouillon, qui rêvait pour lui la succession de Richelieu et qui était un des principaux meneurs du mouvement, s'interposa, non auprès du peuple, ce qui eût été diminuer la popularité qu'il avait acquise par ses sermons et ses aumônes exagérées, mais auprès de la reine, par l'intermédiaire de la reine d'Angleterre, qui, victime d'une révolution commencée moins bruyamment, effraya Anne d'Autriche.

Elle céda; non-seulement Broussel, relâché, fut porté en triomphe par le peuple de Paris, mais, par l'ordonnance de Saint-Germain (24 octobre 1648), la cour sanctionna les vingt-sept articles législatifs proposés par les quatre grandes compagnies de la magistrature.

Guerres de la Fronde.

Mazarin ne s'était soumis aux exigences du parlement que pour gagner du temps. Quand il se vit débarrassé de la guerre étrangère par le traité de Westphalie, il voulut en finir avec ces factieux qu'on n'appela frondeurs que plus tard, quand on vit que leurs menées n'étaient que des jeux d'enfants.

Le 6 février 1649, Anne d'Autriche quitta Paris avec le roi et appela autour d'elle une armée dont elle offrit le commandement au prince de Condé, le vainqueur de Rocroi, de Fribourg, de

Nordlingen et de Lens. Bien que n'aimant pas Mazarin, Condé se fit un point d'honneur de défendre une cour qu'il croyait ingrate, contre des révoltés qui l'avaient froissé en lui demandant ouvertement son appui.

Le parlement accepta cette déclaration de guerre et enrôla pour chefs des princes et de jeunes seigneurs qui se firent frondeurs pour faire pièce à celui qu'ils appelaient dédaigneusement *Mons Mazarin*.

Mademoiselle à la Bastille (1652).

Parmi eux étaient le prince de Conti, frère du grand Condé, le duc de Longueville, leur beau-frère, le duc de Bouillon, le duc de La Rochefoucauld et même Turenne. L'âme du parti était le coadjuteur, qui mit en avant le duc de Beaufort, homme très-brave, mais de peu d'esprit, qui fut surnommé *le Roi des Halles* et devint bientôt populaire parce qu'il parlait mieux le langage du peuple qu'il n'entendait celui de la cour.

Le parlement ne manquait pas de généraux, mais il n'avait pas de soldats. Il décréta que chaque porte cochère fournirait un homme et un cheval; on appela ces troupes « cavalerie des portes cochères ». Pour subvenir aux frais de la guerre, la grand'chambre, les requêtes, les enquêtes, la chambre des comptes et la cour des aides, qui avaient tant crié contre

LE CARDINAL DE RETZ.

des impôts nécessaires, fournirent une somme de dix millions, et les vingt conseillers de la dernière création furent obligés, pour acheter la tolérance de leurs confrères, de verser chacun 15 000 francs. Ils n'en eurent pas d'autre récompense que d'être appelés les *Quinze-vingts*, car tout se ridiculisa dans cette malheureuse guerre. Le coadjuteur avait un régiment qu'on nomma le régiment de Corinthe, parce qu'il était archevêque titulaire de Corinthe, et comme il fut battu dans une sortie, on appela cet échec *la première aux Corinthiens*.

Ce n'étaient que chansons et épigrammes. Il faut dire que les Parisiens, qui sortaient des murs en grand appareil guerrier, ornés de plumes et de rubans, et qui rentraient précipitamment sitôt qu'ils apercevaient un détachement de l'armée royale, prêtaient singulièrement le flanc.

En somme, cela n'aboutit à rien, et Condé, qui assiégeait 100 000 bourgeois avec 8 000 soldats, n'avait pas l'espoir de les réduire par la force; il n'entreprit rien de sérieux contre Paris, sachant bien qu'il se lasserait bientôt de combattre sans savoir ce qu'il voulait.

Les magistrats furent les premiers à chercher à se retirer de la bagarre, et pourtant c'étaient peut-être les seuls qui agissaient en connaissance de cause; mais ils avaient le sentiment de la patrie et ne voulaient pas que l'étranger fût en tiers dans leurs démêlés avec la cour. S'apercevant que les seigneurs ne s'occupaient qu'à perpétuer le désordre pour bouleverser l'État, et qu'ils entretenaient avec des envoyés de l'Espagne des relations fort peu secrètes, qui aboutirent à un traité, ils chargèrent le premier président Molé de faire la paix avec Mazarin. La convention de Rueil (avril 1649) diminua quelques impôts, autorisa les assemblées des chambres et ramena la cour à Paris.

La Jeune Fronde ou les Petits-Maîtres.

Bien que Mazarin eût indemnisé largement tous les seigneurs mécontents, la paix ne pouvait durer. Condé, qui prétendait dominer le gouvernement qu'il avait protégé, fatigua la cour par des exigences continuelles. Il humilia la reine et son ministre par des insolences d'un goût douteux; c'est ainsi qu'il écrivait à Mazarin : *A l'illustrissimo signor Faquino*. Il fit plus encore pour miner le crédit du cardinal : il chargea Janzé, un de ces petits-maîtres vains et présomptueux dont il s'entourait et qui poussaient à l'excès les défauts de leur patron, de reprendre auprès de la reine, toujours un peu coquette, le rôle qui avait, dit-on, réussi jadis à Buckingham. C'était une tactique habile, mais il avait affaire à plus fort que lui : Mazarin, par lui ou par les siens, le fit si souvent s'expliquer ouvertement sur le compte des anciens frondeurs, qu'il traitait avec le plus profond mépris, qu'il fut bientôt aussi détesté à la ville qu'à la cour.

Alors, sûr d'être applaudi par tout le monde, le cardinal le fit arrêter dans le Louvre, avec son frère Conti et son beau-frère Longueville (janvier 1650), et, chose toujours instructive, mais dont on ne profite jamais, ce même peuple de Paris, qui avait fait des barricades quand on arrêta un conseiller clerc sans aucune valeur personnelle, fit des feux de joie quand on conduisait le héros et le défenseur de la France au donjon de Vincennes.

C'est que le vieux levain démocratique de la grande cité commençait à fermenter, et qu'on s'apercevait déjà un peu que les grands ne sont grands que parce que nous les portons sur nos épaules.

Ce coup d'autorité ne fit soulever que quelques provinces. Bordeaux fut bien vite apaisé, et du Plessis-Praslin battit à Réthel le maréchal de Turenne qui, pour le principe, devait prendre la défense de Condé, mais qui commit la faute d'envahir la Champagne avec une armée espagnole.

Mazarin se crut trop tôt vainqueur et oublia la promesse qu'il avait faite d'un chapeau de cardinal pour le coadjuteur. Celui-ci ne le lui pardonna pas ; il se rapprocha du parti de Condé, qui comptait alors, en dehors des petits-maîtres, huit cents chefs des plus grandes maisons de France, qui s'étaient réunis à Paris, ranima les défiances du parlement, souleva le peuple, et, réunissant les deux Frondes dans des intérêts communs, força la reine à délivrer les princes et à renvoyer son premier ministre.

Mazarin parut se sacrifier au bien de l'État. Il ouvrit lui-même les portes de Vincennes au prince de Condé (février 1651), demanda le chapeau rouge pour le coadjuteur, et se retira à Cologne d'où il continua à gouverner la reine et la France.

L'union des deux Frondes ne dura guère : un moment il fut question de réunir en États généraux les chefs de la noblesse présents à Paris, et le clergé qui tenait alors son assemblée quinquennale ; mais le parlement, mis en défiance par la jalousie que ces deux ordres laissèrent percer trop tôt contre lui, ne s'y prêta pas.

Révolte de Condé.

Condé, irrité par ses trois mois de captivité, et qui en sortant de Vincennes ne trouva que l'isolement au lieu de l'influence de Mazarin qu'il attendait comme dédommagement, fut bientôt mécontent de tout le monde, et se jeta dans de coupables aventures. Rêvant le pouvoir et peut-être même le trône, il partit soulever la Guyenne et traiter avec l'Espagne, tandis que ses amis préparaient la guerre au centre de la France. Mazarin sortit aussitôt de sa retraite (décembre 1651), et confia le commandement des troupes à Turenne revenu à la cause royale. Le maréchal se dirigea vers la Loire pour surprendre l'armée des princes, mais Condé l'avait devancé, et alors qu'on le croyait encore dans le Midi il fondit, à Bléneau (avril 1652), sur le corps d'armée du maréchal d'Hocquincourt qui battit en retraite sur Briare où arrivait le maréchal de Turenne.

Cette défaite et aussi la réputation de Condé épouvantèrent Paris, et la cour parlait déjà de s'enfuir à Bourges ; Turenne rassura tout le monde, et, avec ses 4 000 hommes sagement dirigés, il empêcha les 12 000 de Condé de poursuivre leur avantage et les suivit jusque sous les murs de Paris.

Les Parisiens refusèrent d'ouvrir leurs portes à l'une ou l'autre armée, et la bataille se livra au faubourg Saint-Antoine ; elle fut sanglante et longtemps indécise. Enfin Condé, malgré son activité fiévreuse, qui fit dire à Turenne : « Je n'ai pas vu un Condé, j'en ai vu douze, » allait être écrasé dans une position mauvaise, quand Mademoiselle, fille de Gaston d'Orléans qui restait indécis dans son palais du Luxembourg, fit ouvrir les portes aux Frondeurs et tirer le canon de la Bastille sur l'armée royale. Turenne, étonné, recula, et Condé resta maître de la place (juillet 1652).

Mazarin ne pardonna pas à Mademoiselle cette intervention qui rendait encore une fois son éloignement nécessaire (il partit le 9 août), mais il empêcha l'accomplissement du mariage déjà projeté entre Louis XIV et sa cousine dont il disait : « Le canon a tué son mari. »

Condé ne put rester longtemps à Paris, où il n'y avait plus ni roi ni reine, et où le parlement ne reconnaissait pas son pouvoir. Il se rendit d'ailleurs très-impopulaire en laissant faire, s'il ne l'ordonna pas, un véritable massacre des partisans de Mazarin ; si bien qu'en présence des manifestations de l'opinion publique, qui rappelait le roi, et des démarches du parlement qui suppliait la reine de rentrer dans la capitale, il sortit de Paris le 18 octobre et se retira en Flandre au milieu des Espagnols, avec les régiments des princes et de leurs amis, quelque chose comme 10 000 soldats français.

La reine revint et les répressions commencèrent : dix magistrats furent destitués et emprisonnés, Condé fut condamné à mort par contumace, Gaston d'Orléans exilé à Blois, et le cardinal de Retz termina sa carrière politique dans le donjon de Vincennes ; il fut plus tard transféré à Nantes, d'où il s'échappa au péril de sa vie, passa en Espagne, à Rome, à Bruxelles où il resta longtemps, et revint en France vivre dans la retraite, pour payer les 4 millions de dettes qu'il avait contractées afin de satisfaire sa stérile ambition.

Trois mois après (février 1653), Mazarin, qui n'avait jamais cessé de gouverner de loin, rentra dans Paris en triomphateur. La Fronde était bien finie, mais Louis XIV n'oublia jamais ce temps où la cour fuyait en désordre devant quelques brouillons, et c'est dans ce souvenir qu'il puisa la nécessité du pouvoir le plus absolu, dont il montra les germes le jour de sa rentrée à Paris (22 octobre 1652), en faisant enregistrer d'autorité « une défense expresse aux gens du parlement de prendre ci-après aucune connaissance des affaires générales de l'État et de la direction des finances ».

Il fit plus encore. Trois ans après, étant à la chasse à Vincennes, il apprit que le parlement s'était réuni de lui-même pour préparer des remontrances au sujet de quelques édits ; il partit à cheval et entra dans la grand'chambre comme il était, en grosses bottes et le fouet à la main.

« Messieurs, dit-il avec de la colère dans la voix, on sait les malheurs qu'ont produit vos assemblées ; j'ordonne qu'on cesse celles qui sont commencées sur mes édits. Monsieur le premier président, je vous défends de souffrir des assemblées, et à pas un de vous de les demander. »

Cet enfant de quinze ans montrait déjà l'homme qu'il serait, et le parlement se le tint pour dit. Il subit encore deux coups fort sensibles : une déclaration portant que les arrêts du conseil d'État seraient obligatoires pour les cours souveraines, et le rétablissement des intendants qui veillaient sur l'administration de la justice dans les provinces et au besoin faisaient casser les arrêts par le *conseil d'en haut*.

Guerres avec l'Espagne.

La guerre de la Fronde était terminée, mais Condé n'était pas désarmé ; il alla offrir son épée aux Espagnols qui avaient profité de nos troubles pour nous reprendre Dunkerque au Nord et Casal en Italie. Conjointement avec l'archiduc Léopold, il vint assiéger Arras, non loin des plaines de Lens où il avait obtenu son plus grand triomphe ; mais il semblait perdre sa force en n'étant plus Français, et fut obligé de battre en retraite devant Turenne qui attaqua son camp et força ses lignes (25 août 1654).

Les deux années suivantes se passèrent en sièges : Valenciennes, Cambrai, Rocroi, que les deux gloires militaires françaises se disputaient ; mais avec les petites armées dont ils disposaient ils ne pouvaient frapper de coups décisifs. Une alliance avec l'Angleterre pouvait seule précipiter le dénouement et bien que Cromwell eût fait tomber sur l'échafaud la tête du gendre de Henri IV, Mazarin n'hésita pas plus à la conclure que Richelieu n'avait hésité à se servir des protestants d'Allemagne contre la maison d'Autriche (1657).

Dès lors, les Espagnols n'éprouvèrent plus que des revers. Tandis que les Anglais s'emparaient de la Jamaïque et brûlaient les galions de Cadix, Dunkerque était assiégée par terre et par mer. L'armée espagnole, commandée

ANNE D'AUTRICHE.

par don Juan d'Autriche et le prince de Condé, s'avança le long des dunes pour la secourir. Turenne ne lui donna pas le temps de se déployer et de se servir de son artillerie; il fondit dessus et la mit en pleine déroute (14 juin 1658). Dunkerque fut remise entre les mains des Anglais d'après les conditions des traités, et Turenne s'empara de Furnes, Gravelines, Oudenarde, Ypres, en repoussant les ennemis jusqu'à Bruxelles.

Philippe IV n'avait plus d'armée, plus de flotte. Vaincu par les Français dans le Nord, par les Portugais à Elvas, inquiété par le duc de Modène qui envahissait le Milanais, il était encore plus rudement atteint par la diplomatie de Mazarin, qui, n'ayant pu faire nommer Louis XIV empereur d'Allemagne, en succession élective de Ferdinand III, avait du moins conclu avec tous les princes allemands, les rois de Suède et de Danemark et le nouvel empereur Léopold lui-même la ligue du Rhin, qui isolait complétement l'Espagne du reste de l'Europe, par le maintien des traités de Westphalie.

Philippe IV demanda la paix ; les négociations du traité des Pyrénées, signé le 16 novembre 1659 dans l'île de la Conférence, sur la Bidassoa, furent conduites par les deux ministres, Mazarin et don Luis de Haro.

La France garda l'Artois, la Cerdagne et le Roussillon; elle consentit à rendre la Lorraine à son duc Charles IV, parce qu'elle savait bien qu'il ne l'accepterait pas avec toutes ses places fortes démantelées; elle pardonna à Condé, qui fut rétabli dans ses principales charges; mais l'Espagne, qui tenait à cette condition, dut céder en échange Philippeville, Avesnes, Marienbourg et Conflans.

Enfin ce traité était scellé par le mariage de Louis XIV avec l'infante Marie-Thérèse, qui devait lui apporter une dot de 500 000 écus d'or, moyennant laquelle la princesse renonçait à toute prétention sur l'héritage de son père.

Mazarin savait bien ce qu'il faisait en introduisant cette clause; il connaissait trop bien l'état des finances espagnoles pour croire que le roi paierait la dot de sa fille; il n'entrait pas, du reste, dans son plan de la réclamer, bien au contraire, puisqu'il méditait la réunion de l'Espagne à la France; et s'il n'y réussit pas, du moins établit-il le droit en vertu duquel Louis XIV envoya son fils régner en Espagne en lui disant : « Il n'y a plus de Pyrénées. »

Mort de Mazarin.

Ce traité, qui fut en quelque sorte le signal de la paix en Europe, puisqu'il fut suivi du traité d'Oliva, qui mit fin à la guerre que se faisaient le Danemark, la Pologne, la Hollande et la Suède, et du rétablissement des Stuarts sur le trône d'Angleterre, fut le dernier acte de l'administration de Mazarin. Il mourut à Vincennes, le 9 mars 1661, à l'âge de cinquante-neuf ans, désespéré de quitter les trésors et les richesses artistiques que son avidité lui avait permis d'acquérir au détriment du trésor public ; à la vérité, il légua au roi son immense fortune, qui se montait à cent millions d'alors, moins 800 000 écus destinés à la fondation du collége des Quatre-Nations.

Cet immense défaut avait eu des conséquences graves ; Mazarin, s'il avait fait quelques petites choses pour les gens de lettres recommandés par Ménage, avait négligé l'agriculture et le commerce ; il avait laissé dépérir la marine, qui coûtait trop à entretenir et lui aurait enlevé l'argent qu'il destinait à l'établissement de ses nombreuses nièces, qu'il maria fort bien et dota richement. A la vérité, il y en eut une qu'il pouvait marier mieux encore, Marie de Mancini, car le roi l'aimait et voulait l'épouser ; mais il faut lui rendre cette justice qu'il était trop Français de cœur, ou trop jaloux de la grande œuvre qu'il méditait, pour ne pas sacrifier son ambition personnelle aux destinées de Louis XIV, que seul peut-être il avait bien étudié. On cite de lui ces paroles aux maréchaux de Villeroy et de Grammont : « Vous ne le connaissez pas ; il se mettra en chemin un peu tard, mais il ira plus loin qu'un autre ; il y a en lui l'étoffe de quoi faire quatre rois et un honnête homme. »

Et de fait, à la mort de Mazarin, Louis XIV, qui avait vingt-trois ans et avait jusque-là passé tout son temps aux amusements de son âge, se révéla tout à coup, et quand les ministres vinrent lui demander à qui il faudrait s'adresser désormais pour les affaires de l'État, il répondit sans hésiter : « A moi ! »

Gouvernement de Louis XIV.

Cette résolution que prenait Louis XIV de gouverner par lui-même étonna toute la cour, mais moins encore que la façon dont il la tint. Il suivait en cela les conseils de Mazarin qui, expert en la matière, lui avait répété cent fois : « Ne prenez pas de premier ministre, » et qui l'avait préparé peu à peu à la direction des affaires et aux soucis de la royauté.

Louis se jeta dans l'administration à corps perdu, et en exigeant que les principaux fonctionnaires de l'État correspondissent directement avec lui ; il prit l'habitude de travailler huit heures par jour, ce qu'il fit régulièrement pendant trente années.

Sans doute il avait sa façon d'entendre les droits de la royauté, et l'homme qui devait dire : « L'État, c'est moi ! » ne devait pas compter beaucoup avec ses sujets. Cependant il se reconnaissait aussi des devoirs impérieux à remplir. « Nous devons, disait-il, considérer le bien de nos sujets plus que le nôtre propre. Ce n'est que pour leur avantage que nous devons leur donner des lois, et ce pouvoir que nous avons sur eux ne nous doit servir qu'à travailler plus efficacemement à leur bonheur. Il est beau de mériter d'eux le nom de père avec celui de maître, et si l'un nous appartient par le droit de notre naissance, l'autre doit être le plus doux objet de notre ambition. »

Paroles fort belles dans ses *Mémoires* et qui étaient peut-être dans son cœur, mais qu'on ne vit pas souvent dans ses actes.

Mazarin lui avait laissé pour principaux ministres : Pierre Séguier, garde des sceaux, qui eut l'art de se faire croire nécessaire pendant 50 ans, en ne prenant aucune importance politique ; Michel Letellier, savant magistrat, administrateur habile et dévoué, qui avait pour collaborateur au ministère de la guerre son fils Louvois, grande capacité, que le roi forma lui-même aux affaires ; Hugues de Lionne, élève de Mazarin, chargé de toutes les affaires diplomatiques, et qui s'y était distingué par une vaste instruction, un esprit facile et souple, une imagination vive, mais tempérée par une rare prudence ; Nicolas Fouquet, surintendant des finances. Celui-ci rêvait la successsion de Mazarin et en était peut-être digne par ses grands talents. C'était un homme très-remarquable, qui avait de hautes vues sur le commerce et commençait à relever la marine, mais un dissipateur voluptueux et élégant, qui déplaisait au roi par sa fortune scandaleuse, son faste royal et ses liaisons avec les débris de la Fronde.

Très-impopulaire à cause de ses dilapidations, il s'était fait la réputation d'un Mécène généreux, en protégeant noblement les lettres. Il avait d'illustres amis : Pélisson, La Fontaine, Gourville, Mme de Sévigné, Mme de Scudéry ont plaidé sa cause devant la postérité sans pouvoir la gagner. Fouquet était sans doute un excellent ami, mais c'était un mauvais ministre, et certainement un fripon, car où eût-il pris les neuf millions que lui coûta son château de Vaux, les sommes folles qu'il dé-

Château de Vaux.

pensa à fortifier Belle-Ile en mer pour s'assurer une retraite inexpugnable, et les cent mille livres qu'il prodiguait assez souvent pour un seul dîner, sinon dans les caisses de l'État?

Louis XIV le savait, car, voyant en lui un chef de parti, il était résolu à s'en défaire et il avait pris un ministre secret, Jean-Baptiste Colbert, qui lui avait été recommandé par Mazarin et qui, jour

Mort de Turenne (27 juillet 1675).

par jour, lui démontrait, chiffres en mains, les rapines et les malversations du surintendant.

Une chambre de justice fut d'abord créée pour faire le procès aux agents prévaricateurs; elle en fit pendre quelques-uns des moins puissants. Fouquet ne s'inquiéta pas de cette 'tendance autrement qu'en pressant les fortifications de Belle-Ile où il pensait à se retirer en cas de malheur, et brava le roi en l'invitant, lui et toute la cour, à inaugurer son château de Vaux par une fête toute royale, où il dépensa des millions. Louis fut indigné de ce faste insolent et de la devise orgueilleuse de Fouquet : *Quo non ascendam* (où ne monterai-je pas)? qu'il lut partout, et peu s'en fallut qu'il ne fît arrêter le surintendant au milieu de la fête. Il attendit cependant quelques semaines et Fouquet fut traduit devant une commission présidée par Séguier, pour concussion et complot contre la sûreté de l'État. Le premier chef était surabondamment prouvé, le second pouvait l'être par induction; mais le surintendant était soutenu par un parti si puissant que malgré l'acharnement de Colbert, de Letellier et du roi lui-même, il ne fut, après trois ans de procédure, condamné qu'au bannissement. Louis XIV, trouvant cette peine illusoire, se donna l'air de la croire trop forte; il commit la faute de l'aggraver en la commuant par une détention perpétuelle que Fouquet subit si durement dans la citadelle de Pignerol qu'on a cru longtemps qu'il était le fameux et mystérieux personnage célèbre sous le nom de l'*Homme au masque de fer*. Cette supposition tombe sous le fait que Fouquet mourut à Pignerol, après dix-neuf ans de captivité.

La charge de surintendant fut supprimée et Colbert administra les finances avec le titre de contrôleur général, ce qui ne l'empêcha pas d'occuper l'activité qui le dévorait à la maison du roi, aux beaux-arts, à l'agriculture, au commerce, aux travaux publics et même à la marine.

Nous parlerons de ses travaux gigantesques et de leurs heureux résultats dans un chapitre spécial [intitulé : *Le Siècle de Louis XIV ;* nous dirons seulement ici, pour expliquer les immenses progrès de la monarchie, les victoires et les succès de toute sorte que nous allons raconter, que, dès les premières années du règne proprement dit de Louis XIV, tout fut réorganisé en France par des hommes de génie, et que, pendant que Colbert méritait une célébrité universelle par ses aptitudes multiples, Louvois réformait l'armée, Séguier refondait nos lois, de Lionne maintenait notre prépondérance à l'étranger et Vauban fortifiait nos frontières, ce qui facilitait à Turenne, à Condé et à leurs dignes émules les victoires qui firent leur réputation et la gloire de la France.

Premiers actes de Louis XIV.

Lorsqu'il prit en mains le gouvernement, Louis XIV jeta un coup d'œil sur l'Europe et n'y vit rien, peuple ou roi, qui pût marcher son égal ou celui de la France. L'Espagne arrivait à cette profonde décadence où l'avait entraînée l'ambition mal calculée de Philippe II ; l'Allemagne, divisée en plus de 600 États à peu près indépendants, était l'anarchie même ; l'Autriche, gouvernée par un prince médiocre, sans crédit dans l'Empire, avait assez à faire de se défendre contre les Turcs ; la Suède achevait de s'épuiser dans les guerres aventureuses de Charles XII contre les Danois, les Russes et les Polonais ; l'Angleterre venait de reprendre la dynastie des Stuarts, qui, en opposition avec le sentiment national, allait pendant 35 ans neutraliser son influence et arrêter sa fortune ; l'Italie ne comptait plus depuis deux siècles ; la Hollande n'était qu'une marine. En somme, la France seule était relativement grande, et Louis, qui se voyait encore plus grand que la France, ne souffrit aucune atteinte à sa prédominance.

C'est ainsi que notre ambassadeur à Londres, le comte d'Estrades, ayant été insulté dans une cérémonie publique par les gens de l'ambassadeur d'Espagne qui voulaient prendre le pas sur lui, Louis rappela immédiatement son ambassadeur de Madrid et menaça de la guerre le roi d'Espagne, tout son beau-père qu'il était, s'il ne lui accordait une satisfaction éclatante; et le comte de Fuentès fut obligé de venir à Fontainebleau déclarer en présence de toute la cour et de tout le corps diplomatique « que désormais les ministres espagnols ne concourront plus avec ceux de la France » (1662).

Deux ans plus tard, un fait de même nature se présenta à Rome. La populace, irritée par les dédains du duc de Créquy, notre ambassadeur, tira sur son carrosse et sur les fenêtres de son palais; le roi exigea satisfaction, et comme le pape temporisait il s'empara d'Avignon et parla d'envoyer une armée en Italie. Alexandre VII s'humilia, envoya son neveu, le cardinal Chigi, présenter ses excuses à Louis XIV et lui apprendre qu'une pyramide allait être élevée au milieu de Rome pour rappeler à la fois l'injure et la réparation.

Ces actes de hauteur étonnèrent toute l'Europe, mais le succès les justifia, parce que le roi en fit sa ligne de politique étrangère et qu'il ne marchanda jamais son alliance quand le secours qu'il portait aux nations voisines aidait à lui faire reprendre le rôle de Charles-Quint, qu'il ambitionna jusqu'au jour où il voulut être plus que le chef armé du catholicisme, le monarque prépondérant de l'Europe.

C'est évidemment dans ce dernier but qu'il envoya au roi de Portugal, qui défendait péniblement son indépendance contre les Espagnols, le maréchal de Schomberg avec 4 000 vieux soldats qui, par la victoire de Villaviciosa (1665), affermirent sur le trône la maison de Bragance; mais ce fut surtout pour la cause du catholicisme qu'il envoya le duc de Beaufort, devenu son amiral, purger la Méditerranée des pirates qui l'infestaient et désolaient toutes les nations riveraines. L'ancien *Roi des Halles* donna une chasse terrible à tous ces écumeurs de mer avec quinze vaisseaux, porta l'incendie dans leurs repaires d'Alger et de Tunis et les contraignit à respecter le pavillon français et le commerce des chrétiens.

Dans les mêmes vues, Louis XIV, alors que les Turcs menaçaient Vienne (1664), envoya à l'empereur Léopold 6 000 hommes qui prirent une part glorieuse à la victoire de Saint-Gothard qui sauva l'Autriche.

Il aida de même les Vénitiens à défendre Candie et, de 1665 à 1669, plus de 30 000 Français y passèrent; le duc de Beaufort, chef de la dernière armée, y trouva la mort.

Cette assistance désintéressée à tous les ennemis des Ottomans était une déviation de la politique séculaire de la France; mais elle avait son côté chevaleresque et Louis croyait pouvoir se passer des anciens alliés de François Ier s'il devenait le protecteur en titre de l'Europe catholique.

A cette époque d'ailleurs, il fit une chose beaucoup plus utile à ses intérêts, sinon à sa gloire : il acheta pour 5 millions au nouveau roi d'Angleterre, Charles II, toujours à court d'argent, le port de Dunkerque, pour servir de refuge à sa marine naissante. On y creusa des bassins, Vauban l'entoura de fortifications redoutables, et la ville devint un objet de regret, de terreur et d'envie pour les Anglais, d'autant que la guerre venant à éclater entre eux et les Provinces-Unies Louis XIV, qui avait conclu une alliance avec elles, pour les lier d'avance à sa politique contre l'Espagne, fut nécessairement l'ennemi des Anglais. Mais il se garda bien d'engager sa flotte à fond ; il se contenta seulement de montrer qu'il avait les plus habiles marins du monde et, au traité de Bréda qui termina cette guerre (31 juillet 1667) il échangea Saint-Christophe, Antigoa et Montserrat, ports du Canada que les glaces interceptaient six mois de l'année, contre l'Acadie, région couverte d'immenses forêts et bordée d'excellents ports toujours libres.

Guerre de Flandre.

Toutes ces interventions n'avaient engagé que des détachements de nos troupes; la première guerre sérieuse que fit Louis XIV éclata au sujet de la succession du roi d'Espagne.

Philippe IV était mort en 1665, laissant un fils de 4 ans, Charles II, né d'un second mariage. Selon l'usage des Pays-Bas, l'infante Marie-Thérèse, reine de France, était appelée, comme fille du premier lit, à recueillir l'héritage paternel. Louis XIV réclama ces provinces au nom de sa femme ; la cour d'Espagne réunit des jurisconsultes et des théologiens, quand il lui aurait fallu lever une armée. Des négociations s'ouvrirent, et il n'en sortit naturellement rien, parce qu'à la renonciation de l'héritage de son père, que Marie-Thérèse avait faite en se mariant et qu'on opposa au roi de France, celui-ci, qui comptait beaucoup plus sur son armée que sur ses raisons diplomatiques, allégua que sa femme était mineure quand elle avait signé cet acte et qu'il était alors de toute nullité.

La guerre devint inévitable et se présenta d'autant plus mal pour les Espagnols qu'ils n'avaient ni marine, ni armée, ni argent, et que les alliés naturels sur lesquels ils croyaient pouvoir compter étaient déjà circonvenus par Louis XIV. Il s'était assuré de la neutralité de l'Angleterre et des Provinces-Unies par le traité de Bréda, avait décidé les princes allemands de la ligue du Rhin à lui fournir des troupes, gagné l'empereur par la crainte des Turcs et préparé les Pays-Bas, qui n'avaient point de nationalité, puisque depuis quatre siècles ils n'avaient eu que des maîtres étrangers, à devenir français par les lois, comme ils l'étaient déjà par le langage.

La campagne de 1667, entreprise par le roi lui-même avec 50 000 hommes commandés par Turenne, ne fut qu'une promenade militaire : Charleroi, Tournai, Furnes, Courtrai, Douai, furent aussitôt pris qu'assiégés. Lille seule résista dix-sept jours ; en trois mois, la Flandre fut soumise.

Confiant dans ses succès, Louis proposa, aux approches de l'hiver, un armistice aux Espagnols ; Castel-Rodrigo, gouverneur des Pays-Bas, le repoussa avec hauteur, prétendant qu'il n'avait pas à accepter comme une grâce de l'ennemi la suspension d'armes qui allait lui être accordée par la nature. Cette fierté malencontreuse, puisqu'elle n'était pas appuyée par une armée, fut punie de la perte d'une nouvelle province ; Louis voulut lui prouver qu'il pouvait faire la guerre même en hiver, et, de Saint-Germain où il était revenu, il dirigea sur Besançon une armée de 20 000 hommes, commandée par le grand Condé, et qu'il rejoignit lui-même dans les premiers jours de février 1668. Besançon, Salins et Dôle capitulent ; la Franche-Comté est conquise en trois semaines, et avec si peu de résistance que le consul d'Espagne écrivit à l'orgueilleux Castel-Rodrigo « qu'il ne comprenait pas que le roi de France se fût donné la peine de venir prendre possession de ce pays, quand il suffisait d'y envoyer des laquais ».

Des succès si rapides inquiétèrent la Hollande, l'Angleterre et la Suède, et en cinq jours elles conclurent la triple alliance de la Haye, qui imposa à l'Espagne sa médiation. Louis XIV voulut bien l'accepter, contre l'avis de Turenne et de Condé qui promettaient, avec raison, la conquête des Pays-Bas avant la fin de la campagne. Par le

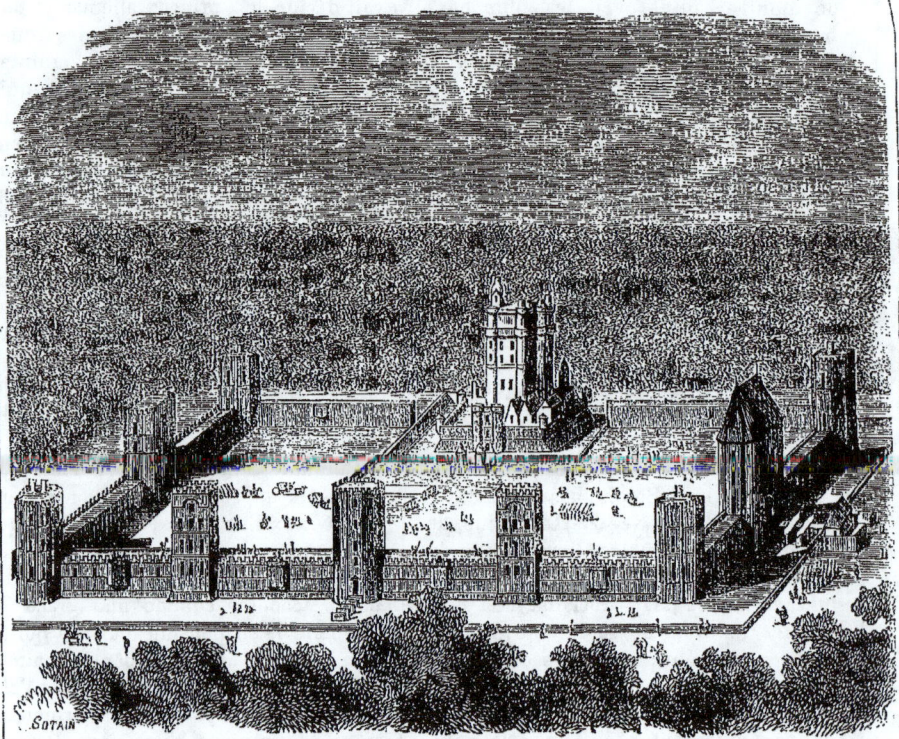

Vincennes sous Louis XIV.

traité qui fut signé à Aix-la-Chapelle (2 mai 1668), le roi de France abandonnait la Franche-Comté et ne gardait que ses conquêtes en Flandre; les Pays-Bas restaient en litige. Mais Louis n'insista pas ; il croyait le roi d'Espagne prêt à mourir et il attendait sa succession. Ce fut une faute, car ce moribond vécut encore trente-deux ans et l'occasion perdue ne se retrouva pas.

Guerre de Hollande.

Louis XIV pardonna d'autant moins cette intervention de la Hollande qu'on prétendait à la cour de France que van Benningen, le négociateur du traité d'Aix-la-Chapelle, s'était fait représenter sur une médaille en Josué arrêtant le soleil, allusion blessante à l'emblème que s'était choisi le roi, un soleil dardant ses rayons sur le monde avec cette devise : *Nec pluribus impar*. Mais il n'y avait pas là, même pour un monarque absolu, motif à déclaration de guerre; il se présenta bientôt. Les Hollandais, que Colbert détestait comme rivaux de notre commerce et qu'il repoussait de nos côtes, en forçant nos marchands à faire faire leurs transports par navires français, répondirent à ses tarifs par une surtaxe sur nos vins, nos eaux-de-vie et nos produits manufacturés.

Le *casus belli* était trouvé ; mais Louis ne se hâta pas de le dénoncer. Il isola d'abord la Hollande en dissolvant la triple alliance, et se chercha ensuite des coopérateurs.

Il n'eut pas grand'peine à éloigner la Suède de la cause de la Hollande. Ce n'était qu'une question d'argent, et moyennant un subside annuel de 1 500 000 écus notre ancienne alliée renoua avec nous. L'Angleterre eût été plus difficile à décider : mais Louis ne la consulta pas; il s'adressa au roi Charles II, nourri dans les idées du pouvoir absolu et à qui il ne manquait que de l'argent pour gouverner en dehors de son parlement. En quatre ans, la France lui envoya 8 millions de livres, et ce fut sa sœur, Henriette, femme de Philippe d'Orléans, frère de Louis XIV, et qu'on appelait communément *Madame*, qui se chargea de cette négociation, entamée à Douvres (1670) au milieu de fêtes magnifiques dont le prétexte ne fut pas difficile à trouver.

Au retour de cette expédition diplomatique, cette jeune femme de vingt-six ans, brillante d'esprit et de beauté, mourut subitement (empoisonnée, croit-on, par un favori de son mari); mais cette catastrophe ne changea rien aux conventions des deux souverains, et la Hollande eut un ennemi de plus.

Pendant ce temps, de Lionne traitait avec l'empereur et les princes allemands de la ligue du Rhin, qui promirent tous au moins la neutralité, sinon leur coopération effective.

Au printemps suivant, les hostilités commencèrent. Trente vaisseaux, de 50 à 78 canons, allèrent joindre les soixante bâtiments de haut bord de la flotte anglaise, commandée par le duc d'York, et 90 000 hommes, dont 20 000 environ fournis par l'évêque de Munster, l'évêque de Cologne et quelques autres princes allemands, s'échelonnèrent de Sedan à Charleroi, sous les ordres de Condé, Turenne, Luxembourg, Chamilly et Vauban.

La Hollande pouvait opposer à un tel ennemi une flotte formidable et des amiraux, Tromp et Ruyter, considérés jusqu'alors comme les premiers de leur siècle; mais ses armées de terre étaient bien négligées; elle ne put rassembler que 25 000 miliciens sans discipline, pour joindre aux 20 000 hommes que l'électeur de Brandebourg, son seul allié, promettait de lui envoyer. Elle était d'ailleurs troublée par des divisions intestines. Le parti républicain, dirigé par Jean de Witt, grand-pensionnaire ou magistrat suprême de Hollande, disputait la prépondérance politique à celui qui voulait rétablir dans les charges de ses ancêtres le jeune prince d'Orange, et qui, en présence du danger national, réussit à le faire nommer capitaine général à l'âge de vingt et un ans.

Passage du Rhin.

Cependant Louis XIV, qui dirigeait

en personne les opérations, s'avançait le long de la Meuse, pour ne pas violer le territoire espagnol ; puis il côtoya le Rhin de Wesel à Tolhuys. Là le prince de Condé découvrit un gué dont l'abord était d'autant plus facile qu'on n'apercevait sur l'autre rive que 500 cavaliers et quelques régiments d'infanterie dépourvus de canons. Le passage fut décidé, et pendant que l'artillerie française foudroyait les Hollandais la maison du roi et les meilleures troupes de cavalerie franchissaient le fleuve, au nombre d'environ 15 000 hommes, sans brûler une amorce. L'ennemi ne chercha même pas à se défendre, à part quelques cavaliers hollandais, qui s'enfuirent devant le nombre, et il n'y aurait eu personne de tué dans cette journée, dont l'exagération des courtisans fit un titre de gloire à Louis XIV, et la crédulité des Parisiens un prodige, sans l'imprudence un peu avinée, diton, du jeune duc de Longueville, qui déchargea son pistolet sur l'infanterie hollandaise, laquelle demandait la vie à genoux, en s'écriant : « Pas de quartier pour cette canaille ! » A cette insulte, que le duc de Longueville paya de sa vie, les Hollandais reprirent leurs armes et fusillèrent notre cavalerie ; dans la mêlée qui s'ensuivit, le prince de Condé faillit être tué d'un coup de pistolet qu'un capitaine de cavalerie lui portait à la tête à bout portant ; il détourna l'arme avec sa main et en fut quitte pour avoir le poignet fracassé ; ce fut la seule blessure qu'il reçut jamais.

Quant à Louis XIV, « que sa grandeur attachait au rivage, » il traversa le Rhin plus tard, à loisir, sur un pont de bateaux où passa en même temps toute l'infanterie (12 juin 1672). Ce qui n'empêcha pas l'opinion publique d'être persuadée que l'armée avait passé le fleuve à la nage, en présence d'une armée retranchée et sous le feu d'une forteresse imprenable appelée *le Tholus*.

Le Rhin franchi, la Hollande était ouverte à l'invasion ; en peu de jours, les provinces de Gueldre, d'Over-Yssel et d'Utrecht se soumirent sans essayer de se défendre. Des détachements de volontaires s'emparaient des places, et quatre soldats français furent un moment maîtres de Muyden, qui était la clef d'Amsterdam, puisque les écluses qui permettent d'inonder la campagne environnante s'y trouvaient. On ne les renforça pas à temps, et malgré l'avis des généraux qui voulaient marcher de suite sur la capitale Louvois préféra laisser des garnisons dans les places, ce qui affaiblit l'armée et retarda ses opérations ; mais il ne fallait pas priver le roi du plaisir de recevoir, à toute heure de la journée, les nouvelles de quelque conquête.

En présence de cette indécision, les Hollandais reprirent courage ; ils réunirent toutes les forces vives de l'État entre les mains d'un seul homme, en appelant au stathoudérat Guillaume d'Orange, qui allait sauver l'indépendance de son pays, mais qui souilla sa gloire en laissant une populace inconsciente massacrer deux grands citoyens, Jean et Corneille de Witt, qui n'avaient d'autre tort que d'être les chefs illustres du parti républicain.

Première coalition contre la France.

La dictature du prince d'Orange changea la face des choses. D'abord il força les Français à reculer en inondant toutes les campagnes qui environnaient Amsterdam au moyen des écluses et de nouvelles digues qu'il fit percer, puis il se trouva des alliés : l'Espagne, le duc de Lorraine, l'empereur d'Autriche furent bien vite prêts ; il n'y eut pas jusqu'à la plupart des princes allemands de la ligue du Rhin qui, effrayés pour eux-mêmes des succès de nos armes, ne se préparassent à les entraver. Cette coalition, connue sous le nom de *Grande-Alliance de la Haye*, fut signée en août 1673.

Mais, avant que ces ennemis fussent en campagne, Vauban eut le temps de

COLBERT.

prendre Maëstricht, pendant que Luxembourg immobilisait les Hollandais, que Turenne arrêtait les Impériaux sur l'Elbe, et que d'Estrées livrait, de concert avec les Anglais, quatre batailles navales à l'amiral Ruyter.

Cependant les confédérés s'armaient en hâte, et les Autrichiens arrivèrent sur le Rhin, grâce à la défection de l'archevêque de Wurtzbourg, et firent leur jonction avec le prince d'Orange. Leurs troupes réunies enlevèrent Bonn et prirent leurs quartiers d'hiver dans l'électorat de Cologne.

Le printemps suivant, ils devaient tenter sur la France deux invasions formidables, par la Lorraine et par les Pays-Bas. Mais Louis XIV avait déjà changé de champ de bataille, et avant que ses ennemis ne fussent prêts il s'empara, ou plutôt Vauban s'empara de la Franche-Comté en moins de six semaines; Besançon n'avait résisté que neuf jours; et la province entière était

VAUBAN.

réunie pour toujours à la France en mai 1674.

Turenne en Alsace.

Les alliés n'en mirent que plus d'acharnement à leurs projets d'invasion; mais ils furent si lents à se mettre en marche que Turenne, qui devait s'opposer à l'armée de la Lorraine pendant que Condé attendait l'autre, eut le temps de courir au-devant et de prendre l'offensive. Il passa le Rhin à Philipsbourg, brûla le Palatinat pour empêcher l'ennemi de s'y ravitailler, et battit celui-ci dans quelques petits combats, à Sinzbemi et à Zadeabourg (juillet 1674).

Mais, avec ses 20 000 hommes, il ne pouvait pas prétendre arrêter 70 000 Allemands déjà arrivés en Alsace par le pont de Strasbourg qui avait violé sa neutralité, et c'est là que lui servit cette science militaire dont on n'avait pas idée avant lui. Il résista aux injonctions de Louvois qui voulait le faire retirer en Lorraine, et, prenant toute la responsabilité pour lui, il resta en Alsace autant de temps qu'il lui en fallut pour fatiguer l'ennemi. Puis, l'hiver arrivant, il passa les Vosges comme pour prendre ses quartiers en Lorraine.

Les Allemands, qui se crurent débarrassés de cette armée inquiétante, se dispersèrent pour trouver à mieux vivre sur le pays; c'était ce qu'espérait Turenne. Aussitôt il lève secrètement ses camps, longe la chaîne des Vosges par leur revers occidental, et après vingt jours de marches en plein mois de décembre, à travers des chemins affreux, des défilés impraticables, il tombe sur les Impériaux, les culbute à Mulhouse, à Colmar et à Turkheim, et, les poussant en désordre devant lui, les oblige à repasser le Rhin après leur avoir tué, blessé ou pris plus de 40 000 hommes.

Le bruit de cette campagne merveilleuse retentit dans toute l'Europe, et le voyage de Turenne, qui fut rappelé à la cour pour jouir de son triomphe, ne fut qu'une suite d'ovations.

Bataille de Senef.

Condé fut moins heureux dans le Nord, mais non pas moins glorieux; il empêcha les 90 000 Espagnols et Hollandais que commandait le prince d'Orange de pénétrer en Champagne.

Tout d'abord, à cause de son infériorité numérique, il s'était retranché près de Charleroi, en avant de la Sambre, dans une position que l'ennemi n'osa pas attaquer; mais, la patience n'étant pas sa qualité dominante, il s'ennuya de la défensive et courut après l'ennemi qui se retirait; il atteignit son arrière-garde à Senef, près de Mons (août 1674), la culbuta et entama son corps de bataille; mais dans l'ardeur du combat il ne prit pas le temps de reformer ses lignes pour attaquer le gros de l'armée rangé dans une forte position; on s'y battit jusqu'à la nuit sans résultat autre que sept à huit mille hommes hors de combat dans chaque armée. Condé eut trois chevaux tués sous lui; il se promettait la victoire pour le lendemain matin; mais au point du jour l'ennemi avait décampé.

Le prince d'Orange voulut prouver qu'il n'avait pas été vaincu, en assiégeant Oudenarde; il prouva seulement qu'il pouvait l'être, car Condé l'obligea à abandonner promptement cette entreprise. Malheureusement, dans le même moment, Grave, que Chamilly avait défendu quatre-vingt-treize jours, en causant une perte de 16 000 hommes aux assaillants, ouvrit ses portes et la campagne des Pays-Bas fut à recommencer.

Mort de Turenne.

Condé et Turenne s'y employèrent, et les opérations se reprirent au mois de juin 1675, avec plus de vigueur que jamais. Turenne revint prendre le commandement de l'armée du Rhin et s'engagea dans le Palatinat, où Montecuculli, son rival en tactique, l'attendait à la tête des Impériaux.

Ils restèrent six semaines à se suivre,

à s'observer et à chercher à se surprendre mutuellement, et leur réputation militaire s'en accrut. Enfin ils allaient en venir aux mains près de Salzbach, sur un champ de bataille que Turenne avait lui-même choisi et où il espérait à bon droit la victoire, quand le maréchal, en observant la position d'une batterie ennemie, fut tué par un boulet perdu qui emporta du même coup le bras de Saint-Hilaire, lieutenant-général de l'artillerie (27 juillet 1675).

Cette mort, qui jeta la désolation dans l'armée française, y répandit aussi la terreur. Les Français, découragés, se replièrent vers le Rhin, et tout le fruit d'une campagne savante et laborieuse fut perdu par moment d'effroi dont Montecuculli profita pour pénétrer en Alsace par le pont de Strasbourg, pendant que le duc de Lorraine mettait le siège devant Trèves avec une armée de 20 000 hommes.

Créqui accourut pour secourir la ville; battu à Consarbruck, il se jeta dans la place qu'il fut obligé de rendre, après quelques semaines d'une défense héroïque, par la lâcheté de la garnison (sept. 1675).

Cependant Condé, quoique las de guerres, arrivait pour prendre la succession de Turenne; il rendit confiance à nos troupes, qui forcèrent les Impériaux à repasser le Rhin, après avoir abandonné les sièges de Saverne et de Haguenau. Ce fut son dernier succès. Ne se jugeant pas indispensable à la tête des armées, ou peut-être ne voulant rien perdre de sa gloire passée, il se retira à Chantilly, où il vécut dans la société des philosophes et des gens de lettres jusqu'en 1686, époque à laquelle il mourut victime de son dévouement pour sa petite-fille, la duchesse de Bourbon, atteinte de la petite vérole.

L'année suivante, la guerre de sièges, que Louis XIV préférait, recommença; les villes de Condé et Bouchain furent prises; Maëstricht, que le prince d'Orange assiégeait, délivrée; mais Philipsbourg ouvrit ses portes aux Allemands.

Une compensation glorieuse nous était réservée. Duquesne, qui commandait sous les ordres du duc de Vivonne, très-peu marin, mais frère de la favorite en titre, madame de Montespan, une flotte envoyée dans la Méditerranée pour défendre Messine contre les Espagnols, se mesura deux fois, avec avantage, contre le fameux amiral Ruyter : la première fois devant l'île de Stromboli (1676). Ce combat resta indécis; mais devant Syracuse, ce fut une grande victoire; Ruyter y fut tué, et Louis XIV ordonna qu'on rendît les honneurs militaires dans tous les ports français où passerait le navire qui portait les restes de ce grand amiral.

La flotte hispano-hollandaise, déconcertée, vint se faire cerner, devant Palerme, entre celles de Duquesne et de Tourville.

Les Hollandais n'étaient pas plus heureux sur l'Atlantique. D'Estrées, avec huit vaisseaux qu'il arma à ses frais moyennant la moitié des prises, courut reprendre Cayenne dont les Hollandais s'étaient emparés, et les punir d'avoir ravagé nos établissements des Antilles, par la destruction de leur flotte dans le port de Tabago, la prise de cette île et de tous les comptoirs qu'ils avaient au Sénégal.

Traité de Nimègue.

Le pavillon français régnait alors sur l'Atlantique comme sur la Méditerranée. Il s'agissait de l'implanter aux Pays-Bas. Créqui, qui succédait à Turenne, fit oublier sa défaite de Consarbruck dans une campagne digne de son prédécesseur; par une suite de marches habiles, il couvrit l'Alsace et la Lorraine contre un ennemi supérieur en nombre, le battit à Kochersberg (7 octobre 1677), et lui enleva Fribourg, ce qui reportait le champ de bataille en pays ennemi.

Pendant ce temps, Luxembourg, qui avait remplacé Condé, qu'il rappelait par son audace et sa façon de combattre, prit Valenciennes dont les mousquetaires du roi enlevèrent en plein jour les formidables ouvrages. Cambrai tomba sitôt après, et Luxembourg eut encore le temps de faire gagner sur le prince d'Orange à Monsieur, frère du roi, qui était dans son armée comme Louis XIV y avait été devant Valenciennes, la bataille de Cassel (avril 1677), qui décida la ville de Saint-Omer à capituler. Gand ouvrit ses portes l'année suivante.

La situation était donc redevenue bonne; mais un événement imprévu décida Louis XIV à faire la paix. Non-seulement il ne fallait plus compter sur l'alliance de l'Angleterre, Charles II restant neutre depuis 1674, mais ce prince se voyait forcé, à son trône défendant, de s'unir aux Hollandais, de marier sa nièce Marie avec le prince d'Orange, et de se déclarer contre la France (janvier 1678).

Cet événement pouvait avoir des conséquences graves; Louis XIV les prévint en proposant la paix aux Provinces-Unies. Les négociations commencèrent, et Guillaume d'Orange, qui devait tout à la guerre, essaya de les rendre impossibles en surprenant le maréchal de Luxembourg, qui se reposait sur la foi d'un armistice, à Saint-Denis, près de Mons (11 août 1678); mais il fut repoussé après un combat désespéré et inutile, qui dura six heures.

Par ce traité, qui fut signé à Nimègue par la Hollande, l'Espagne, l'Angleterre et l'Autriche, et quelques semaines plus tard par l'électeur de Brandebourg à Saint-Germain et le roi de Danemark à Fontainebleau, l'Espagne, qui payait encore les frais de la guerre, nous abandonnait la Franche-Comté et quatorze places dans le Nord: Aire, Saint-Omer, ces deux dernières villes de l'Artois, Valenciennes, Cambrai, Maubeuge, Condé, Bouchain, etc., que Vauban couvrit aussitôt de fortifications, pour en faire de ce côté la barrière de la France.

L'électeur de Brandebourg et le roi de Danemark restituèrent tout ce qu'ils avaient enlevé à la Suède, notre alliée.

Quant à la Hollande, elle gagna à ce traité l'abolition des tarifs créés par Colbert en 1667, ce qui allait porter une rude atteinte à notre marine marchande et par contre-coup à notre industrie nationale.

Mais on ne prévoyait pas les malheurs d'aussi loin. Louis XIV était à l'apogée de sa gloire, et les magistrats de Paris, qui lui avaient déjà fait élever deux arcs de triomphe, la porte Saint-Martin et la porte Saint-Denis, lui décernèrent solennellement le titre de Grand (1680), et lui élevèrent une statue sur la place des Victoires.

Acquisitions territoriales.

Louis ne s'endormit pas sur ses *lauriers*, il en faisait trop grand cas pour cela, et pendant que ses ennemis désarmaient après la paix, il conserva son armée pour s'annexer, au besoin par la force, les villes et les territoires plus ou moins sous-entendus au traité de Nimègue dans le mot *dépendances*. C'est ainsi qu'il établit à Tournai, à Metz, à Brisach et à Besançon des

LOUIS XIV.

chambres dites de *réunion*, parce qu'elles étaient chargées d'examiner les titres et les droits des possesseurs actuels des terres qu'on prétendait démembrées des villes de Flandre, de l'Alsace, des Trois-Évêchés et de la Franche-Comté. L'Espagne, le Palatinat et les princes allemands comparurent devant ces cours pour revendiquer les domaines contestés ; mais des arrêts soutenus par des forces imposantes (1681) donnèrent à la France vingt villes importantes, notamment Sarrebrück, Deux-Ponts, Luxembourg, Montbéliard et Strasbourg, qui devint si vite une de nos villes les plus françaises qu'elle pouvait espérer le rester toujours.

En même temps Louis XIV acheta, et toujours les armes à la main, Casal au duc de Mantoue, pour pouvoir dominer le nord de l'Italie et le Piémont, où il avait déjà un pied par Pignerol.

Nos armées de terre étaient en repos, mais notre marine allait faire respecter le drapeau de la France. Les pirates barbaresques avaient recommencé leurs déprédations dans la Méditerranée. Le vieux Duquesne fut chargé de les réduire, et à l'aide des galiotes à bombes, engin terrible de destruction pour les villes maritimes, que venait d'inventer Bernard Renau, il bombarda deux fois Alger (1681 et 1683), qui, détruite à moitié, fut obligée de rendre ses prisonniers. Tunis et Tripoli subirent le même sort, et une ville chrétienne, Gênes, qui avait vendu des armes aux Algériens, et qui fabriquait quatre vaisseaux de guerre pour l'Espagne, fut étroitement bloquée par notre flotte. En quelques jours, Seignelay et Duquesne lancèrent quatorze mille bombes, qui renversèrent la moitié des palais de Gênes la Superbe, et il fallut que le doge, à qui la constitution de la République défendait pourtant de s'absenter de la ville, vînt s'humilier à Versailles pour obtenir le pardon du roi ; aussi fut-ce avec un sentiment d'amertume qu'il répondit aux courtisans qui lui faisaient visiter Versailles et lui demandaient ce qui l'étonnait le plus : « C'est de m'y voir. »

Mort de Colbert.

Cependant, si la gloire du roi s'augmentait, le bien-être du peuple diminuait : les dépenses excessives de la guerre de Hollande, le maintien d'une armée de 150 000 hommes en temps de paix, les constructions fastueuses comme Versailles, Marly, Trianon, le Louvre et les Tuileries ; celles plus utiles de l'hôtel des Invalides, des ports, des places fortes, avaient dérangé pour longtemps l'équilibre du budget et les impôts étaient si lourds que la misère reparaissait partout et que Colbert, que suffisait à rendre impopulaire son titre de ministre des finances, était maudit par toute la province à bout de sacrifices. Sa situation à la cour n'était pas meilleure, car il prêchait l'économie à un roi qui, pour justifier les impôts nouveaux, s'était fait donner par la Sorbonne une consultation doctrinale qui le déclarait maître absolu des biens de ses sujets et qui répondait à Mme de Maintenon au sujet de ses monstrueuses prodigalités : « Un roi fait l'aumône en dépensant beaucoup. » C'était assez pour se faire mal venir. Aussi ce grand homme, instrument de la gloire de Louis XIV, de la grandeur nationale et du bien-être relatif de la population, mourut-il (1683) dévoré de soucis, usé par un travail incessant, délaissé du roi qu'il avait importuné de ses censures, et détesté du peuple qui voulut outrager son cadavre.

Avec lui finit pour la France cette

période ascendante qu'avait commencée Richelieu et dans laquelle l'ambition mal éclairée de Louis XIV allait jeter un temps d'arrêt.

Révocation de l'édit de Nantes.

La première faute que commit Louis XIV abandonné à lui-même, car Seignelay et Letellier, qui s'étaient partagé les attributions de Colbert, n'étaient pas des conseillers pour un roi que l'adulation de ses courtisans pouvait faire croire impeccable; sa première faute, qui est même un crime de *lèse-liberté*, fut la révocation de l'édit de Nantes qui fit plus de mal à la France que deux invasions étrangères.

Il préluda à cet acte d'autorité par des restrictions aux libertés des protestants qui firent écrire à Mme de Maintenon, favorite en expectative, et qui peu à peu poussa son royal amant dans une dévotion exagérée : « Le roi commence à penser sérieusement à son salut et à celui de ses sujets; si Dieu nous le conserve, il n'y aura plus qu'une religion dans son royaume. »

C'était, en effet, sa grande, son unique raison et il la trouvait bien plutôt dans son absolutisme que dans le besoin de prouver au pape, avec qui il avait des démêlés au sujet de la *régale*, un zèle religieux qui allait plus loin que de se déclarer le défenseur armé de la chrétienté.

Il commença par supprimer les chambres mi-parties des parlements de Toulouse, de Grenoble et de Bordeaux, puis il interdit aux protestants les fonctions de notaires, de procureurs, d'avocats, et les professions d'experts, imprimeurs, libraires, médecins, chirurgiens et même apothicaires. C'était jeter tous les réformés dans le commerce et l'industrie; ils s'y étaient résignés et presque toutes les manufactures étaient entre leurs mains.

Enhardi par ces résultats, on défendit naturellement aux catholiques d'embrasser le calvinisme sous peine des galères à perpétuité et il fut permis aux enfants de sept ans, élevés dans la religion protestante, d'embrasser le catholicisme; mais en beaucoup de circonstances on ne leur demandait pas leur avis, et comme il y avait des primes pour les conversions, dont Pélisson, qui avait renoncé au protestantisme pour faire fortune, était le dispensateur, le nombre des missionnaires fut considérable, et il y eut beaucoup d'enfants arrachés à leurs familles. Ce fut aussi dans ce but, mais seulement pour les filles nobles, que le couvent de Saint-Cyr fut fondé par Mme de Maintenon.

On alla plus loin encore. Louvois trouva que la persuasion ne faisait pas assez de prosélytes et coûtait trop cher à l'État; il employa la force et logea des cavaliers dans les familles protestantes, pour les pousser à une prompte conversion.

Malheureusement, ces missionnaires bottés n'étaient pas des dragons de vertu; ils se livrèrent à des excès de toutes sortes, et leurs expéditions furent flétries sous le nom de dragonnades (1684).

Ces dragons, qui au dire de Mme de Sévigné, laquelle, comme la majeure partie des beaux-esprits de ce temps, partageait les vues de Louis XIV, « avaient été de très-bon missionnaires », ne satisfirent pas complétement le roi; il voulait plus, et le 22 octobre 1685 il révoquait l'édit de Nantes. Par sa nouvelle ordonnance, l'exercice public de leur culte était interdit aux protestants par toute la France, excepté en Alsace; les ministres devaient quitter le royaume dans le délai de quinze jours; mais dé-

Bataille de Steinkerque (3 août 1692).

fense était faite aux autres de les suivre sous peine de confiscation de leurs biens. Malgré cette défense, 300 000 réformés passèrent la frontière et portèrent à l'étranger nos arts, le secret de nos manufactures et la haine du despote.

Victoire de Lagos, près du cap Saint-Vincent, par Tourville (1693).

Ceux qui restèrent n'attendirent que l'occasion de briser le joug qui pesait sur eux, fût-ce au prix d'une guerre civile.

Les plus mutins furent envoyés à l'échafaud et les dragonnades imposèrent l'hypocrisie aux autres, qui ne perdaient pas seulement leur liberté de conscience, mais encore leur état civil, car leurs enfants étaient déclarés bâtards si leur mariage n'était pas consacré par l'Église catholique.

Le maréchal de Schomberg s'expatria. Huyghens, Papin, des peintres, des sculpteurs de talent furent expulsés de l'Académie, et Duquesne lui-même, à l'âge de 80 ans, n'obtint la faveur de mourir en France qu'en répondant avec fermeté à Louis XIV qui le pressait d'abjurer.

Ligue d'Augsbourg.

L'indignation fut extrême dans toutes les provinces protestantes; les Anglais répondirent les premiers à cette quasi-provocation en renversant de leur trône le roi catholique Jacques II pour y appeler le protestant Guillaume d'Orange, le plus redoutable ennemi de Louis XIV dont, par une bizarrerie du destin, il avait déjà fait la fortune, en le rendant nécessaire en Hollande.

Cette fois, ce fut bien autrement grave; car le roi d'Angleterre, qui inaugurait dans le pays le gouvernement constitutionnel ou parlementaire, restant stathouder de Hollande, devenait deux fois l'adversaire déclaré de la France et gardait le beau rôle. Ce n'étaient plus seulement deux intérêts contraires qui étaient en présence, c'étaient deux droits politiques différents qui en venaient aux prises. Louis XIV menaçait la conscience des peuples et l'indépendance des États; l'Angleterre, prenant en main la cause des protestants et des libertés générales de l'Europe, se fit le centre de toutes les coalitions qui étaient prêtes à se former contre la maison de Bourbon en exécution de la ligue d'Augsbourg, signée le 9 juillet 1686 par l'Espagne, la Suède, les Provinces-Unies et les princes allemands, et complétée l'année d'après par l'acceptation du duc de Savoie, de l'électeur de Bavière, de tous les princes d'Italie, et même par l'adhésion secrète du pape Innocent XI.

Cela changeait singulièrement les conditions de la guerre : il fallait maintenant des armées sur le Rhin, sur l'Escaut et sur les Alpes et des flottes dans l'Océan et les mers lointaines; mais Louis, qui ne pensait pas alors que ce double effort épuiserait la France, avait réuni 350 000 soldats et armé 264 bâtiments de guerre, et quand la coalition ouvrit les hostilités, le 5 février 1689, son plan était préparé. Il consistait surtout dans le renversement de Guillaume d'Orange, et le roi de France avait déjà confié à Jacques II, roi détrôné d'Angleterre, une flotte capable de reconquérir son royaume, pendant qu'il se préparait à attaquer la Savoie et l'Espagne pour en finir tout de suite avec ces deux États, les plus faibles de la ligue, ce qui ne l'empêcha pas de se mettre sur la défensive vers le Rhin dont il occupait en forces toute la rive gauche jusque près de Coblentz.

Guerre d'Angleterre.

Jacques II commença la campagne en traversant heureusement la Manche avec treize grands vaisseaux qui le débarquèrent en Irlande (mai 1689) avec sa petite armée; elle se grossit assez vite des Irlandais catholiques, toujours prêts à secouer le joug de l'Angleterre; pendant que trois flottes françaises, commandées par Château-Renaud, d'Estrées et Tourville, échelonnées dans la Manche, protégeaient les navires de transport qui lui portaient de Brest, du Havre et de Rochefort des munitions et des soldats, Château-Renaud battit une escadre anglaise dans la baie de Bantry; Tourville eut encore un succès plus grand. Avec soixante-dix-huit voiles, il attaqua la flotte anglo-hollandaise, le 10 juillet 1690, à la hauteur de Beachy-Head, sur les côtes du Sussex. Seize vaisseaux ennemis furent incendiés ou coulés; le reste se réfugia en hâte, partie à l'embouchure de la Tamise et partie entre les bancs de la Hollande. Cette brillante victoire rendit momentanément à Louis XIV l'empire de la mer; mais Jacques II ne sut pas le seconder : il perdit un temps précieux au siége de Londonderry, et quand Guillaume l'attaqua sur la Boyne (11 juillet 1690), les Irlandais découragés s'enfuirent et les Français restèrent seuls à s'opposer aux efforts de l'armée ennemie que commandait le maréchal de Schomberg, qui n'était plus Français depuis que les protestants n'avaient plus le droit de l'être, et à la fureur d'un régiment de réfugiés calvinistes qui les mirent en déroute. Jacques II revint en France.

Louis XIV ne le tint pas pour battu; il prépara lui-même une descente en Angleterre et 20 000 hommes furent rassemblés entre Cherbourg et la Hougue pour s'embarquer sur trois cents navires de transport préparés à Brest, que Tourville devait escorter avec les quarante-quatre vaisseaux qu'il commandait et trente autres que d'Estrées lui amenait de Toulon. Malheureusement le vent changea; la flotte de la Méditerranée n'arriva pas, et quatre-vingt-dix-neuf vaisseaux anglo-hollandais se montrèrent à la hauteur de la Hougue. Tourville, malgré son infériorité numérique, courut les y attaquer (29 mai 1692). La bataille dura dix heures et resta sans résultat. Les ennemis furent cependant plus maltraités que nous; mais Tourville, ne pouvant pas recommencer le lendemain cette héroïque témérité, ordonna la retraite. Sept de ses vaisseaux gagnèrent Brest, vingt-deux se retirèrent à Saint-Malo où les autres ne purent les suivre faute de marée. Trois gagnèrent Cherbourg où leurs capitaines, ne pouvant les défendre, les brûlèrent; les douze autres s'étaient réfugiés dans la rade de la Hougue; mais elle offrait un abri si peu sûr que Tourville se décida à les désarmer; il en retira les canons, les agrès et les munitions et mit le feu aux coques de ses navires à l'approche de l'ennemi qui ne put se vanter d'en avoir pris un seul.

Telle fut cette célèbre bataille de la Hougue, premier coup porté à notre marine militaire, mais qui n'en fut pas le tombeau, comme on l'a écrit, car dès l'année suivante Louis XIV put opposer aux Anglais et aux Hollandais des flottes égales, sinon supérieures.

Néanmoins il ne fallait plus compter sur le rétablissement des Stuarts en Angleterre et Louis XIV fut contraint de modifier son plan dont la partie la plus importante avait échoué.

Guerre du Palatinat.

L'armée du Rhin, forte de 80 000 hommes, était commandée nominalement par le dauphin, alors âgé de vingt-sept ans, mais de fait par le duc de Duras, qui ne chercha en aucune façon à prendre l'offensive. Il s'empara seulement en quelques semaines des villes qu'il trouva sur son chemin, telles que Philipsbourg, Manheim, Worms et Ober-Wesel, non avec l'intention de les garder, mais afin d'être plus à l'aise pour brûler le Palatinat (1689). Les ordres de Louvois furent si exprès à cet égard que Spire fut complétement détruite, le château d'Heidelberg, qu'on appelait l'Alhambra d'Allemagne, saccagé, Manheim démolie et les pierres des maisons jetées dans le Rhin.

Ce fut une dévastation sauvage. 100 000 hommes furent chassés de leur pays par l'incendie de leurs demeures.

Louis XIV lui-même en fut outré et son mécontentement, déjà excité par la persécution imméritée que Louvois avait exercée contre le maréchal de Luxembourg qui était resté dix ans en disgrâce et qu'il venait de faire sortir d'un cachot de six pas et demi de long qu'il occupait à la Bastille, allait éclater contre son ministre quand Louvois mourut d'une attaque d'apoplexie (juillet 1691). Il fut remplacé par son fils Barbezieux, qui avait tous ses défauts, mais ne possédait aucune de ses qualités.

Quant à l'armée du Rhin, elle resta sur la défensive et le maréchal de Duras en laissa le commandement au duc de Lorges, neveu de Turenne, qui ne s'attacha qu'à couvrir l'Alsace contre les Impériaux, lesquels d'ailleurs ne purent subsister dans le Palatinat devenu un désert.

Guerre d'Italie.

Le commandant de l'armée de Savoie était Catinat, soldat de fortune, ami de Vauban, qui comme lui réunissait les vertus civiques avec le talent militaire. Tacticien habile et méthodique, il contraignit son ennemi Victor-Amédée à en venir à une action décisive, en dévastant les campagnes du Piémont. La bataille se livra à Staffarde, près de Saluces (18 août 1690). Victor-Amédée y laissa 4 000 morts et Catinat, qui perdit à peine 500 hommes, se vit maître de Nice et de la plus grande partie du Piémont.

Mais le prince Eugène de Savoie, dont Louis XIV avait refusé les services et qui avait porté son épée à l'Autriche, accourut avec des renforts puissants forcer Catinat à rentrer en France et exerça dans le Dauphiné des représailles terribles des incendies du Palatinat et des ravages du Piémont (1692).

Le général français reprit cependant l'offensive; il passa les monts, tomba sur Victor-Amédée qu'il battit à plate couture à la Marsaille (4 octobre 1693) et qu'il réduisit à la seule possession de Turin qu'il eût certainement pris si le ministre n'eût rappelé la moitié de ses troupes. Il dut se contenter alors de garder ses conquêtes.

Guerre des Pays-Bas.

Les opérations avaient commencé aussi de ce côté par des succès. Luxembourg, sorti de la Bastille sans qu'on pût lui dire pourquoi il y avait été mis, se vengea par des victoires de ce traitement indigne de sa naissance et de son caractère.

Le 1ᵉʳ juillet 1690, il se trouva près de Fleurus, en face du prince de Valdeck. Par une manœuvre hardie, il porta sa droite au delà d'un ruisseau qui couvrait l'armée ennemie et, l'abordant en même temps de face, la mit dans une déroute complète, lui tua 6 000 hommes, lui enleva 100 drapeaux, ses canons, ses bagages et 8 000 prisonniers.

De là, il vint faire le siége de Mons, que Louis XIV honora de sa présence, repoussa le prince d'Orange qui accourait avec 80 000 hommes pour défendre la ville; elle fut obligée de capituler après neuf jours de tranchée (avril 1691).

L'année suivante, le roi, la cour et 100 000 hommes, commandés par Luxembourg, vinrent assiéger Namur. Vauban conduisit les opérations de ce siége célèbre, qui sont regardées comme son chef-d'œuvre, d'autant qu'il avait à lutter contre son rival dans la science des fortifications, le savant Coëhorn, commandant la place, qu'il avait mise lui-même en état de défense.

Guillaume III tenta vainement de secourir la ville avec 100 000 hommes. Luxembourg, qui s'était porté sur la

Méhaigne, l'empêcha d'approcher; la ville se rendit (juin 1692) et Louis XIV revint à la cour pour savourer sa gloire, emmenant pour renforcer les armées du Rhin et de Piémont la moitié des soldats de Luxembourg, qui, au lieu de poursuivre ses avantages, fut obligé de se tenir sur la défensive.

Guillaume, qui n'était jamais las de se faire battre, crut le moment venu de prendre sa revanche; il trompa le maréchal sur sa marche au moyen d'un espion qui le trahissait, et certain que l'armée française s'était engagée dans un défilé dangereux, entre Steinkerque et Enghien, il l'y attaqua, le 3 août 1692,

Le duc d'Anjou, roi d'Espagne (16 novembre 1700).

alors que les soldats dormaient encore.

Cette journée commença comme un désastre : une brigade était déjà en fuite que Luxembourg, malade d'ailleurs, ne se doutait de rien. En face du danger, le général retrouva des forces et de la décision, et pendant que les princes du sang et la jeune noblesse chargeaient courageusement à la tête de la maison du roi, il rallia son infanterie qui, changeant de position pour avoir un champ de bataille, remporta une brillante victoire que l'arrivée de Boufflers, qui était à quelques lieues du combat avec ses dragons, compléta par un carnage horrible. Guillaume y perdit 7 à 8000 hommes et se retira en bon ordre sur Bruxelles; c'est évidemment son sang-froid dans l'action et son talent dans la retraite qui firent sa grande réputation, car des vingt batailles auxquelles il assista, il ne gagna jamais que celle de la Boyne, sur une poignée de Français et les Irlandais affolés de Jacques II.

La bataille de Steinkerque, qui eut un grand retentissement dans toute l'Europe, termina la campagne de 1692. Mais, l'année suivante, les opérations recommencèrent; elles furent menées d'abord avec trop de mollesse, car Louis XIV perdit l'occasion de finir la guerre et de conquérir les Pays-Bas.

Guillaume d'Orange s'était aventuré près de Louvain, et n'avait pas plus de 50 000 hommes. Le roi était dans les environs avec une armée double de nombre. Tout le monde s'attendait à voir frapper un grand coup. Mais Louis XIV se laissa persuader par ses courtisans qu'il ne pouvait pas commettre sa personne aux hasards d'un combat, et malgré Luxembourg qui se jeta, dit-on, à ses genoux pour lui arracher l'ordre d'attaquer, il déclara la campagne finie et retourna à Versailles, où il comprit sa faute, car de ce jour il ne parut plus aux armées, et ce n'était certainement pas manque de bravoure; mais l'idée qu'il se faisait de la royauté ne lui permettait pas d'exposer sa majesté.

Luxembourg voulut réparer ce manque de décision: maître du Hainaut et de la province de Namur par ses victoires de Fleurus et de Steinkerque, il pénétra dans le Brabant méridional, où il se heurta à Guillaume III, fortement retranché au village de Nerwinden, entre Liége et Louvain (29 juillet 1693).

La bataille fut terrible et une des plus meurtrières qu'on ait vues : pour la première fois, notre infanterie chargea résolûment à la baïonnette et emporta par deux fois la position; la cavalerie, admirable de patience, supporta pendant quatre heures le feu plongeant des 80 pièces de canon du prince d'Orange; mais aussi quelle revanche quand le terrain fut déblayé : 20 000 morts restèrent sur le champ de bataille, dont les trois quarts à l'ennemi !

Ce succès ne donna pas l'idée à Luxembourg de marcher droit sur Bruxelles, et d'y dicter la paix; esclave de la consigne, il termina la campagne par la prise de Charleroi, d'où notre armée dominait les Pays-Bas par la ligne de la Sambre et rendait presque impossible toute tentative contre la Flandre ou l'Artois.

Ce fut son dernier exploit. Le *Tapissier de Notre-Dame* (comme on appelait Luxembourg, à cause des nombreux drapeaux dont il avait décoré la cathédrale de Paris) mourut au mois de janvier 1695, après avoir dirigé une dernière campagne qui ne fut marquée par aucun incident.

Son successeur, le duc de Villeroy, ne put empêcher Guillaume III de reprendre Namur (août 1695). Par contre, en Espagne, Vendôme entrait au même moment dans Barcelone, après un siége mémorable et une victoire sur l'armée de secours. Ce furent les seuls événements militaires de cette année, à moins qu'on n'y compte les excursions maritimes de quelques corsaires dont le nom est resté populaire : Jean-Bart, Duguay-Trouin, Pointis, Nesmond, qui, avec des flottilles ou des vaisseaux isolés, ruinèrent le commerce des Anglais et des Hollandais; ceux-ci cherchèrent à s'en venger en tentant des débarquements sur nos côtes et en lançant contre Saint-Malo, Dieppe, le Havre, Calais, Dunkerque, des machines infernales qui n'aboutirent qu'à casser des vitres avec des guinées.

D'ailleurs l'honneur de notre marine était relevé : Tourville avait pris une éclatante revanche de la Hougue, dans la baie de Lagos, près du cap Saint-Vincent (1693); en Amérique, le comte de Frontenac défendit bravement le Canada, et la baie d'Hudson et presque toute l'île de Terre-Neuve furent conquises.

Traité de Ryswick.

Cependant l'Europe était épuisée ; la guerre languissait; les armées, qui n'étaient occupées qu'à vivre sur des pays ruinés, ne songeaient plus à s'attaquer. Louis XIV, en prévision de la mort de Charles II, roi d'Espagne, qui était prochaine et allait lui ouvrir de nouveaux horizons, proposa la paix, dans le but surtout de dissoudre la ligue d'Augsbourg, qui aurait pu le gêner dans ses projets ; il en détacha d'abord le duc de Savoie (1696), en lui rendant toutes ses villes, Pignerol comprise, et en faisant épouser sa fille au jeune duc de Bourgogne, fils du dauphin.

Cette défection décida les autres et une paix générale fut signée à Ryswick (octobre 1697). Louis XIV y fit des concessions qui furent d'autant plus blâmées qu'on était loin de les attendre de son caractère; mais il rêvait alors l'acquisition d'un empire et ne se fit aucun scrupule de reconnaître Guillaume III pour souverain légitime d'Angleterre et d'Irlande ; il abandonna toutes ses conquêtes, à l'exception de Strasbourg, Landau, Longwy, et de Sarrelouis, qu'il avait fait bâtir en 1680, pour défendre la vallée de la Sarre ; il garda en Amérique la baie d'Hudson et la plus grande partie de l'île de Terre-Neuve, mais restitua la Lorraine que la France occupait militairement depuis soixante ans.

Ce qu'il y eut de plus fâcheux dans ce traité pour notre commerce maritime, ce fut l'abolition du droit de 50 sous par tonneau que payaient les navires hollandais à l'entrée de nos ports, ce qui était encore une aggravation du traité de Nimègue, de sorte que le pays, qui avait été ruiné par les impôts pendant la guerre, allait l'être encore pendant la paix par les conséquences du traité. Mais Louis attendait la mort du roi d'Espagne pour compenser ces désavantages.

La succession d'Espagne.

Charles II languit encore trois ans, et sa maladie sans espoir mit en éveil toutes les puissances européennes, car il ne laissait pas d'enfants et les deux maisons de France et d'Autriche allaient évidemment prétendre à son immense héritage. Louis XIV semblait y avoir plus de droits, car si, comme l'empereur Léopold, il était fils d'une infante et mari d'une infante, Anne d'Autriche et Marie-Thérèse, entrées dans la maison de France, étaient les aînées de Marie-Anne et de Marguerite-Thérèse, entrées dans la maison d'Autriche.

D'un côté comme de l'autre, il y avait menace dans l'équilibre européen; éventualité dangereuse pour les puissances maritimes, comme la Hollande et l'Angleterre. Guillaume III, doublement intéressé, proposa alors le partage de cette succession qui n'était pas encore ouverte. Deux traités furent signés à la Haye : le premier (1698) donnait la monarchie espagnole à un prince de Bavière, le Milanais à l'archiduc Charles, fils de l'empereur, et les Deux-Siciles avec le Guipuzcoa au dauphin de France; le second, signé après la mort du prince de Bavière, assurait l'Espagne à l'archiduc et augmentait la part de la France de la Lorraine ; ce qui était d'autant plus dérisoire qu'au premier coup de canon elle fut en notre pouvoir (1700).

Ces traités étaient mauvais pour la France. Mais Louis XIV laissa faire ; il comptait sur le marquis d'Harcourt, son ambassadeur en Espagne, et sur le ressentiment que le roi moribond ne devait pas manquer d'éprouver en voyant le démembrement de sa monarchie proposé de son vivant et sans son aveu.

En cela il avait raison, car Charles II, pour maintenir l'intégrité de ses États, fit un dernier testament (2 novembre 1700), par lequel il appelait au trône Philippe, duc d'Anjou, deuxième fils du dauphin de France ; à son défaut, le duc de Berry, son frère, et en dernier lieu, en cas de refus de la France, l'archiduc Charles.

Vingt-huit jours après, le roi d'Espagne mourut et Louis XIV convoqua un conseil extraordinaire pour savoir s'il devait accepter ce testament. Ce conseil ne fut composé que de lui, du dauphin, du duc de Beauvilliers, gouverneur des enfants de France, du chancelier de Pontchartrain et du marquis de Torcy, ministre des affaires étrangères. Les avis furent partagés, mais Torcy fit remarquer avec raison que le refus de la France donnait l'Espagne à la maison d'Autriche, que le traité de la Haye était illusoire et ne serait pas accepté par l'empereur et que comme de toute façon on aurait la guerre, il valait mieux la faire pour le tout que pour une partie.

Le roi ne donna sa décision que trois jours après (6 novembre 1700), en présentant à la cour son petit-fils, le duc d'Anjou, sous le nom de Philippe V, roi d'Espagne.

Quelques semaines après, le nouveau roi partait pour Madrid et il n'y avait plus de Pyrénées.

Grande ligue de la Haye.

L'avénement du duc d'Anjou au trône d'Espagne n'aurait pas été un *casus belli* si Louis XIV avait eu le soin d'exiger de lui une renonciation de ses droits au trône de France. Mais, au contraire, il lui conserva son rang d'hérédité entre le duc de Bourgogne et le duc de Berry, ce qui rendait possible, dans l'avenir, la réunion des deux monarchies, chose mauvaise pour l'une et pour l'autre et encore plus pour l'Europe.

Louis agissait déjà comme si cette unité de gouvernement était un fait accompli. Il remplaça, dans les Pays-Bas, les garnisons espagnoles par 20 000 hommes de troupes françaises qui en chassèrent les Hollandais, en violation du traité de Ryswick ; et, comme pour prendre une attitude encore plus menaçante vis-à-vis de Guillaume III, Jacques II étant venu à mourir, il donna officiellement à son fils, le prince de Galles, le titre de roi d'Angleterre.

C'était une déclaration de guerre ; une troisième coalition se forma sous le nom de *Grande Ligue de la Haye* (septembre 1701), dans laquelle entrèrent l'Angleterre, la Hollande, l'Autriche, l'Allemagne et même le Portugal devenu notre ennemi depuis qu'un prince français régnait en Espagne.

Louis XIV n'avait pas d'autres alliés que l'électeur de Bavière à qui les Pays-Bas étaient secrètement promis, car il ne faut pas compter l'Espagne qui, n'ayant ni soldats, ni argent, ni vaisseaux, était plutôt une charge qu'un appui, ni les ducs de Modène et de Savoie que la politique entraîna bientôt dans le camp opposé.

Bataille dans Crémone (1702).

La situation était donc d'autant plus critique que la France surmenée commençait à s'épuiser de toutes les façons; les soldats allaient lui faire défaut comme les généraux et les ministres. Tout languissait sous l'incapable

Chamillard, favori de madame de Maintenon, qu'on appelait à bon droit *madame de Maintenant*, depuis qu'elle avait épousé secrètement le roi et qu'elle donnait ses avis dans les conseils. Louis XIV, qui voyait bien qu'il n'était pas de force à porter le poids des finances et de la guerre, lui enlevait presque toute responsabilité en déployant une activité dévorante; il dirigeait tout de son cabinet, et si cela suffisait à faire mouvoir Villeroi, Tallard, Marsin, La Feuillade et autres qui avaient besoin de conseils et de guides, cela annihilait les qualités militaires de Villars, Catinat, Boufflers, Vendôme, que cet état de choses obligeait à ne rien entreprendre sans en demander l'ordre par un courrier.

C'était pourtant le moment de redoubler de vigueur et de recourir à cette audace qui seule fait les grands hommes et les grandes choses; car si Guillaume III mourut (mars 1702) avant que la guerre fût commencée, l'Angleterre, qui avait continué sa politique parce qu'elle était nationale, avait un général qui nous fut plus redoutable que lui : le duc de Marlborough, qui avait appris la guerre sous Turenne, et qui gouvernait par sa femme la reine Stuart, protestante quoique fille de Jacques II, et le ministère par son gendre Sunderland, secrétaire d'État de la guerre, et le grand-trésorier Godolphin, beau-père d'une de ses filles, était tout-puissant en Angleterre.

La Hollande avait Heinsius, célèbre par sa haine contre la France, qui avait aboli le stathoudérat à la mort de Guillaume d'Orange et gouvernait son pays redevenu républicain avec l'autorité d'un monarque.

Enfin l'Autriche avait le prince Eugène qui, né Français du comte de Soissons et de cette Olympe de Mancini que Louis XIV avait un moment distinguée, avait d'abord voulu servir son pays. Le roi de France ayant refusé un régiment à celui qu'on appelait alors l'*abbé de Savoie* (1682), il porta les armes pour l'Empire, et acquit en le défendant contre les Turcs la réputation d'un foudre de guerre.

Président du conseil de guerre, préparant comme ministre les opérations qu'il allait diriger comme général, il fut l'âme de la grande ligue de la Haye, et lui donna, par son entente avec Marlborough, l'union qui avait toujours manqué à la coalition européenne.

Campagnes d'Italie.

Les opérations, qui, dans la pensée de Louis XIV, devaient être défensives, commencèrent en Italie où commandait Catinat; mais, mal obéi, peut-être même trahi par des officiers espagnols, ce général ne put empêcher le prince Eugène de déboucher du Tyrol (1702), de traverser l'Adige à Castelleado dans la plaine, lorsqu'il l'attendait dans le même moment à Rivoli, dans les montagnes. De là, le prince Eugène se porta à Carpi où, après un combat victorieux (9 juillet), il força le passage du canal Blanc.

Catinat, troublé par les manœuvres de son ennemi, se retira derrière le Mincio, puis derrière l'Aglio en laissant libre la route du Milanais. Ces revers le firent destituer et la cour donna son armée à Villeroi, protégé de madame de Maintenon, aussi bon courtisan que mauvais général. Il repassa cependant l'Aglio et malgré les avis de Catinat qui avait consenti à servir sous lui, il prétendit surprendre le prince Eugène à Chiari. Ce fut le contraire qui arriva; grâce aux trahisons du duc de Savoie qui informait l'ennemi de tous ses mouvements, Villeroi fut surpris lui-même et battu (septembre 1701).

Il se retira alors dans Crémone, laissant le comte de Tessé défendre courageusement la forte ville de Mantoue qui barrait le passage au prince Eugène. Il s'y reposait, fort tranquille, quand un matin (2 février 1702) la cavalerie autrichienne tente un coup de main sur Crémone. Villeroi au bruit se lève effaré, et tombe dans un escadron ennemi qui l'emmène comme seul trophée de cette échauffourée qui fut vigoureusement repoussée, ce qui donna lieu à ce couplet qu'on chanta à la cour, à Paris, et même dans l'armée :

> Français, rendez grâce à Bellone,
> Votre bonheur est sans égal ;
> Vous avez conservé Crémone
> Et perdu votre général.

Villeroi fut remplacé par le duc de Vendôme, petit-fils d'Henri IV, dont les mœurs étaient plus qu'équivoques.

Ce singulier général, qui se levait rarement avant quatre heures de l'après-midi, retrouvait sur le champ de bataille un peu de cette vivacité et de cette audace qui avaient illustré Condé et Luxembourg. Il fit pendant deux ans une guerre assez heureuse contre les Impériaux, délivra Mantoue en les repoussant au delà du Mincio, et courut par une marche rapide s'emparer de leurs magasins à Luzzara sur la rive droite du Pô. Il allait se rapprocher du Tyrol, quand les sourdes trahisons du duc de Savoie se changèrent en défection ouverte. Il lui fallut marcher contre celui-ci pour maintenir ses communications avec la France : il s'empara de la plus grande partie du Piémont et menaça Turin ; mais pour cela il avait dû abandonner le siége de Trente et ne menaçait plus l'Autriche.

Campagnes d'Allemagne.

Catinat, appelé sur le Rhin, après son échec d'Italie, n'eut pas le bonheur de l'y faire oublier ; il laissa le prince de Bade passer le fleuve. Il ne put l'empêcher de prendre Landau, qui supporta 84 jours de tranchée, ainsi que Wissembourg et Haguenau. Une diversion de l'électeur de Bavière rappela les Impériaux en Allemagne : il n'osa pas les y suivre ; mais, du moins, il n'empêcha pas Villars, un de ses lieutenants, de le faire et de gagner son bâton de maréchal à la bataille de Friedlingen, dans la Forêt-Noire (octobre 1702), où il battit le prince de Bade.

L'année suivante, il le repoussa encore sur les lignes de Stolhoffen, et, laissant Tallard pour le contenir, il courut rejoindre l'électeur de Bavière qui venait aussi de battre les Autrichiens (mai 1703), pour de là marcher sur Vienne dont le chemin était ouvert, et donner la main aux Hongrois révoltés.

Ce plan, qui assurait une paix glorieuse pour la France, ne fut pas adopté par l'électeur de Bavière, et les armées combinées entrèrent dans Inspruck, pendant que Vendôme bombardait Trente, dans l'espérance de lui tendre la main par-dessus les Alpes. Malheureusement, dans ce moment, la défection du duc de Savoie rappela Vendôme dans le Piémont, et deux armées impériales menaçant Munich, Villars et l'électeur abandonnèrent Inspruck pour venir défaire complétement le comte de Styrum dans les plaines de Hochstedt (septembre 1703).

Après cette victoire qui avec celle que Tallard remporta deux mois après à Spire, en rendant Landau à la France, furent nos derniers succès en Allemagne, Villars, qui ne pouvait s'entendre avec l'électeur de Bavière, quitta l'armée, et Louis XIV l'employa à éteindre l'insurrection des protestants révoltés, qui, sous le nom de Camisards, avaient mis en feu toutes les Cévennes.

Ces malheureux, dépossédés déjà par la révocation de l'édit de Nantes, venaient de voir le pape Clément XI prêcher contre eux une nouvelle croisade (1er mai 1703). Égarés par la terreur, poussés par le désespoir, ils avaient accepté les secours de l'Angleterre et du duc de Savoie, trop intéressés à nourrir une guerre civile au cœur de la France

Bataille de Denain (24 juillet 1712).

pour ne pas s'y employer avec ardeur.

Ce furent des pillages, des incendies sans nombre; les *Camisards*, d'abord cruellement traités, se vengeaient à leur tour par des cruautés.

Villars prit à cœur de sauver cette province et de ramener ces esprits égarés. Terrible pour ceux qui s'obstinaient à combattre, il fut plein d'indulgence pour ceux qui se fiaient à ses promesses; enfin, il gagna Jean Cavalier, un de leurs chefs, et, au bout d'une campagne, la paix se rétablit peu à peu; mais 100 000 personnes avaient été tuées ou ruinées dans cette horrible guerre, et pendant que Villars employait une

FÉNELON.

armée dans le cœur du pays, Marsin et Tallard perdaient l'Allemagne.

Perte de l'Allemagne.

L'Autriche était de plus en plus découverte par la prise de Passau (janvier 1704). Le prince Eugène et Marlborough s'entendirent pour la sauver; le premier quitta l'Italie où le duc de Savoie occupait Vendôme, et l'Anglais accourut de Flandre où Villeroi ne sut pas le retenir. Leurs deux armées, fortes d'environ 50 000 hommes, se réunirent en Bavière, où Tallard et Marsin, qui avaient rejoint l'électeur, commandaient à 56 000 hommes.

Une feinte habile de l'ennemi les obligea à accepter la bataille sur les bords du Danube, dans une mauvaise position, près de Hochstett (1704), et leurs troupes, qui étaient disposées comme deux armées distinctes, furent séparées au début de l'action par Marlborough qui accula l'aile droite au Danube et fit prisonnier Tallard qui la commandait. Marsin repassa en toute hâte le fleuve, mais dans sa précipitation il oublia dans Bleinheim tout un corps d'armée qui n'avait point combattu et qui, cerné de toutes parts, fut obligé de mettre bas les armes.

Ce désastre nous coûta 12 000 morts ou blessés, 14 000 prisonniers, les canons, les bagages, presque tous nos drapeaux et près de cent lieues de pays. La Bavière fut soumise en moins d'un mois et l'électeur qui s'était flatté d'entrer à Vienne fut trop heureux de trouver un refuge à Bruxelles.

Perte des Pays-Bas.

L'Empire sauvé par la victoire d'Hochstett, le prince Eugène et Marlborough, après avoir laissé quelques troupes sur le Rhin pour menacer l'Alsace, se séparèrent pour retourner l'un en Italie, et l'autre aux Pays-Bas où il n'avait à combattre que l'inepte Villeroi. Il pénétra vite jusqu'au cœur du Brabant et arriva près de la Méhaigne, à Ramillies (1706), où le maréchal qui aurait pu refuser la bataille, mais qui tenait à rétablir sa réputation, avait disposé son armée comme s'il avait eu à cœur de la faire écraser, laissant ses bagages au milieu de ses lignes, plaçant au centre les recrues mal exercées et immobilisant sa gauche derrière un marais qui l'empêchait matériellement d'aller à l'ennemi.

Gassion, qui était alors lieutenant-général, voyant cet ordre de bataille et le mouvement que faisait Marlborough pour attaquer le centre, supplia le maréchal de dégarnir sa gauche et de faire rapprocher ses lignes. « Si vous tardez un moment, ajouta-t-il, il n'y a plus de ressources. »

Il ne fut que trop bon prophète et Marlborough n'eut que la peine de marcher pour remporter cette facile victoire qui nous coûta 5 000 morts ou blessés, 15 000 prisonniers et la plus grande partie des Pays-Bas. Marlborough entra en vainqueur à Anvers, à Bruxelles, à Ostende, et Louis XIV, qui n'eut pas un mot de reproche pour Villeroi, fut obligé de faire quitter à Vendôme les succès qu'il obtenait en Italie pour venir s'opposer aux progrès du général anglais.

Perte de l'Italie.

Vendôme, qui avait rejeté les Impériaux derrière l'Adige après ses victoires de Cassano (août 1605) et de Calcinato près de la Chiese (avril 1706), laissa à Marsin le commandement de son armée qui couvrait le siège de Turin commencé par le duc de La Feuillade, général d'antichambre n'ayant pas d'autre mérite que d'être le gendre de Chamillard. De la prise de Turin dépendait la possession de l'Italie par la maison de Bourbon et on y attachait avec raison tant d'importance que Vauban, tout vieux qu'il était, offrit de le diriger sans commandement; mais La Feuillade se fit fort de se passer de lui.

Cependant le prince Eugène accourait à marches forcées pour délivrer la ville. Pour y réussir, il lui fallait traverser quinze rivières, battre ou éviter l'armée d'observation et vaincre l'armée de siège, et tout cela avec des troupes épuisées et peu nombreuses. Marsin ne s'en dérangea pas; au lieu de marcher à lui et de l'écraser sous le nombre, il lui laissa passer la Parma, la Bormida, la Trébia et le Tanaro sans essayer de l'arrêter, puis le voyant arriver il courut joindre son armée à celle de La Feuillade.

Le prince Eugène les attaqua d'un côté avec 35 000 hommes pendant que le duc de Savoie sortait de Turin avec 10 000 hommes. Les lignes françaises, beaucoup trop étendues, furent forcées. Marsin, qui fut tué, du reste, dans le combat, perdait la tête, le duc d'Orléans, qui commandait sous lui et n'avait pu obtenir de marcher en avant, donnait des ordres que contredisait aussitôt le duc de La Feuillade, si bien que les deux tiers de l'armée ne combattirent point ; ce fut encore un désastre, qui délivra Turin, le Piémont, nous enleva le Milanais et par contre-coup le royaume de Naples l'année suivante.

Eugène et Victor-Amédée étonnés de leur victoire qui leur ouvrait les portes de la France n'hésitèrent pas à y entrer. Ils envahirent la Provence par le col de Tende et vinrent assiéger Toulon bloqué déjà par une flotte anglaise. La ville se défendit vaillamment et le prince Eugène fut obligé de battre en retraite après avoir perdu 10 000 hommes.

L'année suivante, le duc de Savoie ne fut pas plus heureux dans le Dauphiné dont il prétendait arrondir la Savoie ; il n'y fit qu'une courte apparition et s'enfuit pour sauver le reste de son armée.

Revers en Espagne.

Ces revers ne furent pas les seuls : l'Espagne privée par nos défaites de ses possessions extérieures était aussi menacée dans son territoire.

En 1704, les Anglais aidés des Portugais, dont ils s'étaient fait plus que des alliés, presque des colons, s'étaient emparés par surprise de Gibraltar qu'ils ont toujours gardé depuis.

Dans le même temps, l'archiduc Charles, compétiteur de Philippe V, était débarqué en Catalogne avec 9 000 hommes ; il prit Barcelone (1705), et l'Aragon et les provinces voisines le reconnurent.

L'année suivante, ce fut bien pis : pendant que l'archiduc Charles entrait à Madrid, les Anglais s'emparaient de Carthagène, les Portugais de Ciudad-Rodrigo, et une armée anglo-portugaise, commandée par Ruvigny, banni de la Révocation de l'édit de Nantes, occupait l'Estramadure.

Le trône de Philippe V paraissait bien compromis, et il fut question dans les conseils de Louis XIV de lui faire renoncer à l'Espagne et de l'envoyer régner en Amérique ; mais la victoire brillante, quoique sans résultat, que remporta le maréchal de Berwick à Almanza (avril 1707), ranima tous les courages, qu'avait déjà relevés la série de succès que Villars obtenait sur le Rhin.

Selon la promesse qu'il avait faite au roi en lui demandant de l'employer, il avait arrêté les Impériaux et Marlborough et couvert la Lorraine depuis 1704 ; l'année d'après, il avait débloqué le fort Louis, et il venait de forcer les lignes de Stolhoffen, qui, partant de la Forêt-Noire à Philipsbourg, étaient considérées comme le rempart de l'Allemagne. De là il répandait des partisans dans la Franconie et le Wurtemberg, qu'il ruinait de contributions pour empêcher Marlborough de s'y ravitailler.

Invasion du territoire.

La coalition, victorieuse en Espagne, en Italie et aux Pays-Bas, n'avait pas encore pu entamer la France ; convaincue d'impuissance par la vallée du Rhône, contenue vigoureusement sur le Rhin, elle rassembla tous ses efforts pour essayer l'invasion par le Nord ;

80 000 hommes furent réunis en Flandre, où le prince Eugène rejoignit Marlborough. La France, qu'on croyait épuisée, en ressembla 100 000, dont Louis XIV donna le commandement à Vendôme, sous les ordres de son petit-fils, le duc de Bourgogne, et cela fort malheureusement, car le fils aîné du dauphin n'était rien moins que guerrier, et il ordonna la retraite après une affaire d'avant-poste, à laquelle on ne saurait donner l'importance d'une bataille, bien qu'elle nous coûtât 1 500 hommes.

C'était à Oudenarde, au passage de l'Escaut (11 juillet 1708), que notre avant-garde avait été mise en déroute par l'armée anglo-impériale; mais la plupart des corps n'avaient point été engagés, et il n'y avait rien de perdu si, comme le voulait Vendôme, on eût livré bataille le lendemain; mais le duc de Bourgogne s'y refusa.

Vendôme quitta l'armée de rage, et la retraite fut un désastre; tous les courtisans s'étaient empressés autour de Monseigneur, de sorte que les régiments, marchant à l'aventure, sans chefs, sans ordres, furent décimés par l'ennemi, qui nous firent 10 000 prisonniers; Gand, Bruxelles se rendirent; Lille même capitula après une défense héroïque de Boufflers, qui tint dans la ville soixante-douze jours et se défendit ensuite quarante-sept jours dans la citadelle (octobre 1708).

La France fut entamée et l'on vit des coureurs hollandais jusqu'auprès de Versailles.

Pour comble de malheurs, l'hiver de 1709, un des plus rudes qu'on ait vus, accrut la misère publique; les oliviers gelèrent dans le Midi, ainsi que tous les arbres fruitiers et les récoltes de la France; la famine s'ensuivit et fut si terrible, que les laquais du roi mendièrent aux portes de Versailles.

Quand il vit madame de Maintenon réduite à manger du pain d'avoine, Louis XIV demanda la paix; mais ses ennemis ne le trouvaient pas encore assez humilié, ils exigèrent qu'il rendît Strasbourg et l'Alsace, et qu'il chassât lui-même son petit-fils d'Espagne. L'orgueil du roi se révolta, et son appel au patriotisme français fut entendu quand il répondit: « Puisqu'il faut faire la guerre, j'aime mieux la faire à mes ennemis qu'à mes enfants. »

Bataille de Malplaquet.

La France entière se rendit au pressant appel du roi, et tous ceux qui n'avaient plus de pain se faisaient soldats; on eut encore une armée aussi forte que celle des coalisés. Desmarets trouva de l'argent pour la payer en empruntant aux gens de finance; Villars en prit le commandement et livra avec elle la plus grande bataille de ces temps si guerriers.

Ce fut à Malplaquet, près de Mons, le 11 septembre 1709. Les ennemis avaient 120 000 hommes et 160 canons; lui, 90 000 hommes et seulement une artillerie de 80 pièces. Au premier choc, les soldats, qui venaient de recevoir le pain qui leur avait manqué la veille, le jetèrent pour courir à l'ennemi, dont toute la gauche fut détruite; mais sur la droite Marlborough faisait plier nos lignes. Villars dégarnit son centre pour y porter des renforts; l'ennemi attaqua alors vigoureusement le centre, enleva les retranchements qui le couvraient, et Villars, blessé au genou, dut ordonner la retraite. C'était une défaite, tempérée, si l'on veut, par la prise de quelques drapeaux; mais le prince Eugène pouvait dire en comp-

Le livre de *la Dîme royale*, de Vauban, est mis au pilori.

tant ses 26 000 hommes hors de combat : « Encore une pareille victoire et nous sommes perdus. »

L'armée de Villars, qui n'avait eu que 8 000 hommes tués ou blessés, prit ses quartiers d'hiver entre le Quesnoy et Valenciennes, et l'espoir renaquit au cœur de la nation.

Bataille de Villaviciosa.

La bataille de Malplaquet est la dernière de notre série de revers. Celle de Villaviciosa, en Espagne, commença celle de nos succès. Elle fut gagnée par Vendôme, disgracié depuis la malheureuse campagne d'Oudenarde, mais dont le renom valait encore une armée.

Sitôt qu'on sut qu'il partait diriger les opérations d'Espagne, une foule de volontaires vint se mettre sous ses ordres, et Philippe V, qui ne s'était encore montré sur aucun champ de bataille, se mit à la tête de ses troupes.

L'armée de l'archiduc Charles, commandée par le comte de Staremberg, fatiguée, harcelée déjà par la guerre de *guérillas* que lui faisaient les habitants des campagnes, fut complétement défaite à Villaviciosa (9 décembre 1710).

Cette victoire ne sauva pas seulement l'Espagne, en consolidant le trône de Philippe V, mais elle sauvait aussi le Canada qui devait être attaqué par une flotte anglaise formidable que le succès de Vendôme immobilisa sur les côtes d'Espagne.

A cette époque, du reste, l'Angleterre, dont les subsides alimentaient la coalition, commençait à se lasser d'une guerre qui avait grevé sa dette publique de 60 millions de livres sterling. L'attitude que venaient de prendre la France et l'Espagne, qu'on croyait près de succomber, l'effraya pour l'avenir. Une intrigue de cour renversa la duchesse de Marlborough qui entraîna dans sa chute son mari et tous ses amis; le ministère qui leur succéda, composé du vicomte de Bolingbroke et du comte d'Oxford, chercha à fonder son crédit sur la paix, et la fit proposer au marquis de Torcy: des négociations secrètes commencèrent et la mort de l'empereur Joseph Ier (17 avril 1711), qui avait succédé à Léopold en 1705, permit de les rendre publiques.

Joseph ne laissait d'autre héritier que son frère l'archiduc Charles; il devenait donc impossible pour la politique de l'Angleterre de continuer une guerre qui aurait pour but de réunir sur la même tête les couronnes d'Autriche et d'Espagne. Un armistice fut aussitôt convenu, des préliminaires de paix furent signés à Londres le 8 octobre 1711. Cet exemple entraîna les autres: un congrès se réunit à Utrecht, le 29 janvier 1712. L'empereur ne s'y fit pas représenter, et le prince Eugène recommença les hostilités.

Bataille de Denain.

Mais la situation était bien changée, et une seule campagne suffit à prouver que l'Allemagne de ce temps-là avait besoin de l'Europe pour abattre la France. Pourtant il y avait encore des craintes à avoir: le prince Eugène avait 100 000 hommes entre l'Escaut et la Sambre, il avait pris le Quesnoy, occupait Bouchain, d'où il contenait les garnisons de Valenciennes et de Condé, et assiégeait Landrecies, autant pour s'en faire une barrière contre Maubeuge et Charleroi que pour s'ouvrir le chemin de Paris; et, de fait, s'il avait pris Landrecies, il n'y avait plus de place forte entre son armée et la capitale.

Déjà ses coureurs ravageaient la Champagne. Reims avait été insultée et l'effroi se répandait dans tout le royaume.

Mais Villars était là, Villars à qui Louis XIV avait confié sa dernière armée en lui disant ces paroles qui feront beaucoup pardonner à son orgueil en faveur de sa noble confiance en son peuple et du culte qu'il avait pour l'honneur national : « S'il vous arrive malheur, je compte aller à Péronne ou à Saint-Quentin y ramasser tout ce que j'aurai de troupes, faire un dernier effort avec vous, périr ensemble ou sauver l'État. »

Il ne fut pas besoin de cet expédient. L'audace de Villars tira la France d'inquiétude ; profitant de ce que les lignes du prince Eugène s'étendaient sur un front de 12 à 15 lieues, il fait une fausse attaque du côté de Landrecies pendant qu'il se porte en toute hâte sur Denain, où commandait le duc d'Albemarle (24 juillet 1712). Notre infanterie s'élance à la baïonnette sur le camp de l'ennemi : en quelques heures, 17 de ses bataillons sont détruits. Le prince Eugène accourt, il est repoussé avec de pertes énormes, lève le siége de Landrecies et ne peut plus défendre ses postes de la Scarpe qui sont tous enlevés successivement : Douai, Marchiennes, Bouchain et le Quesnoy sont repris et les frontières de la France, depuis si longtemps menacées, sont enfin en sûreté (30 juillet).

La bataille de Denain n'était pas une de ces éclatantes victoires qui ne mènent à rien, mais bien un de ces succès qui deviennent populaires parce qu'ils sauvent un pays. En moins de trois mois, les ennemis perdirent 53 bataillons tués ou pris, 200 canons, tous leurs magasins, et il n'en coûta pas 1 500 hommes aux Français.

Traités d'Utrecht, de Rastadt et de Bade.

Cet heureux retour de fortune, qui donna à Villars la plus haute renommée, accéléra les négociations du congrès ; les succès maritimes que venait de remporter Duguay-Trouin n'y furent pas étrangers non plus.

Depuis longtemps, il ne se livrait plus sur mer que de ces petits combats qui avaient fait la réputation de Jean Bart et de ses émules, Forbin, Ducasse, Pointis et Cassard, parce qu'ils se terminaient toujours par des convois enlevés aux ennemis ou des côtes anglaises ravagées. La dernière grande bataille navale avait été livrée (août 1704) à Velez-Malaga, par le comte de Toulouse qui resta victorieux avec 49 vaisseaux contre 55, mais qui aurait détruit la flotte anglo-hollandaise toute désemparée et manquant de munitions, si au lieu de rentrer dans la rade de Toulon, après dix heures de combat, il eût recommencé la lutte dès le lendemain.

Duguay-Trouin qui avait commencé comme Jean Bart par cette guerre de corsaire, bien plus sensible à l'Angleterre que les batailles navales, et qui n'était entré dans la marine de l'État qu'en 1706, montra qu'il était de taille à jouer un rôle plus important : à la tête d'une expédition composée de vaisseaux armés par des marchands, il força l'entrée de Rio-Janeiro, après onze jours d'attaque, y brûla aux Portugais 60 navires de commerce, 3 vaisseaux de guerre, 2 frégates et d'immenses quantités de marchandises (6 octobre 1711).

Ce désastre jeta la consternation en Portugal et l'année suivante ce pays, qui suivait les inspirations de l'Angleterre, signa avec la France une trêve qui contraignit le parti de la maison d'Autriche en Espagne à renoncer à ses prétentions ; la Hollande adhéra à la trêve, ensuite les princes allemands, et il en sortit la paix générale par suite du traité d'Utrecht (11 avril 1713) entre la France, l'Espagne, la Hollande, la Savoie et le Portugal.

L'empereur s'obstina à continuer la guerre malgré l'abandon de ses alliés ; mais Villars était sur le Rhin, en face du prince Eugène qu'il déconcerta par l'impétuosité de ses attaques. Il reprit Landau, escalada avec son infanterie, que son courage électrisait, la montagne de Roskhof qui dominait Fribourg, et emporta cette ville.

Ces succès décidèrent l'empereur à signer pour lui le traité de Rastadt (7 mars 1714), et celui de Bade (7 juin 1714) pour l'Empire.

Par ces traités, Louis XIV conservait toutes les acquisitions de son règne :

MADAME DE MAINTENON.

l'Alsace, y compris Strasbourg, le Roussillon, la Flandre, la Franche-Comté, les Antilles, Cayenne, Bourbon et le Sénégal; de plus, il était maître de la vallée de Barcelonnette, mais il abandonnait Exiles, Fenestrelle et Château-Dauphin à la Savoie; Terre-Neuve, la baie d'Hudson et l'Acadie à l'Angleterre, qui exigea aussi la démolition de notre port de Dunkerque pour s'assurer l'empire de la mer.

Philippe V était reconnu roi d'Espagne et de ses immenses colonies; mais il renonçait, pour lui et ses successeurs, à ses droits sur la couronne de France, cédait Gibraltar aux Anglais, Port-Mahon et toute l'île de Minorque ainsi que la Sicile au duc de Savoie, qui prenaît enfin le titre de roi ; les Pays-Bas, le Milanais, le royaume de Naples et la Sardaigne à l'empereur.

Quant à l'électeur de Bavière, notre fidèle et malheureux allié, il était rétabli dans ses États ; l'électorat de Brandebourg, érigé en royaume de Prusse depuis 1700, s'agrandissait de la Gueldre, et la Hollande obtenait le droit de mettre garnison dans les places fortes des Pays-Bas autrichiens, pour s'en servir comme d'une barrière contre la

PHILIPPE D'ORLÉANS, régent de France.

France, ce qui lui permit de se faire donner annuellement, et cela jusqu'en 1787, 1 250 000 florins par les Flamands pour être les maîtres chez eux.

En somme, ces traités, derniers actes du règne de Louis XIV, étaient honorables pour la France et sauvèrent la gloire du roi du naufrage où elle était en train de s'engloutir avec sa popularité, qui s'affaiblissait de jour en jour, depuis que la guerre de la succession d'Espagne coûtait 250 millions par an à la nation qui ne pouvait rien y gagner que la misère la plus profonde, dont

Vauban avait indiqué les causes et le remède dans un livre, *la Dîme royale*, condamné du reste au pilori pour son franc-parler, qui offensait plus le roi despote que les remontrances paternelles que Fénelon lui avait adressées en maintes circonstances, avant que la dévotion outrée des quiétistes et le zèle de Bossuet n'eussent tenté de lui faire croire qu'il était un ennemi de l'Église.

Des circonstances malheureuses pour Louis XIV, et peut-être pour la France, achevèrent de lui aliéner même le respect des peuples. Ayant perdu successivement son fils unique (24 février 1711), le duc de Bourgogne et sa femme (8 et 12 février 1712), le duc de Bretagne, leur fils aîné (8 mars), et le duc de Berry, second fils du grand dauphin (1714), ce qui ne lui laissait plus pour héritier de sa couronne que son arrière-petit-fils Louis, duc d'Anjou, âgé de cinq ans, il prit une mesure attentatoire à la moralité publique, parce qu'elle était comme une réhabilitation de l'adultère; il déclara le duc du Maine et le comte de Toulouse ses fils, qu'il avait eus de madame de Montespan, héritiers de la couronne à défaut des princes du sang, et les appela par son testament à faire partie d'un conseil de régence dont le duc d'Orléans son neveu était intentionnellement exclu, comme pour faire peser sur lui le soupçon de vouloir supprimer l'héritier légitime pour prendre sa place.

Aussi était-il temps qu'il mourût (1ᵉʳ septembre 1715), à l'âge de 77 ans, et quand il fut parti à Saint-Denis, le peuple insulta par des cris de joie, des chansons injurieuses, la pompe funèbre de ce roi auquel il avait élevé des statues et des arcs de triomphe.

Il y avait un enseignement dans ce spectacle de sinistre augure pour la monarchie absolue; mais les esprits n'étaient pas encore mûrs pour le libre examen, et il fut perdu pour tout le monde. On pouvait croire d'ailleurs que l'allégresse de la populace n'était qu'une représaille contre ce roi trop orgueilleux, trop adulé, et qui fut en somme moins grand que la nation qu'il laissait dans un état désespéré, obérée par des emprunts à 400 pour cent, des impôts sans nombre et encore insuffisants, puisque les revenus de deux années étaient consommés d'avance et que la dette publique s'élevait à la somme de 2 milliards 400 millions (qui en feraient plus de 8 de notre monnaie).

Ainsi finit ce règne de 72 ans, dont les malheurs de la dernière période ne purent effacer la gloire de la première qui, par ses succès extérieurs, ses améliorations administratives, ses illustrations de toutes sortes, a mérité de l'histoire le nom de siècle de Louis XIV.

Le siècle de Louis XIV.

Si le roi fut, malgré le titre que lui avait décerné la Sorbonne, moins grand que la nation qui s'était épuisée pour chasser l'étranger appelé chez elle par une ambition nuisible à ses propres intérêts, il faut reconnaître qu'il s'efforça, malgré son absolutisme, de se tenir toujours à son niveau. Peut-être n'aimait-il la France que parce qu'il croyait sincèrement que lui c'était l'État; mais il l'aimait, et son ambition, quelque démesurée qu'elle fût, était de la faire grande dans toutes les acceptions du mot, et à quelque prix que ce fût.

Sans doute il fut merveilleusement servi par les hommes de génie qui illustrèrent son règne; mais toutes les merveilles de son temps ne se seraient certainement pas produites s'il n'y avait pris une part glorieuse et active, s'il était resté étranger aux progrès qui se manifestèrent dans toutes les branches de l'industrie et des arts, et s'il ne les avait multipliés par de sages institutions et de brillants encouragements.

Nulle époque ne fut plus fertile en grands hommes; ce qu'il ne faut pas attribuer seulement à la succession des temps, au développement naturel et progressif des intelligences, puisque beaucoup d'entre eux, sans parler même de Molière, de Racine, de La Fontaine, de La Bruyère, n'ont pu être ni dépassés ni même égalés.

Au point de vue littéraire, il faut reconnaître que le grand siècle avait été préparé par Richelieu.

Les critiques que sa jalousie un peu mesquine avait suscitées autour du *Cid* avaient fait Pierre Corneille, qui reste d'autant mieux notre premier poëte tragique que son génie ouvrit des chemins tout tracés aux inimitables vers de Jean Racine.

Descartes, Pascal avaient déjà fait leurs chefs-d'œuvre, et quand Louis XIV arriva au gouvernement, Lesueur et Poussin étaient morts, Mme de Sévigné, La Rochefoucauld, Molière, La Fontaine, Bossuet étaient en pleine possession de leur talent, Scarron était passé, Voiture, Mlle de Scudéry et les précieuses régnaient, et il fallut Molière pour les rendre ridicules; car en 1660 la société française possédait déjà toutes les forces de son esprit, il ne lui manquait que le goût qui serait le thermomètre de toutes les choses de l'art s'il était toujours juste et sûr. Pascal avait essayé de l'équilibrer avec ses *Provinciales*.

Molière vint avec ses comédies, et Boileau avec ses satires; mais que pouvaient Pascal, Molière et Boileau sans Louis XIV, maître de tout, juge de tout, qui, du milieu de sa cour de Versailles, incomparable par son faste et ses fêtes merveilleuses, mais où la noblesse la plus brillante s'avilissait et où les meilleurs généraux venaient s'annihiler entre deux campagnes, dictait ses lois et ses opinions à la cour, à la ville, à la France, à l'Europe?

Pascal était un grand écrivain, mais on ne lisait pas ses œuvres; on le connaissait un peu parce qu'il avait deviné les mathématiques et inventé la brouette. Molière était né tapissier et valet de chambre du roi; les bourgeois le méprisaient parce qu'il avait quitté un beau métier pour jouer la comédie, et les domestiques de la cour se trouvaient déshonorés de faire avec lui la couverture du roi.

Louis XIV le prit un jour, le fit asseoir à sa table, lui servit à dîner devant tous ses courtisans ébahis et le méprisé Poquelin devint M. de Molière, avec permission d'avoir du génie, et il en eut; mais le goût était encore si peu sûr que ses grandes œuvres n'auraient pas été comprises si Louis XIV ne les eût approuvées d'avance.

C'est là le grand mérite de Louis XIV; sans lui, Molière aurait réjoui la cour et la ville avec ses inimitables farces, mais il n'aurait peut-être pas fait le *Misanthrope* et nous n'aurions certainement jamais connu *Tartufe*.

Ce qu'il avait fait pour Molière, Louis XIV n'eut pas besoin de le recommencer pour d'autres : l'élan était donné, on faisait sa cour au roi en applaudissant ce qu'il avait daigné trouver bon, et en renchérissant sur les libéralités dont il récompensait les choses de l'art et de l'esprit.

Et voilà pourquoi le grand Racine et ses imitateurs, Pradon lui-même, eurent un public, ainsi que Quinault et Lulli, qui inventèrent l'opéra français après les essais informes de l'abbé Perrin et de Cambert, et comment par l'émulation se produisirent Regnard, Dancourt, et tant d'auteurs et de compositeurs moins méritants, mais qui, en perpétuant les traditions du génie, firent quelque chose de ce rien qui était le théâtre avant l'avénement des maîtres, et créèrent l'art dramatique et l'art lyrique français dans lesquels nous avons eu depuis tant d'illustrations, que nos productions suffisent à alimenter tous les théâtres du monde.

Ainsi en fut-il, mais avec des résultats moins constants, pour toutes les autres branches de la littérature. Boileau, La Fontaine, toute la pléiade de nos poètes fut comprise et appréciée; les prosateurs connus, La Bruyère et La Rochefoucauld, n'avaient qu'à se donner la peine d'écrire, et cependant ils furent sobres, ceux-là, un livre suffit à leur gloire, mais aussi quel livre et quelle gloire!

L'éloquence sacrée fut encore mieux représentée. Jamais à aucune époque il ne s'est rencontré des orateurs comme Bourdaloue, Bossuet qui aurait été célèbre par ses oraisons funèbres, même s'il n'avait pas fait son *Discours sur l'histoire universelle*, Massillon dont le *Petit Carême* a inspiré tant de prédicateurs, et Fénelon, le plus littérateur de tous, qui joignait au charme de la forme la pureté de l'expression et la grandeur des idées. Son *Télémaque* n'est pas seulement un roman philosophique, écrit spécialement pour le duc de Bourgogne que sa naissance appelait à régner sur la France, c'était un catéchisme politique, dont les réformes demandées étaient, il est vrai, peu pratiques, mais où les vices de l'administration d'alors étaient bien signalés.

Au-dessous de ces aigles, des gens d'un grand mérite traçaient de fertilisants sillons : Pascal écrivait ses *Pensées*, Lemaistre de Sacy traduisait la Bible, Malebranche, Antoine Arnauld, Nicole écrivaient sur la religion et sur la grâce; ce qui n'empêchait pas les protestants Bayle et La Mothe-Le-Vayer de continuer les traditions de Rabelais en épurant son genre, et de créer la critique philosophique.

Et comme si aucune des branches littéraires ne devait manquer de porte-flambeau, Mézeray écrivait l'histoire, Saint-Simon et Dangeau en recueillaient les petits côtés, Nicolas Samson et Guillaume Delisle débrouillaient le chaos de la géographie, Tournefort accomplissait le même travail pour la botanique, Mme de Sévigné donnait des modèles de style épistolaire, Mme Deshoulières de poésie légère.

Les arts suivaient le mouvement : faut-il s'étonner que Louis XIV ait fait tant de constructions merveilleuses, lui qui sut utiliser des architectes comme Mansard, Perrault, pour ses palais, Lenôtre pour ses jardins; lui qui avait des sculpteurs comme Pierre Puget, Coysevox, les deux Coustou, Girardon; des peintres comme Eustache Lesueur, Poussin, Claude Lorrain, Lebrun, Jouvenet, Rigaud et tant d'autres, alors que l'Italie et l'Espagne n'en avaient plus, que les écoles de Flandre et de Hollande étaient en décadence, et que l'Angleterre n'avait pas encore un tableau?

Sous Louis XIV, il semble que la nature ait voulu s'ingénier à produire ce qu'il y avait de mieux dans tous les genres. Nous avons parlé des généraux comme Condé, Turenne, Catinat, Luxembourg, Villars; des ministres comme Mazarin, Colbert, Letellier, Louvois; des marins comme Duquesne, Tourville, Jean Bart, Duguay-Trouin; des ingénieurs comme Vauban; des législateurs comme Séguier.

Nous pourrions parler aussi des dames de cette cour si brillante, si distinguée, si intelligente, mais si profondément viciée que l'adultère y était considéré sinon comme une qualité, du moins comme un moyen de parvenir.

Nous pourrions citer la duchesse de La Vallière, laquelle se fit pardonner une fortune qui l'éblouissait par un éclatant repentir ; la duchesse de Montespan, qui régna si longtemps sur la cour, malgré les rivales que le sultan Louis XIV lui donnait si facilement ; mais il nous faudrait aussi parler de la marquise de Maintenon qui, de veuve du cul-de-jatte Scarron, devint la femme de Louis le

Le czar Pierre le Grand et Louis XV.

Grand, après avoir été gouvernante de ses bâtards, et nous lui reprocherions peut-être d'avoir plus gouverné le père que les enfants et de n'avoir profité de son titre de quasi-reine de France que pour faire envahir tous les emplois par ses protégés dont l'incapacité scandaleuse chez la plupart fut une des causes des malheurs du pays.

En somme, excepté peut-être pour les sciences où, si nous pouvions nous glorifier de Descartes et de Pascal, les autres nations pouvaient nous opposer Képler, Galilée, Newton et Leibnitz, la France était au premier rang pour toutes les choses de l'art, de l'esprit ; nulle nation ne pouvait présenter un aussi magnifique ensemble de productions littéraires; elles faisaient loi par toute l'Europe et notre pays était bien réellement à la tête de la civilisation moderne, car par la supériorité reconnue de son esprit et de son goût il faisait accepter partout le pacifique empire de ses écrivains et de ses artistes.

CHAPITRE XXI

LE RÈGNE DE LOUIS XV

Régence du duc d'Orléans.

A la mort de Louis XIV, il y eut une courte réaction féodale : la noblesse, éloignée des affaires par le despotisme du grand roi, releva la tête et voulut, d'après l'avis de Saint-Simon, que Philippe d'Orléans, le premier prince du sang, que le testament de Louis XIV avait écarté du pouvoir, demandât la régence aux ducs et pairs comme représentants des anciens grands vassaux. Le duc d'Orléans aima mieux la tenir du parlement qu'il convoqua à cet effet, et, empruntant une phrase du *Télémaque* pour dire qu'il réclamait une entière liberté pour le bien et demandait à être lié pour le mal, il en obtint tout ce qu'il voulut, c'est-à-dire la régence avec le droit d'en composer le conseil comme il l'entendrait. Son premier acte fut naturellement d'ôter le commandement de la maison du roi au duc du Maine, et d'appeler aux affaires la haute noblesse qui, formant six conseils, remplaça tous les ministères; naturellement aussi il reconnut au parlement le droit de remontrance. Mais deux ans ne s'étaient pas écoulés que les ministères étaient rétablis, la noblesse tenue à l'écart, le parlement de nouveau condamné au silence, et que la monarchie devenait de plus en plus absolue.

C'était une lourde tâche que de prendre les rênes du gouvernement. En 1715, la France, qui n'était pas encore assez riche pour payer la gloire de Louis XIV, était ruinée pour longtemps; en présence d'une dette de plus de deux milliards et demi, elle avait une encaisse de huit cent mille livres; le numéraire était d'une rareté excessive, le commerce était paralysé, la noblesse était écrasée par les dettes qu'elle avait dû faire pour briller à la cour, les magistrats, les rentiers de l'État étaient depuis longues années privés de leurs revenus, les paysans manquaient de tout et en certaines provinces ils n'avaient même pas de paille pour se coucher. Aussi, tous ceux qui le pouvaient par leur proximité avec les frontières passaient à l'étranger et beaucoup de parties du territoire étaient incultes et désertes.

Cette situation était trop inquiétante pour qu'on s'étonne beaucoup de voir le régent, mal conseillé du reste par son ancien précepteur Dubois, un intrigant dont les vices furent récompensés par la succession de Fénelon à l'archevêché de Cambrai et plus tard par un chapeau de cardinal bien qu'il ne fût même pas prêtre, recourir aux expédients.

Les dépenses ordinaires du budget étaient de 147 millions, le revenu brut de l'État s'élevait bien à 165 millions. Mais il y avait un tel désordre dans le service des finances, tant de dilapidations commises par les agents de tout degré, qu'il n'en arrivait pas 69 au trésor. Cela n'aurait fait un déficit que de 87 millions; mais les revenus de l'année suivante étaient dépensés d'avance. Un moment il fut question de déclarer la banqueroute; c'était l'avis de Saint-Simon qui voulait la faire décréter par les États généraux.

Le duc de Noailles, président du conseil des finances, fit quelque argent par une refonte des monnaies et chercha à diminuer les dépenses en réduisant les rentes; cette opération, bien qu'appuyée par une chambre de justice, fut extrêmement difficile; elle frappa 4 410 individus; mais la plupart des traitants trouvèrent moyen de s'y soustraire en achetant à prix d'argent la protection des *roués* du régent, celle des femmes influentes et même des membres de la chambre de justice, si bien qu'au lieu de produire les 220 millions qu'on en attendait elle en donna 70, dont 15 à peine arrivèrent au Trésor.

Malgré cette exécution qui déprécia encore les billets d'État, et l'établissement de quelques utiles mesures, le déficit de 1716 était encore de 97 millions.

Système financier de Law.

Un homme se présenta alors qui prétendit avoir trouvé le moyen de combler ce gouffre et de payer toutes les dettes de l'État : c'était Jean Law, un Écossais qui avait fait sa fortune dans la banque, mais surtout dans les combinaisons du jeu; il rêva de créer une puissance nouvelle, le crédit, prétendant que l'abondance du numéraire fait la prospérité du commerce et de l'industrie, et qu'il y avait alors tout avantage à substituer au numéraire monnayé, dont la quantité est toujours limitée, un numéraire papier susceptible d'une multiplication indéfinie.

Ces prétendus axiomes séduisirent le régent. Cependant le duc de Noailles s'opposa à ce que l'expérience fût faite d'abord sur les fonds de l'État. Law se contenta de créer une banque particulière au capital de 6 millions, représenté par 1 200 actions de 5 000 livres, payables un quart en espèces et trois quarts en billets d'État (mai 1716).

Cette banque faisant l'escompte des effets de commerce, qui coûtaient avant jusqu'à deux et demi pour cent par mois, à six pour cent l'an et bientôt à quatre, tout le monde y courut; elle émit des billets qu'elle payait à vue en espèces invariables de poids et de titre, qu'on ne tarda pas à se disputer parce qu'ils facilitaient singulièrement les transactions commerciales. L'activité reprit dans les affaires et le crédit de la banque s'augmenta par l'ordre donné aux percepteurs et comptables royaux de recevoir ces effets comme argent en payement des droits et impôts.

L'État travaillait pour lui : car le 4 décembre 1718 la banque Law fut érigée en banque royale.

Malheureusement ce n'était déjà plus une banque proprement dite; Law y avait ajouté une compagnie ayant le privilège exclusif du commerce dans la vallée du Mississipi et qui émit des actions pour une vaste entreprise de culture et de colonisation dans la Louisiane où l'on avait, disait-on avec une habileté qui ne s'est que trop renouvelée depuis, découvert des mines d'or et d'argent.

Le premier succès fit croire au second; les actions s'enlevèrent et ce fut une telle fureur quand la compagnie, absorbant celles déjà instituées du

Sénégal et des Indes occidentales prit le titre général de *Compagnie des Indes*, que des actions de 500 livres furent payées dix, vingt, trente, et quarante fois leur valeur. Or, comme ces actions si vivement recherchées et dont le nombre n'était point limité ne pouvaient s'acheter qu'un quart en es-

LE CARDINAL FLEURY.

pèces et trois quarts en billets d'État, le système de Law pouvait, comme il l'avait promis au régent, éteindre la dette publique, et de fait il prêta à l'État 1600 millions de papier-monnaie avec lesquels il payait ses créanciers et qui revenaient ensuite à la banque en échange des actions de la compagnie.

Dès lors le billet d'État, qui perdait naguère 60 et 80 pour cent de sa valeur, reprenait faveur par le besoin qu'on en avait et l'État pouvait le multiplier sans alarmer le crédit.

La spéculation perdit tout; des fortunes colossales s'édifièrent en quelques semaines et la fièvre du jeu était telle

LOUIS XV.

qu'en octobre 1719 les actions valaient jusqu'à vingt mille livres. On s'étouffait dans la rue Quincampoix qui était devenue le siége de la banque royale. Tel qui était valet le matin était maître le soir. On cite un peaussier de Montélimar qui s'en retourna chez lui avec 70 millions, le domestique d'un banquier avec 50, un Savoyard avec 40, et un petit bossu gagna 150 000 livres rien qu'à prêter son dos pour servir de pupitre aux spéculateurs.

S'il se réalisait tant de bénéfices, il devait nécessairement y avoir des pertes. Celles-ci portèrent sur les derniers détenteurs; car Law débordé sentait bien qu'il courait à une catastrophe finale. En vain voulut-il modérer l'émission du papier, il ne le pouvait plus. Pour soutenir le mouvement des affaires et satisfaire tant d'appétits insatiables, il fallait créer, créer toujours des valeurs fiduciaires. Leur chiffre dépassa trois milliards et comme il n'y avait pas plus de sept cent millions de numéraire en France, elles ne tinrent que par la confiance du public.

Cette confiance s'ébranla: des joueurs prudents commencèrent à réaliser et se présentèrent à la banque pour avoir des espèces. L'exemple gagna, les réalisateurs se multiplièrent, vendirent leurs actions au plus haut cours et avec leurs billets d'État achetèrent des valeurs sérieuses, or, argent, diamants, terres, ou même accaparèrent les subsistances, comme le duc de La Force à qui l'on fit plus tard son procès.

Sous le coup de ces opérations nombreuses, les actions baissent, la confiance se perd, la panique se prend et des foules assiègent la banque pour se faire rembourser. Law lutte en désespéré, les paiements en espèces sont interdits, excepté comme appoints et pour les petites transactions; on défend d'avoir chez soi de l'or et de l'argent, on ordonne des visites domiciliaires, on poursuit les délinquants, on récompense les dénonciateurs et la banque ne rembourse en espèces que les billets de dix livres qu'on avait créés pour soutenir plus aisément la concurrence contre le métal, et qui étaient presque tous entre les mains du peuple. Il y eut un tel empressement que trois personnes furent étouffées; la foule irritée porta les cadavres sous les fenêtres de Law qu'elle voulait mettre en pièces.

Le cours forcé des billets de l'État aurait prolongé l'agonie de la banque; mais le gouvernement la tua d'un seul coup en déclarant que dorénavant il ne recevrait plus de paiements en papier. Law, complétement ruiné, s'échappa de la France poursuivi par les malédictions publiques, et la liquidation de la banque se solda par un milliard sept cent millions dont l'État se reconnut débiteur au profit des créanciers de la Compagnie; de sorte qu'à cent millions près sa situation financière était exactement la même qu'avant l'application du système.

Guerre avec l'Espagne.

Cependant le duc d'Orléans s'était occupé de la situation politique, qu'il croyait trouver menaçante par le fait de l'Espagne parce qu'il haïssait Philippe V et que celui-ci, qui le soupçonnait prêt à détrôner le jeune Louis XV, le lui rendait bien.

Il avait d'ailleurs un ministre, le cardinal Albéroni, qui rêvait pour Philippe le trône de France et qui considérait déjà le traité d'Utrecht comme lettre morte. Tout en dépensant à l'intérieur une activité prodigieuse pour relever les finances, l'agriculture et la marine, il cherchait à mettre l'Europe en feu pour reconquérir les provinces espagnoles perdues.

L'Angleterre et la Hollande venaient de signer avec la France la Triple-Alliance (4 janvier 1717); cela ne changeait rien à la situation de l'Espagne, car en tout état de cause elle ne pouvait pas même espérer la neutralité de ces deux nations. Elle leur suscita des ennemis et compta sur Charles XII, roi de Suède, pour renverser en Angleterre la dynastie des Hanovre au profit des Stuarts, pendant qu'elle ourdissait en France, avec l'aide de la duchesse du Maine qui tenait à Sceaux une cour rivale de celle du Palais-Royal, un vaste complot dans lequel entra toute la noblesse de Bretagne, frustrée dans ses priviléges, et dont le but était de faire passer la couronne sur la tête de Philippe V.

Ce complot, appelé dans l'histoire *Conspiration de Cellamare*, du nom de l'ambassadeur espagnol qui en était l'instigateur, fut découvert et servit de prétexte au régent pour déclarer la guerre presque fratricide qu'il méditait.

Un nouveau traité d'alliance fut signé en 1718 entre la France, l'Angleterre, la Hollande et l'Autriche, et les Anglais commencèrent les hostilités en battant une flotte espagnole sur les côtes de la Sicile (août 1718).

Une flotte, portant en Écosse le prétendant Stuart, arrêté scandaleusement et chassé de la cour de France, fut détruite par la tempête. Pendant ce temps, les Anglais prenaient Vigo, et Berwick, à la tête des Français, s'emparait de Fontarabie, de Saint-Sébastien et du port du Passage, au détriment de ce roi qu'ils avaient assis eux-mêmes sur le trône de Charles-Quint et dont les drapeaux portaient les trois fleurs de lys de France.

Le cardinal Albéroni tomba devant tant de revers, et l'Espagne dut accepter les conditions de paix de la Quadruple-Alliance (janvier 1720), dont l'Autriche seule bénéficiait en échangeant au duc de Savoie la Sardaigne contre la Sicile, qui resta à l'empereur avec le Milanais. Pour la France, elle n'y gagna, par ricochet, que la haine de l'Angleterre, quand, au traité de Nystadt (1721), elle essaya de faire obtenir des conditions moins dures aux Suédois, nos anciens alliés.

Tels furent les seuls exploits militaires de la régence de Philippe d'Orléans, qui pensa d'ailleurs beaucoup plus à ses plaisirs dont l'assouvissement public fit de la cour sévère et majestueuse de Louis XIV une école de débauche licencieuse. Sans doute, les mœurs ne valaient guère mieux sous la fin du grand roi; mais, à cause de l'ascétisme de ses dernières années, les courtisans devinrent hypocrites. Sous la Régence, au contraire, ils furent fanfarons de vices et affichèrent des habitudes crapuleuses d'ivrognerie et de scandale. Cette licence et le cynisme du Régent qui lui faisait dire ouvertement : « Qu'importe à l'État que ce soit moi ou mon laquais qui soit en carrosse? » trouvèrent bientôt leur correctif; il en naquit la liberté de penser et presque la liberté d'écrire, si l'on remarque que l'*Œdipe* de Voltaire est de 1718, les *Lettres persannes* de Montesquieu de 1721, et qu'il y avait à peine trente ans que La Bruyère se plaignait « que, né chrétien et Français, les grands sujets lui fussent interdits ».

Comme si aucun malheur n'avait dû être épargné à cette période désastreuse, un terrible fléau avait éclaté dans la Provence en 1720, où la peste de Marseille avait enlevé plus de 85 000 personnes. La France admira le dévouement de l'évêque Belzunce, du chevalier Roze et de plusieurs échevins, applaudit à la générosité des fermiers généraux, qui donnèrent 3 millions pour nourrir la province pendant la disette qui suivit l'épidémie, et la cour donnant l'exemple oublia vite une catastrophe qui ne l'avait touchée que sur un point.

Cependant Louis XV venait d'atteindre sa quinzième année; le 13 février 1723, il fut déclaré majeur et Philippe d'Orléans abandonna officiellement la régence, mais il s'arrangea pour la conserver de fait, en faisant nommer premier ministre ce Dubois qu'il méprisait pourtant ouvertement; ce triste personnage étant venu à mourir, il prit pour lui le titre qu'il avait souillé en le lui faisant porter, mais il ne put le garder que quatre mois; il mourut le 2 décembre 1723 d'une attaque d'apoplexie, dont il était menacé depuis longtemps et qu'il aurait pu reculer en changeant les habitudes honteuses de sa vie de débauches.

Il n'avait été au pouvoir que huit ans, mais il avait plus fait pour la révolution morale, qu'avait déjà préparé le despotisme sans compensations des dernières années de Louis XIV, que ne firent même les abus, les humiliations, les scandales de toutes sortes qui marqueront les étapes du règne de Louis le Bien-Aimé.

Ministère du duc de Bourbon.

Philippe d'Orléans mort, ce fut le duc de Bourbon qui devint premier ministre; ses mœurs étaient à peine meilleures, mais il avait un défaut de plus, l'intolérance; il montra une rigueur si excessive contre les jansénistes et surtout contre les protestants que les émigrations recommencèrent.

Il ne continua pas la politique du Régent, qui s'était rapproché du cabinet de Madrid et avait demandé pour Louis XV la main d'une infante qu'on élevait à Paris pour être reine de France. Tout au contraire, Mme de Prie, sa maîtresse, étant pensionnée par l'Angleterre, le duc de Bourbon resserra l'alliance de ce pays par une insultante rupture avec l'Espagne.

Dans le but de prolonger son pouvoir et au mépris des promesses faites, il chercha à donner au jeune roi une épouse sans alliances politiques et, non-seulement il retira la parole de la France au sujet de l'infante d'Espagne, mais il refusa pour Louis XV la fille de la czarine de Russie, préférant lui faire épouser Marie Leczinska, plus âgée que lui de sept ans, mais pieuse et douce et d'autant plus disposée à se laisser diriger par Mme de Prie qu'elle était sans fortune, sans beauté et fille de Stanislas, roi dépossédé de la Pologne, qui vivait à Wissembourg d'une petite pension que lui faisait la France.

L'infante fut renvoyée à son père Philippe V qui, furieux de cette insulte, s'empressa de conclure avec Charles VI, empereur d'Autriche, une alliance offensive et défensive contre l'Angleterre. la France et la Prusse, que le duc de Bourbon avait pu intéresser à sa politique; mais ce ne fut pas lui qui eut à en diriger les conséquences, car Fleury ne tarda pas à prendre sa place.

L'évêque de Fréjus, gouverneur du jeune Louis XV, vieillard aimable et spirituel, avait gagné toute sa confiance et il exerçait sur lui une influence assez grande pour avoir pu être premier ministre s'il l'eût voulu dès la mort du Régent; mais il trouvait que du duc d'Orléans à un particulier il y avait une trop grande distance, et il la laissa combler par la nullité politique du duc de Bourbon; il fut au pouvoir dès qu'il le voulut. Il eut cependant soin de profiter de l'impopularité que le duc de Bourbon s'était attirée par le rétablissement du droit de *joyeux avénement*, du droit de la *ceinture de la reine*, et surtout par l'institution d'un impôt du cinquantième levé en nature sur tous les fruits de la terre, et en argent sur les autres revenus, pour faire son petit coup d'État; il bouda, fut rappelé d'Issy où il s'était retiré dans la maison de la congrégation de Saint-Sulpice et fit ses conditions pour revenir.

MADAME DE POMPADOUR.

Le soir même, le duc de Bourbon était exilé à Chantilly. Cette disgrâce, que partagea Mme de Prie, rejaillit jusque sur la reine, à qui Louis XV écrivit durement de faire tout ce que lui ordonnerait l'évêque de Fréjus (12 juin 1726).

A cette nouvelle, le peuple fut dans l'enchantement, et il fallut l'intervention de la police pour l'empêcher de faire des feux de joie.

Ministère de Fleury.

L'évêque de Fréjus, qui devint bientôt cardinal, prit la conduite des affaires avec le titre de ministre d'État et sous le couvert de Louis XV qui était censé gouverner par lui-même, à l'exemple de son bisaïeul; mais, quoiqu'il fût en âge, le roi ne s'occupait à rien autre chose qu'à ses plaisirs; il se contentait de montrer dans les conseils sa figure toujours impassible, mais il passait son temps à faire de la tapisserie, à tourner des tabatières en bois, à lire la correspondance secrète qu'il entretenait avec les ambassadeurs et surtout les anecdotes scandaleuses que le lieutenant de police lui envoyait régulièrement tous les jours. Plus tard, il eut des passions plus ruineuses, mais il semblait qu'alors le gouvernement était à l'économie. Fleury laissa tranquillement la France réparer ses pertes par la paix et s'enrichir par un commerce immense, traitant l'État comme un corps robuste qui peut se rétablir de lui-même.

Il était dans le vrai sous ce rapport; il se rendit presque populaire en diminuant les tailles, et surtout en abolissant le récent impôt du cinquantième; par de sages mesures que lui conseilla l'habile financier Orry il releva le crédit public et rétablit momentanément l'équilibre entre les recettes et les dépenses.

Il poussa l'économie un peu trop loin, car il laissa ruiner notre marine; ce qui ne lui permit de faire la guerre qu'à demi, c'est-à-dire mal.

Bien qu'il eût pris Mazarin pour modèle, il n'eut pas comme lui cette tolérance si indispensable en politique. Il remit en vigueur la bulle *Unigenitus*, fit emprisonner plusieurs ecclésiastiques, et même un évêque qui refusèrent de la signer, cassa un acte de protestation du parlement et exila quarante de ses membres; il fit aussi une guerre acharnée aux jansénistes et destitua tous ceux qui étaient professeurs à la Sorbonne.

Le parti chercha à lui susciter des ennemis en publiant qu'il se faisait des miracles sur la tombe d'un des leurs, le diacre Paris, personnage ascétique, mort en odeur de sainteté en 1727. Effectivement, il se passa des choses étranges au cimetière Saint-Médard : des personnes qui se couchaient sur le tombeau du saint éprouvaient des secousses nerveuses, des extases qui firent assez de prosélytes pour qu'il y eût bientôt à Paris une sorte de fanatiques dits *convulsionnaires*, qui se firent remarquer par des scènes extravagantes et scandaleuses.

Le gouvernement eut le bon esprit de ne point intervenir, et le ridicule tua cette folie qui avait duré cinq ans et dont l'oraison funèbre fut écrite par un plaisant sur la porte du cimetière, quand on le ferma en 1732 :

> De par le roi, défense à Dieu
> De faire miracle en ce lieu.

Cependant Fleury avait à cœur de réconcilier la France avec l'Espagne : la guerre des Deux-Ligues n'avait eu d'autre effet qu'une vaine tentative des Espagnols sur Gibraltar (1727). Tout le monde voulait la paix. Robert Walpole, ministre de Georges II, roi d'Angleterre, en avait besoin pour se maintenir au pouvoir; Fleury profita d'une rupture de l'Autriche avec l'Espagne pour entreprendre des négociations; par le traité de Séville (1729), l'Angleterre et la France garantirent les duchés italiens à l'Espagne; et le duc de Parme et Plaisance étant venu à mourir, l'infant don Carlos fut mis en possession de ces domaines malgré les réclamations de l'Autriche, qui ne cessèrent que lorsque les puissances eurent accepté sa *Pragmatique*.

Guerre de la succession de Pologne.

La paix générale ne fut troublée que par la mort d'Auguste II, roi de Pologne (1733). Stanislas Leczinski, qui avait déjà porté cette couronne, la réclama, concurremment avec l'électeur de Saxe, qui était soutenu par l'Autriche et la Russie. Fleury eût bien voulu tenir la France en dehors de ce débat; l'opinion publique le força à prendre le parti du père de la reine, mais il y mit si peu de diligence qu'Auguste III, déjà couronné à Cracovie, força Stanislas à se réfugier à Dantzig, où il fut assiégé par les Russes.

Fleury lui envoya 1 500 hommes; mais celui qui les commandait, reconnaissant l'inutilité d'un pareil secours, se retire à Copenhague où notre ambassadeur, le comte de Plélo, honteux pour la France d'une pareille équipée, se met à leur tête et part pour mourir avec eux sous les murs de Dantzig; le comte de La Pérouse le suit; ils forcent trois quartiers russes; Plélo est tué. Attaquant le quatrième, La Pérouse continue et parvient à s'appuyer au fort de Weichselmund que les Polonais tenaient encore; il y résista vingt-cinq jours à une flotte nombreuse et à une armée de 25 000 hommes, et quand il capitula il n'avait pas 200 hommes valides; il sauva ainsi l'honneur de notre drapeau; mais Stanislas fut réduit à s'enfuir déguisé en pêcheur.

Il fallait effacer cette honte. Fleury conclut avec l'Espagne et la Savoie le traité de Turin, obtint la neutralité de l'Angleterre et de la Hollande par la convention de la Haye (20 novembre 1733), et envoya sur le Rhin une armée commandée par Berwick et une en Italie sous les ordres de Villars.

Berwick enleva Kehl en face de Strasbourg, et vint assiéger Philipsbourg malgré les efforts du prince Eugène; mais il y eut la tête emportée par un boulet.

Villars ne trouva pas cette mort de soldat qu'il enviait; après deux brillantes campagnes qu'il conduisit rapidement parce que, disait-il, il était trop vieux pour attendre, il s'éteignit dans son lit, à Turin, à l'âge de 82 ans (1734).

Son successeur, le maréchal de Coigny, gagna les batailles de Parme (juin) et de Guastalla (septembre), qui nous livraient le Milanais, pendant que le comte de Montémar, victorieux à Bitonto, installait l'infant don Carlos sur le trône de Naples.

L'Autriche n'avait plus qu'à traiter; mais la timidité du cardinal Fleury nous empêcha de recueillir les fruits de nos succès. On pouvait, comme le demandait Chauvelin, le garde des sceaux, forcer l'Autriche à abandonner toutes ses prétentions sur l'Italie; on se contenta de lui faire renoncer au royaume des Deux-Siciles; encore l'empereur reçut-il Parme et Plaisance comme indemnité, et son gendre eut-il la Toscane en échange de la Lorraine qu'il abandonnait à Stanislas, lequel eut aussi le Barrois, comme dédommagement du royaume de Pologne, mais seulement en usufruit, car ces deux provinces devaient revenir à la France après sa mort.

Telles furent les conditions du traité de Vienne (1735), après lequel, de l'avis du grand Frédéric, qui régnait alors sur la Prusse, la France était devenue l'arbitre de l'Europe. En effet, ses armes avaient triomphé en Italie comme en Allemagne et son ambassadeur à Constantinople, le comte de Villeneuve, avait fait signer à la Russie et à la Turquie la paix de Belgrade, par laquelle la Russie s'interdisait toute flotte ou arsenal sur la mer Noire et la mer d'Azof.

Guerre de la succession d'Autriche.

En 1740, Charles VI, empereur d'Autriche, qui avait fait toutes sortes de sacrifices territoriaux pour assurer le reste de son héritage à sa fille Marie-Thérèse, vint à mourir et tout aussitôt six prétendants se présentèrent : l'électeur de Bavière, descendant d'une fille de Ferdinand Ier, le roi d'Espagne, descendant de Charles-Quint par les femmes, et l'électeur de Saxe, gendre de l'empereur Joseph Ier, réclamaient la totalité de la succession par le droit du sang; puis venaient le roi de Sardaigne, seulement pour le duché de Milan, Frédéric II de Prusse, pour le duché de Silésie, et les Montmorency, pour le duché de Luxembourg.

Frédéric II commença par s'emparer de ce qu'il réclamait, quitte à négocier ensuite. Il avait une belle armée, beaucoup d'argent et de grands talents militaires; la bataille de Molwitz (20 août 1741) lui livra les trois quarts de la Silésie.

La France, qui ne voulait rien pour elle, mais qui pensait surtout à abaisser la maison d'Autriche, en partageant l'Allemagne entre la Prusse, l'Autriche, la Saxe et la Bavière, pour se délivrer de tout souci sur le Rhin, entra dans l'alliance de Frédéric II, et soutint les prétentions à l'Empire de l'électeur de Bavière. Mais elle fit les choses petitement; elle ne mit que 40 000 hommes sur pied et les envoya dans le fond de la Bavière, où l'électeur les dirigea mollement. Maître de Lintz, la principale barrière de l'Autriche sur le haut Danube, il eût pu s'emparer de Vienne; il préféra conquérir la Bohême, ce qui donna à Marie-Thérèse le temps de soulever ses fidèles Hongrois; si bien que, pendant que l'électeur se faisait couronner empereur à Francfort, les Autrichiens s'emparaient de Munich (janvier 1742). Frédéric II inquiétait encore Marie-Thérèse; il venait de battre les Autrichiens à Czalau et menaçait la Moravie. L'impératrice lui abandonna la Silésie à condition qu'il se retirerait de la lice.

Cette défection entraîna celle de l'électeur de Saxe, et nous mit dans un grand embarras, car non-seulement le roi de Sardaigne entra dans l'alliance de l'Autriche, mais l'Angleterre, où Walpole n'était plus ministre, nous déclara la guerre et promit un subside de 12 millions à Marie-Thérèse.

Notre armée de Bohême fut coupée par la rentrée des Autrichiens dans Lintz et de Budweiss, et dut se retirer dans Prague où elle fut assiégée.

Maillebois qui opérait dans la Franconie et qui avait ordre de ne rien tenter de décisif, parce qu'on croyait que Marie-Thérèse ferait pour nous faire cesser la guerre le sacrifice du Luxembourg et du Brabant, comme elle avait fait celui de la Silésie pour avoir la neutralité de la Prusse, ne put rien faire pour la délivrance de Prague, sinon de s'emparer d'Égra qui était au moins une ligne de retraite dont Belle-Isle profita en sortant de Prague avec 14 000 hommes qu'il conduisit courageusement à travers la glace, la neige et les ennemis; mais Chevert était resté dans la ville avec les malades et les blessés. Il n'avait pas non plus la prétention de la défendre; mais il déclara au colonel qui le sommait de se rendre que, s'il ne lui accordait pas les honneurs de la guerre, il mettrait le feu aux quatre coins de Prague et s'ensevelirait sous ses ruines.

Bataille de Fontenoy (11 mai 1745).

Il était homme à le faire; aussi on lui accorda ce qu'il voulut (janvier 1743).

Quelques jours après, Fleury s'éteignit à l'âge de 89 ans, et lui qui avait voulu la paix à tout prix, il laissait à la France une guerre terrible sur les bras.

Cependant l'Angleterre était entrée en lice. Une armée de 50 000 hommes, Anglais et Allemands, se montra dans la vallée du Mein. Le maréchal de Noailles trouva moyen de la cerner à Dettingen ; mais l'impétuosité du duc de Gramont l'empêcha de l'anéantir (1743). Ce ne fut qu'une victoire sans résultat, car le maréchal de Broglie, qui commandait l'armée du Danube, ayant été obligé de reculer devant les Autrichiens, il dut suivre ce mouvement de retraite. Louis XV, alors, parut se réveiller de son engourdissement et eut l'air de se décider à quitter les cotillons de ses favorites. Poussé par la duchesse de Châteauroux, la dernière en titre, qui était assez énergique et assez ambitieuse pour faire quelque chose de son royal amant, il vint se mettre à la tête des armées. Le champ de bataille était changé. Les grandes capacités militaires, les vues soudaines de Maurice de Saxe l'avaient porté dans les Pays-Bas, point beaucoup plus vulnérable et plus à notre portée que le fond de l'Allemagne. Le fils naturel de l'électeur de Saxe, alors roi de Pologne, le duc de Courlande *in partibus*, puisque la Russie l'empêchait de prendre possession de son duché, qui s'était déjà fait remarquer dans nos armées où il avait conquis le bâton de maréchal, s'empara, dans les Pays-Bas, de plusieurs villes où Louis XV fit son entrée; mais apprenant que les Autrichiens menaçaient l'Alsace le roi y courut, emmenant avec lui le duc de Noailles et 50 000 hommes. Une maladie grave l'arrêta à Metz, et, se voyant près de mourir, il renvoya la duchesse de Châteauroux pour se réconcilier avec la reine.

Le peuple, qui avait été enthousiasmé de le voir marcher *lui-même* au secours de la France, lui sut un tel gré de cette détermination — qui malheureusement ne fut que momentanée — qu'il fît éclater sa douleur tant que sa vie fut en danger, et célébra son rétablissement par des *Te Deum* spontanés, tant il est vrai qu'à cette époque la tâche de la royauté était encore bien facile.

La guerre se termina avec l'Autriche au moment où on y pensait le moins. Frédéric II, inquiet de l'alliance de Marie-Thérèse avec la Russie, reprit les armes et pénétra en Bohême, jusque dans Prague; cette diversion dégagea le Rhin, et le prétendant Charles VII étant venu à mourir, son fils, Maximilien, conclut avec la reine de Hongrie le traité de Fuessen (1745), par lequel il reprenait possession de toute la Bavière, à condition de renoncer à la succession d'Autriche.

Bataille de Fontenoy.

Nous n'avions plus de raisons pour continuer la guerre; mais, comme les ennemis refusaient de traiter, il fallait conquérir la paix par une victoire ; Maurice de Saxe s'en chargea : il investit Tournai. 55 000 Anglo-Hollandais, commandés par le duc de Cumberland, s'approchèrent de la place pour la défendre; le maréchal, tout mourant qu'il était, se décida à livrer une bataille décisive (11 mai 1745). Il prit une forte position, à sept kilomètres de Tournai, sa droite appuyée sur Anthouin, le centre à Fontenoy, et la gauche au bois de Barry. Cent pièces de canon défendaient sa ligne qui fut assaillie dès six heures du matin par les Anglais à Fontenoy et par les Hollandais devant Anthouin. Ces derniers furent si vigoureusement repoussés qu'on ne les revit plus, mais les Anglais recommencèrent trois fois leur attaque qui en définitive fut infructueuse.

Alors Cumberland masse toute son infanterie en une seule colonne pour essayer de percer notre centre ; il s'avança jusqu'à cinquante pas de notre ligne de bataille, et c'est là que fut prononcée, par le comte d'Auteroche, commandant les gardes-françaises, cette invitation théâtralement chevaleresque : « Tirez les premiers, messieurs les Anglais ! » qui nous coûta 23 officiers et 380 soldats et faillit nous ôter la victoire, car les Anglais, marchant sur une seule ligne, comme un mur où se brisèrent successivement dix de nos régiments, débordèrent Fontenoy et la redoute du bois. Le maréchal de Saxe, de la petite voiture d'osier où il se faisait traîner faute de pouvoir monter à cheval, ordonnait déjà la retraite dans la crainte de compromettre la liberté du roi et du dauphin, qui étaient dans l'armée, quand Richelieu ouvrit l'avis de foudroyer la ligne ennemie avec du canon. Pendant qu'on mit les pièces en batterie, Maurice ordonna une attaque générale sur les flancs, et les Anglais, assez embarrassés de leur contenance, parce qu'ils étaient éloignés de leurs lignes de réserve et qu'ils n'étaient soutenus par aucune cavalerie, s'enfuirent aux premières décharges de l'artillerie, dans un désordre épouvantable qui leur coûta 14 000 hommes. Nous en avions à peine 7 000 hors de combat, et ce succès eut des suites considérables : Tournai, Gand, Oudenarde, Bruges, Dendermonde et Ostende capitulèrent, et, au commencement de l'année suivante, les Français étaient à Bruxelles.

Une seconde défection de Frédéric II changea la face des choses : il traita de nouveau avec Marie-Thérèse, et l'Angleterre, qui venait de se débarrasser de la guerre civile et des prétentions de Charles Stuart par la bataille de Culloden (1746), imprima une nouvelle activité aux hostilités et, de concert avec Marie-Thérèse, porta le champ de bataille en Italie.

La campagne commença bien pour nous : la victoire de Coni (1744) nous avait assuré le comté de Nice ; celle de Bassignano, le Milanais (1745) ; mais nous n'avions pour alliés que les Génois et le duc de Modène ; il ne faut pas compter l'Espagne, puisqu'elle nous abandonna en présence des 45 000 Autrichiens que Marie-Thérèse envoyait sous la conduite de Lichtenstein. Maillebois, qui n'avait que 28 000 hommes à lui opposer, perdit la bataille de Plaisance (1746), et avec elle tout le nord de la péninsule ; la flotte anglaise, qui avait essayé vainement de s'emparer de Lorient, pour faire une diversion, arriva alors, saccagea toute la côte de Ligurie, bombarda Gênes, et s'associa à une invasion austro-sarde en Provence. Les alliés assiégèrent Antibes et envoyèrent leurs coureurs jusqu'aux portes de Toulon ; mais ils furent repoussés vigoureusement par le maréchal de Belle-Isle et contraints à la retraite.

Si au Midi nous ne faisions que nous défendre, au nord nous avions d'éclatants succès : Maurice de Saxe y gagna la bataille de Raucourt (1746), après laquelle Louis XV proposa la paix sans condition. On ne crut pas à son désintéressement, et les alliés redoublèrent d'efforts ; la Hollande sacrifia sa liberté à son indépendance menacée et rétablit le stathoudérat ; l'Angleterre décida la Russie à se déclarer contre nous et la czarine Élisabeth envoya vers le Rhin 50 vaisseaux et 37 000 hommes.

Seule contre tous, la France ne recula pas ; le maréchal de Saxe remporta la victoire de Lawfeld (1747), et le comte de Lowendhal se rendit maître de l'imprenable Berg-op-Zoom.

La Hollande entamée était prête à faire la paix, surtout quand au commencement de l'année suivante elle vit Maurice de Saxe investir Maëstricht ; mais les Anglais n'étaient pas encore décidés ; ils venaient à la vérité de remporter sur nous deux avantages maritimes, dus surtout au nombre de leurs vaisseaux : à la hauteur du cap Finistère où le marquis de La Jonquière, avec 6 navires (3 mai 1747), défendant un convoi destiné au Canada, fut pris après une héroïque résistance par 17 vaisseaux anglais; et à Belle-Isle, où M. de L'Estaudière, convoyant avec 7 vaisseaux une flotille marchande de 250 voiles, tint tête à la flotte de l'amiral Byng et trouva moyen de la traverser avec le *Tonnant* et l'*Intrépide*, monceaux de ruines sanglantes, qui rentrèrent glorieusement à Brest.

Mais dans l'Inde ils furent moins heureux ; nous avions là deux hommes de grand mérite, La Bourdonnais et Dupleix, qui, s'ils avaient pu s'entendre, nous auraient donné l'Hindoustan ; le premier avait tout créé à Bourbon et à l'Ile de France, dont il avait fait la clef de l'océan Indien, qu'il parcourut en tous sens pour en chasser les Anglais. Dupleix, de son côté, voulait les renvoyer du continent asiatique ; malheureusement ces deux génies s'étaient brouillés mortellement à la prise de Madras, et La Bourdonnais, rappelé en France, fut enfermé à la Bastille sur des accusations de son rival. Mauvaise action qui n'empêcha pas Dupleix de défendre admirablement Pondichéry (1748), de sauver cette ville et de faire éprouver aux Anglais un échec qui retentit jusqu'en Europe et les poussa à faire la paix.

Traité d'Aix-la-Chapelle.

Notre situation militaire ne nous commandait aucune concession, puisque nous étions vainqueurs partout; mais Louis XV, incapable de se faire plus longtemps violence, ne demandait qu'à retourner à sa vie de plaisirs. Il faut avouer cependant que notre marine était réduite à deux vaisseaux et que notre dette s'était accrue de 1 200 millions. Mais ce n'était pas une raison pour ne rien gagner au traité signé à Aix-la-Chapelle au mois d'avril 1748, et surtout pour accepter des conditions comme celles de ne fortifier Dunkerque que du côté de la terre et d'expulser de France le prétendant anglais Charles Stuart, qui fut scandaleusement arrêté au milieu d'une représentation de l'Opéra ; mais Mme de Pompadour, qui gouvernait alors le gouvernement, avait dit aux plénipotentiaires envoyés à Aix-la-Chapelle : « Souvenez-vous de ne pas revenir sans la paix; le roi la veut. »

Du reste, la France fut plus heureuse pendant les huit années qui suivirent ce traité que ne le méritait son roi. Le commerce maritime, entravé par les hostilités, reprit une prospérité qui progressa d'années en années; tout se réorganisa, car, malgré l'inertie de Louis XV et la tracassière influence de la marquise de Pompadour, l'opinion publique imposait une certaine direction aux affaires et certains hommes au pouvoir. C'est ainsi que d'Argenson fut fait ministre des affaires étrangères, et que Rouillé et de Machault, qui se succédèrent à la marine, arrivèrent à reconstituer notre flotte ; si bien qu'en 1754 nous avions 60 vaisseaux, 31 frégates et 21 autres bâtiments de guerre et que l'Angleterre, dont la marine comptait pourtant le double d'effectif,

Prise de Port-Mahon (1756).

en conçut une jalousie qui lui fit chercher une occasion de rupture.

Guerre de Sept Ans.

Les hostilités éclatèrent, du côté des Anglais, à cause des colonies américaines. Le dernier traité n'avait point déterminé les limites de l'Acadie, ni décidé si l'Ohio appartenait à la Louisiane (possession française) ou à la Virginie (possession anglaise). Les deux nations, d'ailleurs, se disputaient l'île de Tabago dans les Antilles. Pendant qu'on nommait de part et d'autre des commissaires pour résoudre ces questions, les colons, appelant les Indiens dans leurs querelles, en vinrent aux mains ; un officier français, Jumonville, fut tué avec toute son escorte, portant aux Anglais sommation d'évacuer l'Ohio, par un détachement que commandait Washington, bien jeune alors (28 mai 1754).

L'année d'après, sans déclaration de guerre, l'amiral anglais Boscawen nous prit 2 vaisseaux de ligne. Le ministère protesta; mais il fut si long à joindre les actes aux paroles que les Anglais eurent le temps de nous enlever 300 navires marchands, leurs cargaisons qui valaient plus de 30 millions et leurs 10 000 matelots qu'ils incorporèrent de force dans leur marine.

C'était la guerre, il fallait la soutenir ; mais si notre intérêt était de la localiser et d'en faire un duel maritime avec l'Angleterre, celle-ci ne l'entendait pas ainsi ; elle avait déjà pour allié le roi de Prusse, inquiété d'un rapprochement inattendu de l'Autriche et de la France : elle ne devait avoir que celui-là.

Marie-Thérèse, qui était devenue la *bien bonne amie* de madame de Pompadour (elle lui écrivait ainsi, du moins), fit une alliance avec la France pour reprendre la Silésie ; la czarine Élisabeth y entra parce qu'elle était blessée des épigrammes de Frédéric II, et la Suède dans l'espoir de reconquérir la Poméranie.

Ainsi nos ennemis de la veille redevenaient nos alliés, et c'était avec eux que nous allions entreprendre la guerre de Sept Ans.

Elle commença par un succès : pour répondre à l'attentat de l'amiral Boscawen, la France lança sur Minorque, alors aux Anglais, une escadre commandée par La Galissonnière, qui battit la flotte anglaise, et une armée, commandée par le maréchal de Richelieu, qui fit un des beaux faits d'armes de ce siècle en enlevant Port-Mahon, forteresse réputée jusqu'alors imprenable (1756).

Sur le continent, ce fut le roi de Prusse qui commença : il envahit la Saxe et enveloppa les Saxons dans leur camp de Pirna, battit à Lowositz les Autrichiens qui venaient pour les délivrer et revint prendre toute l'armée saxonne qu'il incorpora dans ses troupes.

Deux armées françaises entrèrent alors en campagne, l'une commandée par le maréchal d'Estrées en Westphalie, l'autre par Soubise sur le Mein. Frédéric, malgré son génie, et soutenu seulement par les Anglais, n'aurait pu se défendre contre cette coalition qui l'enserrait de tous côtés si ses ennemis eussent mis le moindre concert dans leurs opérations ; mais les généraux français étaient légers et incapables, et Daun, le généralissime autrichien, était d'une lenteur désespérante. Frédéric le battit en Bohême, sous les murs de Prague (1757) ; mais il fut vaincu lui-même non loin de là, à Kollin, et forcé de diviser ses forces pour opérer sa retraite. Pendant ce temps, les Russes lui prenaient Mesnel sans savoir profiter de leur victoire, d'Estrées gagnait sur les Anglais la bataille de Hastembeck, qui nous livrait le Hanovre, et une autre armée française marchait sur la Saxe.

Voyant le cercle de ses ennemis se resserrer, Frédéric demanda la paix ; on la lui refusa parce qu'on le croyait perdu ; il se décida alors à mourir en roi, comme il l'écrivit à Voltaire, son ami ; mais l'incapacité de ses adversaires changea bientôt sa situation.

Cependant Richelieu, qui succéda à d'Estrées à l'armée du Hanovre et qui s'y rendit célèbre par ses exactions, dont le produit lui servit plus tard à faire bâtir à Paris l'hôtel dont faisait partie cet élégant pavillon qui s'appelle encore pavillon de Hanovre, à ce point que ses soldats, qu'il laissait piller comme lui, le nommaient le bon père *la Maraude*, Richelieu réussit à enfermer le duc de Cumberland dans une impasse : mais, au lieu de faire son armée prisonnière de guerre, il lui accorda la capitulation de Closterseven (1757), la renvoya sur sa promesse de ne plus porter les armes, qu'elle viola à la première occasion, et perdit ainsi le fruit de deux campagnes heureuses.

En Saxe, c'était Soubise, favori de madame de Pompadour, fusionné avec l'armée de Marie-Thérèse qui faisait tête à Frédéric II. Il se fit battre à Rosbach (1757) de la façon la plus honteuse, laissant surprendre par les 20 000 hommes du roi de Prusse une armée de 50 000 hommes qui se mit en déroute presque sans combattre, puisque Frédéric, qui nous tua 3 000 hommes et nous en prit 7 000 avec nos bagages et 63 canons, perdit à peine 400 soldats.

Ce fut un scandale en France et l'opinion publique, de qui tout commençait à relever, mais qui ne se reconnaissait pas encore le droit de punir autrement que par des épigrammes, se vengea par des chansons :

> Soubise dit, la lanterne à la main :
> « J'ai beau chercher où diable est mon armée;
> Elle était là pourtant hier matin :
> Me l'a-t-on prise, ou l'aurais-je égarée ? etc.

L'année suivante, ce fut un autre désastre : le comte de Clermont, abbé de Saint-Germain-des-Prés, commandait en Hanovre. Richelieu s'y était enrichi, c'était au tour d'un autre. Celui-là était de la maison de Condé, mais il n'avait rien du vainqueur de Lens et de Rocroi.

A l'approche de l'armée anglaise, celle-là même que Richelieu n'avait pas pris la peine de dissoudre, et que venait commander Ferdinand de Brunswick, un des meilleurs lieutenants de Frédéric, il recula, traversa le Weser, l'Ems et le Rhin, et se fit battre outrageusement à Creveld (1758). Paris chanta encore :

> Moitié plumet, moitié rabat,
> Aussi propre à l'un comme à l'autre,
> Clermont se bat comme un apôtre,
> Et sert son Dieu comme il se bat.

Il faut dire aussi que l'armée de Hanovre, démoralisée par Richelieu, était dans un désordre épouvantable, et que Clermont avait été obligé de casser 80 officiers en en prenant le commandement. Malheureusement celle de Soubise n'était ni mieux composée ni mieux tenue ; on y vit une fois jusqu'à 1 200 chariots de marchands et de vivandiers étrangers, et un jour de bataille 6 000 maraudeurs étaient hors des rangs.

Il en était ainsi partout, et depuis que les femmes gouvernaient, l'administration supérieure était livrée aux caprices les plus désordonnés. Vingt-cinq ministres se succédèrent de 1755 à 1763 et naturellement, les nouveaux ne suivant pas les plans de leurs devanciers et n'ayant pas le temps d'en faire eux-mêmes, tout allait à l'aventure.

Ce chaos sauva Frédéric II, et c'est de la véritable ingratitude de sa part d'avoir appelé les favorites en titre : *Cotillon II, Cotillon III*.

On songea à réparer nos honteuses défaites, mais on ne changea pas les généraux. A quoi bon ? ils se valaient tous. Maurice de Saxe, le seul sur lequel on aurait pu compter, était mort au lendemain du traité d'Aix-la-Chapelle ; on leur donna seulement des armées formidables.

Broglie remporta à Sondershausen, près de Cassel, un léger avantage. Soubise qui était sur le Mein, pendant la fuite de Clermont, attira sur lui l'arrière-garde de Ferdinand de Brunswick et la battit à Lutzelberg (1758).

L'année suivante, Broglie eut un vrai succès à Bergen ; mais on ne put en profiter, car il seconda mal le maréchal de Contades sous lequel il commandait et la rivalité des deux généraux nous coûta un nouveau désastre à Minden (août 1759). Contades fut destitué et Broglie, qui eut plus de cent mille hommes à commander, ne sut les employer qu'à occuper Cassel, Minden et à une petite rencontre que Saint-Germain, un de ses lieutenants, eut avec les Prussiens à Corbac (1760). Un autre de ses détachements, commandé par de Castries, réussit mieux encore ; il battit les Prussiens à Clostercamp sur le Rhin. C'est là que se dévoua le chevalier d'Assas, capitaine au régiment d'Auvergne, célèbre par ces paroles : *A moi, Auvergne ! ce sont les ennemis.* bien que ce ne soit pas lui qui les ait prononcées, mais un sergent nommé Dubois, qui, marchant en avant, tomba au milieu des Anglais par une nuit sombre, et donna l'alarme malgré leurs menaces de mort. D'Assas, qui le suivait de près, commanda à ses gens de tirer ; bien que sûr d'être percé par leurs balles, il mourut en héros, mais Dubois doit partager sa gloire comme il a partagé son sort.

Dans l'ouest de l'Allemagne, la guerre n'avait d'autre résultat que la ruine du pays ; au sud et à l'est, Frédéric redoublait d'énergie : il perdit Kœnigsberg, mais il battit les Russes à Zorndorff (1758) ; il est vrai qu'ils se vengèrent l'année suivante à Zulichau et à Kunnersdorff, où 20 000 hommes de chaque armée restèrent sur le champ de bataille.

Quant aux Autrichiens, ils le vainquirent à Hochkirchen et lui tuèrent 10 000 hommes, et Frédéric aurait certainement succombé si ses adversaires avaient su profiter de leurs victoires. Le succès de son lieutenant Ferdinand à Minden lui permit de demander encore la paix qu'il n'obtint pas plus que la première fois.

Alors il redoubla de vigueur, battit Landon à Liegnitz, délivra sa capitale cernée par les Austro-Russes, força Daun dans une position formidable, près de Torgau, et se rendit maître des deux tiers de la Saxe, pendant que ses lieutenants au nord et à l'ouest neutralisaient les efforts des Français et des Suédois.

Mais ces tours de force avaient épuisé le roi et son peuple. Il se tint sur la défensive pendant toute l'année 1761 ; il vainquit cependant, à Villinghausen, de Broglie qui comptait vainement sur le secours de Soubise qui n'arriva pas ; mais il perdit Schweidnitz et Dresde, fut privé des subsides anglais, et sa situation était désespérée, si la czarine Élisabeth ne fût venue à mourir au commencement de 1762 ; son successeur, Pierre III, déclara aussitôt la neutralité de la Russie ; la Suède l'imita, ce qui permit à Frédéric de concentrer ses forces en Silésie qu'il reconquit, et en Saxe où le prince Henri gagna la bataille de Freyberg.

La France, d'ailleurs, commençait à se lasser de la guerre ; si elle l'avait soutenue sur le continent sans trop de désavantage, à force de sacrifices d'hommes et d'argent, il n'en était pas ainsi sur mer ; partout les Anglais nous avaient battus, non dans de grandes batailles navales : ils n'en voulaient d'abord pas livrer, ils bloquaient tous nos ports et il n'en sortait pas un bâtiment qui ne tombât entre leurs mains. Ils nous

Mort du général Wolf (1759).

détruisirent 37 vaisseaux de ligne et 56 frégates ; alors ils s'enhardirent, firent sur nos côtes des tentatives qui restèrent infructueuses ; une d'elles même, à Saint-Malo, leur coûta 5 000 hommes tués ou pris par le duc d'Aiguillon et la noblesse bretonne accourue en toute hâte (1750) ; mais l'année suivante 14 de leurs vaisseaux attaquèrent l'amiral La Clue qui n'en avait que 7 et le battirent au cap Sainte-Marie ; et, grâce à l'impéritie de Conflans, la flotte de Brest fut anéantie.

Nous n'étions pas plus heureux aux

colonies. Dupleix avait été rappelé en 1754. Son successeur Lally n'avait pas ses grandes conceptions; mais il avait un courage à toute épreuve. Abandonné comme Dupleix, il dut faire la guerre aux rajahs indiens à cinquante lieues dans les terres, et pendant ce temps, lord Clives reprenait l'avantage. Il faillit pourtant ressaisir Madras, mais ses soldats refusèrent de monter à l'assaut parce qu'ils n'étaient pas payés. Assiégé dans Pondichéry, il s'y défendit pendant 9 mois avec 700 hommes contre 22 000; à la fin, il dut céder et les Anglais, maîtres de la ville, en chassèrent les habitants et la rasèrent.

Au Canada, où les marquis de Montcalm et de Vaudreuil avaient porté très-haut le drapeau français, la situation était désespérée; en 1759, ils n'avaient que 5 000 hommes à opposer à 40 000 Anglais, et manquaient de vivres, de poudre et de plomb; il fallait pourtant combattre, Québec était assiégée; Montcalm livra une bataille pour sauver la ville, et, blessé à mort, il anima encore ses soldats dont il s'était rendu l'idole par son courage chevaleresque.

En face de lui, le général anglais Wolf, atteint de trois coups de feu, agonisait aussi; il eut la joie d'entendre les siens crier : « Les Français fuient! » Il se relève un instant pour contempler le champ de bataille, et retombe épuisé en disant : « Je meurs content. »

Vaudreuil lutta encore quelque temps; mais le Canada était perdu et avec lui la Guadeloupe, la Martinique, la Dominique, la Grenade, Saint-Vincent, Sainte-Lucie, Tabago, ainsi que nos possessions d'Afrique, Saint-Louis du Sénégal et l'île de Gorée.

Ministère de Choiseul.

En ce moment, le duc de Choiseul, qui avait été rappelé de l'ambassade de Vienne en 1758 par Mme de Pompadour pour prendre le ministère des affaires étrangères, qu'il échangea bientôt pour celui de la guerre, prenait la plus grande influence dans les affaires de la France; il s'empara de la direction de la marine, donna les affaires étrangères à son cousin le duc de Praslin et mit à exécution le projet qu'il avait de réunir dans un pacte de famille toutes les branches de la maison de Bourbon établies en France, en Espagne, dans les Deux-Siciles, à Parme et à Plaisance. Ce traité d'alliance fut signé le 15 août 1761.

Son premier effet fut contre l'Espagne une déclaration de guerre de l'Angleterre qui entraînait le Portugal dans son parti; notre marine annulée était incapable de porter secours à celle de l'Espagne qui ne valait guère mieux ; les Anglais s'emparèrent de Manille, des Philippines, de la Havane, de 12 vaisseaux de ligne espagnols et de cent millions de prises.

Une diversion tentée sur le Portugal fut sans résultat; d'ailleurs toutes les puissances, victorieuses ou vaincues, étaient tellement lassées d'une guerre qui les ruinait indistinctement que tout le monde voulait la paix. La France et l'Angleterre signèrent, dès le 13 novembre 1762, des préliminaires qui furent ratifiés par le traité de Paris (10 février 1763).

La France ne conservait, de toutes ses possessions coloniales, que la Guadeloupe, Marie-Galante, la Désirade, la Martinique, Sainte-Lucie, l'île de Gorée, Pondichéry, Mahé, et trois petits comptoirs sur la côte de Bengale, les îlots de Saint-Pierre et Miquelon avec le droit de pêche sur les côtes de Terre-Neuve et dans le golfe Saint-Laurent; tout le reste était cédé à l'Angleterre, à l'exception de la Louisiane que l'Espagne prenait pour s'indemniser de la perte de la Floride et de la baie de Pensacola, qui devenaient anglaises.

Dans le même temps, Marie-Thérèse et Frédéric II firent le traité d'Hubertsbourg, qui confirmait au roi de Prusse la possession de la Silésie.

Ainsi finit cette guerre absurde, commencée pour deux ou trois bicoques sur l'Ohio. L'Angleterre y gagna peut-être 2000 lieues de territoire, mais l'humanité y perdit 900 000 hommes, d'après le calcul très-restreint de Frédéric II.

En somme, la France perdit sa prépondérance militaire et politique : au premier rang au traité d'Aix-la-Chapelle, elle n'était plus maintenant qu'au troisième; car Frédéric II, qu'on avait voulu ruiner, avait fait de son petit royaume, naguère encore simple électorat, un État nouveau qui prenait place parmi les grandes puissances de l'Europe.

Il n'y avait plus à y revenir, il fallait maintenant se relever. C'est ce que Choiseul entreprit; il nous refit promptement une marine et quand il quitta le ministère nous avions soixante-quatre vaisseaux et cinquante frégates. L'Angleterre en gémit, mais n'osa rien dire; un de ses nationaux, surpris comme il levait le plan des fortifications de Brest, fut mis à mort sans que son ambassadeur fît une réclamation; bien plus, quand la Corse soulevée contre les Génois fut occupée, conquise par nous et réunie au territoire français (1768), l'Angleterre ne fit pas d'autre protestation que de faire un héros de Paoli, qui avait combattu nos troupes.

Du reste, Choiseul parlait haut et un *casus belli* ayant failli naître entre l'Angleterre et l'Espagne, il prépara un si formidable armement pour soutenir notre alliée que l'Angleterre réfléchit.

Il fut aussi roide avec l'Autriche, bien qu'il fût le promoteur de l'alliance autrichienne; cette puissance crut pouvoir élever ses prétentions sur l'Italie et s'approcha de Gênes; Choiseul se montra assez résolu pour la faire reculer.

Ainsi qu'il l'écrivit à l'ambassadeur d'Autriche, il ne voulait pas que la France subît un manque de considération, et c'était pour lui faire reprendre son ancienne prépondérance qu'il essayait de fortifier la Suède contre les intrigues de la Russie et qu'il tendait une main amie à la Pologne qui s'effondrait sous le poids des vices de sa constitution, et qui était déjà à la veille d'être partagée entre la Russie, et l'Autriche.

A l'intérieur, sa conduite fut la même; un des actes les plus importants de son administration fut la suppression de l'ordre des Jésuites, chassés déjà de Russie et de Portugal. Cette dernière mesure fut prise après le procès qui suivit la banqueroute de 3 millions que le père Lavalette venait de faire aux Antilles où il était préfet des missions. Le parlement trouva dans la Constitution de l'ordre des dispositions dangereuses pour l'État et supprima la Compagnie en 1762; un édit royal confirma ce décret deux ans plus tard; l'Espagne, les Deux-Siciles suivirent cet exemple en 1766. Parme les imita en 1768, et, malgré ses résistances, le pape Clément XIV, qui protesta d'abord par une bulle confirmant les Jésuites dans leur privilége, dut céder aux instantes réclamations des puissances catholiques, et prononcer solennellement la suppression de la Compagnie de Jésus dans toute la chrétienté (1773).

Par cela même que Choiseul travaillait pour le bien de l'État, il devait avoir beaucoup d'ennemis n'y eût-il que le parti puissant des Jésuites, à la tête duquel était le dauphin, qu'il aurait rencontré de grandes hostilités; mais il avait encore contre lui un triumvirat de mécontents composé du duc d'Aiguillon, du chancelier Maupeou et de l'abbé Terray qui, faisant agir une fille de joie de bas étage, devenue comtesse du Barry, et remplaçante indigne de madame de Pompadour, le fit exiler à sa terre de Chanteloup, près Amboise (1770). Le roi ne savait pas au juste pourquoi, mais on lui avait fait croire que Choiseul était le chef des philosophes parce qu'il ne s'opposait pas à la publication de l'*Encyclopédie*, cela lui suffit.

Cela suffit aussi à l'opinion publique pour se manifester en sa faveur et les courtisans eux-mêmes désertèrent la cour pour faire cortége au ministre disgracié.

État des esprits.

Les temps étaient bien changés et Louis XV le voyait bien; mais, enseveli dans la vie crapuleuse que lui faisait mener la du Barry, il s'écriait avec une cynique philosophie, quand on lui signalait l'agitation croissante des esprits : « Bah! cela durera bien autant que moi; mon successeur s'en tirera comme il pourra. »

La société française était alors grosse d'une révolution; l'esprit d'examen avait fait des progrès immenses et il y avait tant d'énormités dans les abus qu'il s'était répandu dans toutes les classes; la littérature n'était plus, comme au grand siècle, cloîtrée dans le domaine de l'art : elle avait tout envahi et prétendait tout régler. Voltaire était venu, et avec lui Montesquieu et Rousseau. Les premiers ils avaient montré à la nation tout ce qui lui manquait, tout ce qu'elle pouvait espérer. Leur exemple fut bientôt suivi et les forces les plus viriles de l'esprit français se tournèrent à la recherche du bien public; la littérature devint une arme que tous, habiles ou imprudents, voulurent manier. Il en résulta de terribles blessures, et, chose étrange ! ceux-là mêmes qui avaient le plus à souffrir de cette invasion du raisonnement dans la politique, les nobles, détenteurs de tous les priviléges, metteurs en œuvre de tous les passe-droits, étaient ceux qui applaudissaient le plus aux progrès de la philosophie, à ce point que l'*Encyclopédie*, entreprise si vaillamment par Diderot et d'Alembert, l'*Encyclopédie* qui devait les tuer, n'aurait pas existé sans leur protection.

Nourrie de la parole des maîtres, éclairée par ses propres besoins et les inquiétudes que lui donnait l'avenir, l'opinion publique devint une puissance nouvelle dont le gouvernement commençait à subir l'influence; la nation, longtemps spectatrice des efforts des écrivains, avait fini par y prendre intérêt, par constater le besoin des réformes et par désirer leur accomplissement.

Mais il y avait tant de choses à demander qu'on ne savait par où commencer : il fallait d'abord que l'administration ne fût plus un dédale où le plus habile s'égarât, que les finances cessassent d'être au pillage, que l'impôt fût payé par tous et ne frappât plus seulement la misère, que le code civil fût plus équitable, le code pénal moins sanguinaire, et que chacun y trouvât sécurité pour sa fortune et pour sa liberté.

On demandait encore la tolérance religieuse, le droit naturel et rationnel comme principe de la loi fondamentale, pour remplacer l'arbitraire en 384 coutumes provinciales, l'émancipation du travail, les charges publiques, ouvertes au talent et non aux priviléges de la naissance et de la fortune, en un mot, pour nous résumer, car il est impossible de passer en revue tous les abus de cette époque tourmentée, on voulait l'égalité devant la loi et la liberté suivant le droit.

Ces réclamations étaient si vives, si générales, que les moins clairvoyants voyaient à bref délai le gouvernement mis dans la nécessité d'y faire droit, et Voltaire écrivait au marquis de Chauvelin (1764) : « Tout ce que je vois jette les semences d'une révolution qui arrivera immanquablement, et dont je n'aurai pas le plaisir d'être témoin. Les Français arrivent tard à tout, mais enfin ils arrivent. La lumière s'est tellement répandue de

LE DUC DE CHOISEUL.

proche en proche qu'on éclatera à la première occasion, et alors ce sera un beau tapage. Les jeunes gens sont bien heureux, ils verront de belles choses. »

Louis XIV n'avait pas été sans être prévenu de ce mouvement de l'opinion dès 1707. Bois-Guillebert, magistrat éclairé, lui disait : « Le procès va rouler maintenant entre ceux qui paient et ceux qui n'ont d'autre fonction que de recevoir. » Et Fénelon, parlant de la monarchie, avait écrit en 1710 : « C'est une vieille machine délabrée qui va encore de l'ancien branle qu'on lui a donné et qui achèvera de se briser au premier choc. »

Louis XV, quelque étranger qu'il fût

toujours aux affaires, était renseigné suffisamment par ses maîtresses. La duchesse de Châteauroux lui avait annoncé qu'elle prévoyait un grand bouleversement si l'on n'y portait remède; la Pompadour voyait bien le danger et le montrait à son amant, mais elle s'en consolait en disant avec lui : « Après nous le déluge! » La du Barry fut plus carrée, et avec cette désinvolture qui lui faisait parler au roi comme à un valet de comédie : « La France, lui dit-elle, si tu n'y prends garde, ton parlement te fera couper le cou. »

Louis XV y prit garde et supprima le parlement.

La haine de Louis XV contre cette magistrature, toujours en opposition avec les volontés royales, remontait déjà loin. Nous avons vu qu'en 1753 40 membres du parlement furent exilés au sujet de la bulle *Unigenitus* et pour avoir fait brûler le mandement de l'archevêque de Paris, Christophe de Beaumont, qui défendait aux prêtres de donner la communion à quiconque ne serait pas muni d'un *billet de confession* attestant qu'il reconnaissait la bulle.

Rentré en fonctions, le parlement de Paris redoubla d'audace, il essaya de former avec les autres parlements du royaume un corps de magistrature assez fort pour jouer en face du pouvoir royal le rôle d'États généraux permanents. Le roi ordonna au parlement de rentrer dans ses attributions ordinaires. Cent-quatre-vingts membres donnèrent leur démission et l'effervescence fut si grande que c'est à cette époque que Damiens attenta aux jours de Louis XV (1757).

Le procès des Jésuites raviva la querelle en 1762 et en 1770. Celui de La Chalotais contre le duc d'Aiguillon fit éclater la lutte. La Chalotais, procureur général du parlement de Bretagne, avait accusé le duc d'Aiguillon de déprédations dans le gouvernement de cette province. Le gouverneur mit en prison son accusateur et crut que tout serait fini ainsi, mais les temps étaient changés; le parlement de Rennes lui intenta un procès qui le fit destituer. L'affaire fut portée devant le parlement de Paris, qui allait condamner le duc, quand le roi arrêta la procédure.

Le parlement se retira en masse devant cette impossibilité de rendre la justice. Louis rongea son frein, mais, sitôt Choiseul exilé, il sévit contre les magistrats. Dans la nuit du 19 au 20 janvier 1771, des mousquetaires réveillèrent 169 membres du parlement et les contraignirent de signer *oui* ou *non* sur l'ordre qu'ils leur présentaient de reprendre leurs fonctions. Trente-huit seulement signèrent, parce qu'ils craignaient pour leur vie; mais le lendemain ils eurent honte de leur faiblesse et se rétractèrent.

On les exila, et après ceux-là d'autres, si bien qu'à la fin de l'année il y avait plus de 700 magistrats en exil et Maupeou fut obligé de se composer un semblant de parlement qui fut tué par le ridicule et par le scandale que causa le fameux Goësman, un de ses membres, que Beaumarchais, dans ses *Mémoires*, que la foule dévorait, convainquit de s'être vendu, et c'est à cette occasion que le comte de Noailles disait au roi : « Sire, votre parlement réussira, il commence à *prendre*. »

Dernières années de Louis XV.

Cependant l'opinion publique s'était émue : les princes du sang, un seul excepté, et treize pairs du royaume, protestèrent contre le renversement des lois de l'État; les parlements de province demandèrent des États généraux, la cour des aides s'associa à cette réclamation par la voix du vertueux Lamoignon de Malesherbes, qui fit entendre au roi des paroles sévères dont la conclusion était ceci : « Puisqu'il n'y a plus de cour suprême, puisque la noblesse est obligée de garder le silence, puisque l'accès du trône semble se fermer même aux princes du sang, interrogez donc la nation elle-même, puisqu'il n'y a plus qu'elle qui puisse être écoutée de Votre Majesté. »

Mais Louis XV ne voulait rien écouter du tout, sinon les ignobles plaisanteries de Mme du Barry.

Chaque jour apportait une honte nouvelle aux hontes de ce règne ; sans compter même cet odieux *pacte de famine* qui avait fait les famines artificielles de 1768 et de 1769 et auquel Louis XV laissa renouveler son bail pour l'accaparement des grains, afin de spéculer aussi sur la faim de son peuple ; sans parler des *lettres de cachet*, qu'on multipliait d'une façon effrayante et avec lesquelles on trafiquait de la liberté des citoyens ; sans parler de l'avidité financière de l'abbé Terray, qui, aux clameurs que faisait pousser l'exorbitance des impôts, répondait froidement : « Le roi est le maître, la nécessité justifie tout. » L'administration était abandonnée au favoritisme le plus scandaleux, et la politique extérieure était nulle.

En 1773, la Pologne fut dépecée et partagée par l'Autriche, la Prusse et la Russie, et le roi ne dit rien, sinon ces paroles, qui étaient un éloge pour le ministre disgracié : « Ah! cela ne serait pas arrivé si Choiseul eût encore été ici. »

Ce fut la dernière honte de Louis XV. Ce Salomon, pour répéter les paroles que l'abbé de Beauvais prononça en chaire, ce « Salomon, rassasié de voluptés, las d'avoir épuisé, pour réveiller ses sens flétris, tous les genres de plaisirs qui entourent le trône, finit par en chercher d'une espèce nouvelle dans les vils restes de la corruption publique ».

Il y trouva la mort le 10 mai 1774 et on transporta au trot, sans pompe, au milieu des sarcasmes et des malédictions de la foule, les restes de ce roi qu'on avait appelé *le Bien-Aimé*.

CHAPITRE XXII

LE RÈGNE DE LOUIS XVI

Ministère de Turgot.

Le successeur de Louis XV était un jeune homme de vingt ans, de mœurs très-pures, mais d'un esprit qui paraissait d'autant plus borné qu'il avait une timidité de caractère et de parole extrême ; doué de beaucoup de qualités, il avait un défaut qui les paralysait toutes ; car s'il aimait le bien, et voulait le faire, il était trop faible pour savoir imposer sa volonté à son entourage.

Il commença cependant par se faire aimer, en faisant grâce au peuple du don de joyeux avénement, en rappelant le parlement et en éloignant des affaires Maupeou et Terray, qu'il remplaça par Malesherbes et Turgot : le premier, qui jouissait d'une grande popularité, fut surtout un honnête homme ; le second,

LOUIS XVI.

esprit supérieur qui avait autant de vertu que de science, fut un ministre utile.

Dès son entrée aux affaires (20 juillet 1774), il repoussa les conseils funestes que l'on donnait au roi, et prétendit réorganiser les finances sans banqueroute, ni emprunts, ni augmentations d'impôts; de fait, en vingt mois, sans recourir aux expédients, et seulement avec de l'ordre, il remboursa plus de 100 millions de dette.

Son ambition ne se bornait pas là; pour éclairer le gouvernement et inaugurer le règne de la justice, il fit élire, parmi les propriétaires des villes et des provinces rurales, des municipalités chargées de répartir l'impôt, de pourvoir aux travaux publics de la

NECKER.

communauté et de transmettre au ministre ses désirs et ses besoins d'intérêt local; au-dessus de ces administrations communales, il créa les municipalités de districts, tirées des premières par l'élection, et se proposait d'en faire ensuite de provinciales comme intermédiaires avec la municipalité du royaume, qui centraliserait toute l'administration communale.

Il y avait là toute une rénovation. Turgot voulait encore mieux : il parlait déjà d'abolir les corvées qui pesaient sur le pauvre, d'établir sur la noblesse et le clergé un impôt territorial, mais d'améliorer le sort des curés et des vicaires, qui ne touchaient presque rien des revenus de l'Église, par la suppression de la plupart des monastères. Enfin, comme ses vues ne se portaient pas seulement sur les finances, il voulait un seul code, l'unité de poids et de mesures, la suppression des jurandes et des maîtrises, qui enchaînaient l'industrie, et l'organisation sur une vaste échelle de l'instruction publique pour répandre partout les lumières.

Le plan de Turgot aurait fait tout simplement la Révolution au profit de la royauté. Les classes privilégiées s'y opposèrent, et les intérêts menacés lui firent une rude guerre. Aussi ne put-il opérer ses réformes que progressivement, c'est-à-dire, étant donnée la situation, presque inutilement; sa lutte avec la noblesse commença quand il supprima le pacte de famine, en autorisant la libre circulation des grains et farines par tout le royaume; c'était la meilleure chose qu'on pût faire alors pour le peuple; il ne le comprit pas : on lui persuada que les blés s'en allaient à l'étranger et qu'il allait mourir de faim. Des troupes de brigands, soudoyés par les détenteurs dépossédés du monopole, firent une émeute. Le peuple excité s'y mêla et pilla des boutiques de boulangers; il fallut user de la force (mai 1775).

Turgot devint encore plus impopulaire en faisant encore mieux. La suppression de la corvée, convertie en un impôt sur la propriété, lui aliéna non-seulement la noblesse, mais encore le parlement dont les membres, tous plus ou moins propriétaires, oublièrent le bien public pour leur intérêt privé. Et comme s'il était dit que les meilleures intentions de cet homme supérieur ne seraient pas comprises, l'abolition des jurandes et des maîtrises, c'est-à-dire l'introduction de la liberté dans l'industrie, accrut encore le nombre de ses ennemis.

La cour mit à profit les mauvaises dispositions de l'opinion publique; le vieux Maurepas, que Louis XVI avait eu la faiblesse de conserver aux affaires, minait sourdement le crédit de Turgot auprès du roi. La jeune reine Marie-Antoinette, qui ne pouvait pas aimer un ministre des finances ne parlant que d'économie, l'y aidait puissamment.

Louis XVI d'ailleurs, dont l'esprit paresseux se fatiguait vainement à écouter les grandes conceptions de son ministre, et qui aimait bien mieux passer son temps à dessiner des cartes de géographie, à fabriquer des pendules ou à faire de la serrurerie, commençait à s'en lasser, et le renvoi de Turgot fut résolu.

Malesherbes, qui partageait toutes ses grandes idées et qui allait nécessairement être enveloppé dans sa disgrâce, prévint le coup en donnant sa démission. Turgot, ne voulant pas quitter un poste où il pouvait faire du bien avant qu'on ne l'en eût chassé, attendit sa révocation; elle vint le 12 mai 1776. Turgot quitta le ministère après avoir écrit au roi :

« Je souhaite que le temps ne me justifie pas et que votre règne soit aussi heureux, aussi tranquille que vos peuples se le sont promis, d'après vos principes de justice et de bienfaisance. »

A Turgot et Malesherbes succédèrent des nullités : Amelot, Clugny, Taboureau des Réaux, et quatre mois ne s'étaient pas écoulés que le roi cédait aux privilégiés le rétablissement de la corvée et des maîtrises.

Ministère de Necker.

Cependant les finances étaient en déficit, et il fallait armer 20 vaisseaux de ligne pour prendre part à la guerre de l'indépendance de l'Amérique, à laquelle Louis XVI avait promis le concours de la France. On recourut à Necker, banquier genevois, qui avait une très-grande réputation comme financier, et qui déjà plusieurs fois, sous Louis XV, avait rendu de signalés services au trésor royal; protestant et étranger, il n'eut que le titre d'administrateur des finances (octobre 1776); ce qui ne l'empêcha pas d'employer tout son talent à essayer de combler le déficit que Turgot n'avait eu ni le temps ni les moyens de faire disparaître.

Necker était certainement un grand financier; mais tout en voulant fermement le bien public, non-seulement pour le bien lui-même, mais encore pour s'en faire un titre de gloire, il manquait sur trop de choses de lumières et d'opinions arrêtées pour pouvoir utiliser les généreux sentiments qui l'animaient.

Il réussit pendant cinq ans à subvenir aux dépenses énormes d'une cour encombrée d'officiers de tout noms et de valets de toute sorte, et à pourvoir aux frais de la guerre d'Amérique sans augmenter les impôts et sans trop lésiner avec la cour, mais au moyen d'économies sur les frais de perception, et aussi d'emprunts de 490 millions constitués en rentes viagères. Cet appel au crédit public était une bonne mesure; malheureusement elle ne tranchait pas la difficulté, elle ne faisait que la reculer. Il est vrai que Necker comptait alors sur l'avenir, et qu'il lui fit défaut.

Il tomba en 1781, à l'occasion de son *Compte rendu de l'état des finances*, bien incomplet pourtant, mais dont le public, qui jamais encore n'avait levé un coin du voile épais qui cachait les finances, reçut la publication avec d'immenses applaudissements. La cour s'irrita de cet appel à l'esprit public, et, voyant la lumière se faire dans l'administration financière, craignit pour ses pensions et son pillage habituel. Maurepas, qui gouvernait avec des traits d'esprit, en trouva un qui tua le compte rendu : « Avez-vous lu le *conte bleu?* » demanda-t-il en faisant allusion à la couleur de la couverture de ce document. Le mot fit fortune et commença contre Necker la petite guerre d'intrigues qui avait tué Turgot. Louis XVI céda encore aux criailleries des courtisans menacés dans leurs immunités, et quand le ministre, à bout de patience, lui offrit sa démission (21 mai 1781), il l'accepta avec plaisir.

Mais si la cour se réjouissait, le public, à bon droit, la considérait comme une calamité. On ne parlait partout que de la disgrâce de Necker; au théâtre, on y faisait naître des allusions. Les plus grands seigneurs l'allèrent visiter dans sa terre de Saint-Ouen, et l'empereur d'Autriche et l'impératrice de Russie lui envoyèrent des lettres de condoléance.

A la vérité, ses réformes financières avaient produit peu d'effet; mais son administration avait été marquée par de grands actes d'humanité, comme l'affranchissement des serfs de la couronne, la destruction du *droit de suite* qui donnait au seigneur tous les biens acquis à l'étranger par son serf fugitif, et surtout l'abolition de la *question préparatoire* en matière criminelle. Et c'était une chose si iniquement barbare que, n'eût-il fait que cela, Necker aurait encore bien mérité de sa patrie d'adoption.

Guerre d'Amérique.

Cependant la guerre de l'indépendance de l'Amérique était commencée; l'Angleterre, dont la dette avait été portée par la guerre de Sept Ans à deux milliards et demi, ne pensait qu'à se décharger d'une partie de ce fardeau sur ses colonies. Elle frappa le papier timbré, puis le verre, le papier et le thé. Des émeutes forcèrent de supprimer les premières taxes : l'impôt du thé resta seul. Mais un jour les habitants de Boston, se basant sur le principe de la Constitution anglaise que nul n'est forcé de payer des impôts qui n'ont pas été votés par ses représentants, jetèrent à la mer une cargaison de thé venue de Londres, plutôt que de payer le droit. La guerre éclata (1775); toutes les provinces se soulevèrent, et l'année suivante (4 juillet 1776) leurs députés, réunis en congrès général à Philadelphie, proclamèrent l'indépendance de l'Amérique.

La France accueillit avec enthousiasme une révolution qu'elle rêvait déjà pour elle; les députés américains, et surtout le vieux Franklin, si célèbre déjà comme physicien, furent, pendant leur séjour à Paris, l'objet d'une ovation perpétuelle. La jeune noblesse, exaltée par les idées philosophiques et jalouse de réparer la honte de la guerre de Sept Ans, demandait à partir en foule pour l'Amérique; mais le gouvernement redoutait une rupture avec l'Angleterre, et n'envoya que des secours indirects, armes, argent et munitions, que Beaumarchais se chargea de faire parvenir.

Le jeune marquis de La Fayette, qui n'avait que vingt ans et brûlait de s'illustrer en combattant pour la liberté, fut obligé de fréter lui-même un vaisseau pour passer en Amérique, où il débarqua comme volontaire.

D'ailleurs, au point de vue de la royauté, Louis XVI ne devait point avoir de hâte à prendre le parti de l'Amérique, et une brochure anglaise qui parut à ce moment ne le fit pas assez réfléchir.

« Quel danger, lui disait-on, n'y a-t-il point à mettre l'élite de vos officiers en communication avec des hommes enthousiastes de liberté? Vous vous inquièterez, mais trop tard, quand vous les entendrez répéter dans votre cour des axiomes vagues et spécieux qu'ils auront médités dans les forêts d'Amérique. Comment, après avoir versé leur sang pour une cause qu'on nomme celle de la liberté, feront-ils respecter vos ordres absolus? D'où vous vient cette sécurité quand on brise, en Amérique, la statue du roi de la Grande-Bretagne, quand on voue son nom à l'outrage? L'Angleterre ne sera que trop vengée de vos desseins hostiles, quand votre gouvernement sera examiné, jugé, condamné d'après les principes qu'on professe à Philadelphie et qu'on applaudit dans votre capitale. »

Ceci était absolument logique et absolument prophétique; mais Louis XVI céda à l'opinion publique et signa avec les États-Unis, le 6 février 1778, un traité de commerce, doublé d'une alliance offensive et défensive dans le cas où l'Angleterre déclarerait la guerre à la France.

Une flotte de 12 vaisseaux et 4 frégates, commandée par le comte d'Estaing, partit de Toulon pour l'Amérique (1778); une autre se forma à Brest pour protéger l'armée qui se préparait à faire une descente en Angleterre. D'Orvilliers, sorti de Brest avec 32 vaisseaux, lutta sans résultat contre l'amiral Keppel à Ouessant (27 juillet 1778), et le comte d'Estaing n'obtint pas de succès sur l'amiral Howe, malgré sa supériorité de forces; sa flotte fut dispersée par une tempête et il échoua devant Sainte-Lucie dont les Anglais s'étaient emparés; comme compensation, Bouillé s'empara de la Dominique.

L'Espagne offrit alors sa médiation ; l'Angleterre l'ayant refusée, cette puissance, liée à nous par le pacte de famille qu'avait conclu Choiseul et resserré de Vergennes, réunit sa marine à la nôtre et, en 1779, le comte d'Orvilliers mit le cap sur Plymouth, avec 66 vaisseaux de ligne qui furent malheureusement dispersés par une tempête.

On se consola de cette entreprise manquée par la prise de Grenade où d'Estaing était entré le premier. Cet

Combat naval de Trinquemalle (3 septembre 1783).

événement, pourtant de peu d'importance, eut, à Paris, un retentissement considérable ; mais il fut bientôt suivi par un échec devant Savannah, dont d'Estaing avait voulu s'emparer avant que la brèche fût ouverte, échec qui faillit compromettre la cause américaine.

Un événement imprévu changea la situation ; pour empêcher la France et l'Espagne de recevoir des munitions du Nord, les croisières anglaises visitaient tous les bâtiments neutres et il en était survenu mille vexations qui aboutirent à une neutralité armée, signée, à l'instigation de Catherine II qui avait proclamé (août 1781) la franchise des pavillons à condition qu'ils ne protégeraient pas la contrebande de munitions de guerre, par la Suède, le Danemark, la Prusse, l'Autriche, le Portugal, les Deux-Siciles et la Hollande.

L'Angleterre, profondément irritée, déclara la guerre à la Hollande, la plus vulnérable des puissances liguées; et Rodney, à qui d'Estaing avait eu la chevaleresque simplicité de rendre deux fois sa liberté en ne le faisant pas prisonnier à Grenade et en payant les dettes qui l'y retenaient, Rodney se jeta sur Saint-Eustache, une des colonies hollandaises, où il fit une prise de 16 millions; il est vrai qu'elle revint à la France, car La Motte-Piquet s'en empara en vue des côtes d'Angleterre.

L'année 1781 fut la plus heureuse pour nos armes, qui décidèrent du sort de l'Amérique. Le comte de Grasse y eut sur mer une série de brillants succès qui préparèrent les victoires que Washington, Rochambeau et La Fayette remportèrent sur le continent américain. Le 11 octobre, lord Cornwallis, bloqué par eux dans York-Town, capitula avec 7 000 hommes, 6 vaisseaux de guerre et 50 navires marchands.

De ce jour, les États-Unis existaient et les Anglais, qui occupaient encore New-York, Savannah et Charleston, ne firent plus que s'y défendre.

Dans le même moment, le marquis de Bouillé leur enlevait Saint-Eustache; le duc de Crillon, Minorque, et Suffren, un de nos plus grands amiraux, envoyé aux Indes orientales pour défendre les colonies hollandaises, remportait, sur leurs flottes, 4 grandes batailles navales (février à septembre 1782).

De Grasse fut moins heureux aux Antilles, où les Anglais ne conservaient plus que la Jamaïque. Il voulut la leur enlever, mais Rodney l'arrêta aux Saintes avec des forces supérieures; il fut vaincu et pris, et cette défaite, qui était pourtant la première de cette guerre, prit, dans l'opinion, une importance fâcheuse, qu'elle était loin d'avoir. Cela tint peut-être à ce qu'elle fut suivie d'un autre échec retentissant qui attendait nos armes et celles des Espagnols devant Gibraltar. Ce siége souleva une attente universelle; un frère du roi, le comte d'Artois, y assistait. 20 000 hommes et 40 vaisseaux bloquaient la place, pendant que 200 canons, du côté de la terre, et 10 batteries flottantes ouvraient un feu terrible qui commença le 12 septembre; mais le rocher admirablement défendu d'ailleurs, par le gouverneur anglais Elliot, était imprenable; une panique des Espagnols qui, voyant sauter une de leurs batteries flottantes, mirent le feu aux autres pour les préserver de la destruction, hâta la levée du siége qui coûta 12 000 hommes aux armées alliées.

Traité de Versailles.

Cependant l'Angleterre avait doublé sa dette, perdu la plus importante de ses colonies et son renom d'invincibilité sur les mers; elle ne demandait qu'à faire la paix. Lord North, chef du parti de la guerre, fut renversé du ministère par les whigs qui entrèrent immédiatement en négociations avec le cabinet de Versailles, lequel ayant, de son côté, dépensé 1 400 millions sans autre profit que ce grand et noble résultat dont elle n'avait rien à espérer, l'indépendance de l'Amérique, ne demandait pas mieux que de traiter. La paix fut signée le 3 septembre 1783; elle effaça d'abord la honteuse condition du traité d'Utrecht en ce qui concernait Dunkerque et nous donna Pondichéry,

Chandernagor, Karikal, Mahé et Surate dans les Indes; Tabago et Sainte-Lucie aux Antilles; les îlots Saint-Pierre et Miquelon avec le droit de pêche à Terre-Neuve; puis Gorée et le Sénégal en Afrique.

Le traité de Versailles prévoyait de plus entre la France et l'Angleterre un traité de commerce qui fut signé trois ans plus tard et qui substitua aux prohibitions existantes un droit proportionnel sur les marchandises communes aux deux pays.

Louis XVI, qui n'aimait pas la guerre par tempérament et par principe, put respirer et s'enorgueillir des résultats obtenus. L'attitude de la France dans le concert européen était plus que digne et faisait oublier la honte des dernières années du règne de Louis XV : ses subsides à la Suède et sa volonté, déclarée hautement, de soutenir Gustave III, avaient fait réfléchir la Prusse et la Russie prêtes à se partager le pays, comme elles avaient fait de la Pologne; elle avait contribué à sauver la Bavière des attaques de l'Autriche et préservé l'Empire d'une guerre entre les deux grandes puissances allemandes en imposant sa médiation et celle de la Russie à la Prusse et à l'Autriche qui avaient signé le traité de Teschen (1779).

Ce fut l'époque glorieuse du règne de Louis XVI, et il aurait pu en toute sécurité s'abandonner à son goût pour la serrurerie si une affaire encore inexpliquée, mais en tous cas scandaleuse, n'était venue compromettre la reine.

Affaire du collier.

Marie-Antoinette n'était pas aimée; la fille de Marie-Thérèse, qui croyait qu'à la cour de France on pouvait vivre pour soi-même, selon les habitudes de la maison d'Autriche, s'était fait de nombreux ennemis à la cour par des amitiés trop exclusives et surtout trop démonstratives; elle n'avait pas moins froissé le public en s'affranchissant trop brusquement des règles, de l'étiquette et des convenances royales. C'est ainsi qu'on lui avait fait presque un crime de s'être rendue en fiacre au bal de l'Opéra, un soir que son carrosse s'était brisé; on trouvait d'ailleurs très-mauvais qu'elle délaissât Versailles pour Trianon où elle se délassait des ennuis du cérémonial en jouant la comédie avec ses amis.

Mais jusque-là, et à part quelques épigrammes qu'on se communiquait sous le manteau, rien n'avait éclaté. Un événement malheureux vint, en 1784, montrer les dispositions du public à son égard.

Tout le monde savait à la cour que les joailliers Bœhmer et Bassenge avaient proposé à la reine un collier merveilleux qu'elle avait refusé parce qu'il coûtait 1 600 000 livres, en disant que deux vaisseaux de guerre seraient plus utiles à la France que ce joyau; une intrigante, descendante de la maison de Valois et mariée au comte de La Motte, trouva cette occasion favorable pour faire sa fortune d'un seul coup, en prenant, au nom de la reine, possession du collier que les joailliers ne pouvaient placer nulle part à cause de son prix. Pour cela, il lui fallait un intermédiaire qu'elle trouva dans la personne du cardinal de Rohan, qui, méprisé du roi et surtout de la reine pour sa conduite scandaleusement cynique, était alors en complète disgrâce.

La comtesse de La Motte se présenta au cardinal comme la confidente de Marie-Antoinette, lui assura que la reine était disposée à lui rendre sa faveur, et le convainquit par de fausses lettres, et surtout par une entrevue qu'elle lui fit avoir un soir, dans les bosquets de Versailles, avec une fille nommée d'Oliva, qui ressemblait beaucoup à la souveraine. Mᵐᵉ de La Motte eut l'habileté d'interrompre cette entrevue dès son début; mais le cardinal n'en fut pas moins persuadé que désormais rien ne serait plus refusé à son ambition.

L'instrument était trouvé, il n'y avait plus qu'à faire le coup; la comtesse persuada au cardinal que la reine, qui avait

LA FAYETTE.

refusé le collier par politique, avait la plus grande envie de l'avoir et qu'elle le chargeait d'en négocier l'acquisition. Le cardinal s'empresse de faire cette commission, et les joailliers livrent le bijou à Mᵐᵉ de La Motte qui en fait son profit en envoyant vendre les pierres démontées en Angleterre.

Cependant l'époque fixée pour le premier paiement arrive; Bœhmer, n'entendant parler de rien, réclame, et tout se découvre. Le cardinal est arrêté et envoyé à la Bastille dans ses habits pontificaux; le parlement, saisi de l'affaire, l'acquitte comme dupe et condamne la comtesse de La Motte à la marque et à la réclusion perpétuelle.

Cette affaire fit le plus grand bruit,

et bien qu'à la façon dont elle fut connue, la reine y parût complétement étrangère, l'opinion publique ne voulut pas accepter la preuve de son innocence, et sa réputation en fut gravement entachée.

MARIE-ANTOINETTE.

Ministère de Calonne.

Louis XVI, qui avait d'abord montré une extrême froideur pour Marie-Antoinette, lui avait peu à peu laissé prendre sur lui un grand empire; malheureusement la reine, jalouse d'autorité, était d'un caractère trop léger pour accepter le souci des affaires; aussi son influence fut presque toujours malheureuse; elle l'inaugura en faisant appeler de Calonne à la direction des finances (1783).

Il faut reconnaître que Calonne était doué de connaissances spéciales, d'une grande facilité de travail, mais nul n'était plus dissipateur; il déclara d'abord au roi qu'il avait 200 000 livres de dettes, et qu'avant toutes choses il les paierait sur les fonds de son ministère. Cette franchise n'effraya pas Louis XVI, elle le rassura même pour l'avenir : il donna personnellement les 200 000 livres. Calonne les accepta quasi comme une obligation, ce qui ne l'empêcha pas de faire payer ses dettes par l'État.

Son système financier était la prodigalité. « Quiconque veut emprunter, disait-il, a besoin de paraître riche, et pour paraître riche il faut éblouir avec ses dépenses ; l'économie est doublement funeste : elle avertit les capitalistes de ne pas prêter au Trésor et elle fait languir les arts que sa prodigalité vivifie. »

Aussi, au bout de trois ans, et en temps de paix, la France avait fait 500 millions d'emprunts, dont l'indolence du roi ne lui permit pas de s'apercevoir. Il fallut bien le lui apprendre et en même temps Calonne lui soumit un plan de réforme qui mettait en pratique les idées de ses prédécesseurs : établissement d'un impôt territorial, des assemblées provinciales, diminution de la taille, liberté de l'industrie et du commerce des grains. « Mais c'est du Necker que vous me proposez là ! » s'écria Louis XVI. « En effet, répondit celui qui avait toujours été l'ennemi de Necker ; mais dans l'état des choses on ne peut rien vous offrir de mieux. »

Il devenait donc impossible de ne pas frapper les priviléges et de ne pas supprimer les abus ; Louis XVI n'y répugnait pas en principe, mais l'exécution l'effrayait. Pour mécontenter la noblesse, le clergé, il fallait à la couronne une sanction populaire ; on ne pouvait pas compter sur le parlement, on n'osait réunir les États généraux, on se décida à convoquer une assemblée de notables.

Cette assemblée, composée de cent quarante-quatre membres, se réunit le 12 février 1787 ; elle écouta favorablement les plans de Calonne ; mais quand il fut question de la contribution foncière, comme le tiers état n'était effectivement représenté dans l'Assemblée que par 6 ou 7 roturiers et que tous les autres étaient de gros propriétaires, ils furent intraitables. Ils voulurent examiner l'état des recettes et des dépenses, mais le ministre présenta des comptes si obscurs qu'on reconnaissait bien le déficit, mais qu'on ne pouvait l'apprécier. Les ennemis de Calonne, dirigés par Brienne, archevêque de Toulouse, élevèrent la voix ; le roi se fâcha d'abord, mais fut obligé de céder, et Calonne fut exilé en Lorraine.

Brienne lui succéda. Louis XVI ne l'appelait aux affaires qu'avec la répugnance que sa piété réelle pouvait avoir pour ce prélat sans mœurs et sans croyances ; mais il était influent sur les notables qu'il avait gagnés par ses plans d'économie et le roi pouvait espérer qu'il applanirait les difficultés. Mais la noblesse avait déjà assez de cette assemblée : le comte d'Artois s'y ennuyait, le duc d'Orléans et le prince de Conti venaient aux séances en costume de chasse ; et partaient au plus fort des discussions ; il fallut la dissoudre le 25 mai. Elle se sépara sans avoir rien fait ; mais La Fayette y avait prononcé le mot d'Assemblée nationale, qui ne devait pas être perdu pour l'avenir.

Ministère de Brienne.

Le gouvernement était toujours dans la même situation ; Brienne chercha à en sortir au moyen du parlement : mais il était plus difficile à influencer que les notables ; il enregistra sans difficultés l'édit qui concernait les assemblées provinciales; mais pour l'impôt territorial il n'en voulut pas entendre parler. Le roi passa outre, tint un lit de justice et fit enregistrer les deux édits. Le parlement, soulevé par Duport, Robert de Saint-Vincent, Fréteau de Saint-Just, et surtout par d'Épresménil, devenu si populaire par son éloquence que la foule, au sortir des séances, le portait en triomphe jusqu'à sa voiture, sans se douter qu'elle se tournait contre sa propre cause, le parlement protesta et fut exilé à Troyes.

Ce coup de force donna à Brienne une impopularité exceptionnelle; le peuple ne lui pardonnait pas d'être toujours d'accord avec la reine que les pamphlets appelaient déjà *madame Déficit*, et qui avait été insultée dans le parc de Saint-Cloud, ensuite de quoi le lieutenant de police, par l'intermédiaire du roi, l'avait fait prier de ne point se montrer dans Paris.

Brienne n'avait même plus l'appui de son ordre, et l'assemblée du clergé lui refusa un subside de 1 million 800 000 livres. Son gouvernement n'était pas plus heureux au dehors qu'à l'intérieur; ainsi en Hollande il laissa les intrigues anglaises et les armes du roi de Prusse étouffer le gouvernement républicain qui lui demandait secours, sous prétexte qu'au milieu de l'effervescence générale il était dangereux de soutenir la liberté au dehors. Il était encore bien plus dangereux de marcher au rebours des sentiments de l'époque; mais il semble qu'en ce moment tout le monde était frappé d'aveuglement.

Enfin le ministère finit par faire la paix avec le parlement et sa rentrée se fit au milieu de l'allégresse générale, que le peuple poussa jusqu'à faire brûler le mannequin de Calonne sur la place Dauphine; cette popularité du parlement, qui en somme défendait les priviléges, serait inexplicable si d'Épresménil n'avait posé la question au point de vue politique, soutenant contre la cour ce principe que les États généraux seuls ont le droit de changer la base de l'impôt.

Brienne, qui avait, par ses intrigues, gagné la majorité des magistrats, promit la réunion des États généraux à bref délai et présenta à l'enregistrement un édit décrétant un emprunt de 420 millions réalisable en 5 ans. Le parlement, sur les énergiques protestations de Fréteau, Sabatier et Robert de Saint-Vincent, refusa l'enregistrement; Louis XVI passa outre encore une fois et fit arrêter Fréteau et Sabatier dont l'opposition avait été très-vive; le duc d'Orléans fit une observation au roi sur cette *illégalité* et fut exilé à Villers-Cotterets.

Le parlement n'accepta pas l'arrestation de deux de ses membres sans protestation : d'Épresnemil la rédigea et Montsabert proposa des représailles en mettant obstacle à la perception de l'impôt du vingtième : ils furent arrêtés tous les deux et conduits, le premier à Pierre-Encise, l'autre à l'île Sainte-Marguerite.

Brienne profita de ce coup d'autorité pour contraindre le parlement, réuni à Versailles le 8 mai, à abandonner l'enregistrement des édits qui fut transféré à une *cour plénière*, composée par le roi, et à prescrire l'érection de quarante-sept grands bailliages pour juger les procès civils de moins de 20 000 livres.

Cette abdication forcée du parlement ne fut pas plutôt connue que la résistance s'organisa partout; il y eut des soulèvements en Bretagne, dans le Béarn, en dix autres endroits, mais une véritable insurrection à Grenoble; les députés des municipalités dauphinoises se réunirent dans le château de Vizille et préludèrent à la Révolution en réclamant la convocation des États généraux.

Brienne, qui prétendait avoir tout prévu, même la guerre civile, ne réussit qu'à la faire avorter. D'ailleurs le Trésor était vide, et pour se faire quelques ressources, il s'empara de la caisse des Invalides et du produit de quelques loteries de bienfaisance. Ces criminels expédients ne prolongèrent son ministère que de quelques jours, et le 16 août 1788 il fut obligé de décréter que les paiements de l'État n'auraient plus lieu que moitié en espèces et moitié en bons du Trésor. Alors ce fut une panique générale; on se souvenait trop du papier-monnaie du temps de Law, et tout le monde s'attendait à la banqueroute. Brienne, à bout de ressources, dut céder la place à Necker qui avait

Procès du collier (1784).

refusé de partager son discrédit en lui apportant le secours de ses lumières (25 août).

Second ministère de Necker.

Necker était alors l'homme le plus populaire de Paris. Son retour aux affaires fut salué par des acclamations de joie; mais par contre le départ de Brienne causa des désordres si grands que la troupe tira sur le peuple. Ce premier sang versé causa une si grande émotion que le parlement procéda; cependant la confiance revint, grâce à Necker, et en quelques jours les fonds publics gagnèrent trente pour cent; mais il était trop tard pour sauver la situation par les moyens ordinaires et Necker confirma la promesse faite déjà tant de fois de réunir les États généraux en 1789.

L'opinion publique ne se préoccupait plus que de cela; on se demandait quelle place serait faite au tiers état, et on ne voulait pas qu'il fût humilié comme en 1614. Les temps étaient bien changés: le tiers était devenu un ordre considérable qui tenait tout et à tout par son savoir, ses richesses, son activité et les hautes fonctions que ses chefs remplissaient dans l'administration du pays. Le respect pour la noblesse était si considérablement diminué que tout le monde, même les nobles, on pourrait peut-être dire surtout les nobles, avait applaudi, en 1784, aux épigrammes sanglantes du *Figaro* de Beaumarchais; mais pour que le tiers état occupât la place qu'il méritait il fallait doubler ses membres et instituer le vote par tête et non plus par ordre; c'était l'avis de Necker et de tous les libéraux; il prévalut d'ailleurs, du moins en partie, car en présence des résistances de la noblesse, qui causèrent à Rennes et ailleurs des rixes sanglantes, Necker fit rendre un arrêt du conseil qui doublait la représentation du tiers état sans rien préjuger quant au vote.

Les États généraux furent convoqués

CALONNE.

BRIENNE.

pour le 1ᵉʳ mai 1789; les élections se firent au milieu de l'agitation générale qui régnait déjà en France et qu'elles développèrent encore en quelque sorte; partout il se forma des réunions publiques appelées *clubs*, d'un mot anglais déjà francisé; le plus célèbre est le *club Breton*, d'où sont partis les *Jacobins*. Les réunions, loin d'être pacifiques, révélèrent les dissidences qui existaient au sein même des ordres privilégiés; le clergé comme la noblesse avait sa démocratie, qui, exclue des faveurs de la cour, voulait les ôter aux privilégiés, mais il y avait parmi la grande noblesse un parti avancé qui était favorable à la Révolution. La Fayette, La Rochefoucauld-Liancourt, Montmorency, Lally-Tollendal, Noailles en étaient les chefs, et n'avaient pas de plus grands ennemis que la noblesse rurale.

En Bretagne, les nobles et les évêques aimèrent mieux ne pas nommer de députés que d'admettre la double représentation du tiers état; mais les curés de campagne firent scission et commencèrent la division qui ruina le clergé.

En Provence, il y eut des protestations énergiques; le comte de Mirabeau, esprit supérieur, dont la jeunesse avait été pleine de désordres et qui rentrait en France après avoir souillé sa plume à l'étranger, pour vivre en exilé et échapper à la condamnation à mort qui l'avait frappé pour cause d'adultère, attaqua vivement ces protestations. Son éloquence merveilleuse échoua contre les nobles qui ne voulurent point le laisser siéger parmi eux, mais lui fit une immense réputation parmi les populations éblouies par les fascinations de sa parole; il calma par son ascendant des émeutes qui avaient éclaté à Aix et à Marseille où il fut reçu au son des cloches et au bruit du canon.

Nommé par le tiers état, il se souvint qu'il avait écrit à vingt ans un *Essai sur le despotisme* et sa voix devint alors la voix même de la Révolution.

États généraux de 1789.

Le 2 mai, tous les députés, réunis à Versailles, furent présentés au roi; le 4, ils se rendirent en procession à l'église Saint-Louis où le roi entendit des paroles qui durent lui sembler bien étranges; l'évêque de Nancy termina le sermon par ceci : « Sire, le peuple sur lequel vous régnez a donné des preuves non équivoques de sa patience. C'est un peuple martyr à qui la vie semble n'avoir été laissée que pour le faire souffrir plus longtemps. »

Le 5, les États furent ouverts solennellement, dans la salle des *Menus*, par le roi qui était sur son trône entouré des princes du sang et de la cour étagée sur les marches : à droite du trône siégeaient les 291 membres du clergé : 48 prélats, 35 abbés ou chanoines, 204 curés et 3 moines; à gauche étaient les 270 membres de la noblesse, comprenant 1 prince du sang, le duc d'Orléans, 240 gentilshommes et 28 magistrats des cours supérieures; au fond se tenait le tiers état qui comptait 584 membres, 12 gentilshommes, 2 prêtres, 18 maires de grandes villes, 162 magistrats des bailliages ou sénéchaussées, 212 avocats, 16 médecins et 162 négociants, propriétaires ou cultivateurs.

Le discours du roi fut court : il fit des vœux pour le bonheur de la nation et invita les députés à y travailler en leur recommandant de s'occuper de la question financière sans se laisser entraîner « au désir exagéré d'innovation qui s'est emparé des esprits ».

Le roi se trompait. Ce besoin d'innovation n'était point exagéré, car les demandes suivantes, qui se retrouvaient dans presque tous les cahiers des trois ordres, n'étaient l'objet d'aucune contestation :

Dans l'ordre politique : la souveraineté émane du peuple et ne peut s'exercer que par l'accord de la représentation nationale avec le chef héréditaire de l'État; — urgence de donner une constitution à la France; — droit exclusif pour les États généraux de faire la loi qui, avant d'être promulguée, devra obtenir la sanction royale, de voter l'impôt et de contrôler les dépenses publiques; — abolition des immunités financières et des priviléges personnels du clergé et de la noblesse; — suppression des derniers restes du servage; — admissibilité de tous les citoyens aux emplois publics; — responsabilité des agents du pouvoir exécutif.

Dans l'ordre moral : liberté du culte et de la presse; — éducation par l'État des enfants pauvres et abandonnés.

Dans l'ordre judiciaire : unité de la législation et de la jurisprudence ; — suppression des juridictions exceptionnelles ; — publicité des débats ; — adoucissement des lois pénales ; — réforme des lois de procédure.

Dans l'ordre administratif : création d'assemblées provinciales pour contrôler la gestion des délégués de l'autorité royale ; — unité de poids et de mesures ; — nouvelles divisions du royaume d'après la population et le revenu.

Dans l'ordre économique : liberté de l'industrie, suppression des douanes intérieures ; — remplacement des divers impôts par un impôt territorial et mobilier qui atteindrait les fruits, mais jamais le capital.

Necker connaissait ou pressentait ces demandes qui, contenant toute la Révolution, furent appelées depuis *les principes de* 1789 et comme il comprenait qu'une nation qui avait su les formuler était digne de les obtenir, son discours fut tout autre que celui du garde des sceaux Barentin, qui parut vouloir réduire les attributions des États généraux au vote de l'impôt, à la discussion d'une loi contre la presse et à la réforme de la législation civile et criminelle ; il avoua le déficit annuel de 56 millions et le découvert de 260 millions d'anticipations et déclara aux États que le roi leur demandait de l'aider à fonder la prospérité du royaume sur des bases solides.

C'était bien là donner toute latitude aux États généraux ; mais ils étaient décidés à la prendre, et le tiers état, qui voulait établir l'unité politique et sociale de la nation par l'égalité devant la loi, et la garantir par la liberté, n'admettait aucune restriction dans son pouvoir législatif.

L'Assemblée constituante.

Pour obtenir ce résultat, il fallait commencer par fondre en une les trois sociétés qui étaient représentées aux États généraux. La noblesse et le clergé prétendirent vérifier séparément et par ordre les pouvoirs de ses membres. Le tiers état voulait la vérification en commun, suivie d'une délibération sur le mode de vote par ordre ou par tête ; toute la Révolution était là, car, si l'on votait par ordre, il était évident que la noblesse et le clergé l'emporteraient toujours, tandis que si l'on votait par tête le tiers état aurait toujours la majorité, même sans compter sur les dissidences de la partie démocratique des deux autres ordres.

Pendant cinq semaines, les députés du tiers état employèrent tous les moyens pour engager les ordres supérieurs à la réunion ; les membres du clergé, qui profitaient le moins des privilèges, commencèrent la défection. Le 13 juin, trois curés du Poitou vinrent prendre séance au milieu du tiers ; les jours suivants, un grand nombre d'autres les imitèrent, et le 17 juin, l'abbé Sieyès, qui avait écrit dans une brochure célèbre : « Qu'est le tiers état ? Rien. — Que doit-il être ? Tout, » proposa aux députés des communes de s'ériger en Assemblée nationale, alléguant que cette Assemblée, étant composée de représentants envoyés directement par les quatre-vingt-seize centièmes de la nation, ne pouvait rester inactive parce qu'il plaisait à quelques députés de ne pas assister aux séances.

Cette déclaration effraya d'autant plus la cour que le clergé se décida pour la réunion dès le 19 juin ; on poussa le roi aux mesures violentes ; il ne voulut pas prononcer la dissolution des États, mais il chercha à empêcher la séance du 20 juin, où devait se faire la fusion du tiers état et du clergé ; sous prétexte de préparatifs à faire pour une séance royale annoncée pour le 22, il fit garder par des soldats la salle des réunions. Bailly, président du tiers, trouvant la porte fermée, convoqua les députés dans la salle du Jeu-de-Paume, où ils firent le serment de ne pas se séparer avant d'avoir donné une constitution à la France. Le lendemain, cette nouvelle

Réunion des notables (22 février 1787).

salle se trouvant encore fermée, le clergé fit ouvrir l'église Saint-Louis, où la première délibération en commun eut lieu.

La séance royale, où Louis XVI prononça des paroles menaçantes, ne fit que précipiter les événements ; il sortit en commandant aux trois ordres de se retirer dans leurs salles respectives : les deux premiers, sauf quelques membres du clergé, obéirent. Le tiers état resta impassible, et quand le marquis de Brézé, grand-maître des cérémonies, vint lui renouveler les ordres du roi, Mirabeau se leva et lui répondit ces paroles fameuses : « Allez dire à votre maître que nous sommes ici par la volonté du peuple, et que nous n'en sortirons que par la force des baïonnettes. »

Brézé fit la commission, et la réponse de Louis XVI peint tout entier ce malheureux monarque : « Eh bien! s'ils ne veulent pas s'en aller, qu'on les y laisse. »

Ils y restaient d'ailleurs et, sur la proposition de Sieyès, l'Assemblée proclamait l'inviolabilité de ses membres (23 juin). Le lendemain, la majorité

MIRABEAU.

du clergé accourut se joindre au tiers, et le surlendemain, quarante-sept membres de la noblesse, le duc d'Orléans en tête, prenaient part à la séance.

Le roi perdait la tête. Necker, qu'on avait presque éloigné, et que la peur faisait rappeler, lui conseilla de faire de nécessité vertu, et d'inviter lui-même les deux premiers ordres à se réunir au troisième. Le 27 juin, la fusion des trois ordres était officielle, et l'Assemblée, complète enfin, s'organisait en trente bureaux pour donner au grand travail de la constitution l'activité nécessaire, et prenait le titre d'Assemblée nationale constituante.

Prise de la Bastille.

Cependant la cour humiliée pensait à prendre sa revanche ; les troupes appelées de tous côtés sous prétexte de protéger l'Assemblée se montaient à plus de 30 000 hommes dont le commandement fut donné au vieux duc de Broglie.

S'il n'y eût eu, dans ce nombre de soldats qui donnaient à Paris et à Versailles l'aspect d'un camp, que des régiments français, la population parisienne ne se fût pas inquiétée ; car les soldats, tous gens du peuple, avaient d'autant plus facilement subi l'influence des idées de réforme qui circulaient alors que c'était à l'armée surtout que se voyaient les plus criants abus ; mais il y avait surtout des Suisses et le Royal-Allemand, d'autant plus redouté qu'il était plus en faveur près de la cour.

Aussi Paris se remua. Le foyer de l'agitation était le jardin du Palais-Royal ; des orateurs y montaient sur des tables et commentaient tous les actes de la cour et de l'Assemblée. Les gardes-françaises s'associèrent à ces manifestations ; leur colonel en fit emprisonner onze. Ce fut un prétexte pour l'émeute : le peuple se porta sur la prison de l'Abbaye, délivra les gardes-françaises et les porta en triomphe dans les rues de Paris.

L'Assemblée nationale s'interposa pour que la loi ne fût pas plus violée que la discipline, et obtint du roi la grâce des gardes-françaises qu'on réintégrerait pour la forme dans leur prison ; l'Assemblée demanda en même temps le renvoi des troupes dont la présence irritait les esprits. Louis XVI ne répondit pas d'abord ; mais le lendemain (11 juillet) on apprit le renvoi et l'exil de Necker. Ce fut un coup de foudre. Paris bravé courut faire éclater sa colère au Palais-Royal. Un jeune homme bouillant d'une éloquente indignation, Camille Desmoulins, était déjà sur une table, un pistolet à la main : « Citoyens, s'écria-t-il, le renvoi de Necker est le tocsin d'une Saint-Barthélemy de patriotes. Ce soir même, les bataillons suisses et allemands sortiront du Champ-de-Mars pour nous égorger ; il ne nous reste plus qu'une ressource, c'est de courir aux armes. »

Alors il cueille une feuille de marronnier qu'il met à sa boutonnière comme une cocarde, un signe de ralliement ; la foule l'imite, et, en moins de rien, les arbres sont dépouillés de leur verdure.

On porte en triomphe les bustes de Necker et du duc d'Orléans, qu'on avait pris chez le sculpteur Curtius : un garde-française qui faisait partie du cortége est tué par les décharges d'un poste militaire qui était sorti pour arrêter la manifestation.

Pendant ce temps, le prince de Lambesc, colonel du Royal-Allemand, chargeait jusque dans le jardin des Tuileries pour disperser la foule, qui attaquait ses soldats à coups de pierres. Un vieillard fut écrasé sous les pieds des chevaux ; aussitôt le bruit se répandit dans tout Paris qu'on égorgeait le peuple.

A cette nouvelle, le régiment des gardes-françaises, qui avait à venger la mort d'un de ses hommes, sort en armes de la caserne où il était consigné, tire sur les détachements du Royal-Allemand, qu'il met en fuite, et vient camper sur la place Louis XV, narguant le baron de Bezenval, qui, avec les forces qu'il avait aux Champs-Élysées, pouvait les écraser ; mais n'ayant pas d'ordre, et craignant peut-être de commencer la guerre civile, il se replia sur la route de Versailles.

Pendant que ces scènes tumultueuses se passaient à Paris, l'Assemblée demandait avec dignité, mais avec insistance, le rappel de Necker et le renvoi des troupes ; mais Paris n'avait pas dit son dernier mot : il y avait alors une sorte de municipalité formée des notabilités des électeurs qui, les élections terminées, avaient continué leurs réunions pour achever la rédaction de leurs cahiers, et avaient même obtenu pour cela une salle spéciale à l'Hôtel de Ville ; sans mandat, sans aucun titre que la confiance populaire et une autorité à laquelle toute la ville obéissait ils se constituèrent le 13 juillet en corps administratif.

Le peuple y courut et demanda des armes. Les électeurs décrétèrent la formation d'une garde bourgeoise de 400 hommes pour chacun des soixante districts ; pour cela, il fallait des armes ; la foule passa la journée du 14 à en réclamer au prévôt des marchands, Flosselles, qui, n'en ayant pas (on n'avait pas encore livré les 50 000 piques qu'on fabriqua en 36 heures), eut le tort d'en promettre par deux fois, et d'assumer ainsi sur sa tête de redoutables colères. Le peuple résolut d'en chercher lui-même ; il força l'hôtel des Invalides, où il prit 30 000 fusils, des sabres, des canons, et se précipita sur la Bastille, qui était devenue l'objectif de toutes les colères ; car cette forteresse était l'emblème toujours menaçant de l'oppression arbitraire. Elle rappelait les souffrances d'une longue liste de prisonniers enterrés vivants dans cette sombre enceinte pour avoir parlé un peu légèrement d'une maîtresse ou d'un valet du roi.

Tous n'arrivèrent pas jusque sur la place Saint-Antoine ; une poignée d'hommes obscurs, mais résolus, guidés par d'anciens militaires, Élie, Hulin, vinrent faire le siége de la Bastille, qu'ils ne connaissaient que par une tradition de terreur et de haine. Le combat dura quatre heures et donna à la Révolution naissante le baptême du sang, qui devait la noyer plus tard. 171 hommes furent tués ou blessés parmi les assaillants. A la vérité, il n'y eut pas d'assaut. Défendue par 32 Suisses et 82 invalides, la forteresse pouvait résister, et, de fait, elle était imprenable pour une multitude indisciplinée et mal armée dont l'enthousiasme ne représentait que la colère du peuple ; mais il se dégageait de cet enthousiasme comme des étincelles de patriotisme qui empêchaient les invalides de tirer. Le gouverneur, M. de Launay, capitula et malgré les efforts de Élie, de Hulin et des gens qui, se battant en braves, ne tuent pas après la victoire, pour protéger les prisonniers, les bandits qui les suivaient et qui, les jours précédents, avaient déjà pillé dans la ville, massacrèrent de Launay, son major de Losme, et quelques Suisses ; le prévôt des marchands Flesselles subit le même sort, et leurs têtes, mises sur des piques, furent promenées sanglantes dans les rues de Paris.

Louis XVI à Paris.

En apprenant la prise de la Bastille, Louis XVI s'écria : « Mais c'est donc une révolte ! — Non, sire, c'est une révolution, » lui répondit le duc de Liancourt, qui lui apportait la nouvelle. Le roi comprit enfin qu'il fallait prendre une attitude et se rendit à l'Assemblée au moment même où, sur un magnifique discours de Mirabeau, elle l'envoyait sommer d'éloigner les troupes de Paris ; il entra sans gardes, sans apparat, déclara qu'il ne faisait qu'un avec la nation, qu'il consentait au renvoi des troupes allemandes, et qu'il allait rappeler Necker au ministère. On l'applaudit avec transport et une foule immense le suivit sur la route de Paris, où il se rendit sur-le-champ ; il y entra au milieu d'une multitude pacifique, mais armée de fusils, de piques, de haches, de faux, et traînant quelques pièces d'artillerie dont la bouche et la lumière étaient cachées par des fleurs. Bailly, qui venait d'être nommé maire de Paris, le reçut aux portes et lui dit en lui remettant les clefs de la ville : « Ce sont les mêmes qui furent présentées à Henri IV : alors le roi avait reconquis son peuple, aujourd'hui c'est le peuple qui a reconquis son roi. »

La royauté pouvait triompher encore en se départant de son absolutisme. Louis XVI n'était pas homme à jouer un tel rôle ; il laissa sous ses yeux la Révolution continuer son œuvre, et ne fit rien pour regagner les cœurs.

La Fayette, nommé général de la milice bourgeoise, se hâta de l'organiser sous le nom de garde nationale ; il lui donna pour signe de ralliement une cocarde où les deux couleurs de Paris, le bleu et le rouge, se mélangeaient au blanc, couleur de la royauté, et qui, selon ses prophétiques paroles, devait faire le tour du monde.

Abolition des priviléges.

Cependant l'agitation s'était répandue de proche en proche, la province imitait Paris, des bandes armées parcouraient les campagnes, pillant les châteaux, brûlant les couvents, pour détruire les anciennes chartes féodales. La noblesse comprit qu'il était temps de prévenir une seconde jacquerie par de grandes réformes. Le duc d'Aiguillon, Mathieu de Montmorency, le duc de Noailles, proposèrent le rachat de leurs droits. L'émulation et peut-être un peu la peur entraînèrent les autres et le 4 août, l'Assemblée abolit tous les priviléges de personnes, de provinces ou de villes, droits seigneuriaux, droits de juridictions, dîmes ecclésiastiques, enfin tous les vestiges de la féodalité. A la vérité, on stipula le rachat de tous ces droits, hors ceux qui étaient attentatoires à la liberté individuelle, mais la mesure était encore assez radicale pour faire satisfaction à tous les désirs et l'Assemblée, en ordonnant qu'un *Te Deum* d'actions de grâces serait chanté dans toutes les églises de France, décernait au roi, qui avait accepté la destruction du régime féodal, le titre de Restaurateur de la liberté française, nouvelle preuve que si Louis XVI l'avait voulu il serait resté roi de France en marchant à la tête de la Révolution.

Journées des 5 et 6 octobre.

Mais ce malheureux homme n'était pas de force à vouloir ; la cour le dominait, et irritée de la déclaration des droits de l'homme, par laquelle l'Assemblée avait exposé les principes fondamentaux de la constitution qu'elle élaborait, elle revenait à l'idée de recourir à la force. Le régiment de Flandre fut appelé à Versailles, parce que Louis XVI avait refusé la proposition que lui faisait Breteuil de se réfugier à Metz au milieu de l'armée de Bouillé.

On eut l'imprudence de prêter la salle de spectacle du château aux gardes du corps pour donner aux officiers du régiment de Flandre un banquet où se trouvaient de nombreux officiers du Royal-Allemand et même de la garde nationale. Le roi se prêta à faire de ce festin une manifestation anti-nationale ; il entra au dessert, avec la reine et le dauphin, pendant que la musique jouait l'air de *Richard Cœur de Lion : O Richard! ô mon roi, l'univers t'abandonne* ; l'enthousiasme s'empare

Ouverture des États généraux (5 mai 1789), d'après une gravure du temps.

de toutes ces jeunes têtes que le vin avait déjà surexcitées, des dames de la cour distribuent des cocardes blanches, et la cocarde tricolore est foulée aux pieds (1ᵉʳ octobre).

Lorsque Paris, qui mourait littéralement de faim, par suite d'une disette qui n'était que trop réelle, mais qu'il croyait organisée pour l'affamer, lorsque Paris apprit les détails de ce festin, qu'on lui présenta comme une orgie, sa colère déborda. Une armée de femmes criant : *Du pain ! du pain !* s'imaginant que l'abondance reviendrait à Paris si on y amenait le roi, se met en marche sur Versailles ; les hommes la suivent, et La Fayette lui-même, après s'être vainement opposé au départ, est entraîné par le mouvement dont il espérait encore modérer la fougue.

La multitude arrive devant le château et engage avec les gardes-du-corps une rixe qui se continua le lendemain matin, et finit par l'envahissement des appartements ; la reine n'échappa à la mort dont la menaçaient ces furieux que par le dévouement de quelques-uns de ses gardes qui se firent tuer en défendant sa porte. La Fayette accourut à temps pour sauver dix-sept gardes-du-corps qu'on voulait fusiller et pour faire évacuer l'intérieur du château ; mais il fallut pour cela que le roi se montrât et promît de partir pour Paris. La reine voulait l'y suivre, et ce voyage n'était pas sans dangers pour elle ; La Fayette les prévint en conduisant Marie-Antoinette sur un balcon, d'où la foule hurlante put le voir baiser respectueusement sa main, en gage de réconciliation entre la royauté et la Révolution ; la populace applaudit et cria même : « Vive la reine ! »

Quelques moments après, la famille royale partait au milieu de cette multitude triomphante, mais respectueuse à sa manière, qui la ramenait comme prisonnière dans la capitale.

L'Assemblée eut le tort de suivre le roi à Paris, où elle s'installa d'abord à l'Archevêché, ensuite dans le Manége, près des Tuileries, et de se mettre ainsi sous la main de la populace, à laquelle son succès de Versailles venait d'apprendre que la légalité pouvait toujours se remplacer par la force.

Ce n'étaient pas là d'ailleurs ses premiers excès : il y avait comme toujours, parmi ces hommes énervés qui ne réclamaient que leurs droits, des gens de sang et de destruction qui ne veulent avoir aucun devoir, et dont l'influence désastreuse fait tant redouter aux sages les révolutions, même les plus légitimes. Depuis l'hiver, des bandes menaçantes erraient dans les campagnes, encombraient les villes. A Paris, on avait trouvé moyen de les cantonner en organisant à Montmartre des ateliers nationaux pour 20 000 hommes. C'était à la vérité une armée prête à servir la démagogie ; mais on put les surveiller et les contenir avec du canon chargé à mitraille.

Dans les provinces, ce n'était pas la même chose ; poussés par eux, les paysans ne se contentaient plus d'abattre les châteaux et de détruire les titres féodaux, ils détruisaient aussi quelquefois le seigneur, et sa famille n'échappait pas toujours au massacre ; aussi la noblesse s'affola, et, imitant l'exemple des plus imprudents conseillers du roi, le comte d'Artois, les princes de Condé, de Conti, les ducs de Bourbon, d'Enghien, de Polignac, qui s'étaient enfuis dès le lendemain de la prise de la Bastille, elle émigra en masse, laissant le roi seul au milieu d'un peuple dont elle allait irriter la colère, en dirigeant contre la patrie les armes de l'étranger.

Travaux de l'Assemblée.

Au milieu des émotions de toutes sortes, qui tendaient de plus en plus à faire passer entre les mains des tribuns populaires cette Révolution commencée un peu par tout le monde, l'Assemblée nationale, dont la majorité ne demandait pour la France qu'une constitution calquée sur celle de l'Angleterre, poursuivait ses importants travaux.

Le premier article de la Constitution dépouillait la monarchie absolue du droit de faire la loi, d'établir l'impôt, de décider la paix ou la guerre, et réduisait le roi au rôle de premier fonctionnaire de l'État, en lui votant une liste civile de 25 millions.

Le grand principe de liberté fut adopté pour les cultes, la presse, l'industrie et le commerce; et les protestants et les juifs furent enfin admis à jouir de tous les droits civiques et civils.

Le droit d'aînesse fut supprimé ainsi que les substitutions, et le partage égal des biens entre tous les enfants rendu obligatoire; les titres furent abolis, les nobles réduits à la condition de citoyens et les prêtres à celle de fonctionnaires publics.

La nouvelle constitution reconnaissait tous les Français, quelles que fussent leur religion et leur naissance, admissibles aux emplois publics et aux grades militaires; elle les rendait tous contribuables en raison de leurs facultés, en supprimant naturellement les impôts si multipliés et si vexatoires qui ne frappaient ni la noblesse ni le clergé sous l'ancien régime, mais en en instituant d'autres: la patente pour imposer la richesse née de l'industrie et du commerce, la contribution mobilière pour atteindre les revenus mobiliers, la contribution foncière pour frapper la propriété territoriale, et les droits d'enregistrement, de timbre et d'hypothèques pour faire contribuer les nouveaux propriétaires par voie de transaction ou de succession.

Dans l'ordre judiciaire, elle fit aussi de nombreuses réformes: elle supprima les parlements, les justices seigneuriales, les prévôtés royales, les bailliages, les sénéchaussées, et les remplaça par une magistrature indépendante et complétement séparée des pouvoirs administratifs.

Enfin, pour rendre l'application de ces réformes plus pratique, et aussi pour éteindre le souvenir des vieilles démarcations provinciales, le territoire de la France fut divisé en départements dont la dénomination et la circonscription furent empruntées à la configuration du sol, aux rivières et aux montagnes (15 janvier 1790).

Il y eut d'abord 83 départements à peu près égaux en étendue; chacun d'eux fut divisé en districts, les districts en cantons, les cantons en communes ou municipalités, dont le nombre était à l'origine de 44 828.

Cette nouvelle division territoriale, qui allait rendre plus facile l'application de l'unité des lois et des poids et mesures, allait aussi porter le dernier coup aux priviléges du clergé et de la noblesse que l'on n'avait en somme abolis qu'en paroles.

Le déficit du Trésor fut un prétexte. Déjà Mirabeau, en montrant les approches de la *hideuse banqueroute*, avait fait voter à l'unanimité, sur la proposition de Necker, un abandon patriotique d'un quart de revenu par tous les citoyens; mais cette ressource passagère avait été promptement absorbée. Un mot prononcé par l'évêque d'Uzès, qui avait dit dans la séance fameuse du 4 août: « Je voudrais avoir une terre, il me serait doux de la remettre entre les mains des laboureurs; mais nous ne sommes que *dépositaires*, » ouvrit les yeux de l'Assemblée qui, ne considérant les biens du clergé que comme un dépôt, décida que ces biens retourneraient à la nation qui jadis en avait fait le dépôt; le clergé protesta et se prétendit propriétaire : mais, malgré les efforts de Cazalès et de l'abbé Maury, on lui prouva, à la majorité des voix, que, cessant d'être une corporation, il perdait sa qualité de propriétaire, et que l'État prenait ses biens par droit de deshérence.

En conséquence, les domaines de l'Église furent déclarés *biens nationaux*, et le ministre fut autorisé à en vendre

Prise de la Bastille (le 14 juillet 1789), d'après un dessin du temps.

jusqu'à concurrence de 400 millions, à charge par l'État de pourvoir d'une manière convenable aux besoins du culte, à l'entretien des prêtres et au soulagement des pauvres. On lui vota pour cela un budget de 77 millions. Ce système fut trouvé excellent; on en usa plus tard pour les terres de la couronne et les propriétés des émigrés, qui devinrent, comme on le disait alors, la dot de la Constitution. On morcela tous ces biens, pour qu'ils pussent être achetés par un plus grand nombre d'individus, et, selon l'avis de Mirabeau, pour créer, comme il le disait, l'armée des intérêts révolutionnaires, on créa un papier-monnaie ayant cours forcé, et accepté de préférence en paiement

ROUGET DE L'ISLE.

Allons, enfants de la Patrie! le jour de gloire est ar-rivé. Contre nous de la tyrannie L'étendard sanglant est levé. L'étendard san-glant est levé; En ten-dez vous dans les Campagnes mugir ces fé-ro-ces Soldats? Ils viennent jusques dans nos bras E gor-ger nos fils, nos Compa-gnes! Aux Armes Cito-yens! formez vos bataillons: marchez, marchez, qu'un sang impur Abreuve nos sillons.

des biens nationaux; ce papier-monnaie ayant une assignation spéciale, et représentant directement les arpents de terre qu'on ne pouvait mettre en circulation, fut nommé assignat.

L'institution en était excellente, et ne devint désastreuse que par l'abus qu'on en fit.

La Fédération.

Le déficit était comblé, et l'on crut un moment que les vœux de tous pour la rénovation politique et sociale allaient être réalisés; dans les villages, dans les villes, les habitants en armes avaient fraternisé avec leurs voisins; tous s'unissaient pour la défense commune, dans la joie de la patrie qui se retrouvait. Ces fédérations se rattachèrent de proche en proche et finirent par former la grande fédération qui envoya à Paris 100 000 représentants le 14 juillet 1790.

Ce fut une fête merveilleuse sur l'autel de la patrie, élevé au Champ-de-Mars; le roi prêta le serment de fidélité à la Constitution que La Fayette, nommé commandant de toutes les gardes nationales du royaume, et mille voix répétèrent, au milieu d'un enthousiasme indescriptible. Malheureusement; ce beau jour fut sans lendemain. La terreur des uns, l'impatience des autres firent dépasser le but, et l'édifice social que tout un siècle avait préparé fut souillé par des crimes et ne put se relever que mutilé et après d'horribles convulsions.

L'opinion publique était alors poussée, surexcitée par des sociétés, des clubs qui commençaient à montrer une animosité violente contre le clergé, la cour, et même contre l'Assemblée. Les plus influentes de ces réunions étaient: le *club breton*, qui avait quitté Versailles en même temps que le roi, et avait choisi, pour y tenir ses séances, le couvent des Jacobins, dont il prit le nom. Les deux Laméth, Duport, Barnave, hommes ardents, mais de vues modérées, y siégeaient en attendant que Robespierre y régnât en maître; le *club de 89*, où Sieyès, La Fayette, et les hommes du début de la Révolution se réunissaient, et le *club des Cordeliers*, que dirigeait Danton, et où se commentaient les excitations belliqueuses du journal de Camille Desmoulins et celles de l'*Ami du peuple*, où Marat ne demandait encore que 800 têtes.

La province avait imité Paris, des troubles avaient eu lieu à Valence, à Nîmes, à Montauban et à Toulouse, l'insurrection avait gagné jusqu'à l'armée, et M. de Bouillé fut obligé de livrer un combat sanglant à Nancy pour ramener dans le devoir des soldats révoltés contre leurs officiers (août 1790). C'est alors que Necker, voyant son impuissance, donna sa démission (septembre 1790).

Mais il restait un défenseur, sinon à la royauté, du moins à la personne du roi, dans Mirabeau qui prenant de jour en jour plus d'ascendant sur l'Assemblée lui avait fait comprendre l'obligation morale qu'elle avait d'interposer son autorité pour faire cesser l'anarchie; il s'employa, avec une audace et une franchise qui eussent ébranlé toute autre popularité que la sienne, à réclamer la répression des factions; peut-être faut-il ajouter qu'il mourut à temps pour emporter les regrets de tous. Nature trop complète, ayant toutes les qualités et tous les vices, il était peut-être seul assez fort pour retenir à la fois les deux torrents qui menaçaient d'engloutir la royauté: celui des passions populaires et celui des passions aristocratiques; mais, usé avant l'âge par tous les excès, et malgré cela ne cessant d'agir, de parler et d'écrire, il sentit bientôt ses forces l'abandonner. Sitôt qu'on sut qu'il était en danger, la rue de la Chaussée-d'Antin, qu'il habitait, ne désemplit pas d'une multitude inquiète qui semblait sous le coup d'une calamité publique, le roi envoya tous les jours prendre de ses nouvelles; sa mort (2 avril 1791) fut un deuil général, et toute l'Assemblée nationale, tout Paris escortèrent son cercueil jusqu'au Panthéon, qui fut alors consacré aux grands hommes par la patrie reconnaissante.

Fuite du roi.

Les dernières paroles de Mirabeau, qui s'éteignait à quarante-deux ans, avaient été prophétiques. « J'emporte dans mon cœur, avait-il dit, le deuil de la monarchie, dont les débris vont être la proie des factieux. » De ce jour, Louis XVI n'entendit plus de conseils modérés, ni d'avis en faveur du régime constitutionnel, qui d'ailleurs lui répugnait parce que la reine l'avait en horreur.

La constitution civile du clergé, décrétée par l'Assemblée, avait révolté sa conscience de chrétien. Ne pouvant empêcher, malgré son *veto*, qu'il avait opposé pendant cinq mois, qu'il y eût en France des prêtres *assermentés* ou *constitutionnels*, qui étaient les seuls reconnus par l'État, et des prêtres clandestins, qui avaient toutes ses sympathies religieuses, ne pouvant plus exercer leur sacerdoce qu'en se cachant, il revint à l'idée qui avait été émise plus d'une fois à la cour, celle d'une fuite et d'un appel aux rois. Déjà il avait adressé des correspondances secrètes à plusieurs puissances, et autorisé le comte d'Artois et le prince de Condé, chefs de l'émigration française, à entretenir avec l'empereur Léopold des négociations qui aboutirent à la convention de Mantoue (mai 1791), par laquelle les souverains d'Autriche, de Prusse, de Piémont, d'Espagne, et la Suisse même, s'engagèrent à échelonner, sur la frontière française, différents corps d'armée montant à 100 000 hommes, prêts à y entrer à un signal donné.

Mais ce signal, Louis XVI, qui ne se doutait pas alors qu'il commettait un crime en appelant l'étranger au cœur de la patrie, ne pouvait pas le donner de Paris, où il était gardé à vue, et d'où on ne le laissait pas même s'éloigner pour aller à Saint-Cloud. Il en fut réduit à s'évader; dans la nuit du 20 juin, il quitta les Tuileries sous un déguisement, se jeta dans un carrosse où l'attendaient la reine, le dauphin, sa fille et sa sœur Mme Élisabeth; il ne put fuir que jusqu'à Varennes. Reconnu à Sainte-Menehould par le maître de poste, il fut arrêté par le procureur de la commune avant qu'il eût pu atteindre les détachements dont Bouillé avait échelonné la route de Montmédy pour le protéger, et ramené à Paris, où il entra au milieu d'une foule immense et d'autant plus silencieuse qu'on avait affiché partout ces prescriptions : « Celui qui applaudira le roi sera battu, celui qui l'insultera sera pendu. »

Les pétitions au Champ-de-Mars.

L'Assemblée, qui avait déclaré que, pendant l'absence du roi, le gouvernement n'était pas interrompu, le suspendit d'abord de ses pouvoirs et le plaça sous la surveillance d'une garde; mais quand il s'agit ou de décider de sa mise en jugement ou de sa déchéance, les constitutionnels, qui étaient en majorité à la Constituante, et qui s'étaient séparés des Jacobins pour fonder le club modéré des *Feuillants*, firent simplement déclarer que « s'il rétractait encore son serment de fidélité à la Constitution, et se mettait à la tête d'une armée pour marcher contre la nation, il serait considéré comme ayant abdiqué.

En somme, on pardonnait au roi la guerre qu'il avait rendue nécessaire et pour laquelle on avait décrété la levée de 300 000 gardes nationaux.

Les jacobins, les cordeliers, qui avaient dit en apprenant la fuite de Louis XVI : « Voilà notre grand embarras parti, » et qui émettaient ouvertement l'idée républicaine, rédigèrent en termes violents une pétition qui sommait l'Assemblée de prononcer la déchéance du roi.

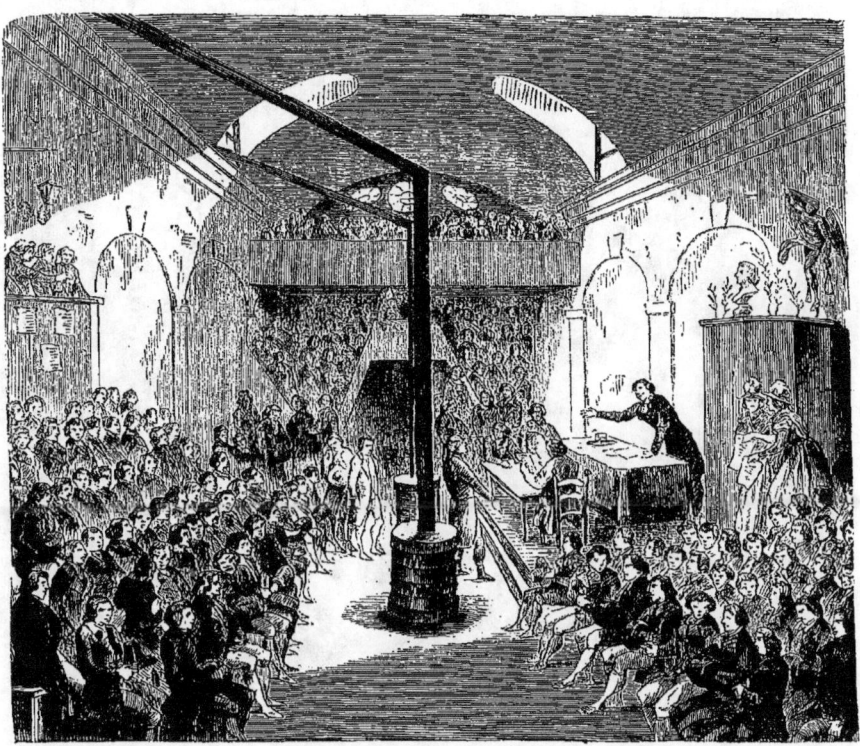

Le club des Jacobins, d'après une estampe du temps.

Cette pétition fut portée le 17 juillet au Champ-de-Mars, sur l'autel de la Patrie, où une multitude considérable accourut de Paris et des environs pendant que Santerre ameutait les hommes des faubourgs.

L'Assemblée, inquiète de cette manifestation qui allait lui dicter des lois, envoya l'ordre au commandant des gardes nationales et aux maires de Paris de la dissiper. La Fayette fit ranger ses troupes le long de l'École militaire, Bailly arriva avec les siennes par Chaillot; d'un côté comme de l'autre, elles furent reçues à coups de pierres, on tira même sur les chefs.

Bailly déploya le drapeau rouge et proclama la loi martiale, puis il fit tirer à poudre seulement. N'obtenant aucun résultat, il commanda une seconde décharge à balles, qui fit des morts et des blessés et dispersa le rassemblement.

Le maire de Paris paya plus tard de sa vie cet acte de fermeté qui sauva la représentation nationale.

Enfin, la Constitution terminée par

Entrevue de Danton et de Robespierre.

l'Assemblée qui soupirait après la retraite, le roi l'accepta solennellement le 14 septembre et fut rétabli dans ses pouvoirs ou du moins dans l'ombre de ses pouvoirs, car il avait à jamais perdu son autorité morale, et il n'avait pas la force de volonté d'imposer à son entourage le respect des nouvelles lois.

La Constitution de 1791.

La Constitution d'ailleurs lui laissait peu d'initiative : elle donnait le pouvoir législatif à une Assemblée unique et permanente, renouvelée tous les deux ans par des élections générales et que le roi n'avait pas le droit de dissoudre.

Cette Assemblée avait l'initiative des lois ; il ne restait au roi, avec le pouvoir exécutif, que la faculté de suspendre pendant quatre ans les volontés nationales, excepté dans les questions de finances.

Le corps électoral était divisé en assemblées primaires, composées de tous les citoyens inscrits sur les rôles de la garde nationale et payant une contribution directe équivalente à la valeur locale de trois journées de travail, qui nommaient les électeurs ; et en assemblées électorales, composées de citoyens élus par les assemblées primaires, mais ne pouvant l'être que s'ils étaient propriétaires, usufruitiers, ou locataires d'un bien dont le revenu équivalait à la valeur locale de cent cinquante journées de travail ; ces assemblées nommaient les députés à l'Assemblée nationale, les administrateurs de départements, de districts, et même les juges des tribunaux.

Cette Constitution mécontentait tout le monde ; odieuse à la cour et à l'Europe comme trop révolutionnaire, parce qu'elle laissait subsister plus de deux millions d'électeurs, elle ne l'était pas moins à la masse du peuple qui la considérait comme trop aristocratique et l'accusait d'avoir marqué une limite à l'exercice des droits politiques.

La Constituante avait-elle prévu le cas et redoutait-elle son impopularité ? Toujours est-il qu'elle interdit la réélection de ses membres, et ce désintéressement imprudent priva l'Assemblée nouvelle des lumières et de l'expérience si chèrement acquises par des hommes comme Sieyès, Mounier, Malouet, Cazalès, Maury, Barnave, les deux Lameth, Lally-Tollendal, Duport et autres vétérans de la Révolution.

Elle termina dignement sa carrière par des paroles de liberté et de concorde ; en se retirant, le 30 septembre 1791, elle proclama une amnistie générale, supprima les entraves mises à la circulation, et effaça toutes les lois d'exception pour rappeler les émigrés dans la mère-patrie, mais ceux-ci ne l'entendirent pas.

Assemblée législative.

L'Assemblée législative, qui ne dura qu'un an, du 1ᵉʳ octobre 1790 au 21 septembre 1792, fut une transition entre la Constituante, qui avait tant fait, et la Convention, qui devait tant défaire, entre la monarchie restreinte des constitutionnels et la dictature ultra-républicaine des Montagnards ; car si ses chefs, Brissot, Pétion, Vergniaud, Guadet, Gensonné, Ducos, Isnard, Valazé, qu'on appela les *Girondins*, travaillèrent à renverser la royauté, ils ne se préoccupèrent pas de la remplacer et laissèrent aux partis extrêmes l'initiative d'une république sanglante, qu'ils auraient certainement faite modérée.

L'Assemblée discuta d'abord s'il fallait laisser au roi les noms de *sire* et de *majesté*, mais se trouva bientôt en face de trois grands dangers : les prêtres non assermentés qui soulevaient les provinces, les émigrés qui intriguaient à Worms, à Bruxelles et à Coblentz, et les puissances étrangères qui déclarèrent hautement leur intention de rétablir Louis XVI dans ses droits.

Elle prit des résolutions radicales : tout prêtre non assermenté fut privé de son traitement ; tout émigré qui ne serait pas rentré dans un délai fixé fut déclaré conspirateur, et ses biens confisqués au profit de la nation. Quant à l'étranger, elle somma Louis XVI de transmettre aux puissances l'invitation de retirer leurs troupes des frontières françaises, sous menace de voir porter chez elles, « non pas le fer et la flamme, mais la liberté ». (29 novembre 1791.)

Les puissances étrangères répondirent en déclarant « la légitimité de la ligue des souverains réunis pour la sûreté et l'honneur des couronnes ».

La guerre était donc déclarée. Pour la soutenir selon le vœu de la nation qui allait la faire, Louis XVI fut obligé d'appeler les Girondins au ministère. La guerre fut administrée par Servan, les affaires étrangères par Dumouriez, général brave, homme habile, mais qui, gangrené par cinquante années passées au milieu des intrigues des cours, manquait de principes et n'avait d'autre mobile que son ambition. Le ministère de l'intérieur fut confié à l'intègre Roland, à qui les talents de sa femme ont fait une place parmi les grands noms de la Révolution.

Journée du 20 juin.

La guerre, déclarée solennellement le 20 avril 1792, débuta malheureusement : deux corps d'armée prirent la fuite devant l'ennemi, et l'un d'eux égorgea Dillon, son général. Paris cria à la trahison, l'Assemblée déclara la patrie en danger et vota la formation d'un corps de 20 000 hommes sous les murs de Paris; le même décret prononçait la peine de la déportation contre les prêtres non assermentés. Le roi refuse de le sanctionner et renvoie son ministère ; Vergniaud, le plus jeune et le plus éloquent des Girondins, l'attaque à la tribune, et l'accuse de favoriser les progrès des Autrichiens. Ce n'était qu'une présomption, justifiée, il est vrai, par l'attitude hostile de l'entourage de la reine, et d'ailleurs fondée, car Louis XVI avait envoyé aux coalisés un agent secret, Mallet-Dupan.

On ignorait cette mission, mais l'opinion publique fermentait, surexcitée qu'elle était par les clubs, par la presse et surtout par Marat qui commençait sa dictature sanguinaire et désorganisait tout en semant partout le soupçon.

Pétion, alors maire de Paris, laissa partir de l'Hôtel de Ville les plus violentes motions contre la royauté, et le 20 juin, sous prétexte de fêter l'anniversaire du serment du Jeu-de-Paume, la populace, armée de piques et conduite par le brasseur Santerre, fit irruption dans l'Assemblée et y défila en chantant le fameux *Ça ira* et aux cris de : *Vive la nation!* Cette multitude, qui avait violé l'asile de la représentation nationale, ne s'arrêta pas au seuil de celui de la royauté ; elle pénétra violemment dans les Tuileries et somma le roi de sanctionner les décrets.

Louis XVI, pressé dans une embrasure de fenêtre, presque étouffé, monte sur une table, se laisse coiffer du bonnet rouge, adopté par les Jacobins, et boit à la santé du peuple qui se retire satisfait, sans pourtant avoir obtenu ce qu'il demandait ; mais la contenance exceptionnellement ferme de Louis XVI lui avait imposé un certain respect.

Mais le règne de la force était inauguré. La Fayette qui commandait une armée à la frontière, demanda la répression de cette violation de la demeure royale, il n'y gagna que la proscription ; il fut obligé deux mois après de quitter son armée et la France, emportant avec lui la dernière espérance des constitutionnels.

Journée du 10 août.

Cependant le camp sous Paris se formait, les fédérés des départements y accouraient de tous côtés. Les Marseillais, les plus exaltés de tous, s'arrêtèrent dans Paris où ils apportèrent l'hymne composé à Strasbourg par un capitaine du génie, un Franc-Comtois, Rouget de

L'Isle, et qui devint si fameuse sous le nom de *Marseillaise*.

Les chefs des cordeliers et des jacobins, Danton, Robespierre et Marat, profitèrent de leur présence pour livrer à la royauté un combat décisif; une imprudence des alliés vint leur donner un prétexte : le duc de Brunswick, général de l'armée prussienne, avait publié un manifeste menaçant pour la nation française (26 juillet 1792).

Son défi fut accepté ; une pétition signée le 9 août par les sections demanda la déchéance du roi avant la fin du jour, sinon le château serait attaqué.

Louis XVI pouvait se défendre aux Tuileries avec ses Suisses, quelques nobles et quelques gardes nationaux fidèles; mais l'assassinat du commandant Mandat désorganisa la résistance, et à l'approche de la multitude armée le roi se réfugia à l'Assemblée avec toute sa famille et, comme l'Assemblée ne pouvait délibérer légalement en sa présence, on lui donna asile dans la loge du logographe.

Pendant ce temps, la foule attaquait les Tuileries, égorgeait les défenseurs de la royauté et pillait les appartements. 2 000 personnes périrent dans cette journée. Les vainqueurs défilèrent en triomphe devant l'Assemblée, en lui dictant deux ordres : la déchéance du roi et la convocation d'une Convention nationale ; elle obéit au second ; mais, voulant laisser le premier à la responsabilité de la nouvelle Chambre; elle se contenta de suspendre le pouvoir exécutif.

Louis XVI sortit de la loge du logographe, où il était resté deux jours, pour être conduit à la prison du Temple ; dès lors la République était faite ; un parti sans scrupule, que gouvernait Danton, ministre de la justice, le Mirabeau de la populace, était le maître de Paris, et les dangers du dehors ne tardèrent pas à changer son énergie en fureur criminelle.

Massacres de septembre.

Le 10 août était un coup de force qui avait son excuse dans l'approbation unanime de la nation. Les journées de septembre furent des assassinats sans but, sans motifs, sans résultats ; Danton, qui en était l'instigateur, avait beau dire qu'il fallait faire peur aux royalistes, il n'effraya que lui-même sur la terrible responsabilité qu'il avait prise, et que ne partagèrent ni Robespierre ni même Marat.

Nous venions d'être vaincus à la frontière, les Prussiens s'étaient emparés de Longwy, de Verdun, où le commandant Beaurepaire s'était brûlé la cervelle pour ne pas se rendre, et le bruit courait qu'ils franchissaient la Meuse et s'ouvraient la Champagne. On proposa dans l'Assemblée de se retirer derrière la Loire. Danton monte à la tribune et démontre que livrer Paris, c'est livrer la France :

« Ce canon que vous entendez, s'écrie-t-il, n'est pas le canon d'alarme ; c'est le pas de charge sur les ennemis de la patrie. Que faut-il pour les vaincre et les atterrer? De l'audace, encore de l'audace, toujours de l'audace ! »

Il sortit de là pour ordonner, ou laisser ordonner, par le Comité de surveillance, ces horribles massacres des 2, 3, 4, 5 et 6 septembre, qui ensanglantèrent toutes les prisons de Paris ; la Commune soudoya une bande de quatre à cinq cents égorgeurs qui, pendant cinq jours, se vautrèrent dans le sang et massacrèrent indistinctement les prisonniers politiques, les femmes de la Salpêtrière, les fous de Bicêtre; il n'y eut de pitié pour personne et la princesse de Lamballe, l'amie intime de la reine, fut déchirée en lambeaux et sa tête fut promenée, au bout d'une pique, jusque sous les fenêtres de la prison de Marie-Antoinette.

Quelques villes de province imitèrent ce monstrueux exemple; à Reims, à Meaux, à Lyon, à Orléans et à Versailles, il y eut des victimes nombreuses.

Bataille de Valmy.

Cependant la France, pour être un peu entamée, n'était pas encore vaincue, et, quelques jours après les massacres, Dumouriez, à la tête de la jeune armée française, inférieure en nombre, en discipline, à l'armée alliée, gagnait la victoire de Valmy (30 septembre).

Ne pouvant, avec ses 90 000 cons-

JOURNÉE DU 20 JUIN 1792. — Louis XVI buvant à la nation.

crits, attaquer de front les 160 000 Prussiens et Impériaux que commandait Brunswick, il les attendit dans les défilés de l'Argonne, qu'il appelait « les Thermopyles de la France », et il fut plus heureux que Léonidas.

Cependant un des défilés, forcé, rendait libre la route de Châlons. Dumouriez, au lieu de se rabattre sur cette ville, persiste à rester dans l'Argonne, se promettant, si les Prussiens passaient, de les attaquer sur leurs derrières; ils préférèrent s'arrêter pour le combattre; l'effort de la journée porta sur la butte de Valmy, que Kellermann qui venait de rejoindre Dumouriez, occupait : il laissa approcher les ennemis sans tirer un coup de feu, puis, quand ils furent au pied de la colline, ses soldats, électrisés par sa mâle contenance, s'élancèrent à la baïonnette au cri de : *Vive la Nation!* Brunswick commanda la retraite, mais il était trop tard. Le canon de Dumouriez labourait le flanc de sa colonne qui se sauva en désordre.

Le lendemain de cette bataille, et alors même qu'on n'en savait pas encore les résultats à Paris, la Convention nationale se réunissait et proclamait la république.

La royauté était éteinte du 10 août ; mais la république n'exista légalement que du 1er octobre 1792.

CHAPITRE XXIII

LA RÉPUBLIQUE FRANÇAISE

La Convention.

Le premier acte de la Convention fut une belle réponse aux négociations proposées par Brunswick : « La République française ne peut entendre aucune proposition tant que les troupes prussiennes seront sur son territoire. » Voyant son armée décimée par la disette et les maladies, Brunswick ordonna l'évacuation, qui commença le 1er octobre. Dumouriez poursuivit plus que mollement les Prussiens en retraite ; il les ménageait pour un plan qu'il nourrissait et qu'expliquait à peu près la présence, dans son armée, du jeune duc de Chartres, qui fut plus tard Louis-Philippe ; d'ailleurs il portait son armée vers les Pays-Bas, à la défense de Lille assiégée et bombardée cruellement par les Autrichiens ; il remporta sur eux la victoire de Jemmapes (6 novembre), qui le rendit maître des Pays-Bas, et huit jours après il était à Bruxelles.

Dans le même moment, Custine reprenait l'offensive sur les bords du Rhin ; il enleva Spire, Worms, et même Mayence. Sur les Alpes, Montesquiou conquérait la Savoie ; Anselme, le comté de Nice.

La Convention entrait donc au pouvoir sous les plus heureux auspices ; mais elle avait une tâche terrible : la mise en jugement du roi. Cette tâche devint d'autant plus difficile que l'Assemblée se divisa ; deux grands partis s'en disputaient la direction : *les Girondins* qui avaient eu la prépondérance dans la Législative, et *les Montagnards* qui n'avaient jusqu'alors régné que dans les clubs. Moins éloquents et moins savants que les Girondins, ils avaient plus de passion et plus d'audace, et ils avaient, ce qui manquait aux autres, une ligne de conduite d'autant plus nette qu'elle était plus radicale. Entre ces deux partis surgissait le parti modéré, qu'on appelait *la Plaine*, appoint mobile qui déplaçait la majorité selon les questions.

Depuis le 12 août, la famille royale subissait au Temple une captivité rigoureuse, ne recevant du dehors que les nouvelles qui lui étaient douloureuses, et n'ayant pour la servir qu'un seul domestique, Cléry, qui ne sortait jamais de la prison. La Convention n'en tira Louis XVI que pour le faire comparaître devant elle, se faisant ainsi accusatrice et juge d'une cause qui était réglée d'avance par la Constitution, laquelle déclarait le roi inviolable et n'autorisait contre lui d'autre peine que la déchéance ; la situation, du reste, était très-tendue ; accuser, condamner le roi, ce qui était la même chose, vu la situation des esprits, c'était courir au-devant de la coalition européenne qui menaçait déjà la République, « Jetons-leur

Mort de Louis XVI.

Louis XVI comparut devant la Convention, le 3 décembre 1793, assisté du vénérable Malesherbes qui demanda et obtint l'honneur de défendre son ancien maître, et d'un jeune avocat, Desèze, qui porta aussitôt la parole. « Je cherche en vous des juges, dit-il, et je ne vois que des accusateurs. »

Ce rôle fut accepté par Saint-Just, Robespierre, Marat, toute la Montagne qui demandait la mort du roi comme une mesure de salut public, et les Girondins ne firent que de faibles efforts pour le sauver.

Le roi fut condamné le 20 janvier. 387 députés votèrent pour la mort sans condition, 338 pour la mort conditionnelle, 28 s'abstinrent; parmi ceux-ci, l'histoire regrette de ne pouvoir citer le duc d'Orléans qui, bien que se faisant appeler Philippe-Égalité, n'en était pas moins cousin du roi, et qui prononça cette odieuse parole en déposant son vote : « La mort sans phrases. »

L'exécution eut lieu le lendemain; Louis XVI, roi faible et sans énergie, mourut avec un courage et une résignation que la postérité admire; les paroles : « *Fils de saint Louis, montez au ciel,* » attribuées à son confesseur, l'abbé Edgeworth, ont été fabriquées après coup; le roulement de quarante tambours, qui commença quand le roi s'avança sur l'échafaud pour parler au peuple, n'ayant cessé qu'après la chute du couperet, personne n'aurait pu les entendre.

Ce crime légal eut un retentissement formidable; les États qui hésitaient encore s'armèrent contre la France; l'Angleterre, d'abord sympathique à la Révolution qui s'inspirait de sa Constitution, entra dans la coalition. Il n'y eut que la Suède et le Danemark qui restèrent neutres et ne prirent pas part à cette sorte de croisade qu'entreprenaient toutes les aristocraties européennes non pour venger Louis XVI, mais pour étouffer les principes nouveaux jetés dans le monde par la Révolution.

Guerre de la Vendée.

Ces dangers multiples n'étaient pas les seuls : la guerre civile commençait; l'Ouest, où l'influence de la noblesse et du clergé était encore immense, se leva pour venger son roi; l'agitation, réprimée déjà en 1791, gagna de proche en proche le Maine, l'Anjou et la Bretagne, et quand la Convention eut décrété une levée de 300 000 hommes (mars 1793), les *chouans* prirent les armes et se mirent en état d'insurrection.

Le mouvement commença à Saint-Florent (10 mars); les jeunes gens appelés par la réquisition se rendirent au chef-lieu de canton décidés à ne pas obéir; ils chassèrent les gendarmes et s'emparèrent de l'hôtel de ville. Le coup fait, ils pensaient à retourner chez eux, quand un voiturier, Cathelineau, leur fit comprendre que la Convention se vengerait cruellement de leur rébellion et s'offrit de les conduire au combat; de village en village, il grossit ses troupes et se fit ainsi une armée avec laquelle il s'empara de quelques postes et de la petite ville de Chemillé. Un garde-chasse, Stofflet, qui avait fait comme lui, vient le rejoindre avec son contingent, et tous deux prennent Cholet; l'armée s'augmente tous les jours, les Anglais envoient des armes, des munitions, la noblesse accourt.

La Rochejacquelein, Lescure, Bonchamps, d'Elbée et Charette commandent et guident ces masses : Saumur est pris le 28 juin ; les Sables-d'Olonne et Nantes sont attaquées. Boulard sauve la première ville, Canclaux la seconde, à l'attaque de laquelle Cathelineau fut tué (9 juin); les Vendéens n'en sont pas moins maîtres de leur pays : ils s'y consolident par deux victoires, à Châtillon sur Westermann (3 juillet), et à Vihiers (18 juillet) sur l'armée partie d'Angers.

Les *bleus* (on appelait ainsi les soldats républicains) prennent leur revanche près de Luçon (14 août), où le général Tuncq, avec 6 000 hommes, défait complétement 40 000 Vendéens qui, se ralliant sans cesse, grossis de nouveaux contingents, gagnent la bataille de

Journée du 10 août. — L'attaque des Tuileries. (Fac-simile d'une gravure du temps.)

Chantonnay, malgré le courage de Marceau (5 septembre).

C'est alors que l'armée de Mayence, commandée par Kléber, arrive en Vendée : les forces républicaines se divisent en quatre colonnes pour séparer les Vendéens de la mer, où venait de se montrer une flotte anglaise : leurs marches combinées ne réussissent pas, par suite des divisions de commandement entre Canclaux et Rossignol ; des échecs furent éprouvés : à Torfou, où Kléber, avec 2 000 *Mayençais* arrêta pourtant 20 000 Vendéens ; à Coron, où la colonne de Saumur, commandée par Santerre, fut battue ; aux Ponts-de-Cé, où ce fut le tour de celle d'Angers ; et le plus important à Montaigu, qui obli-

Louis XVI à l'échafaud (d'après les estampes du temps).

gea Canclaux à se replier sur Nantes.
Cependant la Convention donne ordre de terminer la guerre pour le 20 octobre : c'était décréter la victoire ; les généraux se le tinrent pour dit. En onze jours, les Vendéens sont battus quatre fois : à Saint-Symphorien (6 octobre), par les Mayençais; à Châtillon

(9 octobre), par Westermann; à Mortagne, où Lescure fut blessé mortellement, et à Saint-Christophe, le 15, par Kléber et Marceau, qui les écrasent le 17 à Saint-Florent, où moururent d'Elbée et Bonchamps, ce dernier après avoir obtenu des siens la grâce de 4 000 prisonniers républicains que les blancs voulaient fusiller.

Forcés de passer la Loire après ce désastre, 80 000 Vendéens se répandent dans l'Anjou, le Maine et la Bretagne. Ils battent les bleus près de Laval et arrivent jusqu'à Granville pour donner la main aux Anglais, mais les Granvillais les repoussent. Ils reviennent sur Angers, où le même sort les attend (3 décembre). Rejetés sur le Mans, ils sont écrasés dans cette ville (13 décembre) et achevés à Savenay (25 décembre). Ce fut la fin de la grande guerre. L'année suivante, il n'y eut que quelques combats partiels livrés par La Rochejacquelein, Stofflet et Charette. La Rochejacquelein mourut le 4 mars 1794, mais la Vendée ne fut définitivement pacifiée que quand elle n'eut plus de chefs, c'est-à-dire lorsque Charette et Stofflet, pris les armes à la main, au mépris du traité de la Jaulnais (19 février 1795), furent fusillés.

La Terreur.

Pendant ce temps, les opérations militaires continuaient à l'extérieur. Aux colonies, les Anglais nous enlevaient Tabago et Pondichéry, et aux Pays-Bas Dumouriez, vaincu à Nerwinde, après une invasion manquée en Hollande, se déclarait contre la Convention. Ses soldats refusant de lui obéir, il fut obligé de fuir dans le camp autrichien (3 avril 1795). Avec Dumouriez, qui certainement était disposé à trahir, la République perdait son meilleur général. C'était le deuxième, en comptant La Fayette, contraint à fuir pour sauver sa tête, qui abandonnait ses troupes. Les soldats reprirent leurs premières défiances contre les chefs. L'armée se désorganisa, et la frontière fut sérieusement menacée.

Dès lors le soupçon fut partout : les Montagnards croyaient que les Girondins voulaient démembrer la France et l'ouvrir aux étrangers; les Girondins répandaient le bruit que Robespierre, Marat et Danton voulaient fonder un triumvirat sous le couvert du duc d'Orléans, qu'ils ne feraient roi que pour l'assassiner. Tous les trois se suspectaient l'un l'autre et s'accusaient réciproquement de viser à la dictature.

C'était la Terreur qui commençait. La Convention lui donna un instrument en créant le Comité de salut public, composé de neuf membres, qui disposaient souverainement de l'autorité afin de donner à la défense nationale la plus énergique activité.

Les Montagnards et les Girondins, débarrassés alors du souci des affaires de détail, ne pensèrent plus qu'à s'entre-dévorer, les derniers voulant arrêter la Révolution, et les autres, dont Marat était le plus exalté, voulant en précipiter le cours. Il en était arrivé à demander, dans son *Ami du peuple*, n'osant pas le faire encore à la tribune, les têtes des 270 000 nobles et prêtres qui, selon lui, mettaient l'État en danger. Il n'affichait pas le cynisme que dans ses écrits : il venait siéger à la Convention en sabots, vêtu à la carmagnole et coiffé du bonnet rouge. Les Girondins l'attaquèrent et obtinrent d'autant mieux sa mise en accusation qu'il était exécré de tous; renvoyé devant le Tribunal révolutionnaire, qui jugeait sans appel et punissait de mort pour une parole, un regret ou une tendance, il fut acquitté, et la populace le rapporta en triomphe à la Convention.

Cet échec, qui portait une première atteinte à l'inviolabilité des députés, aurait dû montrer aux Girondins leur faiblesse; ils s'aveuglèrent et refusèrent l'alliance de Danton, en lui reprochant le sang du 2 septembre. A son tour, il les attaqua le 31 mai, et surtout le 2 juin. La Montagne, qui tenait Paris par la Commune et les Jacobins, arma les sections, qui entourèrent la Convention et la contraignirent à voter l'arrestation de trente et un Girondins. La plupart attendirent bravement la mort; d'autres, comme Pétion, Barbaroux, s'échappèrent et tentèrent de soulever les départements. Caen, Bordeaux, Lyon, Marseille et presque toutes les villes du Midi se déclarèrent contre la Convention; les paysans des Cévennes arborèrent le drapeau blanc comme les Vendéens. Toulon fut livré aux Anglais avec toute la flotte de la Méditerranée (27 août), pendant que sur la frontière nous perdions Condé, Valenciennes et Mayence, et que les Espagnols envahissaient le Roussillon. Pour comble de malheur, une disette affreuse désorganisait le pays.

La Convention sauva la République menacée, par des mesures d'une énergie terrible : le pays entier fut mis en état de siége sous la dictature du Comité de salut public, composé de Barère, Billaud-Varennes, Collot-d'Herbois, Robespierre, Couthon, Saint-Just, Carnot, Prieur et Lindet. Contre la disette, elle vota le *maximum*, tarif de toutes les denrées que les marchands étaient obligés de vendre quelque prix qu'elles leur coûtassent; des peines sévères furent édictées contre les accapareurs et les agioteurs.

En interdisant l'entrée de toute marchandise anglaise, elle supprima la liberté commerciale comme elle avait supprimé les libertés politiques et individuelles.

Merlin rédigea la loi des suspects, qui jeta dans les prisons plus de 300 000 individus. Barère demanda la levée en masse de la nation : 1 200 000 hommes furent mis sur pied, et en quelques mois. Carnot improvisa quatorze armées; Fourcroy fondit les cloches pour avoir du bronze à faire des canons. Bordeaux et Lyon rentrèrent dans le devoir. Le capitaine d'artillerie Bonaparte reprit Toulon (19 décembre), et Jourdan, envoyé à l'armée du Nord, contint les coalisés.

Mais l'intérieur était déchiré : les nobles, les prêtres, les suspects périssaient en masse; la guillotine était en permanence à Paris comme en province. Carrier, l'infâme inventeur des noyades de Nantes, Collot-d'Herbois, Couthon, Fouché à Lyon, Barras et Fréron à Toulon, Lebon à Arras, dépassaient en horreur les plus sanglantes persécutions dont l'histoire ait parlé.

C'est alors qu'une jeune fille, Charlotte Corday, croyant tuer la Terreur en tuant Marat, se dévoua pour l'assassiner; au contraire, ce meurtre déifia *l'ami du peuple*, qui était sur le point d'exciter un dégoût universel, et rendit la terreur plus implacable. Des charrettes de victimes, sans distinction d'âge, de sexe ni de condition, se succédèrent tous les jours au pied des échafauds de la place de la Concorde, de la porte Saint-Antoine et de la barrière du Trône, et pour ne citer que les têtes les plus illustres qui tombèrent, sur les ordres du Comité de salut public, mentionnons Marie-Antoinette (16 octobre), la sœur du roi Madame Élisabeth, les Girondins (31 octobre), le duc d'Orléans Philippe-Égalité, les généraux Custine, Biron, Houchard, Mme Roland, le grand chimiste Lavoisier, le vénérable Malesherbes, etc., etc.

Ce fut une telle soif de sang que les Montagnards, ne trouvant plus de victimes dignes de leur haine, en vinrent à se déchirer entre eux. Les Hébertistes, qui professaient l'athéisme dans leur journal le *Père Duchesne*, et qui avaient fait placer la déesse Raison sur l'autel de Notre-Dame, accusèrent les Dantonistes de n'être plus que des indulgents. De leur côté, Danton et Camille Desmoulins, le rédacteur du *Vieux Cordelier*, attaquaient à la fois Hébert et les siens, qui voulaient faire de la Terreur le gouvernement régulier de la France, et le Comité de salut public, auquel ils reprochaient sa tyrannie.

Robespierre qui, avec Couthon et Saint-Just, dominait au Comité dictatorial, résolut de se débarrasser des deux partis. Le 24 mars 1794, les Hébertistes montaient à l'échafaud sous prétexte de conspiration avec l'étranger, et, le 5 avril, Danton, Desmoulins et ceux qui étaient alors les modérés subissaient le même sort sous prévention d'orléanisme.

Campagne de 1793.

Pendant ce temps, l'armée organisée par Carnot opérait maintenant par grandes masses. Nous avons dit déjà que Condé et Valenciennes étaient perdus ainsi que Mayence, que Custine avait laissé reprendre. La Convention lui avait fait payer cette faute de sa tête, comme elle fit payer à Houchard le demi-succès qu'il remporta sur les Anglais à Hondschoote (8 septembre); il battit pourtant encore les Hollandais cinq jours après à Menin, mais là une panique s'empara de son armée, qui revint en désordre sous Lille.

Le système de la Convention était de guillotiner les généraux pour faire de bons soldats. Cela ne réussissait qu'à leur faire partager la terreur qui régnait sur toute la France.

Cependant les alliés ayant échoué vers Dunkerque, que Souham et Hoche avaient énergiquement défendue, voulurent s'emparer de Maubeuge. Carnot nomma au commandement de l'armée du Nord Jourdan, qui n'était que chef de bataillon au début de la campagne, mais qui gagna ses épaulettes de général en remportant sur le prince de Cobourg la victoire de Watignies, qui débloqua Maubeuge (15 et 16 octobre).

Dans les Vosges, nous n'étions d'abord pas plus heureux. Nos armées de la Moselle et du Rhin s'étaient fait battre à Firmasen (14 septembre), et avaient perdu les lignes de Wissembourg que Wurmser força le 13 octobre. Hoche fut mis à la tête de l'armée de la Moselle, Pichegru à la tête de celle du Rhin, et les députés Saint-Just et Lebas vinrent réchauffer le zèle des soldats et apporter aux chefs le plan de Carnot, qui consistait à reprendre la chaîne des Vosges. Hoche échoua d'abord à Kaiserslautern (1794), malgré le mouvement de recul qu'avait fait Brunswick après sa vaine tentative sur Bitche; mais, se rejetant tout à coup à travers les Vosges sur le flanc des Autrichiens, que Pichegru attaquait de front, il leur reprit les lignes de Wissembourg (27 décembre), les obligea à repasser le Rhin, tandis que les Prussiens, découverts sur leur gauche, reculaient jusqu'à Mayence, ce qui lui permit d'hiverner dans le Palatinat.

En Italie, rien de décisif : Français et Piémontais se disputaient sans résultat la chaîne des Alpes. Aux Pyrénées, les Espagnols, sous Ricardos, gardaient l'offensive, et nos troupes, après plusieurs rencontres, s'étaient retirées sous Perpignan.

Le 9 thermidor.

Cependant Robespierre, débarrassé de ses rivaux, songeait à arrêter la Révolution pour se faire une dictature et réorganiser le pays selon ses vues. Son ambition fut contrariée par les comités; Collot-d'Herbois, Billaud-Varennes s'unirent avec Tallien, Barras et Fouché, et engagèrent la lutte au

Marat devant le Tribunal révolutionnaire (24 avril 1793).

sujet d'une fête de l'Être Suprême où Robespierre s'était affiché trop ouvertement.

Pour cacher son jeu, il redoubla de cruauté, fit proposer par Couthon, sur l'organisation du Tribunal révolutionnaire, la loi du 22 prairial, qui supprimait jusqu'à l'ombre des formes légales et tenait la Convention sous le couteau. Cette loi ne fut adoptée qu'avec des modifications qui renversaient le plan de son auteur. La Terreur n'en redoubla pas moins et, du 10 juin au 27 juillet, 1 400 personnes périrent, et parmi elles tout le parlement de Toulouse, les maréchaux de Noailles et de Mouchy, les poëtes André Chénier et Roucher, le général de Beauharnais, etc., etc.

De pareilles horreurs ne pouvaient se prolonger, mais Robespierre était inattaquable dans sa probité. On n'avait pas réussi à le tourner en ridicule en poursuivant une secte fanatique qui le révérait comme une sorte de Messie, et on n'osait encore l'accuser de tyrannie. Le jour vint cependant. Le 8 thermidor, la lutte s'engagea dans la Convention. Robespierre fit son apologie et demanda la punition des traîtres, c'est ainsi qu'il désignait Carnot et Cambon, qui sauvaient alors la République en organisant la guerre et les finances. Le débat fut orageux et longtemps indécis. La défection de Barère entraîna celle de la *Plaine*, et Robespierre quitta l'Assemblée pour aller demander vengeance aux Jacobins de l'affront que lui faisait la Convention en refusant l'impression de son discours.

Le lendemain, la lutte recommença à la Convention. Robespierre y fut décrété d'accusation avec Couthon et Saint-Just; son frère et Lebas demandèrent à partager son sort. Tous furent arrêtés, mais la Commune les délivra et les amena en triomphe à l'Hôtel de Ville.

La Convention mit Robespierre et les siens hors la loi et fit marcher sur l'Hôtel de Ville des forces imposantes qui reprirent les condamnés. Lebas se brûla la cervelle. Robespierre se jeta par une fenêtre sans se tuer; son frère eut la mâchoire brisée d'un coup de pistolet que lui tira un gendarme; ils n'en furent pas moins conduits à l'échafaud à travers les outrages de la foule, qui voyait dans leur supplice la fin d'un épouvantable régime (28 juillet 1794). Le lendemain, Henriot, Coffinhal et vingt autres représentants furent envoyés à la mort, sans discussion, sans jugement, et la réaction commença.

La guillotine cessa d'être le grand moyen de gouvernement et si les partis continuèrent à se proscrire, du moins la foule ne fut plus appelée à ce hideux spectacle de trente ou quarante têtes tombant chaque jour sous le couperet égalitaire.

Les Comités de salut public et de sûreté générale perdirent leurs prérogatives, la loi de prairial fut rapportée et des prisons ouvertes il sortit à Paris seulement plus de 10 000 personnes; la Convention s'attribua les pouvoirs de la Commune de Paris, qui avait si longtemps neutralisé l'Assemblée; le club des Jacobins fut fermé, aux applaudissements de toute la France; Carrier, Lebon, Fouquier-Tinville furent envoyés au supplice et, après un dernier effort du parti jacobin, Barère, Collot-d'Herbois, Billaud-Varennes et Vadier furent déportés à Cayenne. Dans cette dernière journée de sang (20 mai 1795), le député Féraud avait été tué, le peuple avait encore envahi la salle de la Convention : on présenta au président Boissy-d'Anglas la tête sanglante de son collègue; il se découvrit, s'inclina pour la saluer et par son sang-froid et sa dignité en imposa assez aux factieux pour sauver la représentation nationale.

Campagne de 1794.

Le général Hoche ne put profiter des succès qu'il avait préparés. Pichegru non-seulement s'était attribué les victoires, mais avait rendu suspect son rival, que Saint-Just fit jeter en prison, ce qui lui permit de tirer toute la gloire des batailles de Moncroën (29 avril) et de Tourcoing (18 mai), dues bien plus à l'élan de nos troupes qu'à l'habileté du général, qui, d'ailleurs, ne sut pas en profiter et aurait compromis les opérations si Carnot n'avait changé à temps son plan de campagne. L'ennemi s'était emparé de Landrecies ; Carnot tenta de l'isoler de sa ligne de retraite en faisant venir Jourdan avec ses 45 000 hommes de la Moselle sur la Sambre.

Après quatre tentatives infructueuses malgré la présence de Lebas et de Saint-Just qui chargèrent à la tête des troupes, Jourdan parvint à passer la Sambre, à s'emparer de Charleroi et à gagner sur le prince de Cobourg, accouru trop tard au secours de la ville, la bataille de Fleurus (28 juin). Les Autrichiens furent repoussés derrière la Meuse, Pichegru refoula les Anglais jusqu'en Hollande et les Pays-Bas nous furent ouverts.

Pendant ce temps, Dugommier battait les Espagnols dans les Pyrénées, forçait leur camp à Boulou, près de Céret, où il prit 140 canons ; et Bonaparte, qui commandait l'artillerie à l'armée des Alpes, sous Dumerbion, enlevait le camp des Piémontais à Saorgio, et nous ouvrait les portes de l'Italie.

L'hiver n'arrêta pas les efforts de nos armes : Jourdan battit deux fois les Autrichiens sur l'Ourthe et la Roër, et les rejeta derrière le Rhin (5 octobre), ce qui contraignit les Prussiens à battre en retraite. Alors nos quatre armées du Nord, de Sambre-et-Meuse, de la Moselle et du Rhin se donnèrent la main le long du grand fleuve et, au lieu de s'y cantonner, repoussèrent devant eux tout les ennemis pour venir hiverner à Amsterdam ; le froid était si rigoureux que des escadrons de hussards purent prendre la flotte hollandaise, retenue dans les glaces au Texel.

Pichegru constitua la Hollande en République batave et y établit le centre de ses opérations, d'où il pouvait tourner les défenses de la Prusse sur le Rhin et pénétrer même dans l'Allemagne du Nord.

Sous ses ordres, Moreau, général de division et commandant son aile droite, avait montré les grandes qualités qui devaient l'illustrer un jour. A cette époque, d'ailleurs, les généraux sortaient de sous terre, comme les soldats, et parmi tous ceux qui devaient être bientôt la gloire de notre armée il y en avait fort peu qui fussent déjà officiers. A l'exception de Davoust, Desaix, Marmont et Macdonald, qui étaient déjà sous-lieutenants en 1789, tous ceux qui allaient devenir maréchaux de l'Empire étaient partis simples soldats. Augereau était maître d'armes, Victor était ménétrier, Lannes teinturier, Gouvion Saint-Cyr comédien, Jourdan colporteur, Bessières perruquier, Brune typographe, Joubert et Junot étudiants en droit, Kléber architecte ; Lefebvre était fils d'un meunier, Ney d'un tonnelier, Masséna d'un marchand de vin, Murat d'un aubergiste.

Ce fut vraiment l'époque où les conscrits, voyant ceux qui étaient partis comme eux arriver au dernier degré de l'échelle, purent se dire qu'ils avaient leur bâton de maréchal dans leur giberne, et c'est ce qui fit la vaillance de notre armée.

Cependant la Prusse et l'Espagne, effrayées de nos succès, — car l'Espagne avait été entamée après la bataille de la Monga (18 novembre), où Dugommier périt après la victoire, et par Moncey qui avait conquis tout le Guipuscoa, demandèrent la paix.

Par le traité de Bâle (5 avril-28 juillet 1795), la Prusse abandonna ses provinces rhénanes et l'Espagne ses possessions de Saint-Domingue ; mais ce fut surtout un succès politique par la reconnaissance de la République française par deux grands États de l'Europe.

Nous avions encore pour ennemis : l'Autriche, la Sardaigne, l'Allemagne et l'Angleterre. Cette dernière, pour relever en Vendée les efforts du parti royaliste qu'affaiblissaient les rivalités de Stofflet et de Charette, débarqua à Quiberon deux divisions d'émigrés que Hoche, rappelé de l'armée du Rhin pour pacifier la Vendée, écrasa (21 juillet 1795).

L'Angleterre prit sa revanche sur la mer où nous n'avions plus d'état-major, car on ne s'improvise pas amiral. Villaret-Joyeuse livra cependant, le 1er juin 1794, avec 25 vaisseaux montés par des paysans, un grand combat contre 38 voiles anglaises; il s'agissait de protéger l'arrivée d'un immense convoi de blé : le convoi passa et nous sauva de la famine, mais la flotte fut vaincue et perdit six vaisseaux; un d'eux, le *Vengeur*, fit une fin célèbre; plutôt que d'amener son pavillon, il se fit couler et tout l'équipage périt en chantant la

Premier Comité de salut public.

Marseillaise. Nous perdîmes ainsi, faute de marins, la Martinique, la Guadeloupe et même la Corse; mais nos corsaires firent payer cher ces succès aux Anglais; à la fin de 1793, ils avaient déjà détruit 440 bâtiments : il est vrai que notre marine marchande en avait perdu 316.

Journée du 13 vendémiaire.

La Convention, avant de se séparer, avait révisé, ou plutôt démoli la constitution démocratique de 1793, qui n'avait pas encore été mise en pratique; elle attribua le pouvoir législatif à deux Chambres, le conseil des *Cinq-Cents*, chargé de proposer les lois, et le conseil des *Anciens*, chargé de les discuter et de les accepter, et remit le pouvoir exécutif entre les mains d'un Directoire composé de cinq membres renouvelés tous les ans par cinquième.

C'était aller à l'encontre des principes révolutionnaires qui avaient tout réuni, et la Constitution de l'an III fut la négation des travaux de l'Assemblée constituante; aussi les royalistes, qui avaient repris courage en voyant les progrès de la réaction qui suivit le 9 thermidor, crurent-ils le moment venu de la restauration prochaine; ils s'étaient fait de nombreux partisans dans les sections de la garde nationale et avaient acheté Pichegru un million comptant et 200 000 livres de rentes. Ils n'avaient rien tenté d'abord, comptant avoir la majorité dans les prochaines élections; mais un article additionnel de la Constitution, décidant que les membres de la législature nouvelle seraient pris pour les deux tiers parmi les conventionnels, leur fit perdre l'espérance d'une contre-révolution légale, et ils se décidèrent pour un coup de main.

Ils soulevèrent les sections et ramassèrent dans la garde nationale 40 000

Séance du Comité d'insurrection de l'Évêché (mars 1793).

hommes qui marchèrent sur les Tuileries où siégeait l'Assemblée; mais Barras, chargé de la défendre, s'était adjoint un jeune général que la délivrance de Toulon avait mis assez en lumière pour le faire destituer après le 9 thermidor.

Napoléon Bonaparte n'avait que 6 à 7 000 soldats, mais quelques heures lui avaient suffi pour faire des Tuileries un camp retranché : les sectionnaires, repoussés sur le pont Royal et devant l'église Saint-Roch par des décharges de mitraille, se débandèrent en laisssant 500 des leurs sur le pavé (5 octobre 1795).

Les jours suivants, les autres furent désarmés et l'ordre se rétablit dans Paris. Le 26 octobre, la Convention déclarait sa mission terminée, et si elle ne se dit pas qu'elle avait bien mérité de la patrie, c'est qu'elle avait conscience de n'avoir fait que démolir, laissant aux autres le soin de reconstituer la prospérité de la France sur les ruines qu'elle avait faites avec la loi du *maximum* et l'émission désordonnée des assignats, qui, à cette époque, étaient tellement discrédités (on en avait émis pour 44 milliards) qu'une livre de pain ne se payait pas moins de 45 francs en papier et qu'un louis d'or se changeait contre 7 200 francs en assignats.

Le Directoire.

Les deux Chambres se constituèrent le 27 octobre et élurent pour directeurs La Réveillère-Lepeaux, Rewbel, Letourneur, Barras et Carnot; ce dernier homme supérieur, mais peu secondé par ses collègues dans la tâche difficile de gouverner un pays obéré de toutes les façons, discrédité au point de vue financier, ruiné dans ses éléments vitaux, le commerce, l'industrie et l'agriculture et menacé par une coalition redoutable.

Nos armées manquaient de vivres, de vêtements et même de munitions, mais les généraux, qui s'étaient formés sur le champ de bataille, leur communiquaient le feu sacré. Moreau commandait l'armée du Rhin ; Jourdan, celle de Sambre-et-Meuse ; Hoche surveillait les côtes de l'Océan contre les Anglais, et Bonaparte venait de gagner le commandement de l'armée d'Italie.

Le nouveau général, qui devait éclipser tous les autres, n'avait alors que 27 ans ; mais il avait une éducation militaire solide, commencée à l'école de Brienne et terminée à l'École militaire, d'où il était sorti, en 1785, lieutenant d'artillerie au régiment de la Fère, et, par-dessus tout, le génie de la guerre, le coup d'œil sûr et la rapidité des conceptions qui donnent les victoires.

C'est ainsi qu'il avait repris Toulon, non pas en faisant une brèche dans les murs de la ville, comme le voulait son général, Carteaux, mais en foudroyant la flotte anglaise et en l'obligeant à la retraite ; et c'est ainsi qu'il conduisit cette campagne d'Italie qui est une épopée.

Campagne d'Italie.

Quand Bonaparte arriva à l'armée d'Italie, où Masséna venait de gagner l'inutile victoire de Loano (24 novembre 1795), les généraux déjà illustrés par leurs services rendus, Masséna, Serurier, Laharpe et Berthier, l'accueillirent assez mal ; ils les réunit, leur expliqua ses plans si habilement combinés que Masséna dit à Augereau en sortant du conseil : « Voilà notre maître à tous. »

Le plan général de Carnot était de faire pénétrer en Allemagne Jourdan et Moreau, qui commandaient chacun 80 000 hommes, le premier par la vallée du Mein ; le second par celle du Necker pour gagner le Danube et descendre sur les États héréditaires que Bonaparte menacerait par l'Italie. C'était une habile conception ; mais nos trois armées étaient si éloignées l'une de l'autre qu'elle pouvait, en cas d'insuccès, avoir des conséquences désastreuses.

Bonaparte avait déjà pris ses décisions, et, après avoir électrisé ses soldats par un de ces ordres du jour dont il avait le secret, et qui ont été pour la moitié dans ses succès, il fit quitter à ses 38 000 hommes le revers méridional des Alpes et de l'Apennin, pour aller attaquer Beaulieu qui commandait 60 000 Austro-Sardes et avait promis au roi de Sardaigne de ne se débotter que dans Lyon.

Il tourne les Alpes pour les franchir au point le moins élevé, au col de Montenotte, pendant que Beaulieu, trompé par ses manœuvres, l'attendait du côté de Voltri, sur le bord de la mer. Par cet habile mouvement, il perce le centre de l'armée ennemie (11 avril 1796), la coupe en deux parties qu'il bat successivement pour mieux les séparer : les Piémontais à Millésimo (13 et 14), et les Autrichiens à Dégo (14 et 15).

Maître alors de la route de Turin, il poursuit les Piémontais, les écrase à Mondovi (22 avril) et les oblige à signer l'armistice de Chérasco (28) qui, changé le 3 juin en un traité de paix, donne à la France la Savoie, les comtés de Nice et de Tende, et trois places fortes, Coni, Tortone et Alexandrie, sur lesquelles Bonaparte veut s'appuyer pour repousser les Autrichiens qui se repliaient en toute hâte; il les poursuit vigoureusement, passe le Pô derrière eux à Plaisance (9 mai), y culbute une de leurs divisions et trouve le gros de l'armée retranché à Lodi dans une position formidable.

12 000 hommes gardent le débouché du pont de Lodi que 30 pièces de canon couvrent de mitraille; qu'importe! Masséna passera avec 6 000 grenadiers, tuera les canonniers sur leurs pièces, repoussera l'infanterie et la bataille sera gagnée (11 mai); l'Aglio fut franchi sans combat, mais Beaulieu essaie de garder la ligne du Mincio; en vain il appuie sa gauche sur Mantoue et sa droite sur Peschiera. Bonaparte le trompe par une fausse attaque, force le passage à Borghetto (30 mai) et rejette dans le Tyrol cette armée qui, deux mois plus tôt, menaçait nos frontières.

Le général traite alors l'épée à la main; il accorde un armistice au duc de Parme moyennant 2 millions, des munitions et 20 tableaux; au duc de Modène, aux mêmes conditions; au pape pour 21 millions, 100 tableaux et 500 manuscrits; en Lombardie, il lève une contribution de guerre de 20 millions, dont il fait passer la moitié au Directoire, et avec le reste il nourrit et équipe son armée qui n'avait eu que 2 000 louis pour entrer en campagne et envoie même 1 million à Moreau pour hâter ses préparatifs sur le Rhin.

Ce n'était pas là du repos; pendant ce temps, son armée avait franchi l'Adige, occupé Vérone et assiégé Mantoue (3 juin); d'ailleurs il allait avoir à combattre un ennemi plus redoutable. Wurmser, le meilleur général de l'Autriche, arrivait avec 60 000 hommes marchant en deux colonnes : l'une sous ses ordres, par les deux rives de l'Adige, et l'autre par la route de Trente, sous le commandement de Quasdanowich.

Bonaparte, qui n'a que 30 000 hommes à opposer aux Autrichiens, lève le siège de Mantoue pour réunir toutes ses forces et s'apprête à les battre séparément; il court d'abord au-devant de Quasdanowich, l'arrête à Salo et l'accable à Lonato (3 août), puis il vient battre Wurmser à Castiglione (5 août) et cela si complétement que le vieux maréchal n'a que le temps de se jeter dans la route du Tyrol pour ne pas être coupé de sa retraite.

Il y reçoit des renforts, refait une armée de 50 000 hommes et descend la Brenta. Bonaparte culbute à Roveredo (4 septembre) les Autrichiens qui gardent l'entrée du Tyrol, court à Wurmser, fait un détour pour entrer dans la vallée de la Brenta sur ses derrières, l'attend à Bassano (8), l'enveloppe entre son armée et le fleuve et allait le forcer à capituler, si un pont qu'on avait oublié de faire sauter n'avait permis à une partie de son armée d'opérer une retraite désastreuse sur Mantoue où la bataille de Saint-Georges l'enferma (15 septembre).

Retraite de Moreau.

Dans le Nord, les Autrichiens étaient moins malheureux. Moreau les battit, il est vrai, à Rastadt (5 juillet) et à Ettingen (le 9) ; mais n'opérant plus de concert avec Jourdan, qui avait reçu de Carnot l'ordre de déborder les ailes de l'ennemi, il eut à supporter seul tout le poids de l'armée que l'archiduc Charles avait concentrée entre Ulm et Ratisbonne ; il le repoussa cependant à Neres-

Robespierre décrété d'accusation.

heim (10 août) ; l'archiduc courut alors à Jourdan, se joignit à Wartensleben, qu'il avait fait reculer, reprit avec lui l'offensive et vainquit Jourdan à Wurtzbourg (3 septembre) et le rejeta jusque derrière le Lahn (10 septembre) ; débarrassés de cet ennemi, ils tombèrent tous deux sur Moreau qui était déjà au milieu de la Bavière ; il recula lentement, s'arrêtant, chaque fois qu'il était trop pressé, pour infliger une sévère leçon aux Autrichiens, notamment à

Biberach (2 octobre), traversa la Forêt-Noire par le val d'Enfer et rentra en Alsace par Brisach et Huningue, sans avoir laissé derrière lui ni un caisson ni un homme dans cette glorieuse retraite de vingt-six jours.

Suite de la campagne d'Italie.

C'est alors que l'Autriche put envoyer une quatrième armée en Italie ; Alvinzi y arriva avec 60 000 hommes. Bonaparte semblait perdu, toute la Pé-

Journée du 13 vendémiaire.

ninsule se soulevait derrière lui et l'ennemi ne s'avançait qu'en nombre : 40 000 hommes occupèrent près de Vérone la forte position de Caldiero, attendant un renfort de 20 000 hommes conduit par Davidowich. Bonaparte essaye de les en déloger, il est repoussé, s'éloigne, mais pour tourner la position ; il l'attaque sur la droite et choisit un champ de bataille qui rend nulles les formidables défenses de l'ennemi et la supériorité du nombre ; le combat, commencé au pont d'Arcole, où Bonaparte faillit être pris dans le marais, dura trois jours (15, 16 et 17 novembre) et se termina par la retraite d'Alvinzi laissant derrière lui 10 000 morts et 6 000 prisonniers, et l'armée française rentra dans Vérone par la porte opposée à celle par où elle était sortie.

Cependant Alvinzi, renforcé par Davidowich, reparaît avec une armée de 60 000 hommes marchant en deux corps d'armée; Bonaparte comprend que le seul point où ils peuvent se réunir est le plateau de Rivoli; il les y devance, les empêche de faire leur jonction, et avec 16 000 hommes menés victorieusement par Joubert et Masséna il les met en déroute (14 janvier 1797). Il allait les poursuivre et les achever quand il apprend que Provera a passé l'Adige avec 20 000 hommes pour dégager Wurmser assiégé dans Mantoue : il laisse Joubert pousser l'épée dans les reins l'armée à moitié détruite d'Alvinzi, et vient au-devant de Provera avec la division de Masséna qui s'était battue le 13 devant Vérone, le 14 à Rivoli, et qui marcha toute la journée du 15 pour se battre le 16 devant Mantoue. Cerné à la Favorite après avoir été vaincu à Saint-Georges, Provera mit bas les armes, et Wurmser livra Mantoue (2 février) après avoir mangé son dernier cheval.

Ainsi, en dix mois, l'armée de Bonaparte qui, avec tous les renforts reçus, n'avait pas compté plus de 55 000 hommes, avait détruit, outre l'armée piémontaise, trois formidables armées autrichiennes, après leur avoir livré douze batailles rangées et plus de soixante combats où elles avaient perdu plus de 80 000 hommes tant tués, blessés, que prisonniers; les soldats les plus vantés n'avaient jamais rien accompli de pareil, et la gloire de Bonaparte avait effacé toutes nos gloires militaires.

Ce n'était cependant pas fini : après avoir puni le duc de Modène de sa sympathie pour les Autrichiens en érigeant ses États en République cispadane; après avoir forcé le pape Pie VI à signer la paix de Tolentino qui lui coûta, outre 30 millions et Ancône, la Romagne qui fut réunie avec les légations de Ferrare et de Bologne à la République cispadane (10 février 1797), Bonaparte, qui n'avait pas été absorbé par ses travaux de géant au point de ne pas envoyer de Livourne une expédition maritime qui chassa les Anglais de la Corse, se prépara à marcher contre l'archiduc Charles qui, avec une quatrième armée autrichienne, bordait les Alpes Carniques et Juliennes depuis le haut Adige jusqu'au Tagliamento. Il coupa ce demi-cercle sur trois points : à gauche, il envoya par le Tyrol Joubert qui, après quelques combats, toucha le Brenner, marcha lui-même au centre, força le passage du fleuve le 16 mars, pendant que Masséna, qu'il avait dirigé par la droite, livrait un furieux combat le 19 au col de Tarwis; toute la chaîne des Alpes était conquise, il n'y avait plus qu'à descendre leur revers septentrional. Joubert se jette dans le Putersthal pour donner la main à Masséna, et Bonaparte arrive le 31 mars à Klagenfurt sur la Drave, force le lendemain la gorge de Newmark, malgré les efforts de l'archiduc, arrive à Léoben le 7 avril et pousse son avant-garde jusque sur la cime du Sœmmering d'où l'on peut apercevoir Vienne à 25 lieues dans le nord.

Effrayée, la cour d'Autriche demanda la paix. Bonaparte signa les préliminaires de Léoben (18 avril) juste au moment où Moreau et Hoche, qui avait succédé à Jourdan dans le commandement de l'armée de Sambre-et-Meuse, reprenaient victorieusement les opérations dans le Nord.

Hoche franchit le Rhin en face de l'ennemi, fit 35 lieues en quatre jours et gagna trois batailles : Neuwied (17 avril), Ukerath, et Altenkirchen où fut tué, à vingt-sept ans, Marceau que ses succès en Vendée et sa participation à la victoire de Fleurus mettaient en première ligne des généraux d'avenir, et il allait envelopper l'armée de Kray, quand la nouvelle de l'armistice accordé par Bonaparte arrêta sa marche triomphante ainsi que celle de Desaix, lieutenant de Moreau, qui avait acculé l'ennemi dans les montagnes Noires.

Si Bonaparte avait connu ces succès, il se serait évidemment refusé à toute négociation ; mais en ce moment il était occupé à établir à Venise une république provisoire pour la punir d'avoir massacré nos malades et nos blessés, et à renverser le Sénat de Gênes qui avait laissé outrager la France. L'Angleterre, d'ailleurs, consternée des échecs multipliés de son alliée, offrit elle-même de négocier et des conférences pour la paix s'ouvrirent à Lille.

Le 18 fructidor.

La République victorieuse au dehors était de jour en jour plus menacée à l'intérieur ; le gouvernement, divisé, mal obéi, avait usé son autorité à déjouer les tentatives des partis extrêmes. La première, en Vendée, avait été réprimée par Hoche ; la seconde, connue sous le nom de conspiration de Babeuf, avait eu à peine un commencement d'exécution (mai 1796) ; la troisième, organisée par les Jacobins, qui avaient essayé d'enlever de nuit le camp de Grenelle (9 septembre 1796), avait échoué aussi ; mais le Directoire, où Barras était à peu près le seul maître, s'affaissait sur lui-même et le désordre était partout poussé à l'extrême. Les mandats territoriaux qui avaient remplacé les assignats étaient tombés dans le même discrédit, la crise financière était d'autant plus effrayante que cette société à peine échappée à la Terreur éprouvait un immense besoin de jouir qui faisait qu'on se précipitait au plaisir avec fureur et que toutes les voies de gain, tous les agiotages, étaient acceptés d'avance. La dissolution des mœurs était effrénée et, comme il n'y avait plus de police, les bandes de brigands étaient en permanence : les *Chauffeurs* épouvantaient l'Ouest, pendant que les *Enfants du Soleil* et les *Compagnons de Jéhu* désolaient le Midi.

Ces derniers cependant prétendaient travailler en conspirateurs ; ils étaient en corespondance avec la *Société de Clichy*, comité royaliste qui poussait ouvertement à une contre-révolution et qui la croyait d'autant plus prochaine que son succès dans les élections de l'an V pour le renouvellement des deux Chambres lui avait permis de porter Barbée-Marbois à la présidence du conseil des Anciens et Pichegru à celle du conseil des Cinq-Cents. Le prétendant Louis XVIII, frère de Louis XVI, faisait déjà ses conditions ; mais la nation n'était pas encore décidée à une restauration. Les armées étaient républicaines et le général Bonaparte avait offert son concours contre les royalistes.

Ils se décidèrent alors à un coup d'État parlementaire. Le Directoire les prévint par un autre : dans la nuit du 4 septembre 1797, Augereau cerna le lieu des séances des conseils avec douze mille hommes ; les deux minorités se déclarèrent en permanence, rétablirent toutes les lois révolutionnaires abrogées depuis peu, annulèrent les mandats des députés absents, en condamnèrent cinquante-trois à la déportation, entre autres Pichegru, Barbé-Marbois, Boissy-d'Anglas, Portalis, Camille Jordan, et deux directeurs, Carnot pour s'être opposé à toute violence contre les royalistes et Barthélemy qui les favorisait.

Ces deux membres du gouvernement furent remplacés par Merlin de Thionville et François de Neufchâteau, et le Directoire, qui avait défendu la Constitution en la violant, put respirer et ordonner la déportation d'un grand nombre de royalistes.

Le général Moreau, qui possédait depuis plusieurs mois les preuves de la trahison de Pichegru, fut accusé de complicité et destitué, et les deux armées du Rhin furent réunies sous le commandement de Hoche qu'on regardait déjà comme un autre Bonaparte. Malheureusement la mort vint enlever ce jeune homme de vingt-neuf ans qui laissa une des plus pures renommées de la Révolution.

Expédition d'Égypte.

Le Directoire, raffermi, voulait continuer la guerre mais Bonaparte avait déjà signé le traité de Campo-Formio, le plus glorieux que la France ait jamais conclu (17 octobre 1797), et qui nous donnait la Belgique, les Provinces rhénanes, les îles Ioniennes, et en Italie la République cisalpine (Milan, Modène, Bologne).

Ce traité fit plus pour la réputation de Bonaparte que de nouvelles victoires ; il fut nommé général de l'armée d'Angleterre et c'est à ce titre qu'il revint à Paris où la population et le Directoire lui firent une réception triomphale ; l'armée d'Italie fut associée aux honneurs qu'on décernait à son général ; elle reçut un drapeau sur lequel étaient écrits tous ses titres de gloire : soixante-sept combats, dix-huit batailles rangées, cent cinquante mille prisonniers, cent soixante-dix drapeaux, cinq cent quarante canons de siége, six cents pièces de campagne, cinq équipages de pont, neuf vaisseaux, douze frégates, douze corvettes, dix-huit galères, etc, etc.

On prépara pour l'homme qui avait fait accomplir ces prodiges une armée avec laquelle il devait se prendre corps à corps avec l'Angleterre. Bonaparte visita les ports où s'apprêtait la descente et, trouvant les moyens peu en rapport avec le but, il fit renoncer le Directoire à une entreprise hasardeuse.

En revanche, pour ne pas laisser à l'opinion publique le temps de l'oublier, il en proposa une autre qui ne l'était guère moins : il avait rêvé la conquête de l'Égypte. Des bords du Nil, il espérait atteindre l'Angleterre dans l'Inde et la frapper au cœur en détruisant son commerce et son empire.

L'expédition, dont le résultat le plus probable était de nous faire un ennemi de plus, la Turquie, fut organisée dans le plus grand secret : l'escadre, composée de 14 vaisseaux de ligne et d'un grand nombre de transports, portant 36 000 hommes, anciens soldats d'Arcole et de Rivoli, quitta Toulon le 10 mai 1798, sous le commandement de l'amiral Brueys. Bonaparte emmenait avec lui des savants, des artistes, des ingénieurs et jusqu'à des laboureurs, trouvant la conquête si facile qu'il pensait déjà à la coloniser.

Tout réussit d'abord au gré de ses désirs : on prit Malte en passant (12 juin), et pendant que l'amiral Nelson cherchait la flotte dans la Méditerranée pour la combattre, elle opérait son débarquement le 1er juillet à 4 lieues

Bataille de Lodi. (Fac-similé d'une ancienne estampe.)

d'Alexandrie, qui fut en quelques heures enlevée d'assaut.

Bonaparte marcha ensuite sur le Caire où les mamelucks, commandés par Mourad-Bey, s'étaient concentrés : la marche fut longue et pénible et le désert de Damanhour devint le tombeau de beaucoup de nos braves soldats; les mamelucks furent d'abord repoussés à Chébreiss et se replièrent sur le Caire pour y livrer une bataille générale.

Les Français se mirent en bataille au pied des Pyramides (21 juillet). « Soldats, leur cria le général, du haut de ces pyramides, quarante siècles vous contemplent ! » et la victoire fut décidée. Bonaparte trouva sur le champ de bataille un nouveau système de guerre contre la vaillante et innombrable cavalerie qui opérait au milieu du désert; il la décima par la résistance de ses bataillons formés en carrés. Mourad-Bey, blessé, se retira dans la Haute-Égypte; l'autre chef, Ibrahim, s'enfuit vers la Syrie. L'occupation du Caire, la soumission de la Basse-Égypte furent le prix de cette victoire.

Bonaparte s'occupa aussitôt d'organiser le pays dont il respecta les croyances et les mœurs des habitants qui l'appelaient le favori du grand Allah : il eut le temps d'y établir, dans un des grands palais du Caire, l'Institut d'Égypte, dont les membres, Monge, Berthollet, Fourier, Dolomieu, Larrey, Geoffroy Saint-Hilaire, conquirent à la science cette contrée jusque-là mystérieuse ; il fut surpris au milieu de ces travaux par la nouvelle du désastre de notre flotte. Brueys, qui n'avait pas quitté assez tôt la rade d'Aboukir, y fut cerné par la flotte anglaise. Nelson détruisit un à un tous ses vaisseaux, à l'exception de deux ou trois avec lesquels Villeneuve se réfugia à Malte;

l'amiral Brueys mourut courageusement sur son banc de quart, et l'entreprise gigantesque de Bonaparte, si bien commencée, ne fut plus qu'une aventure.

Nous étions bloqués dans notre conquête; la Porte armait contre nous. Bonaparte tranquillisa ses soldats en leur disant : « Il faut mourir ici ou en sortir grands comme les anciens ; » puis il écrivit à Kléber qu'il avait laissé à Alexandrie de se tenir prêt à faire de grandes choses. Le général répondit simplement : « Je prépare mes facultés. »

L'occupation de tout le pays fut résolue. Une révolte au Caire fut comprimée avec vigueur. Desaix, que les Arabes appelaient le *sultan juste*, poursuivit Mourad-Bey, s'empara de la Thébaïde, et fit camper ses régiments près des cataractes de Syène, aux dernières limites de l'ancien monde romain.

Bonaparte, sûr alors de sa conquête, marcha vers la Syrie d'où il pouvait menacer à son gré l'Inde ou Constantinople, tout en couvrant l'Égypte. Il s'empara de Gaza, puis de Jaffa, où notre armée prit les germes de la peste, dispersa une armée turque au Mont-Thabor (16 avril), mais échoua faute de moyens matériels au siége de Saint-Jean-d'Acre que défendait l'amiral anglais Sydney-Smith. Après soixante jours de tranchée et huit assauts terribles, il ramena en Égypte son armée d'autant plus épuisée de ses travaux de géant qu'elle était décimée par la peste (20 mai).

Il était temps d'ailleurs qu'il y arrivât; le Delta se soulevait à la voix d'El-Mady et une flotte anglaise venait de débarquer à Aboukir 18 000 janissaires. Bonaparte y courut et les rejeta à la mer (24 juillet). C'est après cette brillante victoire que Kléber, dans un élan d'enthousiasme, s'écria : « Général, vous êtes grand comme le monde. »

Bonaparte le sentait bien ; aussi, quand il apprit qu'une seconde coalition s'était organisée, que l'Italie était perdue et que la France allait être envahie, il ne voulut pas rester à l'armée l'Égypte, qui, si elle n'avait plus rien à craindre, n'avait plus rien à faire non plus pour la gloire du pays. Il en confia le commandement à Kléber et s'embarqua en aventurier sur une frégate avec laquelle il franchit la Méditerranée au milieu des croisières anglaises : le 8 octobre, il débarquait à Fréjus.

Mauvaise administration du Directoire.

Cependant tout allait de mal en pis ; le Directoire semblait ne plus vouloir gouverner qu'avec des coups d'État ; au 18 fructidor, il avait frappé les royalistes. Le 22 floréal (11 mai 1798), ce fut le tour des *patriotes;* il cassa l'élection des députés qu'on appelait ainsi. Quelques mois avant, il avait fait une véritable banqueroute en remboursant les deux tiers de la dette publique avec des bons de biens nationaux qui perdaient les cinq sixièmes de leur valeur ; enfin il porta l'irritation à son comble en décrétant un emprunt forcé et progressif de 100 millions, et en édictant la loi des otages contre les parents des émigrés et des ci-devant nobles, qui détruisait la sécurité de plus de 150 000 familles.

Au dehors, ses imprudences lui avaient fait perdre la magnifique position que lui avait faite le traité de Campo-Formio ; il avait renversé le pouvoir temporel des papes et l'aristocratie bernoise, mécontenté les républiques italiennes formées par Bonaparte en les laissant piller par des agents prévaricateurs, et il savait si peu se faire respecter de ses généraux que Championnet à Naples et Brune en Lombardie avaient emprisonné ses représentants.

C'est alors qu'éclata la seconde coalition. L'Angleterre, l'Autriche, la Russie, une partie de l'Allemagne, Naples, le Portugal, la Turquie et les États barbaresques, sachant Bonaparte et notre meilleure armée immobilisés dans les sables de l'Égypte, marchèrent contre nous.

Le Directoire, pour faire face à cette attaque, décréta le service obligatoire pour tous les citoyens de 20 à 25 ans et ordonna une levée de 200 000 hommes.

Le roi de Naples commença les hostilités et nous valut un triomphe : il crut pouvoir seul délivrer l'Italie et envahit le territoire de la République romaine. Championnet, qui y commandait 25 000 hommes, le laissa s'avancer jusqu'à Rome, puis tomba sur son armée à coups redoublés et la poursuivit l'épée dans les reins jusqu'à Naples, que les lazzaroni défendirent pendant trois jours de rue en rue. La République parthénopéenne fut proclamée le 23 janvier 1799.

Joubert avait, avec la même facilité, chassé du Piémont le roi de Sardaigne ; mais la coalition avait 360 000 hommes sur pied. Le Directoire ne pouvait lui en opposer que 170 000, divisés en cinq armées : Macdonald à Naples, Schérer en Italie, Masséna en Suisse, Jourdan en Allemagne et Brune en Hollande.

Campagne de 1799.

Le 1er mars, Jourdan franchit le Rhin, s'avançant entre le Danube et le lac de Constance, pour se tenir à la hauteur de Masséna, qui avait dépassé la ligne du Rhin et envoyé sa cavalerie légère jusque dans la haute vallée de l'Inn, pour donner la main à Schérer, à tra-

Préliminaires de Léoben.

vers le Tyrol; mais Jourdan fut battu à Stokach (22 mars) et obligé de reculer jusqu'aux défilés de la Forêt-Noire, plus tard même jusque sur le Rhin.

Schérer ne fut pas plus heureux; il fatigua ses troupes par une suite de mauvaises manœuvres et les fit battre à Magnano, près de Vérone, par Kray

(5 avril); il perdit la tête, abandonna les lignes du Mincio et de l'Oglio, et ne s'arrêta que derrière l'Adda.

Masséna dut suivre ce mouvement de retraite et venir prendre position derrière la ligne que forment la Linth, le lac de Zurich et la Limmat. De là il couvrait encore le reste de la Suisse et faisait face aux armées d'Allemagne et d'Italie.

Ces deux armées venaient de se réunir, et Souwarow, qu'on appelait l'*Invincible*, commandait alors 90 000 hommes austro-russes qui forcèrent le passage de l'Adda (27 avril) au moment où Schérer, sentant son incapacité, remet-

Bonaparte reçu par le Directoire à son retour d'Italie.

tait le commandement à Moreau. Celui-ci n'eut pas le temps de réparer les mauvaises dispositions de son prédécesseur et perdit la bataille de Cassano (28 avril) le jour même où la cour d'Autriche se souillait d'une infamie en laissant assassiner par les hussards les ambassadeurs français du congrès de Rastadt.

La défaite de Cassano ne pouvait être imputée à Moreau; elle ne porta aucune atteinte à sa réputation. Il l'effaça du reste par la retraite moins connue, mais plus belle encore que celle de 1796, qu'il entreprit de l'Adda sur Turin et de Turin sur Gênes, pour permettre à Macdonald, compromis au fond de la péninsule, de se dégager et d'opérer sa jonction avec lui dans la plaine de Plaisance.

Malheureusement l'armée de Naples perdit en Toscane quelques jours pour se réorganiser, et Souwarow en profita pour se porter sur la Trébie, entre les deux généraux. Macdonald, se laissant entraîner par un succès au nord sur Hohenzollern, ne put parvenir, pendant trois jours d'héroïques efforts, à percer la ligne ennemie (17-19 juin); il perdit 1 500 hommes et fut obligé de se jeter dans les sentiers de l'Apennin pour regagner Gênes et l'armée de Moreau.

Tous les deux furent destitués après cette bataille de la Trébie, et ce fut Joubert qui commanda leurs deux armées réunies; il fut vaincu et tué à la sanglante bataille de Novi (15 août), et l'Italie fut complétement perdue pour la France, le territoire même de la République fut menacé. Deux victoires gagnées à six jours d'intervalle le sauvèrent : la première (19 septembre) par Brune, à Bergen, sur 40 000 Anglo-Russes descendus en Hollande, et qu'il força à se rembarquer sur leurs vaisseaux; la seconde à Zurich (25 septembre), par Masséna, sur Souwarow et les Autrichiens, bataille aussi glorieuse qu'aucune de celles de Bonaparte, qui coûta 30 000 hommes à l'ennemi et fut d'autant plus utile à la France qu'elle amena la défection des Russes, qui accusèrent les Autrichiens de trahison, bien qu'ils ne fussent coupables que d'un mauvais plan dont l'exécution aurait été entravée par un général habile.

Le 18 brumaire.

Le pays était sauvé, mais le gouvernement n'en était que plus ébranlé, car tous les partis l'accusaient avec raison d'avoir exposé la France à de si grands périls. Les conseils prirent leur revanche des deux derniers coups d'État en obligeant (18 juin 1799) trois directeurs Treilhard, La Réveillère-Lepeaux et Merlin de Douai à donner leur démission, et l'anarchie recommença. Ce ne furent plus les royalistes qui essayèrent d'en profiter, mais les restes du parti jacobin. Le club du Manége, où Jourdan, Augereau et Bernadotte, alors ministre de la guerre, exerçaient une grande influence, se répandit en motions violentes contre le Directoire. Le gouvernement triompha sans peine de cette opposition en réveillant les souvenirs de 1793 : il destitua Bernadotte, ferma le club du Manége, ce qui ne l'empêcha pas d'être plus méprisé que jamais.

C'est en ce moment que Bonaparte arrivait à Paris : il y fut accueilli par des transports qui lui montrèrent qu'il était maître de la situation; tous les partis l'entourent et lui proposent le pouvoir. Il se montre d'autant plus réservé qu'il avait déjà fait son plan. Il s'enferma dans sa petite maison de la rue Chantereine, qu'à cause de lui on baptisa rue de la Victoire, et parut ne s'occuper que de sa femme Joséphine, veuve du général de Beauharnais, qu'il avait épousée après le 13 vendémiaire. De là il observe, il voit que la France ne veut ni des royalistes, parce qu'elle craint l'ancien régime, ni des jacobins, parce qu'elle redoute le retour de 93, mais qu'elle est bien résolue à conserver la révolution sociale et politique qui lui a fait obtenir l'égalité et la liberté. Il se décide à garantir les conquêtes sociales de la révolution en assurant l'ordre d'abord, se promettant de faire revenir la liberté plus tard. Et il attend l'occasion de relever la France affolée qui se jette dans ses bras.

Elle ne tarda pas à naître; tout le monde conspirait alors : Sieyès dans le

Directoire, Fouché et Talleyrand dans le ministère, cent autres dans les Chambres. Le 18 brumaire, la majorité du conseil des Anciens décrète la translation des deux Assemblées à Saint-Cloud et confie l'exécution du décret au général Bonaparte, qu'elle nomme commandant en chef des troupes. Trois directeurs, Sieyès, Roger Ducos et Barras, donnent leur démission; les deux autres, Moulin et Gohier, qui refusent la leur, sont mis en surveillance au Luxembourg.

Bonaparte se rend le lendemain au conseil des Anciens et leur annonce qu'il n'y a plus de gouvernement. — « Et la Constitution? lui crie-t-on. — Vous l'avez violée vous-mêmes au 18 fructidor, au 22 floréal, au 30 prairial. Je ne parle pas ainsi pour m'emparer du pouvoir : les différentes factions sont venues sonner à ma porte, je ne les ai pas écoutées parce que je ne suis d'aucune coterie... je suis du grand parti du peuple français. »

On lui conféra cependant l'autorité, et pendant qu'il se rendait au conseil des Cinq Cents, les Anciens chargeaient du pouvoir exécutif trois consuls provisoires : Bonaparte, Sieyès et Roger Ducos.

Au conseil des Cinq Cents, l'œuvre de Bonaparte fut plus laborieuse, entouré, menacé par les députés que Lucien, son frère, qui présidait le Conseil, appelait une poignée de factieux, il fallut l'intervention de ses grenadiers pour l'arracher des groupes. Le général Leclerc envahit l'Assemblée, ses tambours étouffent les protestations, et la salle est évacuée sans effusion de sang.

Ainsi la Révolution abdiqua, par un coup de force, aux mains du pouvoir militaire; mais elle allait entrer avec lui dans une phase nouvelle, et les quatre années qui suivirent le 18 brumaire furent une série de victoires remportées au dehors sur les ennemis de la France, au dedans sur les principes de désordre et sur l'anarchie qui allaient ruiner le pays.

Le Consulat.

Sieyès qui avait fait le 18 brumaire avec Bonaparte, et qui comptait être la tête de ce gouvernement dont le général serait l'épée, avait une constitution toute prête, mélange de république et de monarchie. Mais ses rouages trop compliqués ne convenaient pas plus à la société d'abord pressée de se sentir gouverner qu'au génie de Bonaparte qui, se sachant de force à tirer la France du chaos, voulait suivre ses propres inspirations. Le plan de Sieyès fut abandonné, et le 15 décembre la Constitution de l'an VII, qui s'inspirait de l'histoire romaine, fut promulguée : il y eut des consuls, des sénateurs, des tribuns, des préfets, etc.

Le pouvoir exécutif fut confié à trois consuls, nommés pour dix ans et rééligibles, dont le premier, Bonaparte, avait seul toutes les prérogatives. Cambacérès et Lebrun furent les deux autres; les lois devaient être préparées par un Conseil d'État nommé par les consuls, discutées par un *Tribunat* composé de cent membres, et votées par un *Corps législatif* de 300 députés.

Entre le pouvoir exécutif et le pouvoir législatif, il y avait le *Sénat conservateur*. Ce corps, composé de 80 membres nommés à vie, qui avaient 25 000 francs de dotation annuelle, veillait au maintien de la Constitution et choisissait sur la liste nationale les membres du Tribunat et du Corps législatif.

Le mode d'élection était le suffrage universel à quatre degrés : tous les citoyens âgés de 21 ans étaient électeurs, et nommaient par commune un dixième d'entre eux pour faire partie d'une liste de notabilités communales dans lesquelles le premier consul prenait les fonctionnaires publics de l'arrondissement.

Cette assemblée d'électeurs d'arrondissement nommait un dixième d'entre eux pour la liste départementale dans laquelle se recrutaient les fonctionnaires du département ; les élus de la liste départementale nommaient à leur tour le dixième d'entre eux pour les listes nationales où le Sénat choisissait les membres des deux Chambres législatives et les fonctionnaires nationaux.

On n'avait là qu'un simulacre de gouvernement représentatif et la dictature se laissait vite deviner derrière cette ombre transparente de la liberté ; néanmoins la Constitution, soumise à l'approbation des assemblées primaires, fut adoptée par trois millions onze mille cent sept suffrages contre mille cinq cent soixante-sept.

Administration de Bonaparte.

Le premier soin du premier consul, après avoir organisé l'administration départementale avec les préfets, sous-préfets, conseils de préfecture, conseils généraux, conseils d'arrondissement et conseils municipaux, fut de chercher à réconcilier tous les partis. Il rappela les proscrits de fructidor comme les conventionnels, rapporta la loi des otages, celle qui établissait l'impôt forcé progressif et celle qui condamnait à mort tout émigré trouvé sur le sol de la République ; il fit plus encore : il ferma la liste de l'émigration et déclara les ci-devant nobles admissibles aux emplois publics ; en même temps il faisait élargir tous les prêtres détenus pour refus de serment et, au nom de la liberté des cultes, faisait rouvrir les églises.

La France entière fut avec lui, car ce guerrier sans rival se montrait un administrateur consommé ; en quelques jours, il avait touché à tout et imprimé à tout une vie nouvelle. La confiance renaquit, il trouva près des banquiers de Paris assez d'argent pour soulager les misères de l'armée, purger les provinces des troupes de bandits qui les infestaient et étouffer en Vendée une nouvelle guerre civile. D'Autichamp et Suzannet, qui l'avaient fomentée, firent leur soumission (17 janvier 1800), et Georges Cadoudal, qui croyait que Bonaparte travaillerait volontiers pour Louis XVIII et que l'épée de connétable suffirait à son ambition, en présence de ces mesures énergiques, capitula et passa en Angleterre.

En quelques mois, tout fut pacifié et le premier consul, au lieu de faire une bonne loi qui lui eût permis de trouver dans la presse libre un appui et souvent un conseil, supprima presque tous les journaux ; treize seulement eurent la permission de paraître à Paris et furent avertis qu'au premier écart ils auraient le sort des autres.

Comme l'avait dit Sieyès en sortant du premier conseil tenu après le 18 brumaire, la France avait un maître.

Bataille de Marengo.

Cependant l'étranger n'avait pas désarmé et, malgré la lettre diplomatique et les propositions de paix que le premier consul avait envoyées à toutes les nations ennemies, les hostilités allaient recommencer. Bonaparte, satisfait d'avoir mis par sa modération l'opinion publique de son côté, accepta la guerre. Il donna le commandement des armées du Rhin et de la Suisse réunies à Moreau, qui avait au 18 brumaire accepté le singulier rôle de gar-

Bataille d'Aboukir (1er août 1798). (Fac-simile d'une estampe du temps.)

der les directeurs au Luxembourg, et Masséna fut envoyé à l'armée d'Italie, qu'il trouva dans le dénûment le plus complet; il n'avait d'ailleurs que trente-deux mille hommes à opposer aux cent vingt mille Autrichiens de Mélas. Il fut écrasé; la moitié de son armée fut rejetée sur le Var; il s'enferma avec le reste dans Gênes dont le siège mémorable est, après Zurich, le plus beau titre de sa gloire militaire. Il y retint l'armée autrichienne pendant plus de deux mois, lui tuant, dans ses sorties, plus de monde qu'il n'en avait lui-même, ce qui permit à Bonaparte de concevoir le double projet de déboucher par le Rhin supérieur derrière le maréchal de Kray, ou par les Alpes derrière Mélas.

Moreau, pour sa part, n'y réussit qu'à moitié; il franchit pourtant le Rhin, battit les Autrichiens à Stokach, Engen et Mœsskirch (3, 4 et 5 mai) et les rejeta dans le camp retranché d'Ulm. Pendant qu'il les y tenait enfermés, Bonaparte franchissait les Alpes en tête d'une armée de soixante mille hommes, à laquelle l'ennemi croyait d'autant moins qu'on avait annoncé à grand bruit sa formation à Dijon et qu'elle arrivait à Genève de tous les points de la France. Le passage du mont Saint-Bernard, jusque-là jugé impossible, commença dans la nuit du 14 au 15 mai. Lannes ouvrit la marche avec six beaux régiments de grenadiers; les jours suivants, l'artillerie, les munitions passèrent: ce fut un travail d'Hercule; les pièces démontées étaient traînées par les hommes que l'espoir d'une victoire animait plus encore que le pas de charge que battaient les tambours.

Mélas refusa longtemps de croire à tous ces mouvements; il ne se rendit à l'évidence que quand il apprit l'entrée triomphale de Bonaparte à Milan; alors il se décida à lui livrer une grande bataille; mais il n'eut que le temps de concentrer ses troupes avant qu'elles ne fussent enveloppées. Le 9 juin, il se heurtait, à Montebello, contre Lannes qui y gagna son bâton de maréchal et l'empêcha de passer; Mélas fit alors trois tentatives infructueuses sur Plaisance, pour emporter le pont de cette ville sur le Pô, et se résigna à accepter le champ de bataille que Bonaparte avait désigné d'avance aux Tuileries.

Ce fut la journée de Marengo, près d'Alexandrie (14 juin 1800), c'est-à-dire trois batailles, car pour empêcher Mélas de passer Bonaparte avait dû répandre ses troupes autour de lui comme un vaste réseau. La première, de 4 à 10 heures du matin, fut perdue par Lannes et Victor, qui n'avaient que 15 000 hommes à opposer à 36 000 Autrichiens. Bonaparte accourut avec la garde consulaire qui arrête quelque temps la cavalerie ennemie, mais est en somme obligée de reculer et abandonne Marengo. Mélas, qui croit tenir la victoire, rentre à Alexandrie, et envoie à tous les cabinets de l'Europe des courriers porteurs de la bonne nouvelle.

Il avait compté sans Desaix qui arrivait alors sur le champ de bataille; il y fut tué, mais son renfort de 6 000 hommes de troupes fraîches changea la défaite en victoire: Bonaparte engageait alors une troisième action qui fut foudroyante; l'armée autrichienne, ébranlée en tête, est coupée en deux tronçons par une charge furieuse de la cavalerie de Kellermann; l'un d'eux est pris entièrement, l'autre fuit en désordre, et Mélas, bloqué dans Alexandrie, est obligé de capituler.

Paix de Lunéville.

L'Italie était reconquise et nous étions presque aussi heureux en Allemagne. Moreau avait forcé les Autrichiens à quitter leur camp d'Ulm, les avait battus à Hochstædt, et avait pénétré jusqu'à Munich en menaçant leur ligne de retraite. L'Autriche était alors décidée à la paix; mais l'Angleterre, survenant avec ses subsides, fit traîner en longueur les conférences ouvertes à Lunéville.

Moreau reçut l'ordre de marcher sur Vienne, pendant que Macdonald déboucherait dans le Tyrol et que Brune forcerait le Mincio et l'Adige. Tout réussit, non pas comme l'espérait le premier consul, car Moreau battit seulement les Autrichiens à Hohenlinden (3 septembre 1800), au lieu de les anéantir comme il le pouvait, s'il avait su amener contre eux ses 100 000 hommes, mais il n'en pénétra pas moins jusqu'aux portes de Vienne, et ne fut arrêté dans sa marche victorieuse que par la paix qui fut signée à Lunéville (9 février 1801).

Ce traité n'était que la confirmation de celui de Campo-Formio; il portait, en outre, reconnaissance par l'empereur du nouveau royaume d'Étrurie, formé par la branche espagnole de Parme au détriment du grand-duc de Toscane, son frère.

La cour de Naples, menacée par une armée que commandait Murat, se hâta de promettre de fermer ses ports aux Anglais, et y reçut garnison française; l'Italie était donc tout entière à notre discrétion, l'Espagne s'engageait à forcer le Portugal à déserter l'alliance anglaise, et le czar, saisi d'admiration pour le premier consul, qui en quinze mois avait réorganisé la France, brisé la seconde coalition et imposé la paix au continent, lui offrit son amitié.

Perte de l'Égypte.

L'Angleterre seule s'obstinait à la lutte; la diplomatie du premier consul ouvrit les yeux des autres puissances, et leur en fit comprendre la raison. Une nouvelle ligue des neutres fut signée par la Russie, la Suède et le Danemark, dont les Anglais entravaient le commerce et molestaient le pavillon (16 décembre 1800); l'Angleterre y répondit en mettant l'embargo sur tous les navires des alliés qui se trouvaient dans ses ports, et en envoyant bombarder Copenhague par les amiraux Nelson et Parker. Les Danois signèrent une suspension d'armes, et la mort du czar Paul Ier, assassiné dans son palais, mit fin à la ligue des neutres. Alexandre, le nouveau czar, abandonna la politique de son père, et la France fut encore seule à défendre la liberté des mers; mais elle n'avait pas de marine à opposer aux 195 vaisseaux et aux 250 frégates anglaises, et d'ailleurs elle était menacée dans sa possession d'Égypte et ne pouvait même pas envoyer de secours à Malte que bloquait une flotte anglaise.

Kléber était profondément irrité par la pensée de rester en Égypte; son armée partageait son mécontentement, et on ne parla bientôt plus que de sortir d'Égypte à tout prix. Une armée de 80 000 Turcs survenant, il signa avec Sydney-Smith la convention d'El-Arish par laquelle ses troupes devaient être ramenées en France par des vaisseaux anglais; le cabinet britannique désavoua son représentant, et exigea que l'armée française se rendît à discrétion; Kléber, l'esprit inquiet, redevint le grand général qu'il était. Il redonne de l'énergie à son armée, culbute les Turcs à la sanglante bataille d'Héliopolis (20 mars), reprend le Caire qui s'était révolté et rétablit la domination française en Égypte. Malheureusement, il y fut assassiné, le même jour que Desaix tombait à Marengo, et son successeur, le général Menou, laissa les Anglais débarquer dans la presqu'île d'Aboukir,

Le conseil des Cinq Cents au 18 brumaire. (D'après une gravure du temps.

HISTOIRE NATIONALE DE LA FRANCE

Journée du 18 Brumaire.

se fit battre par eux à Canope (9 avril 1801), et fut obligé d'évacuer le Caire et Alexandrie. Le 2 septembre suivant, nous n'avions plus un seul soldat dans cette Égypte que nous avions possédée pendant trois ans.

L'Angleterre, malgré son succès, malgré la capitulation de Malte qui se défendit vingt-six mois, ne se décida pas moins à la paix. Elle avait 12 milliards de dettes ; sa prépondérance maritime avait été atteinte par le beau combat d'Algésiras, où le contre-amiral Linois, avec 3 voiles, avait battu 6 de leurs vaisseaux et détruit 2 ; et, chose plus grave, Bonaparte rassemblait à Boulogne, pour une descente en Angleterre, une grande quantité de chaloupes canonnières que Nelson n'avait pu réussir à disperser. Par la paix qui fut signée à Amiens (15 mars 1802), l'Angleterre reconnaissait toutes nos acquisitions continentales, nous restituait nos colonies, rendait Malte aux chevaliers, le Cap aux Hollandais, et ne gardait de ses conquêtes que Ceylan et l'île espagnole de la Trinité.

Le Consulat à vie.

Cette paix, qui fut accueillie avec une joie sans mélange en France et en Angleterre, mit le comble à la gloire du premier consul : on oubliait que l'Égypte et Malte étaient perdues, pour ne plus voir que l'ère nouvelle que promettait son génie administratif. Déjà les partis étaient calmés, l'ordre renaissait, l'industrie, obligée pendant la guerre de fabriquer elle-même les produits qu'elle ne pouvait acheter en Angleterre, prenait un essor inespéré, les travaux publics embellissaient les villes, ouvraient des chemins, perçaient des canaux ; la création de la Banque de France ouvrait au commerce un avenir tout nouveau.

En même temps qu'il faisait discuter sous ses yeux le Code civil, Bonaparte élaborait le projet d'une puissante organisation de l'instruction publique, et d'une grande institution de récompenses nationales, la Légion d'honneur.

Ayant obtenu la paix politique, il le croyait du moins, il voulut fonder la paix religieuse, et signa avec le pape Pie VII le Concordat, par lequel la France devait être divisée en 10 archevêchés et 30 évêchés rétribués et nommés par l'État, mais ne recevant l'investiture canonique que du pape.

Il faut reconnaître que son gouvernement était presque absolu : avec le Sénat transformé en une sorte de pouvoir supérieur à la Constitution, il brisait l'opposition du Tribunat et du Corps législatif, et, au moyen d'un sénatus-consulte, il décrétait ce qu'il voulait, de sorte que la justice n'était pas plus respectée que la liberté, quand le premier consul avait intérêt à la violer.

La France, muselée par la reconnaissance, éblouie par sa gloire, ne pensait pas à s'apercevoir qu'elle s'était donnée un maître. Mais les partis extrêmes s'agitèrent ; ne pouvant plus espérer de vaincre sa puissance, ils eurent recours à l'arme des lâches, l'assassinat. Le complot républicain d'Aréna et de Céracchi, auquel la police participa trop, fut étouffé (oct. 1800), mais Bonaparte faillit périr par la machine infernale, qui éclata sur son passage dans la rue Saint-Nicaise, comme il se rendait à l'Opéra (24 décembre 1800).

Cet attentat, œuvre de quelques royalistes, bien qu'il fût attribué aux Jacobins et que 130 individus fussent déportés pour cela, tua ou blessa 52 personnes ; mais il ne fit que rendre Bonaparte plus populaire : on le nomma consul à vie (2 août 1802) ; ses deux collègues, dont l'histoire n'a à mentionner que le nom, furent enveloppés dans la même récompense nationale.

Il fallut modifier la Constitution de l'an VII, elle le fut dans le sens absolu : le Sénat, investi du pouvoir constituant, avait le droit de régler par des *sénatus-consultes* tout ce qui n'était pas prévu par les lois organiques. Le Tribunat, réduit à 50 membres, ne fut plus qu'une section du Conseil d'État, et dans le corps électoral les listes de notables furent remplacées par des colléges électoraux à vie.

Cette nouvelle Constitution, présentée à 4 568 885 électeurs, fut acceptée par 3 577 259 suffrages.

Politique extérieure.

Les républiques nées de la nôtre modifièrent aussi leurs constitutions. Les Cisalpins avaient déjà donné la présidence de leur gouvernement à Bonaparte (janvier 1802); la république ligurienne lui demanda de choisir son doge. Cette influence en Italie pouvait être acceptée par l'étranger comme une conséquence de nos victoires; mais la réunion du Piémont, qui ajouta 7 départements nouveaux à la France (septembre 1802), l'occupation du duché de Parme et de l'île d'Elbe excitèrent de sourdes colères; il en fut de même de la médiation de Bonaparte en Suisse, à laquelle il donna une constitution, de son intervention dans les affaires de l'Allemagne; aussi l'Angleterre, qui avait fait la paix pour arrêter l'accroissement de la France, se décida-t-elle à la rompre. Elle avait toujours trouvé jusque-là des prétextes pour ne pas restituer Malte. Bonaparte la somma de se conformer au traité d'Amiens; l'Angleterre répondit par une de ces indignes violations du droit des gens qu'on trouve souvent dans l'histoire de ce pays : elle fit saisir, sans déclaration de guerre, sur toutes les mers, 1 200 navires français et bataves (mai 1803). Les hostilités allaient donc recommencer. Bonaparte s'y prépara; mais ne pouvant de suite atteindre directement son ennemi, il exerça des représailles, fit arrêter tous les Anglais voyageant en France, interdit dans tous nos ports l'entrée des marchandises anglaises, mit la main sur le Hanovre, possession du roi d'Angleterre, et revint à l'idée de tenter un débarquement et d'aller conquérir la paix dans Londres même.

L'Angleterre, de son côté, remua tout le continent pour nous susciter des ennemis, et, ne se contentant pas de la guerre ouverte, elle soudoya la conspiration de Georges Cadoudal et de Pichegru, dans laquelle, cette fois, Moreau se laissa impliquer. Cette conspiration, qui avait pour but d'assassiner le premier consul, avorta, et l'on vit le vainqueur de Hohenlinden condamné, comme complice d'un chef de chouans, à deux ans de prison. Il eut remise de sa peine et s'en alla en Amérique d'où il ne revint qu'en 1813 pour combattre contre la France. Pichegru s'étrangla dans sa prison, Cadoudal, les comtes de Rivière et de Polignac et dix-sept autres furent condamnés à mort; deux seulement furent exécutés avec Cadoudal, Joséphine ayant obtenu la grâce de MM. de Rivière et de Polignac.

Cette tragédie avait été précédée d'une autre qui eut des conséquences terribles pour la France. Le duc d'Enghien, le dernier des Condé, qui se tenait à 4 lieues de la frontière pour profiter du mouvement préparé à Paris, fut arraché du château d'Ettenheim, dans le grand-duché de Bade, amené à Vincennes, livré à une commission militaire, condamné et fusillé dans la même nuit (20 mars 1804), en vertu de la loi touchant les émigrés qui avaient porté les armes contre la France.

Ce jugement était inique car le duc d'Enghien, qui niait d'ailleurs toute participation au complot de Cadoudal, était couvert par le droit des gens; car il n'avait pas été pris dans une action de guerre, ni même sur notre territoire; mais Bonaparte, entouré d'assassins partis de Londres, voulut renvoyer aux Bourbons la terreur jusque dans Londres même.

Ce fut la tache qui ensanglanta les origines de l'Empire, que le premier consul préparait déjà.

CHAPITRE XXIV

RÈGNE DE NAPOLÉON

Institutions impériales.

Maître absolu de la France qu'il avait sauvée et qui protestait en masse contre les criminels attentats dont il avait failli être la victime, Bonaparte n'avait qu'un mot à dire pour échanger les titres glorieux qu'il tenait de la reconnaissance du peuple contre la pourpre impériale.

Ce mot, il le dit, et le 18 mars 1804, le Tribunat presque tout entier, moins Carnot et deux ou trois autres, émit le vœu qu'il fût nommé empereur héréditaire; le Sénat le proclama sous le nom de Napoléon 1er, et le peuple ratifia, par 3 572 329 voix contre 2 569, l'établissement d'une dynastie nouvelle, qui, partie de la Révolution, devait en conserver les principes.

Un sénatus-consulte modifia la constitution consulaire et régla la succession de Napoléon qui, au cas où il n'aurait pas d'enfants, passerait dans la ligne de son frère Joseph et à son défaut dans celle de Louis, son autre frère, qui avait épousé sa belle-fille Hortense de Beauharnais. La liste civile de l'empereur fut fixée à 25 millions, et ses frères et sœurs, qui devenaient princes et princesses, eurent chacun une dotation de 1 million.

Napoléon pensa aussitôt à se créer une aristocratie nouvelle, pour donner au trône l'éclat des anciennes cours. Il y eut six grands dignitaires de l'Empire: grand-électeur (Joseph Bonaparte); archi-chancelier d'Empire (Cambacérès); archi-trésorier (Lebrun); connétable (Louis Bonaparte); archi-chancelier d'État et grand-amiral: ces deux postes ne furent pas occupés d'abord, car on les réservait à deux frères de l'empereur, alors en disgrâce, Lucien et Jérôme.

Au-dessous de ces grands dignitaires venaient quarante ou cinquante grands-officiers inamovibles et richement dotés comme eux: d'abord seize maréchaux d'Empire (il n'y en eut que quatorze de nommés: Jourdan, Masséna, Augereau, Brune, Berthier, Lannes, Ney, Murat, Bessières, Moncey, Mortier, Soult, Davoust et Bernadotte), quatre maréchaux honoraires, qui, devenant sénateurs, n'avaient plus de service actif; c'étaient Kellermann, Lefebvre, Pérignon et Serrurier.

Ensuite les inspecteurs-généraux ou directeurs de chaque arme: Songis, pour l'artillerie; Marescot, pour le génie; Gouvion Saint-Cyr, pour les cuirassiers; Junot, pour les hussards; Marmont, pour les chasseurs; Baraguey-d'Hilliers, pour les dragons; l'amiral Bruix, inspecteur général des côtes de l'Océan, et le vice-amiral Decrès, inspecteur général des côtes de la Méditerranée.

Les grands-officiers civils étaient le grand-aumônier (cardinal Fesch, oncle de l'empereur), le grand-chambellan (Talleyrand), le grand-veneur (Berthier), le grand-écuyer (Caulaincourt), le grand-maréchal du palais (Duroc), et enfin le grand-maître des cérémonies (comte de Ségur), chargé d'apprendre les usages de la cour à tous ces parvenus.

Quant aux rouages du gouvernement, ils furent à peine modifiés et, naturellement, dans le sens autoritaire, et le Tribunat, en devenant tout à fait un conseil d'État, perdit sa raison d'être et fut supprimé en 1807.

Le sacre du nouvel empereur fut

Bataille de Marengo.

annoncé pour le 2 décembre. Napoléon, pour étonner la France et le monde par une cérémonie imposante, voulut que le pape vînt le sacrer lui-même à Notre-Dame de Paris. Pie VII fit les onctions saintes au front du nouveau Charlemagne ; mais quand il voulut prendre la couronne pour la lui poser sur la tête, le soldat autoritaire se retrouva, il la saisit et se couronna lui-même.

L'Italie suivit la fortune de la France ; sa république, organisée sur les mêmes bases que la nôtre, se changea en monarchie le jour de la proclamation de l'Empire.

Les Italiens, énervés par une servitude séculaire, par des divisions qui dataient de la chute de l'empire romain, ne pouvaient, livrés à eux-mêmes, ni se défendre ni s'unir et, si la France les abandonnait, ils retombaient infailliblement sous la domination de l'Autriche ; ils acceptaient d'ailleurs avec reconnaissance d'être défendus par la France, et, bien qu'ils ne payassent qu'un subside de 22 millions pour l'entretien de nos 60 000 soldats, ils désiraient qu'on leur sauvât l'apparence de la sujétion. Napoléon parut entrer dans leurs vues, et offrit la couronne d'Italie à son frère Joseph qui la refusa ; alors il la prit pour lui-même et envoya Eugène de Beauharnais, son beau-fils, comme vice-roi à Milan.

Camp de Boulogne.

Le continent se taisait en face de cette révolution, qui, après l'avoir vaincu partout, mettait deux couronnes sur la tête d'un soldat : l'Angleterre seule, derrière son infranchissable fossé de la Manche, bravait l'empereur et avivait de loin toutes les colères.

N'ayant plus qu'elle d'ennemie, Napoléon reprit son projet de descente qui n'avait été qu'ajourné par les événements ; car depuis la rupture du traité d'Amiens tous les arsenaux avaient fabriqué des chaloupes canonnières, allant à la voile et pouvant traverser la Manche en quelques heures. 12 ou 1 300 bateaux ainsi construits dans toutes les villes maritimes de France devaient se concentrer à Boulogne et dans les ports du voisinage, à Étaples, à Wimereux et surtout à Ambleteuse, creusé pour la circonstance, prêts à embarquer les 150 000 hommes réunis au camp de Boulogne.

Mais il fallait attendre pour franchir le détroit ou un grand calme qui tiendrait la flotte anglaise immobile ou une violente tempête qui la disperserait. Napoléon pensa qu'il valait mieux tenter le passage pendant un combat que livrerait une flotte française supérieure. Pour cela, il fallait faire une diversion ; il la prépara dans le plus grand secret et avec une rare habileté. L'amiral Villeneuve devait sortir de Toulon avec toutes ses forces, rallier la flotte espagnole et courir avec elle aux Antilles, y faire le plus de bruit possible pour attirer Nelson qui gardait la Méditerranée, puis, sitôt que celui-ci ferait voile pour les Indes, revenir sur l'Europe, débloquer les escadres du Ferrol et de Brest, entrer dans la Manche et battre la flotte anglaise, ou du moins la contenir assez longtemps pour que l'armée de débarquement eût le temps de passer.

Tout réussit d'abord. Nelson fut trompé à cette fausse manœuvre et, pendant qu'il cherchait la flotte française au fond du golfe du Mexique, Villeneuve revenait en Europe ; mais à la hauteur du cap Finistère en Galice il fut obligé de livrer une bataille à l'amiral Calder ; le succès en fut incertain et plutôt à l'avantage de la France ; mais l'amiral, effrayé de la perte de 2 vaisseaux espagnols, rentra pour réparer ses avaries à Cadix où il fut bientôt étroitement bloqué.

Le magnifique plan de Napoléon était avorté, et d'ailleurs il devenait impossible : l'or anglais avait réussi à former une coalition nouvelle. L'empereur abandonna ses préparatifs sur mer et commença la merveilleuse campagne de 1805.

Campagne de 1805.

La France devait être attaquée de quatre côtés à la fois, par les Russes et les Suédois, qui s'avançaient par le Hanovre, par les Autrichiens et les Russes dans la vallée du Danube, par les Autrichiens en Lombardie et par les Russes, les Anglais et les Napolitains dans le midi de l'Italie.

Napoléon ne s'occupa pas des armées

qui opéraient sur les points extrêmes; mais il prévint les deux autres. Pendant que les 80 000 hommes de l'archiduc Charles sont arrêtés sur l'Addige par 50 000 vieux soldats, il tourne lui-même l'armée que le général Mack conduit à travers la Bavière et la Souabe vers les bords du Rhin.

Mack s'attendait à voir déboucher les Français par les défilés de la Forêt-Noire; ils étaient déjà sur ses derrières, l'avaient coupé de Vienne, de la grande armée russe et des réserves autrichiennes qu'il précédait, le battaient à Wertingen, à Gunzbourg, à Elchingen où Ney se couvrit de gloire et l'investissaient dans Ulm, où il capitula le 19 octobre. En trois semaines, Napoléon avait anéanti 80 000 ennemis : quelques fuyards gagnaient le Tyrol et la Bohême, mais 50 000 hommes étaient prisonniers de guerre, et 200 canons et 80 drapeaux étaient entre nos mains.

L'empereur fut attristé au milieu de sa victoire par la nouvelle d'un grand désastre maritime. L'amiral Villeneuve venait de perdre la sanglante bataille de Trafalgar (21 octobre) que les Anglais payaient chèrement par la mort de leur amiral Nelson, qui finit en héros, mais qui coûta à l'escadre combinée d'Espagne et de France 18 vaisseaux et 7 000 hommes. De ce jour, Napoléon ne compta plus sur sa marine, et, désespérant de pouvoir se prendre corps à corps avec l'Angleterre, il rêva la conquête de l'Europe pour lui fermer le continent.

Il précipita sa marche sur Vienne et y entra le 13 novembre, plutôt pour attirer ses ennemis que pour en prendre possession, car il s'y trouvait encore entre deux armées; à droite, celle de l'archiduc Charles, que poussaient devant eux Masséna et Ney; et à gauche la grande armée austro-russe, commandée par les deux empereurs. C'est à celle-ci qu'il courut : il franchit le Danube et arriva à Brünn le 20 novembre, avec 65 000 hommes qui avaient fait cinq cents lieues en trois mois.

90 000 hommes les attendaient sur les hauteurs d'Austerlitz et leurs chefs avaient la certitude de la victoire; car Napoléon paraissait être tombé dans le piège qu'ils lui tendaient : il avait tout simplement deviné leur plan, parce qu'il était magnifique, consistant à tourner l'aile droite des Français pour les couper de leurs réserves et de la route de Vienne, pour les écraser ensuite dans la Bohême, avec l'aide de la Prusse, qui avait 60 000 hommes prêts à marcher à la première victoire.

Napoléon s'y prêta au point de ne faire garder son extrême droite que par une division du corps de Davoust; mais il se fit une gauche et un centre formidables et conserva 25 000 hommes de réserve avec lesquels ce fut lui qui tourna les autres; il culbuta la garde impériale russe qui défendait le plateau de Pratzen, clef de toute la position, coupa en deux toute l'armée ennemie; rejeta la droite sur les étangs glacés, où elle fut d'autant plus vite engloutie qu'il en fit rompre la glace à coups de boulets. Pendant ce temps, Lannes et Murat, après une vraie bataille, exterminaient la gauche qui se repliait en désordre sur le château d'Austerlitz (2 décembre 1805), d'où les deux empereurs étaient déjà partis dans une fuite précipitée... 15 000 morts, 10 000 prisonniers, 280 canons furent les trophées de cette journée glorieuse, qui célébrait vigoureusement le premier anniversaire du sacre de Napoléon, et où les soldats avaient montré un si merveilleux élan que dans son ordre du jour le vainqueur leur disait : « Rentrés dans vos foyers, il vous suffira de dire : J'é-

Bataille de Hohenlinden. (Fac-simile d'une estampe du temps.)

tais à Austerlitz, pour qu'on vous réponde : Voilà un brave. »
L'empereur d'Autriche avait demandé une entrevue à Napoléon, aux avant-postes; on convint d'un armistice, le roi de Prusse se hâta de déme-

les intentions qu'il avait eues, pour l'attacher à sa cause ou plutôt pour l'éloigner de l'alliance anglaise. Napoléon lui offrit le Hanovre en échange du duché de Clèves et de la principauté de Neufchâtel en Suisse.

LE GÉNÉRAL BONAPARTE.

Traité de Presbourg.

L'Autriche signa la paix le 28 décembre : paix désastreuse pour elle, puisqu'elle y perdait non-seulement 4 millions de sujets sur 24, mais encore toute son influence sur l'Italie et la Suisse. Elle abandonnait les États vénitiens, l'Istrie et la Dalmatie, que Napoléon réunit au royaume d'Italie ; le Tyrol et la Souabe qui, agrandissant les États de Bavière et de Wurtemberg, en firent des royautés tributaires. Les arsenaux de Vienne avaient livré à l'armée française

100 000 fusils et 2 000 canons. C'est avec ce bronze pris à l'ennemi qu'on éleva, à Paris, la colonne de la Grande Armée sur la place Vendôme.

Le traité de Presbourg, qui éloignait la Prusse du Rhin et l'Autriche de l'Italie, inspira à Napoléon une grande pensée : la dissolution du vieil empire germanique créé par Charlemagne ; il y arriva par la constitution de la Confédération du Rhin, formée des principautés les plus puissantes de l'Allemagne occidentale et centrale, qui se partagèrent les 370 petits États, causes perpétuelles d'anarchie, à l'exclusion de la Prusse et de l'Autriche.

C'était un bienfait pour l'Allemagne et une garantie pour l'équilibre européen que de placer entre trois grands États militaires toujours en rivalité cette grande Confédération qui empêchait leurs États de se toucher ; malheureusement Napoléon ne détruisait l'empire de Charlemagne que pour le refaire à son profit, et le titre d'empereur d'Allemagne, auquel François II avait été obligé de renoncer, Napoléon le rêvait pour lui-même.

Il chassa les Bourbons de Naples et compléta le système de l'Empire en l'entourant de monarchies vassales : son frère Joseph fut roi de Naples et de Sicile ; Louis, roi de Hollande ; sa sœur Élisa devint duchesse de Lucques ; son autre sœur, la belle Pauline Borghèse, duchesse de Guastalla ; Murat, qui avait épousé la troisième, Caroline, eut le grand-duché de Berg ; Berthier, la principauté de Neufchâtel, Talleyrand, celle de Bénévent ; Bernadotte, celle de Ponte-Corvo.

Pendant qu'il était en train de refaire une nouvelle féodalité, mais sans aucun pouvoir politique, Napoléon tailla à pleins ciseaux ; il se réserva 12 duchés dans les États vénitiens, 4 dans le royaume de Naples, 3 dans les duchés de Parme, Plaisance et Lucques, pour donner des apanages à ses compagnons d'armes et à ses plus dévoués serviteurs, et, afin d'avoir des récompenses pour tous les grades, il garda pour des distributions futures 34 millions de biens nationaux, 2 millions 400 000 fr. de rentes dans les divers États d'Italie, 20 millions de domaines en Pologne, 30 en Hanovre, et 5 à 6 millions de revenus en Westphalie. Cette profusion de dotations pour ses généraux, ses ministres et ses soldats entraîna le courage, le dévouement de tous, et une nouvelle noblesse se forma par le talent, la bravoure et les services rendus.

C'était une déviation au principe de l'égalité, mais le soldat couronné voulait des courtisans sur les marches de son trône ; du moins cette nouvelle aristocratie n'eut aucun privilège et n'eut sur les autres citoyens d'autre avantage que ses titres et ses honneurs ; et comme ces titres étaient mérités, le principe révolutionnaire serait resté sauf, s'ils n'eussent pas été héréditaires.

Campagne de Prusse.

Cependant l'Angleterre ne désarmait pas ; un moment Napoléon avait cru pouvoir faire la paix avec Fox, qui avait remplacé au ministère Pitt, notre implacable ennemi ; mais sa mort prématurée ramena le pouvoir aux partisans de la guerre à outrance.

L'empereur dut penser à une grande alliance continentale : il ne pouvait compter sur l'Autriche, qu'il venait d'humilier trop profondément ; la Russie, irritée de sa défaite d'Austerlitz, mettait son alliance à trop haut prix et ne se livrait qu'à demi ; c'est à la Prusse que Napoléon eût voulu associer sa fortune, mais cette nation vacillante ne lui inspirait aucune confiance ; il savait que la veille d'Austerlitz elle préparait ses armées sur nos derrières, et n'osait rien attendre de la cour qui se croyait encore celle du grand Frédéric, quand elle n'avait qu'un roi faible, prêt à se laisser entraîner à l'abîme par une reine belle, romanesque, mais imprudente, qui courait à cheval au milieu des camps, excitant le courage des soldats auxquels elle fit croire qu'ils seraient invincibles sous le vieux duc de Brunswick, l'élève du grand Frédéric.

Napoléon essaya pourtant : il engagea la Prusse à fonder dans le Nord une confédération semblable à celle du Rhin ; mais il fut devancé par l'Angleterre. Une nouvelle coalition était formée : la Russie promettait deux armées, la Suède son appui et l'Angleterre ses subsides.

L'empereur partit de Paris le 26 septembre 1806, concentra les 130 000 hommes cantonnés en Allemagne à Bamberg, et le 8 octobre ils étaient en mouvement, et, renouvelant les manœuvres de Marengo et d'Ulm, marchaient pour tourner la droite des Prussiens et prendre le milieu entre leurs deux armées et l'Elbe qui était leur ligne de retraite.

Il y eut quelques combats préliminaires à Schleitz le 6 octobre, à Saalfed le 10 ; mais les deux grandes batailles se livrèrent le 14 à Iéna, où Augereau fit des prodiges de valeur, et où le prince de Hohenlohe, qui avait 70 000 hommes sous la main, perdit en quelques heures 12 000 morts ou blessés, 15 000 prisonniers et 200 pièces de canon, et à Auerstaedt, quatre lieues plus loin, où Davoust, avec 26 000 hommes, abandonné de Bernadotte qui, par jalousie, refusa de le seconder, mit en déroute une armée de 60 000 hommes commandée par le duc de Brunswick ;

le vieux général y trouva la mort, ainsi que le maréchal de Mollendorf, le général Schmettau, et 10 000 soldats.

Davoust, qui n'avait que 44 pièces de canon, en prit 115 à l'ennemi. Les deux armées prussiennes fuyaient dans le plus grand désordre ; si le terrain eût permis de manœuvrer comme dans la vallée du Dambe, il n'en fût pas réchappé un homme. Cependant la cavalerie de Murat franchit l'Elbe et courut à l'Oder pour y prévenir les Prussiens. Le prince de Hohenlohe, atteint à Prenslow, est obligé de mettre bas les armes. Blücher a le même sort à Lubeck, de sorte que, des 160 000 hommes qui marchaient naguère contre nous, 30 000 seulement fuyaient en corps isolés, sans pouvoir repasser l'Oder, 25 000 étaient tués ou blessés, et 100 000 prisonniers de guerre ; Magdebourg, Spandau, Custrin, Stettin, toutes les places fortes de l'Elbe et de l'Oder, étaient occupés par nous ; en un mois (9 oct., 9 novemb.), la monarchie prussienne avait cessé d'exister.

Napoléon, après être passé à Postdam, où il prit pour sa part de butin l'épée du grand Frédéric, entra triomphalement à Berlin où il s'honora par un acte de clémence, en pardonnant au prince de Hatzfeld qui avait révélé à Blücher la position de nos troupes.

Campagne de 1807.

La Prusse était anéantie, mais les Russes n'étaient pas battus et se vantaient de venir à nous. Napoléon prévint son armée qu'il leur éviterait la moitié du chemin ; mais avant d'envoyer Murat occuper Varsovie (28 nov. 1806) il voulut frapper l'Angleterre, en fermant le continent tout entier à son immense commerce. Austerlitz lui avait livré toute l'Italie et l'Adriatique ; l'Espagne et la Turquie, placées dans son alliance, lui donnaient le reste des rivages de la Méditerranée. Iéna venait de lui assurer les côtes de la mer du Nord et une partie de celles de la Baltique ; il n'avait plus qu'à s'emparer de l'Oder et de la Vistule pour occuper l'embouchure de tous les grands fleuves européens et faire périr de pléthore les Anglais qu'il ne pouvait atteindre par la mer, et qui venaient de dénoncer le blocus de toutes les côtes du Nord, depuis Brest jusqu'à Hambourg ; il répondit à cette monstrueuse extension des droits de la guerre par la déclaration, datée de Berlin (21 novembre), qui mettait les Iles-Britanniques en état de blocus. Par ce décret fameux, et dont les conséquences furent désastreuses, tout commerce avec l'Angleterre était formellement interdit, et non-seulement les marchandises anglaises étaient confisquées, mais toute lettre pour l'Angleterre était détruite, et tout Anglais arrêté sur le continent était prisonnier de guerre.

Le blocus continental une fois en vigueur, Napoléon pensa à rétablir le royaume de Pologne pour se faire des alliés contre les Russes et se rendit à Varsovie le 15 décembre, attendant le soulèvement général qui devait lui donner un prétexte ; mais les Polonais ne le trouvaient pas assez engagé vis-à-vis d'eux et Napoléon, si éloigné de sa base d'opération, craignant une attaque de flanc des Autrichiens, abandonna cette grande question et ne compta plus que sur lui-même.

D'ailleurs les Russes étaient déjà en campagne. 120 000 hommes étaient sur la Narew, affluent de la Vistule ; pour les couper de la mer, par où arrivaient les secours anglais, et des Prussiens qui gardaient Dantzig et Kœnigsberg, Napoléon leur livra vers la fin de décembre, à Czarnovo, à Golymin, à Soldau et à Pultusk, une suite de combats qui leur coûtèrent 20 000 hommes et 80 pièces de canon ; mais les mouvements étaient difficiles sur ce sol argileux qu'un dégel inattendu avait détrempé en boue liquide ; il ne put poursuivre ses avantages et se décida à prendre ses quartiers d'hiver dans un camp retranché, admirablement choisi entre le Bug, la Narew, l'Orezic et l'Ukra.

C'était là un piège pour les Russes, car certainement Napoléon avait l'intention de faire le siège de Dantzig pendant l'hiver et il en était assez éloigné pour donner à l'ennemi la tentation de passer la Vistule pour se placer entre lui et la ville menacée. Le généralissime russe Benningsen y tomba en plein et porta toutes ses forces sur la gauche de nos cantonnements ; mais Ney le repoussa et le rejeta sur Bernadotte qui l'arrêta à Mohrungen ; là il fut averti que l'empereur manœuvrait pour le couper ; il n'eut que le temps de battre en retraite, poursuivi par Napoléon qui culbuta quelques-uns de ses corps à Wallersdorf, à Holf, à Heilsberg, et le contraignit à accepter la grande bataille d'Eylau (8 février 1807) ; elle fut si chèrement disputée que Benningsen, qui se mit pourtant en retraite après avoir perdu 32 000 hommes des 72 qu'il avait à opposer aux 54 000 de Napoléon, se vanta de nous avoir battus.

La vérité est que l'empereur, cantonné dans le cimetière d'Eylau avec six bataillons de sa garde, décimés par la mitraille ennemie, avait été fort en danger ; mais Murat, avec 80 escadrons, refoula les lignes russes, ce qui permit à Davoust de percer le flanc gauche de l'ennemi, pendant que Ney décidait de la journée en l'attaquant par la droite.

Ce n'était pas là une victoire comme

Napoléon les gagnait; elle lui coûtait 3 000 hommes tués et 7 000 blessés et ne lui valait que 24 canons et seize drapeaux; aussi rêvait-il déjà à sa revanche; il rapprocha ses cantonnements de Dantzig, qui, vigoureusement assiégée par le général de génie Chasseloup, capitula le 26 mai. Quelques jours après, l'armée sortait de ses cantonnements; le 5 juin, le général russe, croyant surprendre le corps du maréchal Ney, placé à l'extrême droite, pour l'attirer de ce côté, l'attaqua vigoureusement. Ney exécuta une fière retraite, et amena les Russes sous les coups du gros de l'armée qui les fit reculer à leur tour, les

Bataille de Friedland (14 juin 1807.)

battit à Heilsberg et les empêcha de regagner la route de Kœnigsberg, grande cité qu'ils voulaient défendre. Lannes, avec 26 000 hommes seulement, barra le passage à 82 000 à Friedland (14 juin 1807), et les tint en échec depuis trois heures du matin jusqu'à midi, heure à laquelle Napoléon arriva avec le reste de l'armée; il simula un combat sur toute la ligne, tandis qu'il n'attachait d'importance qu'à l'attaque que Ney était chargé de faire sur Friedland, que couvraient les Russes campés sur les deux rives de la rivière l'Alle, sur laquelle ils avaient jeté quatre ponts. En deux heures, l'intrépide maréchal, marchant sous une grêle de mitraille, enleva la ville et coupa les ponts ; alors le centre et la gauche s'engagèrent sérieusement, refoulèrent les Russes sur l'Alle et les y précipitèrent en désordre ; 80 bouches à feu restaient entre nos mains, 25 000 Russes étaient tués, blessés ou noyés, le reste fuyait dans toutes les directions. En présence de ce désastre, Kœnigsberg, la dernière ville du roi de Prusse, se rendit et livra d'immenses approvisionnements de toutes sortes et 100 000 fusils, récemment envoyés par l'Angleterre qui faisait volontiers des sacrifices d'argent, mais ne débarquait pas un seul de ses régiments et profitait de ce que l'Europe était occupée à s'entre-déchirer pour écumer les mers, enlever les colonies de la Hollande et de l'Espagne et faire sa fortune, pendant que l'Autriche, la Prusse et la Russie perdaient leurs provinces, leurs armées et leur honneur.

Paix de Tilsitt.

Cette politique, qui lui donnait tant de profit sans péril, commençait à indisposer ses alliés ; aussi la première parole que l'empereur Alexandre dit à Napoléon à l'entrevue de Tilsitt, sur le radeau du Niémen, fut : « Je hais les Anglais autant que vous. — En ce cas, répondit Napoléon, la paix est faite. »

Ces entrevues furent longues et intimes, et le traité de Tilsitt ne fut signé que le 8 juillet 1807. L'empereur rendait à la Prusse : la Poméranie, le Brandebourg, la Vieille-Prusse et la Silésie, moins Dantzig, qui devint ville libre, et la forteresse de Magdebourg, qui resta entre nos mains ; de la Hesse-Cassel et des possessions prussiennes à l'ouest de l'Elbe, il fit le royaume de Westphalie pour son frère Jérôme, et créa le grand-duché de Varsovie avec les provinces polonaises de la Prusse, qu'il donna au roi de Saxe. Ces deux nouveaux États entraient dans la Confédération du Rhin, mais ne pouvaient donner à la France qu'une alliance stérile ; il ne fallait pas non plus compter sur la nouvelle Prusse, qui, réduite à 5 millions d'habitants, était encore trop puissante pour une ennemie et ne l'était pas assez pour une alliée : d'ailleurs on ne s'appuie pas sur des ruines et ce fut là le vice de la politique de Napoléon : du Rhin au Niémen, il n'avait semé que des débris d'États.

L'Allemagne ne devenait plus pour ses combinaisons gigantesques qu'un point secondaire ; et le succès avait ébloui cet esprit solide. Voulant gagner l'alliance de la Russie, il proposa à Alexandre de partager le monde avec lui ; il lui donna d'abord la Finlande, ce qui était une faute, parce qu'il affaiblissait d'autant la Suède, gardienne naturelle de la Baltique, et lui fit espérer les provinces turques du Danube, ce qui en était une bien plus grave encore, car c'était la route de Constantinople où il était fermement décidé à ne jamais laisser entrer les Russes ; mais il obtint en échange les bouches du Cattaro et les îles Ioniennes, la promesse d'une rigoureuse application du blocus continental, tant de la Prusse que de la Russie, et enfin l'acceptation par avance de tous les changements territoriaux qu'il lui conviendrait de faire dans l'Occident.

Administration intérieure.

Ce fut l'apogée de la gloire de ce génie qui eût été complet, s'il n'eût été dominé par un orgueil incommensurable, que ne lui pardonnèrent jamais les souverains de l'Europe ; par une ambition démesurée, que ne purent à la fin supporter les nations. La France avait un nouveau Charlemagne plus grand que l'ancien, et qui, après l'avoir agrandie, anoblie par ses victoires, travaillait à sa civilisation par des institutions durables.

C'est de cette époque que date le *Code Napoléon*, que le conquérant avait fait rédiger sous ses yeux par quatre jurisconsultes éminents : Tronchet, Portalis, Bigot de Préameneu et Malleville, et qu'il avait ensuite discuté avec eux article par article et pour ainsi dire ligne à ligne, après l'avoir soumis à toutes les cours judiciaires pour avoir leurs observations.

Cette admirable institution, qui réglait enfin les droits de tous et de chacun, suffirait à la gloire d'un souverain. Napoléon ne s'en contenta pas : il porta ses hautes vues sur tout, réorganisa l'instruction publique par la création de 29 lycées auxquels il donna une première clientèle par la création de 6 500 bourses gratuites représentant pour l'État une dépense annuelle de 5 à 6 millions.

Il donna aux travaux publics un essor que l'état des finances n'avait jamais permis de lui donner, fit creuser des canaux, percer des routes, construire des ponts, des quais, des bassins, des arsenaux, élever des monuments civils et religieux.

L'industrie et le commerce reçurent de lui les plus énergiques encouragements : il promit des récompenses magnifiques aux inventeurs qui doteraient le travail national d'un secret enlevé à l'industrie étrangère, un million à qui trouverait une machine à filer le lin, un autre au savant qui remplacerait le sucre de canne par le sucre de betterave; il pensionna Jacquard pour son métier à tisser la soie, décora Richard Lenoir pour ses métiers à filer et à tisser le coton, Oberkampf pour ses toiles peintes, et créa à Compiègne une école d'arts et métiers.

Les sciences, les lettres et les arts ne furent pas plus oubliés par ce grand homme qui voulait tout protéger, tout féconder; il ne réussit pas pour la littérature, parce que la guerre accaparait toutes les jeunes intelligences et que les principaux écrivains, Chateaubriand, Mme de Staël, Cabanis, Chénier, Bernardin de Saint-Pierre, de Maistre, Ducis et autres étaient dans l'opposition; mais il eut ses peintres comme Louis XIV, et les David, les Gros, les Guérin, Gérard, Girodet, Prudhon commencèrent cette école française de transition qui fit éclore tant de chefs-d'œuvre.

Quant aux sciences, Napoléon, qui garda sur le trône son titre de membre de l'Institut, peut en être considéré comme le restaurateur; il les aimait pour elles-mêmes, et il aimait personnellement ceux qui les cultivaient; c'est ainsi qu'ayant appris que Berthollet était embarrassé dans ses affaires, il s'écria : « J'ai toujours cent mille francs au service de mes amis. »

Conquête du Portugal.

Napoléon avait entouré son empire de royaumes feudataires : protecteur de la Confédération du Rhin, médiateur de la Confédération helvétique, maître de la Hollande, de la Westphalie, du royaume de Naples, par ses frères qui y régnaient, il avait des sentinelles avancées sur toutes ses frontières du Nord et de l'Est; il lui en manquait au sud et, pour s'en créer, il pensa à punir l'Espagne d'avoir armé contre lui avant Iéna. A la vérité, la monarchie prussienne ayant été abattue avant que Godoï, prince de la Paix, qui gouvernait alors la péninsule, fût prêt à marcher, celui-ci déclara qu'il avait fait ses préparatifs pour la France; mais Napoléon ne s'y trompa pas, et il revint de Tilsitt prêt à enchaîner de gré ou de force la péninsule à sa politique.

Il commença d'abord par chasser les Anglais du Portugal, en offrant à l'Espagne de partager le royaume avec elle; une armée, commandée par Junot, entra dans Lisbonne sans coup férir.

Les Anglais venaient d'ailleurs d'exciter l'indignation de l'Europe par une nouvelle violation du droit des gens, en bombardant Copenhague pour anéantir la flotte danoise et dépouiller son arsenal réputé très-riche.

Le Danemark et l'Autriche entrèrent alors dans le blocus continental; du fond de la Baltique jusqu'à Gibraltar, tous les ports du continent furent fermés aux Anglais; d'immenses armements maritimes se firent au Texel, à Brest, à Lorient, à Rochefort, à Cadix, à Toulon; la flottille de Boulogne fut réorganisée et Napoléon allait entreprendre enfin sa descente en Angleterre, et, cette fois, avec d'autant plus de chance de succès que tout le continent marchait avec lui.

L'Angleterre fut sauvée par deux fautes de Napoléon: l'occupation de Rome (2 avril 1808) après sa rupture avec le pape, qui refusait de reconnaître Joseph comme roi de Naples et voulait se soustraire au blocus continental, et son intervention armée dans les affaires de l'Espagne.

Campagne d'Espagne.

Charles IV venait de tomber gravement malade; le favori de la reine, Godoï, odieux à la nation et ennemi né du prince des Asturies, chercha les moyens de le priver de la succession de son père. Ferdinand se défendit contre cette intrigue en implorant le secours de Napoléon et en ourdissant un complot pour renverser le favori. Ses papiers furent saisis; il fut arrêté, et on instruisit contre lui un procès criminel.

L'empereur, voyant bien qu'il n'y avait rien à faire avec de tels princes, voulut les persuader de s'enfuir en Amérique à l'imitation de la maison de Bragance, qui venait de transporter son trône au Brésil, et, dans le but de les y contraindre par l'épouvante, il assembla de grandes forces derrière les Pyrénées. Mais le soulèvement préparé par le prince des Asturies éclata à Aranjuez. Godoï y fut blessé, et Charles IV obligé d'abdiquer en faveur de son fils, Ferdinand VII. Murat, qui était déjà près de Madrid, ne reconnut pas ce coup de force et persuada au vieux roi de se rendre à Bayonne auprès de Napoléon. Ferdinand y était déjà, et l'arbitrage de l'empereur des Français les mit si bien d'accord qu'il les dépouilla tous les deux. Charles IV vint vivre à Compiègne dans le château impérial, et Ferdinand VII reçut Valençay comme lieu d'internement.

Quant au royaume d'Espagne, il échut à Joseph, et Murat fut chargé de le remplacer sur le trône de Naples.

Le rôle qu'avait joué Napoléon dans cette affaire n'allait ni à son caractère ni à sa gloire; en attendant qu'il le condamnât lui-même dans ses Mémoires, il essaya de le faire oublier en régénérant l'Espagne par une constitution sage et des institutions libérales; mais la nation était déjà décidée à repousser même les bienfaits du conquérant et, pendant que l'Espagne officielle acclamait le nouveau roi, le peuple, excité par les moines, qui, en faisant une question religieuse, prêchaient la guerre comme une croisade, se souleva dans toutes les provinces: nos malades et nos blessés furent égorgés. En vain,

Bessières gagna le 14 juillet la bataille de Rio-Seco qui ouvrit les portes de Madrid à Joseph, nos troupes furent repoussées à Saragosse et à Valence, et le général Dupont, cerné à Baylen dans l'Andalousie, signa (20 juillet) une capitulation qui fut indignement violée; 18 000 Français, qui devaient rentrer en France, furent internés à Cabrera (îles Baléares) où on les laissa périr de misère et de faim.

Le coup fut rude pour Napoléon; c'était son premier revers, qui fut bientôt suivi d'un autre. Le général anglais Wellesley gagna sur Junot la bataille de Vimeiro, dont les consé-

AUGEREAU.

quences amenèrent la capitulation de Cintra (30 août) qui nous fit perdre le Portugal.

L'empereur, avant de venir lui-même réparer les échecs de ses lieutenants, voulut consolider l'alliance de la Russie. Dans une nouvelle entrevue qu'il eut à Erfurth avec Alexandre, il lui céda la Moldavie et la Valachie contre la reconnaissance de Joseph pour roi d'Espagne (12 octobre 1808).

Ainsi c'était la Russie qui profitait des fautes de Napoléon. Mais il était tranquille du côté de l'Allemagne, et pouvait enlever 150 000 hommes à la grande armée pour terminer les affaires d'Espagne.

Rien ne résista devant ces valeureux

soldats; ils culbutèrent l'ennemi à Burgos le 10 novembre, à Espinosa le 12, à Tudela le 23, et après que les lanciers polonais eurent enlevé au galop le défilé fameux de Somo-Sierra, Napoléon put entrer à Madrid (4 décembre), où il décréta l'abolition de l'Inquisition, des droits féodaux, des douanes intérieures, et supprima les deux tiers des couvents.

De leur côté, ses lieutenants faisaient de glorieuses campagnes; à l'aile droite, Saint-Cyr prenait Roses, traversait la Catalogne pour débloquer Barcelone, et battait deux fois l'ennemi à Cardeleu et à Molins-del-Rey; à l'aile gauche, Soult culbutait 30 000 Anglais et les poussait l'épée dans les reins jusqu'à la Corogne. Il n'en eût pas échappé un seul, sans une tempête qui surprit nos troupes dans la chaîne du Guadarrama et leur permit de chercher un asile sur leurs vaisseaux.

Campagne de 1809 en Autriche.

Napoléon était vengé, mais il ne put se consacrer à l'organisation du pays; l'Autriche, en le voyant s'enfoncer dans la péninsule Ibérique, crut le moment venu de réparer ses longs désastres. L'Angleterre lui offrait 100 millions. L'enthousiasme d'Alexandre pour Napoléon s'était sensiblement refroidi. L'Allemagne, surchargée d'impôts et travaillée par les sociétés secrètes, se montrait hostile, et la grande armée, diminuée de 150 000 hommes, était disséminée de Hambourg à Naples.

Une offensive hardie pouvait réussir, mais l'archiduc Charles, avec 175 000 Autrichiens, perdit du temps. Il n'entra en Bavière que le 10 avril, quand il pouvait y être quinze jours plus tôt.

Napoléon mit cette faute à profit; mais il était temps qu'il arrivât sur le théâtre des opérations (17 avril), car son armée surprise n'avait pas encore commencé sa concentration. Masséna était à Augsbourg avec 60 000 hommes et Davoust à 25 lieues plus loin, à Ratisbonne, avec 50 000. L'archiduc manœuvrait déjà pour se jeter au milieu d'eux et les accabler l'un après l'autre par le nombre, mais Napoléon le devança; il se porta avec 40 000 hommes sur l'Abensberg, et appela à lui ses deux lieutenants. Davoust fut obligé de livrer presque une bataille (à Tengen) pour exécuter ce mouvement et chasser les masses autrichiennes qui commençaient à l'envelopper. Mais alors la situation était complétement retournée; c'était l'armée ennemie qui était coupée par la bataille d'Abensberg (20 avril); la prise de Landshut (21) permit à Napoléon de se rabattre sur la droite des Autrichiens, de l'écraser à Eckmühl et de l'acculer au Danube, où il l'aurait prise entièrement, si Ratisbonne évacuée n'avait été occupée quelques jours plus tôt par les Autrichiens. De grands résultats n'en étaient pas moins acquis; les Autrichiens avaient laissé derrière eux 60 000 prisonniers, 100 pièces de canon, un matériel immense, et, par leur fuite précipitée, la gauche sur l'Inn et la droite en Bohême, ouvert la route de Vienne. Le 10 mai, l'armée française était devant cette capitale qui, après un semblant de bombardement, ouvrit ses portes.

Il restait encore deux armées à l'Autriche : l'une en Italie, commandée par l'archiduc Jean, qui, après avoir remporté quelques succès sur le prince Eugène, s'était, à la nouvelle des succès de Napoléon, reculé en toute hâte sur la Hongrie, et l'autre, forte encore de 100 000 hommes, sous les ordres de l'archiduc Charles, en face de Vienne, mais de l'autre côté du Danube. L'empereur voulut aller à lui et tenta le passage du fleuve sous le canon de l'ennemi. Déjà 30 000 hommes avaient débouché de l'île Lobau sur la rive gauche, en face des villages d'Essling et d'Aspern, quand une crue subite de 7 pieds emporta les ponts; on en refit d'autres et 30 000 hommes passèrent encore, mais ceux-là sans artillerie, sans bagages, les eaux, grandissant toujours, ayant emporté les nouveaux ponts.

Pendant trente heures (21 et 22 mai) l'archiduc Charles fit de vains efforts pour jeter les Français dans le Danube; il prit et reprit le village d'Aspern quatorze fois; mais il se lassa le premier, et nos soldats rentrèrent quand ils voulurent dans l'île Lobau, Masséna restant le dernier sur la rive.

Cette opération, manquée des deux côtés, mit 40 000 hommes hors de combat, dont 27 000 Autrichiens; mais Napoléon, qui y avait été blessé, très-légèrement d'ailleurs, comme quelques jours plus tôt à Ratisbonne, y perdait deux de ses plus braves lieutenants : le général Saint-Hilaire et le maréchal Lannes.

Ce n'était là que le prélude de la bataille de Wagram. L'armée française se fortifia formidablement dans l'île Lobau, pour déboucher à son gré sur l'une ou l'autre rive, selon que l'archiduc Jean, battu par Eugène sous les murs de Raab, arriverait d'Italie avant ou après l'action tentée contre l'archiduc Charles. La situation était critique d'ailleurs; tout le Tyrol était soulevé; dans la Souabe, les populations s'agitaient; dans la Franconie et dans la Saxe, le fils du duc de Brunswick avait rassemblé jusqu'à 8 000 hommes, et des partisans prussiens couraient la campagne : il ne fallait qu'un revers pour qu'une explosion éclatât.

Mais Napoléon n'en craignait pas, il attendait son armée d'Italie. Sitôt qu'elle fut arrivée, il déboucha de l'île Lobau (5 juillet) avec 150 000 hommes et 550 pièces de canon et passa le Danube, sans que l'ennemi, bien que plus nombreux que lui, pût rien tenter contre le succès de cette magnifique opération, unique dans les fastes militaires. Au lever du soleil, l'armée française ayant tourné les immenses ouvrages d'Aspern, Essling et Enzersdorf, destinés à empêcher le passage, se trouvait établie sur la gauche de l'ennemi, qui se replia sur les hauteurs de Wagram.

Le lendemain, l'archiduc Charles essaya de tourner la gauche de notre ligne, qui s'étendait sur trois lieues de long; mais Masséna commandait là, et la victoire n'y fit pas défaut à celui qu'on appelait l'*Enfant chéri de la victoire*. Pendant ce temps, Napoléon envoie au galop 100 bouches à feu en avant du corps de Drouot pour mitrailler le centre ennemi; Macdonald se précipite à son tour, l'attaque et le fait reculer, au moment même où, sur la droite, Davoust et Oudinot enlevaient les hauteurs de Wagram.

L'archiduc ordonna la retraite; il avait perdu 24 000 hommes tués ou blessés, 12 000 prisonniers et 20 pièces de canon. Cette retraite se changea en une telle déroute qu'il demanda la paix; un armistice fut d'abord signé le 11 juillet à Znaïm; le traité de Vienne ne le fut que le 14 octobre. L'Autriche y perdait 3 400 000 habitants, qui furent partagés entre la France, naturellement, la Bavière, la Saxe, le grand-duché de Varsovie, et même la Russie.

Événements en Espagne.

La guerre se continuait toujours dans la Péninsule, s'éparpillant dans toutes les provinces et fournissant beaucoup de combats inutiles et pas une bataille décisive; nous y avions pourtant 300 000 hommes; mais les rivalités des maréchaux, qui faisaient chacun de son côté la campagne à son propre compte, empêchèrent tout concert et nuisirent au résultat; l'action la plus retentissante fut le siége de Saragosse, qui tomba le 21 février 1809, après 8 mois d'attaque, 28 jours de tranchée ouverte et 23 jours de combats dans les rues, dans les couvents, dans les églises; mais on ne sut pas profiter de ce succès.

Ney évacua la Galice; une expédition de Soult dans le Portugal échoua, mais il arriva assez à temps à la bataille de Talaveyra (26 juillet), livrée par le roi Joseph à sir Wellesley, pour contraindre ce dernier, quoique quasi vain-

Siége de Saragosse (février 1809).

queur, à reculer jusqu'en Andalousie.

Malgré cette retraite, la campagne avait été perdue.

Les Anglais avaient profité de nos occupations multiples pour menacer nos établissements maritimes. A l'île d'Aix, ils nous incendièrent 4 vaisseaux en lançant 30 brûlots contre une de nos escadres; aux bouches de l'Escaut, ils s'emparèrent de Flessingue (15 août), d'où ils voulaient attaquer le grand arsenal d'Anvers avec 45 000 hommes qu'ils avaient débarqué dans l'île de Walcheren; mais ils furent bientôt obligés d'abandonner et leur projet et Flessingue, et se trouvèrent heureux de rapatrier la moitié de leur armée, le reste ayant été emporté par les fièvres.

Second mariage de Napoléon.

Cependant l'opinion publique commençait, sinon à se lasser d'admiration pour la gloire et la puissance de Napoléon, au moins à craindre que la fortune, qui avait dépassé pour lui la mesure humaine, ne vînt à l'abandonner. La confiance ne se restreignait pas encore, mais chacun paraissait souhaiter de voir s'arrêter le vol glorieux des aigles impériales, pour que la France pût jouir en paix de sa grandeur, d'autant que les inquiétudes venaient : la spoliation des Bourbons d'Espagne et la captivité du pape les avaient éveillées ; la guerre d'Espagne, l'insurrection qu'on savait prête à éclater en Allemagne, puisque Napoléon avait failli être assassiné au milieu de son armée par un étudiant nommé Staaps, les redoublèrent, et les alarmes que donna la bataille d'Essling ne furent pas

Enlèvement des hauteurs de Wagram.

effacées dans l'esprit de tout le monde même après Wagram et le traité de Vienne.

L'empereur sentait bien cela, et c'est pour assurer l'opinion publique, un peu ébranlée, par quelque chose d'inattendu, qu'il annonça son mariage avec l'archiduchesse d'Autriche Marie-Louise. Cette union malheureuse fut célébrée le 1ᵉʳ avril 1810, et les fatalistes ont pu dire que le divorce de Napoléon avec la populaire Joséphine de Beauharnais fut son divorce avec le bonheur ; mais le soldat couronné croyait en faire une raison d'État. Malgré son affection pour le prince Eugène, fils de sa femme, qu'il avait adopté, il désirait un héritier de son sang ; son nouveau mariage le lui donna, et le 20 mars 1811 il lui naquit un fils, qui fut proclamé roi de Rome à son berceau.

Alors les pressentiments funestes s'oublièrent. L'année 1810 s'était passée sans autre guerre que celle d'Espagne, qu'on s'était déjà habitué à voir marcher lentement ; on se prit à croire que les puissances qui combattaient la Révolution de 1792 s'étaient résignées à la souffrir, depuis qu'un descendant des Habsbourg en devenait l'héritier ; on espéra que Napoléon, arrivé à l'âge mûr et ayant à ménager la succession de son fils, allait renoncer à ses habitudes de conquérant pour gouverner en père.

Cette illusion fut de peu de durée, car l'année 1811 n'était pas écoulée que l'empereur préparait la plus téméraire de ses entreprises : la campagne de Russie.

Rupture avec la Russie.

La France avait alors un immense besoin de paix ; toute victorieuse qu'elle était, elle souffrait cruellement de cette guerre sans relâche, qui avait le triple malheur d'enlever tous les bras valides à l'industrie et au commerce, de développer les instincts militaires au détriment des instincts pacifiques, et de faire pénétrer le régime des camps dans la société civile ; elle allait pourtant se trouver lancée dans de nouvelles aventures.

Alexandre n'était pas resté l'allié promis de Napoléon ; dans la campagne de 1809, il avait montré si peu d'empressement à répondre à la demande d'une de ses sœurs que l'empereur avait conclu précipitamment avec la cour d'Autriche.

Ce mariage avait profondément froissé le czar ; il le fut encore de l'agrandissement donné au grand-duché de Varsovie par le traité de Vienne, et du refus absolu que fit Napoléon de déclarer que le royaume de Pologne ne serait jamais rétabli ; mais l'extension que prit l'Empire français pour mieux assurer l'exécution du blocus continental porta les derniers coups à l'amitié des deux empereurs.

Pour répondre au décret de Berlin, l'Angleterre avait menacé de confiscation les bâtiments qui se rendraient en France ou dans les pays alliés de la France. Napoléon, de son côté, avait dénationalisé tout navire qui aurait abordé en Angleterre ou dans ses colonies. Ces décrets tuaient le commerce régulier ; mais ils ne pouvaient tuer la contrebande, qui se faisait sur une si grande échelle en Hollande que le roi Louis, placé entre les besoins de ses sujets et la volonté de son frère, préféra abdiquer sa couronne (3 juillet 1810) ; la Hollande fut aussitôt réunie à l'Empire et ses quatre fleuves fermés au commerce anglais ; mais le Weser et l'Elbe lui restaient ouverts : un décret réunit à la France les villes hanséatiques et l'Empire de Napoléon s'étendit depuis l'Adriatique jusqu'à la mer Baltique.

Cela était encore insuffisant : pour rendre le blocus continental effectif, il fallait aller plus loin et fermer les ports de Dantzig, de Kœnigsberg et de Saint-Pétersbourg, comme on avait fermé tous ceux de Lubeck à Cadix, de Cadix à Venise et de Venise à Corfou.

Napoléon commença par prendre le duché d'Oldenbourg (13 décembre) ; le czar réclama contre cette dépossession de son oncle et non-seulement n'obtint aucune satisfaction, mais l'empereur exigea de lui qu'il confisquât comme suspects tous les bâtiments neutres entrés dans ses ports ; c'était demander la ruine du commerce de la Russie et de plus la placer dans une sorte de dépendance acceptée par le traité de Tilsitt, mais qui révoltait Alexandre ; il hésitait pourtant, effrayé d'une lutte avec la France ; mais Bernadotte, alors roi de Suède, par une trahison envers la France, qui était en même temps une faute envers le pays qu'il gouvernait, le décida, et, le 8 avril 1812, il demanda l'évacuation de la Vieille-Prusse, du duché de Varsovie et de la Poméranie suédoise, en même temps qu'un équivalent à l'Oldenbourg et un adoucissement au blocus continental.

Napoléon aurait dû ne rien précipiter, car non-seulement il était sur le point de toucher à son but, — l'Angleterre se mourait de pléthore et allait avoir sur les bras un conflit avec l'Amérique ; — mais la guerre d'Espagne n'était point finie et nos plus habiles généraux y étaient immobilisés par un ennemi patient, Wellington, qui ne livrait rien au hasard, et par une insurrection toujours étouffée et toujours renaissante.

L'intérêt de la France, le devoir de son chef étaient de ne rien entreprendre avant d'avoir terminé cette lutte qui occupait ses meilleurs soldats. Mais Napoléon s'aveuglait par les succès antérieurs, voyant dans la Russie le dernier asile de toutes les idées que la Révolution combattait depuis vingt ans. Il croyait qu'après cette guerre le système européen serait fondé et la cause du siècle gagnée. Il partit donc rejoindre la grande armée.

En passant à Dresde, il trouva l'empereur d'Autriche, les rois de Prusse, de Bavière, de Saxe et une foule d'autres princes tributaires qui l'assurèrent de leur dévouement ; mais il manqua l'alliance si utile de la Suède et de la Turquie : Bernadotte, oubliant qu'il était Français, vendit ses services au plus offrant et son intervention fit conclure un traité entre la Turquie et le czar.

Avec ces deux alliés qui eussent fait simultanément des diversions au nord et au sud, il nous était presque impossible de ne pas vaincre ; eux contre nous, le labeur était double ; mais Napoléon avec 640 000 hommes, 60.000 chevaux et 1 200 canons, n'espérait pas seulement conquérir la Russie : Moscou n'était déjà plus pour lui qu'une étape d'où il partirait pour anéantir la domination anglaise dans l'Inde avec l'aide de la Géorgie et de la Perse qui, pressenties de longtemps, étaient prêtes à renforcer ses armées victorieuses.

Campagne de Russie.

Les hostilités commencèrent le 24 juin 1812, et pendant que 130 000 Russes, commandés par le ministre Barclay, couvraient la route de Saint-Pétersbourg en s'appuyant sur la Dwina, et que le prince Bagration, à la tête d'une armée encore plus nombreuse, s'adossait au Dniéper pour garder la route de Moscou, Napoléon passa entre les deux, franchit le Niémen à Kowno, refoula les Russes devant lui et entra à Vilna le 28.

Il y perdit dix-sept jours à faire de cette ville le centre de ses approvisionnements, première faute de cette campagne, mais faute indispensable, vu la difficulté d'agir à une distance si considérable de la véritable frontière. On le suppliait de rétablir l'ancien royaume de Pologne ; mais, outre que dans la situation présente il ne chiffrait pas l'appoint militaire que pouvait lui donner une insurrection, il craignait d'indisposer l'Autriche qui avait eu une part de la Pologne et qui ne l'eût pas rendue sans coup férir.

Après ce repos funeste qui permit aux Russes, déjà en désarroi, de se réorganiser, Napoléon prit la route de Moscou, battit l'arrière-garde de Barclay à Ostrowno (25 juillet) et occupa Witepsk (le 28). Pendant ce temps, Bagration qui avait été entamé par Davoust, le 23, à Mohilew, derrière le Dniéper, rejoignit Barclay à Smolensk, qui bien que défendue par 80 000 hommes n'en fut pas moins prise après un combat acharné (17 août). Notre armée ne profita pas de cette conquête, car les Russes y mirent le feu. C'était la tactique de Barclay : dévaster le pays, incendier les villes et les bourgs et reculer sans livrer une grande bataille. Il faillit pourtant y être forcé et, sans une faute de Junot à Valentino, son armée, très-compromise, pouvait être anéantie.

Cet échec causa son rappel, et le vieux Kutusof qui lui succéda accepta la bataille que Napoléon voulait gagner. Elle se livra à Borodino près de la Moskowa (7 septembre), et fut terrible. 270 000 hommes et 1 000 pièces de canon y échangèrent leur feu pendant toute une journée. Après des prodiges de Ney et un tour de force de Murat qui enleva une redoute, qu'on ne pouvait faire taire, avec de la cavalerie, la victoire nous resta. Elle nous coûtait 10 000 morts dont deux généraux, Montbrun et Caulaincourt, et 20 000 blessés, dont 45 généraux. Les Russes, qui pouvaient être anéantis si Napoléon avait consenti à faire donner la garde (mais si loin de sa ligne d'opérations il voulait ménager sa réserve), eurent, plus de 60 000 hommes hors de combat et précipitèrent leur retraite.

L'armée française entra dans Moscou, mais le gouverneur Rostopchine, qui en avait déjà fait sortir toute la population, fit mettre le feu dans cette ville en bois qui se consuma en cinq jours ; on ne put sauver que les églises, le Kremlin et le cinquième des maisons. Cet acte d'héroïsme sauvage faisait brûler vifs 15 000 blessés que l'armée russe avait laissés dans Moscou, mais il démoralisa l'armée française et obligea Napoléon, qui attendit vainement les propositions de paix du czar, à penser à une retraite déjà menacée sur notre flanc.

L'empereur, pour ne pas avouer au monde qu'il reculait, laissa Mortier dans le Kremlin, et l'armée française quitta Moscou le 19 octobre, après 35 jours d'occupation, et marcha droit sur Kutusof. Elle était encore forte de 80 000 combattants, mais encombrée par 50 000 employés, femmes, enfants, impedimenta de toute sorte. Elle marcha si lentement que Kutusof arriva le premier à Mulb-Jaroslavitz. Un combat violent s'y engagea le 24. Eugène, qui commandait notre avant-garde, prit et perdit la ville sept fois de suite ; finalement elle lui resta, mais ne servit de rien, car, plutôt que de forcer le passage, on suivit la route de Mojaïsk par où l'on était venu ; la neige couvrait les chemins, les vivres manquaient, il fallait se faire jour à travers des masses considérables et des nuées de Cosaques enlevaient nos traînards, si bien qu'en arrivant à Smolensk (9 novembre) l'armée n'était plus que de 50 000 hommes.

Napoléon croyait avoir préparé des munitions et des secours le long de sa ligne de retraite, mais tout manqua par l'incurie des subalternes et il ne trouva à Smolensk ni vivres ni munitions. Il ne fallait cependant pas perdre de temps, car les trois armées russes allaient se réunir et barrer la Bérésina qu'il nous fallait traverser.

L'armée se remit en marche, mais pendant quatre jours, du 14 au 17 novembre, la gelée fut si forte (18 degrés au-dessous de zéro) qu'il fut impossible de nourrir les chevaux le long de la route. La cavalerie fut à pied et il fallut détruire et abandonner une partie des pièces et les caissons. La température se radoucit les jours suivants,

Un épisode de la retraite de Russie.

et le dégel qui empêchait d'avancer fut un fléau encore plus redoutable que la gelée; le plus terrible encore était la famine; les soldats mouraient de faim.

Cette retraite désastreuse ne fut d'ailleurs qu'un long combat; un moment Davoust fut entouré par toute l'armée russe. Napoléon, qui était à Krasnoë, chargea lui-même avec 10 000 hommes de sa garde et passa au travers de 60 000 ennemis; ils se resserrèrent alors autour de Ney, qui n'avait plus que 6 000 hommes, mais qui trouva moyen de leur échapper en se battant comme un lion et notre armée, coupée deux fois, se trouva réunie à Orcha (19 novembre). En y comprenant les corps de Victor, d'Oudinot et de Dombrowski, elle était encore forte de 40 000 combattants et s'apprêtait à passer la Bérésina, mais les deux ponts étaient déjà détruits. Napoléon en fit jeter deux autres à Studzianka par les pontonniers du général Éblé qui, dans l'eau glacée jusqu'aux épaules, firent deux passerelles de 101 mètres de longueur, avec les poutres des maisons de Studzianka, qu'on démolit plusieurs fois ; il fallut les reconstruire et presque tous les pontonniers se noyèrent ou périrent du froid, mais l'armée allait passer, pendant que Ney et Oudinot contenaient à droite les Russes de Tchitchagoff, et Victor, à gauche, le général Wittgenstein avec 46 000 hommes. Victor n'avait que 15 000 Français à lui opposer ; malgré l'infériorité de sa position, il les arrête partout, leur tue 10 000 hommes et franchit les ponts pendant la nuit. Le 29, il ne restait plus sur la rive gauche que l'arrière-garde et une foule de traînards qui trouvant à se ravitailler à Studzianka y restaient le plus longtemps possible. Quand ils virent l'arrière-garde se disposer à passer, ils se précipitèrent sur les ponts et y causèrent un encombrement indescriptible. Les Russes survinrent et firent pleuvoir des obus sur cette multitude. Le massacre fut si horrible que le gouverneur de Minsk fit ramasser et brûler 24 000 cadavres.

L'armée marchait sur Wilna où nous avions de grands magasins. Napoléon la quitta à Smorgoni pour courir à Paris où venait d'éclater la conspiration Malet, et en laissa le commandement à Murat; le roi de Naples n'avait pas l'énergie que commandaient de pareilles circonstances, et d'ailleurs le froid, descendu à 20 degrés, lui enleva 20 000 hommes en trois jours ; il se laissa atteindre à Wilna. Ney repoussa l'ennemi, et, à la tête d'une poignée de braves, se battant comme un grenadier, un fusil à la main, il défendit le pont de Kowno et ne repassa le Niémen que le dernier (20 décembre).

La retraite était finie, et cette campagne, dans laquelle nous n'avions jamais été vaincus, nous coûtait 300 000 soldats ; le froid et la faim, qui avaient tué la grande armée, n'avait pas plus épargné les Russes : en trois semaines, Kutuzoff avait perdu les trois quarts de son effectif.

En Espagne, nos armes n'étaient pas plus heureuses; la division du commandement et la faiblesse de Joseph avaient tout paralysé. Wellington prit Ciudad-Rodrigo et Badajoz et battit Marmont près de Salamanque, aux Arapiles, ce qui neutralisa les victoires que Sucher remporta dans l'est de la Péninsule.

Campagne d'Allemagne.

L'étoile de Napoléon avait pâli et la retraite de Moscou avait porté un coup mortel à sa puissance; la Prusse s'était unie à la Russie et notre armée dut reculer sur la Vistule, puis sur l'Oder et enfin sur l'Elbe ; une sixième coalition se forma : elle se composait de la Russie, de la Prusse, de la Suède, de l'Espagne et toujours de l'Angleterre ; l'Autriche arma même secrètement pour s'y joindre. Mais ce qui était le plus redoutable pour la France, c'était le sentiment national allemand, que les puissances alliées s'efforçaient de surexciter ; déjà même, à la voix de leurs princes et de leurs poëtes Uhland, Arndt et Koërner, les peuples trouvaient que ce n'était pas assez de s'affranchir ; ils parlaient déjà de nous reprendre l'Alsace et la Lorraine et de remettre en question le traité de Westphalie.

Napoléon ne l'entendait pas ainsi, la France n'avait pas le temps de pleurer ses enfants : morne et silencieuse, elle lui en donnait d'autres. 200 000 hommes furent levés, équipés et l'empereur fut prêt avant les coalisés ; il les battit à Lutzen (2 mai 1813), et, ne pouvant profiter de cette victoire parce qu'il n'avait plus de cavalerie pour poursuivre l'ennemi, il en gagna une autre à Bautzen qui délivra la Saxe et nous valut la moitié de la Silésie ; mais alors il eut la malheureuse idée d'accorder aux coalisés l'armistice de Pleiswitz (3 juin) qui leur donna deux mois pour se concerter et reprendre confiance.

Ce fut comme un signal de revers. Dans la Péninsule, Wellington battit Joseph à Vittoria, et cette bataille amena la perte de l'Espagne, car Suchet, découvert par la retraite des armées de Portugal et de Castille, évacua Valence, Barcelone, et s'adossa aux Pyrénées ; Soult prit position derrière la Nive, et les Anglais, déjà sur la Bidassoa, menaçaient le sol français.

Cet événement fit une sensation profonde et l'Autriche en profita pour intervenir. Elle demanda à Napoléon l'abandon du grand-duché de Varsovie, de l'Illyrie, des villes hanséatiques et du protectorat de la Confédération du Rhin, lui promettant à ce prix que la coalition poserait les armes. L'empereur pouvait faire ces concessions sans amoindrir la grandeur de la France ; mais l'Autriche l'ayant menacé, en cas de refus, de joindre 300 000 hommes aux armées alliées, il crut son honneur engagé et refusa. L'Autriche tint parole, et le 16 août les hostilités recommencèrent et le canon tonna depuis les bords de la Katzbach jusqu'à Hambourg.

La coalition, dans laquelle commandaient deux Français, Bernadotte, prince royal de Suède, et Moreau qui, à la prière d'Alexandre, était revenu d'Amérique pour diriger le coup qui devait tuer sa patrie, avait 500 000 soldats, 1 500 canons et une réserve toute prête de 250 000 hommes.

Napoléon ne pouvait compter que sur 360 000 hommes, presque tous conscrits, mais qui, encadrés dans de vieux soldats, pouvaient faire de grandes choses. Il leur en demanda trop. Il voulut menacer à la fois Berlin, Breslau et Prague, ce qui affaiblit son centre à Dresde où il frappa pourtant, les 26 et 27 août, un coup terrible sur les coalisés. Moreau fut blessé mortellement à cette bataille. Un boulet français lui coupa les deux cuisses au moment où il indiquait à Alexandre une manœuvre indispensable. Il mourut quatre jours après, pendant que l'armée qu'il commandait s'enfuyait en désordre à travers les montagnes de la Bohême.

Mais Oudinot avait été battu le 23 à Gros-Beeren, sur la route de Berlin ; Macdonald essuyait un désastre sur la Katzbach (26-29 août). Ces fâcheuses nouvelles empêchèrent Napoléon de diriger la poursuite de l'armée vaincue, et Vandamme, lancé en enfant perdu dans la Bohême, se fit prendre à Kulm (30 août).

La victoire de Dresde se trouvait ainsi plus qu'annulée. Blücher arriva en Saxe pour tendre la main à Bernadotte, qui toucha Wittemberg, après avoir battu Ney à Dennewitz (6 septembre), et Davoust, qui était déjà au milieu du Mecklembourg où il avait pris Wismar, dut revenir sur ses pas et se cantonner derrière l'Elbe.

Napoléon avait alors en face de lui, de Wittemberg à Tœplitz, 300 000 hommes qui le menaçaient en demi-cercle, tandis que leurs ailes faisaient effort pour se rejoindre sur nos derrières et nous fermer d'autant plus facilement la route de France que l'Allemagne était en feu. La Bavière entrait dans la coalition, comme allaient le faire le grand-duché de Bade et le royaume de Wurtemberg.

L'empereur essaya de couper le cercle. Il concentra 190 000 hommes à Leipzig et commença cette sanglante bataille de trois jours, la plus meurtrière de l'histoire moderne, que les Allemands ont appelée la *bataille des nations*.

Le 16, il y eut déjà trois batailles : à Leipzig, Lindenau et Mockern, et malgré la défection des Saxons et de la cavalerie wurtembergeoise, qui passèrent à l'ennemi sur le champ de bataille, la victoire nous resta; elle nous coûta 20 000 hommes, mais les ennemis, qui en perdirent 40 000, ne purent opérer leur jonction. A cette journée, 145 000 Français avaient opéré contre 200 000 ennemis.

Le lendemain, nous recevions 25 000 hommes de renfort, mais le danger était augmenté, car les alliés se grossissaient de 110 000 hommes. Le 18, il y eut deux furieux combats à Dolitz et à Probsteyda. Encore vainqueurs, nous y avions 20 000 hommes hors de combat et les ennemis 30 000. Mais nos munitions s'étaient épuisées; il restait à peine 15 000 coups à tirer, à peu près pour deux heures de bataille; il fallait encore une fois reculer et battre en retraite au milieu de la victoire.

Cette retraite, que Napoléon voulait cacher à l'ennemi, et pour laquelle il ne fit construire qu'un pont sur l'Elster et la Pleisse, fut un désastre. Commencée dans la nuit du 18 au 19, elle se fit dans un désordre épouvantable et au milieu d'un encombrement fatal. Puis un mineur fit sauter le pont avant que l'arrière-garde avec deux maréchaux et les chefs de corps l'eussent franchi. Poniatowski se noya dans le fleuve, Macdonald parvint à le passer à la nage, mais Lauriston et Reynier tombèrent au pouvoir de l'ennemi.

Ainsi finit cette horrible bataille, qui engraissa les plaines de Leipzig de 120 000 cadavres, dont 30 000 Français; mais la campagne n'était pas terminée. 60 000 Austro-Bavarois barraient la route à Hanau. L'artillerie de Drouot et la garde impériale les culbutèrent, et l'armée put passer. Ce fut notre dernière victoire au delà du Rhin (30 octobre). Le cinquième seulement de nos troupes rentra en France, et 120 000 soldats s'immobilisèrent dans les places de l'Elbe, de l'Oder et de la Vistule, où ils furent assiégés et capitulèrent tous les uns après les autres après des défenses plus ou moins héroïques, à l'exception de Davoust, qui sortit de Hambourg quand et comme il voulut, après l'abdication de l'empereur.

Campagne de France.

Le territoire de la France était menacé; et, au moment où il eût fallu pour conjurer le danger que la nation entière se serrât autour de Napoléon, les libéraux donnaient le signal d'une opposition qui n'était pas sans motifs, mais qui était intempestive. La bourgeoisie, qui avait couru au-devant de la dictature quand elle sauvait le pays du désordre, la répudiait alors qu'elle le menait aux abîmes, sans s'apercevoir qu'elle-même allait précipiter le dénouement. D'ailleurs les sources de la population virile se tarissaient et l'empereur répugnait à la levée en masse qui, seule, pouvait lui redonner une armée, parce qu'elle organisait militairement le peuple des villes qu'il redoutait, et ne s'y décida qu'en désespoir de cause le 5 mars. Mais déjà depuis cinq mois l'étranger foulait notre sol.

Les coalisés avaient fait précéder leur marche de la déclaration de Franc-

CAMPAGNE DE FRANCE. — Corps francs attaquant un convoi ennemi.

fort, dans laquelle ils affirmaient ne pas faire la guerre à la France, mais à la prépondérance que Napoléon avait trop longtemps exercée hors des limites de son empire, espérant ainsi séparer la cause de l'empereur de celle de la nation. Ils y réussirent, et le Corps législatif refusa le concours énergique que Napoléon lui demandait, en se plaignant de son despotisme et de la guerre à outrance dont il avait fait son système, alors qu'il ne s'agissait plus que de l'indépendance nationale. Mais le ressort était brisé, la population surmenée était lasse du joug et aimait mieux en subir un autre que de tenter de s'affranchir.

L'empereur ajourna le Corps législatif pour un temps indéterminé, renvoya le pape en Italie, Ferdinand VII en Espagne et se prépara à la lutte suprême, dans laquelle il ne pouvait engager que 60 000 hommes, tandis que la coalition en avait plus d'un million prêts à entrer en ligne.

180 000 hommes, commandés par Blücher, franchirent le Rhin, la Moselle et la Meuse; une armée pareille, sous les ordres de Schwartzemberg, violant la neutralité suisse, déboucha en France par la trouée de Belfort et le Jura, manœuvrant pour se joindre à Blücher par le plateau de Langres.

Ce fut contre ceux-ci que Napoléon dirigea ses efforts, pendant que Wellington franchissait les Pyrénées avec 160 000 Anglo-Espagnols, que 80 000 Autrichiens s'approchaient des Alpes, que 80 000 Suédois, Prussiens et Russes, sous la conduite de Bernadotte, menaçaient la Belgique, et que des réserves formidables (400 000 hommes) se préparaient à passer nos frontières.

Il attaqua et battit Blücher, le 27 janvier 1814, à Saint-Dizier, puis à Brienne le 27, mais ne put l'empêcher de faire sa jonction; et un échec qu'il essuya, le 1er février, à la Rothière, l'obligea à se replier sur Troyes. C'est là qu'il reçut, le 8, l'ultimatum des alliés qui offraient la paix à condition que la France rentrerait dans ses limites de 1789. « Rendre la France plus petite que je ne l'ai trouvée, jamais! » s'écria Napoléon. Et dans les plaines de la Champagne, dont il connaît tous les replis de terrain, il ne perd pas l'espoir de donner une leçon terrible aux ennemis qui avaient déjà 120 000 hommes de Châlons à la Ferté-sous-Jouarre. Il coupe leur ligne à Champaubert (10 janvier), sépare Blücher de Sacken qu'il bat le 11 à Montmirail, le 13 à Château-Thierry, et qu'il laisse fuir vers le nord pour se retourner contre Blücher qu'il refoule sur Châlons, après l'avoir vaincu le 14 à Vauchamps.

Quatre victoires en cinq jours. Napoléon semblait recommencer une épopée. Mais sa lutte était désespérée; et pendant qu'il accomplissait ces prodiges Schwartzemberg s'avançait par la vallée de la Seine et son avant-garde dépassait déjà Melun. L'empereur enlève sa petite armée, lui fait faire 30 lieues en trente-six heures, et, le 16 février, elle repousse les Autrichiens à Mormant, les Prussiens, le 17, à Nangis et à Dannemarie, pendant qu'une faute de Victor laissait échapper une partie d'un corps de de 30 000 hommes aventuré jusqu'à Fontainebleau, qui aurait été anéanti si Victor s'était emparé plus tôt de Montereau (18). Battus encore une fois, le 22, à Méry-sur-Seine, les Autrichiens précipitent leur retraite et l'armée française rentre triomphante à Troyes, après une campagne de quinze jours qui avait fait perdre 50 lieues aux coalisés.

Malheureusement, pendant que Napoléon était occupé ailleurs, Blücher reprenait courage et marchait une seconde fois par la Marne. L'empereur courut au-devant de lui, le jeta en désordre sur Soissons, et son armée était perdue si la ville ne lui avait ouvert ses portes. Elle n'en fut pas moins vaincue de nouveau à Craonne; mais elle se concentra près de Laon, au nombre de 100 000 hommes, et, malgré ses efforts, Napoléon ne put les en déloger (10 mars). Il se retourna alors contre les Russes et les chassa de Reims (13 mars).

En un mois, l'empereur avait livré quatorze batailles, remporté douze victoires et défendu les approches de Paris contre trois armées formidables : mais la lutte devenait de plus en plus inégale ; la défection vint précipiter la balance qui penchait déjà. Murat, croyant sauver sa couronne, livra l'Italie aux Autrichiens ; Augereau leur ouvrit les portes de Lyon ; le général Maison évacua la Belgique ; de plus, le maréchal Soult perdit contre Wellington la bataille de Toulouse et ne put l'empêcher d'entrer à Bordeaux, où Louis XVIII fut proclamé roi de France (12 mars.)

Alors le czar de Russie résolut de frapper un coup décisif. Il ordonna à Blücher et à Schwartzemberg de réunir leurs forces et de marcher sur Paris : Napoléon ne put empêcher leur jonction. La sanglante bataille d'Arcis-sur-Aube (20 et 21 mars) fut indécise. L'empereur pouvait encore tout sauver, il laissa libre la route de Paris et se porta sur les derrières des alliés avec 50 000 hommes pour couper leurs communications et exciter le courage de ces patriotiques provinces qui n'avaient point attendu le décret impérial pour se lever en masse, et qui harcelaient l'ennemi.

« Que Paris se défende, s'écriait-il, et pas un étranger ne repassera le Rhin ! » Et c'était vrai. Napoléon avait raison de dire qu'il était plus près de Munich que les alliés ne l'étaient de Paris.

Mais Paris ne se défendit pas comme il le pouvait. On n'utilisa pas le dévouement de 12 000 gardes nationaux, on refusa des armes à plus de 20 000 ouvriers, presque tous anciens soldats, qui se pressaient aux portes des mairies, et si la défense fut héroïque, puisqu'elle coûta plus de 18 000 hommes aux alliés (presque autant que nous avions de combattants), elle fut mal dirigée et resta sans résultats. Le maréchal Marmont signa une capitulation pour épargner à la ville les horreurs d'une prise d'assaut (31 mars).

Abdication de Napoléon.

C'en était fait, les étrangers entraient dans Paris où ils montrèrent d'ailleurs la plus grande modération. Le peuple témoignait une résignation sombre, mais les hauts personnages avaient déjà changé de drapeau. Le Sénat, dirigé par Talleyrand, nomma, dès le 1er avril, un gouvernement provisoire ; le 3, il prononça la déchéance de Napoléon, et le 6 appela au trône un prince dont la nation avait à peine entendu parler, Louis XVIII, frère de Louis XVI.

Napoléon aurait pu encore résister ; il pouvait réunir 140 000 hommes derrière la Loire. Un moment il en eut la pensée, mais ses maréchaux étaient las de combattre. Marmont le trahit par la capitulation d'Essonne ; Berthier, Ney lui-même le quittèrent ; il abdiqua et, après avoir fait à sa vieille garde, dans la cour dite du *Cheval-Blanc*, à Fontainebleau, des adieux restés célèbres (20 avril), il partit pour l'île d'Elbe avec Bertrand, Drouot, Cambronne et 400 de ses vieux grenadiers.

Ainsi l'empire de celui qui ne s'était pas contenté de la moitié de l'Europe se trouvait réduit à un îlot de quelques kilomètres carrés. Le colosse tombait, semblant entraîner dans sa chute sa patrie elle-même, mais elle lui a pardonné, car il lui avait donné une gloire incomparable.

D'ailleurs la France était aussi coupable que l'homme qui restera la plus grande figure de l'histoire militaire, malgré les entraînements de sa folle ambition; car elle s'était jetée éperdue dans les bras d'un jeune et glorieux général, pour ne pas se donner le labeur de se gouverner elle-même, et si elle paya sa faute d'un amoindrissement irrémédiable, celui à qui elle avait donné la dangereuse ivresse du pouvoir absolu l'expia encore d'une façon plus horrible.

Combat de Champaubert.

CHAPITRE XXV

LA PREMIÈRE RESTAURATION — LES CENT JOURS

Règne de Louis XVIII.

Pendant que Napoléon partait pour son exil volontaire, que Louis XVIII quittait sa résidence de Hartwell près Londres, le prince de Talleyrand, chef du gouvernement provisoire, signait avec les vainqueurs une convention désastreuse, qui réduisait la France à ses frontières de 1792, et leur livrait 53 places fortes, 13 000 bouches à feu, 30 vaisseaux et 12 frégates. Et l'on était

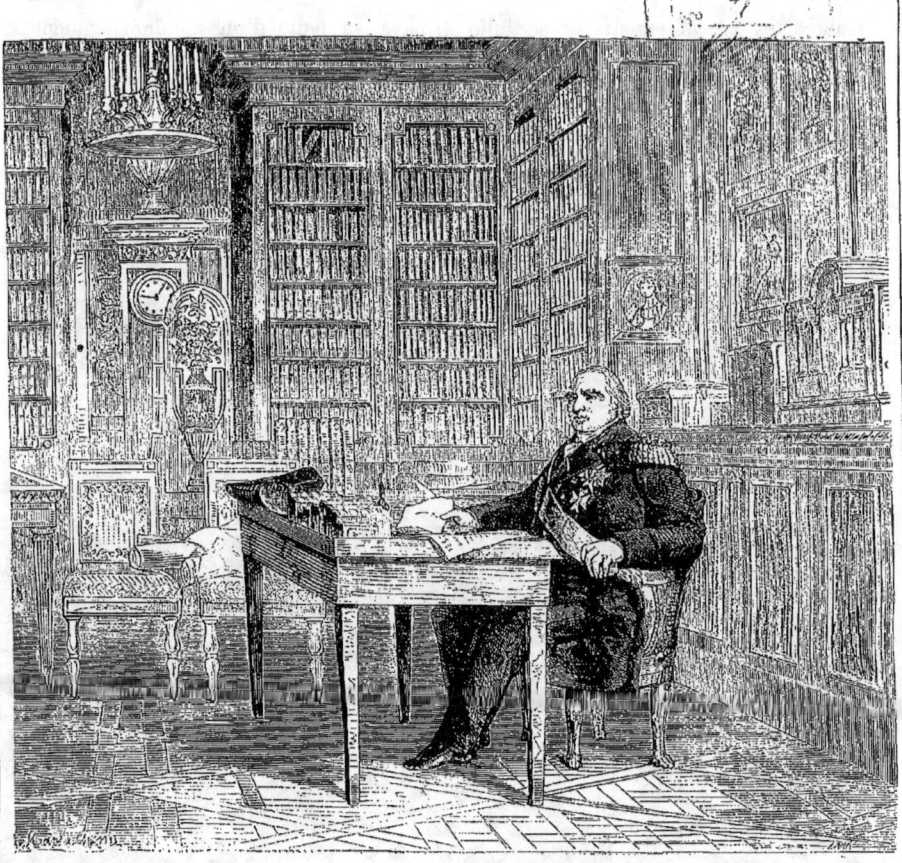

LOUIS XVIII.

si las de la guerre qu'on ne trouva pas le traité trop excessif.

Personne ne pensait même à protester contre une des conditions de ce traité qui asseyait le comte de Provence sur le trône de ses pères. On prêta au comte d'Artois, son frère, qui devait lui succéder plus tard sous le nom de Charles X, ce mot devenu fameux : « Il n'y a rien de changé en France, il n'y a qu'un Français de plus; » auquel il est probable qu'il ne pensa jamais ; mais il fallait chercher à faire quelque popularité au nouveau roi qui, oubliant qu'il n'arrivait que dans les fourgons de l'étranger, le prenait déjà de très-haut ; datant son avénement du jour de la mort de son neveu Louis XVII, appelant 1814 la dix-neuvième année de son règne, et substituant brutalement le drapeau blanc, qu'on ne connaissait plus depuis vingt-quatre ans, au drapeau tricolore qui avait fait victorieusement le tour de l'Europe, il paraissait peu disposé à faire les concessions en rapport avec la situation.

Mais le czar Alexandre était là, n'aimant pas personnellement les Bourbons, et comprenant bien que la France n'avait pas fait la Révolution pour se jeter aux genoux de l'ancien régime; il fallait, pour assurer la paix de l'Europe, lui donner des institutions libérales et fortes qui lui permissent de substituer les mots de « volonté nationale » à ceux de « par la grâce de Dieu, » qu'invoquait le nouveau monarque; il appuya les propositions constitutionnelles rédigées par Talleyrand et obligea Louis XVIII à faire, le 2 mai, avant d'entrer dans Paris, la déclaration de Saint-Ouen, préliminaire de la Charte constitutionnelle qui fut arrêtée le 27 mai et octroyée le 4 juin.

Cette Charte appuyait la royauté héréditaire sur deux Chambres, l'une élue, l'autre nommée par le roi, et ayant toutes deux le vote de l'impôt et la discussion des lois.

Elle reconnaissait la liberté publique et individuelle, la liberté de la presse et des cultes; déclarait l'inviolabilité des propriétés, même celle des biens nationaux vendus, la responsabilité des ministres, l'inamovibilité des juges, la garantie de la dette publique, en un mot, le maintien des grandes institutions de l'Empire : Conseil d'État, Cour de cassation, Cour des comptes, Université, etc.

Sitôt que l'acte constitutionnel fut rédigé, Alexandre et ses alliés signèrent la paix, et l'évacuation de la France commença le 30 mai.

Ce n'était pas assez de signer la Charte, il fallait s'y conformer, ce qui était assez difficile, car avec les Bourbons étaient rentrés les émigrés dépossédés, qui menacèrent les intérêts créés par la Révolution; les possesseurs de biens nationaux furent inquiétés, on ne respecta ni la liberté des cultes ni la tolérance religieuse, et l'avénement au ministère de la guerre du général Dupont, qui n'était célèbre que par sa capitulation de Baylen, empêcha la nation de se consoler de la gloire et de la puissance perdues par l'espoir du repos et de la liberté.

Ce ne fut pas tout encore : on rendit des honneurs publics à la mémoire de Georges Cadoudal et de Moreau, qui avaient été notoirement des ennemis de la patrie; les grades, les honneurs furent prodigués aux émigrés, et tandis que 14 000 officiers, qui avaient gagné leurs épaulettes en face de l'ennemi, étaient renvoyés en demi-solde et internés derrière la Loire, les soldats de l'armée de Condé, ceux-là mêmes qui n'avaient jamais tiré l'épée que contre nous, étaient nommés généraux, et les gentilshommes qui avaient servi dans la marine anglaise entraient dans la nôtre avec le grade immédiatement supérieur, comme si une campagne contre la patrie était un titre suffisant à leur avancement; bien plus, leurs années de service à l'étranger leur étaient comptées pour la retraite.

Toutes ces ordonnances que Louis XVIII terminait par la formule surannée dont Louis XIV avait abusé : « Car tel est notre bon plaisir, » avaient irrité à ce point la population, qu'en dix mois le gouvernement nouveau était complétement usé, et n'attendait qu'un souffle du géant pour s'évanouir comme un château de cartes.

Retour de l'île d'Elbe.

Ce souffle, il le poussa le 1er mars 1815; voyant les Bourbons accumuler les fautes, menacé d'ailleurs d'être enlevé de son île pour être jeté sur un rocher plus solitaire, Napoléon voulut tenter encore une fois la fortune.

Avec les quelques centaines de braves qui ne l'avaient pas quitté, il aborda au golfe Juan, près de Cannes, et adressa aux Français la proclamation suivante :

« Élevé au trône par votre choix, tout ce qui a été fait sans vous est illégitime. Soldats, tous ceux que nous avons vus depuis vingt-cinq ans parcourir l'Europe pour nous susciter des ennemis, qui ont passé leur vie à combattre contre nous dans les rangs des armées étrangères, prétendraient-ils enchaîner nos aigles? Venez vous ranger sous les drapeaux de votre chef : son existence ne se compose que de la vôtre, ses droits ne sont que ceux du peuple et les vôtres, son intérêt, son honneur et sa gloire ne sont autres que votre intérêt, votre honneur et votre gloire. La victoire marchera au pas de charge ; l'aigle, avec les couleurs nationales, volera de clocher en clocher jusqu'aux tours de Notre-Dame. »

Sa parole fut entendue : de Cannes à Grenoble, la petite troupe ne rencontra aucun obstacle ; devant cette dernière ville, elle se trouva en face des premières troupes envoyées pour l'arrêter. Napoléon s'avança seul au-devant des soldats. « Y a-t-il quelqu'un d'entre vous qui veuille tuer son empereur? » s'écria-t-il en leur présentant sa poitrine. Les armes tombèrent de toutes les mains et un immense cri de : « Vive l'empereur ! » fut le commencement de la marche triomphale qui ne s'arrêta qu'à Paris.

Labédoyère lui amena son régiment. Lyon le reçut le 10 avec enthousiasme; il n'y resta que trois jours, le temps de reprendre le pouvoir souverain. Cependant Ney, qui avait promis au roi de lui amener son ancien maître, dut céder à l'entraînement de ses soldats et vint lui-même rejoindre Napoléon à Auxerre.

Le 20 mars, il rentrait aux Tuileries que Louis XVIII avait quittées la veille; et ce qui prouve que cette révolution presque incroyable ne sortait pas d'un complot, mais bien d'une conspiration universelle, c'est qu'il n'y eut pas un coup de fusil tiré pour la défense des Bourbons, pas une goutte de sang de répandu pour le rétablissement de l'Empire.

Les Cent Jours.

La première pensée de Napoléon fut pour le rétablissement de la liberté. Il confia le ministère de l'intérieur à Carnot, républicain intègre, et demanda à Benjamin Constant les moyens pratiques de gouverner avec une Constitution.

Il promulgua un acte additionnel aux Constitutions de l'Empire, par lequel il établissait deux Chambres, l'une élective et l'autre héréditaire, et toutes les libertés promises par la Charte (26 mai). Cet acte, soumis à la sanction populaire, réunit 1 500 000 *oui* contre 4 206 *non*.

Napoléon était encore empereur par la volonté nationale; mais il allait avoir de nouveau l'Europe entière à combattre, et de plus peut-être la guerre civile, car les royalistes prenaient les armes en Vendée; il s'y prépara non sans rencontrer de l'opposition dans les régions officielles; mais les alliés, par leur déclaration du congrès de Vienne, lui donnèrent plus de soldats qu'il ne voulut en employer. « Marchons, avaient dit les coalisés ; il faut exterminer cette bande de brigands qu'on appelle l'armée française : le monde ne peut demeurer en repos tant qu'il restera un peuple français. »

La question redevenait nationale ; de tous côtés des fédérations se formaient et se mettaient à la disposition du gouvernement, mais Napoléon, qui n'aimait pas les forces révolutionnaires, n'accepta que ceux qui voulurent s'incorporer dans les régiments; les autres ne reçurent pas d'armes.

L'empereur, d'ailleurs, était dans un abattement d'esprit dont il ne se rendait pas compte lui-même; il avait toujours le même génie, mais il ne possédait plus cette foi en sa fortune qui lui avait fait faire des prodiges. Il n'en dépensa pas moins toute son activité à l'organisation de l'armée, et, en 50 jours, il avait 182 000 hommes de ligne et une réserve de 200 000 gardes nationaux mobiles pour la défense des places.

Bataille de Waterloo.

Les alliés n'avaient pas eu d'efforts à faire. Leurs armées étaient prêtes à entrer en campagne. L'Autriche envoya 300 000 hommes vers le Rhin et les Alpes; 95 000 Anglo-Hollandais se trouvaient déjà en Belgique sous Wellington, général froid, incapable d'un élan ou de ces inspirations qui font les héros, mais méthodique et ne livrant rien au hasard; 124 000 Prussiens marchaient sous Blücher le long de l'Oder, et on n'attendait, pour commencer les opérations, que 170 000 Russes qui devaient être rendus à Mayence le 1er juillet.

Napoléon voulut prévenir l'ennemi, non-seulement parce qu'il savait que l'offensive était plus conforme au génie de notre nation, mais encore pour éviter les ravages de la guerre aux provinces de l'Est et du Nord, si patriotiquement dévouées à sa cause. Le 15 juin, il traversa la Sambre avec 124 000 hommes et 350 pièces de canon, comptant surprendre les Prussiens; mais le général de Bourmont passa à l'ennemi, et Blücher, averti du danger, eut le temps de concentrer son armée à Ligny.

Nos troupes marchaient en trois corps.

L'aile droite, de 48 000 hommes, commandée par Grouchy, et le centre, de 28 000 hommes, sous les ordres directs de Napoléon, devaient attaquer de front les Prussiens pendant que Ney, commandant l'aile gauche, de 48 000 hommes, devait s'emparer des Quatre-Bras pour contenir les Anglais, tomber ensuite sur le champ de bataille et achever la déroute des Prussiens; les ordres ayant été donnés trop tard, ce plan ne fut exécuté qu'à demi. Blücher fut bien mis en retraite, mais son armée ne put être anéantie, parce que Ney fut obligé de rester à combattre les Anglais qui étaient en force aux Quatre-Bras et ne put envoyer à Napoléon que 20 000 hommes qui, sous des ordres contraires, perdirent leur temps entre les Quatre-Bras et Ligny et restèrent inutiles aux deux armées (16 juin).

Cependant Wellington, malgré ses conventions avec Blücher, n'avait pu lui porter aucun secours. Napoléon, après avoir envoyé Grouchy avec 34 000 hommes pour suivre les Prussiens en retraite du côté de Namur, revint sur le général anglais qui avait concentré 90 000 hommes en avant du village de Waterloo, sur le plateau du Mont-Saint-Jean, position qu'il avait longuement étudiée et où il ne resta pourtant que parce qu'il fut impossible à son armée de battre en retraite après deux défaites successives, ce qui permit à Blücher que Grouchy ne contenait pas d'arriver sur le champ de bataille et de changer le résultat de la journée.

Le combat fut horrible. Napoléon n'avait que 72 000 hommes, mais ils étaient pleins d'enthousiasme et se croyaient d'autant plus sûrs de la victoire qu'ils attendaient l'arrivée de Grouchy.

Une première fois la bataille fut gagnée et les Anglais eussent abandonné

Épisode de Waterloo.

le champ de bataille si leur général avait conservé une ligne de retraite; leurs fuyards portèrent jusqu'à Bruxelles le bruit de la défaite de Wellington.

C'en était fait d'ailleurs si, au moment où Napoléon allait lancer la garde pour changer le désordre en déroute on n'eût entendu le canon gronder sur la droite, derrière nos lignes; un immense cri de joie y répondit : « C'est Grouchy, » disait-on de tous côtés.

Erreur fatale, qui suspendit un moment nos coups et permit aux Anglais de se reconnaître; c'était Bulow que l'on croyait à Namur et qui arrivait sur le champ de bataille avec 30 000 Prussiens, envoyant ses boulets jusque sur le tertre où se tenait Napoléon.

Il fallut livrer une seconde bataille : pendant que notre infanterie contient et repousse Bulow, Ney, emporté par son ardeur, enlève toute la cavalerie et même la réserve pour hacher l'armée anglaise, qui avait repris l'offensive du côté de la Haie-Sainte. Ce furent des charges homériques : onze fois nos cavaliers sabrent les lignes anglaises, onze fois elles se reforment; mais c'en était fait de l'armée de Wellington, si Ney avait mieux mesuré ses coups et attendu que l'infanterie de réserve ne fût plus engagée du côté de Bulow. L'empereur fut obligé alors d'intervenir avec la jeune garde; mais déjà l'artillerie anglaise avait reconquis le plateau et jetait la mort dans ses rangs. Elle s'avance toujours; deux fois repoussée, elle se reforme et elle allait, avec l'aide des troupes qui occupaient Goumont et que Napoléon lança avec celles de Ney dans une attaque générale, enfoncer le dernier carré anglais où se tenait Wellington, quand une vive canonnade qui retentit soudain sur notre extrême droite fit jeter encore chez nous des cris de joie, suivis bientôt d'une panique désespérée. « C'est Grouchy ! criait-on, c'est Grouchy ! »

Hélas! c'était un troisième ennemi, Blücher, qui débouchait dans notre flanc droit avec 32 000 Prussiens. Il était 8 heures du soir, notre armée décimée, qui se battait depuis le matin, crut à la trahison. Les cris de : *Sauve qui peut!* retentirent de tous côtés, le désordre se mit partout et la dernière armée de la France perdit avec la nuit le sentiment de sa bravoure et de son énergie.

Napoléon désespéré tire son épée et veut courir au-devant de la mort; ses généraux l'empêchent de périr avec sa fortune et l'entraînent sur la route de Genappe, pendant que la vieille garde forme six carrés pour lui donner le temps de se mettre en sûreté. Cinq sont successivement anéantis par un ennemi trente fois supérieur; un seul résiste, c'est celui de Cambronne qui, à la hauteur de la maison d'Écosse, fait aux ennemis qui le somment de se rendre une réponse d'un héroïsme peu parlementaire, que l'histoire a traduite par le mot fameux : « La garde meurt et ne se rend pas. »

Elle mourut, en effet, la garde, là et à Planchenoit où, avec Lobau, elle arrêta l'armée prussienne pendant une heure et demie, se dévouant ainsi pour donner au reste de l'armée le temps d'opérer sa retraite. La déroute n'en fut pas moins horrible et cette bataille, que nous avions gagnée deux fois et qui eût été couronnée pour nous d'une victoire éclatante si Grouchy avait arrêté les Prussiens ou si seulement il les avait suivis en marchant au canon, nous coûtait 30 000 hommes tués, blessés ou prisonniers; elle en coûtait presque autant aux alliés; mais la route de la France était encore une fois ouverte et la seconde invasion allait commencer.

Seconde abdication de Napoléon.

L'armée ne commença à se rallier qu'à Laon. L'empereur la quitta alors et partit pour Paris où il comptait sur le patriotisme des Chambres; mais Fouché, ministre de la police, et qui était pourtant sa créature, fit courir le bruit qu'il préparait un nouveau 18 brumaire, et, sur la motion de Lafayette, le Corps législatif proclama la patrie en danger, appela la garde nationale à sa défense et déclara coupable de trahison quiconque tenterait de le dissoudre.

En même temps, elle envoyait un

message à Napoléon pour lui demander son abdication. Il s'y résigna et répondit par une proclamation de quatre lignes. « Français, dit-il, je m'offre en sacrifice à la haine des ennemis de la France ; ma vie politique est terminée ; je proclame mon fils, Napoléon II, empereur des Français. »

L'Assemblée parut accepter cette déclaration ; mais, sans prononcer le nom du roi de Rome qui était alors entre les mains des Autrichiens, elle nomma un Gouvernement provisoire et une commission chargée de négocier avec les alliés qui, d'ailleurs, refusèrent toute proposition de paix. Wellington et Blücher marchent en toute hâte sur Paris. Leur pointe était fort imprudente, car le corps intact de Grouchy et les débris de Waterloo, rejoints par de nombreux renforts et concentrés près de Paris, faisaient une armée de cent mille hommes déjà supérieure à celle des alliés et qui pouvait se grossir encore de 60 000 gardes nationaux et ouvriers qui défendaient la capitale. Napoléon offrit de se mettre à la tête des troupes, en montrant combien il était facile d'écraser ce premier ennemi ; mais non-seulement Fouché, président du Gouvernement provisoire, refusa, mais il força l'empereur à quitter la Malmaison où il s'était réfugié.

Exil de Napoléon.

Atterré par cette dernière trahison, menacé d'être livré à l'ennemi, Napoléon partit pour Rochefort, espérant s'embarquer pour les États-Unis ; mais tous les passages étaient gardés et il se rendit alors à bord du vaisseau anglais le *Bellérophon*, d'où il écrivit au régent cette lettre qui sera toujours une accusation contre l'Angleterre :

« Altesse Royale, en butte aux factions qui divisent mon pays et à l'inimitié des grandes puissances de l'Europe, j'ai terminé ma carrière politique et je viens, comme Thémistocle, m'asseoir au foyer du peuple britannique. Je me mets sous la protection de ses lois que je réclame de votre Altesse Royale, comme du plus puissant, du plus constant et du plus généreux de mes ennemis. »

La réponse de l'Angleterre fut une lâcheté : elle considéra l'empereur comme un prisonnier de guerre et l'envoya au milieu de l'Atlantique, sous le ciel brûlant de Sainte-Hélène ; et comme si ce n'était pas assez, pour le génie ardent qui avait étonné le monde pendant quinze ans, d'un climat meurtrier et des douleurs de la solitude et de l'inaction, elle lui donna un geôlier qui sembla prendre à tâche d'abreuver d'outrages l'immortel captif. Hudson Lowe mit six années à le tuer lentement à coups de souffrances morales et de privations matérielles. Il mourut le 5 mai 1821, enveloppé dans son manteau de bataille, et l'Angleterre ne fut pas longtemps à s'apercevoir que le long martyre qu'elle avait infligé au héros français l'avait divinisé. Une popularité immense s'attacha à son nom, même parmi les populations les plus lointaines, et en apprenant sa mort lord Holland ne put s'empêcher de s'écrier en plein Parlement anglais : « L'univers porte le deuil du héros. »

CHAPITRE XXVI

LA SECONDE RESTAURATION

Traités de 1815.

Nous avons un peu anticipé sur les événements pour n'avoir plus à parler de Napoléon ; mais il nous faut revenir au naufrage de l'Empire dans lequel la France faillit être engloutie.

Ni le gouvernement ni les Chambres ne voulaient défendre Paris : Fouché, qui rêvait de porter au trône la branche cadette des Bourbons, gagna Davoust, ministre de la guerre, qui capitula devant Blücher, quand il avait tous les moyens de l'écraser. Malgré une énergique adresse de dix-sept généraux qui croyaient de leur devoir de continuer la lutte, malgré l'ardeur des troupes qui voulaient combattre encore, il signa une convention qui obligea l'armée française à se retirer derrière la Loire sans brûler une amorce.

Les alliés entrèrent dans Paris comme dans une ville conquise. Le Louvre fut dépouillé des chefs-d'œuvre que la victoire y avait entassés, nos bibliothèques, nos collections précieuses furent mises au pillage, et Blücher parlait déjà de faire sauter le pont d'Iéna et de renverser la colonne Vendôme. Mais cette œuvre de destruction sauvage était réservée à des gens qu'on a cru et qui se sont dits Français.

Cependant la Chambre des députés espérait que l'on compterait avec elle ; mais les alliés ne reconnaissaient pas d'autre pouvoir qu'eux. Ils fermèrent la salle des séances et Louis XVIII revint une seconde fois dans les fourgons des armées victorieuses ; mais cette fois la France allait payer le transport un peu cher.

Il fallut d'abord verser 100 millions aux alliés, plus une indemnité de guerre de 700 millions et 350 millions de réclamations particulières. De plus, 150 000 soldats étrangers furent nourris, entretenus à nos frais pendant les trois ans qu'ils restèrent sur notre sol à faire la police de l'Europe.

Et puis il y eut le traité de Paris, signé le 20 novembre 1815, qui nous enlevait, comme aggravation des traités de 1814, Philippeville, Marienbourg, le duché de Bouillon, Sarrelouis, le cours de la Sarre, Landau, le canton de Gex et la Savoie, en tout 534 000 habitants.

Ainsi, après vingt-cinq ans de victoires, le territoire national était moins étendu qu'à la fin du règne de Louis XIV ; et la France en était d'autant plus amoindrie que pendant ce temps toutes les autres puissances, surtout la Prusse, la Russie et l'Angleterre, avaient plus que doublé leur territoire ; c'était là une terrible compensation de l'immense gloire que nous avait donnée l'Empire et de l'immense tranquillité que nous promettait la Restauration.

Réaction royaliste.

Le premier acte de Louis XVIII fut de se venger de son second exil, et le 24 juillet, seize jours après sa rentrée en France, il publia une liste de proscription, que Fouché put d'autant plus facilement remplir qu'il n'eut qu'à y mettre le nom de ses amis. Mais, plus royaliste que le roi, il en avait mis cent dix. On se contenta de cinquante-sept, à la vérité, choisis parmi les célébrités de toute nature. Ils étaient divisés en deux catégories : la première, dont Ney, Labédoyère, les frères Lallemant, Drouet-d'Erlon, Lefebvre-Desnouettes, Mouton, Grouchy, Clausel, Bertrand,

Procès du maréchal Ney.

Drouot, Cambronne, Lavalette, Rovigo, faisaient partie, appartenait d'office aux conseils de guerre ; les autres, parmi lesquels étaient Soult, Excelmans, Bassano, Lepelletier, Boulay (de la Meurthe), Carnot, Vandamme, le général Lamarque, Forbin-Janson, etc., eurent trois jours pour sortir du royaume.

Les généraux Labédoyère, Faucher, Mouton-Duvernet, Chartrand-Bonnaire, furent passés par les armes pour avoir trahi une cause qui n'était pas la leur et qu'ils ne croyaient pas celle de la France ; le même sort attendait le maréchal Ney. Il aurait pu s'échapper avec la connivence des officiers et soldats chargés de le transférer à Paris ; mais, exaspéré d'un article de journal qui l'accusait d'avoir demandé 500 000 francs à Louis XVIII pour marcher contre Napoléon, il donna sa parole d'honneur au capitaine de gendarmerie qui le conduisait, et se rendit au conseil de guerre pour se justifier.

Le maréchal Moncey refusa de présider le conseil qui allait juger le héros de la Moskowa et de la Bérésina ; il fut destitué et subit trois mois d'emprisonnement au château de Ham.

Il se trouva pourtant des généraux pour condamner le maréchal Ney. Mais les soldats qui l'exécutèrent avaient les larmes aux yeux. Il mourut comme il avait vécu, en brave, presque en même temps que Murat, chassé de son royaume par les Bourbons de Naples, y rentrait pour se faire livrer par des traîtres et fusiller par ses anciens sujets.

La réaction, qui devait devenir bientôt la *Terreur blanche* par l'institution pour trois ans de cours prévôtales de l'invention de Trestaillon (4 décembre 1815), s'étendit surtout dans le Midi. Le maréchal Brune fut assassiné à Avignon, les généraux Ramel et Lagarde subirent le même sort, ainsi que tous les hommes suspects de regretter le régime impérial, aux yeux d'une bande de brigands qui déshonoraient la cocarde blanche.

Ce ne fut pas tout encore. Les haines religieuses s'ajoutèrent aux haines politiques, et beaucoup de protestants furent massacrés. Les *Introuvables*, qui composaient alors la Chambre des députés, voulaient encore plus : ils prétendaient supprimer la Charte et l'œuvre sociale de la Révolution en rendant au clergé et à la noblesse leur rôle politique d'autrefois. Louis XVIII s'arrêta à temps sur cette pente ; il congédia ces serviteurs trop dévoués... à leurs intérêts (5 novembre 1816). La Chambre qui leur succéda commença véritablement le gouvernement représentatif dans notre pays. Elle fixa le cens des électeurs à 300 francs, celui des éligibles à 1 000 francs, avec un seul collége électoral par département, et adopta la loi militaire proposée par Gouvion Saint-Cyr, qui, assurant le recrutement de l'armée par la conscription, réservait le tiers des grades aux sous-officiers.

Grâce au duc de Richelieu, qui obtint de l'empereur de Russie l'évacuation de notre territoire deux ans avant le terme convenu, la France put respirer un peu. Les Chambres, en reconnaissance de ce service, votèrent l'inscription au grand-livre d'une rente de 50 000 francs en faveur du duc de Richelieu qui, bien que pauvre, refusa et donna l'exemple d'un désintéressement qui ne trouva pas d'imitateurs.

Alliance du trône et de l'autel.

Cependant les libéraux faisaient des progrès lents, mais sûrs, et ils allaient avoir la majorité dans la Chambre, comme ils l'avaient déjà dans le pays, quand Louis XVIII, effrayé par l'élection de l'abbé Grégoire, ancien évêque constitutionnel, craignit d'avoir été trop loin dans leur sens et se rapprocha des réactionnaires pour commencer à gouverner avec le système de bascule qui mécontentait tout le monde. L'assassinat du duc de Berry (13 février 1820) fit pencher la balance du côté des royalistes ; car, bien que Louvel ait persisté, jusque sur l'échafaud, à déclarer qu'il n'avait pas de complices, les idées libérales furent rendues responsables de ce crime, et Louis XVIII composa un nouveau ministère avec des gens dévoués, qui firent du zèle.

La liberté individuelle fut supprimée, comme celle de la presse, et on institua le *double vote* qui réunissait l'influence politique entre les mains des grands propriétaires, en leur permettant de voter deux fois, au collége d'arrondissement et au collége départemental.

La duchesse de Berry ayant mis au monde le duc de Bordeaux (29 septembre 1820), Napoléon, dont ils craignaient jusqu'à l'ombre, étant venu à mourir (5 mai 1821), les ultra-royalistes ne gardèrent plus aucune mesure et firent entrer au ministère MM. de Villèle et Corbière.

On parla de restituer à la royauté et surtout à l'Église leurs anciennes prérogatives. Les jésuites furent rappelés en France pour convertir le pays à ces idées caduques d'un régime disparu. Heureusement ils rencontrèrent des adversaires terribles dans Paul-Louis Courier, dont les pamphlets étaient lus avec avidité par toute la France, et dans Béranger, dont tout le monde chantait les patriotiques refrains. Ils ne frappèrent que plus fort, et s'attaquèrent d'abord à l'Université, parce qu'elle jetait la lumière là où il ne leur fallait plus que de l'ombre. Les cours de MM. Cousin et Guizot furent supprimés (1822), et, comme la presse voulait protester, on imagina les *procès de tendance*, en vertu desquels un journal pouvait être poursuivi non pour ce qu'il avait fait, dit ou écrit, mais pour ce qu'il aurait pu dire, étant supposé son opinion politique.

Naturellement les libéraux se soulevèrent; n'ayant plus d'armes à pouvoir remuer en plein jour, ils conspirèrent, et opposèrent à la *congrégation*, formée par les ultra-royalistes et les jésuites, et qui comptait plus de 50 000 affiliés, le *carbonarisme*, qui se recrutait surtout dans les écoles et dans l'armée; plusieurs insurrections furent essayées. En 1820, le capitaine Nantil était parvenu à se sauver après avoir échoué; mais plus tard le général Berton à Saumur, le colonel Caron à Belfort, le capitaine Vallée et quatre sous-officiers à la Rochelle payèrent de leur vie leurs tentative libérales.

Expédition d'Espagne.

Le gouvernement de Louis XVIII était en somme solide, mais il n'avait aucun prestige; Chateaubriand, ministre des affaires étrangères, rêvait une expédition heureuse pour donner aux Bourbons quelque relief militaire. L'occasion vint d'ailleurs d'elle-même : l'Autriche, la Russie et la Prusse n'avaient formé la *Sainte-Alliance* que pour étouffer dans leur intérêt commun les idées de liberté que la Révolution française avait jetées en germe dans le monde entier; elles étaient arrivées à les comprimer en Allemagne, à Naples et dans le Piémont; ne voulant plus se déranger personnellement, elles nous donnèrent, après le congrès de Vérone (1822), la mission ou l'ordre, car la France ne comptait alors pour rien dans le concert européen, d'aller combattre le libéralisme en Espagne.

Ce fut une campagne inutile et sans gloire : notre armée, entrée dans la Péninsule le 7 avril 1823, n'eut guère d'occasions de combattre; elle ne rencontra de sérieuse résistance que devant Cadix, dont elle fit le siége, terminé le 31 août par la prise de la position dominante du Trocadéro.

Le roi d'Espagne Ferdinand VII fut rétabli sur son trône ; mais il n'écouta pas nos conseils de modération, et se laissa dominer par la sainte *congrégation* ; ses actes de violences furent reprochés par les libéraux de France au ministère qu'ils accusaient de les avoir inspirés, tandis que celui-ci, triomphant de ce facile succès, s'abandonnait à une confiance fatale, augmentée encore par les élections de 1824, qui, faites sous la pression de la *congrégation*, n'envoyèrent à la Chambre des députés que dix-neuf libéraux.

C'est à ce moment que mourut Louis XVIII, le 16 septembre 1824, à l'âge de 69 ans. Ce roi, si diversement jugé, ne mérite ni les éloges qu'on lui a prodigués, ni les attaques dont il a été l'objet. C'était un prince spirituel, mais sceptique, qui possédait surtout le sentiment de sa dignité et de la grandeur de la France, et qui, si son état de santé le lui eût permis, eût essayé de relever le pays aux yeux de l'Europe ; mais, cloué dans son fauteuil, il ne put livrer de bataille politique qu'à ses dangereux amis, les ultra-royalistes, qui devaient travailler plus tard à la ruine de son frère.

Il restera toujours à Louis XVIII ce mérite, qu'il ne doit qu'à lui-même, c'est d'avoir vécu et d'être mort en roi constitutionnel ; il est le premier en France qui ait eu cet avantage, il est encore le seul.

Règne de Charles X.

Si Louis XVIII fut moins royaliste que ses conseillers, son successeur le fut encore plus qu'eux ; le comte d'Artois qui, en 1789, avait donné le signal de l'émigration, était le véritable chef de ceux dont on put dire : « Ils n'ont rien appris, rien oublié. » Président d'honneur de la congrégation, il voulut s'en servir comme moyen de gouvernement et oublia bien vite les dernières paroles que son frère avait dites pour lui en mettant la main sur la tête du duc de Bordeaux : « Que Charles X ménage la couronne de cet enfant. »

Il se croyait d'ailleurs appelé à faire revivre l'ancienne monarchie, et ses premières paroles furent presque une négation de la Chambre qu'il devait violer plus tard.

« En France, dit-il, le roi consulte les Chambres, il prend en considération leurs avis et leurs remontrances ; mais quand le roi n'est pas persuadé il faut pourtant que sa volonté soit faite.

Ses premiers actes furent de demander aux Chambres une indemnité d'un milliard pour les émigrés, le rétablissement des couvents de femmes, celui du droit d'aînesse et la *loi du sacrilége*, ordonnances très-sévères contre les délits commis dans les églises ; ces demandes ne trouvèrent de résistance qu'à la Chambre des pairs, ce qui lui valut quelques jours de faveur publique.

De plus en en plus opprimés, les libéraux firent de rapides progrès dans l'opinion publique et ils répondirent à l'antique cérémonie du sacre, que Charles X avait cru devoir renouveler en sa faveur (mai 1825), par une manifestation imposante à la mort du général Foy, l'un des chefs du parti progressiste : cent mille personnes suivirent ses restes au cimetière, et une souscription nationale assura l'avenir de ses enfants.

L'opposition.

L'opinion libérale était donc déjà faite, et il fallait être Charles X pour ne pas voir que les idées nouvelles entraînaient le courant et qu'il allait user ses forces à essayer de le remonter. Dans les arts, dans les lettres, tout indiquait un grand mouvement de rénovation dans le sens de la liberté ; les traditions, la discipline des anciennes écoles étaient renversées, en attendant que les traditions politiques le fussent aussi, et ce moment se faisait déjà

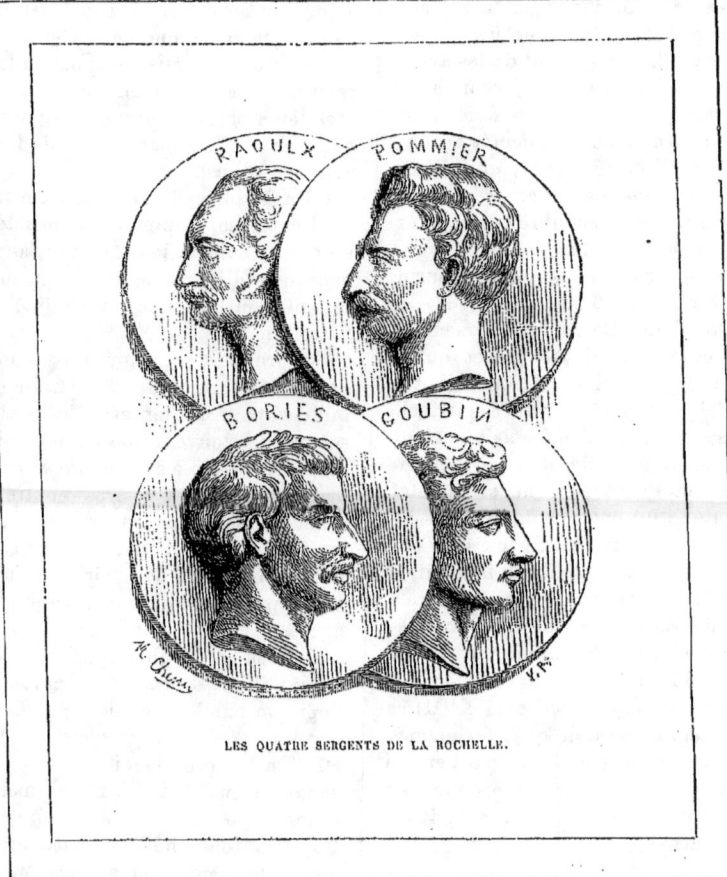

LES QUATRE SERGENTS DE LA ROCHELLE.

prévoir, car des hommes de talent et d'autorité comme Chateaubriand, Royer-Collard, le duc Pasquier, de Broglie, de Barante, servaient dans les Parlements la cause des libertés publiques ; les journaux graves, comme *les Débats*, *le Globe*, *le Censeur*, *le Constitutionnel*, *le Courrier français*, les défendaient dans le public, et fondaient alors ce pouvoir qui n'est redoutable qu'aux gouvernements despotiques, celui de la presse, et l'enseignement supérieur la popularisait dans les écoles ; l'Académie française elle-même protesta contre un projet de loi qui devait supprimer toute liberté pour les écrits périodiques.

Il fallut pourtant se rendre à l'évidence ; alors que toutes les grandes villes étaient dans l'opposition, Charles X crut que Paris n'y serait pas jeté. Mais à une revue de la garde nationale, qu'il passa en avril 1827, le cri de : *A bas les ministres!* retentit dans tous les rangs. Le soir même, la garde nationale était licenciée. Le ministère Villèle se traîna encore pendant huit mois, grâce à une nouvelle fournée de 76 pairs, qui lui donna une majorité dans la Chambre haute. Mais les élections générales envoyèrent à la Chambre des députés une majorité libérale devant laquelle il fut obligé de se retirer (décembre 1827).

Expédition de Morée.

Ce cabinet n'avait fait qu'un acte qui ne fût pas en dehors du sentiment national : c'était l'expédition de Morée. Tous les partis manifestaient leurs sympathies pour les Grecs, qui prodiguaient leur héroïsme pour recouvrer leur indépendance. Cette cause, à laquelle s'était dévoué le grand poète anglais Byron, était, en définitive, la cause de tous les peuples. Le gouvernement français le comprit, et, au moment où les Grecs allaient succomber dans leur lutte impossible contre les Turcs, il s'unit avec l'Angleterre et la Russie pour les sauver.

Les trois flottes combinées écrasèrent la marine turque à Navarin (20 septembre 1827), et le général Maison, débarqué en Morée avec une petite armée, reprit en peu de temps toutes les villes tombées au pouvoir des Turcs.

Ministère Martignac.

Cependant Charles X, la main forcée par la majorité libérale de la Chambre des députés, constitua un nouveau cabinet sous la présidence de M. de Martignac.

Entré au pouvoir le 4 janvier 1828, il se rendit de suite presque populaire. Ses intentions étaient droites, libérales, et ses actes furent généralement approuvés. Il commença d'ailleurs par supprimer la censure des journaux, par prévenir les fraudes électorales, et mit sous le régime commun les établissements d'éducation dirigés par les ecclésiastiques, qui, jusque-là, avaient été réglementés par le bon plaisir.

En un mot, ce cabinet serait arrivé à réconcilier la France avec les Bourbons, mais ce n'était pas là le compte de la Congrégation. Charles X, mené par elle, et qui supportait son ministère avec chagrin, perdit patience au bout de dix-huit mois. Il profita d'un échec infligé par la Chambre à ses ministres, à propos d'une loi d'intérêt secondaire, pour leur demander leur démission (8 août 1829).

Ministère Polignac.

MM. de Polignac, de Labourdonnaye et Bourmont étaient déjà prêts, et un nouveau cabinet fut formé. Celui-là, considéré comme une déclaration de guerre de la royauté au pays, était antipathique à tous. Pendant dix mois, la presse de l'opposition répéta quotidiennement au gouvernement qu'une crise était imminente et qu'il aboutirait forcément à un coup d'État.

Charles X n'y pensait pas encore, mais les événements allaient l'y pousser. Les Chambres furent convoquées pour le 2 mars (MM. Guizot et Berryer en faisaient partie). L'ouverture s'en fit avec la solennité habituelle ; mais quand il fallut répondre au discours du roi, il y eut une opposition formidable, et une adresse, déclarant au roi que le ministère n'avait pas la confiance des députés, fut signée par 221 membres. Royer-Collard, président de la Chambre pour la troisième fois, fut chargé de la présenter au roi.

Charles X répondit que ses résolutions étaient immuables et la Chambre fut dissoute; mais les 221 furent réélus, et la royauté se décida au coup d'État.

Prise d'Alger.

En temps ordinaire, le ministère, quelque aveuglé qu'il fût, n'eût peut-être pas osé faire un acte d'autorité qui allait pour le moins redoubler son impopularité, mais le gouvernement venait de remporter à l'extérieur une victoire qui lui permettait de parler haut. Il est vrai que la prise d'Alger qui, en toute autre circonstance, eût passionné l'attention universelle, fut étouffée dans le grand bruit de la révolution qui se préparait et passa pour ainsi dire inaperçue.

Le différend remontait déjà loin : un certain nombre de négociants français possédaient sur les côtes algériennes des territoires nommés *concessions d'Afrique*, servant surtout à la pêche du corail, moyennant une redevance de 17 000 francs.

En 1817, le dey d'Alger contesta les droits des concessionnaires et exigea un tribut de 60 000 francs pour prix d'un nouveau privilége. La France paya. Deux ans après, nouvelles exigences. Le dey Hussein, qui avait succédé à Ali-Khoja, porta la redevance à 200 000 francs, ce qui ne l'empêcha pas de permettre la pêche du corail à d'autres nations. De plus, il exigea immédiatement le règlement des comptes de deux négociants algériens, Bacri et Busnach, qui avaient fait des fournitures de grains à notre gouvernement sous le Consulat et l'Empire. Cette créance se montait, d'après eux, à 14 millions. Une transaction, approuvée par les deux gouvernements, la réduisit de moitié ; mais il y avait dans cette créance des intéressés français qui réclamaient 2 millions et demi à Bacri et Busnach. La France paya seulement 4 millions et demi, et le reste fut déposé à la Caisse des dépôts et consignations, jusqu'à ce que les créanciers français eussent fait leurs preuves.

Alors le dey se prétendit créancier des négociants algériens et voulut s'emparer des fonds déposés. Notre consul s'y opposa assez vivement, fut insulté et même frappé par Hussein. De là un *casus belli* qui amena le blocus d'Alger (juin 1827).

Ce blocus, qui ne pouvait empêcher la sortie des petits bâtiments, durait depuis trois ans et avait déjà coûté plus de 20 millions, quand le gouvernement comprit la nécessité d'en finir. Une armée de 37 000 hommes, commandée par Bourmont, s'embarqua à Toulon et aborda le 13 juin 1830 sur la côte africaine. Elle battit les Algériens, qui se dispersèrent dans les montagnes. La ville fut aussitôt attaquée. Le 4 juillet, le fort l'Empereur, qui domine Alger, tomba en notre pouvoir, et la capitale du dey n'eut plus qu'à ouvrir ses portes.

Cette expédition nous coûtait 48 millions, mais on trouva dans le trésor du dey pour 60 millions de valeurs qui payèrent les frais de la guerre.

Révolution de 1830.

La nouvelle de ce succès arriva à Paris le 9 juillet, mais on y fit à peine attention. On savait que le roi prépa-

CHARLES X.

rait des ordonnances et on se disposait à la résistance légale.

Ces ordonnances, qui furent publiées le 26, supprimaient la liberté de la presse, annulaient les dernières élections et créaient un nouveau système électoral.

C'était la violation de la Charte, qui

Louis-Philippe prête serment à la Charte constitutionnelle.

avait été la condition du retour des Bourbons sur le trône de leurs ancêtres. Toutes les rédactions des journaux protestèrent par un acte commun, la magistrature déclara les ordonnances illégales, et Paris répondit à cette provocation du cabinet Polignac par les trois journées des 27, 28 et 29 juillet 1830, qu'on appela longtemps les trois glorieuses, et qui furent de tous points légitimes, puisque le peuple et la bourgeoisie, unis dans le sentiment de leurs droits, se battirent contre ceux qui violaient la Constitution pour changer leurs devoirs. La garde royale et les Suisses se défendirent courageusement. 6 000 victimes tombèrent mortes ou blessées, mais Charles X fut vaincu. On ne lui laissa pas même la faculté d'abdiquer en faveur de son petit-fils, le duc de Bordeaux, et il n'eut que le temps de fuir pour un nouvel exil dont il ne devait pas revenir.

Dix jours après, la Chambre des députés appelait au trône le chef de la branche cadette des Bourbons, le duc d'Orléans, qui régna sous le nom de Louis-Philippe Ier.

CHAPITRE XXVII

RÈGNE DE LOUIS-PHILIPPE

La nouvelle Charte.

Après les journées de Juillet, le parti avancé comptait proclamer la république; mais La Fayette, ce même La Fayette qui avait fait ses premières armes au service d'une république étrangère, et qui manqua deux fois l'occasion de la proclamer dans son pays, avait dit, en montrant le duc d'Orléans au peuple, sur le balcon de l'Hôtel de Ville : « Voilà la meilleure des républiques », et beaucoup avaient pensé comme lui. Le duc d'Orléans était d'ailleurs très-aimé. Tout le monde savait que, comte de Chartres, il s'était distingué aux batailles de Jemmapes et de Valmy. Antipathique à l'ancienne cour à cause de ses habitudes bourgeoises, contractées dans l'exil, et de l'éducation populaire qu'il avait fait donner à ses cinq fils dans nos écoles publiques, c'était presque assez pour lui donner des titres à l'affection publique.

D'ailleurs il rompait à jamais avec les hommes et les traditions de 1815. Il ne s'intitulait pas roi de France, mais roi des Français, et il reprenait le drapeau de 1789. En voyant revenir ces trois couleurs qui avaient été si glorieuses, la nation crut reprendre possession d'elle-même et de ses libertés, et salua d'acclamations à peu près unanimes la nomination du nouveau roi.

Le 9 août, il jura solennellement l'observation de la Charte révisée, qu'il acceptait d'avance. Elle subit d'ailleurs fort peu de changements. L'hérédité pour la pairie fut abolie, ainsi que la censure des journaux ; le cens d'éligibilité fut abaissé à 500 francs et celui des électeurs à 200. C'était toujours maintenir les droits politiques à la fortune ; toutefois on agrandissait un peu le cadre. Les pairies créées par Charles X furent supprimées, ainsi que l'article qui reconnaissait la religion catholique comme religion de l'État.

Ministère Laffite.

La chute de la Restauration, qui ébranla un moment toute l'Europe, avait donné une grande force au parti républicain. Louis-Philippe eut d'abord à compter avec lui et le flatta dans la personne de deux hommes qui avaient une grande influence sur les républicains : le général La Fayette qui fut nommé, comme en 1789, commandant de toutes les gardes nationales de France, et dont il exploita habilement la popularité jusqu'après le procès des ministres de Charles X, et M. Laffite, qu'il appela au ministère.

Mais il fallait prendre une attitude vis-à-vis de l'étranger : tous les trônes avaient été ébranlés par le bruit de nos trois jours de révolution. En Suisse, les gouvernements aristocratiques tombèrent pour ne plus se relever ; l'Allemagne introduisit dans ses constitutions des innovations libérales ; l'Espagne préparait une révolution ; la Belgique se séparait de la Hollande ; l'Angleterre elle-même arrachait aux tories le bill de réforme.

Louis-Philippe ne crut pas devoir se faire le champion de toutes les insurrections européennes et resta prudemment dans l'expectative. La Belgique s'offrait à la France, on la refusa pour ne pas mécontenter l'Angleterre. Les réfugiés espagnols voulaient faire une révolution dans leur pays, on les arrêta sur la frontière pour ne pas violer le droit international. La Pologne, qui venait de se délivrer pour un instant, par d'héroïques efforts, nous appelait à l'aide. Cette cause était bien populaire en France. Louis-Philippe n'osa cependant pas l'embrasser officiellement, il n'y envoya que des secours isolés qui n'empêchèrent pas le czar de pouvoir dire : *L'ordre règne à Varsovie.*

L'Italie se préparait à briser les fers que lui faisait porter l'Autriche. M. Laffite voulait que la France lui aidât ; ce n'était pas l'avis du roi, qui appela Casimir Périer à la présidence du Conseil (1831).

Ministère Casimir Périer.

Le nouveau ministre partageait les vues du roi en ce qui concernait la politique intérieure. Par l'énergie qu'il mit au service de cette prudence qu'on trouvait un peu excessive et qu'on ne pouvait cependant pas encore appeler le système de la paix à tout prix, il lui donna un moment de véritable grandeur. Très-net en toutes choses, il déclara d'abord qu'il voulait l'ordre légal et qu'il était par conséquent résolu à combattre à outrance aussi bien les républicains que les légitimistes ; ensuite qu'il ne jetterait jamais la France dans une guerre universelle, et que pour l'éviter il ferait à la paix du monde tous les sacrifices compatibles avec l'honneur du pays.

Cela n'empêcha pas ses premiers actes d'être des expéditions militaires ; mais le ministre entendait que la fierté des actes répondît à la fierté des paroles.

Deux Français avaient été maltraités en Portugal ; une flotte força les passes du Tage qu'on disait infranchissables, et mouilla à cent mètres des quais de Lisbonne ; les ministres de don Miguel s'humilièrent et offrirent une légitime réparation.

Les Hollandais avaient envahi la Belgique ; 50 000 Français y pénétrèrent pour les en repousser.

Les Autrichiens étaient rentrés dans les États pontificaux ; une flottille porta dans l'Adriatique des troupes de débarquement qui s'emparèrent d'Ancône sans que cette apparition du drapeau tricolore au centre de l'Italie fût considérée comme une déclaration de guerre par l'Autriche, qui se contenta de retirer ses troupes.

A l'intérieur, Casimir Périer fut aussi énergique. Les légitimistes se remuaient dans les départements de l'Ouest; des colonnes mobiles y furent envoyées pour étouffer la révolte; à Lyon, des ouvriers, excités par les ul-

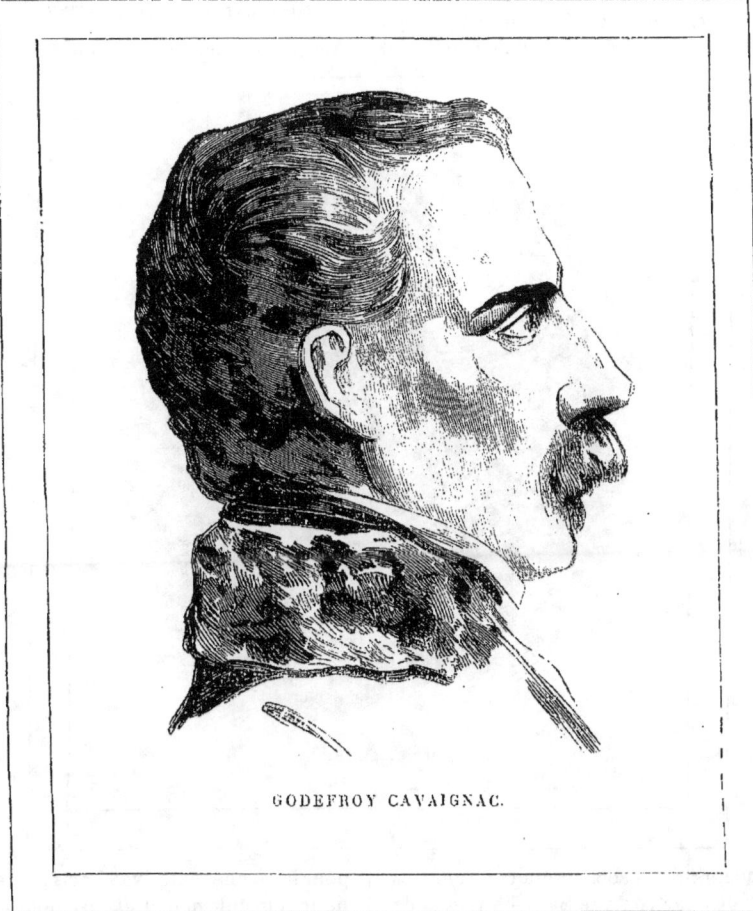

GODEFROY CAVAIGNAC.

tra-républicains et les meneurs socialistes, mais surtout par la misère, prirent les armes en inscrivant sur leur drapeau : « Vivre en travaillant ou mourir en combattant! » Après une affreuse mêlée, ils furent désarmés, mais non abattus.

Même résultat à Grenoble, mais dans

des proportions moindres ; et pendant ce temps-là le ministre avait à réprimer, à Paris, les complots dits des Tours Notre-Dame et de la rue des Prouvaires, et quand il mourut, le 16 mai 1832, emporté par le choléra, qui faisait des ravages effrayants (20 000 morts dans Paris et 120 000 dans le reste de la France), cette lutte de tous les jours pour la cause de l'ordre, et dans laquelle il domina ses collègues, les Chambres et le roi lui-même, avait épuisé ses forces.

Ministère du 11 octobre 1832.

Ce n'était pourtant pas fini. Les pro-

M. THIERS.

fondeurs de la société étaient remuées par des partisans de Saint-Simon et de Fourier, qui n'avaient encore joué que le rôle d'apôtres, mais qui avaient vu, par l'insurrection lyonnaise, qu'ils pouvaient avoir une armée toute prête à défendre leurs doctrines ; ils profitèrent des funérailles du général Lamarque pour faire une tentative à Paris : la garde nationale enleva courageusement leurs barricades de la rue Saint-Merry, dans les journées des 5 et 6 juin, et cet échec abattit pour quelque temps le parti républicain.

Un mois après, la mort du duc de Reichstadt, fils de Napoléon Ier

(22 juillet), débarrassa la dynastie d'Orléans d'un concurrent redoutable, et une tentative mal combinée des légitimistes fit perdre à jamais la cause du dernier Bourbon.

La duchesse de Berry, débarquée secrètement en Provence, avec le titre de régente qui n'était pas difficile à prendre, mais qui était lourd à porter, était venue allumer dans l'Ouest la guerre civile au nom de son fils Henri V; mais les idées nouvelles avaient pénétré là comme ailleurs, et elle ne put grouper autour d'elle que quelques gentilshommes qui avaient tout à gagner à un nouvel état de choses, et des réfractaires, qui, s'étant mis hors la loi, espéraient y rentrer avec un nouveau roi. Mais le pays, sillonné de troupes, fut promptement pacifié, et la duchesse, après avoir longtemps erré de métairies en châteaux, se sauva à Nantes, déguisée en paysanne.

M. Thiers, alors ministre avec MM. Guizot et de Broglie, voyant par cette équipée le peu de cohésion du parti légitimiste, résolut de le ruiner et fit rechercher activement la duchesse. On l'arrêta le 9 novembre et elle fut enfermée dans la citadelle de Blaye dans un état de grossesse indéniable. Elle fut obligée d'y avouer un mariage secret, qui rendait pour l'avenir toute tentative de ce genre impossible.

A l'intérieur, quelques succès militaires mirent fin à une situation critique d'où, à chaque instant, la guerre pouvait sortir. Nos troupes s'emparèrent brillamment de la citadelle d'Anvers que la Hollande refusait de rendre au roi des Belges, qui était devenu gendre de Louis-Philippe par son mariage avec la princesse Louise d'Orléans.

En Afrique, l'occupation d'Arzew, de Mostaganem et de Bougie affermit notre conquête d'Alger. En Orient, la diplomatie française intervenait entre le sultan et son vassal victorieux, le pacha d'Égypte. Le traité de Kutayeh, qui n'affaiblissait que la Porte, favorisait le vice-roi d'Égypte, qui devenait ainsi pour l'Europe le gardien des deux grandes routes commerciales de la mer Rouge et du golfe Persique, dont l'Angleterre avait voulu s'emparer.

En Espagne, Ferdinand VII mourait en excluant de la couronne, par l'abolition de la loi salique, son frère don Carlos, soutenu par le parti réactionnaire. En même temps don Miguel, prince absolutiste, était chassé du Portugal et remplacé par sa fille dona Maria, qui acceptait de son peuple une charte constitutionnelle, de sorte que toute la péninsule échappait à la royauté de principe absolu.

Quadruple alliance.

Ce fut alors que le traité de la quadruple alliance, signé par l'Angleterre, la France, le Portugal et l'Espagne, assura aux deux nouvelles reines, contre le mauvais vouloir des cours du Nord, l'appui de deux grandes puissances constitutionnelles, et cet appui fut si efficace du côté de la France qu'une armée de 50 000 hommes se réunit au pied des Pyrénées, prête à marcher contre les légitimistes espagnols.

Pendant ce temps, le roi pouvait gouverner avec la majorité qui, dans les Chambres, était acquise au ministère, du moins sur les questions primordiales. C'est ainsi que la loi qui organisait notre instruction publique fut votée sans opposition en 1833. Il est vrai que les questions de politique pure étaient assez controversées. Les jurys acquittaient presque toujours les accusés politiques, mais l'armée était fidèle et la magistrature montrait envers les républicains une sévérité qui rassurait la cour.

Un premier attentat contre la vie du roi vint d'ailleurs lui faire de nouveaux et de nombreux partisans, par l'horreur qu'inspirent toujours de pareils crimes. « Ils ont tiré sur eux, disait le procureur général Dupin, en parlant des partis, » et c'était vrai; sans cela, les insurrections d'avril 1834, qui éclatèrent en même temps à Lyon et à Paris, n'eussent peut-être pas eu le même dénouement, et le procès célèbre intenté à 164 républicains devant la Cour des pairs ne se serait peut-être pas terminé par autant de condamnations qui, par l'emprisonnement et la fuite de presque tous les chefs, causèrent la ruine momentanée de ce parti comme faction militante.

L'attentat de Fieschi (28 juillet 1835), dont la machine infernale tua le maréchal Mortier et 18 personnes et en blessa 22, dont 5 généraux, effraya la société, encore émue du commencement de la guerre civile et des péripéties du procès d'avril, et consolida d'autant le pouvoir.

Le ministère profita de l'indignation publique pour présenter les lois de septembre, qui rendaient la justice criminelle plus sévère et plus prompte, interdisaient à la presse toute discussion sur le principe du gouvernement, et élevaient le cautionnement des journaux de 48 000 à 100 000 francs.

M. Thiers, alors président du conseil depuis le 22 février 1835, voulut plus encore et reprit à l'extérieur la politique de Casimir Périer; se rapprochant en cela de l'Angleterre et prenant maintenant la défense des idées libérales, il voulut intervenir en Espagne où les carlistes faisaient de menaçants progrès.

En même temps, il avait préparé une nouvelle expédition en Afrique pour compléter la prise d'Alger, et le maréchal Clauzel reçut l'ordre d'attaquer Constantine. Le roi, malgré son amour pour la paix, consentit à cette expédition parce que, disait-il, les coups de canon tirés en Afrique ne s'entendaient pas en Europe; mais il s'opposa formellement au départ pour l'Espagne des 12 000 hommes que devait commander le général Bugeaud. M. Thiers, qui pensait ouvrir au dehors une issue à l'activité de la France et la relever d'un peu de gloire, préféra quitter le ministère que de céder, et il fut remplacé à la présidence du conseil par M. Molé (6 septembre 1836).

Ministère Molé.

Ce nouveau cabinet eut des débuts malheureux : le maréchal Clauzel échoua dans l'expédition de Constantine, faute de ressources suffisantes, et le prince Louis-Napoléon Bonaparte, neveu de l'empereur, essaya de faire revivre la légende napoléonienne; il échoua dans une tentative insensée sur la garnison de Strasbourg (30 octobre 1836), fut arrêté et reconduit hors du royaume; mais ses complices, traduits devant le jury, furent tous acquittés parce que le principal coupable avait été soustrait à sa juridiction. Cette leçon mécontenta la cour qui fit présenter à la Chambre la loi de disjonction, laquelle soumettait à deux tribunaux différents les citoyens et les militaires accusés d'un même crime; la Chambre ne voulut pas être complice de cette violation du principe de l'égalité devant la justice, et la loi ne fut pas votée.

L'année suivante, ces échecs furent compensés par quelques succès : la province d'Oran fut pacifiée par le traité de la Tafna, dont on ne connut que plus tard les conditions imprudentes.

Constantine tomba enfin en notre pouvoir, et nos contestations avec le Mexique furent terminées par la prise de Saint-Jean-d'Ulloa, où se fit remarquer le prince de Joinville qui montra sur la flotte le même courage que ses frères avaient maintes fois déployé à la tête de nos soldats d'Afrique.

La naissance d'un fils du duc d'Orléans, qui fut nommé comte de Paris (24 août 1838), sembla consolider la dynastie nouvelle : cependant le ministère était bien discuté, et il allait avoir à subir dans le Parlement de vigoureuses attaques. M. Molé, d'ailleurs, venait de prêter le flanc de deux façons fâcheuses : en rappelant nos troupes d'Ancône, ce qui était abaisser l'altitude de la France en Europe, et en signant, dans la question des Pays-Bas, le traité des vingt-quatre articles, qui cédait au roi de Hollande des populations belges qui avaient combattu contre lui et nous ôtait le Luxembourg, capable de couvrir un des points vulnérables de notre frontière.

On répétait partout que le ministère de la *paix à tout prix* ne montrait pas assez de confiance dans les forces du pays et faisait trop peu de cas de l'honneur national ; une coalition parlementaire s'organisa contre lui, entre M. Guizot, chef des doctrinaires, parti peu nombreux mais redoutable parce qu'il comptait des hommes de talent et d'ambition, M. Odilon Barrot, chef du parti opposé à la politique, mais tout dévoué à la personne du roi, et M. Thiers, chef du centre gauche où l'on condamnait d'autant plus ouvertement le gouvernement personnel que la coalition s'appuyait sur la devise de 1830 : « Le roi règne et ne gouverne pas. »

En présence de ces embarras, le ministère voulut se retirer le 22 janvier 1839 ; mais le roi n'accepta pas les démissions, et, voyant sa cause en jeu, prononça la dissolution de la Chambre, pour faire un appel au pays. Le ministère se jeta trop énergiquement dans la bataille électorale, il fut battu et tomba sous les coups de la coalition, qui se divisa sitôt qu'il s'agit de partager les portefeuilles vacants ; les rivalités éclatèrent avec si peu de mesure qu'il fallut plus d'un mois pour composer un nouveau ministère.

Pendant ce temps, les républicains, soulevés par leurs chefs Barbès et Blanqui, conspirateurs de profession, esprits assombris par les insuccès, tentèrent de faire une révolution ; leurs efforts n'aboutirent même pas à une émeute (12 mai).

Ministère du maréchal Soult.

Cette nouvelle manifestation du socialisme précipita la crise ministérielle, et le soir même un cabinet se constituait sous la présidence du maréchal Soult ; pour mettre d'accord les trois chefs de l'opposition, aucun d'eux n'en faisait partie ; aussi ce ministère ne pouvait-il pas durer longtemps.

Il ne fut pourtant pas sans gloire : Abd-el-Kader, rompant le traité de la Tafna, avait proclamé la guerre sainte ; les premiers succès en furent pour nous. Le maréchal Vallée et le duc d'Orléans franchirent le passage redouté qu'on appelle les Portes-de-Fer ; et deux mois plus tard l'infanterie de l'émir fut écrasée au combat de la Chiffa ; mais le plus beau fait de cette campagne, celui qui devint le plus populaire, fut l'héroïque résistance du fortin de Mazagran, où, durant quatre jours, 120 hommes arrêtèrent des milliers d'Arabes.

C'est sous le ministère Soult que commença cette fameuse question d'Orient, qui renaît tous les cinq ou six ans sans qu'on puisse lui trouver de solu-

Échauffourée de Strasbourg (30 octobre 1836).

tion définitive. Le sultan avait voulu reprendre la Syrie au pacha d'Égypte ; mais le fils de ce dernier, Ibrahim-Pa- cha, guidé par des officiers français depuis longtemps à son service, avait vaincu les Turcs à la bataille de Nezib, qui lui ouvrait les portes de Constantinople.

Il était évident que s'il marchait sur cette ville les Russes allaient déboucher en Turquie, sous prétexte de la défendre, mais en réalité pour y rester. La France intervint alors et sauva Constantinople, mais compromit Alexandrie, car l'Angleterre, sûre maintenant que les Russes ne viendraient pas aux Dardanelles, pensait à se donner une tranquillité pour l'avenir en mettant la main sur la Syrie. Le cabinet des Tuileries qui avait le même intérêt que l'Angleterre à Constantinople, mais des vues toutes contraires en Égypte, n'envisagea pas cette perspective et se contenta de couvrir la Turquie, sans rien stipuler en faveur de Méhémet-Ali, acceptant pour le règlement de cette affaire un congrès européen, dans lequel il ne pouvait avoir aucune espèce d'influence.

Ministère Thiers.

Ce fut une grande faute, elle tua le ministère actuel et compromit l'existence de celui qui lui succéda sous la présidence de M. Thiers, le 1ᵉʳ mars 1840, et qui fut obligé de chercher la popularité dans une amnistie générale, sans s'apercevoir qu'il rendait ainsi des chefs au parti républicain.

Comme s'il eût pris à tâche d'augmenter en même temps la force du parti nouveau né de la légende napoléonienne, qui se formait autour du représentant de cette dynastie, lequel avait recommencé à Boulogne (6 août) sa tentative infructueuse de Strasbourg, il demanda et obtint de l'Angleterre que la dépouille mortelle de l'empereur, qui restait oubliée et sans honneurs sur les rochers de Sainte-Hélène, fût ramenée en France. Le prince de Joinville s'acquitta noblement de cette mission, et les restes glorieux de Napoléon, rapatriés par la *Belle-Poule*, furent transférés solennellement aux Invalides, le 10 décembre 1840.

Cependant la question d'Orient entrait dans une nouvelle phase : l'Europe et surtout l'Angleterre ne pouvant voir sans jalousie notre alliance avec le vieux pacha d'Égypte, dont les résultats nous assuraient la prépondérance dans la Méditerranée, s'était émue, et le 15 juillet l'Angleterre, la Russie et la Turquie avaient signé le traité de Londres, qui devait ôter la Syrie à Méhémet-Ali, et cela sans même en prévenir la France.

C'était une injure et presque une déclaration de guerre ; le pays entier frémit de colère de se voir mis ainsi au ban de l'Europe, surtout après avoir fait tant de sacrifices à la paix générale, et le gouvernement, réveillé enfin de sa torpeur, sembla s'associer à cette légitime explosion du sentiment national ; mais il ne pensait pas sérieusement à faire la guerre, ce qui eût été d'ailleurs une imprudence ; car une attitude belliqueuse de notre part amenait infailliblement une nouvelle coalition, et Dieu sait quelles complications.

Notre flotte du Levant, qui pouvait facilement écraser la flotte anglaise, rentra pacifiquement à Toulon, laissant le bombardement de Beyrouth amener fatalement la perte de la puissance égyptienne en Syrie.

Cet échec pour notre politique, qui pouvait être considéré comme un affront pour le pays, fit de nombreux ennemis au ministère dont M. Thiers tenait le gouvernail. Il tenta de les conjurer en donnant à la France, qui ne pouvait pas combattre sans trop de désavantages, une attitude digne et ferme : il fit commencer les fortifications de Paris (qui, chose bizarre, sinon providentielle, ne devaient servir efficacement que contre un autre gouvernement de M. Thiers); il arma les places fortes, augmenta l'armée, et parut vouloir profiter de l'isolement qu'on avait imposé à la France pour lui rendre la liberté de ses mouvements et le choix et l'opportunité de ses alliances.

Cette situation était presque aussi dangereuse que la guerre, surtout pour le roi qui comprenait à peine la paix armée; il abandonna son ministère dans cette voie, et M. Guizot remplaça M. Thiers le 29 octobre 1840.

Ministère Guizot.

Le système de M. Guizot était au-dessous ou au-dessus du sentiment national, il ne tenait aucun compte de l'opinion publique; son premier acte fut de se rapprocher de l'Angleterre et des puissances qui avaient fait li de nous et, le 13 juillet 1841, il signait le traité des *Détroits*, qui nous faisait rentrer dans le concert européen.

Il est évident que la France n'était appelée à donner son avis qu'alors qu'il ne pouvait être que sans effet; mais cet événement fut considéré comme un traité de paix, et on se hâta de désarmer.

On oublia ce manque de dignité au milieu de la prospérité générale, née des développements du commerce et de l'industrie et par le vote d'un projet de loi sur les chemins de fer. Le ministère Guizot put mériter le nom de ministère de la paix.

La mort du duc d'Orléans, prince aimable et justement populaire, vint frapper d'un coup terrible la famille royale et attrister le pays tout entier; l'héritier du trône mort obscurément, d'un accident de voiture, ne laissait qu'un enfant de quatre ans pour ceindre la couronne la plus difficile à porter de tout le continent.

Aussitôt tous les partis se reprirent à espérer en présence de la régence que faisait prévoir l'âge avancé de Louis-Philippe; les légitimistes caressèrent la possibilité d'une nouvelle restauration, et les libéraux et les républicains ne virent plus qu'une question de patience et de temps pour le jour du triomphe de leurs idées.

Les Chambres, convoquées immédiatement, nommèrent, sur la proposition du ministère, le duc de Nemours régent futur pendant la minorité de son neveu, le comte de Paris.

Ce prince, doué de grands talents diplomatiques, était peu connu du public; il n'avait ni la réputation brillante qui faisait tant regretter le duc d'Orléans, ni la popularité que l'expédition de Saint-Jean-d'Ulloa avait attachée au nom du prince de Joinville, ni même la renommée militaire que le duc d'Aumale s'acquérait tous les jours en Afrique; aussi sa nomination n'eut-elle pas l'assentiment général.

Affaires de Taïti.

Cependant M. Guizot paraissait regretter les mortifications que les événements de 1840 avaient infligées à notre sentiment national, ou du moins il leur chercha une compensation pour notre orgueil par l'occupation des îles Marquises (mai 1842.)

Ces rochers stériles ajoutaient bien peu de chose à notre puissance; aussi n'étaient-ils qu'une escale: l'objectif de l'opération était la Nouvelle-Zélande; mais au moment où nous allions y descendre l'Angleterre, avertie en prit possession et ne tarda pas à montrer ses susceptibilités jalouses, qu'elle poussa jusqu'à influencer encore notre gouvernement.

Un officier français s'empara de la Nouvelle-Calédonie et y planta le drapeau tricolore; l'Angleterre réclama : le ministère fit arracher notre drapeau.

Les États de Honduras, de Nicaragua, de Haïti, demandaient le protectorat de la France; cela froissait l'Angleterre : le ministère refusa.

L'Angleterre pourtant ne trouva rien à redire, officiellement, à notre conquête des îles de la Société. Cela tenait surtout à ce qu'elle savait que nos intérêts commerciaux dans ces parages n'étaient pas assez considérables pour y nécessiter un dispendieux établissement, mais elle fit travailler la population par ses agents; l'un d'eux, le missionnaire Pritchard, excita les indigènes de Taïti contre nous; il alla si loin qu'il fut chassé de l'île (1844). Ses

(Prise de Constantine.)

clameurs retentirent jusque dans le Parlement anglais, et naturellement le cabinet français, pour être agréable à l'Angleterre, eut le courage de demander à nos Chambres une indemnité pour ce Pritchard, dont les indignes manœuvres avaient fait couler le sang de nos soldats.

Ce ne fut pas tout encore : l'amiral Dupetit-Thouars, qui essayait et qui allait réussir à donner de plus sérieuses proportions à nos établissements de l'Océanie, dont le seul résultat appréciable fut l'acquisition de Mayotte (1843), qui offrait à nos vaisseaux un refuge qu'ils ne trouvaient pas à Bourbon et une station navale dans le voisinage de Madagascar, l'amiral Dupetit-Thouars fut désavoué et rappelé par le ministère Guizot.

L'opinion publique vit dans tous ces actes de nouvelles preuves de nos faiblesses vis-à-vis de l'Angleterre, et murmura d'autant plus qu'on lui accorda encore un droit de visite sur nos navires, sous prétexte de répression de la traite des nègres. Cette fois la coupe déborda, l'opposition s'exprima si haut dans le pays que la Chambre força le ministère à déchirer ce traité (mai 1845) et à faire de nouvelles conventions qui placeraient notre marine marchande sous la seule protection du pavillon national.

Bataille d'Isly.

Affaires d'Algérie.

La Chambre, lasse des humiliations de la patrie, dont elle était en quelque sorte responsable, exigea du ministère la continuation de la conquête de l'Algérie, toujours soulevée par l'émir Abd-el-Kader, et qui resterait toujours menaçante, tant que son nouveau prophète ne serait pas réduit à l'impuissance.

Le maréchal Bugeaud, choisi par le cabinet pour commander la nouvelle expédition, où allaient s'illustrer encore les généraux de Lamoricière, Cavaignac, Duvivier, Bedeau qui déjà s'étaient fait des réputations sur ces champs de bataille toujours renouvelés, avait l'habileté et l'énergie qui convenait à cette mission et il sut imposer à la fois le respect aux Arabes soumis et la terreur aux tribus soulevées.

Il comprit qu'avec ces populations nomades il fallait une guerre de courses. Une bataille perdue ne changeait pas la situation d'Abd-el-Kader, puisque privé déjà des trois quarts de son territoire il avait conservé tout son prestige aux yeux des Arabes, et il résolut de le poursuivre sans relâche, de ruiner ses pâturages et ses récoltes, et de l'anéantir ainsi pièce à pièce.

L'indomptable émir ne se décourageait pas; suivi de quelques milliers de cavaliers, il allait de tribu en tribu, détruisant l'effet de nos expéditions et rallumant par ses proclamations, ou pour mieux dire ses sermons en faveur de l'islamisme, les insurrections que nous venions d'éteindre.

Son audace égalait son courage, et la rapidité de ses mouvements répandait l'effroi dans la province d'Oran et l'inquiétude jusqu'aux portes d'Alger. Quand il avait fait ces excursions, il se retirait dans le désert pour en préparer une autre : c'est là que le maréchal Bugeaud résolut de l'atteindre.

Au mois de mai 1843, le maréchal, accompagné du duc d'Aumale qui commandait la colonne d'opérations, se mit à la poursuite d'Abd-el-Kader dans les montagnes de l'Ouarensenis. Son objectif était, sinon de le forcer au combat, au moins de l'obliger à fuir. Chemin faisant, il pacifia cette région difficile et rejeta l'émir dans le désert avec sa *smala;* cette smala était une véritable ville errante qui renfermait la famille d'Abd-el-Kader, celle de ses principaux officiers et tous ses trésors, et que défendait une redoutable cavalerie.

Le duc d'Aumale l'y poursuivit sans bruit, sans démonstration, et le 16 mai, sûr que les Arabes ne soupçonnaient pas son approche et qu'ils avaient dressé les tentes de la smala dans un pli de terrain aux sources du Tanguin, il commanda l'attaque sans attendre que toutes ses troupes fussent arrivées, pour ne pas perdre encore une fois l'occasion si souvent cherchée de s'emparer de la vraie citadelle d'Abd-el-Kader.

Il divise les chasseurs qu'il a sous la main en deux détachements. L'un doit aller couper la retraite de l'ennemi; avec l'autre il se précipite au galop de charge au milieu des tentes de la smala qui tombe en son pouvoir après un combat acharné.

Cet acte hardi, par lequel un grand nombre de prisonniers et les principaux fonctionnaires de l'émir tombèrent en notre pouvoir, produisit en Algérie une impression considérable. Il amena la soumission de plusieurs tribus et diminua à ce point le prestige d'Abd-el-Kader que, ne se sentant plus suffisamment protégé par le désert, il se retira au Maroc.

Guerre du Maroc.

L'émir vaincu, mais non abattu, entraîna dans sa cause l'empereur du Maroc qui ne voyait point, sans une certaine irritation, l'établissement d'une puissance chrétienne si près de ses frontières. L'Angleterre d'ailleurs ne fut pas étrangère à cette résolution qui se manifesta d'abord par des violations successives de notre territoire.

Il ne fit à nos représentations que des réponses évasives, et même le caïd Genanoui, qui commandait à Oucha, prit une attitude offensive et rassembla des contingents parmi lesquels Abd-el-Kader figurait avec 800 hommes. Le maréchal Bugeaud courut sur lui et, avec la colonne du général Bedeau, s'empara d'Oucha.

Dès lors tout le Maroc fut en armes, et 40,000 hommes s'assemblèrent sur les bords de la Moulouiah. Le maréchal appela en toute hâte la division Lamoricière et, à la tête de 8,500 hommes d'infanterie et de 1,400 cavaliers, il n'hésita pas à leur livrer la célèbre bataille d'Isly (13 août 1844) qui lui valut le titre de duc.

Deux jours après, le prince de Joinville, au grand dépit des Anglais, qui de Gibraltar entendaient notre canon, bombardait Tanger et Mogador et s'emparait de cette dernière ville après un combat acharné.

Si rudement châtié, l'empereur Abd-el-Rhaman se hâta de signer le traité de paix qu'on lui imposa (13 septembre). Ce traité, d'ailleurs, n'était pas onéreux pour lui; car, le ministre venait de le dire : « La France est assez riche pour payer sa gloire. » On exigea seulement de lui qu'Abd-el-Kader serait mis hors la loi dans tout l'empire et interné dans l'ouest.

Cette clause resta longtemps lettre morte. Abd-el-Kader, non-seulement vaincu, mais désarmé, se cacha, évita toutes les poursuites et trouva même moyen de lever encore une armée contre nous. Le maréchal Bugeaud fut obligé de recommencer la guerre d'aventures qui lui avait si bien réussi; cette fois l'émir avait trouvé des auxiliaires puissants dans les Kabyles, comme lui adversaires acharnés de notre domination; un de leurs chefs, Bou-Maza, acquit en peu de temps une renommée immense qui s'effaça encore plus vite qu'elle ne lui était venue; mais en 1847 une expédition dans la Petite-Kabylie, commandée par le duc d'Aumale, gouverneur de l'Algérie depuis que le maréchal Bugeaud avait demandé à rentrer en France, refoula de plus en plus les derniers défenseurs de l'indépendance arabe et Abd-el-Kader se retira encore au Maroc.

Cette fois Abd-el-Rhaman, menacé directement, se souvint du traité qu'il avait fait avec la France, il repoussa l'émir, qui voyant l'Algérie définitivement conquise par l'armée française, abandonné de tous les siens, traqué de toutes parts, se rendit au général Lamoricière (23 novembre 1847). Conduit aussitôt auprès du duc d'Aumale, celui-ci l'envoya à Toulon d'où il fut interné au château d'Amboise, contrairement à la promesse du général Lamoricière qui lui avait assuré qu'on le transporterait à Alexandrie.

Politique extérieure.

Vainqueur en Algérie presque malgré lui, le ministère de la paix quand même avait pu se convaincre que, malgré tous les sacrifices de dignité qu'il avait imposés à la France, l'alliance anglaise était encore une fiction. Partout, au Maroc comme à Taïti, nous avions trouvé les Anglais contre nous ; c'est peut-être ce qui l'empêcha cette fois de consulter le cabinet de Windsor au sujet du mariage du duc de Montpensier avec la sœur de la reine d'Espagne.

Cette union, qui assurait dans la péninsule la succession de la branche cadette des Bourbons à la branche aînée, causa un vif mécontentement à l'Angleterre qui projetait d'unir la sœur d'Isabelle II avec un prince de Cobourg, cousin du prince Albert, ce qui mettrait dans l'avenir la couronne espagnole sous la domination anglaise. Il n'y eut pas de rupture décisive, mais le ministère français sentit que son alliance qui avait assuré, disait-il, la paix du monde, lui échappait. Comme il n'avait pas sous la main de bassesse à faire pour essayer de la reconquérir, il lui chercha un équivalent et se rapprocha de l'Autriche, malgré sa récente incorporation à main armée de l'État de Cracovie, dernier reste de la Pologne, qui excita en France une émotion universelle (1846). Pour la gagner, il lui sacrifia, outre les derniers Polonais qu'il aurait peut-être dû défendre, la Suisse et l'Italie.

La Suisse voulait refaire sa constitution, pour donner plus d'autorité au pouvoir central; nous avions un intérêt sérieux à ce que ce changement s'opérât; car la Suisse forte couvrait mieux notre frontière de l'Est qu'un État divisé, mais la réforme était proposée par le parti libéral. C'était assez pour décider M. Guizot : il ne se contenta pas de rester neutre, il combattit la réforme et favorisa les séparatistes (1847).

En Italie, que le pape Pie IX essayait de réveiller de sa torpeur, les Autrichiens avaient occupé Ferrare ; il protesta, mais ne fut pas soutenu (1847). A Milan, les soldats de l'empereur commirent d'odieuses violences (février 1848). M. Guizot, ne pouvant faire le sourd plus longtemps, se contenta de négocier en faveur des victimes, pour ne pas froisser cette nouvelle alliée.

Politique intérieure.

A l'intérieur, il n'y avait qu'à laisser faire. Le pays, relevé par son propre essor, jouissait d'une prospérité si remarquable que pendant plusieurs années le budget des recettes s'était monté à à 1,500 millions ; l'instruction primaire se développait, grâce aux travaux incessants de M. de Salvandy. Le Code pénal avait été adouci, la loterie supprimée et la loi sur l'expropriation pour cause d'utilité publique avait permis d'exécuter d'immenses travaux d'intérêt général ; les côtes étaient éclairées par des phares, les chemins vicinaux s'amélioraient et l'exécution d'un vaste réseau de chemin de fer était décidée. Ici la main du ministère se fit sentir. Il fallait évidemment concentrer d'abord toutes les ressources de la France sur la grande artère du pays, la ligne de Boulogne à Marseille, mais le cabinet préparait les élections générales et il éparpilla les subventions sur toutes les lignes à la fois, de façon à s'attacher chaque localité par la reconnaissance.

Les concessions de chemins de fer devinrent des moyens électoraux. Ce furent même des moyens d'agiotage ; on prit au mot le fameux : *Enrichissez-vous!* que M. Guizot avait prononcé du haut de la tribune, et la spéculation devint si effrénée, si impudente, qu'on fut obligé de faire un procès à un ministre qui avait vendu sa signature et à un pair de France qui l'avait achetée.

Les élections de 1846 donnèrent naturellement au ministère la majorité qu'il en attendait, mais il y avait tant de fonctionnaires parmi les députés que cette majorité était absolument illusoire ; d'ailleurs le sens politique se perdait de plus en plus parmi la classe si peu nombreuse des électeurs. Sur les 220,000 censitaires que comptait la France, la moitié au moins vendaient leur voix et les opérations électorales étaient, comme presque toutes les opérations d'alors, des spéculations.

M. Guizot oublia bientôt que cette Chambre n'était point la représentation du pays et le prit de très-haut avec l'opposition parlementaire, la seule dont il consentît à s'occuper et à laquelle il dit un jour : « Vos mépris ne sont pas à la hauteur de mon dédain, » et lui refusa tout, même les choses qu'il avait promises, sous prétexte « qu'il ne faut se laisser rien arracher ».

M. Thiers, chef du centre gauche, et M. Odilon Barrot, chef de la gauche dynastique, mirent le ministère en demeure d'accomplir ses promesses ; ils demandèrent le remaniement de quelques impôts, la réforme électorale et surtout la réforme parlementaire, proposée inutilement à chaque session de-

CLÉMENT THOMAS
Général en chef de la garde nationale de la Seine.

puis 1842; le cabinet repoussa ces inoffensives réclamations et railla l'opposition sur l'inutilité de ses efforts pour faire sortir le pays de son indifférence en matière politique.

Les banquets politiques.

C'était un défi ; l'opposition y répondit. Elle organisa aussitôt soixante-dix banquets dans les villes les plus importantes du royaume : des orateurs y exposèrent les griefs de la nation abaissée à l'extérieur jusqu'à perdre en Europe l'influence nécessaire, tyrannisée à l'intérieur par le refus des réformes les plus légitimes, et appuyèrent surtout sur ce qu'ils appelèrent les moyens équivoques du gouvernement, la corruption électorale et parlementaire.

Ce mouvement entraîna d'abord Paris, qui, par tempérament, par instinct et peut-être par tradition, est toujours de l'opposition quand il n'a plus peur du gouvernement; la désaffection, d'ailleurs, se mettait dans le parti conservateur; plusieurs membres influents de la majorité passèrent à l'opposition, et le prince de Joinville lui-même, ne pouvant exprimer sa désapprobation des actes qu'on faisait au nom de son père, s'exila à Alger, auprès de son frère le duc d'Aumale. Le ministère n'était pas tout entier partisan de la résistance à outrance. M. de Salvandy, entre autres membres, aurait bien voulu se retirer, mais il se croyait retenu par le devoir de défendre les projets de loi sur l'instruction publique qu'il avait présentés : mais M. Guizot dirigeait tout le cabinet et le roi lui-même, à qui il fit prononcer, à l'ouverture de la session de 1848, un discours dans lequel il déclarait cent députés ennemis du trône.

Les débats furent irritants et pendant six semaines l'opinion publique fut en émoi; la victoire du parti libéral en Suisse, les tentatives de l'Italie qui essayait de s'affranchir de l'oppression de l'Autriche, réagirent sur la France, et l'opposition tenta une nouvelle manifestation en annonçant, pour le 23 février, un banquet dans le XII° arrondissement.

Jusque-là les républicains, de longtemps découragés, n'avaient pas bougé. Dès lors ils s'organisèrent et se tinrent prêts. « Si le gouvernement autorise le banquet, disait un de leurs chefs le 20 février, il tombera; mais s'il le défend, c'est une révolution. »

C'était d'ailleurs l'opinion de tout le monde, excepté peut-être de M. Guizot. La gauche dynastique fit un dernier effort pour empêcher une collision, et, le 21, M. Odilon Barrot déposa à la Chambre un acte d'accusation contre le ministère.

Révolution du 24 février 1848.

La Chambre ne prit pas en considération la proposition de M. Odilon Barrot; le ministère interdit le banquet et tout aussitôt des rassemblements nombreux se formèrent et quelques conflits éclatèrent.

Cependant, le soir du 23 février, l'opposition était triomphante : un ministère libéral, sous la présidence de M. Thiers, était nommé; mais il était déjà trop tard. Ceux qui avaient organisé le mouvement n'avaient rien préparé pour l'arrêter au point où l'opinion publique l'attendait, et d'ailleurs, hommes de critique plutôt que d'action, ils laissèrent la direction de l'émeute leur échapper et la virent passer entre les mains des républicains qui avaient pour meneurs des conspirateurs de profession, des vétérans de barricades, gens de combat qui enflammèrent la foule dont les boulevards étaient encombrés.

Un coup de feu tiré sur la porte du ministère des affaires étrangères fut le signal de la bataille; la troupe riposta par une décharge qui tua ou blessa cinquante promeneurs inoffensifs; les cadavres ramassés par les émeutiers, furent portés dans la ville. Les cris de : « On égorge nos frères ! » retentirent de tous côtés; la vengeance s'organisa et le peuple des faubourgs courut aux armes.

Le maréchal Bugeaud répondait de la répression de l'émeute ; il avait déjà pris ses dispositions, quand, dans la nuit du 23 au 24, il reçut du nouveau cabinet l'ordre de replier ses troupes sur les Tuileries ; il donna sa démission pour ne pas exécuter cet ordre insensé, et la résistance fut paralysée.

On convoqua alors les gardes nationaux ; mais, croyant que tout se bornerait à un changement de ministère, ils laissèrent passer la réforme sans s'apercevoir que c'était déjà une révolution.

Abandonné par la bourgeoisie parisienne, qui ne s'attendait pas à essayer de détruire quelques années plus tard ce qu'elle avait contribué à édifier, Louis-Philippe, qui lui avait fait tant de sacrifices personnels, se crut délaissé de la France entière, et cet amour de la paix qui l'avait précipité dans l'abîme lui fit signer son abdication. A midi, pendant qu'on se battait encore au Palais-Royal, protégé par quelques régiments, il put quitter Paris sans être poursuivi ni inquiété.

Si le prince de Joinville et le duc d'Aumale, qui jouissaient d'une popularité justement acquise, eussent été à Paris, le dénouement de la journée eût été assurément changé ; mais il ne restait auprès de la duchesse d'Orléans, respectée pour ses vertus et l'élévation de son esprit, mais étrangère et sans influence politique, que le duc de Nemours, qui était peu apprécié, et le duc de Montpensier, trop jeune encore pour être connu.

Tandis que le peuple, vainqueur partout, entrait aux Tuileries, la duchesse d'Orléans se rendait à la Chambre avec le comte de Paris. Les insurgés y furent en même temps qu'elle, et, pendant qu'on discutait sur la question de régence demandée par Louis-Philippe dans son acte d'abdication, ils proclamèrent un gouvernement provisoire composé de MM. Dupont de l'Eure, Arago, Lamartine, Crémieux, Ledru-Rollin, Garnier-Pagès, auxquels on adjoignit bientôt MM. Louis Blanc, Flocon, Armand Marrast et un ouvrier nommé Albert.

Ainsi, par l'incurie du gouvernement et l'audace d'un parti de longtemps organisé, la France se trouvait jetée, hors des voies du progrès pacifique, dans les aventures d'une nouvelle insurrection qui allait arrêter le travail, détruire des milliards et faire couler du sang plus cher encore que les milliards.

M. Guizot et M. Thiers, bien qu'irréconciliables, auraient pu se donner la main sur les ruines de la dynastie dont ils ont causé la perte, car tous deux ont assumé les mêmes responsabilités de cette révolution inutile : le premier pour n'avoir pas su la prévenir en lui ôtant son prétexte, le second pour ne l'avoir pas réprimée quand il le pouvait encore.

CHAPITRE XXVIII

LA DEUXIÈME RÉPUBLIQUE

Le Gouvernement provisoire.

Le 24 février au soir, le Gouvernement provisoire proclamait la république à l'Hôtel de Ville; le 26, une foule menaçante exigeait que le drapeau rouge fût le symbole du nouveau pouvoir. Lamartine s'y opposa avec une éloquence merveilleuse, et démontra à la multitude la différence qu'il y avait entre « le drapeau rouge qui n'avait fait que le tour du Champ de Mars, traîné dans le sang, et le drapeau tricolore qui avait fait le tour du monde en portant partout le nom et la gloire de la patrie ».

Il réussit, et la province se résigna comme toujours, et cette fois sans trop de peine, à subir les faits accomplis par la capitale. A l'imitation de Paris qui célébra pompeusement, sur la place de la Bastille, l'établissement de la république, des fêtes furent improvisées dans la plupart des grandes villes et l'on planta sur les places publiques des arbres de liberté que le clergé vint bénir processionnellement.

M. Ledru-Rollin, ministre de l'intérieur, remplaça promptement les préfets par des commissaires du gouvernement, pendant que Lamartine, qui dirigeait les affaires étrangères, rassurait l'Europe en déclarant que la République ne menacerait personne, mais qu'elle empêcherait toute intervention pour comprimer les légitimes réclamations des peuples, et que François Arago, ministre de la marine, faisait décréter l'émancipation des nègres dans toutes nos colonies.

La situation d'ailleurs n'était exempte ni de périls ni de difficultés : par suite de la stagnation de l'industrie et du commerce, les revenus de l'État, déjà diminués par l'abolition de l'impôt sur le sel et de quelques autres taxes impopulaires, baissèrent encore, et le ministre des finances fut obligé de frapper les quatre contributions directes d'un impôt extraordinaire de 45 centimes pour franc et qu'on appela l'*emprunt forcé*. C'était mal inaugurer un gouvernement républicain, mais on ne trouva pas mieux pour combler un déficit qui s'augmentait tous les jours par des mesures dans le genre de celle qui *garantissait l'existence de l'ouvrier par le travail*.

Cette promesse était d'autant plus difficile à tenir que, la plupart des manufactures s'étant fermées, des milliers d'ouvriers demeuraient sans pain, prêts à grossir le noyau des dupes que les doctrines communistes ont toujours faites en temps de révolution; le gouvernement autorisa un de ses membres, M. Louis Blanc, à ouvrir au Luxembourg, avec les délégués des ouvriers, des délibérations sur les rapports à établir entre le *capital* qui met le travail en action et le *travail* qui produit. Ces conférences n'aboutirent à rien, sinon à l'établissement des ateliers nationaux, où se réunissaient, pour ne rien faire, l'oisiveté dangereuse et l'honnêteté découragée. Chaque discours de M. Louis Blanc au Luxembourg augmentait cette armée qui semblait être organisée pour le désordre, au cœur même de Paris, et sous l'effet constant des provocations des journaux et des clubs.

Manifestations de mars.

Cette discussion irritante, qui excitait les convoitises des affamés, amena une lutte nouvelle; celle-là se passa en manifestations. Le 16 mars, les compagnies d'élite de l'ancienne garde natio-

Le Gouvernement provisoire.

nale vinrent défiler devant l'Hôtel de Ville, pour montrer les forces dont pouvait disposer la bourgeoisie; le lendemain, les délégués du Luxembourg, les ateliers nationaux et les corporations ouvrières, poussés par des meneurs qui voulaient les engager plus avant, faisaient une contre-manifestation en faveur du prolétariat.

Elle n'aboutit qu'à ouvrir les yeux du gouvernement dont les membres, malgré des dissidences d'opinions et des rivalités intestines, se réunissaient dans le danger commun; pour ne pas laisser la capitale sans défense contre les factions, il fit rentrer dans Paris quelques régiments de l'armée qui en était sortie humiliée au 23 février, et forma, avec les ouvriers les plus jeunes et par conséquent les moins inféodés aux doctrines socialistes qui se répandaient de plus en plus, des bataillons dévoués à la République, sous le nom de gardes mobiles.

Il y eut encore une manifestation socialiste : la garde nationale la refoula le 16 avril, puis une fête de la Fraternité le 21 avril : personne n'en sortit réconcilié ; et tous ces mouvements n'aboutirent qu'à tenir le Gouvernement provisoire en permanence, à lui imposer un travail sans cesse renouvelé de proclamations, de discours. Cette dernière partie était la spécialité de Lamartine ; elle lui valut en peu de temps une popularité qui prit trop d'accroissement pour ne pas rester éphémère.

Les élections se firent pour la première fois avec le suffrage universel, le dimanche 23 avril ; on ne passe pas sans secousse d'un corps électoral de 220 000 votants à 9 millions, et ce déplacement subit de la vie politique, que rien n'avait préparé, devait évidemment causer des catastrophes.

Le 4 mai, l'Assemblée constituante se réunit, proclama solennellement la république, et, malgré les pernicieux exemples du Directoire, conféra le pouvoir à une commission exécutive composée de cinq membres : Arago, Garnier-Pagès, Marie, Lamartine et Ledru-Rollin.

L'Assemblée n'avait plus à s'occuper que d'élaborer une constitution, mais là était la difficulté. Pour constituer quelque chose, il fallait savoir ce qu'on voulait, et personne n'était d'accord ; les uns prétendaient que la révolution avait été exclusivement politique et entendaient la borner à quelques modifications dans la forme du gouvernement ; d'autres voulaient qu'elle fût sociale, et espéraient transformer toute la société ; d'autres la niaient et parlaient de retourner à la monarchie, pendant que les plus bruyants ne rêvaient qu'une chose, la ruine de toute autorité publique.

Ces derniers commencèrent leur attaque contre l'Assemblée nationale ; le 15 mai, sous prétexte de porter aux députés une pétition en faveur de la Pologne, une multitude nombreuse marcha sur l'Assemblée et plus de deux mille personnes envahirent la salle des séances, les bureaux et la tribune. Blanqui veut que la Chambre déclare immédiatement la guerre à l'Europe pour délivrer la Pologne ; Barbès demande un impôt d'un million sur les riches ; tout le monde crie, parle, gesticule : c'est un tumulte indescriptible, devant lequel la représentation nationale n'a plus qu'à se retirer ; heureusement, quelques bataillons de mobiles et de garde nationale accourent ; la foule, en entendant les tambours battre la charge dans les couloirs, se disperse précipitamment et l'Assemblée peut rentrer en séance. Lamartine, Ledru-Rollin, à la tête du Corps législatif et de la garde nationale, marchent sur l'Hôtel de Ville, où le maire de Paris, Armand Marrast, venait de faire saisir un nouveau gouvernement provisoire, qui n'avait pas encore eu le temps de s'y installer.

Journées de juin.

Tous les organisateurs de cette émeute du 15 mai qui ne serait que ridicule, si elle n'avait permis à la populace de Paris d'essayer ses forces, avaient été emprisonnés à Vincennes ; mais il restait bien d'autres agitateurs en liberté, et ceux-là ameutaient les ouvriers, trompés déjà par de dangereuses utopies, contre l'Assemblée nationale, qui, de son côté, entrait en défiance contre le peuple parisien et prononça la dissolution des ateliers nationaux, qui formaient alors une véritable armée de cent mille prolétaires, ayant sa discipline, ses armes et ses chefs.

Cette mesure radicale était une déclaration de guerre. Le 22 juin, les barricades s'élevèrent avec une rapidité vertigineuse dans les faubourgs, et occupèrent bientôt la moitié de Paris. Le pouvoir exécutif ne pouvait guère compter que sur une vingtaine de mille hommes de l'armée, la garde mobile et une partie de la garde nationale; mais ces forces, bien employées par le général Cavaignac, nommé ministre de la guerre au 18 mai, pouvaient faire de grandes choses; il les dispersa entre l'Assemblée et l'Hôtel de Ville, pour conserver toutes les grandes communications. Aussi, le 24, cette lutte fratricide, où des légions de la garde nationale se battaient contre d'autres légions, où la garde mobile, composée d'enfants du peuple, n'avait pour ennemis que des ouvriers, n'était point encore terminée, bien que d'un côté comme de l'autre les pertes fussent déjà considérables.

L'Assemblée, pour donner plus de force au gouvernement, et surtout pour inspirer plus de craintes aux insurgés, supprima la commission exécutive et concentra l'autorité entre les mains d'un seul homme. Le général Cavaignac, recommandé aux républicains par le nom de son frère Godefroy, une des principales têtes du parti sous le règne précédent, fut nommé chef du pouvoir exécutif.

Il prit alors des mesures énergiques, les seules qu'il y eût à employer dans cette déplorable circonstance, car le général Bréa avait été assassiné d'une façon sauvage le 25, au moment où il parlementait avec les insurgés de la barrière Fontainebleau, et monseigneur Affre, archevêque de Paris, qui s'était dévoué dans l'espoir d'abréger la lutte, avait été tué sur une barricade du faubourg Saint-Antoine, où il était monté pour porter des paroles de paix; une balle partie d'une fenêtre pendant la suspension du combat qui avait suivi son apparition en fit une victime de son zèle patriotique.

L'armée avait d'ailleurs des représailles à exercer. Le général Damesme avait été tué à l'attaque du Panthéon; le général Négrier, à l'assaut de la barricade de la Bastille; elle redoubla de vigueur. Toutes les barricades furent enlevées ou tournées, et le 26 l'insurrection était refoulée dans le faubourg Saint-Antoine. Mais l'armée perdait encore 4 généraux et 4 étaient blessés grièvement.

Le général Lamoricière, alors maître de la position, cerne le faubourg et somme les insurgés de se rendre sous peine de bombardement; ils mettent bas les armes et 12 000 prisonniers faits pendant le combat ou arrêtés après furent transportés en Afrique.

Ainsi finit cette tentative de révolution sans but, sans raison, où des républicains se battaient contre la République; elle coûtait à la France 5 000 morts et deux de ses représentants; trois autres s'étaient fait blesser sur les barricades.

On peut le dire aujourd'hui, cette bataille tua la République; si elle ne mourut pas du coup, elle fut singulièrement affaiblie par cette lutte affreuse dont le retentissement, arrivant encore grossi en province, la désaffectionna d'un gouvernement qu'elle avait accepté de confiance et dont elle ne connaissait que le mauvais côté.

En vain l'Assemblée se hâta de jeter les bases d'un gouvernement qui s'appuyait pour le pouvoir législatif sur une Chambre unique et pour le pouvoir exécutif sur un président élu, comme l'Assemblée, par le suffrage universel : le coup était porté ; et aux élections à la présidence de la République (10 décembre), ce ne fut pas le républicain qui fut élu.

Présidence de Louis-Napoléon Bonaparte.

Le prince Louis-Napoléon, troisième

ARMAND MARRAST.

fils de la reine Hortense de Beauharnais et du roi de Hollande, qui s'était évadé en 1846 du château de Ham, où il avait été emprisonné après sa tentative de Boulogne, avait mis à profit le temps qu'avaient perdu les républicains dans leurs luttes intestines ; rentré en France après le 24 février, il s'était fait nommer, grâce au prestige de son nom, député par trois départements à la première Assemblée, et par cinq à l'Assemblée constituante. Appuyé par une active propagande, par les fautes des républicains, et comptant beaucoup sur la puissance magique du nom de Napoléon, dont la légende était toujours vivace, il crut pouvoir se porter candidat à la présidence de la République.

Il eut plus de succès que n'en espéraient même ses partisans les plus dévoués, car il profita du mécontentement général. La bourgeoisie était irritée par les ateliers nationaux, par les déclamations des clubs, par la bataille de juin, et surtout par la stagnation du commerce. Les paysans ne voulaient plus de la république qui avait décrété l'*emprunt forcé* des 45 centimes, et les 5 434 226 suffrages qu'obtint le prince

M. DE MAUPAS.

contre 1 448 107 donnés au général Cavaignac furent surtout une protestation des départements contre la forme de gouvernement que Paris avait imposée à la France au 24 février.

Ce gouvernement, d'ailleurs, n'était guère possible avec la constitution du 12 novembre qui donnait même origine aux deux pouvoirs d'exécution et de délibération et qui assurait au président cet avantage d'être élu par des millions de suffrages et de sembler représenter plus directement la nation que le pouvoir législatif, dont il aurait dû dépendre et dans lequel, à la rigueur, on ne pouvait voir que des députés, élus seulement par quelques milliers de voix.

Ce n'était, il est vrai, que de l'ergoterie, mais elle était dangereuse, car elle constituait un antagonisme d'autant plus inévitable entre le président et la Chambre que, si d'un côté elle ne limitait pas assez les pouvoirs de l'exécutif, puisqu'il avait le droit de nomination aux innombrables emplois de l'administration, négociait les traités et disposait de l'armée ; d'un autre côté, il était subordonné au pouvoir législatif, en ce qu'il n'avait ni le droit de prendre le commandement des troupes, ni celui de dissoudre l'Assemblée, ni même celui d'arrêter un projet de loi qui lui paraissait funeste.

En outre, la non-rééligibilité du président, nommé seulement pour quatre ans, alors que les députés, qui ne l'étaient que pour trois, pouvaient être réélus, en ne lui assurant légalement qu'un pouvoir temporaire, devait d'autant plus infailliblement lui donner la tentation de prolonger même par l'illégalité les prérogatives habituelles de l'autorité qu'il avait en mains tous les moyens d'y parvenir.

Le président s'entendit pourtant avec l'Assemblée constituante tant qu'il ne s'agit que de rétablir l'ordre ou de comprimer les partis extrêmes. L'émeute du 29 janvier 1849 fut apaisée sans effusion de sang.

Affaires de Rome.

Une nouvelle émeute, qui éclata le 13 juin à propos de l'expédition de Rome, fut étouffée dans son germe grâce à un déploiement de forces fait à temps, et Ledru-Rollin, l'ancien membre du gouvernement provisoire, qui était à la tête de cette insurrection, fut obligé de s'enfuir du Conservatoire des arts et métiers en passant par un vasistas. Presque tous les autres chefs furent arrêtés et condamnés par la haute cour de Versailles.

Cette émeute croyait pouvoir sauver la cause de la République romaine, en occupant suffisamment le gouvernement français pour l'empêcher d'aller la comprimer en Italie.

Il faut savoir que la révolution du 24 février 1848 avait eu un contre-coup dans presque toutes les capitales de l'Europe ; mais presque partout elle avait été réprimée par les rois. L'Autriche avait même profité de cette victoire intérieure et de celle que, grâce aux Russes, elle avait remporté sur la Hongrie, pour porter de nouveau ses armes dans la péninsule. Déjà elle avait battu Charles-Albert, roi de Sardaigne, à Novare, s'était emparée de la Lombardie, et menaçait Rome, où la république s'était proclamée après la fuite du pape.

Notre intérêt politique exigeait que nous protégions la péninsule italienne contre la domination allemande. L'Italie, un moment victorieuse six mois plus tôt, avait refusé l'aide de la France ; maintenant qu'elle était vaincue, notre intervention devenait un devoir. Le prince-président et l'Assemblée le comprirent en commençant d'abord par renverser la République romaine, qui essayait vainement de faire des murs de la cité sainte le dernier rempart de l'indépendance italienne, de sorte que notre armée, commandée par le général Oudinot, assiégeant Rome, nous avions les apparences de pactiser avec la domination autrichienne, que nous allions combattre.

Après un siége fait avec les plus grands ménagements, le général Oudinot entra dans Rome le 2 juillet. Le pape y fut réintégré, l'Autriche recula ; mais il fallut, pour que notre protection continuât à être efficace, que nos troupes restassent à Rome.

Depuis ce jour, la France eut un bras engagé en Italie, au détriment de ses intérêts généraux ; mais le prince-président y gagna en ce sens que tous les ultramontains, qui profitaient de cet état de choses, embrassèrent et soutinrent énergiquement sa cause personnelle.

L'Assemblée législative.

La nouvelle Chambre, élue le 28 mai 1849, fut la complice de cette décision, complice un peu forcée, car l'affaire avait été tellement engagée par la Constituante qu'elle ne pouvait guère avoir d'autre dénouement. Cette Assemblée, d'ailleurs, était plus homogène ; elle comptait moins de républicains et de socialistes et sa majorité se composait de ce que l'on appelait alors les *amis de l'ordre* : elle paraissait devoir s'entendre plus facilement avec le prince Louis-Napoléon ; cependant des ferments d'opposition se manifestèrent pendant les vacances de l'Assemblée (août et septembre 1849). Les partisans de la branche aînée des Bourbons allèrent porter leurs hommages au comte de Chambord réfugié en Allemagne, les orléanistes se rendirent en Angleterre auprès des princes de la branche cadette ; en même temps, les républicains exilés, les sociétés secrètes inondaient la France de diatribes qui se croisaient partout avec les manifestes monarchiques.

Le prince Louis s'inquiétait peu de ces mouvements. Il voyageait dans les provinces afin de faire connaître aux populations rurales le représentant d'un pouvoir qui s'abritait bien moins sous le nom de République que sous le grand nom de Napoléon.

L'année 1850 se passa sans autre incident que la loi du 31 mai, qui restreignit le suffrage universel, en exigeant de chaque votant la preuve d'une résidence effective de trois années dans le canton électoral ; trois millions d'électeurs perdirent du coup leur droit de suffrage. Les suites de cette loi malencontreuse firent naître des complications parlementaires, et la session de 1851 ne fut employée qu'à des discussions irritantes.

Le général Changarnier, commandant en chef de la garde nationale et de l'armée de Paris, ayant eu des démêlés avec le ministre de la guerre, fut révoqué par le prince-président ; la Chambre aurait préféré qu'on sacrifiât le ministre, aussi refusa-t-elle de s'entendre avec le pouvoir exécutif pour le choix d'un ministère durable.

Les tiraillements allaient commencer et avec d'autant moins de chance d'apaisement que les pouvoirs du président et ceux de l'Assemblée allaient se terminer l'année suivante, à trois mois de date, et que le suffrage, maintenant restreint, allait avoir à renouveler les deux pouvoirs de la République au milieu d'un chaos dont on ne prévoyait pas l'issue. La France entière s'émut de cet état de choses, et des pétitions portant plus de 1 500 000 signatures arrivèrent de tous côtés à l'Assemblée en faveur de la révision de la Constitution. 80 conseils généraux et presque tous les conseils d'arrondissement émirent le même vœu.

Il y avait donc unanimité de craintes dans le pays, mais la Chambre était tellement divisée qu'aucun parti ne put réunir les trois quarts des voix nécessaires pour procéder légalement à la révision de la Constitution, dont chacun sentait le besoin, mais que tout le monde voulait amender seulement dans l'intérêt de sa cause.

Le 2 décembre 1851.

La situation était plus que tendue, le mécontentement était général; des désordres éclatèrent dans la province, et il fallut, pour rétablir l'ordre, mettre les départements du Cher et de la Nièvre en état de siége.

Pour supprimer la cause et éviter le retour de ces troubles, mais surtout pour chercher la popularité qui devait

NAPOLÉON III.

l'amnistier du coup d'État, qu'il préparait déjà avec ses conseillers intimes, MM. de Morny, Persigny, Saint-Arnaud et de Maupas, le président demanda à la Chambre (4 novembre 1851) l'abrogation de la loi du 31 mai et le rétablissement du suffrage universel. La majorité de l'Assemblée, persistant à exclure du vote la population nomade et flottante, refusa et chercha à neutraliser l'avantage que le prince venait de se donner auprès du peuple, en s'assurant de l'armée par la précision des cas où le président aurait le

La prise de Malakof.

droit de requérir directement les troupes. Ce projet, rejeté le 17 novembre, après d'irritants débats, rendit la situation de plus en plus difficile.

L'antagonisme était complet entre les deux pouvoirs. Les partis conspirèrent chacun de leur côté, mais ne parvinrent point à s'entendre : aucun n'avait une majorité suffisante pour décider quelque chose légalement; il fut question d'enfermer le président à Vincennes.

Celui-ci, qui avait pour lui l'apparence du bon droit et qui pouvait compter sur l'armée, sur la moitié de la population de Paris énervée par ces discussions sans résultats, sur presque toute la France fatiguée de ce désordre moral et en proie à de vives inquiétudes pour l'avenir, aurait dû attendre les attaques de la Chambre ; mais poussé par des conseillers actifs, âpres à ses intérêts parce qu'ils devenaient les leurs, il se décida à la prévenir, et la Constitution fut violée une fois de plus.

Le matin du 2 décembre, les chefs des différents partis furent arrêtés chez eux, le palais de l'Assemblée occupé par la force armée, et quelques députés qui s'étaient réunis dans une mairie furent saisis ou dispersés et Paris, en s'éveillant, put lire un décret déclarant l'Assemblée dissoute, le suffrage universel rétabli et la proposition d'une nouvelle constitution avec un chef responsable élu pour dix ans et l'explication de la conduite du président qui était, disait-il, « sorti de la légalité, pour rentrer dans le droit. »

Le 3 et le 4, les républicains essayèrent d'organiser une résistance au centre de Paris et sur les boulevards ; mais le gros de la population n'y prit aucune part et l'armée, conduite avec vigueur, resta maîtresse des rues, après une lutte assez courte qui coûta la vie au député Baudin.

Des mesures énergiques, répressions des essais d'insurrections de province, mise en état de siége des départements où les troubles avaient éclaté, transportation à Cayenne des repris de justice, et en Algérie des membres des sociétés secrètes, ramenèrent promptement le calme, et les partis gardèrent un silence prudent, en présence d'un pouvoir résolu.

La nouvelle Constitution fut proposée à l'acceptation du peuple, qui fit usage du suffrage universel, qu'on lui rendait pour l'approuver par 7 437 216 *oui* contre 640 737 *non*.

La présidence décennale.

Le prince Louis-Napoléon, nommé par le vote président pour 10 ans, pensait déjà au rétablissement de l'Empire ; la Constitution nouvelle qu'il publia le 14 janvier 1852, calquée sur les constitutions du Consulat et de l'Empire, cachait un acheminement à l'absolutisme sous des apparences plus ou moins libérales.

Ainsi le chef de l'État gouvernait avec des ministres qui ne dépendaient que de lui seul, et des deux Chambres qui étaient instituées, l'une, le Sénat, était composée par lui parmi les illustrations du pays, pour veiller à la conservation et au développement de la constitution, laquelle était reconnue perfectible (porte habilement entr'ouverte aux principes de liberté qu'on avait oublié d'y introduire).

L'autre Chambre, Corps législatif, issue du suffrage universel, avait le vote de l'impôt et des lois, qui étaient préparées, présentées et défendues devant le Corps législatif par un Conseil d'État choisi par le président.

Ainsi, à part le Corps législatif, tout était nommé par le chef du pouvoir exécutif, mais pendant les quatre mois qui précédèrent la mise en pratique de la nouvelle constitution, il s'arrangea, par un remaniement complet de toute l'administration, à tenir la haute direction du suffrage universel, par suite de ce système, l'autorité départementale fut concentrée entre les mains des préfets, qui eurent la nomination des maires de toutes les communes de leurs départements.

A côté de cela, le prince-président réorganisa la garde nationale restreinte sur des bases qui la mettaient à la disposition du pouvoir, il replaça la presse sous la juridiction des tribunaux correctionnels, et fit, en un mot, tout ce qu'il put pour fortifier le pouvoir, excepté pourtant la confiscation des biens personnels de la maison d'Orléans, dont la vente forcée indisposa tous les gens qui avaient le sentiment exact de la propriété.

L'ordre assuré, le travail reprit son activité et la France est si vivace qu'au bout de huit mois elle sentait revenir son ancienne prospérité; aussi le prince-président fut-il bien accueilli dans la tournée d'essai qu'il fit en province; quelques villes, Bordeaux notamment, l'accueillirent aux cris de : *Vive l'empereur*, que Paris lui-même répéta à sa rentrée, le 16 octobre.

Il n'y avait plus qu'un mot à dire et la nation, entraînée encore une fois, allait réédifier la dynastie napoléonienne, se contentant d'abord du souvenir glorieux qu'elle lui donnait, tout en en espérant le repos et l'ordre qu'elle lui promettait.

CHAPITRE XXIX

RÈGNE DE NAPOLÉON III

Proclamation de l'Empire.

Le Sénat conservateur proposa au peuple français le rétablissement de la dignité impériale dans la personne de Louis-Napoléon Bonaparte, avec hérédité dans sa descendance directe, légitime ou adoptive, et les 21 et 22 novembre 1852 le suffrage universel donna 7 839 552 votes affirmatifs, contre 254 501 négatifs.

Ainsi la nation se rendait responsable du coup d'État du 2 décembre, comme elle avait ratifié jadis celui du 18 brumaire, et liait encore une fois ses destinées à celles des Napoléon.

Pour ne pas se départir du fatalisme qui fut sa religion politique, le nouvel empereur se fit proclamer solennellement sous le nom de Napoléon III, le 2 décembre 1852, anniversaire de la bataille d'Austerlitz et du sacre de son oncle, dont il ne songeait pas à recommencer l'histoire, mais dont il essaya de parodier les gloires.

La tâche était d'ailleurs facile. L'Empire arrivait avec une immense popularité; il n'y avait qu'à vouloir pour ne pas entraver l'essor que ne demandaient qu'à prendre l'industrie, le commerce et la prospérité publique.

Napoléon III voulut d'ailleurs faire de la couronne qu'il ceignait « par la grâce de Dieu et la volonté nationale » tout autre chose qu'une royauté fainéante. Il se proposa deux buts généreux : 1° relever au dehors la situation politique de la France, qui était encore sous le coup des grandes humiliations de 1815 (il est vrai qu'il les aggrava par la suite, ces terribles humiliations! mais l'histoire doit lui tenir compte de ses efforts, et enregistrer les succès dont ils furent couronnés d'abord); 2° à l'intérieur, donner satisfaction aux besoins généraux du pays ainsi qu'aux intérêts populaires. A la vérité, s'il comprit bien les derniers, il ne connut jamais entièrement les premiers, ou, s'il les connut, il fut empêché de les satisfaire par les conséquences de son système de politique intérieure, qui se faisait un épouvantail du mot « liberté » et ne voyait que dans un temps donné le développe-

M. DE MORNY.

ment progressif des libertés publiques par l'amélioration successive de la Constitution.

Ce temps fut donné trop tard; il en porta la peine, qui pesa si rudement sur la France qu'elle faillit l'entraîner dans l'abîme; mais n'anticipons pas sur les événements.

Guerre de Crimée.

Napoléon s'était servi, pour désigner son gouvernement, d'une formule heureuse, si elle eût pu être appliquée: « L'Empire, c'est la paix, » avait-il dit à Bordeaux, quelques jours avant son avénement au trône; malheureusement ce mot fameux devait devenir d'autant plus ironique que ce fut à Bordeaux même que fut signée la paix onéreuse nécessitée par l'Empire.

La France, d'ailleurs, ne le prit jamais au sérieux, car elle ne voulait plus de la paix à tout prix, et si, sous ce règne, elle subit des guerres lointaines qu'elle

M. ROUHER.

désapprouvait, il y en eut qu'elle accepta comme des nécessités de ses vieilles traditions d'honneur militaire et de politique nationale.

Telle fut la conquête de la Kabylie et du Sahara algérien, telle fut aussi la campagne de Crimée, dont nous venons d'expier si cruellement la gloire, par la neutralité et peut-être même l'hostilité secrète de la Russie pendant cette terrible dernière guerre, qui par cela même qu'elle était devenue inévitable aurait dû être de longtemps préparée.

Voici quelle fut l'origine de cette

expédition : depuis 1815, la Russie exerçait une prépondérance que le gouvernement du czar Nicolas, personnification d'un système de compression et de conquête, avait rendue menaçante : en Allemagne, il avait appuyé les souverains dans leurs résistances aux vœux des peuples et il était à peu près arrivé à dénationaliser la Pologne, dont la possession lui avait été assurée par les traités de 1815.

A l'égard de la France, il n'avait rien tenté directement, mais il n'avait jamais pardonné à la royauté de 1830 d'être sortie d'une émeute légitime dont le retentissement avait ébranlé tous les trônes de l'Europe. Un moment surpris par la Révolution de 1848, il avait bientôt repris son assurance et senti renaître son ambition.

Il croyait d'ailleurs que la présence d'un Napoléon sur le trône de France allait reconstituer tout naturellement la coalition de 1813 et après avoir sauvé l'Autriche en écrasant les Hongrois révoltés contre elle, il comptait sur son alliance et sur celle de l'Angleterre pour s'emparer enfin de l'objet de la convoitise éternelle de la Russie, Constantinople et la mer Noire.

Déjà, en toute circonstance, il avait affecté un protectorat hautain sur les sujets chrétiens de l'Empire turc, pensant ainsi s'y faire un parti ; voyant que les soulèvements qu'il espérait n'aboutissaient pas, il essaya de s'entendre avec l'Angleterre pour partager avec elle les dépouilles du sultan.

L'Angleterre ne bougeant pas, il commença les hostilités, fit occuper les principautés danubiennes et arma à Sébastopol une flotte qu'on disait formidable.

Le sort des armes ne lui fut pas d'abord favorable. Omer Pacha, généralissime des armées ottomanes, ayant pour chef d'état-major le général espagnol Prim, déjà célèbre par ses victoires, battit ses troupes en plusieurs rencontres, mais un désastre, éprouvé par la flotte turque, qui fut détruite à Sinope (30 novembre 1853), changea la face des choses et décida la France à intervenir.

Napoléon III, qui s'était déjà assuré de la neutralité de la Prusse et de l'Autriche, entraîna l'Angleterre dans son alliance et une flotte anglo-française fit voile pour la mer Noire, en même temps qu'une autre venait bloquer la Baltique et menacer Cronstadt, forteresse formidable qui était la clef de Saint-Pétersbourg.

La flotte du nord s'empara des forts de Bomarsund, dans les îles d'Aland, qu'elle détruisit le 16 août 1854 ; celle de l'orient, pour venger une insulte faite à un parlementaire, avait bombardé le port militaire d'Odessa, sans tirer un seul boulet sur la ville ni le port marchand (22 avril 1854).

C'est à peu près vers cette époque que le maréchal Saint-Arnaud partait de Toulon pour se mettre à la tête de l'armée expéditionnaire et se joindre aux troupes anglaises commandées par lord Raglan.

Tout d'abord il voulut faire lever le siége de Silistrie, défendue héroïquement par 8 000 Turcs ; les Russes ne l'attendirent pas et évacuèrent les principautés danubiennes que les Autrichiens occupèrent aussitôt, si bien qu'il ne trouva plus d'ennemis à Varna.

Son armée y fut pourtant décimée par le choléra et le typhus, et lui-même y contracta le germe de la maladie qui allait l'emporter bientôt.

Enfin elle s'embarqua pour la Crimée et, le 14 septembre 1854, elle prenait terre à Old-Fork au nombre de 70 000 hommes, tant Anglais que Français.

Cinq jours après, la victoire de l'Alma, à laquelle le général mourant avait assisté toute la journé, soutenu sur son cheval par des dragons qui se relayaient de chaque côté de lui, permit aux troupes alliées de commencer le siége de Sébastopol, forteresse formidable qu'il fallait anéantir pour mettre Constantinople à l'abri d'un coup de main.

Le général Canrobert succéda à Saint-Arnaud dans le commandement français, fit ouvrir la tranchée, 9 octobre, ordonna le premier bombardement, 17 octobre, gagna le combat de Balaclava où la cavalerie anglaise courut de grands dangers (25 octobre), la bataille d'Inkermann (5 novembre), mais fut arrêté par une tempête formidable qui bouleversa notre flotte (14 novembre) et surtout par l'hiver qui s'annonçait très-rigoureux.

Il employa ce temps à réorganiser l'armée et à s'en faire adorer si bien que, l'hiver passé, quand il se crut obligé de donner sa démission par suite de dissentiments avec lord Raglan (20 mai 1855), ce furent des regrets universels.

Le général Pélissier, qui eut la gloire de prendre Sébastopol, profita de tous les travaux de son prédécesseur et peut-être n'eut-il que la peine de récolter ce qu'un autre avait semé.

Renforcé d'ailleurs par toute la garde impériale, de création toute récente, qui venait recevoir le baptême de feu en Orient, il poussa le siége avec une grande énergie; les 22 et 23 mai il livrait deux combats victorieux, le 7 juin il prenait le mamelon Vert, le 18 il donnait le premier assaut à la tour Malakoff, qu'il n'enleva cependant que le 8 septembre, après que leur sanglante défaite de Traktir (16 août) eut découragé les Russes qui, voyant Malakoff occupé résolûment par le général de Mac-Mahon, évacuèrent Sébastopol après avoir soutenu pendant plus d'un an le plus terrible siége qu'on ait vu dans les annales de l'histoire moderne.

Le congrès de Paris.

Cette victoire rendait à la France la plénitude de son influence en Europe, et entourait l'Empire d'une auréole de gloire qui rejaillissait personnellement sur l'empereur.

En même temps que son armée cueillait des lauriers sur les rives du Bosphore, Napoléon III avait voulu montrer à l'Europe que la France relevée était grande aussi dans les arts de la paix. L'Exposition universelle avait attiré à Paris des millions de visiteurs, et permis à l'empereur, recevant la reine d'Angleterre, le roi de Portugal, le roi de Sardaigne et d'autres souverains encore, de leur faire accepter comme leur égale l'impératrice Eugénie, la femme qu'il avait mieux aimé prendre selon son goût que sur les marches d'un trône étranger.

La situation, d'ailleurs, était prospère; elle le devint d'autant plus que le czar Alexandre II qui succéda à son père Nicolas, mort pendant le siége de Sébastopol, demanda la paix.

Il venait de perdre dans la mer Noire la forteresse de Kimburn qui avait été obligée de se rendre devant nos canonnières cuirassées et nous ouvrait la Russie méridionale, une escadre alliée s'était emparée de Pétropaulosk sur l'océan Pacifique, et la diplomatie française, qui avait déjà fait entrer dans la ligue contre la Russie le roi de Suède et le roi de Sardaigne, allait y entraîner probablement l'empereur d'Autriche. Les conférences s'ouvrirent à Paris sous les yeux du souverain qui avait eu la plus glorieuse part à la guerre et la paix fut signée le 30 mars 1856, quatorze jours après que la dynastie napoéonienne parut s'asseoir définitivement sur le trône de France par la naissance d'un fils de Napoléon III et de l'impératrice Eugénie.

Cette paix, à laquelle la France ne gagnait en échange du sang et de l'or qui avaient été prodigués dans la guerre qu'une gloire stérile et peut-être même nuisible pour l'avenir, neutralisait la mer Noire, interdisait par conséquent à la Russie le droit d'y avoir une flotte de guerre, lui enlevait, en outre, une portion de la Bessarabie, rendait libre la navigation du Danube, et faisait faire un pas au droit des gens, en proclamant dans le sens de la liberté le droit des neutres pendant les guerres maritimes.

La paix de Paris, qui fut accueillie en France avec une joie sans mélange, permit au gouvernement impérial de se livrer avec une ardeur nouvelle au développement de la prospérité matérielle, qui d'ailleurs, alimentée par un essor extraordinaire donné aux travaux publics, par les constructions simultanées de nombreux réseaux de chemins de fer, ne s'était pas ralentie pendant la guerre.

Expédition de Kabylie.

De 1856 à 1859, sauf pendant les élections générales de 1857 pour le renouvellement de l'Assemblée qui avait fait l'Empire, où le gouvernement eut le tort d'inaugurer le système fatal des candidatures officielles, en faisant recommander par les préfets et les agents du pouvoir les députés sortants, l'histoire n'a rien à enregistrer touchant la situation politique du pays, en dehors de l'expédition de Kabylie, que l'attentat contre la vie de l'empereur, perpétré le 11 janvier 1858, et qui, comme tous les crimes de ce genre, n'eut d'autre résultat que de galvaniser la popularité de Napoléon III, qui avait subi un léger échec par l'attitude de son gouvernement pendant la campagne électorale.

L'expédition de la Grande-Kabylie, commencée le 20 mai 1857, était devenue une nécessité, car notre conquête de l'Algérie ne pouvait être complète tant qu'il resterait à seize lieues d'Alger un massif montagneux indépendant, longeant 170 kilomètres de côtes, et contenant une population de 400 000 habitants.

Cette contrée, qu'on regardait comme inaccessible, était la Grande-Kabylie; mais le courage de notre armée d'Afrique était au-dessus de toutes les difficultés. Le maréchal Randon, gouverneur de l'Algérie depuis l'Empire, réunit un corps d'armée de 25 000 hommes, composé des divisions Mac-Mahon, Yusuf et Renault, et termina la conquête en deux mois.

Le 16 juillet, après des combats partiels et une grande victoire à Ichériden, les Kabyles étaient soumis et voyaient construire au milieu d'eux, par notre armée, le fort Napoléon, placé sur une des crêtes les plus élevées de la montagne, comme une sentinelle vigilante qui préviendrait toute insurrection.

Cette précaution les rappela à la promesse donnée, mais le système d'organisation que leur donna le maréchal Randon contribua bien plus à les rendre Français que les menaces de la forteresse.

Guerre d'Italie.

Cette conquête, pourtant d'une importance considérable, attira peu l'attention de la France, qui d'ailleurs était alors en pleine préoccupation électorale; il n'en fut pas de même de la campagne d'Italie qui passionna d'autant plus le

Bataille de Solférino.

pays qu'il y voyait une nouvelle croisade en faveur des idées modernes.

C'était absolument cela, du reste : l'Autriche continuait en Europe la politique de compression de la Russie; elle pesait de tout son poids sur l'Italie. Repoussée déjà une fois lors de la révolution de Rome par l'intervention de la République française, elle voulait revenir et affermir, sinon perpétuer dans la péninsule l'oppression autrichienne et la servitude générale.

Napoléon III, fidèle au mobile qui l'avait fait agir comme président de la République, et reprenant la politique séculaire de la France, qui consiste à ne point souffrir la domination excessive de l'Allemagne sur l'Italie, parce que c'est un menace perpétuelle pour notre frontière du sud-est, était tout prêt à s'opposer aux envahissements de l'Autriche.

Mécontent d'ailleurs du rôle équivoque qu'elle avait joué pendant la guerre de Crimée alors que le roi de Sardaigne n'avait pas hésité à envoyer sa jeune armée joindre les troupes anglo-françaises, il se fût peut-être déclaré le protecteur du Piémont, c'est-à-dire de l'Italie, dont ce petit royaume était comme la dernière citadelle, quand même l'intérêt de la France ne l'eût pas impérieusement exigé.

Aussi l'armée autrichienne, en dépit des efforts de toute la diplomatie européenne, n'eut pas plutôt passé le Tessin (29 avril 1859), que l'armée française se trouva encore une fois au côté de l'opprimé, en face de ce nouvel agresseur.

Napoléon III, après avoir remis la régence à l'impératrice, quitta Paris pour venir prendre le commandement des troupes au milieu d'un enthousiasme indescriptible (10 mai). Dix jours après, la campagne commençait favorablement pour nos armes par la brillante affaire de Montebello, qui déjouait une surprise tentée par les Autrichiens.

Le 31 mai, ils étaient battus de nouveau à Palestro; l'armée franco-piémontaise se concentra alors autour d'Alexandrie et, par un mouvement habile autant qu'audacieux, tourna la droite des Autrichiens, qui avaient déjà franchi le Tessin, et les obligea à repasser cette rivière. Le combat de Turbigo (3 juin) préluda à la grande bataille de Magenta où le maréchal Mac-Mahon gagna son bâton de maréchal en prenant, par une marche forcée, l'ennemi entre son corps d'armée et la garde impériale (4 juin). les Autrichiens perdirent là 7 000 hommes tués ou blessés, 8 000 prisonniers et leur première ligne de défense, où ils avaient pourtant accumulé depuis longtemps de puissants moyens d'action et de résistance. Le lendemain, dans le plus affreux désordre, ils évacuèrent Milan qui ouvrit ses portes avec enthousiasme à l'armée victorieuse et acclama pour roi Victor-Emmanuel.

L'empereur d'Autriche, étonné d'un choc aussi rude, se retira sur l'Adda ; il en fut chassé après un combat, en un lieu déjà célèbre dans les fastes de la France, Marignan, gagna le Mincio, en arrière des plaines de Castiglione, et s'établit fortement sur un champ de bataille qu'il avait longtemps étudié, entre les deux forteresses de Mantoue et de Peschiera et adossé à la grande place de Vérone comme à un point d'appui inexpugnable. C'est là qu'avec des renforts considérables, qui portaient le chiffre de ses combattants à 160 000 hommes, il attendit l'armée française.

Napoléon n'avait que 140 000 hommes à lui opposer et joignait au désavantage de la position, car les Autrichiens, échelonnés sur des hauteurs et appuyés au village de Solférino, pouvaient le déborder dans la plaine, celui d'être obligé de lutter sur une ligne de cinq lieues d'étendue.

La bataille fut terrible : pendant que l'aile droite combattait sans avantage pour n'être point tournée, que le roi Victor-Emmanuel avec ses Piémontais résistait vaillamment à gauche, notre centre prit l'offensive, prononça une vigoureuse attaque et, après une lutte héroïque, emporta successivement le mont des Cyprès et le village de Solférino.

Le sort de la journée était décidé, la ligne de l'ennemi était brisée et ses réserves, décimées, avant d'avoir pu combattre, par les boulets de nos nouveaux canons rayés, donnèrent le signal d'une déroute qui eût été désastreuse pour l'armée autrichienne, si un orage épouvantable, accompagné d'une pluie torrentielle, n'eût empêché notre armée de poursuivre ses avantages. Les Autrichiens purent repasser le Mincio, mais ils laissèrent 24,000 hommes sur le champ de bataille (24 juin 1859); le soir même, Napoléon prenait son quartier général dans la chambre même qu'avait occupée le matin François-Joseph.

A l'étonnement général, l'empereur des Français, quoique deux fois vainqueur, offrit la paix à son ennemi. Il pouvait poursuivre ses succès et enlever la Vénétie à la domination autrichienne; mais outre que son but était rempli, puisqu'il avait rejeté derrière le Mincio l'Autriche, naguère établie jusqu'aux bords du Tessin, il ne voulait pas entraîner la France dans des complications dangereuses pour une cause qui ne serait plus la sienne et lui mettre sur les bras l'Europe, dont toutes les jalousies s'éveillaient au bruit de sa gloire. Déjà la Prusse s'agitait pour soulever l'Allemagne et pousser une armée sur le Rhin. Le traité de paix, signé à Villafranca le 8 juillet avec l'empereur d'Autriche, vint faire taire toutes ces velléités belliqueuses.

Par ce traité, dont les principales conditions furent confirmées par le traité de Zurich (10 novembre), l'Autriche cédait la Lombardie au Piémont et acceptait le Mincio pour sa frontière dans la péninsule, stipulant pourtant que les divers États de l'Italie formeraient une confédération sous la présidence du pape.

Mais cette dernière condition fut rejetée hautement par tous les intéressés et le mouvement révolutionnaire, fomenté par Garibaldi en faveur de l'unité italienne s'accentua jusqu'à devenir une nouvelle campagne avec sièges, batailles et partout victoires pour les idées nouvelles. L'Autriche aurait bien voulu intervenir, mais la France l'en empêcha; alors on vit s'écrouler tous ces petits États, royaumes, grands-duchés, duchés, qui depuis 1814 n'étaient que des lieutenances de l'Autriche, et l'Italie ne forma plus qu'un seul royaume, moins Venise et Rome dont elle devait s'agrandir plus tard, la première par notre intervention vis-à-vis de l'Autriche après Sadowa, la seconde, par la cessation de notre occupation de la capitale du monde chrétien.

C'est alors que Napoléon III crut devoir renoncer à la politique de sentiment qui lui avait fait faire la guerre de Crimée et prendre une précaution nécessaire pour notre sécurité, en se faisant céder par le traité de Turin (24 mars 1860), pour prix de l'assistance qu'il avait prêtée, la Savoie et le comté de Nice qui augmentèrent la France de trois départements, mais qui surtout lui donnèrent, non par force et par surprise, mais par de pacifiques accords, par la reconnaissance d'une nation amie et après le vote solennel des populations annexées, et conséquemment sans que l'Europe osât réclamer, ses limites naturelles, la crête des Alpes.

Expédition de Syrie.

La campagne d'Italie mit l'empereur à l'apogée de la gloire ; l'armée victorieuse rentra à Paris triomphalement et y fut couverte de fleurs. La France profita de l'apothéose de son maître ; car, il faut bien en convenir, Napoléon était un maître ; mais le pays était alors si prospère, si riche et paraissait marcher avec tant de sécurité vers un avenir se-

LE GÉNÉRAL DE PALIKAO.

rein, que les républicains eux-mêmes, les exilés politiques, qui d'ailleurs venaient d'être rappelés en France par une amnistie générale (16 août 1860), n'osaient quasi pas s'apercevoir qu'ils étaient privés de libertés.

Un seul, M. Victor Hugo, refusa de revenir au sein de la patrie ; il savait que les exilés même volontaires, comme il l'était, gagnent à être vus de loin, et ne voulait pas perdre l'occasion de placer une phrase à effet. « Quand la liberté rentrera, je rentrerai, » dit-il.

Répétons-le, à défaut de liberté, on avait alors l'ordre, la prospérité, la gloire, et si les sujets de mécontentements ne manquaient pas, on ne cherchait pas à les faire valoir parce qu'on leur trouvait une compensation dans la satisfaction de l'orgueil national. L'opposition d'ailleurs n'était pas née, et ne devait se manifester d'abord qu'à la suite des expéditions lointaines dont la campagne de Syrie fut le prélude.

La question d'Orient, la plus grave de celles qui occupent notre siècle, a

M. ÉMILE OLLIVIER.

cela de dangereux, c'est que, mettant en péril l'existence d'un grand nombre de pays, elle peut s'engager à tout moment, à tout propos, à toute heure, aussi bien sur le Bosphore que sur les bords du Danube ou dans les montagnes de la Syrie.

Nous avons vu qu'en 1840 la Syrie, arrachée au vice-roi d'Égypte, avait été rendue à la Turquie; mais la faiblesse proverbiale de ce gouvernement n'avait rien pu faire pour étouffer l'antagonisme politique, qui, bien moins encore que la haine religieuse, divisait les populations maronite (chrétienne) et druse, (musulmane), qui se partageaient le pays.

Un conflit éclata en juin 1860 ; des milliers de chrétiens furent égorgés par les Druses, et sans l'intervention d'Abd-el-Kader qui, interné à Damas, se fit le défenseur des faibles, toute la population maronite, pacifique et agricole, eût été massacrée par les Druses.

A cette nouvelle, l'indignation éclata partout en Europe : la Russie fit entendre ses clameurs intéressées, et la France, qui s'émut la première, eut l'honneur d'être chargée par les grandes puissances d'envoyer et d'entretenir un corps d'armée en Syrie, pour aider et contraindre au besoin le gouvernement turc à punir les coupables.

Cette expédition, qui réussit pourtant puisque l'année suivante un congrès diplomatique, réuni à Constantinople, régla le gouvernement du Liban de façon à éviter le retour de semblables horreurs, ne pouvait avoir de résultat militaire, et n'eut pas le résultat politique qu'on en attendait ; elle fut cependant très utile à la continuation d'une entreprise gigantesque, commencée vaillamment par M. de Lesseps sous les auspices du gouvernement français, le percement de l'isthme de Suez, car elle démontra l'utilité d'un canal qui réunît la Méditerranée à la mer Rouge et mît ainsi l'Europe en communication directe avec l'extrême Orient.

Expéditions de Chine et de Cochinchine.

La même année, en même temps que l'empereur accroissait un peu les libertés publiques, en donnant aux deux Chambres le droit de répondre à son discours d'ouverture de session par une adresse, et en investissant, d'après le système de M. Achille Fould, son nouveau ministre des finances, le Corps législatif du droit absolu de voter toutes les dépenses avant qu'on eût commencé à les effectuer, la France et l'Angleterre, unies dans un intérêt commun par suite du traité de commerce signé le 22 janvier 1860, étaient obligées de porter la guerre à l'extrémité de l'Asie.

La Chine, où les deux nations avaient des factoreries considérables, venait de violer les conditions d'un traité récemment conclu avec elle : en moins de six mois, les flottes alliées transportèrent 15 000 hommes et un appareil de campagne relativement formidable à l'autre bout du monde, sur les bords du Peï-Ho.

L'empereur de la Chine envoya 70 000 hommes contre cette petite armée qui était commandée énergiquement par le général Cousin-Montauban. Ils ne purent résister à l'élan de nos zouaves et de nos marins et se replièrent successivement dans les nombreux forts accumulés sur la route de Pékin, mais ils furent obligés de les évacuer l'un après l'autre ; les bouches du fleuve furent forcées, les citadelles qui les défendaient enlevées avec la furie française et gardées avec la solidité anglaise.

La cour chinoise, voyant que les alliés s'avançaient résolûment sur Pékin, essaya de les arrêter par de fausses négociations, pendant qu'une nouvelle armée tentait de surprendre nos troupes, mais ne réussissait qu'à se faire battre outrageusement à Palikao.

Dès lors, l'immense capitale du Céleste-Empire était découverte et allait être bombardée ; déjà le palais d'été, tombé au pouvoir des soldats, avait été livré au pillage. Le prince Kong, frère de l'empereur de la Chine, intervint et proposa sérieusement la paix (25 octobre 1860).

Par ce traité, signé à Pékin où les armées alliées entrèrent, le gouvernement chinois payait une indemnité de guerre de 120 millions, ouvrait le port de Tsien-Tsin à notre commerce auquel il garantissait d'avantageuses conditions, s'engageait à recevoir des ambassadeurs anglais et français dans sa capitale, et restituait à la France les cimetières et églises appartenant aux chrétiens.

Cet immense empire de 200 millions d'habitants, vaincu par une poignée d'hommes, entraîna dans sa soumission le Japon, qui, par crainte d'une leçon pareille, se promit de mieux respecter les traités de commerce qu'il avait signés en 1858 avec les principaux États européens.

Le gouvernement profita de la présence de son armée dans ces contrées lointaines pour terminer, en Cochinchine, une expédition commencée depuis deux ans avec le concours de l'Espagne. Il s'agissait d'obtenir de l'empire d'Annam une double sécurité pour nos missionnaires et pour nos relations commerciales, ce qui jusqu'à présent avait été impossible. La France avait bien déjà formé à l'embouchure du fleuve Cambodge un grand établissement dont Saïgon était la capitale ; mais nos colons y vivaient dans une inquiétude continuelle. L'armée de Chine marcha contre les Annamites, s'empara de Mytho, de Bien-Hoa, et contraignit l'empereur Tu-Duc à signer une paix qui stipulait le respect des missionnaires, un traité de commerce avantageux, et la possession pour nous de trois provinces qui, par leur situation de chaque côté des bouches du Cambodge, dans un pays d'une fertilité exceptionnelle, placé entre l'Inde et la Chine, à partir des Moluques et des Philippines, étaient appelées à un brillant avenir commercial, et peut-être un jour à rivaliser de richesses industrielles avec les Indes.

Expédition du Mexique.

Cette campagne avait au moins un résultat appréciable. Celle du Mexique, que M. Rouher, alors ministre principal de l'empereur, appelait « la plus grande pensée du règne », devait au contraire finir d'une façon désastreuse.

Elle fut d'ailleurs engagée légèrement. Depuis quelques années, la France, l'Espagne et l'Angleterre avaient à se plaindre du gouvernement anarchique du Mexique qui, non content de méconnaître leurs intérêts commerciaux, avait en maintes circonstances molesté leurs nationaux. Pour faire ces réclamations et venger ces injures, les trois puissances s'entendirent au commencement de l'année 1862, pour agir en commun, comme cela avait été fait déjà en Chine avec les Anglais, en Cochinchine avec les Espagnols ; mais, l'expédition en cours d'exécution, les cabinets de Londres et de Madrid se ravisèrent, et, à la suite de malentendus, renoncèrent à l'entreprise.

Le gouvernement français pouvait à la rigueur en faire autant ; mais, nouveau don Quichotte, il persista à venger les communes injures, et malgré la retraite des Espagnols, commandés par le général Prim, et des Anglais, qui n'étaient guère là que pour la forme, le général de Lorencez resta seul avec ses 5,000 hommes en face des troupes de Juarez.

Il n'éprouva aucune difficulté jusqu'à Puebla, qu'il assiégea, et où il éprouva un échec à la suite duquel on commit la faute de déclarer que la France ne traiterait pas avec le président Juarez, ce qui nous mettait dans la nécessité ou de conquérir le pays, ou d'y importer un gouvernement étranger. C'était du reste le plan de Napoléon III, qui rêvait de faire du Mexique un empire pour son cousin, dont l'éloquence, d'autant plus inattendue qu'elle était très-libérale, commençait à l'embarrasser; mais celui-ci, peu familiarisé avec les hasards de la guerre, n'accepta pas; il en fut quitte pour entreprendre, *par ordre*, quelques voyages scientifiques qui le tinrent longtemps éloigné de Paris.

Il n'en fallut pas moins continuer l'expédition, et cette fois ce fut une armée qui partit. 35 000 hommes débarquèrent à Orizaba (25 octobre 1862), sous les ordres du général Forey, qui gagna son bâton de maréchal à Puebla (18 mai 1863), dont la prise lui ouvrit les portes de Mexico.

Il y entra le 10 juin, et une junte de 35 notables réunis par lui pour nommer un triumvirat de citoyens mexicains chargés d'exercer le pouvoir exécutif, se prononça pour l'établissement de l'empire, et, sur les indications de la France, choisit pour occuper le trône l'archiduc Maximilien, frère de l'empereur d'Autriche.

Ce jeune prince hésita longtemps et n'accepta que le 10 avril 1854 le titre d'empereur du Mexique, qu'il porta jusqu'au jour où, abandonné par notre armée, que le général Bazaine, qui avait succédé à Forey et gagné là-bas comme lui son bâton de maréchal, ramena en France, il fut pris par ses sujets révoltés, et fusillé par les républicains après un jugement dérisoire (19 juin 1867).

Ce dénouement tragique, dont la nouvelle arriva à l'empereur pendant les fêtes de l'Exposition, le frappa de stupeur, car l'expédition ainsi avortée devenait un grave échec pour sa politique et presque un désastre pour nos finances publiques et privées, qui avaient concouru pour une si large part à l'emprunt mexicain, patronné ouvertement par le gouvernement.

L'Empire libéral.

De ce jour, comme si les balles qut avaient tué l'empire du Mexique avaient touché par ricochet jusqu'à l'Empire français, sa fortune diminua de jour en jour, sa popularité s'affaiblit. Le mécontentement n'éclata pas pourtant. L'opposition parlementaire naissait à peine. D'ailleurs, pour des gens moins fatalistes que Napoléon III, qui ne voyaient pas comme lui que son étoile avait pâli, l'Empire était encore grand. Si à l'extérieur il avait échoué finalement au Mexique, il n'y avait pas moins porté notre influence et notre drapeau victorieux, comme en Syrie, en Chine, en Cochinchine, au Japon.

En Europe, s'il avait un peu perdu de son prestige chevaleresque en laissant égorger le Danemark par la Prusse et l'Autriche, qui ne s'entendirent pas pour le partage des dépouilles et furent obligés de se battre, il était intervenu quand l'Autriche fut écrasée à Sadowa, et était toujours le promoteur de l'unité italienne comme le créateur de la sécurité de l'empire turc.

A l'intérieur, il avait donné aux travaux publics une activité qui, il faut en convenir, avait surexcité la spéculation et causé bien des désastres; mais en dix ans, à l'exemple de Paris, qui fut comme rebâti sur un plan grandiose par le préfet de la Seine, M. Haussmann, toutes les grandes villes de France s'étaient renouvelées, les classes laborieuses avaient trouvé dans les bénéfices du travail développé partout sur une si grande échelle un accroissement de bien-être en même temps qu'elles trouvaient dans les institutions de bienfaisance multipliées sur tous les points un soulagement à leurs misères.

Dans les villes, cependant, les ouvriers, toujours agités par les questions sociales, commençaient à mettre en avant les souvenirs de république, et si les habitants des campagnes, qui trouvaient dans les chemins de fer des débouchés de plus en plus avantageux pour leurs

LA GUERRE DE 1870. — Charge de cuirassiers à Frœschwiller.

produits, ne demandaient que la continuation de l'ordre, les classes bourgeoises, enrichies par une industrie qui avait pris son essor dans la liberté du travail et du commerce, commençaient à regretter les libertés politiques qu'elles avaient sacrifiées en 1852.

Dans tous les rangs de la société, d'ailleurs, on souhaitait ardemment la suppression des candidatures officielles et l'établissement absolu d'une représentation sincère de la volonté nationale, qui jusque-là n'avait été qu'un mot.

Napoléon avait bien compris que sa dictature ne pouvait être que temporaire. Après Solférino, il avait associé plus directement le Corps législatif à la politique du gouvernement : par le sénatus-consulte du 2 décembre 1861, il s'était privé du droit de décréter les crédits extraordinaires sans l'assentiment de l'Assemblée ; par sa lettre du 19 janvier 1867, il ouvrit l'entrée de la Chambre aux ministres afin qu'ils pussent rendre compte de leurs actes à tout instant ; par les lois sur la presse (11 mai 1868), qui fut replacée dans le droit commun, et sur les réunions (6 juin 1868), dont il y eut peu d'utiles et beaucoup de détestables, il avait paru un peu plus soucieux des libertés politiques; enfin, lorsque l'issue malheureuse de l'expédition du Mexique et la position menaçante prise par la Prusse après sa victoire de Sadowa eurent amené, en même temps que les progrès de l'esprit public, développés par la prospérité générale, des désirs plus vifs de liberté, manifestés dans les réunions publiques et constatés par les élections de 1869, l'empereur crut que le moment était venu de couronner le nouvel édifice politique par l'établissement de la liberté qu'il avait promise; il renonça à son pouvoir personnel, et, par un sénatus-consulte du 20 avril 1870, soumis à la sanction du peuple français, il proposa la transformation de l'Empire autoritaire en Empire libéral.

Ce plébiscite n'était peut-être pas absolument de bonne foi, c'était peut-être un moyen de retremper des armes déjà émoussées dans une nouvelle consécration populaire; toujours est-il que 7 300 000 citoyens l'acceptèrent, et qu'il n'y eut que 1 500 000 non.

Pour mettre l'organisation du pays en rapport avec la nouvelle Constitution, il fallait faire de grandes réformes, supprimer le système de centralisation excessive qui faisait de la France comme une pyramide renversée où tout reposait sur le sommet, et replacer la pyramide sur sa base ; il fallait aussi simplifier les administrations; remplacer la démoralisation qui, partant d'en haut, gangrenait toute la société, par la pratique de la liberté austère qui fait les citoyens, par l'éducation nationale qui fait les patriotes. Mais pour accomplir une pareille révolution il fallait du temps et des hommes; tout manqua : le temps fut pris par la guerre fatale, et M. Émile Ollivier, déjà discrédité dans le parti libéral, n'était pas de force à populariser l'Empire parlementaire.

La guerre avec la Prusse.

Napoléon III, qui n'avait fait le plébiscite qu'en prévision de la guerre, qu'il avait résolue et qui était devenue inévitable depuis Sadowa, commit la faute de la déclarer tardivement, quand il avait eu deux occasions de la faire en mettant le bon droit de son côté, soit en prenant parti pour le Danemark, soit en s'unissant à l'Autriche.

La Prusse l'attendait d'ailleurs ; rêvant depuis le grand Frédéric de reconstituer l'empire germanique, et sachant bien qu'elle ne pouvait y réussir qu'après une humiliation militaire de la France, elle en préparait les moyens avec une infatigable persévérance; elle raviva par l'histoire, la poésie et la science cette haine invétérée, qu'elle appelle « le patriotisme allemand, » pour la France qu'elle faisait appeler dans ses journaux « l'ennemi héréditaire ». Elle arma tout son peuple de 20 à 60 ans et, par une organisation qui ne laissait inactive aucune parcelle des forces nationales, qui utilisait toutes les ressources de la science et de l'industrie, elle constitua une machine de guerre formidable, 1500000 hommes armés, exercés, pourvus de tout, sûrs de vaincre par la force mathématique des choses et des nombres, et par la vertu de ce principe odieux : « La force prime le droit, » que leurs chefs mirent en pratique sans aucun scrupule.

Tous ces préparatifs étaient faits et parfaits, que la France endormie dans sa gloire passée et confiante dans la bravoure de ses soldats, n'avait pas l'air de s'en douter ; aussi, quel terrible réveil quand la Prusse trouva le moyen de se faire déclarer une guerre pour laquelle elle travaillait depuis quinze ans ! Les idées d'économie qui dominaient au Corps législatif et qui l'avaient fait lésiner sur le budget de la guerre, la défiance de l'empereur contre l'armement du pays tout entier, avaient empêché d'organiser les gardes nationales mobiles, si bien qu'on ne put proportionner nos forces à la grandeur de la lutte qui s'ouvrait et par l'incapacité des hommes qui les commandaient, l'incurie des administrations qui les laissèrent manquer de tout, on employa mal celles qui étaient disponibles et dont l'ennemi connaissait le nombre exact par le résultat du vote pour le plébiscite qu'on avait publié maladroitement.

Aux 500 000 hommes que les Allemands concentrèrent en 15 jours sur nos frontières, entre Trèves et Landau, l'empereur n'avait à opposer que 240 000 hommes qu'il dissémina sur un espace de 75 lieues ; aussi, quelque braves qu'ils fussent, nos soldats, isolés en petits corps d'armée, furent écrasés par un ennemi quatre fois plus nombreux, qui choisissait ses champs de bataille dans les bois, d'où il pouvait d'autant mieux braver la furie française que son artillerie était supérieure à la nôtre par son organisation et la portée de ses canons.

Les combats de Wissembourg (4 août), de Reischoffen (6 août), furent héroïques pour nos soldats, mais désastreux pour nos armes. Celui de Forbach (6 août), compléta l'échec de notre armée de l'Est, qui fut obligée de reculer jusqu'au camp de Châlons, pendant que celle du Rhin se concentrait autour de Metz, où le maréchal Bazaine trouva moyen de la faire immobiliser après des batailles sanglantes qu'il livra trop tard.

Le maréchal de Mac-Mahon, le glorieux vaincu de Reischoffen, partit du camp de Châlons avec une nouvelle armée pour débloquer Bazaine ; il fut lui-même cerné par l'ennemi, et obligé de livrer à Sedan un combat désespéré où il fut blessé grièvement (1er septembre). L'empereur y capitula avec toute une armée qui était prête à se faire tuer pour essayer de lui faire un passage à travers les Allemands.

Conclusion.

Ici finit le règne de Napoléon III ; car à la nouvelle de ce désastre, la population de Paris, indignée d'un dénouement si inattendu et si peu mérité, envahit le Corps législatif, et, en face de l'ennemi, renversa le gouvernement qui l'avait laissé fouler notre sol, se fiant peut-être un peu trop sur la parole du roi de Prusse, dont les proclamations disaient qu'il faisait la guerre à l'Empire et non pas au peuple français.

La Prusse ne voulut pas la paix, et le gouvernement du 4 septembre se vit dans la nécessité d'accepter l'héritage de l'Empire et se prépara résolûment à la guerre à outrance; quinze jours après, Paris était investi, et sa longue résistance, qui retint autour de ses murs la majeure partie des forces allemandes, donna à la France entière le temps de se lever.

Mais si l'on improvise les soldats, et au besoin les officiers (il le fallait du reste, puisque, sauf quatre régiments d'Afrique, toute notre armée régulière était prisonnière en Allemagne ou allait le devenir par la déplorable capitulation de Bazaine à Metz,—27 octobre), il n'en est pas ainsi des fusils, des canons et de l'intendance. On eut beau faire des miracles, il fallait plus que cela, il fallait de la discipline et de la science militaire. Le courage, l'élan, le patriotisme ne manquèrent pas; mais la guerre est devenue trop savante pour que des jeunes gens mal armés et insuffisamment commandés pussent tenir tête à des armées mathématiquement organisées qui avaient en plus de la supériorité du nombre celle des victoires passées. Il y eut quelques combats heureux, mais partout des défaites finales, et nos armées de province étaient écrasées quand la famine força Paris, déplorablement défendu militairement, à capituler après 131 jours de siège et un mois de bombardement.

Il ne restait plus qu'à subir la loi du vainqueur, elle fut cruelle : une Assemblée nationale, réunie hâtivement à Bordeaux, accepta de payer 5 milliards d'indemnité de guerre et consentit à laisser démembrer la France, qui depuis quatre siècles, en y comprenant même les honteuses conditions des traités de 1815, n'avait jamais reculé ses frontières, de deux de ses provinces, l'Alsace et une partie de la Lorraine que les Allemands eux-mêmes savaient si réellement françaises qu'ils n'ont pas osé les consulter pour s'annexer, comme un troupeau dont peut disposer un maître, ces 1 600 000 habitants qui rougissent de leur nationalité nouvelle plus encore que de notre abandon.

Ce ne fut là qu'une partie de ce que nous coûta cette guerre horrible. Sans compter les centaines de millions extorqués sous prétexte de contributions de guerre, des réquisitions de toute sorte imposées aux communes, les destructions de châteaux, de maisons, de villages entiers sans motifs de défense, les vols de meubles, de bijoux, d'argenterie faits chez des particuliers par les trop soigneux Allemands, les meurtres de sang-froid et contre le droit des gens, les rapines sous tous les prétextes, les outrages sous toutes les formes, les violences sous tous les noms, dont la jalousie de l'Allemagne aura quelque jour un compte terrible à rendre à la France régénérée, la guerre nous valut encore la Commune qui suscita la guerre civile.

Paris n'avait repris possession de lui-même que pour tomber entre les mains d'ambitieux sans nom, mélange d'ignorance et de perversité, de convoitises et de haines, de passions brutales et de désirs surexcités qui soulevèrent les rancunes de la population exacerbée par les fautes du siège et plus encore par la menace de voir décapitaliser sa ville.

La Commune fit croire aux hommes que le patriotisme était une vieillerie surannée, la propriété une injustice, le capital un vol, le travail une superfétation et que, par conséquent, tout appartenait à tous ; elle fit croire aux femmes que les devoirs de la famille allaient être supprimés puisque la Commune nourrirait, habillerait et élèverait leurs enfants, et naturellement tous les appétits brutaux, toutes les paresses naïves se rangèrent autour d'elle. Ce fut une armée d'aveugles commandée par des forcenés.

M. Thiers, élu chef du pouvoir exécutif par l'Assemblée de Bordeaux, eut pour premier devoir de dompter cette insurrection menaçante, et l'armée française, reconstituée peu à peu à Versailles sous les ordres du maréchal de Mac-Mahon, dut faire un second siége de Paris (2 avril-24 mai), forcer les rem-

LE MARÉCHAL DE MAC-MAHON.

parts et enlever pendant 7 jours par des combats meurtriers les barricades dont la ville était hérissée ; mais, à mesure qu'ils reculaient, les soldats de la Commune assassinaient les otages qu'ils s'étaient faits de nos plus honorables citoyens, incendiaient les monuments de notre gloire nationale et les propriétés particulières qui leur étaient désagréables. Les Tuileries, l'Hôtel de Ville, le ministère des finances, le Conseil d'État, la Légion d'honneur, la bibliothèque du Louvre et ses 80 000 volumes, deux cents maisons furent la proie des flammes sous les yeux des Allemands, qui, des forts de la rive droite où ils étaient encore, contemplaient joyeusement l'incendie auquel le musée du Louvre et ses chefs-d'œuvre n'échappèrent que par l'arrivée des troupes.

Aujourd'hui, si toutes les larmes ne sont pas taries, bien des plaies du moins sont cicatrisées. M. Thiers, nommé président de la République le 31 août 1871, fit l'essai loyal de ce « gouvernement qui nous divise le moins », pour nous servir de l'expression même de cet homme supérieur, au patriotisme si élevé, mais dont le génie était trop cassant pour l'époque tourmentée où il détenait le pouvoir.

Le maréchal de Mac-Mahon, qui lui succéda le 24 mai 1873, arriva progressivement, et après la séparation de l'Assemblée qui, nommée pour faire la paix avec l'étranger, se livra pendant quatre ans à une véritable guerre parlemrntaire, à en faire le gouvernement qui nous unit le plus, et la troisième République, qui n'est plus attaquée dans son origine et dont l'avenir n'est plus en question, fonctionne librement au milieu d'institutions bienfaisantes et régénératrices.

La France, qui s'est noblement libérée, paraît oublier ses malheurs et ses haines pour ne plus chercher que le développement de sa prospérité et de ses richesses intellectuelles, industrielles et morales.

Mais qu'on ne s'y trompe point, la France n'oublie pas : elle a compté tous les deuils causés par une ambition hypocrite, tous les affronts qui lui ont été infligés par une barbarie savante, et tous les milliards perdus qu'elle aurait pu employer pour la civilisation et le progrès, et elle se vengera tôt ou tard, sinon par les armes, ce qui prouvera sa sagesse, du moins par les idées, ce qui sera la preuve de sa force.

Et comme elle a déjà donné au monde le merveilleux spectacle d'une société qui se régénère dans le malheur, elle lui donnera encore celui d'un État puissant qui se fortifie au sein de la liberté.

FIN.

TABLE DES MATIÈRES

CHAPITRE PREMIER. — La Gaule indépendante.

Les Gaulois	2
Population des Gaules	6
Gouvernement. Religion. Mœurs et coutumes.	7

CHAPITRE II. — Conquête de la Gaule par les Romains.

Cause des invasions	18
Conquête de la Gaule cisalpine	19
— — transalpine	20
Invasion des Teutons et des Cimbres	21
Les sept campagnes de César	22
Soumission de la Gaule	26

CHAPITRE III. — La Gaule romaine.

Les Gaulois sous les premiers empereurs	30
Première invasion des Barbares	33
La Gaule sous Constantin	35
La Gaule sous les successeurs de Constantin	37
Influence de la domination romaine	39

CHAPITRE IV — La Gaule barbare.

La Gaule sous les derniers empereurs	42
Premier établissement des Francs	44
Invasions d'Attila	45
Règne de Childéric	47

CHAPITRE V. — La France mérovingienne.

Règne de Clovis	50
— Childebert Ier	56
— Clotaire Ier	58
— Caribert Ier	59
— Chilpéric Ier	60
— Clotaire II	62
— Dagobert	64

CHAPITRE VI. — Les rois fainéants.

Règne de Clovis II	67
— Clotaire III	70
— Childéric II	70
— Thierry Ier	71
— Clovis III	72
— Childebert II	72
— Dagobert II	72
— Chilpéric II	72
— Thierry II	73
— Childéric III	76

CHAPITRE VII. — Les fondateurs de la race carlovingienne.

Règne de Pépin le Bref	79
— Charlemagne	80
— Louis le Débonnaire	88

CHAPITRE VIII. — Royaume de France.

Règne de Charles le Chauve	94
— Louis le Bègue	98
— Louis III et Carloman	98
— Charles le Gros	99
— Eudes	102
— Charles IV dit le Simple	103
Règne de Raoul	104
— Louis IV d'Outre-mer	104
— Lothaire	105
— Louis V	106

CHAPITRE IX. — Le régime féodal.

Règne de Hugues Capet	107
— Robert	110
— Henri Ier	111
— Philippe Ier	120

CHAPITRE X. — Les premières croisades.

Première croisade	124
Règne de Louis VI le Gros	131
— Louis VII le Jeune	138
Deuxième croisade	138

CHAPITRE XI. — Victoires de la royauté sur l'aristocratie.

Règne de Philippe-Auguste	142
3e croisade	143
4e croisade	148

CHAPITRE XII. — Guerre contre les Albigeois. Fin des croisades.

Les trois premières guerres contre les Albigeois	154
Cinquième croisade	159
Règne de Louis VIII	160
Règne de Louis IX	162
Fin de la guerre des Albigeois	163
Septième croisade	169
Dernière croisade	172
Règne de Philippe le Hardi	174
— Philippe IV	178
— Louis X	184
— Philippe V	186
— Charles IV	187

CHAPITRE XIII. — Les Capétiens-Valois. La guerre de Cent Ans.

Règne de Philippe VI	188
— Jean le Bon	196
Bataille de Poitiers	198
Étienne Marcel	204
Règne de Charles V	208

CHAPITRE XIV. — L'anarchie. — Fin de la guerre de Cent Ans.

Règne de Charles VI	216
— Charles VII	231
Jeanne d'Arc	237

CHAPITRE XV. — Dernières victoires de la royauté sur l'aristocratie féodale.

Gouvernement de Charles VII	243
Règne de Louis XI	255

CHAPITRE XVI. — Les guerres en Italie.

Règne de Charles VIII	268
— Louis XII	279

TABLE DES MATIÈRES

CHAPITRE XVII. — Lutte contre la maison d'Autriche.

Règne de François Ier 292
— Henri II 307

CHAPITRE XVIII. — Les guerres de religion.

Règne de François II 312
— Charles IX 316
La Saint-Barthélemy 328
Règne de Henri III 333
Le règne de Henri IV 347
Entrée de Henri IV à Paris 356
Édit de Nantes 360

CHAPITRE XIX. — Le règne de Louis XIII.

Régence de Marie de Médicis 368
Gouvernement d'Albert de Luynes 373
Ministère de Richelieu 375

CHAPITRE XX. — Le règne de Louis XIV.

Régence d'Anne d'Autriche 388
La Fronde 394
Gouvernement de Louis XIV 403
Passage du Rhin 410
Révocation de l'édit de Nantes 419
La succession d'Espagne 427
Invasion du territoire 435
Le siècle de Louis XIV 442

CHAPITRE XXI. — Le règne de Louis XV.

Régence du duc d'Orléans 446
Ministère du duc de Bourbon 452
Ministère de Fleury 454
Bataille de Fontenoy 458
Ministère de Choiseul 465

CHAPITRE XXII. — Le règne de Louis XVI.

Ministère de Turgot 471
Ministère de Necker 474
Guerre d'Amérique 475
Ministère de Calonne 481
Ministère de Brienne 483
Second ministère de Necker 484
États généraux de 1789 486
Prise de la Bastille 490
La Constitution de 1791 501
Journée du 10 août 503

CHAPITRE XXIII. — La République française.

La Convention 506
Mort de Louis XVI 507
La Terreur 510
Le 9 thermidor 513
Journée du 13 vendémiaire 516
Le Directoire 518
Le 18 fructidor 522
Le 18 brumaire 530
Le Consulat 531
Le Consulat à vie 538

CHAPITRE XXIV. — Règne de Napoléon.

Institutions impériales 540
Bataille de Marengo 542
Campagne de 1805 544
Campagne de Prusse 546
Campagne de 1807 547
Paix de Tilsitt 550
Campagne d'Espagne 552
Campagne de 1809 554
Campagne de Russie 559
Campagne d'Allemagne 562
Campagne de France 564
Abdication de Napoléon 567

CHAPITRE XXV. — La première Restauration. Les Cent Jours.

Règne de Louis XVIII 568
Les Cent-Jours 571
Bataille de Waterloo 572
Seconde abdication de Napoléon 574

CHAPITRE XXVI. — La seconde Restauration.

Traité de 1815 576
Expédition d'Espagne 579
Règne de Charles X 580
Révolution de 1830 583

CHAPITRE XXVII. — Règne de Louis-Philippe.

Ministère Laffitte 586
Ministère Casimir Périer 587
Ministère du 11 octobre 1832 589
Ministère Molé 591
Ministère du maréchal Soult 592
Ministère Thiers 594
Ministère Guizot 595
Affaires d'Algérie 597
Révolution du 24 février 1848 602

CHAPITRE XXVIII. — La deuxième République.

Le Gouvernement provisoire 604
Journées de juin 606
Présidence de Louis-Napoléon Bonaparte 608
Affaires de Rome 610
L'Assemblée législative 611
Le 2 décembre 1851 612
La présidence décennale 614

CHAPITRE XXIX. — Règne de Napoléon III.

Proclamation de l'Empire 615
Le congrès de Paris 619
Guerre d'Italie 620
Expédition de Syrie 624
Expédition du Mexique 627
L'Empire libéral 628
La guerre avec la Prusse 630
Conclusion 631

FIN DE LA TABLE

Reliure serrée

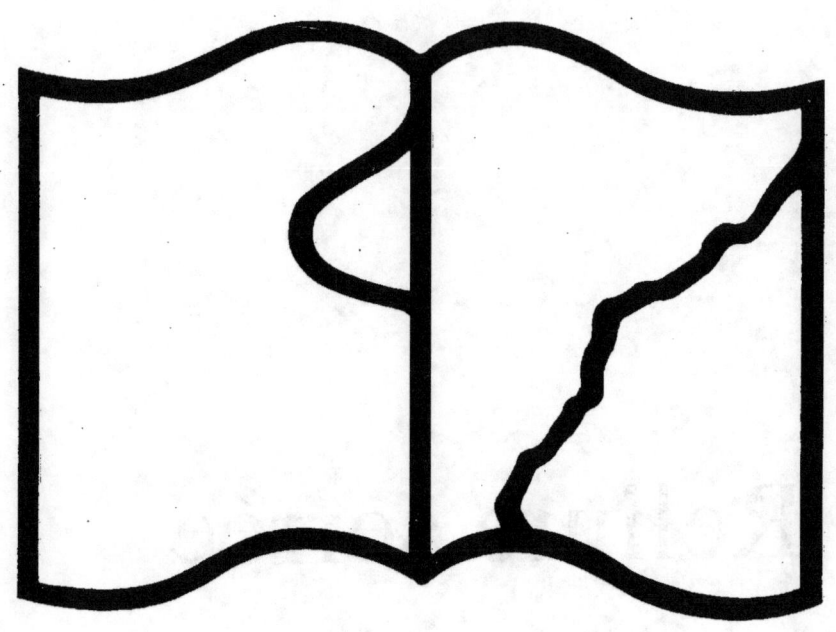

Texte détérioré — reliure défectueuse
NF Z 43-120-11

www.ingramcontent.com/pod-product-compliance
Lightning Source LLC
Chambersburg PA
CBHW071151230426
43668CB00009B/908